정치

아我와
비아非我의
헤게모니
투쟁

김 학 노

박영사

• 일러두기

　이 책에 등장하는 필자의 '아(我)와 비아(非我)의 헤게모니 투쟁'이라는 정치 개념은
용어가 길어 '아비헤투'로 줄여 표기했다.

이 책은 "정치, 아(我)와 비아(非我)의 헤게모니 투쟁"이라는 나의 정치 개념을 소개한다. 이는 '우리의 정치학'을 수립하고자 하는 선후배 동료 학자들의 노력을 잇는 의미가 있다. '우리의 정치학' 수립이 무슨 뜻인지 일반 독자들은 이해하기가 쉽지 않을 수 있다. 이는 우리가 공부하고 가르치며 배우는 정치학이 '수입된' 정치학으로서 우리의 현실과 거리가 멀다는 자각에서 비롯한다. 다른 학문 분야에서도 그렇겠지만, 정치학계에서는 상당히 일찍부터 많은 선학들이 우리의 실정에 맞는 정치학, 우리의 시각에 입각한 한국적인 정치학을 수립하려는 노력을 해왔다. 적지 않은 성과들이 축적되었으나, 만족스럽다고 말할 수 있을지는 모르겠다. 여전히 우리는 서양, 특히 미국에서 발달한 정치학 이론과 개념들을 따라가기에 바쁘다. 한국정치학회나 한국국제정치학회가 발간하는 학술지에 실린 논문들이 우리 글을 읽고 인용하거나 준거로 삼는 것보다 외국의 문헌들에 의존하는 경우가 훨씬 많다.

돌이켜보면 1980년대 초 내가 대학에서 정치학을 배우던 시절 학생들은 교수님들이 미국의 정치학만 교육한다고 비판했었다. 전두환이 무력으로 광주항쟁을 짓밟고 국가권력을 장악한 나라에서, 우리의 현실과는 동떨어진 미국의 정치학 이론과 개념들을 가르치는 교수님들을 이해하기 어려웠다. 어느 수업 시간에 같은 학과 동기 박병정이 벌떡 일어나 수업과 전혀 상관없는 한국은행 자료를 소리 내어 읽을 때, 그것은 단순히 돌출적인 일탈 행위이기보다는 우리 현실에 기반한 정치학을 공부하자는 준엄한 목소리였다. 아둔한 나는 그 자리에서 미처 깨닫지 못했지만….

여러 이유로 뒤늦게 공부를 하고 미국(!) 유학 생활을 마치고 돌아온 뒤 강단에 섰을 때 내가 마주한 나의 모습은 나의 은사님들과 다를 바 없었다. 어느 「정치학원론」 수업 시간 갑자기 돌아본 나의 모습은 과거 내가 비판했던 선생님들의 모습 그대로였다. 옛날 나의 선생님들이 사용한 것과 대동소이한 교과서를 가지고, 주로 미국의 정치학자들이 개발한 이론과 개념들을 학생들에게 전달하고 있었다. 어디서부터 어떻게 할 수 있을지 막연했지만, 무언가 새롭게 시작할 필요가 있다는 생각을 많이 했다. 학생들에게 그러한 심정을 토로하기도 했다. 하지만 마음만 굴뚝같을 뿐이었다. 나는 내 전공분야인 유럽통합의 노사문제라는 작은 공부에 바빠서, 우리 현실에 바탕을 둔 정치학을 수립하자는 생각을 전혀 실천으로 옮기지 못하고 있었다.

2007년 여름 류석진 교수에게서 받은 제안이 작지만 소중한 변화를 가져온 계기가 되었다. 강정인 교수님이 중심이 되어서 정치학 분야별로 미국의존성 문제를 구체적으로 검토하는 작업을 계획하고 있는데, 그 중에서 국제정치경제 분야를 맡아보지 않겠냐는 제안이었다. 나는 그 뜻이 마음에 들어서 선뜻 제안을 받아들였다. 그런데 미국의존성의 구체적 문제점을 막상 쓰려고 보니 별로 할 말이 없었다. 그동안 내가 가졌던 비판적 생각이 구체적이지 못한 탓이었다. 문제점을 찾고자 의식적으로 노력한 끝에, 나는 미국의존성의 문제점을 몇 가지 거론할 수 있었다. 선진 학문을 수입해야 할 필요는 인정하고 공감하지만, 그 수입에 과도하게 의존하고 우리 것을 발전시키지 못하는 것은 분명 문제가 있었다. 문제는 단순히 학문을 수입하는 데 그치지 않는다. 그 수입 과정에서 (1) 미국식의 보편적 문제의식에 치중하고, (2) 미국식 개념과 이론을 사용하면서 그 바탕에 있는 규범적 전제를 무의식적으로 함께 수용하며, (3) 미국식 (정치, 경제, 사회) 모델을 보편화하여 우리가 나아갈 방향으로 전제하는 경향이 있다는 것이 내 나름의 새로운 발견이었다(김학노 2008).

미국 의존성의 문제점을 구체적으로 살피는 과정에서, 한국적 정치학을 수립하자는 논의와 노력이 상당히 오래 전부터 지속되어왔다는 사실도 알게 되었다. 아울러 그러한 논의에 대한 반론과 피로감을 피력한 논의들도 만날 수 있었다. 한국적 정치학을 수립하자는 외침에 대해 제 법 분명하게 제기된 반론은 크게 두 가지로 압축할 수 있었다. 하나는, 학문이나 이론이 보편성을 추구해야지 (한국적) 특수성을 추구해서 되겠 냐는 주장이다. 다른 하나는, 한국적 정치학을 수립하자는 논의에 비해 성과가 부족하다는 비판이다. 이 둘은 사실 연결되어 있다. 예컨대 민병 원(2007, 40-44, 49-51)은 우리 정치학을 수립하자는 뜻은 좋은데, "구호 에 비해 왜 내용은 빈약한가?"라는 질문을 던진다. 그에 따르면, 우리 고 유의 이론을 수립해야 한다는 강박관념이 지나친 것이 문제의 근원이다. 무엇이 '한국적'인가에 대한 합의조차 이루어져 있지 않은 상황에서 잘못 하면 편협한 민족사관이나 국가중심 시각으로 빠질 위험마저 있다는 지 적이다. 그는 우리 학계가 '체험적 특수주의'를 강조하는 '신채호형' 전략 에 너무 경도되어 있다고 비판하면서, 오히려 '개념적 보편주의'를 우선 시하는 '유길준형' 전략에 힘을 기울여야 한다고 주장하였다. 구호에 비 해 내용이 빈약하다는 질타는 뼈아픈 지적이 아닐 수 없었다. 한국적 정 치학의 수립을 주장하는 그동안의 논의들을 검토하면서 구체적 내용이 빈약하다는 점을 나 자신도 절실히 느끼고 있던 터였다. 이 점에서 미국 의존성의 문제점을 몇 개나마 구체적으로 피력했을 때, 나는 요란한 '구 호'에 그치지 않고 빈약하지만은 않은 '내용'을 일부 제시했다고 마음속 으로 자부할 수 있었다.

　　그런데, 늘 그렇듯이, '그다음'이 문제였다. 자꾸 환청이 들리는 것이 었다. 정치학이 미국에 의존하는 것이 그렇게 심각한 문제가 있다면, 도 대체 그 대안이 무엇이냐는 소리가 계속 들리는 것이었다. 구호만 요란하 고 내용이 빈약하다는 말을 원용하여 표현하자면, 비판은 요란한데 막상 그 대안이 없다는 것이다! 정치학을 미국에서 수입하는 것이 문제가 많 다면 우리 자신의 정치학을 만들어내는 것이 당연한 일이겠지만, 그런 작 업을 어디서부터 어떻게 해야 할지 갈피를 잡을 수 없었다. 하지만 대안 의 제시 없는 비판은 얼마나 공허한 것인가? 2007년 그 뜻이 좋다고 시작한 글을 마치고 나니, 나에게 대단히 과중한 새로운 과제가 떠오르고 있었다.

　　그러한 부름에 응답하고자 우리 자신의 학문을 수립하고자 한 기존의 시도와 노력 들을 찾아보았다. 그 과정에서 나의 은사 선생님과 선후배 동료 들이 이미 많은 노력을 기울여 의미 있는 작업들을 축적해 왔다는 사실을 알게 되었다. 내가 막연하게 비판했던 선생님들은 열심히 당신 스스로의 학문세계를 구축하고 있었으며, 그것들이 우리의 학문세계를 구성하고 있었던 것이다. 은사님들에 대한 미안함과 고마움 그리고 존경심을 마음 깊이 담고 있다. 선학들의 업적을 추적하는 가운데 문승익(1970)의 『주체이론』을 마주하고 기쁜 마음을 어찌하지 못했다. 책이 출판된 지 40년이 지나서야 비로소 알게 된 자신이 부끄럽기도 했지만, 우리의 정치학을 수립할 수 있는 길이 보이는 것 같았다. 문승익은 일찍이 '자아준거적 정치학'의 수립을 주창한 학자다. 『한국정치학회보』 13집(1979)에 실린 "한국정치학의 정립문제: 정치이론의 경우"라는 논문에서 문승익은 한국정치학을 "우리적 가치정향에 준거해서 우리적으로 인식 · 설정된 정치적 문제의 우리적 해결을 추구하는 학문"이라고 규정하고, 그것이 바람직할 뿐 아니라 가능하다고 역설했다(문승익(1999)에 재수록). 『주체이론』을 읽으면서 문승익이 실제로 자아준거적 정치학의 수립에 있어 그 정초에 해당하는 이론적 작업을 체계적으로 수행했다는 사실을 비로소 알게 되었다. 문제는 우리의 자아준거적 정치학 수립 노력이 부족한 데 있지 않았다. 우리 말과 글로 된 우리 스스로의 연구성과들을 서로 읽고 논쟁하고 계승 발전시키는 데 게으르고 인색한 것이 진짜 문제였다. 선학들이 이루어 놓은 학문적 업적을 계승 발전시키고 싶다는 강한 바람이 생겼다. 나의 연구 결과물을 동료 학자들이 읽어주기를 바라기 전에 내가 먼저 동료 선후배들의 우리말로 된 공부물들을 읽어야겠다고 다짐했다.

　　아울러 한국적인 것이 과연 무엇이고, 우리의 것이 어떤 것인지, 어떤 것이 우리의 고유한 특성인지 등에 대해서 찾아보았다. 몇몇 통찰력 있는 연구들을 만날 수 있었지만, 동의하기 어려운 것도 적지 않았다. 방황 끝에, 나는 '우리 것' 혹은 '한국적인 것'을 특정화하여 규명하는 것이 불가능하지는 않을지라도 지극히 어렵다고 판단하고 그런 작업을 포기하기로 했다. 우리의 고유한 속성을 구명하는 작업에 집중하다가 정작 우리 정치학을 수립하는 시간이 부족할 수 있다는 생각에서다. 대신에 나 자신의 정치학을 수립하자는 생각에 이르렀다. 정치 개념 정립을 그 출발점으로 잡았다.

정치에 관한 나 자신의 관점을 세우는 일은 물론 쉽지 않다. 그것은 그야말로 근본적인 공부를 처음부터 다시 시작하는 일이다. 나는 무언가 도움이 필요했고 지름길을 갈구했다. 내가 찾아낸 요령은 내가 좋아하는 사람들에 기대는 방법이었다. 내가 특별히 좋아하는 사람들 중 그람시와 신채호 두 사람의 개념과 이론에 기대기로 했다. 정치를 '아와 비아의 헤게모니 투쟁'으로 보는 나의 관점은 역사를 '아와 비아의 투쟁'으로 정의한 신채호의 관점과 그람시의 '헤게모니' 개념을 절합시킨 것이다. 이들로부터 많은 개념과 시각을 빌려오되 나의 필요에 따라 취사선택하였다. 가령 '대아(大我)'와 '소아(小我)' 개념은 신채호에게서 가져왔지만, 대아를 진아(眞我)로 보는 신채호와 다르게 나는 이들을 가치중립적인 개념으로 사용한다. 그람시의 헤게모니 개념에도 내 해석을 가미했다. 2장에서 집중적으로 살펴본 헤게모니 개념과 8장에서 전개한 서로주체적 헤게모니 기제로서 민주주의론은 기본적으로 그람시의 생각에 뿌리를 두고 있지만, 나의 생각이 많이 들어간 논의들이다. 요컨대, 신채호나 그람시에 대한 평가 작업을 한 것이 아니다. 나는 내 정치 개념을 정립하기 위해서 그들의 개념이나 관점을 자의적으로 선택하여 사용했을 뿐이다.

정치를 '아(我)와 비아(非我)의 헤게모니 투쟁'(이하 '아비헤투')으로 정의한 나의 2010년 논문은 이와 같은 배경에서 나왔다. 학술지를 겨냥한 한 편의 논문에서 정치를 정의하는 것은 돌이켜보면 무모하기 짝이 없었다. 학술지 논문으로 싣기에는 너무 주제가 방대하고 근본적이기 때문이다. 자칫 추상적인 거대담론에 그칠 수 있다. 미시적인 주제들이 중심인 오늘날의 학계 풍토에서, 그와 같은 거대한 주제를 다루는 논문이 학회지에 게재되는 것도 기대하기 어려웠다. 그럼에도 나는 나의 정치 개념을 『한국정치학회보』에 싣고 싶었다. 사변적이고 엉뚱한 얘기에 그칠 수 있지만 같은 직종에 종사하는 동료들에게 나로서는 '말'을 걸고 싶었다.

적지 않은 학자들이 관심을 표명해 주고 응원해 준 덕분에 정치 개념에 대한 나의 생각을 더 발전시킬 수 있었다. 우선, 2010년 논문의 완성 과정에서 강정인 선생님이 세세하게 논평을 해주셨다. 논문 출판 이후에는 최영진 교수의 비판 논문이 나에게 큰 자극이 되었다. 최영진 교수와의 논쟁이 전개되면서 류석진, 이현휘 선생님도 참여해서 논의의 장이 넓어졌다. 아비헤투 정치 개념에 대해서 질문과 논평을 해준 학자들 덕분에 새로운 주제로 연구가 확대되었다. 그중 하나인 "서로주체적 헤게모니"라는 글에 대해 나의 은사이신 김홍우 선생님은 별도의 세미나를 열어 주셨다. 나는 수십 명의 학자들로부터 집중적인 코멘트를 받고 의견을 들을 수 있었다. 동료들이 제기한 질문들이 나를 괴롭히면서 새로운 연구 주제로 발전했다. 어떤 것은 여전히 붙들고 있고, 일부는 새로운 논문으로 발전하기도 했다.

아비헤투 정치 개념에서 '분리–통합'이라는 개념이 등장했다. 나는 2010년 논문에서 이미 '분리'와 '통합'이라는 개념을 헤게모니 개념과 연결해서 사용하고 있었다. 이 사실이, 아비헤투 논문을 쓴 지 2년이 지난 2012년 어느 날 문득 나의 머리에 떠올랐다. 우리가 남북한 관계에서 '분단'과 '통일'이라는 개념을 사용해왔다는 사실과 함께. '분단–통일' 개념 대신에 '분리–통합' 개념을 사용하면 남북한 관계를 새롭게 볼 수 있을 것 같았다. 내가 사용한 개념이 담고 있는 풍부한 함의가 2년 만에 나에게 찾아온 것이다! 주위의 가까운 동료들을 중심으로 「분리통합연구회」를 결성하여 의견을 나누면서 공동연구도 시작했다. 『남과 북의 서로주체적 통합』이라는 단행본도 출판했다(김학노 2018).

그런데 막상 아비헤투 정치 개념에 대해서 체계적인 단행본을 쓰고 싶다는 나의 소망은 여전히 이루지 못했다. 정치를 아비헤투로 규정한 논문을 쓴 지 10여 년이 지났지만, 앞으로 수십 년이 더 주어진다고 해도 스스로 만족할 정도의 생각을 발전시키기에는 모자랄 것 같다. 미완성인 부분이 여전히 남아 있고, 해야 할 공부도 너무 많다. 정치학의 미국의존성에 대한 비판에 이어 나의 대안을 제시하고 싶은 마음에, 일단 현재까지 발표한 글을 중심으로 책을 내기로 한다.

정치에 대한 나의 개념을 정립하는 이 책이 문승익이 주창하고 선도한 '자아준거적 정치학'의 수립에 기여하기를 간구한다. 나는 이 책에서 문승익이 1970년에 출간한 『주체이론』의 핵심적인 내용을 계승하고자 의도적으로 노력했다. 나는 문학이나 예술, 과학을 비롯한 인간의 활동이 일종의 '이어달리기'라고 생각한다. 앞선 선학들의 말(생각)을 이어받아서 나의 말을 얹으면서 누군가 나의 말을 이어가기를 바란다. 나의 말이 그럴만한 가치와 의미가 있기를 희망하면서…. 내가 나의 생각을 누군가 이어가기를 바라는 마음이 간절한만큼, 스스로 이어달리는 사람이 되고자 애쓰고 있다. 마치 최인훈이 박태원을 이어가면서 대화를 하듯이.

"문학자의 경우에 이 고유한 역사의식이란 것은 문학사의식이다. 우리 나라 문학이라는 표현물의 흐름을 연속된 사물로 의식하고, 자기 자신을 그 표현공동체의 살아 있는 인격화로 생각하는 자기파악의 위상이, 작가의 구체적 역사의식으로서의 문학사의식이다. 그래서 선행하는 문학작품이라는 표현물과 그 작품의 표현인격인 문학자는 후속하는 작가에게는 자기를 들여다보는 거울이 된다. 문학사의식은 그 문학사가 이미 원시신화나 설화의 단계를 벗어나 있다면, 그 속에서 다시 분화돼 있을 것이 당연하다. 그것을 유파(流派)라 불러도 좋을 것이다. 이 유파는 다시 그 속에 개인 경향에 의한 분화의 모양을 가진다. 이렇게 역사의식은 여러 겹으로 된 동심원의 도형에 비유할 수 있다. 박태원의 「구보씨의 일일」에서 나는 이 여러 겹의 구체적 분화의 모든 고리에서 동질성을 느끼게 하는 예를 만난 것이었다. 그것은 1차적으로 친근성이었지, 가장 높은 가치를 기준한 가치평가는 아니었다. 분화라는 말의 생물학적 원뜻에 충실하자면 분화라는 것은 유기체가 진화 과정에서의 미분화적 통합에서 기능적 분업으로 옮아온 것이기 때문에 분화의 각 측면 사이에 우열 관계는 성립할 수 없다. 필요해서 있을 것이 있게 된 상태다. 다만 기본적 규제가 있다. 전체에 대해 유해해서는 안 된다는 원칙이다. … 우리 문학사의 입장에서는 우리 문학의 연속성을 해치지 않는다는 조건이다. …

내가 읽어본 작품의 범위에서는 박태원은 이 연속성에 어긋나게 보이지 않았고, 그런 다음에 그가 나에게 가지는 의미는 그의 「구보씨….」에서 표현된 동업자로서의 친근함이었다. …

나는 박태원에 대해 대강 이런 생각을 가지면서 1970년 한 해 동안 「구보씨의 별볼일 없는 하루」라는 연작소설을 썼다. 박태원은 이 제목으로 한 편을 썼지만, 나는 그 분위기가 그렇게 끝나기에는 아까운 형식으로 보였다. 그가 북쪽에서 이 제목을 다시 사용할 가능성은 없다고 나는 판단했다. … 그러니까 70년 현재에서 볼 때 「구보씨……」는 과거에도, 현재에도, 미래에도(물론 수긍할 만한 미래 말이다), 우리 문학사에는 없는 존재라는 현실에서 우리가 살고 있기 때문에 「구보씨……」라는 이름으로 모작을 씀으로써 나는 우리 문학의 연속성의 단절에 항의하고, <민족의 연속성>을 지킨다는 역사의식을, 문학사의식의 문맥에서 실천하고 싶었다. 그것이 나의 구체적인 역사의식이었다. 그뿐만 아니라, 일련의 고전 명칭 차용 작품들을 쓴 나의 미학적 문제의식과도 관련되는 표현행동이었다. 문학사의 연속성이라는 것은 선후 작품들 사이에서 부르고, 받고, 그렇게 대화하는 관계 — 하나하나의 문학작품들이 등장인물이 된 드라마의 형식으로 존재한다는 믿음이다. <문학사> 전체가 끝날 줄 모르는 열린 미완의 작품이라는 생각. <미완>이라는 말은 결코 소극적 의미가 아닌, 진화론적 열림의 뜻으로 그렇게 부르고 싶다는 것. 문학사에서의 한 시대의 모습은 다음 시대에서 메타모르포시스되는 것이라는 생각. 문학사를 채우는 작품들은 다음 시대의 다른 작품으로 메타모르포시스된다는 생각. 문학사는 자기 자신을 프로테우스Proteus처럼 한없이 변모시켜 가는 푸가Fuga

같다는 생각. 선행, 후행하는 작품들은 자기들끼리 서로 알아보고, 시간과 배경을 건너뛰면서 부르고 화답하는 과거와, 현재와 미래가 공존하는 환상의 생태계라는 생각. 시대의 저편에서 부르는 소리, 시대의 저편에 걸린 거울에 비친 내 얼굴"(최인훈 1994, 48–50).

물론 자아준거적 정치학의 수립이 배타적 국수주의로 흐르지 않도록 경계할 필요가 있다. 나는 이론적, 개념적 주체화를 추구하면서도 보편성을 견지하는 자세를 취하고자 한다. 유길준형과 신채호형의 구분을 빌려서 말하자면, 이 책은 개념적 보편주의를 우선시하는 유길준형 전략을 신채호처럼 우리 안에서 찾으려는 노력이다. 즉, '우리 안의 보편성'을 찾고 수립하려는 시도다.

이 책에 실린 글들은 경험적 연구보다는 개념 탐구 또는 사유 연습에 치우친 글들이다. 나 자신의 독자적인 정치 개념과 정치관을 만들어내고자 하는 욕심이 지나쳐 일반 독자나 동료 학자들에게 낯설게 보일 수 있다. 나는 어려서부터 상당히 사변적인 모습을 갖고 있다. 그것이 싫어서 좀 더 손으로 만질 수 있는 공부를 하고 싶었고 정치사상이나 이론 분야를 떠나려고 했는데, 막상 이 책에 실린 글들을 보면 다시 원래의 모습으로 돌아온 것 같다. 김홍우는 다음과 같이 사변적인 공부를 경계했다.

"일반적으로 '개념'은 어떤 틀을 전제하고 있으며, 이를 통해서 '배제'하거나 '수용'하는 일종의 '의견 길들이기' 작업을 수행한다. 이와 같은 개념적 논의에서는 궁극적으로는 2가지 중의 하나를 선택할 수밖에 없다. 즉 의견이 완전히 일치하기 때문에 '함께 말할 필요가 없거나' 또는 의견이 완전히 불일치하기 때문에 '함께 말할 수 없거나'이다"(김홍우 2012, 337).

김홍우가 개념 위주의 작업에 대해 경고하듯이, 나의 작업이 "실제 사례(경험)를 통해서 일반규칙을 찾는 데 노력"하는 보통법(common laws) 접근과 달리 "사례(경험)를 규칙에 끼워 맞추는" 우를 범하지 않을까 걱정된다. 한편으로는 나의 개념들이 유치하고 설익어 보이지 않을까 하는 걱정도 있다. 그럼에도 동료들에게 말을 건네는 심정으로 이 책을 낸다. 무엇보다도 김홍우의 다음과 같은 말에 동의하기 때문이다.

"제기된 질문을 논쟁적으로 소화해내기! – 이것이야말로 정치사상 교육뿐만 아니라 오늘날의 대학교육의 절실한 과제라고 본다"(김홍우 2007, 1168).

논쟁과 토론은 "나만의 '독아론(solipsism)'적 사유과정에서 벗어나서 우리들 '간(間)'의 자유로운 공동성찰의 '서사극장(epic theatre)'을 만들어" 내는 과정이다(김홍우 2007, 1187). 나는 내 개념이나 관점을 절대적인 것으로 제시하고자 하는 생각이 전혀 없다. 그 어떤 누구도 그럴 수 없다. 민병태의 말처럼, "'문명'을 구제할 것을 임무로 하는 정치학이 일개의 천재에 의하여 창조될 것을 기대할 수는 없는 것이다"(민병태 1958, 19; 김홍우 2007, 153에서 재인용). 우리가 따로 또 함께 만들어가는 '서사극장'에서 내 목소리가 작지만 의미 있는 울림을 만나길 기대해 본다.

이 책은 세 부분으로 구성된다. 1부와 2부는 아비헤투 정치 개념을 소개하고 체계화한 것이고, 3부는 대부분 이론적 논의의 확장이다. 1장과 3장, 6~9장은 기존에 발표한 글들을 수정 보완하거나 책의 편성에 맞춰 재구성한 것이다. 2장과 4장 및 5장은 대부분 새로 집필했다. 9장은 이론적 논의이기보다 경험적 연구에 해당하는 것으로, 3부의 다른 글들과 성격이 확연히 다르다. 아비헤투 개념이 분석틀로서 갖는 유용성을 보여주기 위해 함께 출판하는 게 좋겠다는 학생들의 의견을 좇아 이곳에 수록한다. 개별 논문들을 쓸 때마다 아비헤투 정치 개념을 소개해야 했기 때문에 중복되는 부분들이 있다. 중복을 생략하거나 줄이기 위해 노력했지만, 원래 논문 그대로 둔 곳도 있다. 특히 3부에서 개별 논문 자체의 이해를 돕기 위해서 필요한 경우 다소 중복되더라도 원래의 모습을 유지했다.

이 책에 나온 생각이나 주장들은 나에게 전적인 책임이 있다. 하지만 누구라도 그러하듯이, 내 생각은 오롯이 나만의 몫이 아니다. 내 생각을 정립하는 데 도움을 준 분들이 너무나 많다. 나는 많은 사람들의 사랑을 받으며 살아왔다. 공부에 있어서도 선생님들과 선후배 동료들로부터 넘치는 사랑과 응원을 받았다. 이수호, 김동혁, 윤창구, 이근옥, 정효근, 박주기, 김만봉, 김영국, 구영록, 길승흠, 황수익, 이홍구, 김학준, 최명, 이정복, 김홍우, 안청시, 김세균, 장달중, 박찬욱, 강정인, 손호철, 김용호, 백학순, 권무혁, 류석진, 이현휘, 최영진 등 많은 선생님들이 베푼 사랑과 관심도 내가 공부하는 데 큰 힘이 되어왔다. 분리통합연구회 회원들, æting 친구들, 일진삼김, 79동기와 선후배들, 그리고 영남대학교의 청우방과 문지방 및 평화학연구팀과 중앙도서관의 여러 선생님들께도 고마움을 전한다. 특히 우리 공부 모임에 함께 해준 경산신문 최승호 대표께 감사의 말씀을 드린다. 겨레와 인류를 구하는 공부를 한다는 구실로 일상의 민주주의를 바로 세우는 데 소홀히 해서 송구하다는 말씀을 안팎의 길동무들께 올린다.

영남대학교 정치외교학과 선생님과 학생들께도 특별한 감사의 마음을 전하고 싶다. 우철구, 이문조, 김영문, 김태일, 정달현, 정준표 선생님은 내가 학과에 들어올 때부터 아낌없는 성원을 해주셨다. '리더십 콜리키움'을 만들어서 당신들의 정치적 성향에 어울리지 않는 정치인들을 불러도 내색하지 않았고, 학과에 새로운 바람을 불러일으킨다는 명목으로 학생들과 산행 및 기행을 다니는 데도 열심히 참여해 주셨다. 무엇보다도 우리 학과 교과목을 전반적으로 개편하는 데에도 싫은 내색 없이 응원해주셨다. 특히 고인이 되신 이문조 선생님은 내가 개설하고 싶은 과목을 마음껏 편성할 수 있도록 당신의 과목을 폐지하면서까지 힘을 실어주셨다. 늦게나마 선배 선생님들께 감사의 말씀을 올린다. 학과의 현 동료와 학생들께도 감사의 마음을 전한다. 지난 10여 년 간 대학원과 학부 수업에서 가끔 이 책의 내용을 같이 논했다. 너무 추상적이고 난해한 주제였겠지만 열심히 참여해 준 친구들로부터 많은 것을 배웠다. 졸업 후에도 계속 관심과 사랑을 보내주는 친구들과, 함께 서로 배움의 과정에 참여해준 많은 친구들에게 고마운 마음을 전한다. 마지막 원고의 정리와 교정을 위해 큰 도움을 준 이예인(영남대학교 정치외교학과) 씨에게도 감사한다. 책의 완성을 위해 귀중한 조언을 해주신 박영사의 양수정, 장규식 님께도 감사드린다. 인세 갑부를 만들어 주겠다는 나의 공언에 이번 생을 계속 함께 하고 있는 아내 혜선과 나의 아들로 태어나준 지훈과 지형에게도 사랑과 고마움을 전한다.

후학들을 사랑하고 동등한 학자로 존중해 주신 고 구영록 선생님께 이 책을 바칩니다.

2023년 2월
김학노

|차 례|

정치,
아 와
비 아 의
헤 게 모 니 투 쟁

제 **1** 부   **정치와 헤게모니**

여기서는 정치를 '아와 비아의 헤게모니 투쟁(아비헤투)'으로 보는 나의 정치 개념을 소개한다. 이 책에서 정립하는 정치 개념과 이론적 논의의 출발점에 해당한다. '아와 비아의 헤게모니 투쟁'이라는 나의 정치 개념은 '아와 비아의 투쟁'이라는 신채호의 역사관과 그람시의 헤게모니 개념을 합친 것이다. 아비헤투 정치 개념은 정치를 역사 속에서 본다. 이는 정치학과 역사학을 분리시킨 미국의 정치학과 근본적으로 차이가 있다. 또 그람시의 헤게모니 개념을 가져옴으로써, 정치를 권력 현상으로 보는 일반적인 시각에 동조하는 동시에 작지만 중요한 차이를 유지한다. 신채호와 그람시의 관점과 개념을 가져오면서 나는 그들의 개념을 내 나름대로 변용하여 사용할 것이다. 가령 아와 비아, 소아와 대아 등의 개념을 신채호에게서 가져오는데, 그와 달리 이들을 가치중립적인 개념으로 사용한다. '아와 비아의 투쟁'이라는 신채호의 역사 개념에 깊이 의존하면서도, 그의 저항적 민족주의 사관이 갖고 있는 고정되고 적대적인 관계를 상정하지 않는다. 따라서 아비헤투 정치 개념은 '우리-그들'의 적대적 관계만을 나타내는 것이 아니다. 또 아와 비아를 고정된 주체로 보지도 않는다. 그람시의 헤게모니 개념도 확장하여 '우리'의 형성과 연결시킨다. 2장에서 보듯이 나의 헤게모니 개념은 그람시에 뿌리를 두면서도 나름대로 독특한 강조점을 가질 것이다. 이러한 변용 과정에서 나는 문승익 (1970)과 김상봉(2007)의 시각을 많이 원용한다.

제1장 정치, 아와 비아의 헤게모니 투쟁*

"역사란 무엇인가. 인류사회의 '아(我)'와 '비아(非我)'의 투쟁이 시간적으로 발전하고 공간적으로 확대되는 심적 활동의 상태에 관한 기록이다. 세계사란 세계의 인류가 그렇게 되어온 상태의 기록이며, 조선사란 조선민족이 그렇게 되어온 상태의 기록이다.

무엇을 '아'라 하고 무엇을 '비아'라 하는가? 한마디로 쉽게 말하자면, 무릇 주관적 위치에 선 자를 '아'라고 하고 그 외에는 모두 '비아'라 한다. 이를테면 조선인은 조선을 '아'라고 하고 영국·미국·프랑스·러시아 등을 '비아'라 하지만, 영국·미국·프랑스·러시아 등은 각기 자기 나라를 '아'라 하고 조선을 '비아'라 한다. 무산계급은 무산계급을 '아'라 하고 지주나 자본가 등을 '비아'라 하지만, 지주나 자본가 등은 각기 자기와 같은 계급을 '아'라고 하고 무산계급을 '비아'라 한다.

뿐만 아니라 학문이나 기술, 직업이나 의견, 그 밖의 어떤 부문에서든 반드시 본위인 '아'가 있으면 따라서 '아'와 대치되는 '비아'가 있는 것이다. '아' 내부에도 '아'와 '비아'가 있고, '비아' 안에도 또한 '아'와 '비아'가 있다"(신채호 2006, 24).[1]

* 이 장은 김학노(2010)를 수정·보완한 것임.
1) 본문 속에 부가된 옮긴이의 설명을 삭제하고 문장부호를 바꿨음.

1. 여는 말

이 글은 정치를 '아(我)와 비아(非我)의 헤게모니 투쟁(이하 '아비헤투')'으로 정의한다. 여기서 사용하는 헤게모니 개념은 넓은 의미의 지배관계로서, 강압과 동의의 양면성을 갖는 지배—지도관계를 지칭한다. 헤게모니 관계 및 투쟁은 지배세력과 저항세력 사이에서뿐만 아니라 지배세력 내에서 또 저항세력 내에서도 발생한다. 헤게모니 '투쟁'이란 헤게모니를 유지하고 획득하기 위한 항쟁 및 헤게모니를 행사하고 구축하는 활동을 총칭한다. 즉 헤게모니 '투쟁'에는 지배 헤게모니에 대항하는 저항 헤게모니의 투쟁뿐만 아니라 지배 헤게모니를 유지하고 강화하려는 (현상유지 및 현상강화를 위한) 헤게모니 행사도 포함된다. 따라서 헤게모니 행사나 투쟁이 가시적이지 않을 경우에도 나는 '투쟁'이 전개되고 있다고 본다. 일상생활에서 헤게모니는 길들이기나 스며들기를 포함하여 다양한 방식으로 행사된다. 이때 헤게모니를 단일한 하나의 체계(몸통)로 생각하지 말아야 한다. 다양한 세력의 다양한 이익과 가치를 실현하거나 대표하는 헤게모니들이 서로 우위를 차지하려고 경쟁한다.[2]

우리 학계의 정치학은 미국을 위시한 서양의 이론과 개념에 많이 의존하고 있다. 우리 학자들이 고안한 이론과 개념에 대해서는 상대적으로 관심을 적게 기울이는 경향이 있다.[3] 그럼에도 지난 십여 년간 우리 학계에서도 이종영(2005), 홍성민(2009), 김영명(2007; 2018), 김홍우(2002; 2007), 진은영(2014), 함재봉(2021) 등 정치를 나름대로 정의하는 중요한 시도가 있다.[4] 대중의 눈높이에 맞추면서 자신의 정치관을 소개하는 책도 상당수 있다(대표적 예로 박상훈 2011; 진중권 2017; 유종 2016 참조). 거슬러 올라가서, 문승익(1984; 1992; 1999)처럼 일찌감치 자신의 독창적인 정치 개념을 수립한 학자도 있다(기유정 2017; 정윤재 1999,

---

2) 가령 남한의 국민을 만드는 다양한 종류의 정치, 경제, 문화 분야에서의 헤게모니 행사는 한겨레를 형성하고 유지하려는 헤게모니들과 충돌하고 있다. 우리가 남한의 국민으로 만들어지는 과정에서 남한(작은 우리)과 한겨레(큰 우리) 사이의 투쟁이 전개되고 있는 것이다. 그것이 보일 수도 안 보일 수도 있다.

3) 이와 관련하여 한국 정치학의 전개와 성과에 대한 이정복(2017, 778–958)의 포괄적인 조사와 정리는 중요한 의미를 갖는다. 이정복(1999)도 참조.

4) 특히 이종영은 매우 도발적이고 풍부한 생각거리를 제공한다. 그러나 그에 대해서 "왜 논쟁의 장이 열리지 않는가"라는 질문이 제기될 정도로 정당한 주목을 받지 못하고 있다(이정희 2005).

11 참조). 이 글은 우리 학계에서 시도되고 있는 정치에 대한 우리 나름의 개념 규정과 시각 정립을 위한 논의에 나 자신의 정의를 하나 보태는 것이다. 그것이 우리의 정치학 발전에 기여할 것이라는 기대에서다.

정치를 아비헤투로 정의하는 것은, 신채호의 역사 개념과 그람시(Antonio Gramsci)의 헤게모니 개념을 종합하는 시도다. 하지만 그들의 이론과 시각 자체에 충실할 생각은 없다. 개념을 빌려온 것은 그것이 나 자신의 개념 정립에 유용해서일 뿐이다.

정치를 헤게모니 투쟁으로 보는 시각은 크게 볼 때 정치를 권력투쟁으로 보는 시각과 같은 부류에 속한다(헤이우드 2014, 27-42 참고). 권력 대신에 헤게모니 개념을 사용하는 것은 아래에서 살펴보듯이 헤게모니 개념이 권력 개념보다 더 유용하다는 판단 때문이다. 아울러, 신채호의 역사관에 준거하여 정치를 정의함으로써 정치학과 역사학의 연계를 도모하고 권장하려는 뜻도 있다(차기벽 1993 참조). 이들의 개념을 빌려오지만, 아와 비아, 그리고 헤게모니 개념을 구체적으로 사용하는 방식은 전적으로 나의 판단에 따라 선별적으로 이루어질 것이다.

특히, 헤게모니 개념을 사용하되 그람시의 계급적 시각에서 벗어나고자 한다. 라클라우와 무페(Laclau and Mouffe 2001, 137-138)처럼, 이 글도 헤게모니 주체가 궁극적으로는 근본적 계급의 지평 위에 있다고 하는 그람시의 시각을 고집하지 않는다. 헤게모니 개념은 지배와 지도라는 상하관계를 내포하고 있으나, 그것을 계급관계에 국한시킬 필요는 없다. 정치를 아비헤투라고 정의함에 있어서, 아와 비아의 단위도 반드시 계급일 필요가 없다. 헤게모니 정치에서 '우리'를 형성하는 단위는 계급은 물론, 국가, 민족, 정당, 이념, 지역, 세대, 젠더(gender), 종교, 인종, 문화, 언어 등 다양한 범주가 될 수 있다.

이 장의 구성은 다음과 같다. 첫째, 헤게모니 개념을 강압적 지배와 동의적 지도를 포괄하는 넓은 의미로 규정한다. 넓은 의미의 헤게모니 개념은 나쁜 정치와 좋은 정치, 투쟁과 통합의 양면성을 포함하는 점에서 권력 개념보다 더 유용하다.

둘째, 아와 비아의 관계를 주로 형태적인 측면에서 살핀다. 아와 비아는 이항대립적으로 보기보다는 여럿의 아와 비아들이 존재하는 것으로 볼 필요가 있다. 대개의 경우 아와 비아의 경계는 확실하지 않고 유동적이며 불확정적이다.

셋째, 아 즉 우리의 형성 문제를 논한다. 동일한 울타리에 속한다고 해서 곧 우리가 되는 것은 아니며, 우리가 되기 위해서는 공동의 우리의식이 있어야 한다. 우리의식이 발전할 수 있는 잠재적 계기들은 많으며, 여러 잠재적 주체 간의 우위를 놓고 벌이는 것이 헤게모니 정치다.

넷째, 아의 건설을 기본적으로 헤게모니 수립 과정으로 보고, 헤게모니는 곧 '소아(小我)'에서 '대아(大我)'로 자아를 확대하는 것이라고 주장한다. 이때 헤게모니 투쟁은 당파적 보편성을 구축하는 과정이다. 즉 소아에 입각한 보편성을 대아의 규범으로 정립하는 투쟁과정이다.

다섯째, 소아에서 대아로의 확대방식을 크게 두 종류로 구분하여, '홀로주체적' 헤게모니와 '서로주체적' 헤게모니를 구별한다. 홀로주체적 헤게모니는 주체인 아가 비아를 주체가 아닌 객체로 간주하는 반면, 서로주체적 헤게모니는 아와 비아가 서로 상대를 객체가 아닌 주체로 간주한다. 이렇게 구분하였을 때 '정치적 선(善)'은 서로주체적 헤게모니를 지향하는 것이라고 주장한다.

마지막으로, '우리'의 층위를 분리와 통합의 두 수준으로 나누고 이들 층위에서 상이한 헤게모니 방식들이 사용되는 범주들을 구별해 본다. 분리의 차원은 아와 비아가 새로운 대아로 발전하기 전에 개체로서 존재하는 차원이고, 통합의 수준은 새로운 대아로 절합하여 새로운 우리의식을 갖는 차원이다. 분리와 통합의 두 층위에서 홀로주체적 헤게모니 방식과 서로주체적 헤게모니 방식을 나누었을 때, 국내정치와 국제정치의 여러 측면들을 분류할 수 있다. 이는 정치를 아비헤투로 정의한 개념 규정의 유용성을 보여줄 것이다.

2. 헤게모니 개념

헤게모니 개념은 매우 다양하게 사용된다. 사르토리(Sartori 1976, 230)의 정당체계 분류에서 헤게모니는 억압적인 정당체계를 가리킬 때 사용되고, 패권전쟁이론이나 패권안정론에서는 헤게모니를 주로 물적 자원을 압도적으로 보유한 상태를 가리키는 데 사용한다(Keohane 1984, 32). 반면에 그람시는 대중들의 자발적 리더십에 입각한 동의의 측면을 강조하기 위하여 헤게모니 개념을 사용한다. 부르주아 헤게모니를 논할 때는 경멸적인 함의가 있고, 대항 헤게모니를 논할 때는 보다 긍정적인 함의가 실린다. 여기서는 먼저 헤게모니 개념을 이러한 여러 가지 측면을 담고 있는 포괄적인 의미로 규정하고, 이 개념이 권력 개념보다 유용한 이유를 제시한다.

(1) 헤게모니: 강압과 동의의 혼재

헤게모니는 간단히 정의하자면, "리더십 + 지배" 또는 "자발적 동의 + 강제력"이다. 그람시는 권력이 가지고 있는 양면성을 인간과 짐승의 모습을 반씩 가지고 있는 센타우르(Centaur)에 비유하고 이를 표현하기 위해서 헤게모니 개념을 사용한다. 그에 따르면, 지배세력은 단순히 강제력에 입각해서 지배하는 것이 아니고 지배를 받고 있는 인민들의 자발적 동의에 입각해서도 지배를 하고 있다. 일면 단순한 힘의 관계인 것처럼 보이는 지배관계에, 적나라한 힘의 관계로만 돌릴 수 없는 무엇인가가 있다는 것이다(그람시 1993, 77 - 78; 1999, 190 - 192; Gramsci 2007, 284).

적나라한 힘으로 돌릴 수 없는 그 무엇이 그람시에 있어서 좁은 의미의 헤게모니다. 즉 순수한 의미에서의 헤게모니는 강압에 입각한 지배와 대조되는 개념이다. 이 때 헤게모니는 인민들의 자발적인 동의에 입각한 리더십 즉 지도관계를 의미한다. 헤게모니를 좁은 의미에서 사용할 때, 지배관계에서 동의의 측면이 우세한 만큼 헤게모니가 우세하다고 할 수 있다. 물론 헤게모니가 압도적인 비중을 차지하는 경우에도 지배관계에서 강압적 측면을 완전히 배제하기는 어렵다. 이 경우 강압은 헤게모니의 배후에서 그 모습을 드러내지 않는다. 많은 경우 대다수 인민들의 행동을 길들이는 데 헤게모니로 충분하기 때문이다 (Cox 1993, 52).

넓은 의미에서의 헤게모니는 자발적 동의에 입각한 지도뿐 아니라 강압을 통한 지배까지 포함한다. 실제에 있어서 강압과 동의는 서로 독립적으로 존재하기보다는 함께 사용되고, 어떤 특정한 경우에 이들을 뚜렷이 구별하기란 쉽지 않다. 그람시가 센타우르로 비유한 것처럼, 동의에 입각한 리더십과 강제력에 입각한 지배는 한 몸 속에 혼재해 있다. 즉 현실세계에서 '지배'는 '지도'의 측면을 포함하고 있다. 앞에서 헤게모니 개념이 지배관계에 주로 사용된다고 하였는데, 엄밀히 말하면 지배와 지도가 혼재해 있는 지배 - 지도관계를 지칭한다. 이 글에서는 헤게모니를 이와 같은 넓은 의미, 즉 강압과 동의의 양면성을 동시에 갖는 것으로 사용한다. 좁은 의미로 사용할 때는 '순수한' 헤게모니라는 수식을 붙인다.

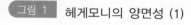 헤게모니의 양면성 (1)

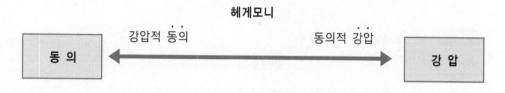

출처: 조희연 2004, 147.

조희연(2004)이 고안한 <그림 1>은 헤게모니의 양면성을 하나의 연속선으로 잘 보여준다. '강압적 동의'는 모든 동의에 강압의 측면이 있음을, '동의적 강압'은 모든 강압에 동의의 측면이 있음을 의미한다. 특정 국면의 헤게모니는 <그림 1>의 연속선 위의 어느 지점에 위치한 것으로 이해할 수 있다. 이렇게 "헤게모니＝강압＋동의"를 연속선으로 이해함으로써, 자칫 우리가 빠질 수 있는 이분법적 사고에서 벗어날 수 있다. 그람시도 헤게모니를 동의와 강제력의 연속선으로 이해하고 있다. 그는 동의와 강제력 사이에 '부패－사기'가 위치한다고 한다. 즉 반대편을 매수하거나 그 지도자를 매수함으로써 상대편의 전열을 흔드는 방법이 있다(Gramsci 1992, 156).

논의를 조금 더 진전시키면, 헤게모니 개념을 <그림 2>처럼 설득과 규율, 권위와 폭력의 복합체로 확대할 수 있다. 강압의 측면이 주로 인민의 몸과 행동을 '규율'하는 데 비하여, 헤게모니의 동의 측면은 주로 인민의 마음을 '설득'한다.[5] 인민의 동의를 구축하는 것은 곧 그들의 마음을 움직여서 자발적으로 따르도록 하는 것이기도 하다. 여기서 설득이 반드시 합리적일 필요는 없다. 이성적 설득뿐 아니라 감성적 설득도 가능하다. 의식을 기만하거나 조절함으로

---

5) 뒤에 5장에서 나오겠지만 몸－마음－행동은 서로 밀접히 연결되어 있다. 헤게모니의 강압과 동의의 측면이 각각 몸과 행동 차원 및 마음 차원에 집중된 것으로 설명했지만, 실제에 있어서 이들은 모두 몸－마음－행동의 여러 차원에 걸쳐서 작용한다.

써 마음을 얻는 방법도 있다. 또, 타자의 의지가 나에게 스며들어서 내가 의식하지 못하는 사이에 적극적으로 동의하거나 수동적으로 묵인할 수도 있다.[6] 즉 적극적이고 참여적인 동의뿐만 아니라 길들여진 동의, 스며듦에 의한 동의도 가능하다. 강압과 동의, 규율과 설득, 자발성과 타율성이 사실상 혼재하여서 그 경계를 구분하기가 어려울 수 있다.

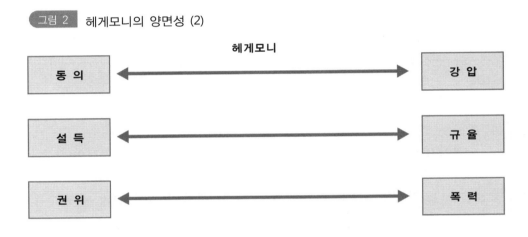

그림 2　헤게모니의 양면성 (2)

동의를 받는 권력은 정당성을 인정받는 권력이며, 이를 보통 '권위'라고 한다. 반면에 동의를 구축하지 못한, 정당성이 없는 권력을 '폭력'이라고 부르자. 헤게모니는 적나라한 폭력과 권위의 양 측면을 포함하는 것으로 볼 수 있다. 전적으로 폭력에 의지하거나 전적으로 권위에 의지하는 것은 현실세계에서 찾기 힘들다. 현실의 헤게모니는 이들 양극단을 연결하는 연결선 위의 어느 지점들에 위치한다. 이 때에도 정당성이 반드시 합리적일 필요는 없다. 인민들의 참여

---

6) 그람시도 이 점을 인지한 것으로 보인다. 우리는 보통 그람시의 헤게모니 개념을 인민대중의 '적극적 동의'에 입각한 지도로 이해한다(2장 1절의 스콧(James Scott) 논의 참고). 하지만 그람시는 프랑스의 부르주아지가 지배계급으로부터 자율성을 획득하는 한편 다른 하위세력들 즉 민족적-민중적 지지를 획득하는 데 성공한 사실을 강조한다. 이때 그가 민족적-민중적 지지를 언급하면서 "적극적 또는 수동적 동의"라는 표현을 쓰고 있다(Gramsci 1996, 91-92). 인민들의 동의가 수동적 형태로 나타날 수 있음을 그람시가 인지하고 있었던 것을 알 수 있다.

의식에 바탕을 둔 '합리적 권위'는 물론이고, 참여의식이 뚜렷하지 않은 상태에서 맹목적으로 이루어지는 '신화적 권위'도 포함한다(문승익 1992, 75-80).

요컨대, 헤게모니 개념은 동의와 강압, 설득과 규율, 권위와 폭력의 양면성을 그 안에 담지하고 있다. 지배-지도의 부정적 의미와 긍정적 의미를 한 몸에 담고 있다. 뿐만 아니라 헤게모니 개념은 지배에 대항하는 저항의 전략으로도 사용된다. 저항 헤게모니 또는 대항 헤게모니라는 개념은 이미 널리 사용되고 있다. 헤게모니 개념은 기본적으로 지배-지도관계를 염두에 둔 개념이지만, 지배-지도관계를 전복하거나 해체하는 가능성도 포함한 개념이다. 즉, '지배의 정치'와 '저항의 정치'를 모두 볼 수 있는 개념이다.[7]

(2) 헤게모니 개념의 장점

헤게모니 개념은 권력 개념과 대립되는 것이 아니다. 다만 권력의 두 얼굴을 강조한 개념이다. 그렇다면 권력의 두 얼굴을 강조하면서 정치를 권력투쟁으로 규정할 수도 있을 것이다. 더욱이 권력이라는 개념은 헤게모니 개념보다 널리 쓰이고 있는 장점이 있다. 그럼에도 다음과 같은 이유 때문에 정치를 권력투쟁 대신 헤게모니 투쟁으로 정의한다.

첫째, 헤게모니 개념은 권력을 내포하고 있으면서 동시에 권력 개념이 담아내지 못하는 현상과 속성을 잘 포착한다. 적지 않은 학자들이 참된 정치와 그릇된 정치, 좋은 정치와 나쁜 정치를 구분한다. 김홍우는 기존의 정치학이 정치의 결과에 초점을 두는 '힘의 정치'에 치우친 점을 지적하고, 결과가 아니라 과정에 초점을 두는 '정치의 힘'을 볼 것을 주장한다. 이 때 정치는 권력투쟁과 구별하여 "바른 의사소통"으로 정의된다. 김홍우에 따르면, "바른 소통에 대한 가장 근본적인 장애는 정치 그 자체에 있기보다는 정치를 가장한 소유 지향성에 있다"고 한다. 그는 소통이 소유를 지배하는 정치를 '참된 정치', 소유가 소통을 지배하는 정치를 '의사정치'로 규정한다. 라스웰(1979)의 『정치: 누가 무엇을 언제 어떻게 얻는가?』가 '소유지향적' 정치관을 대표한다면, 아렌트(1996)의 『인간의 조건』은 '소통지향적' 정치관의 대표격이라고 한다. 김홍우는 정치에 대한 이와 같은 두 가지 대립적 견해를 1920년대 슈미트(Schmitt)의 의회해체론과 라

---

7) 손호철(2002, 53)은 정치를 단순히 '통치'로 보는 시각을 비판한다. 지배의 정치만 보고 저항의 정치는 볼 수 없기 때문이다.

스키(Laski)의 주권해체론의 논쟁으로까지 소급한다(김홍우 2007, 63-175).[8]

비슷한 예로, 김영명은 '작은 정치'와 '큰 정치' 또는 '좋은 정치'와 '나쁜 정치'를 구분한다. 그에 따르면, 작은 정치는 권력투쟁의 정치다. 반면 큰 정치는 사회정의를 실현하거나 사회 구성원들의 행복 증대를 추구한다. 그는 사적 권익의 추구와 공적인 정의 실현을 기준으로 작은 정치와 큰 정치를 구분한다. 사익 즉 사회의 '부분 이익'을 추구하는 것이 작은 정치라면, 사회의 '전체 이익,' 즉 당파이익에 대비되는 '국가이익'을 추구하는 것이 큰 정치다. 그에게 있어, "부분 이익들을 국가 이익으로 승화시키는 것이 정치의 역할이고, 그것을 잘하는 것이 좋은 정치이고 못하는 것이 나쁜 정치이다"(김영명 2007, 46-50, 67-71; 2018, 49-52, 69-73).

헤게모니 개념은 이와 같은 참된 정치와 거짓된 정치라는 대립된 시각을 한 몸에 담는다. 헤게모니 개념은 '힘의 정치'와 '정치의 힘'을 모두 포괄한다. 헤게모니 개념은 정치의 소유지향적인 측면을 주시하면서도 동시에 소통지향적인 측면을 무시하지 않는다. 헤게모니는 강압에 입각한 지배와 동의에 입각한 리더십을 함께 포함하기 때문이다. 강압에 의한 지배가 소유지향의 정치라면 동의에 입각한 리더십은 소통지향의 정치다. 전자가 행동의 규율에 초점이 있다면, 후자는 의식의 설득에 중점이 있다. 이 둘은 서로 별개의 것으로 떨어져서 구분되어 존재하는 것이 아니다. 강압에 입각한 지배도 국민들의 자발적 동의를 필요로 하고 이를 구축하기 위한 담론정치를 필요로 한다. 동의에 입각한 리더십도 그 궁극적인 측면에서는 강제력을 배경으로 하는 경우가 비일비재하다.[9]

김홍우와 김영명이 힘의 정치와 권력투쟁을 참된 정치와 큰 정치에 대조되는 개념으로 제시한 것은, 권력 개념이 가지고 있는 한계 때문이다. 통상적인 권력투쟁 개념으로는 김홍우의 '바른 소통의 정치'나 김영명의 '큰 정치'를 볼 수 없다. 반면에 정치를 헤게모니 투쟁으로 개념화할 경우, 이들 참된 정치는 물론 당파적 권익을 추구하는 나쁜 정치도 함께 볼 수 있다. 권력과 정치의 양

---

8) 김홍우(2007, 75-153)에 따르면, 한국에서 정치학의 초석을 쌓은 민병태의 정치학은 이러한 두 가지 시각의 대립을 극복하려는 노력이라고 한다. 이 글에서는 헤게모니 개념이 그러한 역할을 한다고 주장한다.

9) 소통과 소유도 명확히 구분되기보다는 혼재해 있다. 소통을 통제하려는 많은 시도는 소통지향적 정치와 소유지향적 정치가 실제에 있어서 혼재함을 보여준다. 리프킨(2001) 참조. 이 점은 2010년 강정인 교수의 논평에서 배웠음.

면성을 권력 개념보다 헤게모니 개념이 더 잘 포착하는 것이다.

둘째, 헤게모니 개념은 강압과 동의의 양면성뿐 아니라 투쟁과 통합의 양면성도 한 몸에 담고 있다. 프랑스의 정치학자인 뒤베르제(Duverger 1997)는 정치의 야누스(Janus)적 성격을 강조하면서, 정치를 권력투쟁과 사회통합의 양면성을 가진 것으로 서술한다. 이수윤(2006)은 정치의 근본과제를 '질서유지', 정치의 전개과정을 '계급투쟁', 정치의 궁극목적을 '사회통합', 국제정치의 핵심방향을 '자주실현'으로 규정하고 『정치학』을 구성한다. 이수윤도 사회통합(질서유지 포함)과 투쟁의 양면성을 보는 점에서 뒤베르제와 유사하다.

이들은 권력투쟁과 사회통합의 양면을 보는 점에서 정치의 어느 한 면만 보는 시각보다 뛰어나다. 예컨대, "정치적인 것"을 "적과 동지의 구분"으로 보고 이들의 관계를 적대관계 즉 투쟁의 측면에서만 보는 슈미트(1995; 장준호 2005 참조)와 비교할 때, 뒤베르제와 이수윤은 투쟁뿐 아니라 통합의 측면을 보는 점에서 보다 균형이 잡혔다고 평가할 수 있다. 그러나, 그들은 권력투쟁과 사회통합을 별개의 것으로 나누어 본다. 우리가 통상 사용하는 권력투쟁이라는 개념이 사회통합의 측면을 담아내지 못하기 때문이다.

헤게모니 개념은 권력투쟁과 사회통합의 양 측면이 그렇게 나뉠 수 있는 것이라고 보지 않는다. 즉 뒤베르제나 이수윤처럼 투쟁과 통합을 나누어서 보지 않는다. 헤게모니는 사회를 분열하는 방식으로 사용될 수 있지만, 동시에 사회를 통합하는 방식으로도 구축될 수 있다. 사회의 광범위한 층으로부터 자발적 동의를 구축하는 과정이 곧 헤게모니 투쟁이면서 동시에 사회통합을 위한 노력이 된다. 예를 들면 정당들 사이의 경쟁은 권력투쟁이자 사회통합의 과정이기도 하다. 정당들이 보다 많은 표를 획득하기 위해서 벌이는 경쟁은 정권을 장악하기 위한 권력투쟁이다. 정당들끼리 자기 지지세력을 나누는 정도만큼 이 경쟁은 사회분열의 과정으로 보일 수 있다. 그런데 헤게모니 관점에서 보면, 이는 보다 많은 사람들에게 호소하고 그들을 끌어안기 위해 노력하는 경쟁이기도 하다. 헤게모니 투쟁은 그 안에 사회통합의 측면을 포함하고 있는 것이다 (Schattschneider 1960, 64 참조).

어떤 정당은 보다 많은 사람을 끌어안기보다는 특정 집단을 배제하는 '뺄셈의 정치'를 펼칠 수 있다. 이 뺄셈의 정치는 사회 전체적인 면에서는 통합보다 갈등을 조장하기가 쉽다. 물론 뺄셈의 정치도 자기 세력권 내의 사람들에 대해서는 통합의 측면을 가지고 있다. 정말로 중요한 문제는 통합의 외연보다도 통합의 내포 즉 통합의 깊이와 성격이다. 이는 아래에서 살펴보겠지만, 아와 비아의 만남의 외연과 내포의 문제다. 이 점에서 헤게모니 개념은 힘의 정치와 소통의 정치는 물론, 권력투쟁과 사회통합의 두 측면을 동시에 가지고 있는 정치의 모습을 잘 포착한다.

정치를 헤게모니 투쟁으로 보는 것은, 정치를 권력투쟁으로 보는 관점과 상당히 다른 실천적 함의를 가진다. 헤게모니 개념은 상대방의 권력을 빼앗는 것보다 자신의 권력토대를 구축하는 데 더 큰 비중을 두기 때문이다. 정치를 권력투쟁으로 보는 관점은 상대방으로부터 권력을 빼앗기 위해 노력한다. 반면에 정치를 헤게모니 투쟁으로 이해할 경우 상대방으로부터 권력을 빼앗기보다 자신의 권력토대를 구축하는 것이 더 중요해진다. 권력투쟁으로서의 정치가 '집 빼앗기'에 해당한다면 헤게모니 투쟁으로서의 정치는 상대방의 집을 부수는 것 못지 않게 내 자신의 '집 짓기'를 더 중요하게 본다. 요컨대, 사회통합을 통해 권력을 수립하는 과정이 헤게모니 구축과정이며, 이는 헤게모니 투쟁으로서의 정치에서 핵심적인 위치를 차지한다.

마지막으로, 헤게모니 개념은 (시민)사회의 중요성을 강조한다. '국가'를 중심으로 정치를 보는 관점과 달리, 정치를 '권력'현상으로 보는 시각은 사회의 다양한 층위와 영역에서 권력현상을 발견한다. 이에 따라 정치의 편재성(遍在性) 문제가 발생하기도 한다(김홍우 2002, 6). 그러나 권력투쟁을 중심으로 정치를 본다면, 무엇보다도 국가를 중심으로 한 권력투쟁에 주목을 해야 할 것이다. 사회의 다른 어떤 영역보다 국가가 가장 중요한 권력의 소재지이기 때문이다.

이와 관련하여 이종영(2005)이 중요한 논의를 제공한다. 그는 "정치 → 권력 → x"라는 공식으로 권력투쟁의 측면을 강조한다. 이종영은 정치적 장(場) 안에서의 '정치Ⅰ'과 정치적 장 자체를 해체하고 재구성하려는 '정치Ⅱ'를 구분한다. 정치적 장은 "정치가 그 속에서 행해지는 특수한 '장(場)'"이다. 정치적 장 안에 지배권력이 존재하고 그 지배권력을 둘러싼 투쟁 즉 정치Ⅰ이 전개된다. 정치Ⅱ는 정치적 장 자체를 놓고 싸우는 '근원적 정치'로서 정치Ⅰ보다 훨씬 격렬한 권력투쟁이다. 권력투쟁의 관점에서 볼 때, 사회의 여러 영역에서 전개되는 투쟁보다 정치적 장 안에서 그리고 정치적 장을 둘러싸고 전개되는 정치Ⅰ과 정치Ⅱ가 훨씬 중요하다.

나는 정치적 장 안에서의 정치 I 과 정치적 장을 둘러싸고 벌어지는 혁명과 반혁명의 정치 II 가 중요하다는 이종영의 생각에 공감한다. 그것이 헤게모니 개념으로 정치를 볼 때에도 강압적 권력투쟁을 제외하지 않는 이유다. 그러나 정치는 정치적 장 안에서만 또는 정치적 장을 둘러싸고만 일어나지는 않는다. 정치적 장의 기반이 되는 사회 내의 다양한 헤게모니 투쟁도 중요한 것이다. 이점에서 이종영이 (시민)사회의 여러 부분을 주된 관심영역에서 제외하는 데에는 동의하기 어렵다. 적나라한 힘의 정치라는 관점에서는 부차적으로 보일 수 있지만, 헤게모니의 관점에서 보면 (시민)사회의 여러 영역들이야말로 정치가 전개되는 곳이기 때문이다. 아울러 헤게모니 개념으로 보면, 폭력적 권력 자원뿐 아니라 국가와 (시민)사회의 다양한 정치적, 경제적, 문화적, 이데올로기적 자원과 제도 및 담론도 중요하다.

헤게모니 개념은 권력투쟁이 국가와 정치사회에서도 일어나지만 시민사회의 영역에서도 일어난다고 본다. 시민사회가 근대적 개념이라고 해서 헤게모니 개념을 근대에 국한시킬 필요는 없다. 전근대 사회에서도 정치 I 과 정치 II 의 기반은 정치적 장 밖에 위치한 사회의 다양한 세력관계에서 구축되었다. 아와 비아의 구분이 이루어지는 것도 우선적으로 (시민)사회 영역일 수 있다. 따라서 정치의 영역을 (시민)사회 또는 일상생활 및 생산과 시장의 영역에까지 확대할 필요가 있다. 이것은 앞에서 언급한 것처럼, 사회의 다른 영역들과의 연계 속에서 정치를 보려는 뜻과 연결된다.

3. '아'와 '비아'의 구분

"지피지기 백전불태(知彼知己 百戰不殆)." 『손자병법』 모공(謀攻)편에 나오는 말이다. 나를 알고 상대방을 알면 싸움에 위태로움이 없다는 뜻이다. 단지 병법만 아니라 정치, 경제, 사회 일반에 두루 적용되는 말이다. 그런데 이는 아와 비아의 구분이 명확한 경우를 전제한다. 손자는 전쟁터에서 대치하고 있거나 대치할 아군과 적군을 염두에 두고 있기 때문에 아와 비아의 구분이 명확한 경우를 전제하지만, 대부분의 헤게모니 투쟁 정치에 있어서 아와 비아의 구분은 그렇게 명확하지 않다. 오히려 아와 비아를 구분하고 아와 비아를 형성하는 것이야말로 헤게모니 정치의 핵심이다. 아와 비아의 헤게모니 투쟁은 아와 비아의 구별 위에서 전개되기도 하지만, 헤게모니 투쟁 속에서 아와 비아의 구별짓기가 일어나기도 한다. 여기서는 아와 비아의 관계를 먼저 살피고, '아' 즉 '우리'의 형성 문제를 논한다.

(1) 아와 비아의 형태적 관계

신채호(2006, 25)는 '아'가 되기 위해서 상속성(相續性)과 보편성의 두 가지 속성을 가져야 한다고 한다. 그에 따르면, 상속성이란 시간적으로 생명이 끊어지지 않는 것을 의미하며, 보편성이란 공간적으로 영향이 파급되는 것을 의미한다.

어느 집단이 '우리'가 되기 위해서는 신채호가 말하는 상속성과 보편성, 즉 시·공간적 지속성과 영역을 필요로 하겠지만 그것이 무한할 수는 없는 노릇이다. 어느 집단이든지 공간적, 시간적 연속성에 한계가 있을 수 있다. 또 역사의 특정 시점에서 누가 의미 있는 우리가 되는지는 사회적으로 형성되는 문제로서 그 자체가 중요한 정치적 문제다. 상속성과 보편성의 기준을 너무 엄격하게 적용할 때에는, '우리'가 객관적으로 주어져 있다고 보는 본질주의의 함정에 빠질 수 있다.

아울러, 신채호가 말하는 상속성과 보편성의 기준을 아주 무시하여서도 곤란하다. 오히려 시·공간적 연속성은 충분히 중시하여야 한다. 우리의 형성 그리고 아와 비아의 구분이 역사적, 사회적 맥락 속에서 이루어지기 때문이다. 이 점에서 나는 시·공간적 연속성을 중시하면서도 동시에 우리의 자격요건을 너무 엄격하게 규정하는 것은 피하고자 한다.

아와 비아의 '형태적' 관계는 비아를 어떻게 보느냐에 따라서 상당히 달라질 수 있다. 신채호는 이 점에서 약간 모호한 해석의 여지를 둔다. 그의 언급처럼, "무릇 주관적 위치에 선 자를 '아'라고 하고 그 외에는 모두 '비아'라 한다"면, 아와 비아의 관계는 <그림 3>처럼 될 것이다. 그러나, 지주 및 자본가계급과 무산계급이 서로 아와 비아가 된다거나, "'아'와 대치되는 '비아'"라는 표현에서 보듯이, 아를 제외한 나머지 모두가 아니라 그 중 아와 대치하는 또 다른 아를 비아라고 본다면, 이는 <그림 4>의 모습이 된다.

<그림 3>은 아를 제외한 나머지를 모두 비아로 배제하는 경우다. 현실

세계에서 이런 경우는 매우 드물겠지만, 우리의 머리 속에서 <그림 3>과 같은 세계를 그릴 수 있다. 또 그러한 그림 그리기가 실제로 아와 비아의 관계를 <그림 3>처럼 규정할 수 있다. 예컨대, 우리가 단일민족이라고 스스로 생각하면서 다른 족류(ethnic)[10] 집단과 구별하는 경우, 우리사회라는 제한된 공간 속에서 아와 비아의 관계가 <그림 3>처럼 구성된다. 혹은 남과 여, 주인과 노예, 선과 악, 문명과 야만 등 이항대립으로 사고하고 그에 따라 구분할 때도 <그림 3>에 해당한다.

그림 3　아와 비아의 형태적 관계 (1)

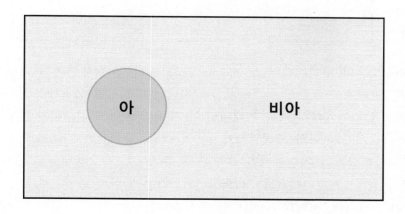

---

10) Ethnie는 '(소수)민족' '부족' '민속집단' '종족' '인족' 등 다양하게 번역되어 왔으나, 아직 이에 상응하는 적합한 우리말이 정착되지 못했다. 여기서는 '민족' 개념이 등장하기 전에 우리 조상들이 '족류'라는 개념을 많이 사용한 점에 기대어 ethnic group을 '족류집단'으로 번역한다(박찬승 2010, 50-54 참조).

그림 4 아와 비아의 형태적 관계 (2)

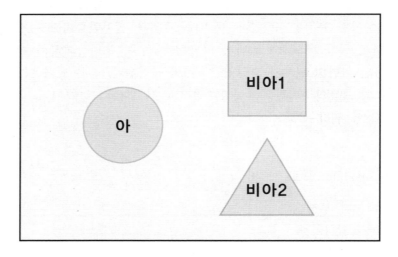

라클라우와 무페(Laclau and Mouffe 2001, 131)는 이항대립적 적대관계가 지배적인 제3세계와 복수의 적대관계가 교차하는 다원적인 선진사회를 구분한다. 여전히 이분법적 적대관계가 지배적인 제3세계와 달리 다원주의가 발달한 서구 사회는 더 이상 하나의 적대관계가 분명한 사회가 아님을 강조하려는 것이다. 나는 이항대립적인 적대관계가 분명한 사회에서도 <그림 3>보다는 <그림 4>처럼 이해하자고 제안한다. 아와 비아 각각을 단단한 단일체로 보기 어렵기 때문이다. 예컨대, 지배와 피지배 관계가 분명한 곳에서도 지배세력 내부에 아와 비아가 있고, 피지배세력 내부에도 아와 비아가 있을 수 있다.

　　<그림 4>에서 아는 '우리'로, 비아는 '그들'로 치환할 수 있다. 물론 '그들'은 반드시 하나가 아니라 여럿이 존재할 수 있다. 국제무대에서 양극체제는 우리에 대치하는 그들이 하나이지만 다극체제에서는 둘 이상이 존재한다. 다극체제에서 강대국인 아와 비아1, 2는 다른 많은 국가들을 놓고 서로 간에 헤게모니 투쟁을 전개한다. 국내 정당정치에서도 여럿의 정당들이 서로 아와 비아의 관계에 있을 수 있다.

　　'우리'도 반드시 하나일 필요는 없다. 아 내부에 서로 다른 주체들이 경쟁할 경우 아1과 아2가 우리를 규정하는 투쟁을 전개한다. 지배－피지배 관계를 아와 비아로 보면, 아(지배－지도세력) 내의 서로 다른 분파들인 아1과 아2가 비

아에 대한 헤게모니를 놓고 투쟁할 수 있다. 또, 비아의 일부인 저항세력 비아1이 비아2에 대한 헤게모니를 놓고 지배−지도세력인 아(의 일부)와 투쟁을 전개할 수 있다. 정치무대에서 주역을 담당하는 세력들이 아와 비아의 대결을 벌인다면, 그들은 또 다른 비아인 청중을 놓고서 헤게모니 투쟁을 전개할 수 있다(Schattschneider 1960, 2−3).

우리와 그들의 '내용적' 관계도 다양할 수 있다. 우리−그들1의 관계가 적대적인 반면, 우리−그들2는 우호적인 관계를 유지할 수 있다. 또 우리−그들의 관계를 고정불변의 것으로 보기보다는 역사적 흐름 속에서 바뀔 수 있는 것으로 보아야 한다. 이 점에서 나는 적대적인 관계를 특히 중시하는 슈미트나 이종영의 관점을 따르지 않는다. 아와 비아의 관계는 반드시 적대적일 필요가 없으며, 헤게모니 투쟁은 '적'의 관계에서만 아니라 '친구'와 '경쟁자' 사이에서도 일어날 수가 있다.

아와 비아는 수평적 관계뿐 아니라 수직적인 관계를 가질 수도 있다. 수직적 관계 속에서도 지배와 피지배의 관계(식민관계), 지도와 추종의 관계, 보살핌의 관계(부모−자식, 국가−국민, 사대자소) 등 다양한 관계가 가능하다. 이들 다양한 관계가 실제로는 혼재해 있을 수 있다. 예를 들면, 국가−국민을 보살핌의 관계에 해당하는 것으로 언급하였지만 지배와 착취의 관계가 혼재하는 경우도 있다.

요컨대, <그림 3>과 비교하여 <그림 4>처럼 아와 비아의 관계를 생각하는 것이 더 적절하다. 그런데 <그림 4>에서는 아와 비아의 '우리'들이 고정된 것처럼 보인다. (이는 <그림 3>에서도 마찬가지다). 즉 우리와 그들이 실체로서 존재하고 우리−그들이 이미 구분된 것처럼 보일 수 있다. 시간적으로나 공간적으로 굳건한 근거를 가지고 있는 부류들이 상당 기간 동안 존속할 경우, 아와 비아의 구분은 비교적 견고한 상태를 유지한다. 그러나 인간부류들은 사회적으로 끊임없이 형성되고 재형성되는 구축물이다. 이러한 사회적 구성 과정은 역사적 맥락 속에서 일어난다. 사람들이 가지고 있는 정체성도 무수히 많다. 많은 정체성 중에서 어느 것이 힘을 발휘하여 너와 나를 우리로 만나게 하느냐 하는 것은 헤게모니 문제이며 지극히 정치적인 문제다. 따라서 우리라고 하는 개념을 단선적이고 고정된 것으로 보기보다는 다중심적이고 경계가 유동적인 것으로 볼 필요가 있다. <그림 5>와 <그림 6>이 이를 표현한 것이다.

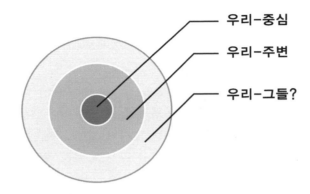

그림 5 　우리의 중층 구조

우리-중심

우리-주변

우리-그들?

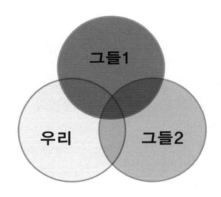

그림 6 　우리-그들의 유동적 경계

그들1

우리　　그들2

　　<그림 5>와 <그림 6>처럼, 우리-그들의 관계는 기본적으로 중층적이고 교차하는 것으로 볼 필요가 있다. 즉, 우리 내부에 확실하게 우리인 범위가 있고 다소 그 의식이 불분명한 부분이 있으며, 가장자리에는 그 부류의식이 너무 약해서 우리인지 그들인지 확실하지 않은 부분이 있다. 이는 비아의 우리도 마찬가지다. 따라서 우리와 그들의 외곽지대에 속한 부분들은 서로 겹칠 수가 있다.

　　우리의 범위가 확실해서 우리와 그들 사이에 겹치는 부분이 적을 수도 있다. 근대로 넘어오면서 국제무대에서 국가들 사이의 경계가 보다 명확해진 것이 한 예다. 그러나 국민국가들 사이에 우리-그들의 구분이 비교적 분명하게

성립한 경우에도 디아스포라처럼 우리의식이 약한 경계부분이 있다. 전후 일본이 국민의 경계를 법적, 제도적으로 어떻게 설정하였는지에 대한 연구가 보여주듯이(김범수 2009), 특정 국가의 우리 즉 국민이 누구인지도 명확하게 주어진 것이 아니다. 그것은 사회적, 정치적으로 형성되며 그 경계가 변할 수 있다. 또 국제무대에서 국가를 대신하여 계급이나 인종 또는 문화가 우리와 그들을 구분하는 축이 될 수도 있다. 이 경우 국가와 계급(또는 인종이나 문화 등)이 우리-그들의 구축을 위해 경쟁하고 있는 셈이다. 요컨대, <그림 5>와 <그림 6>에서 주변부 및 상호 교차하는 부분의 상대적 비중은 경우에 따라서 다르겠으나, 이를 완전히 해소한 상태 즉 우리-그들의 경계가 아주 명확한 상태는 드물다고 보아야 할 것이다. 오히려 우리-그들의 경계를 확실하게 만들려는 각 세력의 헤게모니 노력으로 보아야 한다.

(2) '우리'의 형성

<그림 5>와 <그림 6>은 우리-그들의 관계가 객관적으로 미리 주어진 것이 아님을 보여준다. 우리 자체가 객관적으로 주어져 있는 고정된 어떤 것이 아니라, 사회의 다양한 행위자들이 역사적 상호행위를 통해 만들어가는 사회적 구축물이기 때문이다. 김상봉(2007, 172)이 말하듯이, 우리라고 하는 것은 실체가 아니라 주체다. 다양한 행위자들이 우리라고 하는 주체의식과 의지를 가지고 행동을 할 때 형성되는 주체다. 주체로서의 우리는 저기 바깥에 발견되기를 기다리고 있는 고정된 실체가 아니다. 주체로서의 우리는 적극적이고 능동적인 활동 즉 '만남'을 통해서 생성된다.

우리가 객관적 실체가 아니라면, 도대체 우리는 어디에 있는 것인가? 우리는 너와 나 속에 있다. '우리'라는 울타리는 너와 나의 밖이나 위에 있지 않다. 우리는 너 속에 있고 또 내 안에 있다. 너와 내가 가지고 있는 동일한 '우리의식'에 의해서 너와 나는 우리로 만날 수 있다(문승익 1992, 124, 154). 너와 나를 묶어주는 집단의 우리의식이 각자의 개체의식보다 약한 경우 그 집단은 주체가 될 수 없다. 이 문제는 그 집단의 주체성이나 종속성을 논하기 이전의 문제다. 문승익(1970, 18-38)의 개념을 빌리자면, 이 경우 그 집단은 '주체(主體)'도 '속체(屬體)'도 아닌 '비체(非體)'에 해당한다. 주체와 속체는 자체(自體)와 자체의 실존적 거점 사이의 상호관계가 자아준거적인지 아니면 타아준거적인지에 따라서

구별된다. 즉 자체를 자아에 입각해서 실존적으로 규정하는 경우가 주체이고, 타아에 근거해서 규정하는 경우는 속체다. 비체는 자아준거적이거나 타아준거적이기 이전에 집단의식 자체가 미약한 상태다. 예컨대 부족들을 통합하여 하나의 신생국가를 수립하였는데 기존의 부족의식이 그 국가의식을 압도하여서 국가의식이 대단히 미약한 경우, 국가를 하나의 단위로 본다면 그 국가는 아직 자신의 실존적 자체규정이 취약한 비체 상태다.

따라서 "너와 나가 더불어 '우리'가 되는 것은 너와 나가 어떤 울타리 속에 함께 들어 있기 때문이"지만(문승익 1992, 123), 같은 울타리 속에 있는 것만으로는 우리가 되기에 충분하지 않다. 우리를 형성하는 울타리가 여럿이 존재할 수도 있고, 그 경계가 불분명하고 겹칠 수도 있다. 울타리의 경계가 분명한 경우에도 우리의식이 약하거나 자긍심이 부족하여서 우리 안의 너와 내가 하나로 느끼고 하나로 움직이지 않는다면, 그래서 우리 중 일부가 그들의 편에 서거나 스스로를 그들과 동일시한다면, 우리의 그 일부는 아 속의 비아로서 진정한 우리가 되지 못한다. 지역, 직업, 계급, 종교, 학벌, 정당, 세대, 성별, 또는 국가나 국적과 같은 여러 범주로 우리와 그들을 분석자들이 구분할 수는 있겠지만, 그렇게 구분되거나 분류된 집단이 우리를 이루어서 비아와의 헤게모니 투쟁을 전개할 것이라는 보장은 없다. 요컨대, 같은 부류에 속한다고 반드시 우리가 되는 것은 아니다. 우리의식이라는 주체적 의식과 그에 기반한 의지를 가지고 공동의 행동을 통해 만남으로써 하나의 '공동주체'가 될 때 비로소 우리가 형성되는 것이다.[11]

그렇다면 우리의식, 우리라는 집단의식은 어떻게 형성되는가? 웬트(Wendt 1999, 342-369)는 무정부상태의 국제무대에서 국가들로 하여금 공동의 안보정책을 취하게 하고 그럼으로써 집단정체성을 형성하는 데 있어서 주요변수로 (1) 상호의존, (2) 공동운명, (3) 동질성, (4) 자기억제의 네 가지를 제시한다. 이 중 자기억제는 자기희생과 양보를 통한 헤게모니 행사다.[12]

나머지 세 가지는 집단정체성이 형성되는 데 도움이 되는 주요 계기들이

---

11) '공동주체'라는 개념은 김상봉(2007, 234, 284-285; 2004, 44 참조)에게서 가져왔으며, 개별적 주체와 대립되는 개념이다. 공동주체는 개별적 주체들의 단순한 집합은 아니다. 개별주체들이 단순히 모여 있는 것만으로 공동주체가 형성되는 것은 아니기 때문이다. 개별주체들이 모여서 '우리'를 형성할 때 공동주체가 형성된다.

12) 각주16 참조.

다. 상호의존은 이해관계의 얽힘을 기반으로, 공동운명과 동질성은 상황이나 속성의 공통점을 기반으로 집단정체성을 형성하는 데 도움이 될 수 있다.[13] 그러나 이들이 곧 국제정치에서 우리의식을 형성하는 것은 아니다. 상호의존 관계를 밝혀내고 그 속에서 추종세력의 이해관계가 지도세력의 이해관계에 의존해 있음을, 혹은 지배−지도세력의 이익이 곧 전체의 이익임을 밝히고 그렇게 되도록 만들어내는 활동이 필요하다. 마찬가지로 여러 가지 공동운명과 동질성 중에서도 특정의 것을 중심으로 집단정체성을 형성하는 의도적이고 능동적인 활동이 필요하다. 이것이 곧 헤게모니 정립 활동이다.

국내정치에서는 우리−그들을 구분하는 요인으로 많은 정치학자들이 균열구조를 강조한다. 사회적 균열구조는 한 공간에서 역사적으로 형성되어 온 우리를 나누는 기준들이다. 립셋과 로칸(Lipset and Rokkan 1967)에 따르면, 대표적으로 중심−주변, 국가−교회, 도시−농촌, 자본−노동 등의 균열구조가 있다. 균열구조는 역사성을 담지하며, 따라서 구체적 사회맥락 속에서 이해하여야 한다. 손호철(1999, 265−269)에 따르면, 한국사회의 정치적 균열구조는 좌우대결이 일단락된 1953년 이후 1987년까지 '민주 대 반민주'의 구도가 지배적이었고 1987년 이후 '지역'이 지배적 균열구조로 작용하고 있다. 1980년 이후 '진보 대 보수'의 균열구조도 작동하지만 이는 부차적 지위만 차지한다(최장집 2002, 32−34 참조).

다양한 균열구조 중 어떤 것이 중심축이 되어서 우리가 형성되는지는 미리 객관적으로 정해져서 주어진 것이 아니다. 역사적으로 구축되어 온 균열구조가 우리를 형성하고 우리−그들을 구분하는 주요 계기가 될 수 있지만, 그것을 불러내서 하나로 묶는 힘이 또한 중요하다. 사회에 잠재적 균열구조는 많지만, 정치적으로 중요한 균열구조는 많지 않다. 정치적 균열구조들은 여럿이 서로 평등하게 공존하기 어렵기 때문이다. 또, 행위자들에 의해서 균열구조 자체가 정치적으로 형성되고 선택적으로 동원될 수도 있다. 균열구조가 정당체계를 만들어내기도 하지만 정당들이 균열구조를 활용하기도 하는 양면성이 있는 것이다 (Schattschneider 1960, 62−77).

---

13) 여기서 우리는 그들을 전제로 해서 형성될 수도 있고, 그렇지 않을 수도 있다. 공동의 적을 맞아서 우리가 형성되는 경우에는 경쟁상대가 있으나, 기후문제와 같은 공동의 문제를 다루기 위해서 우리가 형성될 경우는 그렇지 않다.

요컨대, 우리는 우리의식이라는 집단정체성을 필요로 하고, 그러한 집단정체성이 형성될 수 있는 잠재적 계기들은 많다. 상호의존이나 동질성, 공동운명, 또는 균열구조 등의 공통점에 기반해서 무리를 형성하는 측면이 있지만, 무리짓기를 먼저 하고 그를 바탕으로 공통점을 찾아가는 측면도 있다. "나와 비슷한 사람들을 추구해서 그들과 한 패가 되는 것이 아니라, 한 패가 되고 나서 그들이 나와 비슷하다고 판단하는 것이다"(베레비 2007, 56).

여기서 공통점이 반드시 우리라는 공동주체를 형성하는 것은 아니라는 사실이 중요하다. 서로 비슷한 성향을 많이 갖고 있는 사람들이 친구가 되기도 하지만, 서로 상이한 사람들 사이에서 돈독한 우정이 발달하기도 한다. 유사성이나 공통성은 서로 간에 매력을 느끼게 할 수도 있지만 때로는 서로 배척하게 만들 수도 있다. 마찬가지로 서로 간의 상이성이나 차이점이 때로는 우정으로 발달하는 데 도움이 되기도 하고 때로는 적대에 이르게도 한다(뒤르케임 2012, 93-95).[14] 요컨대 공통점이 우리 형성에 도움을 줄 수 있지만, 반드시 그런 것은 아니다.

따라서 우리는 우리라는 주체가 될 수 있는 여러 다양한 정체성 사이에 투쟁과 통합을 통해서 만들어진다. 이것은 잠재적 주체 간의 우위를 놓고 벌이는 헤게모니 정치다. 이런 의미에서 정치는 우리를 만들고 지키고 또 새로운 우리를 창조하는 활동이다. '지배의 정치'만 아니라 '저항의 정치'에서도 마찬가지다. 저항을 주도하거나 변혁을 추구하는 지도자들은 사람들이 스스로를 새로운 우리로 생각하게끔 만들어야 한다. 기존 질서에 대항하는 정치세력을 이끄는 지도자들은 "인간 부류를 재정의하는 것은 저항의 가장 기본적인 형태"라는 사실을 잘 알고 있다. 사람들은 자신을 새로운 부류로 재정의하면서, 즉 새로운 우리를 형성하면서 저항하고 변혁을 꾀하는 것이다(베레비 2007, 386-387).

---

14) 뒤르케임은 '분업'이 서로 간에 기능적 상호의존성을 높이고, 나아가 사회적 연대(우정관계)를 강화한다고 본다. 그에 따르면, "분업의 진정한 기능은 두 사람 사이에 연대감을 창조하는 것이다. 그러한 결과를 어떠한 방식으로 얻었던 간에, 분업은 친구집단을 만들게 하고 그들 사이의 유대관계를 유지시켜준다"(뒤르케임 2012, 96).

4. 헤게모니 투쟁: '소아'에서 '대아'로의 통합

　여기서는 아와 비아의 관계 속에서 아와 비아가 통합되어 새로운 우리, 더 큰 우리가 형성되는 문제를 살펴본다. <그림 6>에서 우리와 그들1이나 그들2 또는 그들1,2를 모두 합쳐서 새로운 우리로 확대하는 방식이다. 원래의 우리를 '소아(小我)' 즉 '작은 우리', 나중의 우리를 '대아(大我)' 즉 '큰 우리'라고 하자. 아와 비아가 더 큰 우리가 되는 통합의 정치는 소아에서 대아로 우리가 확대되는 정치다. 이는 곧 우리의 형성 문제이기도 하다.[15]

(1) 헤게모니 투쟁: 당파적 보편성의 수립

　자신의 직접적인 이해관계를 대표하는 집단을 '우리A'라고 하고 이를 뛰어넘어서 보다 많은 사람들의 이해관계를 대표하는 집단을 '우리B'라고 하자. 우리A는 우리B에 비해서 외연이 작은 집단이다. 우리A와 우리B는 각각 소아와 대아에 해당한다. 나는 소아에서 대아로 나아가는 것이 곧 헤게모니 행사요 구축의 길이라고 본다.

　어떤 집단이 주체성을 가지고 활동을 함으로써 우리가 되기 위해서는 주도세력이 있어야 한다. 주도세력 또는 구심세력은 하위세력들에게 강압이나 리더십 또는 양보와 담론 등의 다양한 방법을 사용함으로써 그들을 우리의 틀 안에 포함한다. 주도세력과 하위세력을 아와 비아로 보았을 때, 아가 비아에 대하여 헤게모니를 구축함으로써 전체로서의 우리 안에 포함하는 과정은 소아에서 대아로 우리를 확대하는 통합과정이다. 원래의 아 즉 주도세력이나 원래의 비아 즉 하위세력은 나중의 우리에 비하여 모두 소아에 해당한다. 이 과정을 소아의 견지에서 보면 우리 밖의 헤게모니 행사 과정, 즉 외적 통합이다. 하지만, 같은 과정을 대아의 견지에서 보면 이것은 아(대아) 내부에 있는 아(소아)와 비아(소아) 사이의 헤게모니 투쟁과 구축 과정, 즉 내적 통합이다.

　그람시의 헤게모니 개념도 소아에서 대아로 자아의 외연이 확대되는 것으

---

15) 여기에서 사용하는 소아와 대아의 개념은 신채호의 소아와 대아 개념과 차이가 있다. 신채호(1998, 101 - 102)에게 대아와 소아는 '참된 나'와 '거짓된 나'의 구별과 같다. 이 글에서는 참과 거짓이라는 평가를 배제한 상태에서 '우리'의 상대적 크기만을 기준으로 소아와 대아를 나눈다.

로 볼 수 있다. 그는 의식을 (1) 경제적-조합적(economic-corporate), (2) 계급적, (3) 헤게모니적 수준으로 구분한다. 이 세 단계는 각각 소아와 대아의 관계에 있다. 경제-조합적 단계가 계급적 단계보다 소아의 위치에 있다면, 헤게모니 단계에 비할 때 계급적 단계는 소아의 단계에 있다. 거꾸로, 계급 내 분파의 집단이기적 이익만 고려하는 것에 비할 때 계급의식은 대아적 단계에 있고, 하나의 특정 계급에 국한한 정치보다 사회 전체의 이익을 고려하는 헤게모니 정치가 더 대아적 단계에 있다.

그람시는 계급의 관점에 있었기 때문에 계급 단계를 설정하였지만, 우리가 이를 따를 필요는 없다. 계급을 기준으로 보든 아니든, 소아에서 대아 단계로 나아가는 것이 상대적으로 헤게모니적이라고 할 수 있다. 지역을 예로 들면, 특정 지역을 기반으로 한 정권이 그 지역의 이익을 특별히 도모하는 경우보다 다른 지역의 이해관계를 포용하고 나라 전체의 이익을 증진하는 것이 보다 대아적이고 그만큼 헤게모니를 구축할 가능성이 있다. 특정 이념을 대변하는 정당이 소아적 자세를 고집할 때보다 대아적 자세를 견지할 때 그만큼 사회전체적인 헤게모니 수립에 근접한다.

그렇다면, 그 역은 어떠한가? 즉 소아에서 대아로 우리의 외연이 확대되는 통합과정이 헤게모니 행사와 구축 과정이라면, 역으로 대아에서 소아로 분열되는 과정은 어떻게 볼 것인가? 나는 분열의 과정 역시 헤게모니 구축과 투쟁의 과정이라고 본다. 대아(우리B)에서 소아(우리A)로 분열을 도모하는 세력은 우리B의 입장에서 보면 분명히 소아적이고 분열적인 세력이다. 그러나 분열을 도모하는 세력은 그보다 '더 작은 소아들'(우리a들)을 따로 모아서 하나의 우리A를 형성한다. 이 작은 우리A는 더 작은 우리a들을 자신의 헤게모니 아래 통합함으로써 만들어진 것이다. 이 과정을 원래의 대아(우리B)의 입장에서 보면 분열 과정이지만, 아주 작은 소아(우리a)의 입장에서 보면 또 다른 대아(우리A)로의 통합 과정이다.

이런 의미에서 헤게모니는 '당파적 보편성'의 수립이라고 정의할 수 있다. 작은 우리들을 모아서 큰 우리로 거듭 태어날 때 지도세력은 소아적 자세를 벗어나서 자신의 이기적 이익을 부분적으로 희생하거나 양보하고, 다양한 사회세력의 이해관계를 대변하려고 한다.[16] 이 때 지도세력이 제시하는 이익이나 정

16) 앞 절에서 웬트가 언급한 '자기억제'는 이러한 헤게모니 행사에 해당한다. 헤게모니를

체성은 큰 우리의 전체에 대해 보편적 타당성을 갖게 된다. 그러나 이러한 헤게모니 행사는 어디까지나 지도세력의 핵심적인 이해관계와 정체성을 근본으로 하고 있다. 즉 본질적 이해관계마저 희생하는 것은 아니다(그람시 1999, 180). 이 점에서 지배－지도세력의 헤게모니가 구축한 보편성은 보편성의 모습을 갖추 었으되 한쪽 발은 여전히 당파성을 딛고 있는 당파적 보편성이다.

비아를 아의 헤게모니 아래 대아로 통합한 경우 대아의 헤게모니는 어디까 지나 비아가 아니라 아의 주도 아래 구축된 것이다. 아의 주도 아래 구축된 대 아의 규범은 어디까지나 아와 비아의 구별을 바탕으로 시작한 것이기 때문에 본원적으로 보편적(대아적)이기 이전에 당파적(소아적)이다. 따라서 새로운 대아 가 지배관계와 지도－추종관계를 완전히 극복하지 않는 이상, 그 보편성은 당 파성에 기반한 보편성이라는 한계를 갖는다(문승익 1970, 83n 참조). 요컨대, 헤게 모니 투쟁은 당파성의 보편성 획득 투쟁이며, 서로 다른 소아들이 대아를 표방 하면서 제시하는 당파적 보편성들 사이의 투쟁이다.

헤게모니를 당파적 보편성으로 정의하는 것은 당파성과 보편성을 대립적 인 개념으로 보는 시각을 거부하는 입장이다. 앞에서 언급하였듯이, 김영명 (2007, 46－50, 67－70; 2018, 49－52, 69－73)은 사익 즉 사회의 '부분 이익' 또는 '당 파 이익'과 공익 즉 '전체 이익'을 대비한다. 이러한 구분을 바탕으로 '큰 정치' 와 '작은 정치', '좋은 정치'와 '나쁜 정치'를 구분한다. 문승익도 공적 영역과 사 적 영역을 엄정히 구분하여 정치를 '공공적 공존생활'로 규정한다. 그는 정치란 공적 관계에서만 존재하며, 공적 관계가 없는 곳에서는 정치가 없다고 한다. 그 에 따르면, "정치를 '공공적 존재생활'이라 본다면, 정치는 국가 내에서만 있을 수 있는 현상이며 국가 내에서만 가능한 현상이다. 국가와 국가 사이의 관계에 서 궁극적 공동규칙, 궁극적 '힘', 궁극적 경계가 존재하지 않는 한, 국가와 국가 사이의 공존생활은 있을 수 있어도 공공적 공존생활은 존재하지 않는다. 따라 서, 엄밀히 말하자면, 우리가 살고 있는 지금의 세상에서 '국제관계'는 존재하지 만 '국제정치'는 존재하지 않는다"(문승익 1984, 38). 함재봉도 사적 영역과 공적 영역을 엄격하게 구분하고 정치를 공적 영역에 국한하는 것으로 단정한다. 그 에 따르면 "정치는 '사적인 원한(private feud)'이나 '사적인 이해관계(private

---

수립하기 위해서 자기의 이기적 이익을 부분적으로 희생하거나 양보하는 것은 곧 자 기억제에 해당한다고 볼 수 있기 때문이다.

interest)'를 초월하여 '공적 영역(public sphere)', '국가(republic)'의 차원에서 '공화(共和)'와 '공영(共榮, commonwealth)', '정의'를 추구하는 행위다"(함재봉 2021, 14). 정치는 사적인 '복수'의 사슬을 끊고 이를 극복하기 위해 발명된 것으로서, 그에 따르면 한국에는 '복수'만 있고 '정치'는 없다고 한다(함재봉 2021, 12-16, 150-186). 공과 사의 엄격한 구분은 이처럼 멀쩡히 존재하는 현실세계의 정치를 정치로 인정하지 않는 결과를 가져오곤 한다.

이들과 달리 나는 공익과 사익, 또는 당파 이익과 전체 이익이 뚜렷하게 구분될 수 있는 성질의 것이라고 생각하지 않는다. 당파성과 전체성 혹은 보편성은 객관적으로 대립되어 있지 않다. 보편성은 헤게모니 지위를 얻은 당파성이다. 국가 이익은 국가 전체에 대해서 헤게모니를 행사하는 지배세력의 당파이익이다. 물론 이렇게 헤게모니를 수립하기 위해서 지배세력은 자기의 소아적 이익만 추구하기보다는 사회의 다른 세력들의 이익도 대변하고 수렴하려고 노력한다. 이 과정에서 당파적 보편성 즉 헤게모니가 수립되는 것이다. 학문의 보편성과 표준성도 본질적으로 지적 헤게모니의 문제다(조희연 2006, 44; 김웅진 2007, 24-26 참조).

요컨대, 보편성은 우리 바깥에 객관적으로 존재하는 그 어떤 것이 아니다. 보편성은 우리 안의 지배세력의 당파성에 입각해 있으면서 동시에 우리 안의 여러 세력들의 입장을 아우름으로써 우리 안에서 보편성의 지위를 획득한 것이다. 전세계적인 보편성은 지구적 차원에서 지배적인 세력의 헤게모니가 미치는 범위 안에서 그 헤게모니의 정도까지만 보편적으로 받아들여지고 있을 뿐이다. 그 헤게모니의 세력 밖에 존재하는 그들의 입장에서는 당파적인 성격이 명백한 것이다.

(2) '홀로주체적' 헤게모니와 '서로주체적' 헤게모니

소아를 기반으로 하는 정치를 '작은 정치', 대아를 기반으로 하는 정치를 '큰 정치'라고 부르자. 작은 정치는 소아의 정치, 뺄셈정치, 분열의 정치다. 큰 정치는 대아의 정치, 덧셈정치, 통합의 정치다. 작은 정치와 큰 정치는 상대적 개념이다. 국민국가를 기반으로 하는 정치가 세계시민을 위한 정치보다 작은 정치이지만, 특정 지역이나 계급의 이익만 추구하는 것에 비하면 큰 정치일 수 있다.

그렇다면 과연 작은 정치에서 큰 정치로 가는 것을 '정치적 선(善)'이라고 할 수 있을까? 적지 않은 학자들이 사회통합을 선으로 생각하고 권력투쟁과 분열을 악으로 생각하는 경향이 있다. 하지만, 위에서 보편성과 당파성, 공익과 사익이 뚜렷하게 양분될 수 있는 성질의 것이 아님을 언급하였듯이, 큰 정치를 좋은 정치, 작은 정치를 나쁜 정치로 단언할 수는 없다.

이와 관련하여 소아에서 대아로 자아의 외연이 확대되는 것이 윤리적 선(善)이라고 생각하는 김태길의 논의를 살펴보자. 김태길(1992, 27, 66-70)은 자아의 외연의 범위에 따라서 소아의 인품과 대아의 인품을 구별하고 "대아적(大我的) 자유인"을 양성해야 한다고 주장한다. 하지만 소아와 대아를 제로섬의 관계로 파악하지는 않는다. 오히려 주체적인 소아와 대아 사이의 조화가 가능하며 바람직하다고 본다. 대아의 인품이 소아의 인품보다 훌륭하지만, 대아적 자유인이 되기 위해서 소아로서의 주체성을 억압하거나 포기하여서는 곤란하다는 생각이다. 진정한 대아적 자유인은 소아로서의 주체성과 큰 우리라는 공동체가 함께 조화하는 상태인 것이다.

소아에서 대아로 우리의 외연이 커졌다고 해서 그것이 반드시 좋은 것이라고 단정할 수는 없다. 단순히 우리의 외연만 확대되는 경우에는 다양한 작은 우리들을 억압하는 정치로 귀결될 수 있다. 그럴 경우 우리의 외연은 확대되었지만, 즉 소아에서 대아로의 통합이 이루어졌지만, 그것은 진정한 의미에서의 통합이라기보다는 지배세력의 자기확장에 가깝다. 우리의 외연 확대가 반드시 좋은 것만은 아니다. 우리 안의 서로 다른 소아 간에 공존과 포용이 전제되어야 한다.

따라서 우리의 외연보다도 그 내포가 더 중요하다. 우리의 내포는 우리 속에서 이루어지는 너와 나의 만남의 깊이와 성격이라는 두 차원으로 생각할 수 있다. 만남의 깊이는 통합된 우리 즉 대아의 우리의식이 얼마나 발달하였는지의 문제다. 대아의 의식이 약한 경우 그 만남은 깊다고 할 수 없다. 너와 나의 만남이 깊은 정도로 대아의 우리의식이 강해진다.

보다 중요한 것은 만남의 성격이다. 이는 우리 속에서 만나는 과정에서 너와 나의 주체성이 보존되는지의 여부를 기준으로 생각할 수 있다. 너와 내가 상호 주체적으로 동등하게 만날 경우 대아의 우리의식이 강하다고 해서 소아의 우리의식이 약해질 필요는 없다. 너와 나의 만남이 억압적인 경우 대아의 우리의식이 강한 만큼 소아의 주체성이 억압된다. 대아가 여러 소아의 차이를 무시하고 억압하는 '배제의 정치'로 귀결한다면 이는 결코 바람직한 것이 못 된다. 대아 속에서 여러 소아들의 차이를 인정하고 공존하는 '차이의 정치'가 보다 바람직한 것이라고 할 수 있다(이남석 2001 참조).

문승익의 선도적 연구의 도움을 받아서 나는 만남의 성격을 두 가지 이념형으로 구분한다. 문승익은 우리―그들 사이의 관계를 '이기적 나'에 입각한 '이기확장적' 관계와 '자기적 나'에 입각한 '주체적' 관계로 구분한다. 내가 '이기적 나'에 입각해서 너와 만날 때는 이기확장적 관계를 추구하게 되며 이 때 나는 너를 나와 동등한 주체로 인정하지 않는다. 이 때 너는 주체성을 전부 또는 부분적으로 상실한 '속체상황'에 빠지게 된다. 반면에 내가 '자기적 나'에 입각해서 너와 만날 때 나는 너를 나와 동등한 주체로 생각하고 주체적 관계에 들어선다. 이 때 너도 마찬가지로 '자기적 너'에 입각해서 나와 만난다면, 너와 나는 모두가 주체로 서 있는 '주체상황'을 연출한다.[17]

문승익이 말하는 '이기적 나'와 '자기적 나' 또는 '이기확장적 가치'와 '주체적 가치'는 김상봉이 말하는 '홀로주체성'과 '서로주체성'의 개념과 상통한다. 김상봉(2007, 36-37, 69-70, 234, 271)에 따르면, 서양의 주체성은 타자적 주체를 배제하는 홀로주체성이다. 서양적 주체성은 자기 정신 밖에 다른 주체성이 자립하는 것을 허용하지 않는다. 홀로주체성에서 타자는 주체적 존재가 되지 못하고 대상이나 객체가 될 뿐이다. 그에 반해 서로주체성은 타자적 주체와의 상호 주체적인 만남을 통해서 생성되는 주체성이다. 서로주체성은 단순히 개별적 주체성이 모여서 형성되는 것이 아니다. 개별적 주체성의 대립 개념은 공동주체성이다. 서로주체성은 개별적 주체성이 아니라 홀로주체성에 대립하는 개념이다. 즉 너와 내가 만남을 통해서 보다 확장된 우리 즉 대아가 되는 과정에서 너와 나의 소아적 주체성이 억압되지 않고 너와 내가 동등한 주체로 만나는 것을 표현하는 개념이다.

문승익의 어휘가 다소 명확하지 (직관적이지) 않고 혼란을 줄 수 있다는 판

---

17) 문승익(1970, 119-120; 1984, 178-186)의 '주체상황'은 나와 네가 각각 주체이고 서로 주체임을 인정하여 주체로서 공존하는 상황이다. 반면에 나와 너 중 어느 한쪽이라도 주체성을 상실하는 속체가 된 경우 너와 나는 서로 '속체상황'을 형성한다. 문승익은 원래 '자기확장적'이라는 표현을 썼다가 후에 이를 '이기확장적'이라는 표현으로 바꾸었다. 여기서는 이기확장적이라는 용어로 통일한다.

단 아래 여기서는 '이기적'과 '자기적'이라는 문승익의 표현 대신에 '홀로주체적'과 '서로주체적'이라는 김상봉의 용어를 사용한다.[18] 홀로주체적 헤게모니와 서로주체적 헤게모니는 소아에서 대아로 나아가는 상이한 두 가지 방식의 이념형이다. 또는 우리를 형성하는 두 가지 방식이다. 홀로주체적 헤게모니는 상대방의 주체성을 인정하지 않는다. 우리는 그들을 소유와 지배, 착취와 조종의 대상으로 인식하고 그렇게 대한다. 그들은 우리의 목적을 위한 수단일 뿐이다. 반면에 서로주체적 헤게모니는 소유가 아니라 참여, 즉 상대방과의 공존을 지향한다. 우리는 그들을 우리와 똑같이 동등한 주체로서 규정하고 인식하고 또 그렇게 상호 공존한다. 홀로주체적 헤게모니는 재물이나 권력, 명성을 추구한다. 반면에 서로주체적 헤게모니는 상호 동체(同體), 동등(同等), 동존(同存)의 가치를 추구한다. 한마디로, 서로주체적 헤게모니는 나와 남이, 우리와 그들이, 각각 자아준거적 주체로서 정립하고 동시에 상대방이 그런 주체임을 인정하고 서로 공존하는 방식이다(문승익 1970, 112–142; 프롬 1978 참조).[19]

홀로주체적 헤게모니는 우리 안에 그들을 소유하거나 그들을 우리의 뜻에 맞게 조종하려고 한다. 여기에는 '행동의 규제', '의지의 마비', '의식의 기만' 등의 방법이 사용된다(문승익 1970, 41–70; 1984, 126–137). 몸의 규율과 구성, 무의식적 길들이기와 스며들기의 방법도 사용된다. 이러한 방법들은 모두 그들의 주체성을 잠식함으로써 우리 안에 매몰되도록 하거나 우리의 뜻에 따라 그들이 행동하고 의지하고 의식하도록 하는 것이다. 홀로주체적 헤게모니 방식의 궁극적인 형태는 상대방의 '자기의식'뿐 아니라 스스로를 하나의 개체로 의식하는 '단위의식'을 조절하는 것이다. 여기에는 그들의 단위의식을 '억압'하는 '식민지적 상황'과 그들의 단위의식을 '조종(操縱)'하는 '일차원적 상황'이 해당한다(문승익 1970, 39–70).

---

18) 김상봉의 용어를 사용하지만, 내가 여기서 계승하는 것은 문승익의 생각임을 분명히 할 필요가 있다. 사실 김상봉의 서로주체성 개념을 원용하면서 나는 그의 개념을 다소 단순화시키고 있다. 김상봉의 서로주체성 개념은 이 글에서 사용되는 것보다 훨씬 풍부한 함의를 가지고 있다. 내가 이를 단순화시켜 사용하는 이유는 철학적이기보다는 좀더 분석적인 개념으로 활용하기 위해서다. 이 과정에서 본래의 개념에 다소 왜곡이 일어날 수 있다. 원래의 서로주체성 개념에 대해서는 김상봉(2007)을 보라.

19) 강정인(1993, 32–46)의 '공동체적 정치관'과 '도구적 정치관'의 구분도 이와 유사한 측면이 있다.

요컨대, 소아에서 대아로 자아를 확대하는 데 있어서 다양한 소아들의 주체성을 전체적으로 또는 부분적으로 몰수하고 통제하는 방식이 홀로주체적 헤게모니다. 이와 대조하여 서로주체적 헤게모니는 소아에서 대아로의 통합 과정에서 여러 다양한 소아들의 주체성을 인정하고 서로 주체로서 공존하는 형태다. 부버(Buber 1995, 7-13, 83-87)의 용어를 빌려서 표현하자면, 홀로주체적 헤게모니에서 아-비아의 관계는 '나-그것'이 되고, 서로주체적 헤게모니에서 아-비아의 관계는 '나-너'가 된다. 나-너는 공존과 연계를 내포하는 '근원어'인 반면, 나-그것은 소유와 통제의 관계다.

이남석(2001, 18-24, 106-107)은 이 문제를 우리 안의 그들의 문제로 보고, '배제의 정치'와 '차이의 정치'를 논한다. 우리 안의 그들 문제를 이 글의 용어로 바꾸자면, 아 속의 아와 비아의 문제, 또는 대아 속의 소아의 문제다. 배제의 정치는 홀로주체적 헤게모니에, 차이의 정치는 서로주체적 헤게모니에 입각해 있다. 배제의 정치에서 우리는 그들의 언어, 문화, 가치관을 수용하지 않고, 그들의 행동을 억압한다. 그들의 차이를 인정하지 않고 보편적인 가치 아래 '국민'이라는 하나의 '동일성'으로 통합한다. 차이는 통합 속에 억압되고 은폐된다. 반면에 차이의 정치는 여러 다양한 집단의 특수성을 인정하고 보장한다. 사회적, 문화적으로 차이가 있는 집단들이 모두 동등하고, 서로를 존중하며 차이를 인정하는 정치다.[20]

종합하면, '우리'의 형성, 또는 소아에서 대아로의 통합이 곧 헤게모니 구축 과정이며, 이 때 통합의 헤게모니는 홀로주체적 방식과 서로주체적 방식이 모두 가능하다. 이 두 가지 방식은 이념형이다. 현실세계는 이 두 이념형을 양극으로 하는 연장선 위의 어디쯤에 존재할 것이다. 헤게모니가 동의와 강압의 양면을 동시에 갖고 있듯이 현실세계에서는 서로주체적 헤게모니 방식과 홀로주체적 방식이 혼재해 있다.

---

20) 배제의 정치와 차이의 정치는 개념의 수준에서 소개하였다. 실제로 어떤 차이를 인정하느냐 여부는 차이의 인정과 부정을 둘러싼 헤게모니 투쟁으로 보아야 할 것이다.

5. 아와 비아의 헤게모니 관계

앞에서 아와 비아의 관계를 주로 형태적 측면에서 살펴보았고 두 가지 헤게모니 방식도 살펴보았다. 여기서는 아와 비아의 헤게모니 관계를 종합적으로 정리한다. <그림 7>은 만남의 깊이와 방식에 따라서 아와 비아의 헤게모니 관계를 분류한 것이다.

<그림 7>에서 만남의 깊이는 우리의 층위를 나타낸다. 너와 내가 큰 우리로 만나서 그 우리의식이 발전하면 통합이 많이 발전한 것으로, 너와 나의 우리의식이 희미하면 통합의 정도가 약한 것으로 이해된다. 완전한 '분리' 상태는 우리-그들이 각각 개체로서 존재하는 상태다. 완전한 '통합'은 우리-그들이 만나서 하나의 새로운 우리 즉 대아를 만든 상태다. 분리의 차원에서는 아와 비아가 공유하는 대아가 없고, 통합의 차원에서는 아와 비아가 대아의 구성원으로 '절합'되어 있다.[21]

그림 7 아와 비아의 헤게모니 관계 (이념형)

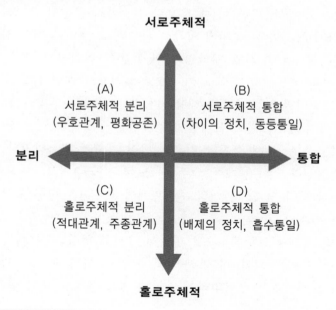

---

21) '절합(articulation)'은 서로 상이한 소아들로부터 새로운 대아를 정치적으로 구축하는 것을 가리키는 개념이다(Laclau and Mouffe 2001, 85 참조).

<그림 7>에서 분리와 통합은 이념형이며, 실제에 있어서 통합은 정도의 문제다. 즉 매우 긴밀한 수준의 통합에서부터 아주 느슨한 통합을 거쳐 개체들이 전혀 통합되지 않은 상태까지 연속선으로 이해할 필요가 있다. 통합의 정도가 높다고 해서 즉 우리의식이 강하다고 해서 그 안의 소아들의 주체성과 자기의식이 약할 필요는 없다. 이는 만남의 깊이와는 별도로 만남의 성격에 의해서 결정되는 문제다.

만남의 성격은 너와 나의 만남에서 홀로주체적 헤게모니와 서로주체적 헤게모니 중 어떤 것이 우세한가의 문제다. 홀로주체적 헤게모니가 우세할 경우 아는 비아의 주체성을 인정하지 않으려 한다. 서로주체적 헤게모니가 우세할 경우 아와 비아는 서로의 주체성을 인정한 바탕 위에서 만난다.

<그림 7>에서 A는 분리의 차원에서 너와 내가 서로주체적으로 대면하고 있는 상황이다. 아직 만남의 깊이가 얕기 때문에 우리의식이 발달하지 못하였다. 아와 비아의 평화공존, 보다 정확하게는 평화동존(同存)이 대표적인 경우다. 평화동존은 나와 네가 서로의 주체성을 인정한 바탕 위에서 동등하게 대면하는 상태다. 평화공존이 반드시 우호 관계일 필요는 없다. 그러나 우호 관계는 평화공존을 바탕으로 한다. 다만 이 때 우호관계는 아직 공동의 우리의식을 발전시키지 못한 단계다. 순수한 동의에 입각한 지도관계, 개인과 개인 사이의 동등한 관계, 순수한 원조관계, 상호 보살핌의 관계 등이 여기에 해당한다.

C는 분리의 차원에서 너와 내가 홀로주체적으로 대면하고 있는 상황이다. 아와 비아의 적대관계가 여기에 해당한다. 적대관계는 우리와 그들이 각자의 주체의식을 가지고 있으면서 상대방의 주체성을 인정하지 않는 상태다. 적대적 주체들이 전쟁 등을 통해 충돌할 경우 일방이 타방을 정복하거나 억압하는 주종관계가 수립된다. 주종관계에는 주인-노예, 제국주의국가-식민지, 정복-피지배의 관계 등이 있다. 이 때의 주종관계에서는 아직 공동의 우리의식이 발전하지 못한 단계다.

B는 너와 내가 서로주체적으로 만나서 우리를 형성한 상태다. 여기서 우리는 '나를 위한' 우리가 되며, 나 또한 '우리를 위한' 나가 된다.[22] 만남의 깊이가 깊어서 우리가 견실하고 우리의식이 발달해 있는 동시에 너와 나의 개별적 주

---

22) "'나를 위한' 공동체"와 "'공동체를 위한' 나"라는 박호성(2009, 600-604)의 표현을 원용한 것임.

체성도 보존된다. 차이의 정치, 국내의 시민들이 자유롭고 평등한 동등사회, 하나의 공동체의식을 형성한 상태에서 서로의 안보를 공유하는 '융합형 안보공동체(amalgamated security community)',[23] 자율적 주체로서 동등한 자격으로 참여하는 연방국가, 집단의식이 발달한 동등한 동맹 등이 여기에 속한다. 남북한이 평화동존을 바탕으로 동등하게 참여하는 동등통일 방안도 이 범주에 속한다.

D는 너와 내가 홀로주체적으로 만나서 우리를 형성한 상태다. 만남의 깊이가 깊어서 우리가 견실하고 우리의식이 발달할 수 있으나 그 우리 안에서 한쪽이 다른 쪽의 주체성을 억압한다. 따라서 우리의식의 분포가 불균등하고, 쉽게 도전 받을 수 있다. 배제의 정치, 식민지들을 병합한 제국, 전체주의 사회, 일차원적 상황, 카스트와 같은 계급사회 등이 이에 해당한다. 남북한 관계에서 흡수통일 방안도 이 범주에 속한다.

<그림 7>에서 만남의 깊이와 만남의 성격을 각각 두 가지 부류로 나누었지만 이는 이념형에 불과하다. 현실세계에서는 이들 사이의 경계에 걸쳐 있는 경우가 얼마든지 있다. 이러한 경계상황을 <그림 8>에 정리하였다. 현실세계의 대부분은 한가운데, 즉 부분적 서로주체성과 부분적 통합이 교차하는 곳에 위치하지만, 이해를 돕기 위하여 가까운 다른 범주로 나누었다.

분리 차원에서 서로주체적 헤게모니와 홀로주체적 헤게모니가 혼재하는 상황의 대표적 예는 로크(Locke)의 자연상태다(<그림 8>의 a).[24] 웬트(Wendt 1999, 279-285)는 로크의 자연상태 개념에서 추출한 '경쟁자' 관계가 오늘날 국제관계의 지배적 양상이라고 하는데, 이것도 같은 범주에 해당한다. 미국의 패권질서, 한미간의 부분적 의존관계도 모두 분리 차원에서 서로주체적 헤게모니와 홀로주체적 헤게모니가 혼재해 있는 상태다. 통합의 차원에서 서로주체적 헤게모니와 홀로주체적 헤게모니가 혼재하는 상황도 생각해 볼 수 있다. 천하의식을 공유하고 있는 사대관계, 부분적으로 불평등한 위계사회 등이 여기에 속한다(<그림 8>의 d).

---

23) 융합형 안보공동체와 다원형 안보공동체에 대해서는 도이취(Deutsch 1957) 및 김학노(2004) 참조.
24) 로크의 자연상태는 사람들이 상호 독립하여 자유롭고 평화로운 공존상태인 동시에 폭력행사의 가능성이 있는 잠재적 전쟁상태이기도 하다(정달현 2007, 91-101 참조).

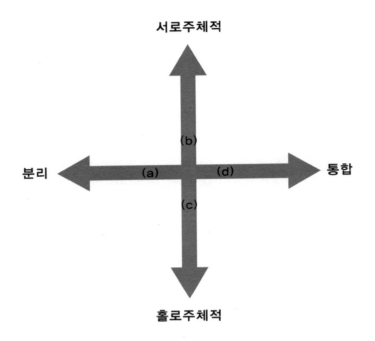

그림 8 아와 비아의 헤게모니 관계 (경계상황)

서로주체적

(b)

분리 (a) (d) 통합

(c)

홀로주체적

(a) 경쟁자 관계(로크), 미국 패권질서, 부분적 의존(한미관계)
(b) 친구관계(칸트), 다원적 안보공동체
(c) 주인-하인, 제국-식민지
(d) 사대관계(천하의식), 위계사회(불평등)

　　분리와 통합의 중간 단계에 있는 '부분적 통합'의 경우에도 홀로주체적인 성격이 강한 경우와 서로주체적인 성격이 강한 경우가 있다. 홀로주체적인 부분적 통합으로는 부분적 우리의식을 공유하고 있는 주인과 하인, 제국과 식민지 관계가 있다(<그림 8>의 c). 물론 이들이 우리의식이 없을 때에는 분리 차원에 해당한다. 서로주체적인 방식의 부분적 통합으로는 칸트(Kant)의 영구평화론에 나타난 국가간 친구관계, 유럽연합과 같은 '다원적 안보공동체(pluralistic security community)' 등을 들 수 있다(<그림 8>의 b).[25] 남북한의 낮은 단계 연방

---

25) 웬트(1999, 297－302)가 설명하는 방식에 따르면, 칸트의 친구 개념과 그 사례인 다원적 안보공동체는 <그림 7>의 B에 속한다. 그러나 그의 친구 개념과 다원적 안보공

제와 국가연합 통일방안이 만나는 것도 이곳이다.

<그림 7>과 <그림 8>은 아비헤투 정치 개념이 국제정치와 국내정치 모두에서 유용함을 보여준다. 여기에 더하여 동태적인 변화의 차원도 생각할 수 있다. 통일 문제에 초점을 두어서 간단히 예를 들어본다. 동서독의 통일은 C→A→D, 베트남은 C→D, 예멘은 C→B→D의 경로를 밟았다. 남북한은 C→A→B라는 '한반도식' 통일의 경로를 밟기를 희망한다(백낙청 2006). 이는 유럽통합이 걸어온 길이기도 하다. 6·15정상회담은 남북한이 더 이상 C가 아니라 A로 가려는 노력이었고, 향후 통일의 지향점이자 출발점으로 A/B(혹은 b)에 합의하였다. 2009년 말 현재 이 경로를 둘러싼 헤게모니 투쟁이 위중하다.

6. 더 여는 말

이 글은 나의 아비헤투 정치 개념을 제시하였다. 헤게모니 개념을 넓은 의미로 사용하였고 계급적 시각을 희석하였다. 따라서 이 글에서 논의한 아와 비아의 개념은 계급에만 국한되지 않는다. 계급은 물론, 국가, 민족, 신분, 지역, 정당, 당파, 집단, 문화, 종교, 인종 등 다양한 범주에 적용할 수 있다.

이 글은 아와 비아를 고정된 것으로 보기보다는 그 경계가 불확정적이고 유동적인 것으로 보고자 했다. 여럿의 잠재적 아 중에서 아와 비아를 나누고 우리를 형성하는 데에는 공동의 우리의식이 있어야 한다. 우리가 될 수 있는 여러 잠재적 계기 중에서 우위를 정하는 것이 곧 헤게모니 정치다. 이 글은 아 즉 우리의 건설을 기본적으로 헤게모니 수립 과정으로 보았고, 헤게모니는 곧 소아에서 대아로 자아를 확대하는 과정, 즉 소아의 통합과정이라고 보았다. 이 때 헤게모니 투쟁은 당파적 보편성을 구축하는 과정이 된다.

우리의 층위를 분리와 통합의 두 가지로 나누고 헤게모니 방식을 홀로주체적 방식과 서로주체적 방식으로 구분하여, 아와 비아의 헤게모니 관계를 크게 4가지 유형으로 나눠보았다. 이들 유형 사이의 혼재상황들도 생각해 보았다. 이렇게 보았을 때, 소아에서 대아로의 확대가 반드시 정치적 선(善)인 것은 아니

동체 개념은 통합의 깊이가 상당히 낮다. 따라서 <그림 8>의 b, 즉 서로주체적 방식의 부분적 통합으로 보는 것이 더 적절하다.

라는 판단을 하게 된다. 정치적 선은 소아에서 대아로의 통합이라는 만남의 외연과 깊이보다는, 헤게모니 방식 즉 너와 내가 만나는 방식에 더 많이 좌우되는 것으로 보아야 한다. 남북한의 통일방안을 모색하는 데 깊이 고찰할 대목이다.

이 글에서 사용한 헤게모니 개념은 다소 독특하다. 헤게모니를 곧 소아에서 대아로 자아를 확대하는 것이라고 보았고, 이 때 헤게모니 투쟁은 당파적 보편성을 구축하는 과정이라고 주장하였다. 소아에서 대아로 자아의 외연을 확대한다고 모두 좋은 것은 아니며, 정치적 선은 서로주체적 헤게모니를 지향하는 것이라고 주장하였다. 이러한 논의들은 헤게모니 개념을 '아와 비아의 투쟁'이라는 신채호의 역사관에 접합함으로써 나온 것들이다. 글의 앞 부분에 헤게모니 개념이 권력 개념보다 더 유용한 점을 거론하였는데, 아와 비아의 관계에 대한 이 글의 논의와 관련하여서는 헤게모니 개념을 권력 개념이 대신해 줄 수 없다는 점을 첨가하고자 한다.

이 글에서 제시한 정치 개념은 다양한 범주에 사용될 수 있으며, 국내정치와 국제정치의 분석에 두루 사용될 수 있다. 정치학의 범위와 대상이 정치 개념에 달려 있다고 할 때, 이 글에서 주목한 아와 비아의 개념과 '우리'의 수립 문제는 앞으로 정치학에서 더 많은 관심을 기울일 필요가 있다고 생각한다. 실천적 함의도 있다. 헤게모니 개념은 상대방으로부터 권력을 빼앗기보다 자신의 권력토대를 구축하는 데 주목한다. 특히 지배의 정치를 분석하는 데 그치지 않고 저항의 정치를 모색하는 데에도 도움이 될 것으로 기대한다.

우리의 정치학이 서양에 많이 의존하여 있지만, 그 동안 우리 학자들 나름대로 정치를 규정하는 노력이 있어왔다. 이 글은 그러한 노력의 축적을 바탕으로 그 위에 나의 생각을 하나 더한 것이다. 우리의 것을 구축하려는 노력이 타자를 배척하자는 것은 아니다. 서로주체적이기 위해서 우리도 주체성을 수립하려는 것뿐이다(강정인 2004; 조희연 2006 참조). 우리 안에서 서로주체적 만남이 계속되길 기대한다.

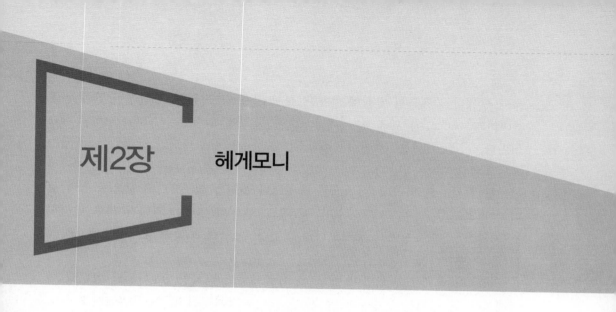

제2장　헤게모니

　　나의 아비헤투 정치 개념은 정치의 핵심을 넓은 의미의 헤게모니 관계에서 찾는다. 권력 개념이 그런 것처럼, 헤게모니 개념은 여러 뜻으로 사용되고 이로 인해 혼동을 줄 수가 있다. 헤게모니는 획득하거나 유지할 대상을 의미하기도 하고 그것을 행사하고 구축하는 활동을 뜻하기도 한다. 획득과 유지 대상으로서의 헤게모니는 사회세력 간 헤게모니 관계 즉 지배－지도 및 주도권의 관계를 의미하고, 행사와 구축 활동의 측면에서는 헤게모니의 방식 즉 리더십과 강압적 방식의 혼합을 의미한다. 관계로서의 권력과 수단으로서의 권력을 혼용하듯이, 지배－지도 관계로서의 헤게모니와 지배－지도 수단으로서의 헤게모니를 혼용하는 것이다. 이렇게 다양한 측면에서 헤게모니 개념을 사용하기 때문에 혼동이 발생할 수도 있지만, 이는 권력 개념을 사용할 때도 마찬가지다. 헤게모니의 다양한 측면 중 어느 하나에 집중할 수도 있겠지만, 그럴 경우 정치를 헤게모니의 어느 한 측면에 국한하게 된다. 내가 피하고 싶은 지점이다. 헤게모니 개념이 다양한 측면을 갖는다는 것은 그만큼 의미가 풍부한 개념이라는 뜻이기도 하다. 그 다양한 측면과 의미에 문을 열어 놓고 구체적 분석에 있어서 헤게모니의 어떤 측면을 다루는지 명확히 한다면, 헤게모니 개념에 담긴 의미론적 혼동을 피하거나 줄일 수 있다.

　　이 장에서는 헤게모니 개념의 두 가지 서로 상관된 의미를 좀더 깊이 탐구하고, 헤게모니 개념을 '정치적인 것(the political)'의 문제와 연결한다. 여기서 초점을 둘 헤게모니 개념의 두 가지 (서로 연관된) 의미는 각각 앞서 언급한 헤게모니 관계나 헤게모니 방식에 두루 걸쳐서 사용될 수 있다. 하나는 강압에 의한 '지배(domination)'와 대조되는 개념으로서 동의에 입각한 '지도(leadership)'라는 의미다. 다른 하나는 '경제적-조합적(economic-corporate)'인 상태와 대조되는 개념으로서 어떤 집단(계급)이 자신만의 이익과 가치를 추구하는 것을 넘어선 상태를 지칭하는 의미다. 여기서는 헤게모니 개념을 이 두 가지 뜻으로 좀더 깊이 살펴보고, 이들이 서로 연결된 개념임을 밝힌다. 이 두 의미가 서로 연결된 것을 알고 나면, 1장에서 헤게모니의 핵심을 '당파적 보편성'의 수립으로 본 것이 좀더 명쾌하게 이해될 것이다.

아울러 헤게모니 개념이 단지 현 사회체제의 정치영역에서뿐만 아니라 현 체제의 근본 질서를 규정하는 보다 기초적인 '정치적인 것'의 차원에서도 중요함을 주장할 것이다. 헤게모니 투쟁은 우리가 현재 알고 있고 살고 있는 정치사회와 시민사회에서만 벌어지는 것이 아니라, 그 정치사회와 시민사회가 어떻게 구성되는지를 규정하는 보다 근본적인 '정치적인 것'의 차원에서도 전개되고 있다. 1장에서 나의 아비헤투 정치 개념을 소개하면서, 권력 개념 대신 헤게모니 개념을 사용하는 것이 더 좋은 이유로 네 가지를 제시했다. 권력 개념에 비해 헤게모니 개념은 (1) 강압과 동의의 양면성을 담고 있고, (2) 투쟁과 통합의 양면성을 포함하며, (3) 국가(또는 정치사회)뿐만 아니라 시민사회에도 주목하며, (4) 아와 비아의 투쟁에서 핵심적인 '우리' 형성의 문제에 접근하는 데 훨씬 유용하다는 점 등이다. 여기에 더하여 이 장에서 논의할 (5) '정치적인 것'의 문제를 다룸에 있어서 헤게모니 개념이 권력 개념보다 더 유용하다는 점을 추가한다.

1. '지배'에서 '지도'로[1]

내가 의존하고 있는 그람시의 헤게모니 개념은 좁은 의미로 사용될 때 무엇보다도 우선 '지배'와 대조되는 '지도'의 의미를 갖는다. 그런데 우리 사회에서 헤게모니 개념을 정반대로 이해하는 경우가 적지 않다. 나의 정치 개념에 대해 호의를 가지고 창의적인 비판을 제기한 최영진(2014)은 내가 헤게모니 개념을 넓게 사용하는 것을 비판하면서, 헤게모니를 좁은 의미로 사용할 것을 주장

---

1) 이 부분은 김학노(2014)의 일부를 수정·보완한 것임.

한다. 그에 따르면, 내가 '강압적 지배와 동의적 지도'를 등가적으로 포괄하는 넓은 의미로 헤게모니 개념을 사용하는데, 이것이 개념의 모호성을 가져온다고 한다. 넓은 의미의 헤게모니는 강압적 지배에서 동의적 지도에 이르는 너무 넓은 스펙트럼을 포함하기 때문에 개념의 간결성과 엄밀함이 떨어진다는 비판이다. 최영진은 일반 어법에서 사용하는 좁은 의미의 헤게모니가 지도나 동의보다는 지배나 패권의 의미가 강하며, 결국 권력의 한 형태라고 주장한다. 이 점에서 그는 나의 정치 개념이 '권력투쟁'의 시각과 비슷하고 '현실주의'와 다를 바 없다고 본다.

최영진의 비판은, 좁은 의미의 헤게모니 개념이 결국은 권력의 한 형태일 뿐이며, 이 점에서 "헤게모니 개념의 의미 확장을 통해 제시한 이론적 가능성을 사상(捨象)하고 나면, '아와 비아의 헤게모니 투쟁'은 '집단 간의 패권 싸움'으로 전락하게" 되거나 "권력투쟁의 벌거벗은 현실에서 크게 벗어나지 못할 것"이라는 비판으로 연결된다(최영진 2014, 10). 내가 광의로 사용한 헤게모니 개념을 축소하여 좁은 의미로 사용하자고 제안하면서, 그럴 경우 헤게모니 투쟁이 단순히 권력투쟁에 지나지 않을 것이라는 비판을 제기하는 것이다.

나는 권력투쟁의 시각이 반드시 (자유주의, 마르크스주의, 또는 구성주의 등 다른 시각과 구별되는) 현실주의에 해당하는지에 대해서 유보적인 견해를 갖고 있다. 또 권력투쟁의 시각이 현실주의적이라고 해서 정치의 규범적(이상적) 측면을 볼 수 없다고 생각하지도 않는다.[2] 현실주의라는 명칭의 구체적 의미와 무관하게, 나는 "정치를 헤게모니 투쟁으로 보는 시각은 크게 볼 때 정치를 권력투쟁으로 보는 시각과 같은 부류에 속한다"고 언급한 바 있다(김학노 2010, 32). 다만 권력 대신에 헤게모니 개념을 사용한 것은 헤게모니 개념이 더 유용하다고 판단했기 때문이다.

내가 이해하는 그람시의 헤게모니 개념은 최영진의 견해와 달리 강압적 지배나 패권보다는 동의에 입각한 지도 또는 리더십을 의미한다. 상대를 나와 동등한 주체로 보느냐 아니면 객체로 보느냐에 따라서 헤게모니 방식을 서로주체적 방식과 홀로주체적 방식으로 나눈다면, 좁은 의미의 헤게모니는 홀로주체적 헤게모니보다 서로주체적 헤게모니에 해당한다(김학노 2011).[3] 이 점과 관련하

---

2) 이와 관련하여 니버(2017)를 보라.

3) 이 책의 8장 참조.

여 나의 아비헤투 논문에 대한 최영진의 한 가지 논평에 대해 잠깐 언급할 필요가 있다. 그는 나의 아비헤투 정치 개념이 기본적으로 헤게모니 개념의 의미 확장을 통해 '통합'의 계기를 포함함으로써 우리 형성 즉 '주체 형성(subject formation)'을 정치의 핵심 문제로 다룰 수 있게 되었다고 분석한다. 그러나 '홀로주체적−서로주체적'으로 헤게모니 및 통합의 성격을 구분하는 것은 나의 "정치 개념의 내재적 의미에서 연역되는 것이 아니라 부가적(ad−hoc) 설명에 의한 것이기 때문에, '개념적 내포(內包)'로 보기 어려운 한계를 안고 있다"고 판단한다(최영진 2014, 8n). 즉 1장의 <그림 7>의 수평축('분리−통합'의 연속선)은 원래 의미에서 확대된 나의 헤게모니 개념에 내포된 것으로 볼 수 있지만, 수직축('홀로주체−서로주체'의 연속선)은 동일한 개념의 내포에 포함되지 않는 것으로서 필요에 의해 외부적으로 도입된 것이라는 생각이다. 하지만, 좁은 의미의 헤게모니는 원래 서로주체적 헤게모니에 해당된다. 이 점에서 홀로주체−서로주체의 연속선은 헤게모니 개념이 협의에서 광의로 의미가 확대된 것으로, 헤게모니 개념의 내재적 의미에서 연역된 것으로 보아야 한다. 좁은 의미의 순수한 헤게모니 개념이 서로주체적 방식에 입각한 것이고, 나의 개념 확대로 인해 이 책에서 헤게모니는 홀로주체−서로주체의 연속선을 내포하게 되었다.

최영진이 일반 용법의 근거로 삼는 헤게모니의 사전적 정의도 강압적 지배보다 동의적 지도에 가깝다. 최영진은 "어떤 지배적 집단에 의해 행사되는 사회적, 문화적, 이념적, 혹은 경제적 영향력, 혹은 그러한 요인에 기반한 지배력"이라는 사전적 정의에서 헤게모니를 지배 또는 패권으로 읽는다(최영진 2014, 8). 하지만 이 사전적 정의에서 '강압적' 측면의 지배 방식이 배제되어 있다는 점에 주목해야 한다. 사회적, 문화적, 이념적, 혹은 경제적 영향력이나 지배력은 우리가 보통 권력이나 패권에서 연상하는 군사력이나 경찰력 또는 사법권력과 같은 물리적 폭력에 입각한 강압적 지배와 거리가 있다. 이념이나 경제적 유인으로 영향력을 행사하는 것은 경찰이나 군을 통한 물리력 행사와 크게 다르다. 최영진이 찾은 일반 용법에서도 헤게모니 개념은 강압보다 동의의 측면에 기울어 있는 것이다.

좁은 의미의 헤게모니를 동의에 입각한 리더십으로 이해하는 사례는 무수히 많다(예컨대, 조희연 2004; 2008; 최장집 2002; 2006). 여기서는 그람시의 헤게모니 이론을 비판한 스콧(James Scott)의 예를 살펴보자. 스콧은 좁은 의미의 헤게모니 개념을 하위집단이 지배 이데올로기를 수용하고 그 지배적 가치체계에 동화되는 것으로 이해하고, 이를 지배 일반을 지칭하는 넓은 의미의 헤게모니 개념과 구별한다. 그람시에 대한 그의 비판의 초점은 그람시가 사용한 좁은 의미에서의 헤게모니, 즉 적극적이고 자발적인 인민의 동의로서 헤게모니 개념에 맞춰져 있다. 그에 따르면, 그람시의 헤게모니 이론에서의 주장과 다르게, 민중들은 지배계급에 자발적으로 동의하지 않는다. 자발적으로 동의하고 복종하는 것처럼 보이는 경우에도 실제로는 보이지 않는 무대 뒤편에서 은밀하게 저항을 하고 있다. 그는 하위집단이 공식적인 자리나 면전에서 보이는 것과 달리 무대 뒤에서 (또는 면전에서조차 은밀하게) 상위집단을 비난하고 욕하는 수많은 사례를 그 근거로 제시한다. 하위집단이 지배세력에게 적극적으로 동의하고 자발적으로 복종하는 듯이 보이지만, 많은 경우 일상생활 속에서 하위집단은 자신들만의 '은닉 대본(hidden transcript)'을 가지고 있으며 그에 입각하여 지배세력에 일상적 저항을 하고 있다. 하위집단은 전략적 사고를 통해 지배 이데올로기를 역이용한다는 것이다(Scott 1985, 304-350; 1989; 1990, 70-107). 이와 같은 스콧의 사례는, 우리가 통상 헤게모니 개념을 좁은 의미로 사용할 때 강압의 측면보다 동의의 측면을 강조하는 것으로 이해하고 있음을 보여준다.

좁은 의미의 헤게모니 개념을 명확하게 규정하는 것은 단순히 언어의 유희가 아니다. 그것은 헤게모니 개념의 분석적 유용성이 걸린 문제다. 좁은 의미의 헤게모니 개념을 단순히 강압에 입각한 권력이나 패권이라는 뜻으로 사용한다면, 굳이 권력 대신에 헤게모니 개념을 사용할 필요가 없다. 반대로 좁은 의미의 헤게모니 개념을 동의에 입각한 리더십으로 이해할 경우, 보통 강압적 지배로 이해되는 권력과 대조적인 개념으로서 분석적 유용성을 획득하게 된다. 그렇게 이해된 헤게모니 개념은 "권력투쟁의 벌거벗은 현실"과는 다른 모습의 지배관계 현실을 보여줄 수 있다.

그람시가 강압적 지배를 국가에, 동의적 지도를 시민사회에 연결시킴으로써 이 둘을 대조시킨 이유가 바로 여기에 있다. 그는 부르주아 계급의 헤게모니는 국가보다 시민사회에 있으며 부르주아지의 지배를 극복하기 위해서 프롤레타리아 계급의 헤게모니를 수립하는 '진지전(war of position)'이 필요하다고 주장한다.

"러시아에서는 국가가 모든 것이었고 시민사회는 아직 원시적이고 무정형한 것이었지만, 서구에서는 국가와 시민사회 사이에 적절한 관계가 형성되었고, 국가가 동요할 때에는 당장에 시민사회의 견고한 구조가 모습을 드러내었다. 국가는 단지 외곽에 둘러쳐진 외호(外濠)에 지나지 않으며 그 뒤에는 요새와 토루(土壘)의 강력한 체계가 버티고 있었다"(그람시 1999, 280; Gramsci 2007, 169).

러시아를 포함한 동유럽 국가들과 달리 서유럽의 선진국들에서는 시민사회가 복잡한 구조로 발달하여서 경제위기나 침체 같은 직접적인 구조적 위기에 저항을 한다. 시민사회의 상부구조가 마치 현대 전쟁의 참호와 같은 역할을 한다는 것이다(Gramsci 2007, 162). 따라서 러시아에서처럼 국가권력을 장악하는 기동전(war of movement/maneuver)보다 시민사회 내에 대안 헤게모니를 수립하는 진지전이 필요하다고 한다.

그람시는 자발적 동의를 형성하고 동원하는 시민사회의 헤게모니 장치와 강제에 의한 지배를 구현하는 국가의 폭력적 강압 장치를 대조시킨다. (물론 이는 방법론적 이원론이며, 실제에 있어서 국가는 시민사회와 서로 침투하고 얽혀 있다). 시민사회는 "한 사회적 집단의 사회 전체에 대한 정치적 및 문화적 헤게모니"를 뜻한다(Gramsci 2007, 20). 시민사회의 사적 조직들은 지배계급에 대한 인민 대중의 동의를 구축하는 데 중요한 역할을 한다. 국가는 인민대중의 동의를 받고 요구하는 한편, 지배계급의 사적 기관들인 정치적 집단이나 직업 및 노조 집단 등의 사적 기구들을 통해서 그러한 동의를 적극적으로 '길러낸다(educate)'(Gramsci 1992, 153). 지배계급뿐만 아니라 하위계급도 시민사회에서 지배계급에 대한 대항 헤게모니를 구축한다. 예컨대, 하위계급으로서의 프랑스 부르주아지는 시민사회 영역에서 지배계급으로부터 자율성을 획득하고 다른 하위세력의 민족적－민중적 지지(적극적 또는 소극적/수동적 동의)를 획득하는 데 성공했다(Gramsci 1996, 91－92). 신흥 부르주아지가 정치적 헤게모니와 권력 장악을 위한 투쟁에 가담하기 시작하면서부터 신문, 정당, 의회 등 여론 형성 기관들을 장악하기 위한 투쟁을 적극적으로 전개했고, 여론 형성을 통해 인민들의 동의를 구축하는 작업이 시작되었다(Gramsci 2007, 213).

여기서 보듯이 그람시에 있어서 원래의 헤게모니 개념 즉 좁은 의미의 헤게모니 개념에서 핵심은 강제가 아니라 적극적 동의의 구축이다. 그람시는 헤게모니를, 무엇보다도 적에 대해서보다 우선적으로 자기 편, 즉 우리에 대해서 행사하는 것으로 인식하고 있다. 제3의 세력에 대항하여 두 세력이 연합하여 새로운 '우리' 즉 대아를 형성할 때, "무력과 강제에 의존한다는 것은 (그것이 가능하다 하더라도) 단지 방법적인 가설 이상일 수 없으며, 타협만이 유일한 구체적 가능성이다. 강제력은 적에 대해서 행사되어야지, 신속히 합체하여 '호의'와 열정을 공급받아야 할 자기 편의 일부를 향해 행사될 수는 없다"(그람시 1999, 190). 다음의 인용구에서도 그람시가 좁은 의미의 헤게모니를 강압적 지배와 대조되는 동의에 입각한 지도의 뜻으로 사용하고 있음을 알 수 있다.

"계급은 두 가지 방식으로 지배적(dominant)일 수 있다. 즉 '지도적(leading)'이고 '지배적(dominant)'일 수 있다. 동맹계급에 대해서는 지도하고, 적대계급은 지배한다. 따라서 계급은 권력을 장악하기 이전에 이미 '지도'할 수 있으며 지도해야 하며, 권력을 잡은 뒤에 그 계급은 지배적 계급이 되지만 또한 그것은 계속해서 '지도'해야 한다. … 정부 권력을 장악하기 전에 이미 '정치적 헤게모니'를 수립할 수 있고 그래야 한다. 정치적 리더십 또는 헤게모니를 발휘하기 위해서 정부가 갖고 있는 권력과 물질적 힘에만 의존하지 말아야 한다"(Gramsci 1992, 136-137).

요컨대 그람시는 순수한 의미의 좁은 헤게모니 개념을 물리적 힘이나 강제력과 대조되는 동의와 그에 입각한 리더십으로 본다. 이처럼 좁은 의미의 헤게모니를 강압적 지배와 대조되는 개념으로 이해할 때 비로소 헤게모니가 분석적으로 유용한 개념이 될 수 있다. 기존의 통상적인 권력 개념으로 파악하기 힘든 부분을 포착하기 때문이다.

그렇다면 왜 헤게모니 개념을 넓은 의미로 사용하는가? 그람시 스스로 한편으로는 헤게모니 개념을 동의에 입각한 리더십이라는 좁은 뜻으로 사용하면서도 다른 한편으로는 동의와 강제를 모두 포함하는 넓은 뜻으로 사용하였다. 그는 왜 스스로 헤게모니 개념을 이처럼 확대해서 사용했는가? 나는 그람시의 헤게모니 개념을 받아들이면서 그것을 좁은 의미로 국한시키지 말고 넓은 의미로 사용할 것을 제안한다. 넓은 의미의 헤게모니는 좁은 의미의 '순수한' 헤게모니 즉 동의에 입각한 지도(리더십)뿐만 아니라 강압을 통한 지배를 다 포괄한다. 그런데 최영진이 지적하듯이, 이러한 의미의 확대가 개념의 모호성을 가져올 위험이 있다. 이러한 위험을 무릅쓰면서 왜 좁은 의미의 순수한 헤게모니 개념을 쓰지 않고 굳이 넓은 의미로 확대해서 사용하는가?

내가 넓은 의미의 헤게모니 개념을 사용하려는 이유는 정치에 대한 포괄적인 정의를 통해서 다양한 형태의 정치현상을 연구할 수 있는 분석틀을 수립하기 위해서다. 나는 정치 개념을 특정 유형의 정치현상이 아니라 정치현상 일반을 공부할 수 있도록 정의했다. 그것은 '좋은 정치'뿐만 아니라 '나쁜 정치'도, '참된 정치'뿐 아니라 '그릇된 정치'도 포함한다. 실제 현실에 있어서 정치에는 좋은 면과 나쁜 면, 추악한 면과 바람직한 면이 혼재해 있다. 지배와 지도, 강압과 동의는 우리가 개념적으로 구분하여 사용하지만, 실제에 있어서는 서로 독립적으로 존재하기보다 함께 사용되고 있고, 서로 동시에 얽혀서 존재하며, 특정한 국면에서 이들을 뚜렷이 구별하기란 쉽지 않다. 그람시가 센타우르(Centaur)로 비유한 것처럼, 동의에 입각한 리더십과 강제력에 입각한 지배는 한 몸 속에 섞여 있는 것이다. 실제에 있어서 헤게모니는 동의와 강제가 혼합되어 행사된다. 동의와 강제는 많은 경우 한 몸에 엉켜 있어서 명쾌하게 구분하기가 쉽지 않다.

우리가 권력, 지배, 패권 등의 일상적 개념으로 지칭하는 강압적 지배의 현상들도 대부분 적나라한 힘의 관계뿐만 아니라 좁은 의미의 헤게모니 관계를 포함하고 있다. 가령 미국의 주류 국제정치학계에서 전개되었던 패권안정이론(hegemonic stability theory)은 헤게모니를 주로 강압적 패권으로 이해한다. 미국의 주류 정치학자들에게는 그람시의 헤게모니 개념이 친숙하지 않은 탓이리라. 그런데 여기에도 '악의적' 헤게모니와 '시혜적' 헤게모니의 시각이 공존한다(Haggard and Simmons 1987, 502–503). 즉 미국의 주류 정치학자들의 시각에서 볼 때, 헤게모니 개념은 기본적으로 강압적 패권을 의미하지만, 그것이 패권국만을 위한 '악의적' 헤게모니에 국한될 수도 있고 하위 국가들에게도 도움이 되는 '시혜적' 헤게모니가 될 가능성도 있다. 패권안정론에서의 논쟁은 그람시의 헤게모니 개념과 상관없이 전개된 것이지만, 지배와 패권 일반이 강압적 요소뿐 아니라 동의적 요소 즉 그람시의 좁은 의미의 헤게모니 요소도 내포하고 있음을 알 수 있다.

그 반대의 측면도 마찬가지다. 우리가 순수한 리더십 또는 자발적 동의라고 생각하는 현상들에도 실은 강압의 측면이 포함되어 있다. 의회주의 레짐에서 '통상적인' 헤게모니 행사는 힘과 동의의 결합을 그 특징으로 한다. 강제와 동의가 서로 균형을 이루어서 강제력이 동의를 압도하지 않고 오히려 (여론으로 표명되는) 다수의 동의에 의해 지지를 받는 것처럼 보인다(Gramsci 1992, 156). 또 다른 예로, 사회세력들 사이의 이해충돌과 갈등을 민주적으로 조정하고 해소하는 민주적 과정도 그 바탕에는 강제력이 작용하고 있다. 다수파와 소수파의 협상과 타협은 그들 사이의 사회적 힘의 차이를 반영한다. 다수파에 소수파가 복종하는 궁극적인 이유도 다수파가 국가의 물리력을 통제할 수 있기 때문이다(니버 2017, 29-31). 아주 자발적으로 보이는 동의의 이면에도 강제력이 작동한다. 바로 위에서 언급한 스콧의 논의에서 보듯이 무대 뒤에서 즉, 상전이 보이지 않는 곳에서 하인들은 상전을 욕하고 비난하는 뒷담화를 한다. 평소 상전 앞에서 하인들의 고분고분한 태도가 자발적 복종으로 보이겠지만, 그것은 강제력이 뒤에서 버티고 있기 때문이다.

강압적 지배와 동의적 지도가 혼재해 있는 대표적 예가 바로 '법'이다. 우리는 보통 법을 국가가 갖고 있는 강제력의 수단으로 이해한다. 가령 자발적으로 세금을 내는 것도 그 배후에 법적 강제가 있기 때문이다. 그람시는 국가 또는 지배집단의 헤게모니 수행에 있어서 법의 중요한 역할을 강조하는데, 이때 그는 법을 강제 수단이자 교육의 기능을 하는 것으로 이해한다. 법은 단순히 국가나 정부의 활동만이 아니라 시민사회 영역에서 즉 도덕과 관습의 영역에서 지도적(directive) 역할을 수행하고, 사람들의 행동과 사회적으로 수립된 원칙이 자발적으로 일치하게끔 한다(Gramsci 2007, 69). 법은 관습을 반영하기보다는 새로운 관습을 만들기 위해 노력한다. 법은 사회 전체의 의견을 반영하기보다는 지배계급의 뜻을 표현하며, 지배계급의 존재이유와 세력확장에 도움이 될 행위규범을 사회전체에 '부과(impose)'한다(Gramsci 2007, 83-84). 법은 (그것이 가지고 있는 강제적 수단을 통하여) 무엇보다도 대중을 '교육'시키고 '순응'하게끔 하는 기능을 수행한다는 것이다.

> "'법적인 문제'란 대중을 교육시키는 문제이며 달성되어야 할 목표가 요구되는 바에 따라 대중을 '적응'시키는 문제이다. 이것은 국가와 사회에서는 바로 '법률'이 수행하는 기능이다. 국가는 '법률'을 통해 지배집단을 '동질적'이게 하며 지배집단의 발전방향에 유용한 사회적 순응을 창출하고자 한다"(그람시 1999, 223).

그람시가 모든 국가는 '윤리적 국가(ethical state)' 즉 '교육자'로서 파악되어야 한다고 주장하는 것도 이런 맥락에서 이해된다. 그에 따르면 학교가 긍정적 교육 기능을 수행한다면, 법정은 강압적이거나 부정적인 측면에서 교육 기능을 수행한다. 법이 가지고 있는 강제력이 인민들의 동의를 주조하고 교육하는 기능을 한다는 것이다. 학교와 법정 이외에도 수많은 다른 사적 장치들과 활동들이 같은 헤게모니 기능을 수행한다. 이들 모두 지배계급의 정치적 및 문화적 헤게모니 장치를 구성한다. 여기서 헤게모니 교육자로서 법은 기본적으로 국가의 강제력을 대표하고 있다. 윤리적 국가의 교육자로서의 역할은 강제력을 배경으로 하고 있는 것이다(Gramsci 2007, 338; 그람시 1999, 291, 305-306). 요컨대 강제력과 동의가 서로 얽혀 있다.

넓은 의미의 헤게모니는 '좁은 의미의 헤게모니'와 '적나라한 힘의 관계'가 복잡하게 얽혀 있는 현실세계를 한눈에 포착하기 위한 개념이다. 우리가 사는 세계는 적나라한 힘의 관계만으로 구성되어 있지 않고 좁은 의미의 헤게모니 관계만으로도 구성되어 있지 않다. 뒤베르제(1997)처럼 정치의 야누스적인 측면을 순차적으로 (즉 권력투쟁과 사회통합을 구별해서) 파악하는 것이 아니라, (권력투쟁과 사회통합이 동시에 얽혀서 일어나는) 정치의 다양한 측면을 한꺼번에 포착하려는 것이 나의 의도다. 즉 권력투쟁을 먼저 보고 사회통합을 나중에 보는 방식으로 만족할 수가 없다. 권력투쟁과 사회통합이 동시에 일어나기 때문이다. 권력투쟁이 단순히 상대방의 집(권력)을 빼앗는 것처럼 보이지만, 사실은 그 과정에 나(우리)의 집을 짓는 헤게모니 구축과정이 녹아 있다. 투쟁과 통합은 맞물려서 서로 얽혀 있는 것이다. 이처럼 다양한 측면이 얽혀 있는 정치를 포괄적으로 파악하기 위해서 헤게모니 개념을 좁은 의미에 국한하지 않고 넓은 의미로 사용할 필요가 있다.

그렇다면 왜 권력 개념을 넓은 의미로 사용하지 않는가? 굳이 헤게모니라는 다소 어려운 개념 대신에 우리에게 익숙한 권력 개념을 넓게 사용해서 적나라한 힘의 관계와 함께 동의에 입각한 리더십을 같이 포함하면 되지 않는가? 물론 권력 개념을 사용하고자 한다면 할 수도 있다. 넓은 뜻으로 권력 개념을 사용하면 그때 권력투쟁은 우리가 통상적으로 의미하는 권력투쟁에 사회통합의 측면까지 포괄하는 넓은 권력 관계를 의미한다.

그러나 우리가 개념을 사용할 때는 그 개념이 사용되어온 역사적 유산에서 벗어나기 어렵다. 우리가 권력투쟁이라고 할 때는 통상적으로 통합의 측면까지 포함하지 않는다. 뒤베르제가 정치의 양면성을 언급하면서 권력투쟁과 사회통합을 구별하여 논의한 까닭이다. 최영진이 나의 정치 개념을 비판하면서 "권력

투쟁의 벌거벗은 현실에서 크게 벗어나지 못할 것"이라고 비판한 것도 마찬가지다. 권력투쟁과 사회통합이 정치의 두 얼굴이라고 해도, 뒤베르제에게 있어서 이 두 개념이 서로 연결되어 있는 것은 아니다. 그가 정치의 야누스를 권력투쟁과 사회통합으로 나누어서 순차적으로 보는 이유다. 이 둘이 하나의 과정에 섞여 있는 것으로 보지 못하는 것이다. 반면에 헤게모니 개념은 그람시가 때로는 좁은 의미로 때로는 넓은 의미로 유연하게 사용했다. 그람시(1999, 178-179, 190-192)가 복잡한 현실을 이해하는 데 도움이 되기 위해서 '헤게모니(동의)-지배(폭력)', '국가(정치사회)-시민사회', '진지전-기동전'처럼 이원론적 개념들을 사용하였지만 그것은 기본적으로 방법론적 이원론일 뿐이다(Gramsci 1996, 182; 2007, 284). 즉, 이들 쌍을 이루는 개념들을 이분법적으로 이해해서는 안 된다. 좁은 의미의 헤게모니(동의)는 지배와 함께 넓은 의미의 헤게모니를 이루고, 좁은 의미의 국가(정치사회)는 실제에 있어서 시민사회를 포괄하는 넓은 의미의 국가에 포함되며, 진지전과 기동전을 개념상 구별하지만 실제에 있어서는 진지전은 기동전을 부분적으로 포함하는 것으로 이해해야 한다. 이런 점을 생각할 때, 헤게모니 개념을 좁은 의미와 넓은 의미로 섞어 쓴 그람시의 본뜻은 사회에서의 지배관계가 단순히 폭력적 지배뿐만 아니라 동의적 지도까지도 포함하는 복잡한 것임을 강조하고 이를 총체적으로 파악하기 위한 것이라고 판단된다.

나도 이와 같은 넓은 의미의 헤게모니 개념을 사용한다. 내가 정립하고자 하는 정치 개념은 강압적인 측면과 동의적 측면 모두를 한 몸에 포괄하는 것이기 때문이다. 넓은 의미로 헤게모니 개념을 사용할 때, 우리는 헤게모니 투쟁이라는 개념으로 권력투쟁과 사회통합이 같은 공간에서 얽혀 있는 정치의 복잡한 현실을 담을 수 있다.

2. 당파성에서 보편성으로

그람시는 헤게모니를 지배와 대조되는 개념으로 사용하는 한편, 때로는 '경제적-조합적' 상태와 대조되는 개념으로도 사용한다. 대표적인 예로, 그람시는 집단의 정치적 의식을 (1) 경제적-조합적, (2) 계급적, (3) 헤게모니의 3단계로 나눈다(Gramsci 1996, 179-180; 그람시 1999, 205-208).[4] 경제적-조합적 수준에서는 상인은 상인끼리, 제조업자는 제조업자끼리 연대하지만, 상인과 제조업자가 연대하지는 못한다. 다음, 계급 의식의 수준에서는 어떤 사회계급의 모든 성원 사이에 연대의식이 형성되어 있지만, 그 의식은 아직 경제적인 분야에 한정되어 있다. 마지막으로, 헤게모니 단계에서는 그 계급이 자신의 조합적 지평이 아니라 '보편적' 지평 위에서 일련의 종속적 사회집단들의 이해관계까지 포용한다(그람시 1999, 205-208). 노동자를 예로 들자면, 특정 직종의 노동자들이 직인조합(craft unions)을 결성하고 자신들만의 이익을 추구하는 것이 경제적-조합적 단계라면, 그 직종을 넘어서 노동자 계급 전체의 이익을 추구하고 대변하는 것이 계급적 단계, 그리고 계급을 넘어서 다른 계급에 속하는 인민들을 포함하여 전체 민중-국민의 이익을 추구하고 대변하는 것이 헤게모니적 단계다. 헤게모니 단계의 핵심적 특징은 지도적-지배적 집단이 자신의 이익만 추구하지 않고 다른 집단의 이익까지 포함하여 추구한다는 점이다.

여기서 헤게모니는 자기 집단의 이익만 추구하는 '경제적-조합적' 자세와 대조되는 개념이다. 헤게모니의 이런 측면을 잘 이해하고 활용하기 위해서, 그람시가 언급한 (1) 경제적-조합적, (2) 계급적, (3) 헤게모니적 단계에서 두 번째인 계급적 단계를 생략해도 무방하다. 계급적 단계는 경제적-조합적 단계에 비해서는 헤게모니적이며, 헤게모니적 단계에 비해서는 경제적-조합적이기 때문이다. 어떤 집단이 경제적-조합적인지 헤게모니적인지는 상대적인 문제다. 앞의 예에서 특정 직종의 노동자들이 직인노조를 결성하는 것을 경제적-조합적 단계라고 했지만, 상황에 따라서 달라질 수 있다. 가령 같은 직종에 속하는

---

4) 정치적 집단의식은 그람시가 '세력관계'를 분석할 때 구분한 3가지 계기(수준) 중 하나다. 그람시는 세력관계를 세 가지 계기로 구분해서 볼 것을 주장한다. (1) (인간의 의지로부터 독립된) 객관적인 구조에 긴밀히 연결된 사회세력들의 관계, (2) 정치적 세력들의 관계, (3) 군사적 세력관계가 그것이다. 이 중 두 번째인 정치적 세력들의 관계를 다시 (1) 경제적-조합적, (2) 계급적, (3) 헤게모니적 등 3단계로 구분했다.

노동자들이 작업장별로 나뉘어서 각 작업장 노조의 이익을 추구한다면, 작업장 노조는 직인노조에 비해서 그 외연이 좁고 그만큼 더욱 경제적-조합적인 상태라고 할 수 있다. 이 경우 직인노조는 작업장 노조에 비해서 헤게모니적인 상태라고 할 수 있다. 한마디로, 경제적-조합적 단계가 자기 자신 또는 자기 집단만 위하는 단계라면, 헤게모니 단계는 자기 자신이나 자기 집단 이외에도 다른 사람이나 집단을 포용함으로써 더 넓은 범위의 사람들이나 집단들에게 지도력을 구축한 단계다. 헤게모니 단계에서 지도적 집단의 발전과 확대는 '보편적(universal)'인 것으로 받아들여진다. 그것은 하위 집단들의 이익에도 연결된 것으로 보이기 때문이다. 물론 지도적 집단의 이익이 우세하지만 그것이 자기의 이기적인 조합적 범위에 국한되는 것은 아니다(Gramsci 1996, 180).

조희연은 다음과 같이 헤게모니의 '구성적 과정(혹은 계기)'의 하나로서 '보편화' 과정의 핵심을 날카롭게 포착한다.

"지배와 저항의 구성적 각축과정에서 지배의 동의적 기반, 즉 헤게모니는 지배의 '특수적' 지향이 얼마나 시대를 대변하는 '보편적' 지향이 될 수 있느냐에 달려 있다"(조희연 2008, 97).

그람시가 말하는 경제적-조합적 단계와 헤게모니 단계는 나의 용어로는 소아와 대아의 관계에 비유할 수 있다. 우리의 외연을 기준으로 해서 '큰 우리(대아)'와 '작은 우리(소아)'를 구분한다면, 경제적-조합적 단계는 소아1이 자기 자신의 이익과 가치만 추구하는 것이고, 헤게모니적 단계는 소아1이 소아2나 소아3의 이익과 가치도 함께 추구함으로써 지도적 집단이 되는 단계를 말한다. 즉 헤게모니 단계는 소아1이 소아2와 소아3 등 다른 집단의 이익이나 가치도 자아의 범주에 포함함으로써 종국에는 소아1,2,3으로 구성된 대아1의 이익과 가치를 추구하는 단계라고 할 수 있다. 가령 작은 우리에서 큰 우리를 가정-마을-지역-나라 등으로 연속적으로 생각해보자. 이때 자기 마을의 이익만 추구하는 것은 지역이나 나라의 이익을 추구하는 것에 비해서 경제적-조합적 단계에 해당한다. 자신의 마을만 포용하는 것에 비해서 지역 전체를 포용하는 것이 헤게모니 단계에 해당할 것이다. 동시에 지역 차원의 우리 이익을 추구하는 것은 나라 전체 차원의 우리 이익을 추구하는 것에 비해서 경제적-조합적 단계에 머무는 것이 된다. 즉 '경제적-조합적 대 헤게모니적'이라는 그람시의 대

조적 개념은 소아-대아의 상대적 개념으로 이해할 수 있다.[5]

계급적 단계 없이 그람시가 헤게모니 개념을 경제적-조합적 자세와 직접 대조시킨 글도 발견할 수 있다. 그람시도 헤게모니 개념을 경제적-조합적(혹은 소아적) 자세를 넘어서서 보다 대아적인 자세를 갖는 것으로 이해하고 있는 것이다. 이는 그람시가 르네상스 시대의 이탈리아 도시국가들이 경제적-조합적 단계에 머물렀으며 이탈리아 전역에 걸쳐서 진정한 헤게모니를 수립하는 데 이르지 못했다고 지적하는 대목에서 잘 나타난다. 그에 따르면, 중세 말 이탈리아의 꼬뮨들에 등장한 부르주아지들은 경제적-조합적 단계를 넘어서지 못하고 인민으로부터 유리되어서 "피치자의 동의"에 입각한 국가를 수립하지 못했다. 이탈리아 반도에서 도시국가들이나 꼬뮨들은 자기 도시나 마을의 이익만 추구하고 다른 도시나 꼬뮨을 포용하지 못한 상태로 남아 있었다. 그 결과 이탈리아의 전역에 걸쳐서 큰 우리를 형성하지 못하고 작은 우리들로 나뉘어서 서로 경쟁하고 때로 전쟁을 하면서 서로 위협했다. 프랑스나 영국과 같은 다른 유럽 국가들에 비해서 이탈리아의 근대 통일국가 수립이 늦었던 이유를 그람시는 바로 이탈리아 꼬뮨들이 경제적-조합적 단계에 머무르고 헤게모니적 단계로 나아가지 못한 데서 찾고 있다(Gramsci 2007, 11-13, 35, 96-97). 여기서 우리는 그람시가 '경제적-조합적' 단계와 '헤게모니' 단계를 ('계급적' 단계를 건너뛰고) 직접 대조적인 개념으로 이해하고 있음을 알 수 있다. 또한 그것이 기본적으로 우리의 외연을 기준으로 판단하는 것으로서 각각 내가 말하는 소아와 대아의 개념에 해당하는 상대적인 개념임도 알 수 있다.

그람시는 이탈리아가 작은 꼬뮨들로 나뉘어서 근대적 영토국가를 수립하는 데 오래 걸린 이유를 바로 꼬뮨들이 경제적-조합적 단계에 머무르고 헤게모니 단계로 나아가지 못한 사실에서 찾는다. 그는 민족 단위의 헤게모니 수립이 실패한 중요한 요인으로 이탈리아 지식인의 코즈머폴리터니즘(cosmopolitanism)을

---

5) 이 같은 '경제적-조합적 vs. 헤게모니적' 단계의 대조는 적지 않게 볼 수 있다. 예를 들면, 전통적인 마르크스주의와 페미니즘의 결합을 추구하는 전지윤은 남성 노동자들이 여성차별적 현실에 대해 감수성을 가지고 함께 앞서 맞설 것을 주장한다. 그렇게 할 때 "남성 노동자들이 '개인적·단기적·부차적' 이해가 아니라 '계급적·장기적·근본적' 이해를 추구한다는 것을 현실의 실천에서 입증"할 수 있다고 주장한다(전지윤 2022, 56). 그가 제시하고 있는 '개인적·단기적·부차적' 이해와 '계급적·장기적·근본적' 이해의 대조는 그람시의 '경제적-조합적' 단계와 '헤게모니적' 단계의 대조에 상응한다.

강조한다. 이는 중세의 보편주의가 유럽의 다른 어느 지역보다 이탈리아에서 강했기 때문이었다. 중세와 가톨릭의 코즈머폴리터니즘과 보편주의 덕분에 이탈리아 사람들 특히 그 중에서도 지식인들은 이탈리아가 아니라 기독교 세계 전체 또는 기독교 유럽 전체를 자기의 활동 무대로 생각하는 경향이 강했다. 이탈리아 반도에서 강력했던 코즈머폴리터니즘 때문에 이탈리아라는 하나의 "정치적 및 민족적 역사"가 대단히 약해서 사실상 부재한 상황이었다. 그람시는 르네상스 시절이 이탈리아 지식인의 국제적－세계주의적 기능이 가장 극에 달했던 지점이라고 본다. 이탈리아 지식인들은 이탈리아가 아니라 기독교 유럽을 상대로 글을 썼고, 그러한 지식인들은 이탈리아 지역에 살고 있는 인민들 즉 이탈리아 민족으로부터 소원해 있었다. 이탈리아의 문학도 마찬가지로 이탈리아 인민으로부터 유리되었고, 이것이 대중들에게 이탈리아 문학작품이 잘 안 읽히는 이유가 되었다. 이탈리아 지식인과 문학가 모두 인민과 민족으로부터 유리되어 있었으며, 민족적－민중적(national－popular) 헤게모니를 수립하는 데 실패했다(Gramsci 1996, 44－47, 62－63, 72－90, 102－105, 119, 295－296, 313－315; 2007, 27, 35, 53, 239－240).

> "이탈리아에는 도덕적 및 지적 민족블록(national bloc)이 없었다. 지식인들은 인민으로부터 나오지 않았고, 그들은 인민의 필요와 열망, 널리 공유된 감정을 알지 못했다. 대신에 그들은 무언가 초연한 집단, 현실세계로부터 유리된－즉 하나의 카스트다. … 그래서 교육을 받은 계급 전체가 그들의 지적활동과 함께 인민으로부터, 민족으로부터 떨어져 있다. '인민－민족(people-nation)'이 그러한 지적 활동의 모두에 대해서 관심을 안 보여주거나 안 보여줬기 때문이 아니라, … 이 인민－민족과의 관계에 있어서 토착 지식인들이 외국인들보다 더 외국인 같기 때문이다"(Gramsci 1996, 63).

그람시는 이탈리아의 이와 같은 민족적－민중적 헤게모니의 결여가 이탈리아 통일운동(Risorgimento)이 파행적으로 진행된 근본 원인이라고 진단한다. 그는 이를 프랑스 혁명 당시의 자코뱅(Jacobin)의 헤게모니 수립과 대조하여 설명한다. 그에 따르면, 프랑스혁명에서 자코뱅은 부르주아 혁명의 역사적 의의를 극단적으로 실현함으로써 부르주아 계급을 명실상부한 헤게모니 세력으로 만들었다. 그 핵심은 부르주아 계급이 전체 민중의 이익을 대변하게끔 함으로써 '민족적－민중적 집합의지(national－popular collective will)'를 수립한 데 있다.

즉 자코뱅은 부르주아지를 프랑스 국민 전체, 민중 전체의 이익을 추구하는 지도세력으로 만들도록 이끌었다.

> "그들은[자코뱅당은] 부르주아 정권만을 조직한 것이 아니라, 다시 말하여 부르주아지를 지배계급으로 만든 것만이 아니라, 그 이상의 일을 했다. 그들은 부르주아 국가를 창출하여 부르주아지로 하여금 국민을 지도하는 헤게모니 계급이 되도록 했다"(그람시 1993, 105).

자코뱅은 부르주아 계급이 '자생적으로(spontaneously)' 택했을 위치보다 더 앞선 자리로 그들을 이끌었다. 프랑스의 제3신분은 처음에는 자신의 직접적인 '조합적' 이익을 추구했는데, 자코뱅의 정치 활동 덕분에 그들의 '조합적' 성격을 벗어나서 헤게모니 계급이 되었다. 자코뱅은 구계급의 대표들을 단두대에 보냈을 뿐 아니라 반동으로 돌아선 어제의 혁명가들도 단두대에 보냈다. 이 점에서 자코뱅은 유일한 혁명 정당이었다. 자코뱅이야말로 프랑스 부르주아지의 직접적 이익을 인지할 뿐 아니라 내일의 이익도 인지했기 때문이다(Gramsci 1992, 147). 특히 자코뱅은 도시의 신흥 세력인 부르주아 계급으로 하여금 농촌의 다양한 농민들의 이익을 포용하고 대표함으로써 도시와 농촌을 연결하는 데 성공하였다. 프랑스의 시골들은 파리의 헤게모니를 받아들였다. 즉 시골 사람들이 자신의 이익이 부르주아지의 이익에 연결되어 있다는 사실을 이해한 것이다. 자코뱅이 부르주아지에게 강제한 것은 역사의 진정한 방향에 부합한 것이었다. 자코뱅 덕분에 프랑스 부르주아지는 단순히 '지배적인' 계급이 되었을 뿐 아니라 전 인민을 이끌어가는 헤게모니 계급이 되었다. 이것이 프랑스 국가의 영구적인 토대가 되었다(Gramsci 1992, 148).

반면에 이탈리아의 리소르지멘토에서는 이 같은 민족적-민중적 기반의 헤게모니 수립 시도가 없었다. 이탈리아 통일을 주도했던 북부의 도시 세력과 온건파가 남부의 지도자들을 개별적으로 지배세력으로 포섭하는 트라스포르미조(trasformiso)를 통해서 지도세력의 외연을 넓히긴 했지만, 남부의 대부분을 차지하는 농촌과 농민들을 사실상 배제함으로써 '민족적-민중적 집합의지'를 수립하는 데 실패하고 말았다. 북부의 도시와 남부의 농촌이 유기적으로 연결되지 못하고 북부에 남부가 예속되는 결과를 가져왔다(그람시 1993, 74-139).[6] 리

---

6) 이탈리아의 리소르지멘토에 대한 그람시의 생각을 보다 자세하게 보기 위해서는

소르지멘토 이후 파시즘 이전까지의 기간에 이탈리아의 정치는 이탈리아의 북부-남부를 일종의 도시-농촌 관계로 만들어서 남부의 예속을 심화시켰다. 지올리티(Giollitti)정부의 자유민주주의 프로그램이란 다름 아니라 북부에 산업을 중심으로 하는 자본가-노동자의 '도시' 블록을 만들고 남부의 '시골' 블록은 이를 위한 반(半)식민지 시장으로 만드는 것이었다(Gramsci 1992, 131-136).

　이처럼 헤게모니는 지도적 세력이 자신의 경제적-조합적 즉 소아적 이익이나 가치를 뛰어넘어서 다른 집단들의 이익과 가치를 포용함으로써 보다 큰 대아를 구축하는 단계를 의미한다. 한 나라를 단위로 놓고 생각할 때 헤게모니의 궁극적 단계는 '민족적-민중적 집합의지'를 수립하는 상태다. 즉 한 나라라는 단위 내에서 가장 넓은 범위인 민족 또는 국민-민중의 집합적 의지를 수립하는 것이 헤게모니의 궁극이다.

　'경제적-조합적' 단계에 대조되는 의미로서 헤게모니 개념은 앞에서 살펴본 헤게모니의 첫째 개념 즉, 지배에 대조되는 지도의 개념과 밀접히 연결되어 있다. 특정 집단이 다른 집단을 단지 물리력으로 지배하는 것이 아니라 그들의 적극적 동의를 구축함으로써 '지도적' 집단이 되기 위해서는, 즉 (지배에 대조되는, 순수한 의미에서의) 헤게모니를 구축하기 위해서는, 단지 하위집단들이 자신을 따르도록 강제하거나 지시해서 되는 것이 아니다. 하위집단을 설득하고 그들로부터 적극적인 동의를 만들어내기 위해서는 지도적 집단이 그들에게 일정한 정도의 '양보와 희생'을 하는 것이 필요하다. 소아1이 단순히 지배적 집단이 아니라 지도적 집단이 되기 위해서는 소아 2,3,4,…n의 이익을 함께 도모하는 것이 필요하고, 이는 곧 소아1 자신의 이익 중 일부를 양보하고 희생해야 하는 것을 의미한다. 자신의 이익을 전부 추구하다보면 다른 소아들의 이해관계와 충돌하기 때문이다. 지도세력은 자신의 헤게모니 안에 포섭할 집단들의 이해관계와 경향을 고려하여 어떤 타협적인 균형을 형성해야 한다. 즉 헤게모니는, 지도적인 집단이 자신의 경제적-조합적 이익의 일부 희생을 감수해야 함을 전제로 한다(그람시 1999, 180). 소아1이 계속해서 자기 자신만의 이익을 추구한다면, 즉 경제적-조합적 단계에 머물러 있다면, 다른 소아들이 소아1의 지도에 적극적으로 동의할 이유가 없다. 지배와 대조되는 '지도적'이라는 뜻에서의 헤게모니 개념은 '경제적-조합적' 단계를 뛰어넘는다는 뜻에서의 헤게모니 개념과 밀

Gramsci(2007, 58-61, 255-256)를 보라.

접히 연결되어 있는 것이다.

  그런데 이때 소아1의 희생과 양보에는 한계가 있다. 헤게모니 집단이 자신의 경제적－조합적 이익을 희생해야 하지만, 그러한 희생과 타협이 본질을 건드려서는 안 된다. 헤게모니는 정치적인 것이지만 동시에 무엇보다도 경제적인 것이고, 헤게모니 집단이 경제영역에서 수행하는 결정적 역할 및 기능에 물적 기반을 가지고 있기 때문이다(Gramsci 1996, 183; 그람시 1999, 180). 즉 지도세력이 헤게모니 수립을 위해 일정한 희생과 양보를 해야 하지만, 그렇다고 자신의 핵심 이익과 가치를 포기해서는 안 된다. 자신의 핵심 이익과 가치의 실현이 곧 역사의 진보를 의미할 때는 더욱 그러하다. 부르주아지의 헤게모니 수립에 있어서 도시의 헤게모니(지도) 아래 농촌을 포용하기 위해서 도시 부르주아 이익의 일부를 희생하고 양보하는 것이 필요하지만, 그 양보가 지나쳐서 도시가 거꾸로 농촌의 지도 아래로 흡수되어서는 안 된다. 부르주아 계급의 이익을 일부 양보해서 노동자와 농민 등 민중을 규합하여 전체 민족적－민중적 집합의지를 수립하여야 하지만, 그것은 어디까지나 부르주아 계급의 지도(헤게모니)를 전제로 하는 집합의지여야 한다. 프롤레타리아 헤게모니를 수립하고자 한다면, 노동자 계급의 이익의 일부를 희생하고 양보하면서까지 농민과 중산층 및 일부 부르주아 집단을 규합해야 하지만, 그렇게 수립된 민족적－민중적 집합의지의 핵심은 그 기본에 있어서 프롤레타리아적이어야 한다.

  이 점에서 헤게모니의 핵심을 '당파적 보편성'의 수립이라고 할 수 있다. 소아1이 지도세력이 되기 위해서는 자신의 당파적 이익과 가치를 소아2,3,…n이 두루 받아들일 수 있도록 보편화하여야 한다. 이 과정에서 소아1의 이익과 가치를 일부 희생하거나 양보할 수 있고 또 그래야 한다. 다른 소아들이 강압에 의하지 아니하고 적극적으로 소아1의 지도(헤게모니)를 받아들이기 위해서는 소아1이 내세우는 목표와 가치, 이념 등이 다른 소아들의 이익과 가치 및 이념에 부합해야 하기 때문이다. 그러나 그 양보와 희생이 소아1의 핵심 가치를 훼손해서는 곤란하다. 소아1의 핵심 가치가 실현되지 않을 때 소아1은 더 이상 헤게모니 집단이 되지 못한다. 헤게모니는 당파성의 보편성을 요구하고 당파성이 보편화되는 정도까지 헤게모니가 구축되지만, 그것이 당파성을 완전히 벗어나는 순간 더 이상 동일한 헤게모니가 아니게 되는 것이다. 당파적 보편성으로서의 헤게모니는 언제까지나 당파성에 자신의 한 발을 담그고 있는 것이다.

당파성이 보편화된 것이 보편성인 것처럼, 객관성도 주관성이 보편화된 것이다. 그람시는 "객관적이라고 하는 것은 **보편적으로 주관적인 것을 의미한다**"고 한다(Gramsci 2007, 337. 강조는 원문; 그람시 1993, 316). 그에 따르면, "객관적이라는 것은 항상 '인간적으로 객관적임'을 의미하며, 인간적으로 객관적이라는 것은 '역사적으로 주관적임'에 정확히 상응한다"(그람시 1993, 316). 따라서 헤게모니 투쟁은 자신의 당파성을 기반으로 보편성을 획득하듯이 곧 자신의 주관적인 입장을 바탕으로 객관성을 얻기 위한 투쟁이기도 하다. 가령 '동쪽'과 '서쪽'은 세계적인 차원에서 헤게모니를 장악한 유럽 제국의 관점을 기준으로 확정된 것이다. 객관적 존재로서 동쪽과 서쪽은 있을 수가 없다(그람시 1993, 318-319). '동'과 '서'라는 개념은 어디까지나 '역사적' 구성물이며 관습적 구성물이다. 하지만 이들 개념이 그냥 허구에 그치는 것은 아니다. 이들 개념은 "객관적으로 사실(objectively real)"이다. 이들을 기준으로 우리는 여행을 하고 미래를 예측하고 방향을 정할 수 있다. 즉 이들 개념은 인류의 문명이 없었으면 존재하지 않았겠지만, 어쨌든 현실의 관계를 나타낸다(Gramsci 2007, 175-176). 헤게모니의 핵심이 당파적 보편성의 수립이라는 나의 해석은 객관성이란 곧 보편화된 주관성이라는 그람시의 생각과 맞닿아 있다. 이 둘은 사실상 일맥상통한다.

헤게모니를 이처럼 당파성의 보편화로 이해할 때, 정당정신(party spirit)이야말로 국가정신(state spirit)의 기본 요소라는 그람시의 언명을 이해할 수 있다. 그람시(1999, 160)는 "지도자와 피지도자, 지배자와 피지배자가 존재한다는 원칙이 주어진 이상, 정당은 지금에 이르기까지 지도자와 지도력을 발전시키는 가장 효율적인 방식이었다"고 한다. 그런데 정당(party)은 기본적으로 부분적인(partisan) 당파성(partisanship)을 가지지 않을 수 없다. 그 중심세력이 누구냐에 따라서 정당의 당파성이 달라진다. 반면에 국가는 국민 전체를 대변하고 포용하는 단위라는 점에서 그 국가가 통치하는 범위에서는 보편성을 가진다. 정당이 부분 이익을 대표한다면 국가는 국민의 전체 이익을 대변한다. 하지만 국가와 시민사회, 또는 지도자와 피지배자를 연결시키는 가장 효율적인 방식이 정당이라면, 국가권력을 장악하고 국민 전체에 대해서 헤게모니를 수립한 정당(들)에 의해서 통치되는 국가는 실제에 있어서 국민 모두를 포함하는 비당파적 존재일 수 없다. 정당이 국가 통치의 가장 효율적인 방식이라면, 국가정신도 정당정신을 바탕으로 할 수밖에 없는 것이다. '정당정신'이야말로 '국가정신'의 기본적 요소라는 그람시의 언명은 이처럼 보편화된 당파성으로서의 헤게모니 개념에 입각한 것이다. 국가정신은 곧 정당정신을 보편화한 것이다(그람시 1999, 160–162).

물론 어디까지가 헤게모니 집단의 핵심 이익과 가치인지는 객관적으로 주어져 있거나 미리 정해져 있지 않다. 그것은 사회의 전체적인 구조에 의해서 어느 정도 윤곽이 정해져 있지만, 구체적인 내용은 항상 변화할 수 있으며 소아들의 입장에 따라서 다르게 볼 수 있다. 헤게모니 집단의 핵심 가치가 무엇인지 그 자체가 헤게모니 투쟁의 대상이다. 소아1의 가치와 이익은 항상적으로 정해져 있지 않다. 그것은 소아1 내부의 헤게모니 투쟁의 결과로 정해지고 투쟁과정에 따라 그 내용이 달라질 수 있다. 소아1의 이익과 가치를 둘러싼 내부 헤게모니 투쟁 과정에 소아1 외부의 세력이 개입할 수도 있다. 그리고 이러한 투쟁의 전개에 따라서 소아1이라는 헤게모니 집단의 구성(성원)과 경계가 변할 수도 있다. 소아1이 지도력을 발휘하여 소아2,3,…n 등으로 대아1을 형성하고, 소아1 자신의 핵심 이익과 가치를 보편화함으로써 대아1의 전체 이익과 가치를 규정할 때 대아1의 핵심 이익과 가치가 무엇인지를 놓고 다른 소아들과도 투쟁한다. 소아와 대아의 안과 밖에 걸친 헤게모니 투쟁에서 당파적 보편성의 구체적 내용은 투쟁의 대상이며 변화할 수 있는 것이다.

당파적 보편성의 구체적 내용이 투쟁의 대상이라는 바로 그 점에서 우리는 헤게모니를 수립하려는 세력들이 자신의 당파성을 보편화하는 노력을 기울이는 모습을 이해할 수 있다. 이는 지적·도덕적 리더십을 필요로 한다. 즉 자신의 당파적 이익이나 가치가 곧 전체의 보편적인 이익이나 가치라는 것을 스스로에게 그리고 자신의 헤게모니를 추종할 잠재적 추종세력 또는 관중들에게 납득시키거나 자연스럽게 그들이 믿도록 스며들어야 한다.

우리는 이러한 노력, 즉 자신의 당파성을 보편화하려는 노력을 현실세계에서 자주 만날 수 있다. 「기미독립선언서」에서 조선의 독립은 조선인만을 위한 것이 아니라 일본과 중국 나아가 동양과 세계 전체에 이익이 된다는 다음의 주장을 보자.

"그러니 오늘날 우리 조선의 독립은 조선인으로 하여금 정당한 생존과 번영을 이루게 하는 것인 동시에 일본으로 하여금 그릇된 길에서 벗어나 동양을 지탱하는 나라로서의 중대한 책임을 온전하게 수행하게 하는 것이고, 중국으로 하여금 꿈에도 잊지 못하는 불안과 공포에서 벗어나게 하는 길이며, 또한 동양평화를 중요한 일부로 하는 세계평화와 인류행복에 필요한 계단을 놓으려는 것이다"(이주명 2014, 164).

조선의 독립운동을 하면서 조선의 독립이 조선에만 좋은 것이 아니라 동아시아, 동양, 나아가 세계와 인류 전체에 긍정적인 기여를 하는 것으로 부각시키고 있다. 심지어는 우리의 독립이 우리를 억압하고 있는 일본에게조차 좋은 일임을 역설한다. 이는 우리의 독립을 추구하면서 그것이 우리 자신만의 소아적(경제적-조합적) 이익에 그치지 않고 우리의 적을 포함하여 세계 전체의 이익에 부합하는 것임을 강조함으로써 우리의 이익을 보편적 이익으로 만드는 헤게모니를 수립하려는 것이다.

당파적 보편성의 수립이라는 헤게모니의 핵심은 비단 그람시를 위시한 마르크스주의에서만이 아니라 자유주의나 현실주의 시각에서도 어렵지 않게 볼 수 있다. 초기 현실주의 국제정치학의 거장인 모겐소(Hans J. Morgenthau)는 20세기 중반 이후 미소 초강대국들의 홀로주체적 헤게모니를 '민족주의적 보편주의(nationalistic universalism)'로 비판한다. 그에 따르면, 19세기의 민족주의가 민족을 단위로 하는 민족국가의 수립을 추구한 반면, 20세기 후반의 미소 초강대국의 '민족주의적 보편주의'는 자국의 당파적 이익이나 견해의 보편화를 강제하는 '십자군적 민족주의(crusading nationalism)'다. 이들은 자국의 가치관이나 행동기준을 다른 국가들에게 사실상 강요하고 있다. 이 같은 십자군적 민족주의는 "16세기와 17세기의 두 개의 커다란 기독교 종파를 대치"한 일종의 "세속적 종교"다. 모겐소는 이들의 홀로주체적 헤게모니가 "끝장나지 않는 전쟁(inconclusive war)"으로 귀결될 것이라고 경고하고, 이러한 보편주의적 욕망에서 벗어날 것을 요구한다(모겐소 1987, 441-444, 708-711). '민족주의적 보편주의'에 대한 모겐소의 비판은 미소의 헤게모니가 갖고 있는 홀로주체적 성격에 맞춰져 있지만, 강대국들이 자신의 당파성을 보편화하려는 헤게모니 수립의 핵심을 잘 파악하고 있다.

기독교 현실주의자이자 국제정치학자인 니버(Reinhold Niebuhr)는 『도덕적 인간과 비도덕적 사회』에서 지배계급이 의식적, 무의식적으로 수행하는 당파적 보편성 수립 시도를 '자기기만'과 '위선'이라는 이름으로 비판한다(니버 2017, 165). 그에 따르면, 지배세력은 자기의 당파적 이익을 보편적 이익으로 정당화한다. 즉 자신의 '특수이익'을 "일반의 이익이라는 명분"으로 보편화함으로써 정당화한다. 이 당파성의 보편화 과정에 '자기기만'과 '위선'이 작동한다. 그들은 자신들이 사회의 보편적 이익 즉 공익을 도모할 수 있는 지적 능력과 도덕적 우수성을 갖고 있다고 스스로를 기만한다. 또한 자신의 이익이 지배적 이익으로 관철되고 있는 사회의 기존 질서가 사회 구성원 일반에게 이득이 되는 질서이자 평화를 유지한다고 하면서 스스로를 법과 질서의 수호자로 자처하는 '위선'에 빠져 있다(니버 2017, 180). 니버가 보기에 현체제를 전복하려는 프롤레타리아 계급도 자신의 당파적 이익을 보편화하려는 점에서 기존의 지배계급과 전혀 다르지 않다. 게다가 프롤레타리아 계급은 무계급사회의 건설을 실현할 '보편적인 계급'으로 스스로를 자리매김하고 있다(니버 2017, 211-212). 니버의 이같은 지적은 지배세력이나 저항세력이나 모두 자신의 당파성을 보편화하는 헤게모니를 수립하려 하고 있음을 간파한다.

대단히 흥미롭게도 니버는 지배세력이나 저항주도세력이 보이는 당파성의 보편화 경향을 '생존 본능'에서 기인하는 것으로 본다. 그에 따르면, "모든 집단은 개인과 마찬가지로, 생존의 본능에 뿌리를 두면서 동시에 그것을 넘어서려고 하는 팽창적인 욕망을 갖고 있다. 삶에 대한 의지(will-to-live)는 권력 의지로 전환된다"(니버 2017, 46). 인간이 다른 동물과 다른 점은 이처럼 자기보존 본능이 권력의지로 즉 헤게모니 지향으로 나아가는 점이다. 다른 동물들은 자기보존의 본능에 따라 필요한 만큼 타자에게 폭력을 가한다. 배가 고프면 잡아먹고 위협적인 상대를 만나면 싸우지만 그 필요한 정도 내에서 그렇게 한다. 반면에 인간은 자기보존의 본능이 그 필요성의 한도 내에 멈추지 않는다. 인간의 자기보존 본능은 보존의 필요성을 넘어서 세력 강화충동으로 쉽게 넘어간다. 니버에 따르면, 이처럼 인간이 자기보존 본능의 필요성에 국한하지 않고 그 이상으로 넘어가는 것은 스스로 유한한 존재라는 자각에 그 이유가 있다. 인간은 자기 자신을 무한한 세계 속에 존재하는 하찮은 유한한 존재로 인식하는데, 이러한 유한성을 그냥 수용하기보다는 거기에 대항한다. 이러한 저항은 종교적으로 무한자에 흡수되거나 세속적으로 자기 자신을 보편화하려는 자기초월 또는 자아확대의 속성을 보인다. 따라서 제국주의를 포함하여 개인이나 집단이 자기를 보편화하고 확장하려는 경향은 이러한 자기의식에서 비롯하는 것이다(니버 2017, 74). 대단히 독특하고 독창적인 니버의 생각도 인간이 자신의 당파성을 보편화하는 헤게모니 지향성을 잘 포착하고 있다.

　라스웰(Harold Lasswell)의 유명한 '정치적 인간(political man)'에 대한 정의도 같은 맥락에서 이해할 수 있다. 라스웰에 따르면, 정치적 인간은 자신의 사적 동기를 공적 대상에 전치시키고 이를 공공이익으로 합리화한다. 그는 다음의 공식으로 이를 압축해서 표현한다(Lasswell 1960, 75).

　"p } d } r = P"

　여기서 p는 사적 동기(private motives), d는 공적 대상으로의 치환(displacement onto public objects), r은 공적 이익으로의 합리화(rationalization in terms of public interest), 그리고 대문자 P는 정치적 인간(정치형 인간, the political man)을 의미하며, 부호 }는 변환을 뜻한다. 라스웰이 말하는 사적 동기는 어린 시절에 주로 가정 환경 속에서 만들어진다. 어린 시절에 형성된 원초적인 심리적 구조가 시간이 흘러 유아 시절이 한참 지난 뒤에도 인성에서 중요한 요소로 남는다는 생각이다. 가령 정치에서 증오가 두드러지게 나타나는 경우는, 어린 시절 강압적이고 권위주의적인 아버지와의 관계 속에서 형성된 억압 및 권위에 대한 증오심이 표출되는 것으로 볼 수 있다고 한다. 이 사적 동기는 공적 대상으로 방향을 바꾸는데, 아버지에 대한 억압된 증오심이 (공동체 속에서 일정한 역할을 수행하고 있는 왕이나 자본가와 같은) 사회적 대상을 향하여 나타날 수 있다. 그리고 이같은 전이(displacement)는 공공이익이라는 이름으로 합리화(rationalization)된다 (Lasswell 1960, 74−77; 요시다 도오루 2015, 39−40 참조).

　라스웰이 말하듯이, 자신의 사적 동기를 일반이익(general interest)으로 전환해 합리화하는 과정에서 정치인은 자기의 사적 동기를 더 이상 의식하지 못할 수 있다. 즉 그(녀)는 자신이 공적 이익을 위해 행동한다고 진짜로 믿을 수 있다. 자기기만이 더 이상 의식 수준에서 존재하지 않는 경우다. 이런 경우까지 포함해서 사적 동기의 공적 이익으로의 치환과 합리화라는 라스웰의 공식도 당파성의 보편화라는 헤게모니 수립 현상으로 이해할 수 있다. 라스웰은 정신분석학적으로 접근해서 사적 동기를 어린 시절 양육과정에서 형성되는 것으로 이해한다. 라스웰처럼 당파적 이익이나 가치를 정신분석학적으로 이해하든, 마르크스주의자들처럼 당파적 또는 계급적 이해관계를 자본주의 사회체제의 구조 속에서 이해하든 (사회적 존재에 의해 사회적 의식이 형성된다고 믿든), 사적(부분적인) 이익 및 가치를 공적(일반적인) 이익 및 가치로 보편화하는 데 정치 즉 헤게 모니 투쟁의 핵심이 있다. 정치인이 사적 동기(특수이익)를 일반이익화 하거나 지배적 계급이 당파적 이익을 보편적 이익으로 전환하는 모습은 그 접근법에 상관없이 정치 일반에서 볼 수 있는 현상인 것이다.

니버가 보듯이 당파성의 보편화라는 헤게모니 수립 노력은 자기'기만'이자 위선으로 볼 수 있다. 자기기만은 상대방의 기만을 포함한다. 즉 소아1이 자신의 당파적 이익을 소아2,3…n에 모두 이득이 되는 보편적 이익으로 치환하거나 포장하는 가운데 소아1의 자기기만은 다른 소아들(소아2,3…n)에 대한 기만과 동시에 일어난다. 이러한 기만을 나무라는 규범이 전통적으로 강조되기도 한다. 소위 정치인이나 지도자들이 공익을 빙자하여 사익을 추구하는 '빙공영사(憑公營私)' 또는 '가공영사(假公營私)'에 대해 경계하는 것이다.[7] 니버와 모겐소의 논의도 이러한 경계에 가깝다. 그런데 이를 '기만'(자기기만이든 타자기만이든)으로 보는 이러한 입장은 공과 사를 엄격히 구분할 수 있는 것으로 보는 점에서 나와 입장이 다르다. 소크라테스의 다음과 같은 발언에서도 공사의 명확한 구분이 전제되어 있음을 볼 수 있다.

> "여러 도시에서 자유로운 사람들을 대상으로 하는 것은 어떤가. 우리는 그 수사를 어떻게 생각할 수 있나. 자네는 연설가들이 최상의 것에 대한 견해를 갖고, 그들의 연설로 시민들을 가능한 훌륭하게 만들려는 것만을 목표로 연설한다고 생각하나. 아니면 그들이 시민들과 마찬가지로 시민들을 기쁘게 하려는 데 목적을 두고, 그들의 사적 이익을 위해 공적인 것을 희생하면서 시민들을 아이를 대하듯이 즐겁게 하려 하고, 결과적으로 무엇이 그들을 더 좋게 또는 더 나쁘게 만들 것인지는 신경 쓰지 않고 있는가"(소크라테스. 『고르기아스』; 곽준혁 2013, 437에서 재인용).

인용구는 소크라테스가 '아첨'에 대하여 경계하면서 하는 말이다. "사적 이익을 위해 공적인 것을 희생"한다고 한 부분에서 소크라테스가 공과 사를 엄격히 구분된 것으로 보고 있음을 알 수 있다. 그는 이 구분을 흐리는 것이 아첨의 핵심 문제라고 본다. 아첨은 결국 사익을 공익으로 둔갑시킴으로써 공사 구분

---

7) 조용헌. "빙공영사." https://www.chosun.com/site/data/html_dir/2019/01/27/2019012701514. html?utm_source= naver&utm_medium=original&utm_campaign=news (2022년 7월 19일 검색).

을 흐리는 기만과 선동의 문제라는 얘기다. 아첨의 대상이 군주만이 아니라 대중이나 인민도 될 수 있다고 본 점에서 소크라테스는 오늘날 대중을 상대로 한 아첨이라고 할 수 있는 포퓰리즘 현상을 이미 지적하고 있다고 할 수 있다.

그러나 당파적 이익을 보편적인 것으로 정당화하는 헤게모니의 속성은 기만이자 동시에 진실일 수 있다. 한쪽 편에서 구축한 기능적 헤게모니가 다른 쪽에서 보면 기만이자 집단적 사기일 수 있지만, 그것이 받아들여지고 예상된 긍정적 기능이 실제로 발휘되는 만큼 그것은 당파적 이익에 그치지 않고 보편성을 확보할 수 있을 것이기 때문이다. 그것이 보편성을 확보하는 정도만큼 당파성의 보편화를 통한 헤게모니 구축이 성공적이라고 하겠다. 샤츠슈나이더의 언명처럼, 부분 이익이든 전체 이익이든 이익에 관한 논의는 모두 주관적이지만, 어떤 이익이 보편적이라고 할 만큼 널리 공유된다면 그것을 공적 이익이라고 할 수 있다. 또는 특정 이익이 널리 공유되는 만큼 그 이익은 보편성을 띤다고 할 수 있다. 이 점에서 특수이익을 공적 이익과 동일시한다는 이유로 공익이라는 관념이 모두 허위라고 할 수는 없다(샤츠슈나이더 2008, 71-73). 이익의 공공성은 결국 그 헤게모니에 달려 있는 것이다.

당파적 보편성의 수립을 헤게모니 투쟁의 관건이라고 볼 때 당파성과 보편성 사이에 존재하는 미묘한 상쇄관계(trade-off)에 주목할 필요가 있다. 당파성과 보편성 사이의 상쇄관계에 주목하는 것은 당파성과 보편성을 이항대립적인 것으로 즉 이분법적인 것으로 보는 시각이 아니다. 오히려 정반대로 당파성과 보편성의 구분이 객관적으로 주어져 있지 않으며 여러 층위에 걸쳐서 섞여 있다는 입장이다. 앞서 언급했듯이 우리가 객관성이라고 알고 있는 것은 사실은 '보편화된 주관성'이고, 보편적이라고 생각하는 것도 실은 한쪽 발을 당파성에 담고 있는 것이다. 어쨌든 아와 비아의 헤게모니 투쟁에서 관건은 아와 비아가 각각 자신의 당파성을 얼마나 보편화시킬 수 있는가에 달려 있다. 따라서 당파성의 보편화가 아비헤투의 승리를 위해서 필요하다. 그런데 그것은 그 본질에 있어서 즉 아주 중요한 핵심에 있어서 당파적인 이익과 가치에 근거를 두어야 한다. 한편에서는 보편성이 요구되고 다른 한편에서는 당파성이 요구되는, 어찌 보면 다소 상충적인 긴장관계가 내장돼 있는 것이다.[8]

---

8) 바로 이런 긴장관계 때문에 보편주의적 화법만으로 보편성을 담보할 수는 없다. 추아 (Amy Chua)는 '포용적인' 보편주의적 화법(예, '모든 생명은 소중하다')에 많은 사람들

양당체제를 가지고 있는 미국이나 한국에서 당파성과 보편성의 이 같은 긴장관계가 잘 드러난다. 대통령 선거를 예로 살펴보자. 양당체제에서 각 정당은 경선을 통해 후보자를 선출한다. 각 정당 내 경선에서 승리를 위해 필요한 것은 보편성보다 당파성이다.[9] 특히 여야 정당의 관계가 홀로주체적 성격이 강할수록 당내 경선에서 당파성이 중요해진다. 당파성이 중요한 당내 경선에서 각 정당의 자기이익을 옹호하고 주장하는 후보가 그렇지 않은 후보보다 더 많은 당내 지지를 받을 가능성이 크다. 반면에 당내 경선을 거쳐 뽑힌 후보들 사이에 벌어지는 본선 경쟁에서는 당파성보다 보편성이 더 필요하다. 양당 사이에 있는 중간지대의 관중들의 지지를 더 많이 받는 후보가 승리를 거머쥘 확률이 높기 때문이다. 즉 대선 본선에 있어서는 각 정당의 후보들은 자기 정당의 당파적 이익을 강조하기보다는 그것을 보편적인 이익으로 치환하고 정당화함으로써 자기 세력 즉 각자의 입장에서 '우리'의 외연을 확대해야 한다. 대선 본선 직전에 벌어지는 예선 즉 당내경선에서 당파성이 강조되는 것과 대조된다. 예선에서 당파성이 너무 강한 후보가 뽑히면 그만큼 본선에서 승산이 떨어진다. 한마디로 예선과 본선에 따라 당파성과 보편성 사이의 연속선에서 후보자가 차지하는 위치에 변동이 있을 수밖에 없다. 이 같은 당파성과 보편성 사이의 상쇄관계는 헤게모니 구축을 복잡하게 만드는 중요한 요인이 된다.

이 등을 돌리는 경향을 주목한다. 그런 보편주의 화법이 실제 역사에서 억압받아온 소수자들의 특수성을 덮어버리려는 시도로 여겨진다는 것이다(추아 2020, 19). 지도세력의 '보편적' 담론이 하위세력들의 특수성이나 당파성을 보편주의로 대체하여서는 보편성을 확보하기 어렵다. 지도세력의 당파성이 하위세력의 당파성을 담아낼 때 비로소 보편성을 확보할 수 있다.

9) 물론 이때 당파성은 더 작은 소아들의 입장에서 보면 보편성이 된다. 즉 정당 내의 작은 우리들인 파당이나 분파들(factions)은 정당 내에서 각각 파당성을 가지고 있다. 여러 파당들 사이에 보편적 지지를 획득하기 위해서는 각 파당의 파당성을 정당의 외연에 따라 보편화할 필요가 있다. 물론 당내 보편성의 수립은 당 밖에서 보면 특수성에 불과하다.

3. '정치'와 '정치적인 것'의 문제[10]

정치의 정수를 헤게모니 즉 지배-지도관계에서 찾는 아비헤투 정치 개념은 정치를 사회의 특정 공간이나 이슈영역에 국한시키지 않는다. 넓은 의미의 헤게모니 관계, 즉 강압과 동의가 섞여 있는 지배 및 지도 관계가 정치의 정수다. 헤게모니를 유지하고 획득하기 위한 투쟁 및 헤게모니를 행사하고 구축하는 제반 활동이 정치적인 성격을 갖는다. 헤게모니에 대한 저항, 헤게모니 관계를 끝내려는 탈지배 노력도 마땅히 정치에 포함된다. 헤게모니 관계는 정치사회에 국한되어 있지 않다. 사회의 곳곳에 헤게모니 관계가 존재하며, 사회의 어느 곳에서든지 정치가 발생할 수 있다. 따라서 아비헤투 정치 개념은 정치의 발생 가능성을 국가나 정치사회에 국한하지 않고 사회의 모든 공간에 열어둔다.

또한 아비헤투 정치 개념은 정치의 고유성을 특정한 이슈영역에서 찾지도 않는다. 정치적인 이슈와 비정치적인 이슈를 구획하는 절대적인 구분은 있을 수 없다. 정치적 이슈와 비정치적 이슈의 경계선은 언제나 유동적이다. 어떤 이슈든 그 자체로 정치적인 문제가 되는 것은 아니다. 초기 현실주의 국제정치학을 주도한 모겐소가 이 점을 잘 파악하고 있다. 모겐소는 정치적인 것을 어떤 성질 내지는 색조(a quality or a tone)로 이해한다. 그는 정치적인 것을 목적이나 고정된 내용으로 규정할 수 없다고 본다. 정치적 문제와 비정치적 문제를 그 목적이나 내용에 따라서 구분하는 것은 불가능하다. 정치적인 것의 개념은 특정 목적이나 내용에 필연적으로 연결되어 있지 않다. 정치적인 것은 영원불변한 내용을 갖지 않는다. 그럴 수가 없다. 어떤 내용이든지 어떤 특징이나 성질 또는 색조를 띨 때 정치적인 것이 된다. 오늘 정치적인 특성을 가진 문제에서 내일은 그와 같은 특성이 사라질 수 있다. 모겐소는 일등급의 정치적 이슈들(first class political issues)과 이등급의 정치적 이슈들(second class political issues)을 구분한다. 경계(국경), 소수자, 경제문제와 같은 일등급의 정치적 이슈들은 상대적으로 정치적 성격을 오랫동안 가지고 있는 이슈들이고, 이등급의 정치적 이슈들은 상대적으로 정치적 성격이 유동적인 이슈들이다. 어떤 문제들은 상대적으로 쉽게 또 자주 이와 같은 정치적 성격이나 색조를 띨 수 있다. 하지만 어떤 문제

---

10) 이 부분은 김학노(2016)의 일부를 좀더 확장, 발전시킨 것임.

도 그 자체의 성질만으로 정치적인 색조를 본질적으로 보유하거나 획득할 수는 없다. 정치적인 문제와 비정치적 문제를 구분하는 것은 그 문제의 객관적 내용이나 성질에 따라서 이루어질 수 없다. 정치적 다툼의 범위나 영역은 다루어지는 문제의 내용에 따라서 영원히 확정할 수 있는 것이 아니며, 그 내용과 상관없는 외적인 상황에 따라서 어떤 문제든지 정치적인 문제가 될 수 있는 것이다 (Morgenthau 2012, 100-101).

정치는 정치적인 문제를 다룬다. 또는 역으로 정치에서 다루기 때문에 그 문제는 정치적인 문제가 된다. 요컨대, 본질적으로 정치적인 성격을 갖는 문제는 없다. 정치가 정치영역에서만 일어나는 것도 아니다. 정치적으로 중요한 일들이 정치사회 밖에서 일어날 수도 있고(예, 밥상머리 정치), 비정치적이던 이슈들이 정치적으로 민감해져서 정치영역 안으로 진입할 수도 있으며(예, 학생 급식 문제), 또 정치권에서 발생하는 일이 모두 정치적인 것은 아니다(예, 의원들의 식사). 정치적 현상이 특정한 제도적 공간이나 특정한 이슈영역 안에서만 일어나는 것은 아니다. 정치는 인간세계의 모든 장소와 이슈영역에서 발생할 수 있다. 다만 그 이슈와 장소가 헤게모니 질서 및 투쟁과 관련될 때 정치가 발생한다. 한마디로, 정치는 모든 곳에서 일어날 수 있지만 모든 것이 정치적인 것은 아니다. 정치의 편재성(遍在性, 정치가 어느 곳에서나 일어날 수 있음)과 정치의 고유성(모든 것이 정치적인 것은 아님)은 서로 배치되지 않고 양립한다. 따라서 아비헤투 정치 개념은 소위 정치권이나 정치사회에 국한하지 않고 사회의 모든 곳에서 존재하는 헤게모니(지배-지도) 관계에 주목한다.

나아가 아비헤투 정치 개념은 현 사회체제를 떠받치고 있는 근본적인 헤게모니 질서에도 주목한다. 사회체제의 기반이 되는 근본적인 헤게모니 질서는 '정치적인 것'의 차원에 해당한다. 이른바 '정치적인 것(the political)'의 개념은 간단하지 않고 학자마다 사용하는 방식에도 차이가 있다.[11] '정치적인 것'의 개념은 슈미트가 동명의 책을 출판하면서 본격적으로 주목받기 시작했다. 슈미트(Schmitt 2007, 19)의 출발점은 "국가의 개념은 정치적인 것의 개념을 전제한다"는 명제다. 그가 말하는 정치적인 것의 기준은 '적과 동지의 구분'이다. 이는 마

---

11) 정치가 정치적인 것을 바탕으로 하고 있다고 보는 시각이 대부분인 데 반해, 거꾸로 정치적인 것이 정치를 바탕으로 하는 개념이라고 보는 시각도 있다(Marchart 2007, 119 참조).

치 도덕과 미학의 궁극적인 기준이 선악과 미추의 구분인 것과 같다. 그런데 여기서 슈미트가 말하는 적과 동지의 구분은 구체적인 내용(substance)을 지칭하기보다는 일정한 기준, 즉 사람들의 회합(association)과 해체(dissociation)의 강도(intensity)를 의미할 뿐이다(Schmitt 2007, 38). 즉 적과 동지는 적대와 우호 같은 아와 비아의 내용적 관계에 의해서 구분되지 않는다. 그보다는 "친구와 적의 구분은 결합이나 분리, 회합이나 해체의 최고 강도를 가리킨다"(Schmitt 2007, 26). 아비헤투 정치 개념에서 보자면, 슈미트는 분리를 적대 관계와, 통합을 우호 관계와 동일시하고 있는 것이다. 그에게 우적의 구분은 1장의 <그림 7>에서 분리-통합의 축 즉 아와 비아의 만남의 '깊이'만을 기준으로 이루어지고 있다. <그림 7>의 수직축인 홀로주체-서로주체의 기준 즉 만남의 '성격'이라는 기준은 슈미트에게 존재하지 않는다. 대신에 분리를 적대 관계와, 통합을 친구관계와 동일시하고 있다. 따라서 그에게 적대적 통합이나 우애적 분리는 존재하지 않는다. 즉 홀로주체적이면서 통합을 지향하거나, 서로주체적이면서 분리를 지향하는 가능성을 생각하지 못하고 있다. 나아가 적과 동지의 구분이라는 그의 정치적인 것의 개념은 종국에는 적과 동지 중 전자에만, 즉 '적대(antagonism)'의 축으로만 귀결된다. 그래서 슈미트(Schmitt 2007, 29)는 "정치적인 것은 가장 강렬하고 극단적인 적대이다"라고 말한다. '적과 동지'의 구분에서 동지의 측면은 사실상 무시되고 적의 측면만 남게 된다. 구체적인 적대가 그 극단의 지점에 이르면, 즉 적대의 심화에 따라서 적과의 분리에 따른 우적 집단화(friend-enemy grouping)에 가까워질수록 그만큼 더 정치적인 것이 된다. 아비헤투 정치 개념으로 바꾸어 말하면, 그의 정치적인 것의 개념은 종국에는 홀로주체적 분리를 기준으로 삼는 셈이다.

슈미트의 정치적인 것의 개념은 후대에 상당한 영향을 주었다. 슈미트의 적과 동지의 구분에 기대어 무페(Mouffe 2005, 10-16)는 적대를 중심으로 정치적인 것의 개념을 정의한다. 슈미트와 무페의 적대 개념에 다소 차이가 있다. 슈미트는 적의 개념을 때로 파멸의 대상으로 때로는 단순히 싸움의 대상으로 쓰는 등 다소 혼란스럽게 사용하는 측면이 있지만, 대체로 그의 적(enemy) 개념은 공존 가능성을 궁극적으로 거의 남겨놓지 않는다. 반면에, 무페에게 적(adversary)은 대체로 공존하면서 다투는 싸움의 대상이다. 이 같은 차이점에도 불구하고 적대를 중심으로 정치적인 것의 개념을 정의하는 점에서 무페는 슈미트의 생각을 따르고 있다. 슈미트와 마찬가지로 무페에게도 적대 관계가 정치적인 것의 궁극적인 기준인 것이다. 적과 동지의 구분이라는 정치적인 것의 기준은 '그들'과 대립하거나 적대하여 '우리'가 형성된다고 본다. '우리'라는 집단적 동일시/일체화(identification)가 정치적으로 중요한 문제인데, 이것의 바탕에 적(대)의 존재가 있어야 한다. 그런데 적대의 발생 가능성은 늘 존재하며 그것을 완전히 뿌리뽑을 수는 없다. 따라서 적대의 가능성 즉 정치적인 것은 우리의 존재론적 조건(ontological condition)에 속하는 문제다. 무페에 따르면, '정치'는 질서를 창출하고 인간의 공존을 조직하는 일련의 실천과 제도들로 구성되지만, 그것은 어디까지나 '정치적인 것'에 의해서 형성된 갈등(conflictuality)의 맥락에서 그러하다. 정치적인 것은 사회의 특정 분야나 층위가 아니라, 인간사회들을 구성하는 적대의 차원으로서 "모든 인간 사회에 본래부터 있으며 우리의 존재론적 조건을 결정하는 하나의 차원"으로 봐야 한다(Mouffe 2005, 13). 사회의 근본적인 적대관계가 정치적인 것이고, 이를 바탕으로 정치를 비롯한 사회의 여러 영역이 구축된다는 생각이다.

　　적과 친구의 구분에서 친구의 측면을 간과하고 적만을 기준으로 삼는 점에서 아쉽지만, 슈미트와 그를 이어받는 무페의 정치적인 것의 개념은 대단히 중요한 통찰력을 제공한다. 무엇보다도 어떤 특정 사회체제 내에서 전개되는 정치가 전부가 아니라는 점이 중요하다. 특정 사회체제 내에서 정치가 전개되는 공간을 정치'영역'이라고 부르자. 정치영역에서 전개되는 정치적인 현상들은 그 영역 밖에 존재하는 '정치적인 것'의 차원을 바탕으로 하고 있다. 어떤 이슈가 정치영역으로 들어가서 정치적인 문제가 되는지의 여부는 그 이슈의 본질적인 내용에 달려 있지 않다. 어떤 이슈가 정치영역에 들어가서 정치적인 이슈가 되기 위해서는 그를 둘러싼 갈등 즉 적대관계가 심화되어야 한다. 가령 종교는 평소에 정치와 무관한 이슈이지만, 종교를 둘러싼 갈등과 대립이 극심해져서 그것이 적과 친구를 구분할 지경이 될수록 종교적 갈등은 정치적인 이슈가 된다. 종교개혁과 종교를 둘러싼 전쟁이 바로 그런 사례다. 학교에서의 급식 문제는 전혀 정치적인 이슈가 아니었는데, 무상급식(보다 정확하게는 의무급식) 이슈를 둘러싼 갈등과 대립이 심해져서 그 문제를 둘러싼 적과 친구의 구분이 명확해질수록 그리고 그들의 갈등과 대립이 심해질수록 급식 문제는 그만큼 정치적으로 중요한 이슈로 정치영역에 들어간다. 이처럼 어떤 이슈가 정치적으로 중요한 이슈가 되느냐의 기준이 바로 적과 친구의 구분, 혹은 적대의 정도라는 것이다. 요컨대 한 사회의 정치영역에 어떤 문제가 들어가느냐는 그 문제의 내용보다는 그를 둘러싼 갈등과 적대의 정도에 달려 있으며, 이 점에서 '정치'(영역)는 '정치적인 것'의 차원을 바탕으로 성립한다.

'정치'와 구분해서 '정치적인 것'이라는 어려운 개념을 굳이 사용하는 이유를 알 수 있다. 하지만 '정치적인 것'이라는 개념은 여전히 피부에 와 닿지 않고 정치와 정치적인 것을 명확하게 구분하기란 쉽지 않다. 여기서는 마차트 (Marchart 2007, 5-8, 48)의 탈토대주의(post-foundationalism)를 따라서, '정치적인 것(the political; le politique)'과 '정치(politics; la politique)'를 각각 '존재론적 (ontological)' 차원과 '존재자적(ontic)' 차원에 해당하는 것으로 구별하자. 존재자가 구체적인 특정의 사람이나 사물을 지칭하는 차원이라면, 존재론은 그러한 존재자가 존재하게 되는 근본 원리나 심층구조의 차원에 해당한다.12) 이렇게 구분할 때, '정치적인 것'은 사회의 존재론적 차원으로서 사회를 구조화하는 '정치적 계기'라고 할 수 있으며, 반면에 '정치'는 '정치적인 것'에 근거해서 구축된 사회체계 안에 존재하는 하나의 영역이다. 즉 '정치'영역은 사회체계의 하위체계로서 존재하는데, 전체 사회체계는 '정치적인 것'을 바탕으로 존재한다.13) 사회체계의 한 영역으로서 '정치'는 기본적으로 사회체계의 구조 속에 있으며, 그 점에서 사회체계를 구조화하는 '정치적인 것'을 바탕으로 하고 있다. 존재자적 차원의 정치는 그것이 속한 사회질서의 근본원리를 제공하는 존재론적 차원의

---

12) 존재와 존재자의 구분에 대해 이 글이 의존하고 있는 마차트의 논의는 기본적으로 하이데거(Heideggar)의 존재론에 입각해 있다. 이진경은 하이데거의 존재론을 '탁월성'의 존재론이라고 비판한다. 그에 따르면, 하이데거는 사실상 인간을 의미하는 '현존재 (Dasein)'의 존재 이해를 통해 존재를 탐색하며, 이처럼 위대한 것 또는 탁월한 것에 근거한 보편화는 모든 존재를 포괄하는 일반성에 도달할 수 없다. 이에 대한 대안으로 이진경은 인간보다 훨씬 미천하고 보잘 것 없는 것(예컨대 박테리아)에서 시작하는 '불온한 것들의 존재론'을 제안한다(이진경 2011, 45-78; 윤구병 2013 참조).

13) 안효성도 이와 비슷하게 구분한다. 그에 따르면, 흔히 우리가 떠올리고 거론하는 '정치 (politics)'가 제도적인 것이라면, '정치적인 것(the political)'은 인간사회에 고유하게 있는 인간의 존재론적 조건을 규정하는 것으로서 소위 정치현상들을 다른 인간적 현상들과 구별시키는 내적 특성을 지칭한다(안효성 2013, 241). 한편, 사회의 하위체제로서의 정치는 제도권 (장내) 정치와 비제도권 (장외) 정치로 나눌 수 있다. 이들 장내외 정치를 '체제 내 정치(politics in system)'라고 한다면, 정치적인 것은 '체제의(에 대한) 정치(politics of system)'라고 할 수 있다.

정치적인 것을 바탕으로 성립한다. '정치'영역이 사회체계의 한 부분이고 사회의 세력관계라는 토대를 부분적으로 반영한다면, '정치적인 것'은 사회의 근본적인 질서와 구성원리를 문제삼음으로써 사회의 토대 자체를 구조화하고 탈구조화한다. 이 점에서 (정치영역과 정치적인 것을 모두 포함하는) 정치는 단순히 사회의 근본 구조나 질서에 얽매여서 그 근본적인 세력관계를 반영하는 데 그치지 않고, 사회의 근본 구조나 질서 자체에 대해서 독자적인 영향을 행사한다. 즉 '정치적인 것'에 의해서 정치는 '고유성(specificity)' 뿐만 아니라 사회에 대해 '자율성(autonomy)'과 '우위성(primacy)'을 갖는다(Paipais 2014, 360; 안효성 2013, 241).

'정치적인 것'과 '정치'는 쌍방향의 관계로 이해해야 한다. 정치영역을 포함한 사회체계가 정치적인 것에 근거하여 성립하고 일상의 정치가 그러한 정치영역에서 전개되지만, '정치적인 것'은 정치영역과 시민사회 곳곳에서 벌어지는 헤게모니 투쟁에 의해서 변화될 수 있다. 아비헤투 정치관에서 정치사회뿐 아니라 시민사회와 일상생활 곳곳에서의 헤게모니 투쟁도 중시하는 이유다. 우리가 일상적으로 보는 정치는 많은 부분 사회의 계급 갈등이나 지역 갈등과 같은 주요 균열구조에 기초해 있다. 하지만 사회의 근본질서나 세력관계는 고정되어 있지 않으며 정치적·사회적 실천들에 의해서 영향을 받고 재구조화된다. 앞서 언급한 종교 갈등의 문제를 보자. 종교개혁을 둘러싼 갈등이 극심해져서 종교 전쟁으로 치달은 경우 종교 갈등이 정치적인 것의 문제가 되고 이것이 사회질서를 바꾸고 종교문제가 정치영역에 중요한 문제로 진입한다. 그런데 이처럼 종교 갈등이 정치적인 것의 문제가 되기까지에는 사회 곳곳에서 종교개혁을 추진하는 세력들의 헤게모니 실천과 그에 대한 대항헤게모니 실천들이 중요한 역할을 한다. 즉 '정치'(영역)가 사회의 근본적인 세력관계에 의해서 영향을 받는 것이 사실이지만, 다른 한편 사회의 근본적인 질서는 정치영역을 포함한 사회체계 곳곳에서의 정치적 실천들에 의해서 영향을 받고 재구조화되는 것이다. '정치적인 것⇨사회체제(그 한 영역으로서 정치)'의 측면과 동시에 '정치적 실천⇨사회체제의 근본 질서에 영향'의 측면이 함께 존재하고 서로 영향을 미친다.

르포르(Lefort 1988, 10-12)는 존재자적 차원에서 전개되는 경험적 '정치(la politique)'는 정치(과)학(political science)의 대상인 반면, 존재론적 차원에 있는 '정치적인 것(le politique)'은 정치사상가나 정치철학자(political theory)의 관심 대상이라고 구별한다. 나는 정치과학과 정치이론을 구별하고 싶지 않지만, 정치적인 것이 경험적인 정치보다 더 심원한 층위의 문제라는 르포르의 발상에 동의한다. '정치(과)학'이 사회의 구성원리를 묻지 않으면서 단지 '정치'영역을 대상으로 부분적 지식을 축적하는 경향이 강한 반면, '정치적인 것'을 사유하는 '정치철학'은 그 사회의 정치적·경제적·종교적 영역들의 분화를 제도화하는 원칙과 기원을 묻는다(홍태영 2010, 33; 랑시에르 2013, 14; Paipais 2014, 360; Mouffe 2005, 9; 안효성 2013, 241). 바꾸어 말하자면, '정치'가 "주어진 현실[을] 세계의 전부라고 생각"하는 반면 '정치적인 것'은 "주어진 세계를 우연적인 것으로 간주"하고 "우리가 살아가는 세계의 원리와 규칙을 새롭게 창안"한다(서동진 2014, 27–29). 또는, 경험적 정치가 일상의 정치라면, 정치적인 것은 보다 근원적인 정치라고 할 수도 있다. 이 점에서 '정치적인 것'을 생각하는 것은 단순히 "통치 전략이 아니라 법, 권력, 공동체의 원리들에 대해 말하는 것"이다(랑시에르 2013, 14).[14]

이 문제와 관련하여 김영수(2009)가 흥미로운 논의를 전개한다. 그는 '보이는 정치(visible politics)'와 '보이지 않는 정치(invisible politics)'를 구분하고, 각각을 아감벤(Giorgio Agamben)이 구분하는 '제정된 권력(potere costituito)'과 '제헌적 권력(potere costituente)'에 비유한다. '정치'영역이 '보이는 정치'라면, '정치적인 것'은 '보이지 않는 정치'에 해당한다. 김영수에 따르면, 제정된 정치가 회생되기 어려울 정도로 타락할 때 제헌적 정치 즉 보이지 않는 정치가 새로운 쇄신의 힘을 제공할 수 있다. 이 점에서 보이지 않는 정치는 '순결한' 정치다. 하지만, 마오쩌둥의 문화대혁명에서 보듯이, 그것은 또한 위험하고 파괴적일 수 있다. 김영수의 논의에서 가장 흥미로운 지점은, 제정된 정치(보이는 정치) 안에 제헌적 정치(보이지 않는 정치)를 명시적으로 내포하는 경우가 있으며, 그런 정치가 좋은 정치라는 점이다. 미국 독립선언서에 담겨 있는 천부인권과 그에 입각한 혁명권이 그 예다(김영수 2009, 340–342). 이 글의 개념으로 표현하면, 제정된 정치인 '정치'영역 안에 제헌적 정치인 '정치적인 것'의 차원이 내포된 경우가 있으며, '정치'가 타락할 때 '정치적인 것'을 불러올 수 있도록 제도화된 정치가 좋

---

14) 정치는 (가령 경제와 달리) 개인들이 각자 자신에 대해서만 아니라 다른 성원들에 대해서도 목소리를 내는 점에서 가장 포괄적인(encompassing) 인간 활동이다. 바로 그렇기 때문에 '정치적인 것'도 인간 활동 중 가장 부수기 쉬운(fragile) 활동에 해당한다(Strong 2008, 448–449). 정치와 정치적인 것 모두에서 투쟁은 계속되고 있는 것이다.

은 정치라는 것이다.

헤게모니 개념은 사회의 한 하위체계인 '정치'영역에서의 투쟁뿐 아니라 보다 근원적인 '정치적인 것'의 차원에서의 투쟁에서도 핵심적으로 중요하다. 모든 사회체제의 구성은 그 자체가 정치적 성격을 갖는다. 사회질서는 자연적인 것도, 중립적인 것도, 고정된 것도 아니다. 특정 사회세력의 '헤게모니 실천'들에 의해서 사회 질서가 구성된다. 이러한 실천들이 정치영역에서 정치적 이슈가 되지 않고 그냥 자연스러운 것으로 받아들여질 수도 있으며, 그러한 헤게모니 질서가 대항 헤게모니 실천들에 의해서 도전받을 수도 있다. 사회는 어떤 필연적인 법칙을 통해서 스스로의 구조적 배열을 결정하지 않는다. 특정 세력을 중심으로 하는 '헤게모니 절합'들 사이의 투쟁에 의해서 사회의 구조적 배열이 정해진다. 그러한 헤게모니 절합들은 반드시 그런 절합이 일어나야 한다는 의미에서의 필연성을 가지고 있지 않다. 우연적인 헤게모니 절합들을 가능하게 하는 것이 자율적 활동으로서의 정치다. 존재자적 차원의 '정치'영역에서의 헤게모니 투쟁이 사회의 존재론적 패러다임의 변화를 가져올 수도 있다. 요컨대, 어떤 사회가 기반하고 있는 질서는 '자연적'인 질서가 아니며 다양하고 상충하는 헤게모니 실천들의 결합에 의해서 불안정하게 유지되고 있는 '정치적' 질서다. 그러한 질서는 다른 질서의 가능성들이 실현되는 것을 배제하고 억압하고 있다. 사회질서의 바탕에 헤게모니 투쟁과 헤게모니 질서가 존재하는 것이다(라클라우 · 무페 2012, 11–18; Mouffe 2005, 17–19). 무페는 다음과 같이 말한다.

> "모든 질서는 정치적이며 일종의 배제에 입각해 있다. 억압되고 있는 다른 가능성들이 늘 있기 마련이고 이들은 다시 활성화될 수 있다. 특정의 질서를 수립하고 사회제도의 의미를 규정하는 절합적 실천들(articulatory practices)이 '헤게모니 실천들(hegemonic practices)'이다. 모든 헤게모니 질서는 대항헤게모니 실천들에 의해서 도전받을 수 있다"(Mouffe 2005, 18).

아비헤투 정치 개념을 존재자 차원의 정치영역과 존재론 차원의 정치적인 것으로 나누어서 설명해보자. 먼저, 존재자적 차원에서, 아와 비아의 헤게모니 투쟁은 현재의 사회질서 속에 자리잡은 정치영역에서 전개될 수 있다. 각종 선거에서 정당의 후보들은 서로 자신을 중심으로 '우리'를 형성하고 유지하거나 새롭게 구축하는 헤게모니 투쟁을 전개한다. 선거에서 이기기 위한 헤게모니 투쟁은 정치영역은 물론이고 일상 생활과 시민사회 영역 모두에서 일어날 수 있다. 다만 이들 정치와 사회 영역은 기존의 사회질서를 바탕으로 구조화되어 있다. 즉 존재자적 차원에서의 아와 비아의 헤게모니 투쟁은 기존의 근본적인 사회질서를 바탕으로 그 안에서 이루어진다. 한편, 아와 비아의 헤게모니 투쟁은 존재론적 차원에서도 전개될 수 있다. 이때 아와 비아의 투쟁은 누가 더 많은 관중들을 우리로 불러 모아서 더 큰 우리를 구축하는지의 문제보다는, 누가 관중이 되는지, 즉 누가 우리의 구성원이 될 자격이 있는지라는 문제를 놓고 전개될 수 있다. 이는 정치영역에서의 헤게모니 투쟁 이전에 정치영역을 누가 어떻게 구성하는지 자체에 대한 근원적인 문제로서, '정치적인 것'에 해당한다. 정치영역에서의 아와 비아 사이의 투쟁 이전에 누가 아와 비아로 셈해지는지에 대한 투쟁은 근본적인 헤게모니 질서에 대한 문제제기다. 자연적인 개체로서의 '인간'이 사회의 성원권을 가짐으로써 '사람'이 된다면, '사람들' 사이의 헤게모니 투쟁이라는 정치 못지 않게 '인간'이 '사람'이 되는 것을 결정하는 보다 심층적인 헤게모니 투쟁도 중요한 것이다(김현경 2015, 31-80 참조). 랑시에르(2015, 43)의 언명처럼, "빈민들을 인민으로서 셈하는 것에 대한, 인민을 공동체로 셈하는 것에 대한 계쟁은 정치의 존재를 둘러싼 계쟁이며, 이를 통해 정치가 존재하게 된다."

정치의 정수를 '감각의 분할'에서 찾은 랑시에르(2008; 2013)의 정치관은 이런 관점에서 이해된다. 감각의 분할이 정치의 정수인 까닭은 그것이 심층적인 헤게모니 질서와 관련되어 있기 때문이다. 랑시에르는 '통치의 과정'으로서의 '치안'과 '평등의 과정'으로서의 '정치'를 구분한다. 이는 단순히 '좋은 정치'와 '나쁜 정치'의 구분이 아니다. 그보다는 존재자적 차원과 존재론적 차원의 구분에 해당한다. 그에 따르면, 통치의 과정인 "치안의 본질은 억압이 아니며 생명체에 대한 통제도 아니다. 치안의 본질은 감각적인 것에 대한 어떤 나눔이다"(랑시에르 2013, 221). 또는, "치안은 중무장한 진압 세력이기에 앞서 가시적인 것과 비가시적인 것, 말할 수 있는 것과 말할 수 없는 것을 규정하는 개입형태다"(랑시에르 2013, 197). 즉 치안은 특정한 감각 분할의 원리를 바탕으로 이루어진다. 이에 반해 랑시에르에게 정치는 이러한 치안의 근본 토대인 감각의 분할 원리에 균열을 일으키는 것이다. 그에 따르면, "정치의 본질은 공동체 전체와 동일시되는 몫 없는 자들의 어떤 몫을 보충하면서 이 타협을 교란하는 것이다. … 정치는 우선 가시적인 것과 말할 수 있는 것에 대한 개입이다"(랑시에르 2013,

223). 혹은, "몫 없는 이들의 몫의 설립에 의해 지배의 자연적 질서가 중단될 때 정치가 존재한다"(랑시에르 2015, 39). 즉, 랑시에르가 말하는 '치안'은 주어진 헤게모니 질서를 유지하고 재생산하는 활동이고, 그가 치안과 구분한 '정치'는 주어진 헤게모니 질서를 전복하는 행위다(랑시에르 2015, 61-71). 이런 의미에서 감각의 분할에 대한 전복과 도전은 중요한 정치적 행위다. 랑시에르의 '치안'이 존재자적 차원의 정치영역에 해당한다면, 그의 '정치'는 존재론적 차원의 '정치적인 것'에 해당한다.

'프롤레타리아의 밤'에 랑시에르가 주목한 까닭은 바로 이 같은 정치적인 것의 차원에서 정치를 볼 수 있기 때문이다. 내일의 노동을 위해 (즉 생산력의 재생산을 위해) 수면을 취하는 대신 책을 읽고 글을 쓰는 '프롤레타리아의 밤'은 사회가 정한 자리를 거부하고 벗어나려는 몸부림을 담고 있다. 노동자가 잠을 자는 대신 자신에게 허용되지 않은 글쓰기라는 부르주아지의 꿈을 꾸는 것은 감성적인 것의 재분배이자 지배관계에 새로운 균열을 일으키는 행위다(주형일 2012, 148-194; 랑시에르 2008, 47-56). "감각적인 것을 새롭게 분배하는 활동, 즉 감성적 혁명을 가져오는 활동"이야말로 정치의 정수인 것이다(진은영 2014, 26). 랑시에르는 감각적 혁명의 가능성을 단순히 왕정을 와해시킨 프랑스 혁명에서만 찾지 않는다. 진정으로 새로운 가능성을 보여주는 것은 "생산과 재생산의 '사적' 영역에 노동자들의 자리를 지정하는 식의 감각적인 것의 분배를 전복시키는" 19세기 프랑스 노동자들의 해방적 활동이다. 밤에 '휴식'을 위하여 "잠자는 대신 읽고 생각하고 토론하기!"(진은영 2014, 77). 진은영은 여기에서 랑시에르의 정치 개념의 특징이 나타난다고 한다. "정치는 일치consensus를 넘어선 불일치dissensus의 분배 활동이라는 것이다"(진은영 2014, 76. 강조는 원문).

세종 28년 훈민정음의 창제도 이런 의미에서 대단히 정치적인 사건이다. 지배층뿐 아니라 일반 백성이 말과 글을 통해 자기 뜻을 표현할 수 있는 능력을 갖도록 하는 것은 기존의 지배체계에 대한 명백한 도전이기 때문이다. 세종 28년 9월 29일 세종은 다음과 같이 말한다.

> "나랏말이 중국과 달라 한자(漢字)와 서로 통하지 아니하므로, 우매한 백성들이 말하고 싶은 것이 있어도 마침내 제 뜻을 잘 표현하지 못하는 사람이 많다. 내 이를 딱하게 여기어 새로 18자를 만들었으니, 사람들로 하여금 쉬 익히어 날마다 쓰는 데 편하게 할 뿐이다"(세종실록 28년 9월 29일).

훈민정음 창제에 대해 집현전 부제학 최만리 등 관료들이 언문 제작의 부당함을 강조하면서 반대한 것은 잘 알려져 있다(이이화 2000, 253-259). 이러한 반대는 새로운 일이 아니다. 훈민정음 창제 이전에 세종이 율문을 이두문으로 번역하여 반포할 것을 이르는 데에도 신하들이 반대하였다. 이조판서 허조(許稠)가 다음과 같이 아뢰었다.

"신은 폐단이 일어나지 않을까 두렵습니다. 간악한 백성이 진실로 율문을 알게 되면, 죄의 크고 작은 것을 헤아려서 두려워하고 꺼리는 바가 없이 법을 제 마음대로 농간하는 무리가 이로부터 일어날 것입니다."

이에 세종은 다음과 같이 말한다.

"그렇다면, 백성으로 하여금 알지 못하고 죄를 범하게 하는 것이 옳겠느냐. 백성에게 법을 알지 못하게 하고, 그 범법한 자를 벌주게 되면, 조삼모사(朝三暮四)의 술책에 가깝지 않겠는가"(세종실록 14년 11월 7일).

허조와 세종의 대화는 '정치적인 것'의 차원에서 대립하고 있다. 백성이 간악해서 율문을 알게 하면 안 된다는 허조의 주장은 백성들의 앎에 대한 단순한 억압에 그치지 않고 앎의 능력 자체를 본원적으로 박탈하려는 것이다. 이에 반해 백성이 율문을 알 수 있도록 도와줘야 한다는 세종의 주장은 백성들이 그와 같은 앎의 능력을 갖도록 해야 한다는 것이다. 세종은 권신들의 집요한 반대를 무릅쓰고 '속된 말'이라는 뜻의 '언문'을 '바른 소리'라는 의미의 '정음'으로 명명했다(이이화 2000, 259). 이는 랑시에르가 말하는 감각의 분할 문제이며, 궁극적으로 감각의 분할을 통한 지배의 문제이다.[15]

새로운 셈의 방식으로서의 정치를 만들어내기 위해서 주의할 점으로 진은영은 다음의 두 가지를 제시한다. "첫째, 정치를 특정 정치체제 안에서 권력을 소유하는 문제로 파악해서는 안 된다. 둘째, 몫을 갖지 못한 자들에게 몫을 부여하는 새로운 분배 형식을 찾아가는 활동을 하나의 정치체제에서 다른 정치체제로의 이행의 문제로 축소해서는 안 된다"(진은영 2014, 76. 강조는 원문). 요컨대, 정치는 단순히 정치영역에서 전개되는 활동에 국한되지 않는다. 그러한 활동의 바탕에 깔려 있는 감각적인 것의 분배 자체를 문제시하고 도전하고 새로운 감각의 분

---

15) 같은 학과 동료인 김영수 교수와의 대화에서 아이디어와 세종실록 자료를 얻었음.

배 원리와 공간을 찾아내는 것이야말로 보다 근원적인 차원에서 정치적인 문제다. 이 점에서 문학을 비롯한 예술의 정치적 성격을 이해할 수 있다. 새로운 감성적 분배에 참여함으로써 낡은 분배 형태와 불일치하고 그와 맞서 싸우는 점에서, 예술은 정치적인 것이 된다(진은영 2014, 27). 특정 정치체제 안에서의 권력 투쟁은 물론, 정치적인 것의 근본적인 문제 즉 사회질서의 근본을 구성하는 심층적인 헤게모니 관계를 둘러싼 투쟁도 정치학이 다뤄야 할 대상이다.

아비헤투 정치관은 특정 사회체제에서 구성된 정치영역의 장에 제한하지 않고, 그 장의 설립 자체를 문제 삼는 점에서 정치적인 것의 차원을 다룰 수 있다. 이 점에서 권력 개념보다 헤게모니 개념을 사용하는 것이 정치를 더 근본적이고 근원적으로 사유하는 방식이 된다. 아비헤투 정치관은 거시적 정치사회에 국한하지 않고 미시적 일상생활에서의 헤게모니 질서와 다툼에도 주목하며, 보다 근본적으로 사회체제의 바탕에 있는 '정치적인 것'의 차원에도 주목한다. '정치적인 것'의 문제가 중요한 이유는, 정치가 현존 사회체제의 지배관계뿐 아니라 그 사회를 떠받치고 있는 근본적인 헤게모니 질서에도 존재하기 때문이다. 노동자의 글쓰기와 한글 창제의 예에서 보듯이 '정치적인 것'의 문제는 미시적 일상생활과 서로 긴밀히 얽혀 있다. 따라서 아비헤투 정치 개념에서는 단순히 정치의 편재성을 전제하는 데 그치지 않고, 보다 적극적으로 정치의 편재성을 전제해야 한다고 주장한다. 정치가 어느 곳에나 있을 수 있다는 정치의 편재성 주장은, 정치를 기존 사회체제가 구획해 놓은 정치영역에 국한하는 시도를 거부하는 의미에서 중요하다. 아비헤투 정치 개념에서 특히 주목하는 '정치적인 것'의 문제는 그것에 의해서 틀지어진 '정치'영역에서 보기 힘들 수 있기 때문이다. 6장에서 보겠지만, 아렌트가 '정치'영역에서 정치의 정수를 찾음으로써 그 바탕에 있는 '정치적인 것'의 층위에 있는 헤게모니 질서를 경시하는 것이 단적인 예다. 정치적인 것은 정치사회 밖의 미시적 권력관계의 그물망 속에서 벌어지는 헤게모니 투쟁 속에서 더 잘 볼 수 있는 것이다.

정치,
아와
비아의
헤게모니 투쟁

제 2 부

우리 형성의
헤게모니 투쟁

아비헤투 정치는 다른 무엇보다도 우리의 건설과 관련되어 있다. 아와 비아를 구별하고, 소아에서 대아로 통합하거나, 거꾸로 대아에서 소아로 분리하는 것들이 모두 궁극적으로 우리의 건설로 귀결된다. 헤게모니 정치는 우리의 정체성을 구축하고 우리라는 실천적 주체를 불러 일으키는 쟁투 과정이다. 누가 중심이 되어서 우리를 구축하고, 우리의 범위를 어디까지 하며, 우리와 '우리가 아닌 것'을 어떻게 구분하는지 등이 모두 헤게모니 투쟁의 쟁점이다. 나는 '우리'를 단순히 정체성의 문제로 보지 않고, 궁극적으로 주체성의 문제로 본다. '우리'는 '나'라는 개별주체와 연관된 개념으로서 '공동주체'다. 공동주체로서의 우리는 우리의식이라는 정체성을 필요로 하지만, 우리의식이라는 정체성이 공동주체로서의 우리를 형성하는 데 충분하지는 않다. 한마디로, 정체성을 공유하는 사람이 모두 실천적 주체로서의 우리를 형성하는 것은 아니다. 신채호(2006, 24)는 아 속에도 아와 비아가 있고 비아 중에도 아와 비아가 있다고 언급한다. 이는 우리의 정체성을 공유하는 경우에도 우리 안의 다양한 층위에서 우리의 '주체성' 구축 정도가 상이할 수 있음을 의미한다.

여기서는 먼저 우리란 무엇인지 내 나름대로 그 의미를 명확히 하고, 공동주체성의 차원들을 몸과 마음 및 행동의 세 차원으로 나누어서 생각해본다(3장). 다음으로, 우리 형성의 헤게모니 정치를 한편으로 아와 비아의 구분과 설정 및 재설정을 중심으로 검토하고(4장), 다른 한편으로 아와 비아의 구분을 전제로 하고서 비아를 아로 만드는 헤게모니 방식에 대해서 살펴본다(5장).

제3장　우리

1. '우리'란 무엇인가?[1]

앞에서 아와 비아의 형태적 관계를 1장의 <그림 5>와 <그림 6>처럼 보자고 언급했다. 우리는 고정된 실체가 아니고, 역사적 상호행위를 통해서 사회적으로 구축되는 '주체'로 보아야 한다고도 했다. 여기서는 먼저 이러한 '우리' 개념을 좀더 명확하게 한다.

학계에서 그리고 일상생활에서 적지 않은 경우 우리를 (1) 객관적 실체로 보고, (2) 그 속에서 다양한 존재들이 균질하게 용해된 단세포적인 모나드(monad)로 이해하며, (3) 그들을 전제로 형성된다고 보는 경향이 있다. 이와 같은 견해는 나와의 논쟁에서 최영진(2014)이 전개한 비판 속에 녹아 있다. 최영진은 나의 정치 개념의 문제점으로, 헤게모니 투쟁을 통해 '새로운 우리' 또는 더 큰 우리(大我)를 형성할 수 있는지 의문을 제기한다. 집단 간의 정치를 헤게모니 투쟁으로 보더라도 그것이 경쟁집단의 통합이나 우리의 형성으로 귀결된다고 보기 어렵다는 것이다. 가령 대통령 선거에서 특정 후보가 다수의 지지를 획득하더라도 자신을 중심으로 전체 유권자와 시민을 더 큰 우리로 통합했다고 볼 수 있는가라는 문제제기다. 시민들이 정치공동체라는 우리에 속하지만, 노사, 성별, 세대, 지역, 이념 간 갈등이 다양한 소아(小我)들 사이에서 지속된다는 것이다. 헤게모니 투쟁의 결과가 우리의 형성으로 귀결된다는 생각은 과도한

---

1) 이 절은 김학노(2014)를 수정·보완하여 재구성한 것임.

개념 확장이라는 지적이다(최영진 2014, 9).

　　나는 헤게모니 투쟁을 아와 비아가 각자 자기를 중심으로 우리를 구축하는 경쟁이라고 보았다. 최영진은 이를 헤게모니 투쟁의 결과 우리가 형성된다고 읽고, 그렇게 형성된 우리 안에 다양한 소아들이 계속 갈등할 것이기 때문에 전체를 포함하는 우리의 형성으로 보기 어렵다고 지적한다. 이는 나의 생각과 사실 다르지 않다. 말 그대로 전체를 포괄하는 우리 형성은 거의 불가능하다. 늘 아 속에 아와 비아가 또 존재할 것이기 때문이다. 내가 사용하는 우리 개념과 최영진이 이해하는 우리 개념 사이에는 몇 가지 근본적인 차이가 있다. 최영진은 앞서 언급한 (1) 객관적 실체로서의 우리, (2) 모나드로서의 우리, (3) 그들을 전제하는 우리 개념을 가지고 있다. 최영진의 비판 속에서 내가 간파한 '우리'에 대한 이러한 개념은 널리 통용되고 있어 보인다. 이에 대해 이 장에서는 다음과 같은 주장을 한다. (1) 우리는 고정된 객관적 실체가 아니라 정치적 호명에 의해 형성되는 주체다. (2) 우리는 균질적이고 단단하게 고정된 모나드가 아니다. 공동주체로서의 우리는 여러 중심을 가질 수 있고 여러 층위를 그 안에 포함하고 있으며 유동적인 경계를 갖는 것으로 보아야 한다. (3) 우리라는 공동주체의 형성이 반드시 그들이라는 타자의 존재를 전제로 하는 것은 아니다. 이러한 세 가지 주장에 앞서, 기본적으로 우리는 개별주체와 대조되는 공동주체라는 점을 먼저 논한다. 이 점에 대한 오해가 다른 오해들의 바탕에 깔려 있다고 생각하기 때문이다.

(1) 공동주체로서의 우리

　　'우리'는 '나' 또는 '너'와 같은 개별주체에 대조되는 '공동주체'다(김상봉 2007, 234). 개별주체는 개별의 물리적 신체와 연결되어 있다. 개별주체인 나와 너 들이 만나서 공동의 주체 의식과 의지를 가지고 함께 말하고 행동할 때 우리는 공동주체가 된다. 공동주체는 혈통이나 지리 등 객관적인 조건들에 의해서 자연적으로 주어지는 것이 아니다. 같은 우리(울)에 있다고 해서 공동주체인 우리가 되는 것은 아니다. 공동주체성이 형성되고 발현되어야 공동주체가 수립된다. 공동주체(성)의 '공동'이라는 의미를 이해하기 위해서 먼저 정체성의 몇 가지 차원을 나눠서 살펴본다.

　　정체성(identity)이나 자아(self)의 차원을 여러 방식으로 구분할 수 있겠지만,

이 글의 논의와 관련하여 개별 차원과 공동 차원을 구별하는 방식에 집중하자. 브루어와 가드너(Brewer and Gardner 1996)의 논의를 따라서 개인을 기준으로 볼 때 정체성(또는 자아)을 개별, 관계, 집단의 세 차원으로 구분할 수 있다. 개별적 정체성(individual identity)은 개체 내부의 특성을 준거로 한 자기규정과 자기해석이다. 관계적 정체성(relational identity)은 특정 타자와의 일대일 관계에서 자신의 역할에 입각한 자기규정이다. 집단 정체성(collective identity)은 집단이나 범주의 표준적 원형에 입각한 자기규정이다. 개별 정체성이 자기 자신 내부(intrapersonal)의 고유성(uniqueness)의 관점에서 행하는 자기규정이자 자기해석(self−definition and self−interpretation)이라면, 관계 정체성은 다른 사람과의 사이에서의(interpersonal) 관계를 규정하는 것이다(Brewer and Gardner 1996; 박노윤 · 이은수 2014, 957−959; Śledzińska−Simon 2015, 137−140 참조). 집단 정체성은 개별주체가 속한 집단이나 공동체, 또는 범주나 부류와 같은 대아에 대한 소속감이나 소속의식에 해당한다. 여기서 집단과 범주는 중요한 차이가 있다. 집단(또는 공동체)은 거기에 회원(성원)으로 소속되어야 집단적 정체성을 가질 수 있지만, 범주(또는 부류)는 반드시 회원권을 가지고 있지 않아도, 즉 자신의 의사와 무관하게, 집단적 자아에 속할 수 있다. 웬트(Alexander Wendt)는 정체성을 (1) 개별 또는 자체(personal/corporate) 정체성, (2) 유형(type) 정체성, (3) 역할(role) 정체성, (4) 집단적 (collective) 정체성의 네 가지로 나누는데, 이 중 (1)과 (2)는 개별 정체성, (3)이 관계 정체성, (4)가 집단 정체성의 차원에 해당한다(Wendt 1999, 224−231).

개별−관계−집단 정체성의 세 차원은 타자의 포용성(inclusion of other in the self)의 차이 문제이기도 하다. 개별적 차원은 자신의 정체성을 자기 자신에 한해서만 생각하는 경우, 관계 차원은 자기가 알고 있고 관계를 맺고 있는 사람들까지 포함하여 생각하는 경우, 집단적 차원은 자기가 속한 (직접 대면하지 못하더라도) 집단이나 범주의 사람들까지 포함해서 생각하는 경우에 해당한다. 여기서 관계 차원과 집단 차원의 구별이 조금 모호하다. 엄밀히 말하자면, 원래 관계 정체성은 내가 알고 있는 특정한 타인과의 일대일 대면(personalized) 관계를 의미한다(Brewer and Gardner 1996, 83). 나는 관계 정체성의 개념을 조금 확대해서 자기가 알고 있는 특정한 타인과의 인격적 관계뿐만 아니라 자기가 직접 알거나 만나지 못하는 사람과의 관계도 포함하는 것으로 본다(Śledzińska−Simon 2015 참조). 가령 대통령과 국민 사이에 서로 직접 알지 못해도 지도자−추종자

(−반대자)의 관계 정체성을 설정할 수 있다. 이렇게 하면 관계 정체성과 집단 정체성의 구별이 좀더 명확해진다.

관계 차원의 정체성이 소아와 소아의 평면적 차원 즉 2차원적 관계를 지칭하는 반면 집단 차원의 정체성은 소아(개별)들로 구성된 대아라는 공동체 차원에 소속된 정체성을 지칭한다. 선생과 학생은 수직적 관계이든 수평적 관계이든 평면적인 차원에서는 관계 정체성을 갖지만, 이들이 한 강의실에서 함께 수업에 참여하여 공동주체를 형성할 경우 이들은 집단 정체성을 공유한다. 부모와 자식도 관계 정체성이지만, 이들이 한 가족으로 생각하고 행동하면 집단 정체성이 작동한다. 즉 집단 정체성 안에서 관계 정체성이 작용할 수 있다. (물론 집단 정체성을 공유하지 않는 관계 정체성도 가능하다. 가령 소비자와 생산자(가게 주인)는 공동의 집단 정체성 없이 관계 정체성을 가질 수 있다.) 관계 정체성이 수평적인 관계뿐 아니라 수직적인 관계도 포함하고 있음에 유의하자. 관계적 정체성은 적, 경쟁자, 친구와 같은 수평적 관계를 포함하기도 하지만, 지배와 피지배, 지도와 추종, 고용인과 피고용인, 주인과 노예 또는 부모와 자식과 같은 위계적 관계를 포함하기도 한다. 수직적인 관계도 여전히 입체가 아닌 2차원 즉 평면적인 차원이다.

엄밀히 말하자면, 관계 정체성은 입체 차원 즉 3차원에서도 존재할 수 있다. 대아에 속한 소아들이 대아와 갖는 관계가 바로 그것이다. 가령 국가와 나(또는 지방자치단체) 사이의 관계, 즉 내가 속한 대아와 나(또는 지방자치단체)라는 소아의 관계도 관계 정체성이다. 즉 소아와 소아 사이의 수평적 및 수직적 관계 정체성에 더하여 대아와 (거기에 속한) 소아 사이의 관계 정체성도 생각할 수 있다. 전자가 평면적 관계라면, 후자는 입체적 관계다. 여기서는 논의의 단순화를 위해서 평면적 차원의 관계만 생각하자.

이렇게 정체성 또는 자아를 개별, 관계, 집단 차원으로 나눌 때, '우리'는 나와 너라는 개별 차원에 대조되는 집단 차원의 자아를 뜻한다. 공동주체로서의 우리는 나 또는 너라는 개별주체와 대조되는 집단 차원의 주체다. 개별주체와 공동주체는 소아와 대아의 관계에 있으며, 소아와 대아처럼 개별주체와 공동주체도 상대적인 개념이다. 공동주체인 우리가 하나의 단위로 다른 우리들과 함께 새로운 대아를 구성할 때, 원래의 우리는 공동주체 대아에 대하여 개별주체가 된다. 가령 국내에서 국민 개인들이나 개별 집단들과의 관계 속에서 국가는 공동주체이지만, 국제연합을 구성하는 기본 단위로서 국가는 국제연합이라는 공동주체에 대하여 개별주체에 해당한다. 유럽연합의 회원국들도 마찬가지로 국민들에 대해서는 공동주체이지만, 유럽연합이라는 새로운 공동주체에 대해서는 개별주체가 된다.

(2) 사회적 구축물로서의 우리

공동주체로서의 우리는 고정된 실체가 아니라 '정치적 호명'에 의해 형성되는 주체다. 정치를 아와 비아의 헤게모니 투쟁으로 이해할 때, 아와 비아를 객관적으로 주어진 실체로 간주해서는 곤란하다. 아와 비아는 객관적으로 존재하는 고정된 실체가 아니라 정치적 호명에 의해서 형성되는 주체다.

아비헤투가 "집단 간의 패권 싸움"으로 전락한다고 우려할 때, 최영진이 염두에 두고 있는 '집단'은 내가 지칭하는 '우리' 즉 공동주체가 될 수도 있고 안될 수도 있다. 객관적 집단이 곧 우리가 되는 것은 아니다. 이익집단이나 정당이 존재한다고 해서 그것이 곧 헤게모니 투쟁의 주체가 되는 것은 아니다. 이들을 중심으로 다양한 소아들이 모여서 힘을 합쳐 하나의 공동주체로 행동할 때 비로소 주체로서의 우리가 형성되는 것이다.

같은 울타리에 있다고 해서 우리가 되는 것은 아니다(김학노 2010, 43). 아리스토텔레스의 언명처럼, 하나의 성벽으로 둘러싸인 공간에 있다고 해서 또는 같이 모여 살거나 가까운 공간에서 산다고 해서 하나의 공동체나 국가를 형성하는 것은 아니다. 펠로폰네소스 반도 전체를 하나의 울타리로 둘러싼다고 해서 그 안의 도시국가들이 하나의 우리가 되는 것은 아니다(아리스토텔레스 2009, 138, 157-159). 같은 국적을 가진 국민이라고 하더라도 구체적 상황 속에서 하나의 주체로 같이 만나지 않으면 우리라고 할 수 없다. 일제의 앞잡이가 된 조선인을 같은 우리라고 할 수는 없다. 신채호(2006, 24)의 말대로 아 속에 아와 비아가 있는 것이다.

우리는 객관적으로 주어져 있는 고정된 어떤 것이 아니라, 사회의 다양한 행위자들이 역사적 상호행위를 통해 만들어가는 사회적 구축물이다. 김상봉(2007, 172)이 말하듯이, 우리라고 하는 것은 "실체가 아니라 주체"이며 "주체는 사물이 아니라 활동이다." 주체로서의 우리는 저기 바깥에 발견되기를 기다리고 있는 고정된 실체가 아니라, 적극적이고 능동적인 활동 즉 '만남'을 통해서 구축된다(윤평중 2009, 88 참조). 우리는 끊임없이 형성되고 흩어지고 다시 형성되는 과정 속에 있다.

행위자가 곧 항상 '주체적'인 것은 아니다. '자아준거적' 주체성을 갖지 못할 때 내가 개별주체로 생각하고 행동해도 사실상 예속 상태일 수 있다. 나는 내가 예속된 주인의 뜻에 따라서 움직일 수 있다. 그 주인은 다양한 지배세력뿐 아니라 사회적 구조와 제도 및 관습일 수도 있다. 공동주체로서의 우리도 자아준거적 주체성을 확립하지 못하고, '행동의 규제', '의지의 마비', '의식의 기만' 등의 방법으로 예속적 주체 즉 '속체'로 전락할 수 있다(문승익 1970, 41－70; 1984, 126－137).

우리는 우리의식이라는 집단정체성을 필요로 하고, 그러한 집단정체성이 형성될 수 있는 잠재적 계기들은 많다. 상호의존이나 동질성, 공동운명, 또는 균열구조 등의 공통점에 기반해서 무리를 형성하는 측면이 있지만, 무리짓기를 먼저 하고 그를 바탕으로 공통점을 찾아가는 측면도 있다. "나와 비슷한 사람들을 추구해서 그들과 한 패가 되는 것이 아니라, 한 패가 되고 나서 그들이 나와 비슷하다고 판단하는 것이다"(베레비 2007, 56).

잠재적 균열구조나 공통점 중 특정의 것을 불러내서 우리 형성의 중심축으로 삼는 것이 바로 '정치적 호명'이며, 이는 우리를 형성하는 헤게모니 투쟁에서 대단히 중요하다. 발리바르는 이를 가리켜서, 강한 의미에서의 헤게모니는 다양한 일차적 정체성들을 지배하는 두 번째 또는 '이차적' 정체성(동일성)을 구성하는 것이라고 말한다(발리바르 2010, 78－79). 사람들은 부족, 지연, 학연 등 다양한 일차적 정체성을 가지고 있다. 일차적 정체성은 곧 동질성이다. 그러나 이들을 바탕으로 한 이차적 정체성은 객관적으로 주어져 있지 않다. 일차적 정체성들을 묶어서 새로운 이차적 정체성으로 구성하는 것이 곧 헤게모니 투쟁이다. 한 사회나 국가 안에서 대표적인 이차적 정체성이 바로 '민족' 또는 '국민'이라는 정체성이다. 민족이나 국민은 부족, 계급, 지역, 학별, 세대, 성별 등 다양한 일차적 정체성들을 하나로 불러서 통합한 결과 생긴 것이다. 이차적 정체성은 다양한 정체성들을 하위에 포함함으로써 대아를 형성하는 데 중요한 기제로 작동한다.

때로는 민족이나 국민이라는 정체성이 상당히 오랜 기간 지속되어서 신채호가 말한 시간적 상속성과 공간적 보편성을 가질 수 있다. 우리가 원래 하나의 민족이라는 민족의식이 지속되어서 곧 일차적 정체성처럼 굳어지고 그 구성원들에게 실제로 다른 일차적 정체성처럼 뿌리내릴 수도 있다. 그러나 이런 경우에도 그것이 공동주체로서의 우리를 형성하기 위해서는 정치적 호명과 그에 대한 응답이 필요하다. 해방정국의 한반도가 바로 이런 상황에 해당한다. 돌이켜 보면, 해방 직후의 공간에서 남과 북의 분리를 예상하기는 대단히 힘들었다. 그만큼 남과 북을 합한 전체 민족이 하나의 우리라는 의식이 강했고, 특히 한반도 전체에 걸친 전 조선 민족이 하나의 '단위의식'을 가지고 있었다. 그것은 우리의 마음 속에 너무나 뿌리 깊이 자리잡고 있어서 일차적 정체성과 같은 지위를 차지하고 있었다. 해방 직후 한민족은 하나의 '민족'이라는 정체성을 가지고 있었다.[2] 하지만 이처럼 본질화된 (것처럼 보였던) 민족 정체성 대신에 남과 북의 분리 국가들이 등장하고 각각 남과 북의 '국민'이라는 새로운 우리를 구축했다. 해방정국에서 막상 우세해진 정치적 호명은 '민족' 대신에 남과 북 각각의 '국민' 정체성이었다. 즉 대아(통합한국)의 일차적 정체성에도 불구하고 소아(남과 북)의 국민이라는 정치적 호명이 남과 북 각각의 국민의식이라는 이차적 정체성을 만들어낸 것이다. 심지어는 이 이차적 정체성에 따라 남과 북은 전쟁을 치르기까지 하였다. 민족이라는 상위의 일차적 정체성 대신에 단독정부와 반쪽짜리 국가의 국민이라는 새로운 이차적 정체성이 그 하위 정체성들을 포함하는 준거가 되었다.

이러한 이차적 정체성은 정치적 호명에 의해서 구축되며, 어떤 것이 지배적 정체성이 되느냐 하는 것이 바로 헤게모니 투쟁의 관건이다. 공동주체를 형성하는 공동의 정체성은, 곧 집단적인 차원의 범주가 개별주체들의 자기개념의 중요한 일부가 되는 것을 의미한다. 그러나 그것은 언제나 '일부'일뿐이다. 그것이 얼마나 안정적이냐의 문제는 그것이 정체성의 다른 구성요소들과 얼마만큼 잘 절합(articulate)되느냐에 달려 있다. 하나의 정체성은 다른 정체성들과의 관계 속에서 보아야 한다. 즉 '타자'뿐만 아니라 다른 '우리들'과의 관계 속에서 이해해야

---

2) 최정운에 따르면 조선 말기 또는 대한제국 시기는 사실상 홉스적 자연상태에 가까웠다고 한다. 그런 한반도 주민들 사이에 과연 민족의식이 있었는지 의문이 들 수도 있다. 하지만 최소한 일제 강점기에 우리는 근대적 의미에서 '개화민족주의'와 '저항민족주의'를 통해서, 특히 3·1만세운동에 거족적으로 참여하면서 '민족'이라는 이차적 정체성을 발전시켜왔다(최정운 2013, 69-319). 해방 후 민족의식은 '단일민족' 신화와 함께 마치 일차적 정체성처럼 너무 당연하게 우리 몸과 마음에 깊숙이 새겨져 있었다.

한다. 왜냐하면 각각의 자아는 수많은 집단적 동일화(collective identifications)의 도움을 받아서 구축되기 때문이다(Wæver 1998, 77-78).

공동주체로서의 우리는 다양한 소아들이 모여서 자연발생적으로 형성되기 어렵다. 우리의 형성을 위해서는 지도적-지배적 세력이 다른 소아들을 자신의 헤게모니 아래 적극적으로 불러모으는 '정치적 호명'이 필요하다. 우리의 형성을 위해서는 소아들을 대아로 통합할 수 있는 공통점이나 공동의 어떤 것이 필요하지만, 그 공통점 및 공동성은 잠재적으로 여럿이 경쟁하고 있으며, 그 중 어느 것이 우세해지는지는 정치적 호명과 그에 대한 응답에 따라서 정해진다. 이러한 호명과 응답이 잠재적 우리를 둘러싸고 있는 상황과 역사적 흐름과 맥락에 의해서 영향을 받는 것은 물론이다.

(3) 중첩적이고 유동적인 우리(들)

헤게모니 투쟁에서 구축하는 우리가 반드시 전체를 포괄하는 대아로 귀결되는 것은 아니다. 지역 균열구조의 예를 들면, 각각 영남과 호남을 기반으로 하는 소아1과 소아2가 자기를 중심으로 대아를 구축하려 할 수 있다. 그러나 그렇게 구축된 대아가 전체 국민을 동등하게 포괄할 수는 없다. 소아1을 중심으로 구축된 대아1에서 소아2를 비롯한 다른 소아들은 소아1에 비해서 상대적으로 소외될 수 있다. 소아2를 중심으로 형성되는 대아2에서도 소아1을 비롯한 다른 소아들이 상대적으로 소외될 수 있다. 이와 같이 자신을 중심으로 큰 우리를 구축하려는 소아1과 소아2의 헤게모니 투쟁이 반드시 전체를 균질적으로 포괄하는 큰 우리의 형성으로 귀결되는 것은 아니다. 헤게모니 투쟁에서 승리한다고 해서 모든 사람을 자신의 헤게모니 아래 포괄하는 전일적인 우리를 구축한다고 여기는 것은, 최영진이 지적하듯이, 그야말로 과도한 개념적 확장이다.

아와 비아가 자기를 중심으로 우리를 구축하는 경쟁이 반드시 대아로 귀결될 필요도 없다. 헤게모니 투쟁은 많은 경우 더 큰 우리의 구축을 추구하지만, 반대로 더 작은 우리의 형성을 지향할 수도 있다. 가령 지역을 갈등 축으로 하는 아와 비아의 헤게모니 투쟁에서 소아1이 다른 지역을 포괄하는 '통합'의 전략을 추구하는 반면, 소아2는 다른 지역을 배제하는 '분리'의 전략을 추구할 수 있다. 이때 분리와 통합 개념은 상대적이고 연속적인 개념으로서, 우리의 내포와 외연이 축소되거나 확대되는 차원을 지칭한다. 더 폭넓은 지지를 구축하기 위해서 더 많은 사람들에게 호소하는 통합 전략과 달리, 분리 전략은 일정한 사람들을 배제함으로써 작은 우리의 결속을 강화한다. 이때 분리는 작은 통합이다. '더 작은 소아'들을 '소아'로 통합함으로써 큰 우리로부터 분리하는 것이다. 즉 헤게모니 투쟁이 반드시 더 큰 우리의 형성으로 귀결될 필요도 없으며, 반드시 더 큰 우리의 형성을 추구하는 전략들끼리 경쟁하는 것도 아니다. 작은 우리를 구축하는 분리 전략도 얼마든지 가능하다. 다만 분리 전략에서도 지도 세력이 자신의 당파성을 그 작은 우리 내에서 보편화하는 만큼 헤게모니를 구축한다는 점은 마찬가지다.

헤게모니 투쟁이 언제나 아주 밀집된 형태의 우리를 형성하는 것도 아니다. 느슨하게 연결된 우리도 얼마든지 가능하다. 천관율(2014)은 2014년 6월 4일의 지방선거에서 상대방과 뚜렷한 각을 세워서 우리 편을 강하게 결속시키는 기존의 '결집형' 선거전략과 대조적으로, 상대방과의 각을 불분명하게 하면서 유권자들에게 은밀하고 온건하게 호소하는 '침투형' 전략이 대두한 것을 포착했다. 결집형 접근법이 상대 당과의 적대적 전선을 분명히 함으로써 우리 편의 열정과 결속을 강화하는 반면, 침투형 접근은 선명한 전선을 치기보다는 오히려 "전선을 뭉개"버림으로써 보다 많은 중도층 사람들을 우리 편으로 끌어들인다. 침투형은 개개인이 스스로 자기도 모르는 사이에 사실상 우리 진영에 들어오게끔 하는 전략이다. 침투형은 날카로운 이슈 장악이나 이슈 주도력을 갖기 어렵고 우리를 구성하게 된 성원들의 충성심과 열정이 약하다는 약점이 있다. 하지만 선명한 전선 및 상대편과의 싸움을 피함으로써 보다 온건한 유권자들의 지지를 확보할 수 있는 장점이 있다.

이런 점에서 우리의 형태를 다중심적이고 다층위를 포함하고 있으며 유동적인 경계를 가진 것으로 이해할 필요가 있다. 최영진은 나의 우리 개념을 마치 당구공처럼 속이 꽉 차고 경계가 분명한 모나드처럼 이해한다. 모나드는 (1) "부분으로 환원되지 않는 실체"이고, (2) "연속체가 아닌 분리된 실체"이며, (3) "어떠한 모나드도 다른 모나드와 구별되는 개별적 특성을 갖는다"(강수택 2012, 301-302, 312-313). 즉, 모나드는 하나의 당구공과 같은 모형으로서, 다른 모나드와 완전히 단절되어 있고, 서로 넘나들 수 있는 '창'을 가지고 있지 않다. 내가 헤게모니 투쟁이 결국 우리 형성의 투쟁이라고 할 때, 최영진은 그 우리를 마치 모나드처럼 이해하기 때문에, 아무리 헤게모니 투쟁에서 승리한다고 해도 그로 인해 형성되는 우리 속에 그들이 존재하고 갈등이 계속될 것이라는 비판을 하는 것이다.

물론 우리는, 신채호(2006, 25)가 언급하듯이, 어느 정도의 시공간적 영속성과 상속성을 가져야 중요한 의미를 가질 수 있다. 그리고 아직까지 가장 영속적이고 포괄적인 우리는 민족이라는 울타리이다(문승익 1992, 123). 그러나, 민족을 포함하여, 우리가 고정된 것은 아니다. 나는 우리라고 하는 개념을 균질적이고 단단하게 고정된 것으로 보기보다는 다중심적이고 여러 층위를 그 안에 포함하고 있으며 경계가 유동적인 것으로 봐야 한다고 생각한다. 우리를 구성하는 많은 사람들과 집단이나 세력 중에서 핵심을 이루는 중심부의 지도−지배 세력이 있고, 그 주위에 다양한 정도의 지지와 충성 및 공동행동에 투신하는 사람들이 둘러싸고 있으며, 가장자리에서 서성이면서 우리와 그들 사이를 오가는 주변부 사람들도 있다. 우리와 그들 사이의 경계는 확정적으로 고정되어 있기보다는 모호하고 유동적이다. 1장의 <그림 5>에서 제시한 동심원적 구도는 우리가 모두 균질적인 참여를 바탕으로 형성되는 것이 아니라는 점을 강조하기 위한 이미지다.

동심원 구조로 이해한다고 해서 우리를 형성하는 중심을 하나로만 보는 것은 아니다. 가령 일본의 침략에 대항해서 저항하는 우리를 구축함에 있어서 중심적 역할을 하는 지도세력은 여럿이 존재했다. 이들은 저마다 자신을 중심으로 지지세력을 구축한다. 이들의 지향점이 비슷할 때 다중심적인 동심원의 구조가 서로 겹쳐서 우리를 형성할 수 있다. 또 서로 다른 지향점을 가진 중심들이 서로 경쟁할 수도 있다. 일제강점 시기 독립운동에 있어서 공산주의 세력과 보수세력의 경합이 이러한 경우다. 혹은, 영호남 갈등을 중심으로 한 지역주의 문제에서 소아1과 소아2가 각각 영남과 호남을 중심 기반으로 경쟁하는 구도를 생각해보자. 이때 소아3이 수도권과 지방이라는 새로운 전선을 들고 나와서 지방분권을 주창하면서 수도권에 대항하는 지방 전체라는 더 큰 우리 속으로 소아1과 소아2를 통합할 수 있다. 소아1과 소아2의 중심들과 소아3의 중심은 같은 균열구조 속에서도 다른 층위에서 경쟁하는 것이다. 우리를 구성하는 헤게모니 투쟁은 반드시 하나의 중심을 둘러싸고 하나의 층위에서 일어나는 것이 아니라 여러 중심을 둘러싸고 여러 층위에 걸쳐서 중층 구조를 가지고 전개된다.

우리의 경계도 객관적으로 고정되어 있지 않다. 우리와 그들이 만나는 경계지역의 양쪽에 속하거나 어느 한쪽에도 속하지 않은 사람들이 존재할 수 있으며, 이들이 어느 쪽으로 가느냐에 따라서 아와 비아의 헤게모니 투쟁 판도에 영향을 준다. 정당과 정당이 부동층을 확보하기 위해서 경쟁하는 구도를 생각해 보자. 각 정당들은 어느 정당에도 속하지 않은 부동층이나 양쪽에 걸쳐 있는 부동층을 각각 자기 정당을 중심으로 하는 우리(들) 안으로 끌어들이기 위해서 경쟁한다. 부동층 즉 관객이 어느 쪽의 우리에 무게를 실어주느냐에 따라서 정당들 사이의 경쟁의 승패가 결정날 것이다. 다중심적 중층 경쟁의 구도 속에서 우리의 경계는 하나가 아니다. 서로 다른 우리들의 호명에 따라서 서로 다른 우리들의 경계가 경쟁한다. 한 사람이 여러 종류의 우리에 속할 수도 있다. 당구공과 같은 모델로 우리를 생각하기 어려운 이유다. 대통령 선거에서 헤게모니 투쟁에서 승리한 세력이 아무리 굳건한 우리를 구축하는 데 성공한다고 할지라도 그 안과 밖에서 그 우리에 저항하고 위협하는 새로운 우리는 끊임없이 구축된다.

모나드에 가까운 우리의 형성이 불가능한 것은 아니다. 근대국가를 중심으로 형성된 우리는 비교적 경계도 분명하고 결집도 강하다. 군대의 조직도 마찬가지다. 특히 전체주의 국가에서 국민들은 마치 군대처럼 하나의 거대한 신체를 형성하고 있는 것처럼 보인다. 하지만 그런 경우에도 막상 누가 국민인지에 대한 규정은 자주 변하며 그 경계도 단단하게 고정되어 있지 않다. 국가가 국민의 일부를 얼마나 쉽게 배제할 수 있는지는 2차 대전 당시 여러 유럽 국가들이 유대인을 무국적자로 만듦으로써 나치의 대량학살을 도와준 경험에서 잘 볼 수 있다(아렌트 2006, 184–292). 일정 금액 이상을 부동산에 투자한 외국인에게 국내 거주자격이나 영주권을 주는 '부동산 투자 이민제' 역시 우리 경계의 유동성을 보여준다. 위계질서가 강한 군대 내에서도 다양한 조직들 사이에 갈등이 있으며, 그것이 때로 어이없는 결과를 낳기도 한다(김종대 2013 참조).

요컨대, 우리는 모나드가 아니다. 공동주체로서 우리는 중첩적이고 유동적이며 여러 중심들이 서로 경쟁하고 있다. 특정 이슈에 한정해 놓고 보아도, 공동주체 즉 우리의 중심을 차지하고 헤게모니를 발휘하는 사람들과 그 우리의 준중심이나 준주변, 주변에 위치한 사람들은 완전히 동질적이지 않다. 예를 들어서 남성성의 헤게모니는 모든 남자들이 동일하게 발휘하지도 않고 같은 사회의 구성원에게 동일하게 스며들어 있지도 않다. 가령 코넬(Raewyn W. Connell)은 남성성들 사이의 관계를 헤게모니, 종속, 공모, 그리고 주변화 등으로 구분한다. 헤게모니적 남성성을 대표하는 사람들(가령 영화배우)이 항상 권력의 중심에 있는 것은 아니지만, 그들이 표상하는 남성성의 헤게모니는 문화적 관습 및 사회 권력과 결합해서 집합적으로 성립한다. 헤게모니적 남성성은 남성 집단들 사이에 지배 관계나 공모 관계를 구성한다. 이성애 남성의 지배와 동성애 남성의 종속이 전자(지배관계)의 예라면, 헤게모니적 남성성을 체현하지 않으면서 그 이득을 보는 남성은 후자(공모 관계)의 사례다. 헤게모니, 종속, 공모가 젠더 질서 내부의 관계인 반면, 주변화는 젠더 질서 외부(가령 계급이나 인종)와의 관계에 해당한다. 주변화는 계급이나 인종과 같은 다른 구조들이 "지배 집단의 헤게모니적 남성성에 **권위를 부여하는 것**authorization"에 해당한다(코넬 2013, 123–130. 강조는 원문; 허윤 2017, 218 참조). 1987년 6월 항쟁 이후 2016–17년의 촛불시위까지 광장에서 만남을 통해 형성된 '우리'도 마찬가지다. 그것은 분명 공동주체로서 활약하고 움직였지만, 그 공동주체는 늘 불확정적이고 유동적인 집단이었다. 그것은 구체적인 사람들로 구성된 분명히 실체적인 만남이자 주체였지만, 어디까지나 하나의 '현상'으로 존재하는 것이었다(김성일 2017; 천정환 2017). 현상으로서의 공동주체는 결코 모나드가 될 수 없다.

(4) 적이 없는 우리

우리라는 공동주체의 형성이 반드시 그들이라는 타자의 존재를 전제로 하는 것은 아니다. 최영진(2014, 7)은 "우리(我)의 존재는 타자(非我)를 전제로" 한다거나, "우리(我)의 형성 자체가 그들(非我)을 전제하고 있"다고 말한다. 실제로 타자의 존재를 전제로 하여 또는 타자의 위협에 대항하여 우리의식을 불러일으키는 경우는 무수히 많다. 그들이라는 외부 또는 내부의 적을 이용하여 우리를 구축하는 것은 고전적인 수법이다. 우리의 형성이 그들이라는 타자를 전제로 한다는 생각은 상당히 널리 공유되고 있다(윤평중 2009, 98–99 참조). 슈미트(Schmitt)의 '정치적인 것'에 대한 개념을 계승하면서 무페(Mouffe)는 다음과 같이 우리의 형성이 그들의 존재를 전제로 한다고 주장한다.

"자유민주주의에서 정치는 '우리'의 창출, 다시 말해 하나의 정치 공동체의 구축을 목표하지만, 어떤 완전히 포괄적인 정치 공동체는 결코 성취될 수 없다. 슈미트가 우리에게 말하는바, 어떤 '우리'를 구축하려면 그 '우리'는 '그들'과 구별되어야 하는데, 이는 어떤 경계를 설정하는 것, 즉 하나의 '적'을 규정하는 것을 의미하기 때문이다. 따라서 영원한 '구성적 외부', 즉 데리다가 우리에게 보여준 것처럼 공동체를 실존하게 하는 공동체의 바깥이 존재할 것이다"(무페 2007, 182).

무페(2007, 13, 114)에 따르면, "모든 정체성이 관계적"이고 "각각의 모든 정체성의 실존 조건이 어떤 차이의 긍정, 즉 '구성적 외부'의 역할을 할 하나의 '타자'를 결정하는 것"이다. 따라서 집단의 정체성을 형성할 때 "'그들'의 경계를 설정해 '우리'를 창조하는 것이 관건"이다.

우리를 형성하는 것은 공통적이거나 공동적인 무언가를 중심으로 다른 사람들과 구별하는 것이다(양승태 2010, 123–131). 이런 의미에서 우리 형성은 구성적 외부 즉 타자를 전제한다. 너와 내가 만나서 우리가 되는 것은 우리 안에 들어오지 않거나 들어오지 못하는 구성적 외부 즉 우리와 구별되는 타자를 전제로 한다. 타자를 적대화함으로써 우리를 형성하는 방법은 우리 내부의 단결과 결속을 강화하는 고전적인 수법이다. 서로 싸우던 소아들이 공동의 적을 맞아 단합하는 일은 쉽게 상상할 수 있다. 북한을 적대화함으로써 남한 내부의 단합을 도모하고 남한 정권에 대한 반대의 목소리를 잠재웠던 정권들의 조치들은 모두 이러한 적대적 타자의 존재를 전제로 한 우리 구축의 사례들이다.

그러나 우리의 구성적 외부가 반드시 '그들'이라는 다른 공동주체일 필요도 없고 그들이 반드시 '적'일 필요도 없다. 우선, 우리의 구성적 외부가 반드시 '그들'이라는 다른 공동주체일 필요가 없다. 우리 형성이 구성적 외부를 전제한다고 해서, 우리를 형성하기 위해서 타자와의 구별이 먼저 선행되어야 할 필요는 없다. 우리의 형성은 타자와 상관없이 일어날 수 있다. 다만 '우리'라는 공동주체의 형성 자체에 구성적 외부가 만들어진다. 그런데 이들 외부가 없으면 '우리'의 주체적 자각이나 활동이 있을 수 없다. 따라서 "'아'와 '비아'는 배타적인 동시에 상호적인 관계에 있다"(박정심 2016, 316). 신채호는 이를 다음과 같이 표현한다.

"무릇 선천적 실질로 말하면 '아'가 생긴 뒤에 '비아'가 생긴 것이지만, 후천적 형식으로 말하면 '비아'가 있은 뒤에 '아'가 있게 되는 것이다.

말하자면, 조선민족―즉, 아―이 출현한 뒤에야 조선민족과 상대되는 묘족 · 한족 등―즉, 비아―이 있게 되는 것이니, 이는 선천적인 것에 속한 것이다.

그러나 만일 묘족 · 한족 등 '비아'인 상대자가 없었다면 조선이란 국명을 세우거나 삼경(三京)을 만들거나 오군(五軍)을 두거나 하는 등 '아'의 작용도 생기지 못하였을 것이니, 이는 후천적인 것에 속한 것이다"(신채호 2006, 26―27; 문장부호 수정했음).[3]

아의 형성이라는 선천적 실질과 비아와의 관계라는 후천적 형식이 맞물려 있어서 이들을 명확하게 나누기 어렵지만, 아의 형성 자체가 비아와의 관계를 전제로 해서 만들어지는 것은 아니다. 우리의 형성은 비아와 관계없이 선천적으로 만들어질 수 있다. 다만 비아와의 관계맺음에서 비로소 우리의 주체적 자각과 작용이 후천적으로 형성된다(박정심 2016, 316―317). 한마디로, 우리의 구성적 외부가 다른 공동주체일 필요도 없거니와 그들이 반드시 '적'일 필요는 더더구나 없다.

가령 난파선에 함께 있게 된 사람들을 생각해보자. 이들은 같은 상황에 처했다는 이유만으로 우리를 형성할 수 있다. 반드시 그런 것은 아니지만, 같은 상황을 공동 운명으로 받아들일 수도 있다. 이때 이들이 구축하는 우리는 외부의 그들의 존재를 전제하지 않는다. 물론 난파선이라는 상황 밖에 있는 사람들이라는 외부가 존재한다. 하지만 배가 난파된 상황에 처해서 우리라는 공동주체를 형성할 때 난파선 밖의 그들의 존재나 위협이 우리 형성에 필요조건으로 작용하지는 않는다.

그렇다면 난파선에 같이 있는 사람들은 아무런 정치적 과정 없이 우리라는 공동주체를 형성할까? 대부분의 경우 그렇지는 않을 것이다. 동일한 상황에 처했다고 그것을 공동운명으로 받아들이고 공동주체를 형성하는 것은 아니다. 여기에는 크게 두 가지 갈림길이 있다. 하나는 상황인식이다. 지금의 상황이 공동의 난관인지 아닌지에 대한 인식 자체가 다를 수 있다. 이 점에서 상황정의를 누가 지배하느냐가 헤게모니 투쟁의 중요한 부분이 된다(휴이트 2001, 96―99, 209―215, 258―262). 다른 하나는 해결방안이다. 같은 상황인식을 가져도 상황에 대처하는 방안에서 차이가 있을 수 있다. 서로 다른 노선을 추종하는 사람들이

---

3) 신채호의 이 구절의 의미는 박정심(2016, 316―317) 덕분에 깨닫게 되었다.

서로 경쟁적인 세력을 형성할 수 있다. 이들은 보다 많은 사람들을 자기편으로 끌어들이기 위해 헤게모니 투쟁을 한다.

요컨대 동일한 상황이나 운명에 속해 있다고 해서 자동적으로 공동주체가 형성되는 것은 아니다. 여기서 동일한 상황은 같은 울타리에 해당한다. 같은 울타리에 있다고 해서 우리가 자동적으로 형성되지 않듯이, 같은 상황 속에 있다고 해서 그 안의 사람들이 우리라는 공동주체를 형성하는 것은 아니다. 우리의 형성이 그들이라는 타자의 존재를 전제로 할 필요는 없지만, 우리를 구축함에 있어서 동일한 무리 안에서 아와 비아의 정치적 투쟁은 얼마든지 일어날 수 있는 것이다.

다른 예로 IMF 위기 시 '금 모으기' 운동을 생각해보자. 이는 난파선에 같이 있는 사람들이 다같이 살기 위해서 자신의 짐을 버리는 몸부림과 비슷하다. 금 모으기 운동에 참여한 사람들이 금을 매각함으로써 개인적인 이득을 얻는 것보다 국난 극복에 동참하고자 했다고 가정하자. 이들은 그 운동에 참여함으로써 국난 극복을 위한 공동주체를 형성한 셈이다. 그때 금 모으기 운동에 참여하지 않은 사람들이 구성적 외부로서 즉 타자로서 분명히 존재한다. 하지만 이 타자들의 존재를 전제로 해서 금 모으기 운동에 참여한 우리가 형성된 것은 아니다. 이때 그 타자들은 금 모으기 운동에 참여하는 사람들에 대항하거나 대립하여 하나의 우리로 호명되지 않았으며 자기들이 하나라는 공동의 의식과 의지를 갖지도 않았고 공동의 행동을 하지도 않았다. 즉 이들은 공동주체로 형성된 상태가 아니다. 문승익(1970, 28–33)의 용어를 빌려서 표현하면, 이들은 공동주체의 잠재성은 있으나 주체성을 구현하지 못한 비체(非體) 상태다.

우리라는 공동주체의 형성이 그들이라는 타자의 존재를 전제하지 않는 경우는 많이 있다. 가족은 우리 가족 이외의 타자를 배제하는 점에서 구성적 외부를 전제하지만, 그렇다고 다른 가족의 존재를 전제로 해서 형성되는 것은 아니다. 다른 가족에 대해 적으로 맞서기 위해서 우리 가족이 수립되는 것은 더욱 아니다. 수업을 하는 동안 학생과 선생은 하나의 공동주체를 형성한다. 이때에도 구성적 외부가 존재하지만, 다른 학급의 학생과 선생으로 이루어진 그들을 전제로 해서 우리가 형성되는 것은 아니다. 마찬가지로 한 마을의 구성원들이 우리라는 공동주체를 형성할 때 다른 마을 사람들로 구성된 그들을 전제로 하는 것은 아니다. 다른 마을 사람들로 형성된 그들에 대항해서 이 곳의 마을 사람들이 우리라는 공동주체를 형성할 수도 있지만, 그들과 상관없이 우리 마을의 환경 미화나 자연보호를 위해서 또는 공동 모내기를 위해서 공동주체를 형성할 수도 있다.

이렇게 생각할 때, 한 국가의 형성이 반드시 다른 국가의 존재를 전제로 할 필요는 없다. 우리는 보통 국가의 형성을 다른 국가와의 적대적 관계 속에서 생각하는 경향이 있다. 실제로 주위를 둘러싼 강대국들의 안보 위협이 한 국가의 형성에 있어서 중요한 계기로 작용할 수 있다. 가령 세 정치 집단체가 모여서 스위스를 형성할 때 타자(오스트리아)의 존재와 위협이 중요한 계기가 되기도 했다(이용희 1994, 82-89). 틸리(Tilly 1985)는 근대국가의 역사적 형성이 타국과의 전쟁 수행과 밀접하게 연결되어 있음을 주장한 바 있다. 그에 따르면, 국가형성과 전쟁수행은, 마치 폭력 조직들이 대외 투쟁을 통해 대내 통합을 하듯이, 서로 긴밀히 연결되어 있다. 그러나 다른 국가의 존재와 상관없이 국가를 형성할 수도 있다. 마을 촌락들이 모여서 국가를 형성하거나, 다른 부족들을 점령해서 더 큰 국가로 통합할 때,4) 외부의 다른 국가의 존재가 반드시 전제될 필요는 없다.

한국(남한)의 경우, 북한이라는 적대적 타자의 존재를 전제로 해서 남한이 형성된 듯하지만 자세히 들여다보면 그렇지 않다. 남한의 형성에 있어서 북한이 외부를 구성하는 것은 사실이다. 그러나 남한이라는 우리를 건설함에 있어서 북한이라는 그들의 존재가 전제되었기보다는 그들의 (잠재적) 존재를 대내적으로 활용하여 우리를 형성했다고 보는 편이 더 정확할 것이다. 다시 문승익의 용어를 빌리자면, 남과 북은 각각 아직 오지 않은 상대방을, 즉 아직 비체 상태인 상대방을 적대적 타자로 대내적으로 제시하고 그 위협을 과도하게 포장함으로써 각각 작은 우리를 형성했다. 적대적이고 잠재적 위험이 큰 타자의 존재가 우리의 형성을 불러온다면, 일본이라는 공동의 적을 앞에 두고 해방 이후 남북한이 함께 하나의 국가를 형성했어야 한다. 하지만 우리 민족 밖의 타자(일본이나 중국, 또는 미국이나 소련)의 존재는 남북한을 합친 '큰 우리'의 형성을 가져오지 못했다. 그렇지 못하고 남과 북으로 갈라선 것은 남과 북의 지배세력이 서로 상대를 이용하여 각각 자기 중심의 '작은 우리'들을 구축했기 때문이다. 큰 우리를 구축하고 통일정부를 수립하고자 했던 세력들이 작은 우리들을 수립한 세

---

4) 이때 복속된 부족들은 이미 국가의 외부가 아니라 내부에 위치한다.

력들과의 헤게모니 투쟁에서 진 것이다.

우리의 형성이 타자의 존재를 전제한다는 것을 일반 명제로 받아들이면, 첫째로 일본이라는 큰 적대국에 맞서서 통합한국을 건설하지 못한 것을 설명하지 못하고, 둘째로 해방정국에서 남한과 북한으로의 분리는 서로 상대방의 탓이 된다. 이렇게 상대방을 탓하면, 남북한의 분리는 남한과 북한이라는 소아1과 소아2 사이의 헤게모니 투쟁의 결과로 이해된다. 하지만, 우리 형성이 타자의 존재를 전제한다는 명제를 잠시 유보한다면, 남한과 북한의 분리는 우리 민족 내부에서 분리 지향의 세력들이 통합 지향의 세력들에 대해 헤게모니 투쟁에서 승리한 결과로 볼 수 있다. 즉, 남한과 북한이라는 소아1과 소아2가 서로 투쟁한 것 보다는 각각의 소아가 통합한국(또는 한민족)이라는 대아와의 헤게모니 투쟁에서 승리한 결과가 남과 북의 분리다. 남한과 북한이 아와 비아의 투쟁 관계를 형성한 것으로 볼 수도 있지만, 보다 정확하게는 남북한 각각의 분리세력과 통합한국 지향 세력이 아와 비아의 복잡한 투쟁 관계를 형성한 것으로 보아야 한다. 전자로 볼 경우 남한의 분리 국가 형성은 타자 즉 북한의 적대적 존재를 전제로 한 것이지만, 후자로 볼 때는 반드시 그렇지 않다.

우리의 형성이 구성적 외부를 전제한다고 해서 모든 인류 전체를 외연적 범주로 하는 우리의 형성이 불가능한 것은 아니다. 즉 인류 전체가 하나의 우리, 하나의 공동주체를 형성할 가능성은 여전히 있다. 그 실현 가능성이 아무리 낮아도 이 가능성 자체를 부정해선 곤란하다. 아쉽게도, 적으로서의 타자의 존재를 전제로 우리라는 공동주체가 형성된다는 생각은 인류 전체를 포괄하는 공동주체가 수립될 수 있는 가능성을 배제한다. 우리 형성에 있어서 적대적 타자의 전제를 강조하는 슈미트(Schmitt 2007, 54)는 인류라는 개념 자체가 적이라는 개념을 배제하기 때문에 인류 전체가 하나가 되는 정치는 존재할 수 없다고 주장한다. 인류에 대립하는 적이 있다고 해도 그 적은 여전히 인간에 해당하기 때문에 인류에 속할 것이다. 인류 자체는 모든 인간을 포괄하므로 몇몇 인간들을 적으로 해서 인류 전체가 전쟁을 할 수는 없다. '인류에 대립하는 적'이라는 개념 자체가 불가능하다는 것이다. 슈미트가 인류 전체가 하나(친구)로 되는 정치는 존재할 수 없다고 보는 이유다. 우리의 형성을 위해 비아의 존재가 전제되어야 한다는 생각은 이처럼 인류 전체의 공동주체 형성 가능성을 배제한다. 그러나 인류 전체에게 영향을 미치는 상황을 공동 운명으로 받아들이고 그에 공동으로 대처할 경우 전 인류를 외연으로 하는 우리가 성립될 수 있다. (물론 외계인의 침입 없이 말이다). 그 때에도 그러한 공동주체의 수립에 반대하는 세력과, 또는 공동주체 수립의 구체적 방식에서 서로 다른 노선을 선호하는 세력들 사이에서 헤게모니 투쟁이 전개될 것이다.

요컨대, '적이 없는 우리'의 형성은 가능하다. 우리의 형성이 적대적인 그들을 전제로 이루어지기도 하지만 반드시 그럴 필요는 없다. 적을 상정하지 않는 우리의 형성은 얼마든지 가능하다. 물론 이때에도 우리 안에 아와 비아의 헤게모니 투쟁이 계속될 것이다. '적이 없는 우리'의 가능성 여부는 중요한 문제다. 아와 비아의 홀로주체적 정치뿐 아니라 서로주체적 정치의 가능성이 바로 여기에 달려 있기 때문이다. 증오와 적대, 혐오의 정치뿐만 아니라 사랑과 용서, 화해의 정치가 가능해야 한다. 전자가 슈미트가 말하는 '적과 동지의 구분'에 입각한 적대의 정치라면 후자는 우정의 정치다. 전자는 적을 필요로 하는 정치이고 후자는 친구를 필요로 한다. 전자는 원수를 미워하는 정치이고, 후자는 원수를 사랑하고 친구로 만드는 정치다. 원수를 사랑할 때 원수는 더 이상 우리 형성의 전제조건이 되는 적이 아니다. 이미 사랑의 대상, 더 정확하게는 사랑의 동반 주체다. 적이 없는 우리의 형성 가능성이 중요한 이유다.

2. 우리, 공동주체성의 척도와 기준[5]

우리는 개별적 자아와 대조되는 집단적 차원의 자아이지 개체들 사이의 관계적 자아가 아니다. 개별주체와 대조되는 공동주체로서의 우리는 소아들이 모여서 대아를 이룸으로써 형성된다. 즉 공동주체의 형성은 '통합'의 문제다. 이점에서 우리 즉 공동주체는 <그림 7>에서 분리-통합의 연속선(가로축)에 위치한 문제이며, 홀로주체-서로주체의 연속선(세로축)의 문제가 아니다. 분리-통합이 개별-집단적 정체성의 연속선이라면, 홀로주체-서로주체는 2차원에

---

5) 이 절은 김학노(2018a; 2018b)를 수정·보완하여 재구성한 것임. 이 논문들에서 나는 서울대 통일평화연구원에서 개발한 '남북통합지수'의 문제점을 비판하고 그에 대한 대안으로서 공동주체성을 어떻게 판단하고 측정할 것인지 그 기준을 제안했다. 여기서는 남북통합지수 문제와 관련한 논의는 생략했다.

서 개별주체들 사이의 관계 정체성과 3차원에서 개별주체와 공동주체(집단) 사이의 관계 정체성의 연속선이다.

그렇다면 공동주체로서의 우리가 얼마나 형성되었는지 어떻게 파악할 수 있을까? 다시 말해서, 우리라는 공동주체의 형성 정도 즉, 공동주체성의 정도를 파악하기 위해서 어떤 척도를 개발해야 할까? 이는 곧 분리─통합의 정도를 측정하는 척도이기도 하다. 헤게모니 투쟁의 핵심을 우리 형성의 문제라고 볼 때, 우리의 형성 정도 즉 공동주체성의 정도를 파악하는 것은 중요한 문제가 아닐 수 없다. 이 절에서 나는 공동주체성의 척도를 몸과 마음 및 행동의 세 가지 차원으로 나누어서 살펴볼 것이다. 본격적 탐색에 앞서 먼저 공동주체성의 척도에 대한 예비적 고찰이 필요하다.

(1) 공동주체성의 척도

우리는 나와 너 들이 모여서 만든다. 보다 정확하게는, 작은 우리들이 모여서 큰 우리들을 만든다. 작은 우리는 더 작은 우리들이 모여서 만든다. 가장 작은 우리는 개인이다. 작은 우리들이 모여서 큰 우리를 만드는 것이 통합이고, 큰 우리에서 작은 우리가 떨어져 나가는 것이 분리다. 그런데 큰 우리에서 작은 우리가 분리한다는 말은, 더 작은 우리들이 큰 우리로 통합하지 않고 작은 우리로 통합함을 의미한다. 즉 분리는 작은 통합이다. 더 작은 우리들이 큰 우리로 통합하지 않고 작은 우리로 통합하여 큰 우리와 별개의 우리를 구성하는 것이 분리다. 이렇게 볼 때 분리나 통합 모두 작거나 큰 우리를 형성하는 과정 즉 통합 과정이다.

결국 우리 즉 공동주체가 얼마나 형성되었는지의 문제는 개별주체들이 공동주체로 얼마나 통합되었는지의 문제가 된다. 소아(작은 우리)들이 대아(큰 우리)를 형성할 때 큰 우리의 형성 정도에는 크게 외연과 내포의 두 차원이 있다. 외연은 대아의 넓이로서 수평적 차원에서 얼마나 많은 소아들이 이 만남에 참여하고 있는지의 문제다. 정당들이 서로 헤게모니 투쟁 속에서 자기를 중심으로 하는 우리를 형성하는 경쟁을 할 때 지지자의 폭이 얼마나 넓은지가 외연에 해당한다. 우리의 외연을 파악하는 것은 어렵지 않다. 더 많은 소아들이 모일수록 대아의 외연은 커진다. 공동주체의 외연은 공동주체를 형성하는 개별주체들의 수로 파악하면 된다. 가령 소아1과 소아2가 각각 전체적으로 대아1에 참여한다면, 이때 대아1의 외연은 소아1과 소아2를 합친 것이다. 여기에 소아3이 부분적으로 또는 전체적으로 대아1에 참여한다면, 대아1의 외연은 그만큼 넓어졌다고 보면 된다.

그런데 통합의 외연은 실은 통합의 내포와 연결되어 있다. 우리의 외연의 확대(통합)나 축소(분리)는 그 안에 모여 있는 소아들의 만남의 깊이에 의해서 결정된다. 즉 우리의 외연은 우리의 내포에 달려 있다. 너와 내가 만나서 우리를 형성할 때 만남의 깊이가 얕으면 그만큼 우리가 지속되기 어렵고(분리), 만남의 깊이가 깊으면 그만큼 우리가 지속될 가능성이 높다(통합). 논의의 단순화를 위해서 행위자를 둘로 국한하자. 이때 우리의 외연의 최대치는 우리를 구성하고 있는 '소아1 + 소아2'의 넓이로 고정되어 있다. 분리─통합은 연속적인 개념이므로, 통합의 깊이가 얕아질수록 소아1과 소아2는 서로 분리 쪽으로 가게 되고 이때 우리(대아)의 외연은 0으로 향한다. 남과 북처럼 행위자가 둘일 때, 우리의 외연은 둘의 만남의 깊이에 따라서 정해진다. 둘의 만남이 깊어서 공동의 우리를 구축하는 정도가 강할수록 통합이 진척되고, 둘의 만남이 얕아져서 공동의 우리를 구축하는 정도가 약해질수록 분리가 된다. 남과 북의 만남이 깊어서 대아('통합한국')가 깊어지면 그때 우리의 외연은 남과 북 2개의 소아를 포함한다. 남과 북의 만남이 얕아져서 통합한국이 더 이상 존재하지 않으면 그때 통합한국이라는 대아의 외연은 0이 된다. 만남의 깊이가 우리의 외연에 영향을 주는 것이다.

이처럼 우리의 외연과 내포가 서로 긴밀히 연결되어 있지만, 논의를 단순화하기 위해서 그들 사이의 역동적 연결성은 잠시 접어두고, 우리의 외연은 우리를 구성하는 작은 우리들의 수라고 간단하게 생각하자. 보다 복잡한 문제는 우리의 내포다. 같은 수의 소아들이 모여서 대아를 형성할 때 소아들 사이의 만남의 깊이와 넓이에 따라서 대아라는 공동주체의 내포가 달라진다. 소아1과 소아2라는 두 개별주체가 대아1이라는 공동주체를 형성한다고 가정하자. 즉 우리(대아)의 외연은 최대치가 '소아1 + 소아2' 즉 2이다. 이때 대아1의 내포는 소아1과 소아2가 만나고 공유하는 삶의 넓이와 깊이에 따라서 달라진다. 이들의 만남의 깊이와 넓이가 확대·심화될수록 우리(대아1)의 공동주체성이 향상한다. 여기서 만남의 깊이뿐만 아니라 넓이도 대아의 내포에 해당한다는 점에 주의해야 한다. 앞서 우리의 외연은 대아의 넓이로서 얼마나 많은 소아들이 이 만남에 참여하는지의 문제라고 했다. 이때 넓이는 대아에 참여하는 소아들의 수와 그들의 외연에 의해서 결정된다. 그런데 같은 수의 소아들이 참여하는 대아에 있어서 그 소아들의 만남의 넓이는 만남의 깊이와 함께 대아의 내포에 해당한다. 만남의 깊이가 특정 영역이나 분야에서 소아들이 얼마나 깊숙이 만나는지의 문제라면, 만남의 넓이는 소아들이 만나는 분야나 영역이 얼마나 넓어지는가의 문제다. 대아의 넓이와 만남의 넓이라는 용어가 혼동을 가져올 수 있기 때문에, 지금부터는 우리의 내포에 해당하는 만남의 '넓이'라는 말 대신에 만남의 '범위(scope)'라는 말을 쓰자.

다소 혼란스러울 수 있으므로, 구체적으로 유럽연합의 예를 들어서 설명해본다. 유럽연합이라는 대아에 참여하는 소아들 즉 회원국이 증가하는 것은 대아의 외연이 확대되는 것이다. 실제 유럽통합에 있어서 이러한 회원국의 확대를 통합의 '확대(widening)'라고 한다. 한편 유럽연합의 권한이 확대되는 것은 통합의 '심화(deepening)'에 해당한다. 동일한 수의 회원국들 사이에 유럽연합의 권한이 확대될 수 있다. 즉 대아의 외연이 일정한 가운데 그 내포가 심화될 수 있다(즉 유럽연합의 '확대' 없이 '심화'되는 경우다). 그런데 유럽연합의 권한확대(task expansion)에는 크게 권한의 범위와 깊이의 두 차원이 있다. 같은 정책영역에서의 권한이 확대 및 축소하는 것이 권한의 깊이 차원이라면, 다른 정책영역으로 유럽연합의 권한이 확대 및 축소하는 것은 권한의 범위 차원의 문제다. 즉 권한의 범위나 깊이 모두 유럽연합이라는 대아 형성 및 발달의 내포의 차원에 해당한다. 소아와 소아의 만남의 깊이뿐만 아니라 범위가 모두 대아의 내포에 해당하는 것이다.

요컨대, 우리라는 공동주체의 형성 정도는 그 외연과 내포에 달려 있으며, 외연을 일정하다고 가정할 때 소아와 소아 사이의 만남의 깊이와 범위의 정도에 달려 있다. 우리의 외연을 일정하다고 가정하고 논의를 전개하자. 공동주체의 외연은 측정하기가 단순한 반면, 그 내포는 여러 차원이 존재하기 때문에 복잡하다. 여기서는 외연이 고정된 상태로 가정하고 그 상태에서 내포를 어떻게 측정할지 그 기본적인 기준을 모색한다. 우리(대아)의 외연에 변화가 없다고 가정하면, 소아와 소아의 만남이 깊고 광범위해서 통합이 심화될수록 대아가 확대되고 심화되는 것이며, 만남이 얕고 그 범위가 좁을수록 그만큼 대아의 공동주체성은 약해진다. 이와 관련하여 세 가지 점을 주의해야 한다.

첫째, 우리 즉 공동주체의 형성 정도는 대아의 절대 규모를 기준으로 판단해야 한다. 기존의 연구에서는 통합의 정도를 대아의 절대적 규모가 아니라 소아와의 관계 속에서 대아가 차지하는 상대적 비중을 기준으로 판단하는 경향이 있다. 가령 나이(Nye 1968, 860－862)는 무역 통합의 지표로 해당 지역의 전체 수출 중 역내 수출이 차지하는 비중을 제시하고, 서비스 통합의 지표로 전체 국민총생산(GNP) 중 공동 서비스가 차지하는 비중을 제시한다. 최근 한 연구가 제안한 유럽연합지수(EU Index)도 단일시장통합을 측정하기 위해서 EU 개방도(openness)와 EU 중요도(importance)를 측정하는데 이들을 각각 소아의 전체 거래 중에서 대아가 차지하는 비중으로 판단한다. 즉 EU 개방성은 회원국의 전체 국내총생산(GDP)에서 역내 수출입이 차지하는 비중으로, EU 중요도는 회원국의 전체 수출입 중에서 역내 수출입이 차지하는 비중으로 측정한다(König and Ohr 2013, 1077－1079). 서울대 통일평화연구원이 2008년 개발한 이래 매년 측정하고 발표하는 '남북통합지수(Inter－Korean Integration Index)'에서 경제 영역의 관계적 통합의 변인 중 하나로 북한의 총무역액 중 남북교역액이 차지하는 비중을 포함한 것도 마찬가지로 상대적 비중을 기준으로 한다(김병연·박명규 외 2009, 28).

이 같은 소아에 대한 대아의 상대적 비중은 대아의 절대적 규모의 증감을 보여주지 않는다. 앞의 EU 개방성이나 EU 중요도를 예로 들면, 분자인 역내 수출입이 변화하지 않아도 분모인 전체 GDP나 전체 수출입이 변화하면 개방성과 중요도의 값이 달라진다. 전세계적으로 경기가 위축되고 보호무역이 갑자기 증가한 가상의 경우에 EU 내 회원국들의 수출입 정도가 상대적으로 적게 줄었다고 가정하자. 이 경우 EU 개방도나 중요도는 모두 분자에 비해 분모가 크게 감축되어서 각각의 값이 증가할 것이며, 역내 수출입이 줄었음에도 EU의 전체 통합지수는 높아질 것이다. 서울대 통일평화연구원의 남북통합지수도 같은 문제에 봉착한다. 남과 북의 사이가 악화되어서 전년도에 비해 남과 북의 교역이 준 경우에 북한의 전체 총무역액이 더 큰 수준으로 감소했다면, 북한의 전체 무역액에서 남북교역액이 차지하는 비중은 오히려 증가할 것이다. 실제로는 남북관계가 더 소원해졌는데 지표상으로는 관계가 더 긴밀해진 것으로 나오게 되는 것이다. 우리라는 공동주체의 형성 정도를 측정할 때 소아에 대한 대아의 상대적 비중이 아니라 대아 자체의 절대적 규모의 증감을 기준으로 삼아야 하는 이유다.

둘째, 대아의 발달 정도는 소아들 사이의 공통성이 아니라 공동성을 기준으로 측정해야 한다. 너와 내가 만나서 만드는 우리는 너와 나라는 개별주체성에 더하여 공동주체성을 갖는다. 우리의 공동주체성의 발달과 퇴보는 우리를 구성하는 소아들 사이의 공통성의 발달 및 퇴보와 별개의 문제다. 양승태의 언명처럼, 아리스토텔레스 이후 '정치 공동체'로 불린 집단 즉 대아는 "그 구성원의 성격이나 자질은 각각 다를 수 있지만 '무엇인가를 공유하는' 인간집단을 지칭한다"(양승태 2010, 124). 공통성이 아니라 공동성이 대아 발달의 판단 기준이 되어야 하는 이유다.[6)]

가령 유럽연합의 통합 정도를 공동주체성의 발달을 기준으로 판단할 수 있다. 과거 신기능주의자들의 통합 개념도 공동주체성의 발달을 기준으로 하는 것이었다. 하스(Haas 1958, 16)가 정치통합을 각국의 정치 행위자들이 "충성심과 기대 및 정치적 행위를 새로운 중심으로 이전"하는 과정으로 정의한 것도 공통성이 아니라 새로운 중심이라는 공동성에 초점이 맞추어져 있다. 하스의 개념을 계승 발전시킨 린드버그(Lindberg 1963, 6)가 정치통합을 (1) 회원국들이 정책결정을 서로 독립적으로 하는 대신 "공동(joint)"으로 결정하거나 새로운 중심 기관에 정책결정과정을 "위임(delegate)"하는 과정 및 (2) 정치 행위자들이 기대와 정치적 행위를 새로운 중심으로 옮기는 과정으로 정의한 것도 마찬가지다. 전자가 공동주체의 '권한 확대'이고 후자는 공동의 정치적 공간의 확대다. 최근 제시된 유럽연합의 분리에 대한 이론도 공동주체의 약화 및 축소를 기준으로 한다. 가령 웨버(Webber 2014, 342)는 기존의 통합 개념을 역으로 활용하여 (1) EU 차원에서 공동으로 채택하고 집행하는 공동 정책의 범위, (2) EU 회원국, (3) 필요할 경우 회원국들의 의지에 역행하여 정책을 결정하고 집행할 수 있는 EU 기관들의 공식적 및 실제적 능력 등 세 부분에서의 감소로 EU의 '분해(disintegration)'를 정의한다. 이 중 (2)는 단순한 외연의 문제이며, (1)과 (3)은

---

6) 공통성은 소아들이 동일한 성질(속성)을 갖고 있을 때 생기는 반면, 공동성은 소아들이 활동이나 경험을 함께 할 때 생긴다. 이진경은 이를 말과 기수의 관계와 광대와 기수의 관계의 비유로 설명한다. 말과 기수는 신체 구조, 사용하는 언어, 사유능력 등의 측면에서 매우 다르며, 이 점에서 그들의 공통성은 광대와 기수 사이의 공통성보다 훨씬 적다. 그러나 말과 기수가 서로 호흡을 맞춰서 하나로 움직일 때 그들의 공동성은 광대와 기수 사이의 공동성보다 훨씬 크다(이진경 2012, 109).

모두 공동 정책 결정권과 집행권 및 그 능력에 해당한다. 요컨대 공동 주체의 권한과 능력의 증대와 감소를 기준으로 통합과 분리를 판단하는 것이다. 이때 공통성의 감소나 증대는 상관하지 않는다.

공동성은 "공동 활동에 참여한 요소들이 서로 간에 리듬을 맞추어 움직이는 공－조현상"으로 소아들이 공통으로 소유하고 있는 동질성인 공통성과 구별된다(김형주·최정기 2014, 180). 공통성이 공동성의 형성을 촉진할 수도 있지만 그렇지 않을 수도 있다. 같은 언어나 핏줄이라는 공통성이 공동주체를 형성하는 기반이 되기도 하지만, 한민족의 분단과 전쟁에서 보듯이 비슷한 사람이나 집단끼리 더 심하게 싸울 수도 있다. 자코비(2012)가 생생하게 보여주듯이, 역사적으로 커다란 학살은 멀리 떨어진 집단이 아니라 이웃한 집단 사이에서, 이질적이기보다는 동질적인 집단 사이에서 많이 발생했다. 공통점이 아무리 많아도 그것이 공동성의 기반이 되지 못하면 우리 즉 공동주체가 될 수 없다. 다음과 같은 아렌트의 언명은 이 점을 잘 보여준다.

> "'공론 영역의 실재성'은 수많은 측면과 관점들이 동시에 존재한다는 사실에 기초해 있다. 이러한 측면과 관점들 속에서 공동세계는 자신을 드러내지만, 이것들에 공통적으로 적용되는 척도나 공통분모는 있을 수 없다 … 공동세계의 조건에서 실재성을 보증하는 것은 이 세계를 구성하는 사람들의 '공통적 본성'이 아니라, 다양한 입장과 관점에도 불구하고 모든 사람은 언제나 같은 대상에 관심을 갖는다는 사실이다"(아렌트 1996, 110－111).

공통성이 공동성의 기반이 될 수도 있지만 그렇게 되기 위해서는 정치적 '호명'과 그에 대한 '응답'이 필요하다. 많은 공통성 중에서도 함께 공동주체를 이룬 경험 또는 그 기억(후손들에게는 역사)이 새로운 공동주체 형성으로 이어질 수 있다. 공유된 공동주체의 경험이나 기억이라는 공통점이 새로운 공동체를 구성하거나 공동생활에 참여할 중요한 원동력이 될 수 있는 것이다. 그러나 그러한 공통의 기억이 늘 새로운 공동주체 구성으로 모두 이어지는 것은 아니다. 과거(기억)의 공유보다 더 중요한 것이 미래를 공유하겠다는 의지이기 때문이다. 그것이 공동주체 형성이라는 미래의 공유 의지로 연결되지 않으면, 과거 공동주체의 경험이라는 공통점이 곧바로 공동주체의 결성으로 이어지지 않는다. 우리의 집단 정체성 형성에서 과거의 공유도 중요하지만 그보다 미래의 공유 또는 그 의지가 더 중요한 것이다.

우리가 좋아하든 아니 하든, 인생은 미래에 대한 끊임없는 몰두다. 우리는 현재의 순간을 살면서 장차 일어날 일에 관심을 갖는다. … 우리에게는 미래에도 국가가 계속 존재하는 것이 바람직한 것으로 보인다. 이런 이유로 우리는 국가를 방어하는 데 발 벗고 나선다. 혈연이나 언어, 공통의 과거 때문이 아니다. 국가를 지키는 것은 우리의 내일을 지키는 것이지 어제를 지키는 것이 아니다. … 중남미 사람들과 스페인은 공통된 과거를 갖고 있고, 언어와 인종이 같다. 그러나 스페인은 그들과 한 나라를 이루고 있지 않다. 어째서 그런가? 우리가 필수적이라고 알고 있는 한 가지가, 즉 공통된 미래가, 결여되었기 때문이다(오르테가 이 가세트 2005, 238-242; 복거일 1998, 155 참조하여 번역 수정함).

공동의 정치체 경험과 그에 입각한 미래 공유의 의지가 우리 민족 형성의 핵심 기반이다. 스코틀랜드나 카탈루냐 분리주의 운동의 기반도 같은 공동주체를 형성했던 역사적 경험과 기억 및 그것의 재현 의지다. 과거의 공통된 경험이나 기억과 미래의 공유 의지 중에서 더 결정적인 것은 후자이다. 해방정국에서 한반도 전체에 걸쳐서 하나의 민족국가를 수립하는 것은 너무나 당연한 우리의 과제였다. 해방 직후 이를 의심한 사람은 거의 없었을 것이다. 우리 민족의 많은 공통점 중에서도 과거 우리가 하나의 나라를 형성해서 살아왔었다는 역사적 사실, 즉 조선(이나 고려) 같은 동일한 공동주체의 경험을 공통으로 가지고 있다는 사실이 이러한 믿음과 희망의 원동력이었다. 그러나 남과 북의 갈라섬은 이러한 과거의 공유가 늘 미래의 공유로 이어지는 것은 아니라는 사실을 잘 보여준다. 공통성이 반드시 공동성을 낳는 것은 아니다. 공동성(공동주체)이 공통성(공통 경험)을 낳고 그 공통성이 새로운 미래의 공동성으로 호명되고 응답(공유)될 때 힘을 발휘한다. 이제 남과 북 국민은 서로 다른 공동주체의 경험을 가지고 있다. 해방 이후 이와 같은 상이한 공동주체의 경험과 기억은 남과 북 사이에 존재하는 대단히 중요한 이질성이다. 하지만 공통점이 반드시 공동성을 낳는 것이 아니듯이, 이질성이 언제나 공동성의 출현을 막는 것도 아니다.

요컨대 통합의 척도는 공동의 집 또는 공동주체(성)의 형성에서 찾아야 하며 공통성의 정도 즉 동질화에서 찾아서는 안 된다. 마찬가지로 분리는 공동의 집 또는 공동주체성이 약화되는 데에서 그 척도를 찾으면 되며 이질성의 증가를 척도로 삼아서는 안 된다. 이 점에서 남과 북의 관계 개선을 위해서 '민족 동질성 회복/강화'라는 구호는 적합하지 않을 뿐 아니라 상당히 위험하다. 분리와 통합의 궁극적인 척도는 이질성과 동질성이 아니라 개별성과 공동성이어야 한다.

셋째, 소아 사이의 상호의존성(interdependence) 정도를 분리−통합의 척도에 포함해야 한다. 이는 통합이 소속성(belonging)의 문제일 뿐 아니라 연결성(connectedness)의 문제이기도 하기 때문이다. 상호의존성의 심화는 소아 사이의 관계의 밀접성이 증가하는 것을 의미한다. 앞서 집단 정체성과 관계 정체성의 차원을 명확하게 구분해야 한다고 했다. 상호의존성의 심화는 관계의 차원에 해당하므로 통합의 척도에서 제외해야 한다는 반론이 가능하다. 상호의존성이 소아 사이의 관계 차원에 해당하지만, 그것은 관계가 얼마나 촘촘하고 조밀한가의 문제이며 관계의 성격과는 무관하다. 대아의 발달 정도를 통합의 기본 척도로 삼을 때, 대아 안에서 소아들의 만남의 내포가 중요한 기준임은 이미 언급했다. 그리고 대아의 외연이 고정된 것으로 가정하면, 대아의 내포에는 만남의 깊이뿐만 아니라 만남의 범위까지 포함된다고 주장했다. 이제 만남의 깊이와 범위와 함께 만남의 밀도를 하나 더 추가한다. 상호의존성 즉 소아 사이의 관계의 밀접성은 대아를 구성하고 있는 소아들이 얼마나 촘촘히 연결되어 있는지 그 연결성을 나타낸다. 연결성은 만남의 밀도에 해당하며 만남의 방식이나 성격과 다르다. 요컨대, 상호의존성은 관계 정체성 차원의 문제가 아니라 집단 정체성 차원의 문제며, 대아의 내포에는 만남의 깊이와 범위와 함께 밀도도 포함해야 한다.

상호의존성의 증가는 뒤르케임(Durkheim)이 말한 '역동적 밀도(dynamic density)'의 증가를 의미한다. 역동적 밀도는 대아 안에서 소아들의 상호행위일 뿐, 대아의 행위 즉 소아들의 공동 행동은 아니다. 하지만 역동적 밀도는 체계의 통합과 무관하지 않다. 뒤르케임(2012, 169−195, 270−283, 380−419)이 역설하듯이, 역동적 밀도가 높을수록 구성원 사이의 기능적 통합과 유기적 연대가 강화된다. 분업이나 사회의 분화가 개체들을 대립시키는 동시에 통합하는 이중성을 띠는 이유다. 소아들의 상호행위가 많아져서 그들의 관계가 조밀해지는 것은 그만큼 대아 내부의 공동의 상호행위 공간이 심화·확대되는 것이다. 공동의 공간은 곧 공동의 시간 흐름을 만들고 담는다. 공동 공간에서 일어나는 상호행위가 소아들의 공동의 역사가 되고 공동의 서사가 된다. 소아들 사이의 상호의존 관계의 심화는 공동의 시공간 심화를 의미하며, 이는 곧 대아의 확대와 심화 즉 통합의 심화에 해당한다.

통합은 소아들 사이의 상호의존 관계의 심화를 수반하며, 이는 소아들 사이의 취약성의 증가를 의미한다. 우리는 보통 '민감성(sensitivity)'으로서의 상호의존성과 '취약성(vulnerability)'으로서의 상호의존성을 구분한다(Keohane and Nye 1975). 소아와 소아 사이의 상호의존성 증가는 상대방에 대한 나의 민감성의 증가를 포함한다. 하지만 이것이 곧 취약성의 증가로 바로 이어지는 것은 아니다. 가령 해외자원에 의존도가 높은 경우 해외에서의 격변에 따라 해당 자원의 공급과 가격이 심하게 요동칠 수 있다. 이는 해외자원의 보유국에 대한 나의 민감성이 높다는 의미다. 민감성이 높은 만큼 상대의 변화에 따라서 내가 상처를 받을 수 있는 취약성이 높아질 수 있다. 하지만 민감성이 바로 취약성으로 이어지는 것은 아니다. 내가 대체 자원 개발이나 수입다변화를 통해 대안을 마련해놓았을 경우 동일한 민감성 조건에서도 나의 취약성 정도는 달라진다. 일반적으로 하나의 대아 즉 공동주체를 형성하는 경우 그 대아에 참여하는 소아들은 서로에 대해 민감성뿐만 아니라 취약성까지 높아질 가능성이 증가한다. 다른 소아들에 대한 민감성이 곧 취약성으로 이어지지 않는다고 해도, 공동주체가 와해되는 경우 즉 대아의 분리에 따른 취약성이라는 새로운 항목이 생기기 때문이다. 단적으로, 소아와 소아가 하나의 공동주체(대아)로 통합하면 이들은 공동운명체가 되고 상대방과 대아의 변화에 따르는 취약성이 증가하기 쉽다. 바로 이런 이유 때문에 연애보다 결혼이 더 어렵고 더 커다란 결심을 요구하는 것이다. 코헤인과 나이(Keohane and Nye 1975, 366-368)는 경제 영역에서 상호의존성 개념이 민감성과 취약성의 두 측면을 포함하고 있는 반면에 기존의 통합 개념이 취약성 부분을 전혀 다루지 않았다는 이유로 두 개념을 별개의 것으로 구분한 바 있다. 하지만 기존의 통합 연구에서 취약성 언급이 없었다고 해서 통합과 취약성이 관련이 없다고 보아서는 곤란하다. 오히려 통합의 개념을 수정해서 통합의 심화가 취약성의 증가도 수반한다고 보아야 한다. 한마디로, "우리성 관계에서는 상처받기도 쉽다!"(배재창·한규석 2016).

그렇다면 통합은 상호의존성과 같은 말인가? 그렇지는 않다. 통합은 '상호의존성+α'다. 상호의존성의 심화가 소아 사이에 대아가 형성될 물적 기반을 강화하지만, 소아들을 묶어줄 하나의 단위의식과 공동주체성이 형성되지 않으면 대아의 형성으로 자동적으로 이어지지는 않는다.[7] 달리 말하면, 경제적 상호의존성의 증가가 곧 정치적, 문화적 통합으로 연결되는 것은 아니며, 경제적 공동주체의 형성으로 이어지는 것도 아니다. 하지만 경제적 상호의존성의 증가가 공동의 경제 공간을 형성하고 이것이 공동주체의 물적 토대가 되는 것은 사실이다. 상호의존성의 심화는 아직 공동주체 의식과 결단이 결여된 상태에서의 통합의 진전을 의미한다. 이렇게 소극적 의미에서지만 상호의존성의 정도는 분리-통합의 척도에 포함되어야 한다.

상호의존성의 증가는 통합의 한 증상이며 둘 사이에 높은 상관관계가 있다. 일찍이 근대화론자들은 산업화가 사회 내 여러 부문과 요소들의 이동성을 증가시켜서 동질화를 증진함으로써 사회통합을 촉진한다고 주장했다. 도이취 (Deutsch et. al., 1957, 46-58; Deutsch 1966, 125-123, 188)의 '사회적 동원(social mobilization)' 테제에 따르면, 근대화로 야기되는 사회적 동원화는 대중 커뮤니케이션의 증가를 동반함으로써 동질화를 가속화한다고 한다.[8] 이에 대한 반론이 많이 제기되었다. 대표적으로 코너(Connor 1972, 327-332, 343-344)는 사회적 커뮤니케이션과 동원의 물적 증가로 인해 소수민족의 정체성이 강화되어서 민족 갈등과 분리주의 요구가 증가한다고 주장한다. 이 논쟁의 핵심은 역동적 밀도의 증가가 대아로의 통합을 촉진하는지 아니면 소아로의 통합 즉 (대아의 입장에서 볼 때) 분리를 촉진하는지의 문제다.

개인들로 구성된 '우리'들은 하나가 아니라 복수의 층위에서 존재한다. 상호행위와 교류의 증가로 인한 집단 정체성의 강화는 복수의 층위에서 진행될 수 있다. 따라서 전국 수준의 통합과 지방이나 족류(ethnic) 차원의 통합이 동시에 일어날 수 있다(Roehner 2017, 15-16 참조). 이것이 전체 사회 차원에서 통합의 강화로 귀결될지 분리주의의 강화로 귀결될지는 상이한 층위의 대아들 즉 대아와 소아 사이의 헤게모니 투쟁에 달려 있다. 앞의 도이취와 코너의 논쟁에

---

7) 나이(Nye 1968, 858)는 통합을 "부분들로 전체를 형성하는 것 또는 상호의존성을 창출하는 것(forming parts into a whole or creating interdependence)"이라고 정의한 바 있다. 하지만 상호의존성의 형성 자체가 하나의 전체 즉 대아의 형성과 동일하지는 않다. 후에 나이는 코헤인과 함께 통합을 "한 차원 또는 다른 차원에서, 행위자들 사이의 결합 정도"로 정의했다(Keohane and Nye 1975, 366). 통합을 상호의존성의 창출로만 볼 때 생기는 문제점을 인지한 듯하다.

8) 이 문제에 대한 도이취의 입장 변화에 대해서는 코너(Connor 1972, 322-326)를, 도이취에 대한 반론들의 정리는 버치(Birch 1978, 326-333)를 참조.

서 획일적인 경로를 상정하지 말아야 한다. 역동적 밀도의 심화에 따른 상호의존성의 증가 자체는 여러 층위에 걸쳐 있는 대아로의 물적 차원에서의 통합 증가로 보아야 한다.

정리하면, 우리 형성 즉 공동주체성의 척도는 소아와 소아가 모여서 만드는 대아의 구축 정도를 기준으로 삼아야 한다. 이때 (1) 대아의 상대적 비중이 아니라 절대적 규모를 기준으로 하고, (2) 소아 사이의 공통점이 아니라 공동성을 기준으로 하며, (3) 소아 사이의 상호의존성의 증감을 공동주체성 형성을 판단하는 척도에 포함해야 한다.

(2) 공동주체성의 차원과 기준

우리 즉 공동주체의 형성 정도는 소아들이 모여서 만드는 대아의 구축 정도를 기준으로 삼아야 한다. 그렇다면 너와 내가 만나서 우리가 구축되는 정도, 즉 개별주체들이 모여서 공동주체를 이루는 정도를 구체적으로 어떻게 파악할 수 있을까? 공동주체로서의 우리를 형성하는 정도, 또는 '공동주체성'을 이해하는 데 여러 접근방식이 가능하겠으나, 여기서는 문승익이 『주체이론』에서 전개한 문제의식을 기본 출발점으로 삼는다. 그에 따르면, "자체로서 인간을 다룰 때 인간의 가장 인간다운 특성은 복수의 존재차원과 존재양식을 소유한다는 점"이다(문승익 1970, 12). <표 1>은 그가 생각하는 복수의 존재차원이다. 문승익의 주체이론이 기본적으로 우리(민족이나 국가)를 대상으로 하고 있지만, <표 1>에 있는 복수의 존재차원은 개인을 포함하여 모든 개별주체와 공동주체에 적용할 수 있다.

표 1 자체의 존재차원

실존적 자체규정	실존적 거점	존재차원
−	−	물체(物體)적 차원
단위설정	단위의식	원체(原體)적 차원
자기설정	자기의식	아체(我體)적 차원
목적설정	자기의지	본체(本體)적 차원
행동설정	자기행동	기체(基體)적 차원

출처: 문승익 1970, 17.

<표 1>의 존재차원 구분에 나타난 문승익의 주체이론 및 주체 개념은 중요한 의미가 있다. 첫째, 자아준거성을 기준으로 주체와 속체(屬體) 개념을 구분함으로써 주체성을 판단하는 출발점을 제공한다. 문승익은 자아준거적 실존적 거점에 근거하여 자체(自體)규정을 하는 경우를 '주체'로, 타아준거적 실존적 거점을 가지고 자체규정을 하는 경우를 '속체'로 규정한다. 스스로를 규정할 때 자기 자신을 근거로 하느냐 아니냐가 주체성을 판단하는 기본적인 기준이다.

둘째, <표 1>은 주체성이 복수의 차원을 가지고 있음을 보여준다. 자체 규정은 물체와 행동, 의식과 의지 등 여러 차원에 걸친 실존적 거점을 근거로 존립한다. 주체성의 수립은 이처럼 여러 층위로 나누어서 살펴볼 수 있다. 역으로 주체성을 억압하거나 왜곡하는 것도 '행동의 규제', '의지의 마비', '의식의 기만' 등 여러 차원에 걸쳐서 일어날 수 있다(문승익 1970, 41−70; 1984, 126−137). 이는 공동주체성의 척도도 여러 차원으로 나누어서 모색할 수 있음을 의미한다.

셋째, <표 1>은 주체성의 문제를 궁극적으로 실천의 문제로 본다. 김상봉(2007, 172)이 말하듯이, 우리라고 하는 것은 실체가 아니라 주체다. 다양한 행위자들이 우리라고 하는 주체의식과 의지를 가지고 행동을 할 때 형성되는 주체다. 주체로서의 우리는 저기 바깥에 발견되기를 기다리고 있는 고정된 실체가 아니라, 적극적이고 능동적인 활동 즉 '만남'을 통해서 생성된다(김학노 2010, 43). 물체와 의식 및 의지 등 여러 차원에서 공동주체성을 수립할 수 있지만, 궁극적으로는 그것이 행동의 차원에서 발현되어야 한다. 행동의 차원에서 실천으로 구현되지 않는 주체성은 완전하다고 할 수 없다.

이런 뜻에서 문승익의 문제의식을 우리라고 하는 공동주체가 형성되는 정도 즉 공동주체성을 판단하고 이해하는 척도를 모색하는 출발점으로 삼는다. 다만 몇 가지 점을 보완한다. 첫째, 문승익의 주체 개념을 탈근대화할 필요가 있다. 문승익의 주체 개념은 '근대적 자아(modern self)'의 관점에 바탕을 두고 있다(Anderson 1997, 27, 35 참고). 문승익은 자체가 고정된 것으로 보고, '물체⇨의식⇨의지⇨행동'의 순차적 구성 및 수행 관계로 이해하며, 주체의 원형적인 모습으로 정합적인 단일체를 상정하는 경향이 강하다(문승익 1970, 41−70). 이는 근대적 자아 개념에 바탕을 둔 것으로, 이를 탈근대화할 필요가 있다. 가령, 자체가 고정된 것으로 보기보다는 변화 중인 것으로 재개념화할 필요가 있다.[9]

---

9) 자아 개념의 탈근대화를 궁극으로 밀고 가면, 문승익의 소중한 개념인 '자아준거성'의

복수의 차원들이 순차적으로 구성된다고 보는 대신, 복수의 차원에서 주체성이 다른 정도로 형성되고 서로 복잡한 관계를 이루고 있다고 봐야 한다. 또 정합적인 단일체('수목형' 모델) 뿐만 아니라 파편화되고 다중심적인 네트워크가 연결된 '리좀형' 모델도 포괄할 수 있도록 보완하고자 한다(들뢰즈 · 가타리 2001, 11-55; 이진경 2002, 67-120).

둘째, 문승익이 다소 가볍게 처리한 물체 차원을 보강한다. <표 1>에서 보듯이 문승익은 다른 차원과 달리 물체 차원에서는 실존적 자체규정을 고려하지 않는다. 이는 물체 차원을 자동적 존재로 보고 있음을 뜻한다. 문승익의 논의를 압축하면, "행동 = 의식(자기규정, 단위의식) + 의지(필요, 욕구, 가치)"의 관점에 있다. 이는 "행동 = 정체성(신념) + 이익(욕구)"(Wendt 1999, 231)이라는 일반적 관점과 상당히 유사하다. 주체성이나 자아 또는 정체성에 대한 많은 연구가 오랫동안 "신체 없는 모습"으로 수행되어 온 데서 알 수 있듯이(엘리엇 2007, 154), 이 문제를 연구할 때 일반적으로 물체 차원에 대해 충분한 주의를 기울이지 않는다. 하지만 개인이 주체성을 구축하는 데 몸을 비롯한 물적 기반이 중요하듯이, 집단이 공동주체성을 구축하는 데 있어서도 물적 차원이 대단히 중요하다. 특히 개인의 신체적 자아와 달리, 사회적 집단은 물체 차원에서의 존재를 당연시하기가 더 어렵다. 이 점에서 문승익이 다소 가볍게 처리한 물체 차원을 보다 중시하도록 한다.

셋째, <표 1>의 존재차원을 좀더 단순화하고 보완한다. 문승익이 '존재차원'으로 명명한 '원체, 아체, 본체, 기체' 등의 개념은 난해하고 낯설다. 이들 대

구체적 내용과 기준이 아와 비아의 헤게모니 투쟁에 따라서 달라진다. 어떤 주체가 자아준거적인지 타아준거적인지 여부를 '절대적' 기준으로 판단하기 어렵게 되기 때문이다. 일제 강점기 친일파들과 독립운동가들이 준거로 삼는 자아가 서로 다를 수 있다. 궁극적으로는 이들 사이의 헤게모니 투쟁에 의해서 자아준거성 자체가 판가름 나게 된다. 아 즉 우리 내부에서도 마찬가지다. 소아1을 중심으로 다른 소아들을 모아서 우리1을 형성할 때 소아1과 다른 소아들 사이에는 크게 나누어서 서로주체적 헤게모니와 홀로주체적 헤게모니의 관계가 수립될 수 있다. 서로주체적 헤게모니와 달리, 홀로주체적 헤게모니 관계에서는 소아들의 자아준거와 대아(우리1)의 자아준거가 갈등관계에 있다. 이때 소아1을 제외한 다른 소아들의 견지에서는 예속 상태에 있다고 할 수 있지만, 대아(우리1)의 입장에서는 주체적이라고 생각할 수 있다. 우리 내부에서 어디에 초점을 두느냐에 따라 자아준거와 타아준거의 판단이 달라질 수 있는 것이다. 이 점에서 자아준거적 주체의 수립 여부는 자아준거의 근거가 되는 우리들 사이의 (아와 비아 사이의, 그리고 우리 안에서 소아와 대아 사이의) 헤게모니 투쟁에 달려 있다.

신에 그가 '실존적 거점'으로 구분한 '의식, 의지, 행동'을 존재의 차원으로 이해하자. 여기에 물체 차원을 추가하고 단위의식과 자기의식을 하나로 합치면, 문승익이 제시한 존재차원은 '물체, 의식, 의지, 행동'의 네 가지로 구분된다. 물체를 인간의 몸에 상응하는 것으로 보면, 의식과 의지는 일반적으로 마음에 상응하는 것으로 볼 수 있다. 즉, '몸－마음(의식＋의지)－행동'의 세 차원으로 축약된다. 나는 이 책에서 의지를 조금 다르게 이해하겠다. 문승익이 의지의 차원에서 강조한 것은 목적을 설정하는 것이다. 목적의 설정은 마음과 행동의 차원에 걸쳐 있다. 뜻을 세우는 점에서 마음의 영역에 속하지만, 그러한 마음을 먹는 것 자체가 중요한 행동에 해당한다. 특히 공동주체에서 목적 설정은 다양한 행위자들이 함께 뜻을 모으는 상호행위와 제도적 절차를 통해서 이루어진다. 즉 공동주체의 의사를 결정하기 위한 상호행위 과정이 필요하다. 이런 의미에서 목적 설정을 의미하는 의지 차원을 행동의 차원에 포함한다. 그럴 경우 '몸－마음－행동(의지＋행위)'의 세 차원으로 축약된다. <표 2>는 문승익의 <표 1>을 몸－마음－행동의 세 차원으로 주체성의 차원을 단순화한 것이다. 대체로 문승익의 틀을 기본적으로 수용하면서 내 나름대로 각색하고 보완하였다. 특히 몸 차원을 보강하고, 마음에 '감정' 차원을 추가함으로써 문승익의 합리주의적 접근의 한계를 극복하고자 했다.

표 2 공동주체성의 차원

존재차원	층 위
몸	몸 체
	경 계
마 음	의 식
	감 정
행 동	의 지
	행 위

몸과 마음 및 행동의 차원은 뚜렷이 구별하기 어려울 정도로 상호 밀접히 연결되어 있다. 우선, 개인을 놓고 볼 때 그(녀)의 몸과 마음 및 행동을 명확하게 구분하기가 어려운 경우가 너무나 많다. 내가 누군가를 사랑하는 것은 행동 차원인가 아니면 몸 또는 마음의 차원인가? 몸을 움직이는 것은 몸의 차원인가

아니면 행동의 차원인가? 만약 행동이 몸을 움직이는 것이라면, 마음을 움직이는 것은 마음의 차원이라기보다는 행동의 차원이라고 볼 수 있지 않을까? 공동주체의 경우도 몸-마음-행동의 세 차원을 명확하게 구분하기 어렵고, 이들은 밀접히 연결되어 있다. 가령 유럽연합에서 공동시장의 뼈대를 구축함에 따라(몸 차원) 유럽인이라는 정체성이 발달하고(마음 차원) 역내 교역이 더욱 활발해진다(행동 차원). 거꾸로 역내 교역의 증가가(행동 차원) 유럽인의 정체성을 증가시키거나 그에 대한 반발을 가져올 수 있으며(마음 차원) 공동시장의 물질적 토대에도 영향을 줄 수 있다(몸 차원).

'몸-마음-행동'의 상호관계에 대해서 무한한 논쟁이 가능하지만, 여기서는 이 문제에 관심을 두지 않는다. 다만 '몸 vs. 마음'의 이분법을 지양하고 있음을 명확히 한다. 앞서 언급했듯이, 문승익이 복수의 존재차원들을 순차적 관계로 보는 반면, 나는 이들이 복잡한 관계를 이루고 있으며 각각의 존재차원에서 주체성의 형성 정도가 다를 수 있다고 볼 뿐이다. 여러 존재차원에 걸쳐서 공동주체성의 형성 정도를 측정하는 문제는 존재차원들의 복잡한 연결 관계에 대한 논의를 필요로 하지 않는다. 그 연결 관계의 결과 형성된 주체성의 정도들을 파악하면 된다.

• 몸

소아들로 구성된 대아(큰 우리)의 공동주체성의 형성 정도를 판단할 때 주의할 점으로 나는 (1) 대아의 (소아에 대한) 상대적 비중이 아니라 절대적 규모를 기준으로 하고, (2) 소아 사이의 공통점이 아니라 공동성을 기준으로 하며, (3) 소아 사이의 상호의존성의 증감을 대아 발전의 척도에 포함해야 한다고 주장했다. 이를 몸 차원에 적용하면, 소아들의 몸들 사이의 공통점이 아니라 소아들이 공유하는 공동의 몸을 기준으로 하고, 공동 몸의 (소아들의 몸들에 대한) 상대적 비중이 아니라 절대적 규모가 중요하며, 공동의 몸에는 소아들 상위의 층위와 소아들 사이의 횡단적 층위가 모두 포함된다. 마지막 구절은 공동주체성이 소속성의 문제일 뿐 아니라 연결성의 문제이기도 하다는 의미다. 유럽통합을 예로 들면 회원국 상위의 (유럽연합 차원의) 공간인 초국가적(supranational) 층위와 회원국 사이의 횡적인 공간인 초국적(transnational) 층위의 확대와 심화가 모두 공동주체의 절대 규모를 판단할 때 고려되어야 한다는 뜻이다.

몸 차원에서 공동주체의 형성은 공동 시공간의 뼈대를 마련하고 살을 붙이고 신경망을 연결하는 과정이다. 그렇다면 몸의 차원에서 공동주체성의 구축 정도를 무엇을 기준으로 파악할 수 있을까? 여기서는 정치체 형성에 관한 바르톨리니(Bartolini 2005)의 일반 이론 형성 작업에 기대어 공동주체성의 척도를 찾아본다. 바르톨리니는 허쉬만(Hirschman)의 '출구, 목소리, 충성심'의 개념과 로칸(Rokkan)의 '외부 영토 경계' 개념을 활용하여 정치체의 형성을 설명하는 일반 이론 수립을 시도한다. 그는 '외부의 경계 공고화'와 '내부 구조형성(internal structuring)'이 서로 밀접한 관계에 있고 맞물려 있다고 본다. 내부 구조화란 (1) 출구(exit)를 통제할 수 있는 '중심 형성(center formation)'(=정치적 통제 능력과 위계적 조직 생산), (2) 충성심(loyalty)을 함양하는 '체계 건설(system building)'(=정체성과 신뢰 및 연대성, 정통성 강화), (3) 목소리(voice)를 낼 수 있는 '정치 구조(political structure)' 건설을 뜻한다. 외부 경계의 공고화 기준으로는 (1) 투과성과 (2) 중첩성을 제시한다. 경계의 삼투성이 낮을수록 출입이 어렵고 그만큼 내부 구조화 요인이 강화된다. 또 상이한 성격의 경계들(예컨대 정치적, 법적, 행정적, 경제적, 문화적, 사회적 경계들)이 일치(중첩)하는 정도에 따라 경계의 대외적 견고성이 높아진다(Bartolini 2005, 1-55).

바르톨리니의 이론은 정치체의 내포와 외연이라는 간명한 구분을 제공하는 점에서 유용하다. 뿐만 아니라 분리와 통합의 척도를 공동주체의 구축과 퇴보의 정도에서 찾는 이 글의 논의와 일맥상통한다. 그의 이론을 원용하면, 공동주체의 경계가 견고할수록 그리고 내부 구조형성이 강화될수록 통합이 심화되는 것으로, 경계가 약화되고 내부 구조형성이 약화될수록 분리가 진행되는 것으로 볼 수 있다(Vollaard 2014, 1147-1149 참조). 나는 내부구조와 경계라는 바르톨리니의 발상을 받아들이되 약간의 수정을 가하고자 한다.

첫째, '내부 구조화'라는 개념 대신에 공동의 '몸체'라는 개념을 사용한다. 바르톨리니가 사용하는 '내부 구조형성' 또는 '내부 구조화'라는 개념이 명확하게 와닿지 않기 때문이다. 공동의 몸체는 비유적인 표현이다. 공동의 몸체라고 해서 개인의 신체처럼 눈으로 보거나 만져져야만 하는 것은 아니다. 우리는 통상적으로 몸체를 생각할 때 하나의 단일한 중심을 가진 유기체를 연상하는 경향이 있다. 들뢰즈와 가타리가 '수목형'이라고 부르는 모델이다. 국가나 기업 혹은 군대처럼 상당 기간 동안 하나의 몸통처럼 움직이는 공동주체가 이에 해당한다. 이에 더하여 여럿의 분산된 중심들(decentralized centers)이 연결되어 있는 다중심 몸체와 땅밑줄기를 통해 서로 연결접속되는 리좀형 몸체도 생각할 수 있다(들뢰즈·가타리 2001, 11-55). 예컨대, 일시적으로 모이고 흩어지는 정당지지 세력이나 대중운동 또는 네트워크 상의 결집도 우리라는 공동주체를 형성할 수 있다. 몸체가 반드시 위계적 단일체 구조일 필요는 없다.

둘째, 공동의 (1) 물리력, (2) 동의기제, (3) 소통구조를 몸체 형성의 핵심으로 본다. 이는 바르톨리니가 강조한 내부구조화의 세 측면인 중심 형성, 체계 건설, 정치구조 건설을 약간 변형한 것이다. 이들은 각각 허쉬만의 출구, 충성심, 목소리에 상응하는 것이다. 바르톨리니에 있어서, '중심'은 '출구'를 통제하고, '체계'는 '충성심'을 함양하며, '정치구조'는 '목소리'를 전달하는 역할을 한다. 그런데 중심, 체계, 정치구조라는 용어가 이처럼 특정한 의미를 담기에는 너무 일반적인 개념이라는 문제가 있다. 한편 이들은 대체로 각각 강제력, 동의 구축, 의사소통 채널에 해당한다. 강제력과 동의는 헤게모니의 두 측면이다. 의사소통 채널은 헤게모니 구축 및 발휘를 위해 필요한 장치다. 소통채널이 반드시 서로주체적일 필요는 없다. 소통구조는 동의 구축뿐만 아니라 강제력 행사를 위해서도 필요하다. 강제력과 동의기제의 두 측면으로 이루어지는 헤게모니와 그 소통구조는 바르톨리니가 염두에 두고 있는 정치체 이외의 공동주체에도 필요할 것으로 생각된다.

셋째, 외부 경계의 공고화에 더하여 내부 경계의 완화라는 측면을 추가한다. 공동의 몸체 구축과 외부 경계 사이에 밀접한 관계가 있다는 것이 바르톨리니의 기본 생각이다. 경계의 폐쇄성과 그로 인한 출구 옵션의 축소는 내부 구조화를 강화시킨다는 것이다(Bartolini 2005, 27). 바르톨리니에 따르면, 경계는 영토집단뿐 아니라 비영토집단(membership)의 한계를 규정하고, 행위자와 자원을 대아(공동주체) 속에 위치지우는 '잠금장치(locking-in mechanism)' 역할을 함으로써 대아(공동주체)의 발달에 도움을 준다(Bartolini 2005, 13). 경계의 공고화는 공동의 시공간을 형성하는 데 중요하다. 하지만 외부 경계의 공고화가 곧 내부 강밀도(intensity)로 이어지는 것은 아니다. 외부 경계에 더하여 내부에서 행위자들 사이의 긴밀한 연결이 이루어져야 공동의 시공간성, 공동의 단위성이 강화된다. 뒤르케임(2012, 380-389)이 말한 '역동적 밀도'의 증가가 필요한 것이다. 이를 위해서는 대아 내부에 존재하는 소아와 소아 사이의 경계가 약화되어 물리적·기능적 연결망이 구축되고 다양한 요소들의 이동성이 증가해야 한다. 경계는 외부에도 있지만 내부에도 있다. 대아의 내부 경계는 소아의 외부 경계에 해당한다. 대아의 공동 몸체를 구축하기 위해서 대아 외부 경계의 공고화와 함께 대아 내부 경계의 완화가 필요하다.

이상의 논의를 <표 3>에 정리하였다.

표 3 몸 차원의 공동주체성 척도

층 위	핵심 기준	주요 내용
몸 체	물리력 동의기제 소통구조	출구 통제 능력(강제력, 재정, 자원 등) 충성심(정체성과 신뢰 및 연대성, 정통성) 강화 기제 의사소통(일방향 또는 쌍방향) 채널 및 조직
경 계	대외 경계의 공유 정도 대내 경계의 약화 정도	경계의 침투성 및 중첩성 물리적 · 기능적 연결성

· 마 음

마음은 의식과 감정의 두 층위로 구성되는 것으로 본다. 이는 분석적 목적을 위한 구분이다. 실제에 있어서 의식과 감정은 서로 구분하기 어려울 정도로 섞여 있다. 우월의식, 열등의식, 민족의식 등은 우월감, 열등감, 민족감정 등과 구별하기가 쉽지 않다. 감정은 집단적 정체성 즉 공동의 집단의식을 형성하는 데 대단히 중요하다(Mouffe 2005, 24−29 참고). 의식과 함께 감정을 강조하는 것은, 감정의 요소를 거의 고려하지 않는 문승익의 한계를 보완하는 것이기도 하다. 의식의 차원에서는 대아의 공동 정체성 특히 공동의 단위의식의 수립과 공유 정도를, 감정의 차원에서는 대아에 대한 선호감정(자긍심)의 강도를 공동주체성의 척도로 삼을 수 있다.

먼저, 의식의 차원에서는 대아의 집단적 정체성이 얼마나 발달하였고 공유(내면화)되어 있는지를 공동주체성의 척도로 삼을 수 있다. 내가 누구인지에 대한 자기 규정 즉 자기 정체성의 확립이야말로 나의 주체성을 수립하는 데 있어서 근본적으로 중요하다. 마찬가지로 우리가 누구인지에 대한 공동의 집단적 정체성이 공동주체성을 수립하는 데 핵심이다. 자기 정체성은 과거와 현재 그리고 미래의 자기 모습에 대한 자기규정을 의미한다.[10] 역사 서술과 해석을 둘러싼 헤게모니 투쟁이 중요한 까닭이 여기에 있다. 우리가 누구인지, 우리의 모습이 어떠했으며 앞으로 어떠해야 하는지 공동의 자기 정체성이 걸려 있기 때문이다.

　　공동의 자기규정에서 가장 중요한 것은 공동의 단위의식이다. 소아와 소아가 아무리 동질성이 많아도 하나의 대아라는 공동의 단위체로 움직인다는 단위의식이 결여되면 온전한 공동 정체성을 갖기가 어렵다. 자기모습에 대한 자기규정은 다양한 내용을 담을 수 있으며, 구체적 맥락에 따라서 그 내용이 달라진다. 단위의식은 그와 같은 다양하고 변화가능한 자기규정을 담는 그릇이다. 따라서 공동 정체성의 구체적 내용보다 공동의 단위의식을 얼마나 공유하고 있는지를 판단하는 게 필요하다.

　　이때 두 가지 주의할 점이 있다. 첫째, 공동 정체성은 관계 정체성이 아니라 집단 정체성을 기준으로 판단해야 한다. 개별 정체성, 관계 정체성, 집단 정체성의 세 차원을 구분할 때(Sedikides and Brewer 2016; Brewer and Gardner 1996; Vignoles et al. 2011, 3–4 참고), 대아의 단위의식의 공유 정도는 집단 정체성의 문제이지 관계 정체성의 문제가 아니다(김학노 2018a, 412–413; Hogg 2016, 130–134). 둘째, 집단 정체성과 개별 정체성의 상대적 비중이 아니라, 대아의 집단 정체성을 공유하는 절대적 규모를 기준으로 한다. 대아로의 통합이 소아의 개별 정체성 해체를 수반한다는 생각을 쉽게 만날 수 있지만(Connor 1972; 최영진 2014, 9–10; 귀베르나우 2015, 9), 대아로의 통합과 소아의 정체성 유지가 얼마든지 공존할 수 있다(김학노 2014, 19–20).[11] 복수의 층위에서 복수의 집단 정체성과 공동의식이 중복하여 존재할 수 있는 것이다.

---

10) 문승익은 자기의식을 과거와 현재의 자기 모습에 대한 자기규정(자기규범), 미래의 자기모습에 대한 자기규정(자기이상), 타자에게 보이고 싶은 자기규정(자기이미지)으로 나눈다(문승익 1970, 50–54). 상징적 상호작용론에서 강조하듯이 자기규정은 '의미있는 타자들(significant others)'의 관점에서 수행된다. 이 점에서 문승익이 논한 타자에 대한 자기 이미지 규정은 현재와 과거 및 미래에 대한 자기규정에 포함된다고 보고 이 글의 논의에서 제외한다.

11) 개별적 자아와 사회적 자아가 서로 경쟁 관계에 있다는 소위 '기능적 적대원칙'도 개별 정체성과 집단 정체성의 우세한 정도(salience)가 서로 역관계에 있다는 것이지, 집단 정체성 속에서 개별 정체성이 상실되는 탈개별화(de–individuation)를 의미하는 것은 아니다(Turner et. al., 1987, 49–51). 나아가 소아가 대아와 강한 동일감을 느끼면서 동시에 소아와 대아 모두가 서로 강화되는 '정체성 융합'도 가능하다(Swann et. al. 2012, 442–443).

집단 정체성 차원에서 공동의 단위의식을 어느 정도 공유하고 있는지 파악하는 한 가지 방법으로 <그림 9>의 타자포용도(IOS: Inclusion of Others in the Self) 축척(scale)을 활용하는 방법을 생각할 수 있다. 원래 IOS 축척은 자신(self)과 타자(other) 즉 아와 비아가 얼마나 가까운지 그림 중에서 선택하게 함으로써, 서로의 자원과 관점 및 정체성을 포용하는 정도를 알아보기 위해 사용한다(Aron and McLaughlin-Volpe 2016, 89-98). <그림 9>에서 아와 비아를 소아라고 할 때 그들 상위의 대아의 층위가 표시되어 있지 않지만, 아와 비아가 겹치는 부분만큼 공동의 단위의식을 가지고 있다고 판단할 수 있다. 혹은 <그림 9>를 활용하여 '아와 비아'의 관계가 아니라 '소아와 대아'의 관계를 물어볼 수 있다. 즉 '타자' 즉 비아의 자리에 '공동체(community at large)'를 대신 넣어서 '공동체포용도(ICS: Inclusion of Community in the Self) 축척을 구축할 수 있다(Mashek, et. al., 2007 참조). ICS 축척은 소아가 대아의 공동 단위의식을 어느 정도 공유하는지 보여준다.

그림 9 IOS scale

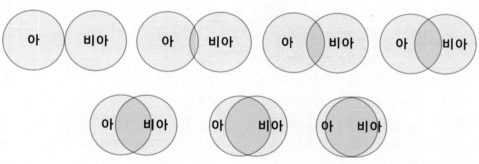

출처: Aron, et. al. 1992, 597.

다음으로, 감정의 차원에서는 소속 정체성과 연결하여 대아에 대한 선호감정을 공동주체성의 척도로 삼을 수 있다. 대체로 특정 집단에 대한 "소속은 감정적 애착을 촉진"하며, "일정한 **친숙성**을 수반"하고, "소외와 고독감에 대한 가장 강한 해독제를 제공한다"(귀베르나우 2015, 53, 61, 115; 강조는 원문). 자신이 속한 집단에 대한 감정적 애착 즉 집단선호감정은 집단 형성의 원인이라기보다는 집단 형성의 결과 나타나는 현상이다. 이 점에서 자긍심이나 충성심과 같은 자기 집단에 대한 선호감정을 공동주체성의 감정적 척도로 삼을 수 있다.

집단선호감정은 대아를 위한 소아들의 헌신도, 자기 일체화 정도 또는 충성심 등을 기준으로 파악할 수 있다. 신기능주의자들도 충성심을 통합의 중요한 척도로 보았다. 하스(Haas 1958, 16)는 정치통합을 각국의 정치 행위자들이 "충성심과 기대 및 정치적 행위를 새로운 중심으로 이전"하는 과정으로 정의했다. 집단선호감정을 공동주체성의 척도로 보는 것은 하스가 대아에 대한 충성심을 중시한 것과 맥을 같이 한다.

집단선호감정을 공동주체성의 척도로 볼 때에도 주의할 점이 있다. 첫째, 집단선호감정은 집단 내 구성원에 대한 개인적 선호감정과 구별해야 한다. 집단 결속력(group cohesiveness)을 집단 구성원 사이의 호감도로 조작화하는 경향이 있지만, 구성원에 대한 선호감정 없이도 집단 자체에 대한 선호감정이 발생할 수 있다. 가령, 직장 동료들에 대해서는 특별한 선호감정이 없으면서 직장 전체에 대해서는 강한 선호감정(애착심)을 가질 수 있다. 의식 차원에서 대아의 공동주체성의 척도로 관계 정체성이 아니라 집단 정체성이 더 적합하듯이, 감정 차원에서도 구성원에 대한 선호감정보다 집단 자체에 대한 선호감정이 공동주체성의 척도로 더 적합하다. 구성원에 대한 선호감정이 관계 정체성에 대응한다면, 집단에 대한 선호감정은 집단 정체성에 대응하기 때문이다(Hogg 1987, 89–104; Brewer and Gardner 1996, 86).

둘째, 집단선호감정의 상대적 비중이 아니라 절대적 규모를 기준으로 한다. 복수의 층위에서 서로 다른 대아에 대한 충성심이 공존할 수 있다. 가령 유럽연합을 구축하는 과정에서 회원국 층위에서 유럽연합 층위로 충성심이 이전해야만 통합이 진척되는 것으로 볼 필요는 없다. 기존 국가에 대한 충성심을 유지한 상태에서 유럽연합에 대한 충성심이 얼마든지 증가할 수 있다. 복수의 층위에서 공동의식이 공존할 수 있듯이 집단선호감정도 복수의 층위에서 공존할 수 있으며 그들이 반드시 제로섬 관계에 있는 것은 아니다.

셋째, 집단선호감정이 다른 집단에 대한 혐오나 차별 또는 배타감정과 반드시 연동될 필요는 없다. 터너(Turner et. al., 1987, 42–67) 등의 자기범주화이론(self–categorization theory)에 따르면, 특정 층위에서 자기 범주화가 우세해지면서 집단(범주) 내 유사성을 강조하고 집단 간 상이점을 강조하는 경향이 강하다.

이와 달리 IOS 모델에서는 다른 집단과의 비교가 집단 형성에 반드시 필요한 것은 아니라고 본다. IOS의 핵심 가정은 타자를 자기 안에 포용하는 자아확대(self-expansion)가 인간의 핵심 동기라는 것이다. 다른 집단에 대한 혐오나 평가절하와 같은 집단간 비교 없이 집단선호감정이 일어날 수 있다(Aron and McLaughlin-Volpe 2016, 89-101; Caporael 2016, 248). 이 글은 IOS 이론의 입장을 따른다.

<표 4>에 마음 차원의 공동주체성의 척도에 관한 이상의 논의를 정리했다.

표 4 마음 차원의 공동주체성 척도

층 위	핵심 기준	주요 내용
의 식	집단 정체성 (공동 단위의식)	관계 정체성이 아닌 집단 정체성의 절대적 규모 (IOS 축척 활용 가능)
감 정	집단선호감정 (자긍심, 충성심)	집단 내 구성원에 대한 선호감정(X), 타집단 혐오(X)

• 행 동

행동의 차원은 공동의지와 공동행위의 두 층위로 구성되는 것으로 본다. 공동의지 구축 즉 공동의 목적을 설정하는 과정에는 공동의 이익과 가치를 둘러싸고 다양한 행위자들의 헤게모니 투쟁이 복잡하게 얽혀서 작동한다. 공동의지의 척도로 여기서는 공동의사결정 권한의 수립 정도와 실제 공동의사(정책)의 결정 정도를 제시한다. 공동행위는 대내외적 공동행위와 내부 상호행위로 나눌 수 있다. 대내외적 공동행위는 소아들의 행위의 집합이 아니라 대아가 하나의 주체로서 실제 행위하는 것을 지칭한다. 대아의 대내외 정책이 실제로 수행되고 준수되는 정도를 척도로 삼는다. 내부 상호행위는 소아들 사이의 횡적 상호행위와 소아 상위 층위에서의 상호행위를 척도로 삼을 수 있다.

먼저, 공동의지는 공동의 의사를 결정하는 행위다. 의지는 의식 또는 의도성(intentionality)과 긴밀히 연결되어 있으며 몸과 마음 중에서 마음에 가까운 것으로 보기 쉽다. 여기서는 의지의 핵심을 '목적설정'으로 보는 문승익의 견해를 따라서, 의지를 행동의 방향을 정하는 행위로 본다. 특히 공동주체의 공동의지는 공동의사결정을 위한 상호행위 속에서 만들어진다.[12] 그 과정이 홀로주체적 방식과 서로주체적 방식 모두에 의해서 이루어질 수 있음을 기억하자.

공동의지 수립 즉 공동의 목적을 정하는 과정에는 공동의 이익과 가치를 둘러싸고 다양한 행위자들의 헤게모니 투쟁이 복잡하게 얽혀서 작동한다. 문승익은 자기의지를 필요와 욕구 및 가치의 세 가지 층위로 구분한다(문승익 1970, 44-46). 필요와 욕구는 각각 객관적 이익과 주관적 이익으로 볼 수 있다. 그의 복잡한 논의를 간단하게 정리하면, 자기 자신의 이익(필요와 욕구)을 추구하고 자신의 가치를 지향하는 만큼 의지의 차원에서 주체성이 수립된다. 공동주체의 경우 대아의 공동이익과 공동가치를 추구하는 정도로 의지의 차원에서 공동주체성이 수립된다고 볼 수 있다.

공동이익과 공동가치는 객관적으로 주어져 있지 않다. 많은 사회학자들이 사회의 공동규범과 가치의 발달을 집단 형성의 표식으로 보고, 공동가치와 규범의 내면화를 사회통합의 핵심으로 본다(Turner et. al., 1987, 40; Chalari 2017, 40-41). 그런데 공동가치는 물론이고 공동이익이 구체적으로 무엇인지는 객관적 발견의 대상이 아니라 사회적 투쟁의 대상이다. 엄밀히 말해서 대아 전체의 절대적인 공동이익과 공동가치는 존재하지 않는다. 공동이익과 공동가치가 무엇인지를 놓고 소아들 사이에 갈등과 합의를 포함한 다양한 방식의 헤게모니 투쟁이 벌어진다. 홀로주체적 방식이든 서로주체적 방식이든 공동의지의 수립은 지도적·지배적 소아의 당파적 이익과 가치를 대아 전체가 (또는 가급적 대아의 많은 부분이) 받아들일 수 있을 만큼 보편화하는 작업이 필요하다. 요컨대, 공동이익과 공동가치를 포함하여 공동의지의 핵심은 '당파적 보편성'의 수립이다.

그렇다면 공동이익과 공동가치가 얼마만큼 수립되었는지 어떻게 파악할 수 있을까? 소아의 의지를 대아의 의지로 보편화하려는 당파성의 보편화 과정에서 일어나는 갈등과 타협, 억압과 양보 등 다양한 상호행위를 추적해야 하는가? 공동이익이나 공동가치가 소아들에게 어느 정도 내면화되었는지 조사하여야 하는가? 다행히 이와 같은 지난한 조사를 수행하지 않아도 된다. 공동의사결정 권한의 수립 정도와 실제 공동의사결정 정도를 공동의지의 척도로 볼 수 있기 때문이다. 가령 1980년대 후반 '사회적 유럽' 논쟁은 유럽통합의 방향 즉 목

---

12) 개인의 차원에서도 의지 수립을 행위로 볼 수 있다. 자신의 '뜻'을 세우는 것은 마음을 움직이는 것이다. 몸을 움직이는 것이 몸의 차원이 아니라 행동의 차원에 속한다면, 마음을 움직이는 것도 마음의 차원보다 행동의 차원에 해당하는 것으로 볼 수 있다.

적을 정하는 헤게모니 투쟁이며 공동의지의 설립 과정이다. 공동이익과 공동가치의 규정을 둘러싸고 벌어진 복잡한 과정을 볼 필요 없이, 그 결과 사회정책 분야에서 수립된 유럽연합 차원의 공동의사결정 권한과 실제 결정된 공동정책의 정도를 가지고 유럽연합이라는 대아의 사회적 유럽에 대한 공동의지를 판단할 수 있다.

즉, 공동의사결정 권한의 구축과 실제 이루어진 공동정책의 규모를 대아 차원의 공동의지의 척도로 삼을 수 있다. 여기에 의사결정 권한과 관련하여 서울대 통일평화연구원팀이 제안한 위임적 제도와 매개적 제도의 구분을 포함할 수 있다. 매개제도(intermediate institutions)가 두 국가의 권한 양도 없이 단순히 교류를 촉진하는 반면, 위임제도(delegated institutions)는 국가의 권한을 일부 양도받아 공동 정책을 수립한다(김병연·박명규 외 2009, 15-16). 전자가 정부간 기구로서 국가와 국가 사이의 횡적인 초국적(transnational)차원의 제도라면, 후자는 국가 위의 새로운 공동 층위를 형성하는 초국가적(supranational) 차원의 제도다. 이렇게 구분한다면, 단순히 의사결정권한을 공유하는 경우보다 대아 차원에 위임하는 경우가 공동의지 구축에서 더 진전한 것으로 본다. 정책권한의 공유와 위임 정도를 파악하는 세부적인 기준으로는 신기능주의자들이 이미 많이 연구한 것처럼, 공유 및 위임된 정책 권한의 범위(scope), 깊이(extent), 중요성(salience), 결정 단계 수준 등을 고려할 수 있다(Lindberg 1967, 352-373; Lindberg 1971, 59-75). 아울러 공유 및 위임된 권한을 사용하여 실제 얼마나 공동의사를 결정하였는지도 함께 보아야 한다. 공동의식이나 감정에서와 마찬가지로 여기서도 소아와의 상대적 비중이 아니라 대아의 공동결정과 그 권한의 절대적 규모를 공동주체성의 척도로 보아야 한다. 정리하면, 공동이익과 공동가치 모두 공동의사 결정에 반영되므로, 대아 수준에서 공유하거나 위임받은 공동정책 권한의 제도화와 공동정책 결정의 규모를 공동의지의 척도로 보자고 제안한다.

다음으로, 행위의 차원은 대내외적 공동행위와 내부 상호행위의 두 가지로 나눌 수 있다. 대아의 공동주체로서의 대내외적 공동행위는 공동의지와 밀접히 연결되어 있다. 대아 차원에서 공동정책을 결정하면 그에 준하여 그 정책을 집행하는 공동행위가 수행될 것이다. 그런데 공동행위와 공동의지 사이에 괴리가 있을 수 있다. 가령 공동결정을 수행할 물질적 능력이 부족하여 집행이 불완전할 수 있다. 이는 몸 차원에서의 공동주체성이 행위 차원을 지지해주지 못하는 경우다. 대아 외부의 다른 행위자들이나 환경적 요인에 의해서 공동정책을 수행하는 데 제한을 받을 수도 있다. 이는 대아 자체에 원인이 있는 것은 아니지만, 외부 요인에 의해서 행위 차원에서 대아의 공동주체성이 제한받는 경우다. 그 이유를 불문하고 공동의사결정을 실제로 수행하는 데 제약이 있는 정도만큼 행위 차원에서 공동주체성에 제한이 있는 것으로 봐야 할 것이다. 대아 차원에서 결정된 공동정책을 소아들이 집행하는 경우에도 공동의지와 공동행위 사이에 차이가 있을 수 있다. 이는 소아들의 의지나 물적 능력 또는 대내외적 요인들 때문일 것이다. 소아들의 개별 의지나 물적 능력 등을 조사할 필요 없이, 소아들이 공동정책을 이행하거나 준수하는 정도를 척도로 행위 차원에서 공동주체성의 정도를 판단할 수 있다. 물론 대아 차원에서 결정한 공동의지를 소아들이 준수하고 이행할수록 행위 차원에서 대아의 공동주체성은 높다고 판단한다.

또 하나의 행위 차원으로 대아 내부의 상호행위가 있다. 이는 다시 두 가지 층위로 구분된다. 소아들 사이의 횡적 차원과 소아 상위의 대아 차원이다. 국가를 단위로 하는 경우 전자가 초국적(transnational) 층위이고 후자는 초국가적(supranational) 층위다. 횡적 차원의 상호행위의 규모는 소아들 사이의 관계가 얼마나 밀접한지를 보여주는 척도다. 대체로 상호행위가 많을수록 그들의 관계가 조밀하고 밀접하다고 판단할 수 있다. 대아의 경계 내부에서 얼마나 많은 상호행위와 교류가 일어나는지를 판단하는 것이다. 이는 몸의 차원에서 언급한 역동적 밀도에 해당한다. 대아 내부의 경계의 소멸이 역동적 밀도를 증가시키기 위한 몸 차원에서의 장치라면, 행위 차원에서 소아들 사이의 상호행위와 교류는 실제로 그러한 역동적 밀도가 얼마나 증감하였는지를 보여준다. 사람, 물건, 자본, 서비스 및 (사이버) 네트워크 등 요소 이동성(factor mobility)이 높을수록, 즉 교류가 많을수록 대아 내부의 역동적 밀도가 높은 것으로, 곧 통합이 증가하는 것으로 볼 수 있다.

소아들 상위 층위에서의 상호행위는 대아의 중심(들)과 소아들 사이의 상호행위, 또는 중심(들)을 둘러싸고 소아들 사이의 상호행위가 얼마나 많고 긴밀한가를 보는 것이다. 유럽통합을 연구하면서 신기능주의자들은 초국가적 중심의 권한이 강화됨에 따라서 행위자들의 기대와 행위가 새로운 중심의 주변에서 많이 일어날 것으로 예상하였다(김학노 1999). 실제로 유럽연합의 권한이 강화됨에 따라 유럽연합 기구들을 둘러싸고 다양한 이익정치가 활발해졌다. 소아들 상위 층위에서의 상호행위의 증가는 대아의 공동주체로서의 정치 공간이 그만큼 확대되는 것을 나타낸다. 요컨대 소아들 사이에서뿐 아니라 소아 상위의 대아 수준에서도 역동적 밀도가 공동행위 차원의 척도에 포함돼야 한다.

<표 5>는 이상의 논의를 종합한 것이다.

표 5 행동 차원의 공동주체성 척도

층 위	핵심 기준	주요 내용
의 지	공동의사결정 권한 공동의사(정책)의 결정	의사결정 권한의 공유 및 위임 정도 공동의사결정 권한의 실제 사용 정도
행 위	대내외적 공동행위 내부 상호행위(역동적 밀도)	공동정책의 집행 및 준수 정도 소아들 사이의 횡적(transnational) 차원과 소아 상위의 대아(supranational) 차원

• **종 합**

지금까지 공동주체성을 몸, 마음, 행동의 세 차원으로 구분하고, 각 차원별로 공동주체성 구축 정도를 판단하기 위한 핵심 기준을 모색했다. <표 6>에 종합 정리한 공동주체성의 차원과 척도에 대한 이 글의 논의는 분리-통합 및 홀로주체-서로주체에 대한 평가를 수행하기 위해서 견고한 이론적 토대를 구축하는 의미가 있다. 무엇보다도, <표 6>은 복수의 존재차원에 걸쳐서 공동주체성을 수립해야 비로소 대아가 소아들의 공동주체가 될 수 있다고 본다. 소아들이 모여 있다고 모두 대아가 되는 것은 아니다. 대아 차원에서 하나의 우리라는 공동의 단위의식을 공유하고 공동의 의지를 형성하고 행동할 때 비로소 공동주체가 된다. 이를 위해 대아의 몸체를 형성하고 대내외적 경계를 공유할 필요가 있다. 한 울(타리)에 모여 있다고 해서 모두 우리가 되는 것은 아니며, 몸과 마음과 행동의 차원에서 공동주체성을 구축하고 발휘할 때 비로소 우리가 된다.

표 6	공동주체성의 차원과 척도	
존재차원	층 위	핵심 기준
몸	몸 체	물리력, 동의기제, 소통구조
	경 계	대외 경계의 공유, 대내 경계의 약화 정도
마 음	의 식	집단 정체성(공동 단위의식)
	감 정	집단선호감정
행 동	의 지	공동의사 형성(권한) 정도
	행 위	공동의사 실행, 내부 역동적 밀도

<표 6>은 공동주체성의 정도가 여러 존재차원에서 상이할 수 있음을 함축한다. 몸과 마음 및 행동은 서로 밀접하게 연결되어 있지만, 단선적인 관계도 아니고 하나의 차원도 아니다. 이들은 긴밀히 연결되어 있지만 엄연히 서로 다른 별도의 차원이다. 도로망이 촘촘히 연결되어 있어도 (즉 몸 차원에서 통합이 진척되어도) 공동의식이나 의지가 발달하지 않을 수 있다. 거꾸로 공동의 의식과 의지를 형성해도 몸이 이를 뒷받침하지 못할 수도 있다. 마음과 행동이 다를 수도 있다. 공동의 정책 결정을 해놓고서 그 실행을 못할 수도 있다. 각 차원별로 공동주체성의 수립 정도가 일정하지 않을 수 있는 것이다.

이처럼 존재차원별로 공동주체성이 상이할 수 있다는 생각은 우리라는 공동주체의 형성 정도를 파악할 때 중요하다. 가령 일제 강점기에 조선인이 항일투쟁 및 독립운동에서 얼마나 통합되었는지 생각해보자. 몸의 차원에서 조선인의 공동주체성은 상당히 취약할 수밖에 없지만, 여러 중심들을 형성하여서 물리력과 동의기제 및 소통채널을 구축하려고 노력하였다. 식민지 상황 속에서도 우리는 일본(인)과 별개의 존재라는 단위의식과 독립된 역사의식 및 민족 자긍심을 공유하는 만큼 마음의 차원에서 공동주체성을 형성하였다. 독립 추구 의사를 갖고 실제로 독립운동에 참여하거나 지지하는 정도만큼 행동의 차원에서 공동주체성을 실현하였다. 반면에, 조선을 부정하고 일본인이 되고자 애쓰는 '얼'빠진 사람들이 있는 만큼 공동의식이 기만되고, 독립을 포기하고 예속된 삶을 살고자 체념하는 만큼 공동의지가 마비되며, 독립운동을 방해하는 행동에 참여하는 만큼 공동행위가 훼손된다. 일제하 조선인들의 공동주체성의 형성 정도는 이렇게 다양한 차원에 걸쳐서 상이한 정도로 판단할 수 있다. 이는 <표 6>이 남북관계와 같은 국가간 차원에서뿐 아니라 다양한 분리−통합 문제에 일반적으

로 적용될 수 있음을 보여주는 것이기도 하다.

한편, 이와 같은 공동주체성의 형성 정도를 측정하는 척도는 홀로주체—서로주체의 척도로도 활용할 수 있다. 대아의 구축 및 발달 정도를 분리—통합의 척도로 삼는 것과 유사하게, 소아의 인정 및 유지 정도를 홀로주체—서로주체의 기본적인 척도로 삼을 수 있다. 소아의 개별주체성이 인정되고 유지되면 서로주체성이 높고, 소아의 개별주체성이 무시되고 소멸될수록 홀로주체성이 높은 것으로 판단한다. 서로주체적 통합에서는 서로 상대방의 주체성을 인정하고 수용하며, 소아의 개성과 대아의 유기적 통합이 함께 강화될 수 있다. 뒤르케임의 '유기적 연대'에서처럼, 서로주체적 통합에서는 "전체 사회의 개성은 그 구성원들의 개성이 증가함에 따라 동시에 증가한다. 사회는 그 구성원들이 독자적 운동을 더 많이 할수록 집합적 행동을 할 수 있는 능력이 커진다. 이런 형태의 연대는 우리가 고등동물에서 볼 수 있는 연대와 비슷하다. 여기에서 각 기관은 자신만의 고유한 모습과 자율성을 지닌다. 그러나 **유기체의 통일성은 각 부분의 개체화가 더 현저하게 진행될수록 더 강화된다**"(뒤르케임 2012, 194, 강조는 원문). 반면에 홀로주체적 통합에서는 대아 속에서 소아가 개별적 주체성을 인정받거나 유지하기보다는 전체 대아에 흡수되어서 소멸한다. 이는 뒤르케임이 유기적 연대와 구별한 '기계적 연대'와 유사하다. 기계적 연대에서는 "집단의식이 더 완벽하게 개인의식을 지배할수록 사회유대는 더 큰 에너지를 갖는다"(뒤르케임 2012, 226). 분리에 있어서도 마찬가지다. 홀로주체적 분리는 상대방을 주체로 인정하지 않고 정복이나 지배 또는 적대의 대상으로 대치하거나 격리한다. 서로주체적 분리는 서로 따로 살지만 상대방을 주체로 인정하고 쌍방 서로 공존할 주체로 대한다. 따라서 분리와 통합 모두의 경우에 소아의 개별주체성의 인정과 유지 정도를 홀로주체—서로주체의 척도로 볼 수 있다. 이때 상대적으로 약한 소아의 주체성 인정과 유지 정도가 궁극적인 기준이다. 소아들의 서로에 대한 자세가 다를 경우 강한 쪽의 입장이 관철되기 쉽고, 약한 쪽은 자신의 주체성을 인정받고 유지하기가 더 어렵다. 이 점에서 상대적으로 약한 소아의 인정과 유지 여부가 홀로주체—서로주체의 척도에 있어서 관건이다.

그렇다면 홀로주체—서로주체의 궁극적인 척도로 삼은 소아의 주체성은 <표 6>을 활용하여 어떻게 판단할 수 있을까? 먼저 소아는 더 작은 소아들을 통합한 것임을 기억하자. 소아도 공동주체인 것이다. 이 점에서 대아에 적용한 논리를 그대로 적용할 수 있다. 즉 분리나 통합의 과정과 결과에서 소아의 공동의 몸체와 경계를 제대로 유지하고 존중받고 있는지, 소아가 자기의 의식과 감정을 인정받고 있는지, 자기 의지를 표명하고 실제 행동할 수 있는 권한과 자율성이 확보되었는지 등을 기준으로 홀로주체–서로주체성의 정도를 판단할 수 있다(소아가 개인인 경우에도 몸–마음–행동 차원의 기준들을 적용하는 데 문제가 없다). 다시 일제 강점기의 경우를 생각하면, 조선과 일본 중 상대적으로 약한 소아인 조선의 개별 주체성이 얼마나 보존되어 있는지를 기준으로 일제 강점기의 홀로주체–서로주체성을 파악할 수 있다. 일제 강점기 시절 조선은 몸체의 차원에서 일본에 예속되었고, 조선과 일본이 하나라는 단위의식을 강요받았고 조선인의 얼(자기의식)을 부정당했다. 조선의 자기이익 규정의 기회가 박탈되었고, 조선 마음대로 행동을 할 수 없게 속박되었다. 조선이라는 약자 입장의 소아가 가질 수 있는 개별주체성이 박탈되고 부정된 만큼 일제 강점기는 홀로주체적이었다고 평가할 수 있다.[13]

---

13) 지금까지 공동주체의 형성과 측정 문제를 논의함에 있어서 '시간'의 차원은 고려하지 않았다. 시간 차원을 괄호에 넣지 않을 경우 논의가 너무 복잡해지기 때문이다. 하지만 신채호(2006, 25)가 분명히 지적하듯이, '아'가 되기 위해서 상속성(相續性)과 보편성의 두 가지 속성을 가져야 한다. 상속성이란 시간적으로 생명이 끊어지지 않는 것을 의미하며, 보편성이란 공간적으로 영향이 파급되는 것을 의미한다. 보편성이 공간 차원이라면 상속성은 시간 차원의 문제다. 즉 우리라는 공동주체는 공간적으로 얼마나 많은 소아들이 얼마나 긴밀하게 연결되어 있는가와, 시간적으로 우리라는 공동주체가 얼마나 오래 지속되는가에 그 공동주체성의 정도가 달려 있다. 뒤르케임의 언명처럼 "개인은 잠시 살다 가지만 집합의식은 그 사회에 남는다. … 집합의식은 개인을 통해 실현되기는 하지만 개인의식과는 완전히 다른 것이다"(뒤르케임 2012, 128). 마찬가지로 개인(소아)의 죽음이나 이탈에 의해 우리가 소멸된다면 그 공동주체성은 대단히 허약한 것이다. 소아의 죽음이나 이탈에도 불구하고 우리가 지속되는 것이 공동주체성의 정도를 고려할 때 중요하다. 따라서 위의 '존재차원'에 시간 즉 연속성의 차원을 하나 더하는 것이 필요하다. 공동주체의 시간이 길수록, 함께 한 역사가 깊을수록 그만큼 공동주체성이 발달한 것으로 볼 수 있다.

제4장   아와 비아의 구분

    손자는 백전백승이 최상이 아니라 싸우지 않고 이기는 것이야말로 최상이라고 말한다(百戰百勝 非善之善者也, 不戰而屈人之兵 善之善者也, 『손자병법』 「모공편」). 싸우지 않고 이기는 방법으로 손자는 상대의 전략을 부수는 것이 최선이고 그 다음이 상대의 외교관계를 깨는 것이며, 상대의 군사를 치거나 성을 공략하는 것은 하책이라고 한다(上兵伐謀 其次伐交 其次伐兵 其下攻城, 「모공편」). 또, 싸울 것 같으면 먼저 이겨 놓고 (또는 이길 수 있는 지형을 만들어 놓고) 그 다음에 싸우라고 말한다(勝兵先勝而後求戰 敗兵先戰而後求勝, 「군형편」). 그람시의 헤게모니 개념도 같은 이치로 읽을 수 있다. 상대와의 싸움(기동전) 이전에 충분히 이길 수 있는 형세를 만들어 놓아야 한다는 것이 그람시의 헤게모니 개념과 그에 바탕을 둔 '진지전' 전략의 핵심이다(김학노 2018c, 249-250).

    과연 상대방의 지략을 깨뜨리는 것이 싸우지 않고 이기는 최상의 방법일까? 전쟁과 군사 문제를 다루는 손자는 아와 비아가 아군과 적군으로 명확히 구분된 상태를 상정하고 있다. 그러나 정치의 현실세계에서 아와 비아가 적대관계로 명확히 구분된 상태는 흔하지 않다. 적과 동지의 구분이 불분명하고 어제의 적이 오늘의 동지가 되는 등 변화가 무쌍한 것이 정치현실이다. 손자는 적을 알고 나를 알면 백번 싸워도 위태롭지 않다고 했지만(知彼知己 百戰不殆, 「모공편」), 적에 대해서 (그리고 나에 대해서) 알아보기 이전에 누가 나의 적인지 그리고 누가 우리 편인지를 아는 것 자체가 힘든 경우가 많다. 우적관계가 불분명하고 변화무쌍하기 때문이다. 아와 비아의 구분 자체가 불분명한 정치의 세계에서 싸우지 않고 이길 수 있는 최선의 방편의 하나는 바로 비아(즉 경쟁 상대, 그리고 잠재적 경쟁자이기도 한 관중)를 우리 편으로 만드는 방법이고, 이것이 바로 헤게모니 구축의 핵심이다. 아비혜투 정치 개념을 이용하여 표현하자면, 비아를 아로 만드는 것이야말로 헤게모니 투쟁으로서의 정치에서 핵심이다.

아와 비아의 헤게모니 투쟁은 결국 우리(편)의 세력을 더 크고 강하게 만들기 위한 투쟁이다. 정치, 경제, 문화, 군사 등 여러 방면에서 다양한 방식과 수단을 활용하여 헤게모니 투쟁이 전개된다. 여러 분야의 다양한 방식의 헤게모니 투쟁을 일반화하기는 어려울 것이다. '우리'라는 공동주체성을 형성하고 우리편을 강화하는 데에도 여러 방식이 있겠지만, 논리적으로 두 가지 방식을 나누어서 생각할 수 있다. 첫째, 비아를 아로 만드는 방식이다. 이 때 비아는 아와 경쟁하는 맞수(적 또는 경쟁자)일 수도 있으며, 또 이 맞수 간의 대결을 지켜보는 관중일 수도 있다. 앞서 언급한 것처럼, '우리'는 중첩적이고 유동적이다. 아와 비아의 관계와 구분도 유동적이다. 비아가 아의 경쟁자이거나 적일 경우에도 그 관계가 잠재적일 수 있고 현재화될 수도 있다. 둘째, 아와 비아의 구분을 새롭게 하는 방식이다. 이는 아와 비아의 구분을 새롭게 하여 비아를 아의 울(타리) 안으로 품거나 밖으로 분리함으로써 새로운 우리, 더 큰 우리(대아)나 더 작은 우리(소아)를 형성하는 방식이다. 첫째 방법이 아와 비아가 구분되어 있는 것을 전제하고 비아의 주체성의 여러 차원에 대해 헤게모니를 행사하여 비아를 아로 만드는 것이라면, 두번째 방법은 아와 비아의 구분을 새롭게 하거나 없앰으로써 새로운 공동주체성을 만들고 유지하는 방식이다. 첫번째가 우리 형성의 헤게모니 문제라면, 두번째 방법은 아와 비아의 구분 자체의 문제다. 이 둘은 단지 논리적인 세계에서만 구분되며, 실제에 있어서는 서로 긴밀히 얽혀 있어서 명확하게 나누기 힘들다. 그럼에도 개념적으로 이 둘을 구분해서 논한다. 구분해서 생각해보는 것이 함께 논하는 것보다 더 명쾌할 것이기 때문이다. 여기서는 먼저 두 번째 방식 즉 아와 비아의 구분 문제를 살피고, 다음 5장에서 첫번째 문제 즉 우리 만들기의 헤게모니 정치를 고찰한다.

1. 균열구조와 호명

(1) 사회적 균열구조와 정치적 호명

일반적으로 아와 비아의 구분은 사회적 균열구조(social cleavage structure)와 정치적 호명(및 그에 대한 응답)의 상호작용에 의해서 이루어진다. 균열구조와 정치적 호명 중 어느 하나만으로 아와 비아의 구분이 이루어지기는 힘들다. 아와 비아를 구분하기 위해서는 기본적으로 균열구조에 입각해 있어야 하겠지만, 잠재적 균열구조는 다양하고 그 중 특정의 것을 강조하고 불러내는 정치적 호명과 그에 대한 호응도 필요하다.

사회적 균열구조를 논하기 전에 먼저, 한 사회나 국가 안의 균열구조를 생각할 때 그 사회나 국가의 공간적 범위가 고정되어 있지 않다는 점을 강조한다. 대부분의 사회나 국가는 통시적으로 변화무쌍한 공간을 가지고 있다. 조선이나 폴란드처럼 영토 전체를 잃어버리거나, 오늘날의 독일처럼 그 발원지(프러시아)의 상당 부분을 상실한 경우도 있다. 우리는 대체로 한반도를 우리 민족의 삶의 공간으로 생각하고 우리 역사를 한반도에 국한해서 생각하는 경향이 있다. 이러한 반도의식은 우리 선조들이 가지고 있던 대륙의식과 배치된다. 고구려와 발해 등의 역사는 물론이고, 우리의 주 무대가 한반도에 집중되었을 때도 우리 선조들은 스스로를 대륙의 일부로 생각했다. 우리는 오늘날의 중국 영토 전체를 '중국대륙'이라고 부르는 경향이 있는데, 해방 직후 조선의 지정학을 논한 선구자는 우리 강역이 '만주대륙'과 인접한 것으로 보았다(표해운 1947, 19-21). 우리는 중국, 몽고, 소련(러시아) 등과 마찬가지로 만주대륙에 인접해 있는 것이다. 우리에게 깊이 뿌리내려 있는 반도 공간의식은 우리 선조들에게는 없었던 반도사관과 그에 입각한 반도의식에 기초한 것이다. 일제 식민사학은 '일선동조론' '정체성론' '타율성론' '당파성론' 등을 제기했는데, 만선사관이나 '반도적 성격론'은 타율성론의 자료로 제시되었다고 한다(조동걸 1998, 266-267). 나는 이 중에서도 일제가 우리에게 남겨놓은 가장 중요한 (부정적인) 유산이 반도사관과 반도의식이 아닐까 한다. 특히 1916년 조선총독부의 '반도사편찬사업'에서 계획한 『반도사』의 목차에서 고구려와 백제의 멸망 이후 시기를 '통일신라'로 규정함으로써 우리의 강역을 일찌감치 반도로 제한했다. 신라와 발해의 공존시기에 대해 1917년 장도빈이 '남북조시대'로 명명한 이후 우리 학계에 주류 시각이었던 '남북조(국) 시대설'을 묵살한 것이다. 아쉽게도 '남북조시대'라는 이름은 해방 이후에 우리 역사책에 등장하지 않았다(조동걸 1998, 368-369). 일제의 반도 사관이 우리의 단위의식을 한반도라는 공간에 국한시켜 놓은 것이다(김학노 2019, 10-13). 일본이 일제 강점기에 조선과 만주를 하나의 단위로 묶어서 '만선(滿鮮)'이라는 지리적 개념과 하나의 '만선사(滿鮮史)'를 상상하고 만들었던 것처럼(강상중·현무암 2012, 41-53), 우리가 우리 스스로를 한반도라는 공간에 한정하지 않는다면 한반도를 만주와 구분하기보다는 하나의 지리적 공간이자 하나의 단위로 상상했을 것이다. 요컨대 특정 국가나 사회의 공간적 범위는 고정되어 있지 않다. 사회적 균열구조를 생각할 때에도 현재 사회나 공동체의 공간을 하나의 고정된 단위로 상정하지 말아야 한다.

사회적 균열구조는 특정 사회나 공동체가 역사적으로 진화하면서 겪은 중요한 갈등들이 축적된 것이다. 사회적 균열(들)은 그 사회의 중요한 갈등을 보여준다. 그것은 사회의 병폐가 될 수도 있지만 그 사회의 건강성을 보여주는 지표이기도 하다. 갈등이 없는 사회가 결코 좋은 사회는 아니기 때문이다. 사회적 균열이 없는 사회는, 숨막힐 정도로 동질적이고 일방적이며 소통이 닫힌 죽은 사회다.[1] 갈등이 없는 사회, 아 속에 아와 비아의 구분이 없는 사회는 전체주의 사회이며, 나의 용어로 표현하자면 완전히 홀로주체적인 사회다.[2] 요컨대 사회적 균열구조는 사회의 병폐이기보다는 사회의 건강성을 드러내 보이는 증표다.

한 국가나 공동체 안에서 아와 비아의 구분에 따른 우리의 형성은 역사적으로 형성되어온 '사회적 균열구조'를 바탕으로 한다. 립셋과 로칸(Lipset and Rokkan 1967)에 따르면, 대표적 사회적 균열구조에는 중심-주변, 국가-교회, 도시-농촌, 자본-노동 등이 있다. 대체로 앞의 두 가지 균열(즉 중심-주변, 국가-교회)은 국민혁명의 결과, 뒤의 두 가지 균열(도시-농촌, 자본-노동)은 산업혁명의 결과 생긴 것이다(강원택 2011, 104-107 참조). 균열구조는 역사성을 담지하며, 따라서 구체적 사회맥락 속에서 이해하여야 한다. 나라마다 또는 사회마다 사회적 갈등이 다르며, 특정 시점에서 지배적인 사회균열구조는 상황에 따

---

1) 이 점은 영남대학교 정치외교학과 학생이었던 박진규씨에게서 배웠음.
2) 그람시는 전체주의의 핵심을 시민사회의 부정 및 근절에서 찾는다. 그에 따르면, 전체주의의 핵심은 시민사회의 다양한 사적 조직들의 복수성을 근절하는 데 있다(Gramsci 2007, 108).

라서 달라질 수 있다. 립셋과 로칸이 언급한 사회균열구조에 더하여 우리는 언어, 인종, 민족, 족류, 이념, 지역, 젠더, 세대 및 국제관계 (예, 친미 vs. 친중) 등 다양한 갈등의 축을 사회균열구조로 더할 수 있다. 이러한 사회적 균열구조는 아와 비아를 나누는 중요한 요인이자 구분선이 될 수 있다. 즉 균열구조는 거기에 입각해서 '우리'를 형성할 수 있는 중요한 중심축을 제공하거나, 아와 비아의 구분에서 기준축이 될 수 있다.

그런데, 사회적 균열구조는 중첩적이고 너무 많이 있기 때문에 균열구조가 모두 정치적으로 중요한 아와 비아의 구분선이 되지는 않는다. 사회에 균열구조는 많지만, 특정 시점에서 정치적으로 중요한 균열구조는 많지 않다. 샤츠슈나이더가 강조하듯이 정치적으로 첨예하게 대립하는 아와 비아를 나누는 전선은 여럿일 수가 없다. 정치적 전선은 여럿이 서로 평등하게 공존하기 어렵기 때문이다(샤츠슈나이더 2008, 115-135). 우리 사회에서도 사회적 균열구조는 많지만 역사상 지배적인 균열구조는 소수에 불과했다. 손호철(1999, 265-269)에 따르면, 한국사회의 정치적 균열구조는 좌우대결이 일단락된 1953년 이후 1987년까지 '민주 대 반민주'의 구도가 지배적이었고 1987년 이후 '지역'이 지배적이다. 1980년 이후 '진보 대 보수'의 균열구조도 작동하지만 이는 부차적 지위만 차지한다(최장집 2002, 32-34; 강원택 2011, 107-122 참조). 이러한 분석은 우리의 정치에 있어서도 시기별로 한두 개의 대립 전선이 지배적인 대결 구도를 이루었음을 보여준다. 사회의 갈등과 잠재적 균열구조가 수없이 많음에도 불구하고, 정치적으로는 소수의 균열만이 지배적인 전선(구분선)으로 작동하는 것이다.

사회적 균열구조는 다양하고 복잡하게 중첩되어 있기 마련이고, 다양한 균열구조 중 어떤 것이 정치적으로 중요한 전선이 되는지는 미리 객관적으로 정해져 있지 않다. 아와 비아를 구분하고 우리를 형성하는 중심축이 되는 지배적인 이슈는 여럿일 수가 없다. 특정 시점에 중요한 이슈가 잠재적으로 여러 개존재할 수 있지만, 그것들은 우리의 주의를 끌기 위해서 서로 치열하게 경쟁한다. 다양한 사회적 균열 중에서 어떤 것이 정치적으로 중요한 전선으로 등장하는지를 간단 명료하게 분석할 수는 없지만, 대체로 (1) 구조적 · 제도적 제약과 (2) 주요 행위자들의 상호행위(특히 '정치적 호명'과 그에 대한 응답)의 두 차원으로 나누어서 볼 수 있다.

먼저, 구조적 · 제도적 제약을 고려해야 한다. 어떤 균열구조가 정치적으로 중요하게 등장하는지의 문제는 전적으로 행위자들에게만 달려 있지 않다. 행위자들은 어디까지나 역사적으로 형성된 여러 물질적, 비물질적 조건들 속에서 구조적·제도적 제약을 받으며 행동한다. 행위자들이 어떤 균열구조를 강조하느냐, 그것이 얼마만큼 성공하느냐, 헤게모니 투쟁이 어떻게 전개되는가 등은 공허한 진공상태에서 일어나지 않고 다양한 힘의 관계가 엇갈려 작동하는 구조적·제도적 제약 속에서 일어난다. 정치적 전선의 형성에 중요한 정치적 호명과 응답은 구조적·제도적 제약 속에서 작동할 수 있는 것이다.

이와 관련하여 한 가지 흥미로운 연구를 잠깐 살펴보자. 위머(Wimmer 2008, 990-997)는 국민국가 형성과 진화에 있어서 어떤 경우에 족류(ethnicity)가 중요한 대립선이 되는지를 분석하기 위해서 (1) 제도, (2) 권력의 분포도, (3) 네트워크의 세 가지 제약을 함께 봐야 한다고 주장한다. 첫째, 제도적 틀이나 그것의 변화다. 가령 제국에서 국민국가로 변화하는 역사적 맥락에서는 정치 엘리트들이 국가나 족류집단을 주요 균열로 호명할 인센티브가 커진다. 이에 대해 소수 족류집단에서도 스스로를 '민족(nation)'으로 호명하고 독립하려는 인센티브가 커진다. 둘째, 권력의 분배 상태가 족류집단 정치에 영향을 미친다. 가령 지배적 집단의 권력 집중 정도에 따라 지배세력이나 하위세력의 전략이 달라진다. 셋째, 엘리트들의 네트워크가 족류 집단의 경계 형성에 영향을 미친다. 예컨대, 미국의 건국 초기 국민건설은 유럽에서처럼 이웃 국민들에 대항해서 이루어지지 않고, 흑인이라는 내부의 타자에 대립하여 이루어졌다. 인종간(transracial) 정치 엘리트 네트워크가 없었던 것이 그와 같은 방식의 국민건설을 한 이유 중 하나이다.[3] 이 연구는 사회적 균열구조가 정치적으로 중요한 전선으로 등장하는 것이, 힘의 진공상태에서 일어나는 것이 아니라 역사적으로 진화되어온 여러 구조적·제도적 제약 속에서 일어난다는 점을 잘 보여준다.

다음으로, 주요 행위자들의 적극적인 상호행위, 특히 정치적 호명과 응답

---

3) 위머의 이론틀에 입각해서 골윈(Goalwin 2017)은 터키의 민족주의 형성과 관련해 흥미로운 분석을 한다. 오토만제국의 붕괴 이후 터키 민족주의자들은 새로운 국가 건설뿐 아니라 새로운 민족과 민족정체성의 수립이라는 과제에 당면했다. 골윈에 따르면, 그들은 완전히 포괄적인 세속적 민족 공동체 수립을 표방했지만, 실제로는 터키의 민족 정체성을 핵심으로 하면서 전체적인 응집성을 높이고 동시에 새로운 국가 건설에 잠재적인 적을 배제하는 정도의 민족 정체성을 건설했다. 이러한 민족 정체성은 터키 족류 정체성과 수니(Sunni) 이슬람을 핵심으로 했다. 제도적 맥락과 힘의 분포상태 그리고 엘리트들의 네트워크가 이런 민족 정체성 형성 과정에 중요하게 작동했다.

이 중요하다. 사회적 균열구조에 입각해서 정치적 행위자들이 아와 비아를 구분하고 우리를 형성하지만, 정치적 행위자들에 의해서 균열구조 자체가 선택적으로 동원되고 수정될 수도 있다. 역사적으로 구축되어 온 균열구조가 우리—그들을 구분하는 주요 계기가 됨으로써 우리를 형성하는 힘으로 작용할 수 있지만, 많은 균열구조 중 특정의 것을 불러내서 그것을 중심으로 하나의 우리로 묶는 힘이 또한 중요하다. 다양한 균열구조 중에서 특정 균열을 불러냄으로써 이를 강조하고 이를 기준으로 아와 비아로 나눔으로써 우리를 형성하는 헤게모니 실천 행위를 '정치적 호명'이라고 부르자. 정치적 호명은 사회적 균열구조를 둘러싼 '담론' 구도를 형성함으로써 균열구조를 선택적으로 강조하고 부각하거나 은폐한다.[4] 다양한 균열구조 중에서 어떤 것이 우리 형성에 있어서 중심축으로 작동하는지는 균열구조의 역사적 구조적 배경에도 달려 있지만 그에 못지않게 특정 전선을 중심으로 우리를 형성하는 '정치적 호명'과 그에 기반한 담론지형에도 달려 있다. 특정 균열구조의 정치적 중요성(political salience)은 구조와 제도에만 달려 있지 않다. 다른 균열구조에 앞서 특정 균열을 우선적으로 강조하고 그것을 기준으로 아와 비아를 나누고 우리의 단위를 설정하는 헤게모니 실천들이 중요하다. 다양한 균열구조 중에서 어떤 것이 정치적으로 유의미한 균열구조가 되는지, 즉 어떤 전선을 중심으로 아와 비아가 나뉘어지는지는 헤게모니 실천과 투쟁에 달려 있다. 가령 종교, 민족, 족류, 계급, 성별, 지역 등에서 족류의 균열이 정치적으로 두드러지는 정도는 구조적·제도적 제약뿐만 아니라 사회를 나누는 범주들에 대한 정치적 및 상징적 (담론) 투쟁에도 달려 있다(Wimmer 2008, 985).

정치적 호명은 '새로운 정체성'을 수립함으로써 아와 비아를 구분하는 헤게모니 실천이자 담론투쟁이다. 3장에서 언급했듯이, 발리바르는 강한 의미에서의 헤게모니는 다양한 일차적 정체성들을 지배하는 '이차적' 정체성(동일성)을 구성하는 것이라고 규정한다(발리바르 2010, 78-79). 사람들이 가지고 있는 혈연, 지연, 학연 등 다양한 일차적 정체성이 곧바로 공동주체 형성으로 이어지는 것은 아니다. 때로는 일차적 정체성에 기대어서, 때로는 이들을 가로질러서 '이차적' 정체성을 수립하고, 이 새로운 공동 정체성을 중심으로 '우리'를 부르고 사

---

4) 이 맥락에서 담론의 중요성에 대해서는 구춘권(영남대학교 정치외교학과) 교수의 코멘트에서 배웠음.

람들이 이에 호응할 때 공동주체가 형성된다. 일차적 정체성들을 묶어서 새로운 이차적 정체성으로 구성하는 것이 곧 정치적 호명이며, 이러한 담론 투쟁이 바로 헤게모니 투쟁의 핵심 전장이다. 발리바르가 대표적인 이차적 정체성으로 드는 '민족'이나 '국민'은 다양한 정체성들을 하위에 포함하는 이차적 정체성으로서 일차적 정체성에 따른 다양한 소아들을 하나의 대아로 통합하는 접착제 역할을 한다.

샤츠슈나이더(Schattschneider 2008, 48-62)가 말하는 갈등의 사사화(privatization)와 전국화/사회화(nationalization/socialization)의 대립은 정치적 호명의 맥락으로 이해할 수 있다. 일반적으로, 지배세력에 저항하는 정치세력은 갈등의 범위를 확대하고, 지배세력은 갈등의 범위를 축소하려고 한다. 여기서 갈등의 범위는 갈등의 강도 및 가시성 등과 구별된다. 갈등의 범위란 갈등이 되는 이슈들의 범위가 아니라, 갈등에 참여하는 사람들의 크기나 규모를 의미한다. 즉 갈등의 범위의 확대와 축소는 얼마나 많은 사람들을 주어진 갈등 속에 끌어들이느냐의 문제다. 샤츠슈나이더에 따르면, 지배세력은 갈등의 사사화를 추구한다. 강자는 사적 공간에서 약자에 비해 강하다. 그만큼 사적 영역 내에서 강자의 뜻이 관철되기 쉽다. 강자가 갈등의 범위를 축소하려는 이유다. 반면에 사회적 약자는 사적 공간에서 상대적 힘이 약하기 때문에 갈등의 사회화/전국화를 통해 갈등의 범위를 확대하려고 한다. 공적 공간에 갈등을 가져옴으로써 관객들에게 호소하고 그들을 자기편으로 끌어들이려는 것이다. 상대적으로 약한 힘을 '우리'의 외연을 넓힘으로써 보완하려는 전략이다. 아비해투 개념으로 표현하자면, 소아1에 비해 상대적으로 약자인 소아2가 소아3,4,5…n을 자신을 중심으로 하는 우리로 불러일으킴으로써 소아2를 중심으로 하는 아와 소아1을 중심으로 하는 비아를 구분하는 것이다. 강자의 갈등의 사사화 전략과 약자의 갈등의 사회화/전국화 전략은 각각 아와 비아의 구분을 유지하거나 재설정함으로써 자신의 상대적 힘을 강화하려는 전략이다. 특정 갈등이나 균열구조를 중심으로 우리를 형성하려는 세력과 그러한 균열구조 자체를 덮음으로써 그들의 형성을 막으려는 세력 사이에 전략적 충돌이 일어나는 것이다.

샤츠슈나이더의 분석에 동의하면서도, 나는 갈등의 사사화와 사회화 전략이 반드시 각각 사회적 강자와 약자의 전략으로 국한될 필요는 없다고 생각한다.[5] 앞서 언급한 침투형 대 결집형의 사례는 갈등의 범위를 확대하는 전략과 축소하는 전략이 반드시 약자와 강자, 또는 진보와 보수세력에 상응하는 것이 아님을 보여준다. 천관율(2014)이 2014년 6월 4일의 지방선거에서 포착한 침투형 전략과 결집형 전략은 각각 갈등의 축소와 확대 전략과 비슷하다. 상대방과 뚜렷한 각을 세워서 우리 편을 강하게 결속시키는 기존의 '결집형' 선거전략과 대조적으로, '침투형' 전략은 상대방과의 대립각을 불분명하게 하면서 유권자들에게 은밀하고 온건하게 호소한다. 결집형 접근법이 상대 당과의 적대적 전선을 분명히 하는 갈등의 사회화 전략이라면, 침투형 접근은 선명한 전선을 치기보다는 오히려 "전선을 뭉개"버리는 전략이다. 이 지방선거에서 등장한 침투형 전략은 박원순 서울시장 후보 즉 상대적으로 진보적인 진영의 전략이었다. 이는 갈등의 범위를 축소하거나 확대하는 전략이 사회적 약자나 강자의 위치에 따라 선택적으로 사용되지만, 반드시 그럴 필요는 없음을 보여준다. 정치세력들은 구체적 국면에서 다양한 방식의 헤게모니 전략을 선택할 수 있다. 같은 세력 내에서도 전략적 판단에 따라 상이한 전략이 나올 수 있다.

갈등의 전국화와 사사화의 대립은 정치적 호명과 정치적 은폐 사이의 대립으로 볼 수 있다. 여기서 정치적 은폐도 (소극적 또는 부정적 의미에서) 정치적 호명의 한 종류에 해당한다. 갈등의 전국화/사회화는 갈등을 부각시킴으로써 그것을 중심으로 아와 비아를 구분하고 우리를 형성하려는 전략인 반면에, 갈등의 사사화는 공적 영역에서 갈등의 부각을 막음으로써 그 갈등이 아와 비아의 구분선이 되지 못하게 하려는 전략이다. 이때 후자 즉 갈등의 사사화 전략은 단순히 갈등의 부각을 막는 데 주력하기보다는 다른 갈등을 부각시킴으로써 아와 비아의 구분선을 새롭게 하는 방법을 취할 수 있다. 이것이 바로 '갈등의 치환' 전략 즉, 새로운 정치적 호명을 통해 기존의 정치적 호명을 덮어버리려는 전략이다(샤츠슈나이더 2008, 115-135; 레이코프 2006 참조).

<그림 10>은 지금까지의 논의를 압축적으로 보여준다. 아와 비아의 구분

---

5) 샤츠슈나이더는 갈등의 사사화와 사회화 전략의 대립을 지배세력이 사적 영역에서 강하고 피지배세력이 사적 영역에서 상대적으로 약하다는 힘의 관계를 중심으로 설명하고 있다. 그런데 상대적 힘의 관계를 고려하지 않고도 일반적으로 지배세력은 갈등의 사회화를 원하지 않는다고 볼 수 있다. 갈등의 사회화는 곧 사회의 변화 요구로 이어지고 이는 사회질서의 불안정을 초래한다. 지배세력은 자기의 지배적 힘을 더욱 강화하는 방향이 아니라면 현 체제 및 질서의 변화를 원하지 않기 때문에 갈등의 전국적 부상을 원하지 않을 것이다. 반면에 피지배세력은 사회의 변화를 원하는 만큼 갈등의 사회화를 추구할 것이라고 볼 수 있다.

은 사회적 균열구조를 바탕으로 하고 있되, 정치적 호명을 통하여 균열구조를 반영하고 형성함으로써 이루어진다. 정치적 호명은 진공상태에서가 아니라 구조적·제도적 제약을 받으면서 이루어진다. 동시에 정치적 호명이 사회적 균열구조들 사이의 위계질서를 구성하는 담론지형을 만들어낸다. 사회적 균열구조에 기반하지 않는 정치적 호명은 인민대중으로부터 적극적인 호응(응답)을 받기 어렵다. 동시에 정치적 호명이 없으면 사회적 균열구조는 잠재태의 상태에 영원히 머무를 수 있다. 예를 들면, 심각한 인종적, 종교적, 이데올로기적, 계급적 균열의 축적이 대량학살의 원인이 되기도 하지만, 인종차별주의 시대의 남아프리카에서처럼 그런 균열구조가 대량학살로 이어지지 않은 곳도 많다. 거꾸로 스탈린, 마오쩌둥, 폴 포트 등의 공산주의 사회에서처럼 사회적 균열이 심각하지 않은 곳에서도 대량학살이 발생할 수 있다(장원석 2018, 72-78). 요컨대, 사회적 균열구조와 정치적 호명은 서로를 구성한다. 궁극적으로 사회적 균열구조를 바탕으로 하는 정치적 호명에 대한 대중의 응답이 헤게모니 투쟁에서 승패의 관건이 된다.

그림 10 아와 비아의 구분

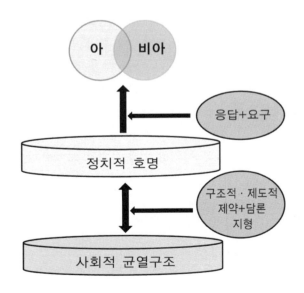

(2) 정치적 호명: 구조와 국면 차원

정치적 호명은 구조의 차원에서 일상적으로 꾸준히 일어나기도 하지만 주요 국면(critical conjuncture)에서 보다 집중적으로 일어난다. 나는 여기서 '국면'이란 개념을, 구조의 흐름에 바탕을 두고 있으면서 동시에 그 흐름이 바뀔 수 있는 분기점이라는 뜻으로 쓰고자 한다. 국면 개념은 그람시에게서 가져온 것이지만, 내 나름대로 변용하여 사용한다. 그람시의 국면 개념에서 빌려온 가장 중요한 생각은 행위자들의 상호행위에 따라서 커다란 구조의 흐름이 달라질 수 있는 결정적인 순간이나 지점들이 있다는 발상이다.

그람시는 구조를 분석하는 데 있어서 '유기적(organic)' 운동과 '국면적(conjunctural)' 운동을 구별한다. "상대적으로 영속적인" 유기적 운동에 비해 국면적 운동은 "폭발적·직접적이며 거의 우발적인 것처럼 보이는 운동"이다(그람시 1999, 201). 국면적 현상이 우발적인 것처럼 보이더라도 그것은 어디까지나 유기적 운동의 큰 흐름에 의존한다. 그람시는 국면적 현상이 일상적인 정치적 위기를 일으키는 반면, 유기적 현상은 사회·역사적 위기를 일으키며 단순히 정치지도자들뿐만 아니라 더 폭넓은 사회집단이 관계된다고 본다. 동시에 그는 국면적 운동이 유기적 현상의 큰 흐름을 결정하기도 한다고 본다(그람시 1999, 201).[6] 요컨대, 이 두 차원은 서로 맞물려 있다. 나는 그람시가 구분한 유기적－국면적 개념에서 영감을 받아서 이를 원용하고자 한다. 다만 '유기적 vs. 국면적'이라는 용어 대신에 '구조적 vs. 국면적'이라는 용어를 사용한다. '유기적－국면적' 대신에 '구조적－국면적'이라는 개념쌍을 사용하는 이유는, 그람시가 말하는 구조의 '유기적' 측면이 우리가 보통 '구조'라고 부르는 것에 해당한다고 생각하기 때문이다. 구조－국면의 개념쌍은 이 둘이 분리되어 있다는 것을 내포하지 않는다. 전략－전술, 선전－선동 등의 개념쌍이 서로 얽혀 있듯이, 구조－국면도 이들과 비슷하게 서로 얽혀 있다. 구조와 국면은 서로 맞물려 있어서 실제로는 분리할 수 없으며, 다만 개념적으로 구분하고 나누어

---

6) 그람시는 '국면'의 대쌍 개념에 일관적이지 않다. 그는 국면의 대쌍 개념으로 구조의 '유기적' 측면 이외에 '상황(situation)'을 언급하기도 한다. 그에 따르면, "국면은 경제적 상황의 직접적이고 일시적인 특성들의 집합"이고 이는 상황의 가장 근본적이고 지속적인 특징들에 관련되어 있다. '국면과 상황'은 '전술과 전략', '선동과 선전'의 관계와 비슷하다(Gramsci 2007, 105).

서 논의할 뿐이다.

이를 '경로의존성'이라는 개념에 빗대어 설명하자면, 역사의 전개 과정에서 경로가 갈라질 수 있는 지점이 바로 국면이다. 우리의 삶이 '역사적 경로'에 의존해 있고 그 경로의 도도한 흐름을 거스르기 쉽지 않지만, 때로 경로가 갈라지는 분기점이 나타난다. 그 분기점도 기존 경로에 의해 구성되고 구조적 힘이 행위자들의 행동반경을 제약하는 점에서 구조에 뿌리내리고 있다. 하지만 분기점에서 행위자들이 어떤 선택을 하느냐에 따라서 어떤 경로가 우세해지는지가 달라질 수 있다. 경로에 의존해 있지만 경로가 갈라질 수 있는 지점, 구조에 뿌리박고 있지만 그 구조의 흐름에 중요한 변화를 가져올 수 있는 지점, 이러한 갈림길이 결정적 국면이다.

국면은 구조에 뿌리박고 있으면서 구조의 큰 흐름에 영향을 줄 수 있는 지점이다. 이런 뜻에서 국면은 구조의 일부이면서 그것을 넘어선다. '구조와 국면'의 관계는 마치 '전략과 전술', '선전과 선동' 또는 '전쟁과 전투'의 관계와 비슷하다(Gramsci 2007, 105, 284).[7] 전투는 전쟁의 일부이고 전투에 임하는 전술은 전쟁을 다루는 커다란 전략(또는 그보다 더 상위의 정치적 전략)에 입각해 있으며 그것에 구속된다. 그런데 주요 전투에서의 승패는 전체 전쟁의 승패에 결정적 영향을 줄 수 있다. 전투가 전쟁에 영향을 미칠 수 있듯이 주요 전투에서의 전술이 보다 상위의 전략을 바꿀 수도 있다. 구조와 국면의 관계도 이와 비슷하다. 일상적인 구조적 관계가 지속되지만 어느 중요한 국면에서 행위자들의 상호행위가 일상적으로 지속되어온 구조적 관계를 변화시킬 수 있다. 국면은 구조에 뿌리내리고 있고 그 연결성으로 인해 구조적 힘의 제약을 벗어나기 어렵지만, 주요 국면에서의 상호행위에 의한 변화가 구조적 힘의 관계에 영향을 주어서 구조의 큰 흐름을 바꿀 수 있다. 요컨대, 결정적 국면은 구조적 차원과 맞물려 있지만 구조의 큰 흐름을 좌우할 수도 있다. 그람시는 결정적 국면이 구조

---

7) 그람시에 따르면, 진지전(war of position)과 기동전(war of maneuver)의 구분도 이 같은 구조와 국면의 구분에 비유할 수 있다. 정치나 전쟁에서 진지전은 수많은 인민 대중의 커다란 희생을 필요로 하고 그만큼 전례 없이 집중된 헤게모니와 개입주의 국가를 필요로 한다. 정치에서 결정적인 진지전에서 일단 승리하면 그것은 결정적 승리일 가능성이 높다. 만일 진지전에서 승리했는데도 기동전이 계속되고 있다면, 그것은 승리한 진지전의 진지가 결정적인 것이 아니었으며 헤게모니 자원과 국가의 자원을 총동원한 것이 아니었음을 의미한다(Gramsci 2007, 109).

의 흐름을 좌우할 수 있다는 의미에서 "전략적 국면(strategic conjuncture)"이라는 표현을 사용한다.[8] 나는 '전략적 국면' 대신에 '결정적 국면'이라는 표현을 사용한다.

구조와 국면 차원을 나누어서 정치적 호명을 살펴보자. 먼저, 아와 비아를 구분하고 우리라는 공동주체를 만드는 정치적 호명은 구조적 차원에서 일상적으로 꾸준히 행해진다. 많은 경우 구조적 차원에서의 호명은 직접적인 호명 행위를 통해서보다는 국가 및 사회의 다양한 물적 구조물과 일상적인 관습 및 제도를 통해서 이루어진다.

> "호명은 단순한 문장이 아니다. 호명은 오히려 다양한 물질적 배치와 명령을 통해 작동한다. 호명은 집단 의례, 습관, 모임 등을 통해 개인에게 도달한다. 호명은 물리적으로, 심지어 공간적으로 고정되어 있다. 그러므로 호명은 기관 전체를 통해서 전달된다"(카림 2019, 116).

알튀세르는 '강압적 국가기구(RSA: Repressive State Apparatus)'와 함께 '이데올로기적 국가기구(ISA: Ideological State Apparatus)'가 개인들을 사회의 일원으로 만드는 "이데올로기적 호명(ideological interpellation)"을 수행한다고 본다. 종교(교회), 교육(학교), 가족, 법[9], 정치(정당), 노조, 언론(신문, 방송) 및 문화(문학, 예술, 스포츠) 등 여러 종류의 ISA는 개인들에게 지배 이데올로기를 교육하고 스며들게 함으로써 구체적 개인들을 '주체'로 호명한다. 그런데 이 주체(subjects)는 자유로우면서 동시에 예속적인 주체다. 즉 개인은 자유로운 주체로 호명되는데, 이는 체제의 지배적 요구를 스스로 알아서 자유롭게 수행하는 점에서 즉 자신의 종속(subjection)을 자유롭게 수용하는 점에서, 자유로우면서 동시에 예속적인 주체다(Althusser 2001, 95-96, 115-124; 페레터 2014, 164-170 참조). 예속적 주체

---

8) 전략적 국면에 관한 그람시의 언명은 흥미롭다. 그는 전략적 국면에서는 지도적인 인물의 질적인 상태와 '전선(前線)' (돌격)세력의 질적인 상태가 중요하다고 한다(그람시 1999, 254). 그런데 동시에 그람시는 전략적 준비가 잘 된 경우 '표면상' (즉 양적으로) 적보다 열등한 세력이 승리할 수도 있다고 한다. 이로부터 다음을 유추할 수 있다. 전략적 국면에서 승패를 좌우하는 것은 우선적으로는 구조적 차원에서의 평소 준비 상태이다. 하지만 그것이 전적인 것은 아니고, 전략적 국면에서의 운용에 따라서 구조적 흐름을 바꿀 수도 있다. 그람시의 생각은 여러 면에서 손자의 형세 개념에 맞닿아 있다(김학노 2018c 참조).

9) 법은 RSA와 ISA에 모두 해당한다.

는 체제의 지배적 기준에 부합한다는 점에서 곧 "표준적 주체"이기도 하다.[10] 이데올로기 국가기구 뿐만 아니라 강압적 국가기구도 지배세력의 헤게모니를 수립하고 예속적 주체들을 생산하는 역할을 한다. 군대는 그 자체로 체제에 순응하는 시민을 만들어내는 정치적 교육 기능을 수행하는 장치이고(알튀세르 2018, 123), 법은 국가의 지배적 가치체계를 강제함으로써 우리를 만들어내는 교육자의 역할을 한다(그람시 2007, 338). 정치적 호명은 이처럼 알튀세르가 강조하는 이데올로기들의 '신체' 즉 이데올로기적 국가장치라는 물적 구조물들에 의해서 이루어진다(알튀세르 2018, 31-32, 99-116, 121-125, 158-160).

이와 같은 물적 구조물들에 의한 우리 만들기는 구조물과 그들의 배치 자체에 의해서 이루어지기도 하지만, 그와 함께 많은 행위자들의 적극적, 소극적 행위들을 수반하기도 한다. 학교나 교회, 법, 경찰, 군대 등의 강압적 및 이데올로기적 장치들을 움직이는 행위자들의 상호행위가 함께 있어야 우리 만들기의 일상적인 호명이 작동할 수 있다. 다만 일상적으로 이루어지는 호명은, 그것이 의도적·의식적 활동에 의해 이루어지는 경우에도, 그야말로 일상생활에서 꾸준히 일어나기 때문에 너무나 익숙해서 눈에 띄거나 보이지 않을 수 있다. 가령 이종보(2010)는 삼성 그룹을 중심으로 우리사회에서 재벌이 거대한 조직과 자원을 동원해서 구체적 전략을 수립하고 이를 통해 자신의 헤게모니를 구축하거나 유지하는 적극적 활동을 구체적으로 분석한다. 이런 재벌의 헤게모니 구축 활동은 너무나 일상적이고 다방면의 구조적인 차원에서 전개되어서 우리가 의식하기가 쉽지 않다. 구조적 힘과 행위자들의 의식적 활동이 섞여서 일상생활 자체에 녹아 흐르고 있는 것이다.

구조와 행위자가 혼합되어서 맞물려 움직이는 일상적인 호명의 또 다른 예로 신자유주의적 주체 형성을 보자. 서동진(2009)은 신자유주의라는 큰 구조적 흐름 속에서 개인들이 자유의지에 입각해서 자발적으로 자기계발을 하는 예속적인 주체화가 진행되는 현상을 예리하게 분석한다. 그에 따르면, 우리사회의 젊은이들이 개개인의 자유의지에 입각해서 자발적으로 자기계발을 하고 있(다고 생각하)지만, 사실은 커다란 구조적 힘에 의해서 그와 같은 자유(?)의지가 만들어지며 경쟁적인 자기계발에 내몰리고 있다. 서동진이 포착한 구조에 의한 자유의지의 형성이라는 현상에서, 구조적 힘이 모든 것을 결정하는 것은 아니

10) '표준적 주체'라는 말은 보이지 않는 위원회(2011, 46)에서 가져왔음.

다. 거기에는 지식기반경제 및 '신지식인'이라는 개념과 담론을 만들어 전파하는 정부의 의도적이고 적극적인 정책과 이데올로그들, 자기계발을 상업화하여 전파하는 지식인 등 다양한 행위자들의 의도적·의식적 행위도 있다. 구조적 힘과 행위자들의 수행을 통해서 신자유주의는 새로운 주체를 만들어낸다. 그것은 자유의 의지에 따라 자기계발하는 주체이지만 동시에 예속적인 주체다.

"자본주의는 주체에 '대해' 지배하는 것이 아니라 주체를 '통해' 지배한다. 되풀이해 말하자면 자본주의는 이미 주어진 '자본주의 이전'의 날것의 생생한 주체를 지배하는 것이 아니다. 그것은 자본에게 아무런 쓸모가 없는 죽은 대상에 불과하다. 자본주의는 자신의 지배대상, 자신의 생존을 위한 근본적인 조건으로 자신이 지배하게 될 주체를 생산해내야 한다. 따라서 자본은 노동을 착취하면서 동시에 생산한다. 마르크스의 표현을 빌리자면 자본은 사회적 관계 자체를 생산해야 하며, 푸코의 표현을 빌리자면 근대 권력은 주체성 자체를 생산해야 한다. 따라서 지식기반경제로 변화한다는 것은 또한 새로운 주체성의 체제로 변화한다는 말이기도 하다"(서동진 2009, 368).

신자유주의적 자기계발 프로그램의 하나로 심지어 '병영체험'을 비롯한 신군사주의가 소비되기도 한다(김엘리 2014). 신자유주의는 사회적 관계를 사유화함으로써 '사유화된' 즉 공적 능력이 결여된 주체성을 생산하는 데 성공하고 있으며(홍철기 2014), 그 결과 '진정성'을 상실한 '속물적' 주체가 형성되고 있다(김홍종 2009). 이처럼 일상적으로 구조적 차원에서 행해지는 정치적 호명에도 의식적이거나 의도적인 행위들이 개입한다. 다만 의식적인 행위들이 구조적 큰 흐름에 맞물려 있어서 잘 보이지 않는다.

일상적 차원에서 공동주체를 형성하기 위한 헤게모니 기제와 행사는 일원적이지 않다. 자본주의적 정신(기업가 정신), 도덕적 인간, 경쟁형 인간, 종교적 인간, 애국자 등 다양한 측면에서 다양한 유형의 우리를 만드는 헤게모니들이 사회의 여러 부문과 차원에서 서로 교차하면서 행사된다. 자본주의 사회에서 규율권력을 통해 순종하는 신체와 예속적 주체를 생산하고(푸코 1994), 혁명 이후 사회주의 체제에서 '사회주의적 인간'을 만들고, 조선에서 '유교적 인간'을 만드는 등 다양한 주체화 기제들이 서로 교차하면서 경쟁적으로 작동하고 있는 것이다.

지금까지 일상적 차원에서의 정치적 호명과 관련하여 주로 지배 헤게모니 기제와 행사를 언급했지만, 다양한 종류의 대항 헤게모니들도 일상적 차원에서 행사된다. 자본주의적 정신을 강화하는 헤게모니에 대항하여 노동자 계급을 호명함으로써 노동자 운동을 형성하고 강화하거나, 환경과 생태를 강조하는 생태주의 운동을 위한 대항 헤게모니 실천들이 동시에 진행된다. 조선에서 근대로 들어가면서 계몽운동가들이 유교적 인간을 극복하고자 '반(反)유교적 인간'을 구축하는 노력들도 이 같은 대항 헤게모니에 해당한다(최정운 2013, 134-135; 이승원 2005 참고). 이러한 대항 헤게모니는 지배 헤게모니와 경쟁하여 다양한 흐름과 세기의 사회적 운동을 형성한다. 이 같은 사회적 운동의 지형은 한편으로 정치적 호명에 대한 사회적 요구로 작동하며 동시에 정치적 호명에 대한 인민들의 응답을 이루어내는 데 중요한 바탕이 된다.[11]

다음으로, 구조적 차원의 일상적 호명과 함께 중요 국면에서 보다 적극적인 정치적 호명이 전개된다. 구조적 차원에서 이루어지는 호명이 일상생활 속에 녹아 있어서 눈에 잘 띄지 않는 반면, 중요한 갈림길에 선 결정적인 국면 차원에서의 정치적 호명은 보다 적극적이고 가시적이다. 선거, 혁명과 같은 급격한 변혁기, 나라의 위기 상황 또는 촛불집회와 같은 다양한 국면에서 아와 비아는 자기 세력을 규합하고 상대방 세력을 약화시키는 정치적 호명을 노골적으로 전개한다. 주요 국면에서 헤게모니 투쟁의 승패는 다양한 소아들을 자신을 중심으로 하는 우리로 규합하는 정치적 호명에 달려 있다고 해도 과언이 아니다. "우리가 남이가?"라는 한마디로 자신의 지지세력을 규합한 사례는, 선거 국면에서 아와 비아를 구축하고 구분하는 새로운 구분선을 통해 비아에 속한 사람들을 아(우리)로 호명한 것이다. '정권심판론'이나 '정권교체론' 같은 구호는 '여권 대 야권'이라는 구도에 기대어 주로 중도 세력을 자기 편으로 규합하려는 정치적 호명이다. 이들은 대부분 아와 비아의 구분을 재설정하거나 아의 기본 단위를 재설정함으로써 새로운 우리를 호명하는 헤게모니 실천이다.

결정적 국면에서 호명의 중심은 여럿일 수 있고, 호명의 범위와 강도는 호명을 하는 리더십에 따라 또 호명되는 사람들의 상황과 응답 및 호응 정도에 따라서 상이하다. 노조나 당과 같은 조직에 의한 조직화된 호명도 있고, IS(Islamic State)처럼 물리적 결합 없이 진행되는 "탈물질화된 호명"도 가능하다(카림 2019, 117). 결정적 국면에서의 호명에 대한 인민들의 응답 정도는 일상적 차원에서의

---

11) 이 점은 정병기(영남대학교 정치외교학과) 교수의 코멘트에서 배웠음.

정치적 호명에 의해 형성된 사회운동의 지형에 많이 좌우된다. 구조와 국면이 연결되어 있는 것이다. 사회적 운동 지형은 한편으로 인민들의 밑으로부터의 '요구'로 분출하며, 결정적 국면에서 정치적 호명이 가능한 범위를 제약한다. 동시에 다른 한편으로 사회적 운동 지형은 결정적 국면에서의 정치적 호명에 대한 인민들의 응답의 정도를 좌우한다. 일상적 차원에서 분출한 사회적 요구를 포함하고 반영하는 정치적 호명에 대해서 결정적 국면에서 인민들이 적극 호응할 가능성이 커지는 것이다.

구조적 차원의 일상적 호명에서도 그렇지만 특히 주요 국면에서 새로운 우리를 창조하거나 기존의 우리를 유지하는 데 있어서 인민의 요구와 함께 정치적 리더십의 역할이 중요하다. 이 책의 9장에서 살펴본 10월항쟁의 역사에서 보듯이, 조직보다 인민대중의 자발적인 움직임이 결정적 국면에서 더 큰 힘을 발휘하기도 한다. 다만 이때도 인민들 사이에서 자생적으로 형성된 리더십이 여전히 중요하다. 소련제국의 붕괴에 상당히 중요한 계기가 된 1980년 8월 그단스크에서의 폴란드 연대노조 파업에서 지도자로 등장한 레흐 바웬사가 바로 이런 경우다(돕스 2020, 56-90). 대개 '자연발생적(spontaneous)'이라고 여겨지는 하위계급들(subaltern classes)의 자생적 운동에도 실제에 있어서는 '의식적 리더십'의 요소들이 상당히 중요하다. 다만 이들이 제대로 관찰되고 기록되지 못하는 경우가 많을 뿐이다. 자생성(spontaneity)을 하나의 운동 방법으로 제시하는 집단이 있다는 사실 자체가 소위 자생적 운동에도 의도적이고 의식적인 리더십이 존재함을 단적으로 보여준다(Gramsci 1996, 48-52).

결정적 국면에서 이와 같은 '의식적 리더십'을 발휘할 주체로 정치적 지도자가 중요하다. 그람시는 그러한 지도자 즉 지식인으로 정당을 특별히 중시한다. 마키아벨리가 분열된 이탈리아에 통일된 공화국을 수립할 수 있는 주체로 '군주'를 상정했다면, 그람시는 정당이야말로 오늘날 그와 같은 헤게모니를 발휘할 수 있는 "현대의 군주(the modern Prince)"라고 본다. 정당의 역할이 쇠퇴할 것이라는 적잖은 전망에도 불구하고(신동기 2019, 200-216 참조), 정당은 두 가지 기능을 수행함으로써 정치적 호명의 주체가 된다.

첫째, 정당은 특정 세력의 당파적 의지를 형성하는 데 그치지 않고 그것을 보편화하는 역할을 수행한다. 정당은 계급의 기계적이고 수동적인 대표가 아니라 자기가 대표하는 계급에 적극적으로 개입하여, 그것을 발전시키고 보편화

(universalize)한다(Gramsci 1996, 105). 정당과 직업단체(또는 이익단체)의 차이가 여기에 있다. 직업단체나 노조(professional unions)는 기업가, 농민, 노동자 등이 자신의 경제적－조합적 이익을 대표하고 실현하기 위한 활동을 전개한다. 반면에 정당은 이들이 자신의 경제적－조합적 단계를 넘어서 전국적 또는 국제적인 성격의 일반적인 활동을 하도록 한다. 즉 정당은 경제적－조합적 단계에서 벗어나서 헤게모니 단계로 나아가는 중요한 기제다(Gramsci 1996, 203). 정당은 부분적인 집합의지(partial collective wills)를 포함하고 수립하는데, 이를 보편적이고 전체적인 집합의지로 만든다(Gramsci 2007, 247). 즉, 당파성(부분적 집합의지들)을 보편적인 것으로 만드는 역할을 수행하는 것이 바로 정당이다.

일찍이 샤츠슈나이더는 이익집단 체제의 편향성을 논하면서 조직 자체가 편향성을 동원하는 것임을 간파했다(샤츠슈나이더 2008, 77-84).

> "하나의 집단이 어떤 이익을 증진하기 위해 스스로를 조직하는 시점에서, 그것은 또한 특정 종류의 정치적 편향성을 갖는다고 가정할 수 있다. 왜냐하면 **조직 그 자체는 어떤 활동을 위한 편향성의 동원**이기 때문이다"(샤츠슈나이더 2008, 77. 강조는 원문).

정당도 자기 세력의 당파적 이익과 세계관 및 가치관을 집약하고 표출하는 점에서 다른 집단과 마찬가지로 '편향성(당파성)의 동원' 조직이다. 그러나 정당은 여기서 그쳐서는 안 된다. 성공적인 정당이 되기 위해서는 자신의 당파성을 일부 희생하고 양보하면서 자기 세력 밖의 비아들을 자기 세력 안으로 끌어들여야 한다. 여전히 한쪽 발을 자신의 당파성에 굳건히 담고 있으면서 동시에 가급적 많은 비아들을 잠재적 아로 끌어들이기 위해서 보편성을 추구해야 한다. 이것이 바로 '당파성의 보편화'의 담지자로서 정당의 역할이다. 샤츠슈나이더를 빗대어 말하자면, 정당은 '편향성(당파성)의 동원'에 그치지 않고 그와 함께 '편향성(당파성)의 보편화'를 수행하는 조직이다.

소아1을 중심으로 하는 정당은 소아1의 집합의지를 집약하고 대표하는 데 그치지 않는다. 소아1의 집합의지는 사회 전체적으로 보면 부분적인 즉 당파적 집합의지에 불과하다. 그러한 부분적인 집합의지를 집약하고 대표한다면, 소아1은 결코 경제적－조합적 단계를 넘어서서 헤게모니적 세력이 될 수 없다. 소아1이 조합적 단계를 넘어서 헤게모니 세력이 되게끔 하는 것이 바로 정당이다. 정당은 국가권력을 장악하기 위해 다른 정당과 경쟁하는 과정에서 소아1의 이익만 대변해서는 폭넓은 지지를 형성할 수 없다. 따라서 정당은 자신의 핵심 기반인 소아1의 집합의지를 집약하는 한편, 그것을 보편화함으로써 다른 소아들을 자신이 구축하는 '우리'로 끌어들인다(Gramsci 2007, 246-249). 프랑스혁명에서 자코뱅이 했던 것이 바로 이것이다. 자코뱅은 프랑스 부르주아지를 강제해서 그들로 하여금 농민을 이끌게 하였고, 프랑스 전역의 '민족적-민중적 집합의지'를 형성하게 했다. 바로 이런 이유 때문에 정당이 '지적·도덕적 개혁'의 주체가 된다(Gramsci 2007, 247-249, 346-347). 즉, 부분적 집합의지들을 보편적인 것으로 만드는 '당파성의 보편화' 역할을 수행하는 것이 바로 정당이며, 정당의 이와 같은 기능은 정당들 사이의 경쟁체계 속에 사실상 내장되어 있는 셈이다.

물론 정당이 당파적 보편성의 수립 대신 당파성을 강조하는 전략을 취할 수도 있다. 국가권력을 장악하는 대신 자신의 정치적 생명을 연장하기 위해서, 소수 정당의 정체성을 분명하게 수립하기 위해서, 또는 정당 내 강경파들의 목소리가 너무 커서 당의 지도부가 그들을 제압하는 데 실패하거나 오히려 그들 강경파에 의존해서 당권 경쟁에 나서기 위해서 등의 이유로 정당이 당파성의 보편화에 소홀할 수 있다. 특히 민주주의 체제에서 당내 경선에서 승리한 후보가 다른 정당 후보와의 본선 경쟁에 나갈 수 있고 당내 경선에 승리하는 데 강경파의 지지 확보가 꼭 필요한 경우가 적지 않다. 이런 경우 당내 경선에서 뽑힌 후보(지도부)가 당의 당파적 집합의지를 보편화하는 데 한계가 있을 수밖에 없다.[12] 이런 경우에도 정당은 정치적 호명을 한다. 다만 그것이 헤게모니적 호명이 아니라 조합적 수준의 호명이며 그만큼 국가권력의 장악에서 멀어진다는 점에서 차이가 있다.

둘째, 정당은 자칫 여러 이슈와 갈등으로 나뉠 수 있는 유권자들을 그들이 "선택할 수 있는 대안을 극단적으로 단순화하는 방식을 통해" 지지자들을 구축

---

12) 그람시는 정당을 "배아상태의 국가구조(an embryonic state structure)"라고 부르고 정당이 자신의 정치권력을 노조와 같은 다른 행위자에게 나눠주면 안 된다고 강조한다(Gramsci 1996, 42). 여기서 그람시는, 정당이 그 하위 소속 집단에 권한을 나눠주면 그 집단의 조합적 이익과 가치에 휘둘릴 가능성이 높아질 것으로 우려하고 있다. 정당은 자신의 중심 세력들보다 더 넓은 집단의 이익과 가치를 염두에 두고 그들을 품어야 자신이 대표하는 중심세력의 헤게모니를 수립할 수 있는 것이다.

하고 그들을 하나의 '우리'로 결집시킨다(샤츠슈나이더 2008, 110). 각 정당이 만드는 '우리'들은 정당이 개입하기 전에 (또는 정당의 개입 없이) 형성 가능한 '우리'들에 비해 그 수가 작다. 극단적인 다당체계를 제외하면 대부분의 정당체계에서 유의미한 정당의 수는 많아야 4−5개에 그친다. 다당체계에서도 주요 정당수는 10개를 넘기기 어렵다. 정당들 사이의 경쟁은 수많은 소아들로 쪼개질 수있는 시민들을 한자리 수의 '우리'들로, 대체로 두세 개의 주요 정당들 사이의아와 비아로 통합한다. 이 점에서 정당은 그 자체로 사회통합의 역할을 수행하는 중요한 헤게모니 기제다. 정당은 '갈등의 사회화'의 주요 수단이기도 하다. 사회적 균열구조 중에서 정치적으로 중요한 전선이 되게끔 갈등을 이슈화하는게 정당의 역할이다. 따라서 정당정치는 "갈등의 수를 줄이되 갈등의 규모는 사회화"함으로써 시민들을 아와 비아로 구분하여 경쟁하게 한다(박상훈 2011, 104). 정당은 특정의 균열구조를 정치적으로 중요한 갈등선으로 내세움으로써, 다양한 균열구조들로 형성될 수 있는 수많은 '우리'들을 소수의 '우리'들로 묶어낸다. 정당 경쟁의 논리 속에 정당의 정치적 호명의 역할이 내장되어 있는 셈이다.

정치적으로 중요한 균열이나 갈등의 숫자를 대폭 줄이는 과정에서 정당은사회적 균열구조를 단순 반영하지 않는다. 사회적으로 형성되어온 균열구조에입각해서 정당체계가 만들어지지만, 정당들이 균열구조를 활용하고 변용하기도하는 것이다(샤츠슈나이더 2008, 115−135). 요컨대 사회적 균열구조와 정치적 호명의 사이에서 정당은 양방향으로 움직인다. 정당은 중요한 사회적 균열구조를 바탕으로 형성되고 그에 입각해서 아와 비아를 호명하지만, 동시에 정당은 정치적호명 행위를 통해서 사회적 균열구조를 변용하고 만들어 내기도 한다. 가령 손호철(1999, 295−296)에 따르면, 한국에서 지역주의가 정치적으로 중요한 균열구조로 전면적으로 등장한 계기는 1987년 대선에서 김영삼과 김대중의 분열이다. 물론 그 전에도 지역차별에 따른 지역주의 균열이 있었고 정치적으로 지역주의균열이 동원된 적이 있지만, 지역주의가 잠재적 균열구조에서 전면적인 균열구조로 본격적으로 '정치화'된 것이 1987년 대선이라고 한다. 김대중과 김영삼이라는 정치 지도자, 그리고 그들의 기반인 정당들이 잠재적 균열구조를 정치적 주요 전선으로 불러내고 그를 바탕으로 아와 비아를 구분하고 형성한 것이다.

구조적 흐름을 벗어나서 국면이 존재할 수 없지만, 구조적 흐름이 갈라지는 중요한 국면에서의 정치적 호명은 대단히 중요하다. 결정적 국면에서 행위자들의 상호행위와 투쟁의 결과가 이후의 구조적 흐름의 큰 방향을 정한다. 결정적 국면에서 정치 행위자들의 정치적 호명은 사회적 균열구조를 바탕으로 하면서도 그것을 재구성하고 변용할 수 있다. 정치적 호명에 따라 아와 비아의 정치적 전선을 어떻게 구축하는가가 헤게모니 투쟁에서 중요하다. 그람시는 지배계급의 참호와 성곽들의 견고한 복합체(the formidable complex of trenches and fortifications of the ruling class)에 대항해서 대항계급(an innovative class)이 균열정신(the spirit of cleavage)을 견지할 것을 주장한다. 그가 말하는 균열정신은 단순히 사회적 균열구조를 반영하는 의식상태가 아니다. 그것은 자신의 역사적 정체성을 확고히 하면서 스스로를 역사적 주체로 우뚝 세우고 동시에 자신의 "잠재적 적들"에까지 스스로를 확대하는 자세를 뜻한다(Gramsci 1996, 53). 일상적인 구조적 차원에서도 그렇지만 결정적 국면에서 더욱 요망되는 것이 바로 이 같은 헤게모니 수립을 위한 노력이다.

언제가 결정적 국면인지 판단하는 것은 지극히 어렵다. 구조와 국면의 구분은 상대적인 것이라서 분석자의 관점에 따라 달라질 수밖에 없다.[13] 그럼에도 이 구분은 여전히 유용하다. 나는 우리 현대사에서 우리 민족에게 결정적인 국면은 해방정국이었다고 생각한다. 해방정국에서 우리의 당연한 정체성인 민족 정체성에 입각한 대아(통합한국) 건설에 실패하고, 대신 남과 북의 소아가 분립하였다. 이는 해방정국이라는 결정적 국면에서 소아와 대아를 중심으로 하는 정치적 호명의 투쟁에서 대아주의가 패배했기 때문이다. 결정적 국면에서 소아주의로 결집하거나 적어도 그러한 소아주의의 호명을 극복하지 못했기 때문에, 이후 남과 북의 분립이라는 구조를 만들어냈다. 각각의 소아가 만들어낸 국민 정체성이 우리의 민족 정체성을 대신해서, 이제는 민족 정체성 자체에 상당한 변화가 축적된 상태다. 한국전쟁 이후 우리의 정치에서 '우리'는 남한(소아)을 기본으로 하였고 남과 북을 아우르는 대아 정체성은 억압되었다. 대아의 호명 자체가 '반(反)국가'에서 나아가서 '반국민', '반민족'으로까지 간주되기도 했다. 남북 분립 구조가 우리의 정치와 삶에 구조적 힘을 발휘하고 있지만, 이러한 구

---

13) 아래에서 나는 해방정국을 우리 현대사에서 결정적인 국면으로 설명하지만, 이를 좀더 미시적으로 보면 길윤형(2020)처럼 해방 직후부터 미군이 진주하기 전까지 기간을 해방정국 내에서 결정적인 국면으로 볼 수 있다. 결정적 국면은 이처럼 분석자의 입장에 따라 상대적인 것이다.

조를 결정지은 것은 해방정국이라는 결정적 국면에서의 정치적 호명을 통한 헤게모니 투쟁이었다.

(3) 아와 비아의 구분 사례: 보수와 진보의 형성

지금까지의 논의를 정리해서 좀더 구체적인 사례를 들어서 설명해보자. 아와 비아를 각각 정당1과 정당2가 주도적으로 형성하는 보수와 진보로 가정하고, 아와 비아가 어떻게 형성되고 구분되는지 아비헤투의 관점에서 살펴보자.

첫째, 보수와 진보라는 아와 비아의 단위와 경계가 고정되어 있지 않다. 무엇이 보수이고 진보인지, 누가 아에 해당하고 누가 비아에 해당하는지, 그 단위와 경계는 객관적으로 정해져 있지 않으며 고정되어 있지 않다. 아와 비아는 각각의 주도적 소아들인 정당1과 정당2가 자신을 중심으로 작은 소아들을 보수와 진보라는 큰 우리로 불러 모아서 형성된다. 여러 단체와 집단들, 그리고 궁극적으로 가장 작은 단위인 개인들은 경우에 따라 보수와 진보의 경계를 넘나들 수 있다. 정당1과 정당2는 이러한 개인들 및 다양한 소아들을 자기편으로 끌어들이기 위해서, 때로는 상대방(의 일부)을 자기 편으로 통합하기 위해서 서로 경쟁한다. 이것이 바로 아비헤투다.

둘째, 보수와 진보의 구분과 그에 입각한 아와 비아의 형성은 그 사회의 균열구조에 바탕을 두고 있다. 특정 사회에서 보수와 진보가 나뉘는 방식은 (친미–반미, 친중–반중, 친일–반일 같은 외부 관련 요인을 포함하여) 그 사회에 고유한 사회적 균열구조의 영향을 받지 않을 수 없다. 사회적 균열구조는 그 사회가 역사적으로 진화되면서 겪은 중요한 갈등들이 누적된 것이다. 중요한 갈등들을 축으로 하지 않으면서 아와 비아를 나누는 것은 사실상 불가능하다. 보수와 진보를 나누는 주요 전선이 새로운 것으로 보일 경우에도, 사회적 균열구조의 기저에 잠재해 있던 갈등에 기반했을 가능성이 크다. 역사적으로 축적된 사회적 균열구조와 완전히 무관한 아와 비아의 구분과 형성은 가능하지 않다.

셋째, 아와 비아는 사회적 균열구조와 정치적 호명의 상호작용에 의해 구분되고 형성된다. 사회적 균열구조가 아와 비아의 형성의 바탕이 되지만, 그것이 절대적이지는 않다. 사회적 균열구조에는 갈등 요소들이 많이 존재하지만, 그 중 정치적으로 아와 비아의 주요 전선이 되는 것은 많지 않다. 따라서 사회적 균열구조 중 특정의 것을 불러내서 많은 소아들을 결집시킬 수 있는 정치적 호명이 필요하다. 보수와 진보로 결집할 수 있는 객관적 요인이나 이슈들은 잠재적으로 여럿이 존재하며 그 중 어떤 것이 주도적인 위치를 차지하는지는 정치적 '호명'과 그에 대한 '응답'에 의해서 결정된다. 정치적 호명은 사회적 균열구조를 단순히 반영하지는 않으며, 역으로 어떤 것이 중요한 사회적 균열구조인지 정하는 구성력을 발휘한다. 요컨대 사회적 균열구조로부터의 상향적 방향과 정치적 호명에 의한 하향적 방향이 상호작용하여 우리가 형성된다. 여기서 상향과 하향은 편의상 시각화하기 위해 사용했을 뿐임에 주의하자. 정치적 호명은 주로 정당이나 지도자에 의해서 이루어지지만, 대중들 사이에서 수평적으로 일어날 수도 있다. 단, 자연발생적으로 보이는 대중의 운동에서도 밑에서부터 형성되는 의식적 리더십에 의한 정치적 호명이 중요하다. 요컨대, 사회적 균열구조와 정치적 호명의 양방향 상호작용이 아와 비아의 형성에 있어서 중요하다.

넷째, 정치적 호명은 그 사회의 제도적·구조적 제약 속에서 전개된다. 정당1이나 정당2가 사회적 균열구조 중에서 아무거나 자유롭게 취사선택해서 정치적 호명을 할 수는 없다. 사회에는 기존 헤게모니 세력관계에 따른 질서가 존재하며, 이는 여러 구조적·제도적 차원에서 행동을 제약한다. 한국사회를 예로 들어보자. 한국전쟁 이후 유권자의 정치적 성향이 전반적으로 보수화되어서 서유럽과 같은 진보 세력이 만들어지기 어렵다(손호철 1990, 7-8). 정치지형 자체의 우편향으로 인해 진보적 이념의 정당보다는 중도우파적인 성향의 정당이 진보 진영을 대표하고 진영 내 리더십을 발휘하는 위치에 있다. 그런 정당이 호명하는 진보가 좀더 진보적인 사람들에게 만족스러울 리 없는 것은 우리가 안고 있는 구조적 제약 때문이다. 보다 진보적인 정당이 진보 진영의 구축에 지도적 세력이 되고자 해도, 여러가지 제도적 제약으로 인해 거의 불가능하다. 여기에는 거대 양당이 사실상 독점하는 정당체계, 이를 뒷받침하는 선거법 및 선거제도, 진보 진영의 정치적 공간을 극히 제약하는 국가보안법과 남북 분립 및 대치 상황 등의 여러 구조적·제도적 제약이 포함된다. 요컨대, 보수와 진보라는 아와 비아의 형성은 사회의 잠재적 균열구조를 바탕으로 정당1과 정당2가 여러 구조적·제도적 제약 속에서 전개하는 정치적 호명과 그에 대한 응답에 의해서 이루어진다.

다섯째, 이와 같이 형성된 보수와 진보라는 아와 비아는 유동적이며, 구조적 및 국면적 차원의 정치적 호명에 의해서 유지되고 변화된다. 정치적 호명은 구조의 차원에서 일상적으로 꾸준히 일어나며, 주요 국면에서 보다 집중적으로 일어난다. 구조적 차원의 일상적 호명은 대체로 눈에 잘 띄지 않는 반면, 결정적 국면에서의 정치적 호명은 보다 적극적이고 직접적이어서 훨씬 가시적이다. 보수와 진보라는 아와 비아가 한번 형성되었다고 해서 그것이 계속 유지되지는 않는다. 그 경계는 늘 열려 있으며 그 안과 밖에서 이합집산이 끊이지 않는다. 아와 비아 각각의 안과 밖을 나누는 경계 자체가 분명하지 않으며 늘 변화 속에 있다. 보수와 진보는 구조적 차원에서 일상적으로 각각 자기 진영의 우리를 유지하고 확대·강화하려는 헤게모니를 실천한다. 자본주의적 인간을 만드는 헤게모니 실천이 구조적 차원에서 전개되는 보수의 정치적 호명이라면, 인권과 평등 및 소수자 권익을 위한 진보 진영의 헤게모니 실천이 그에 맞서 사회 곳곳에서 전개된다. 선거나 혁명과 같은 결정적인 국면에서 정당1과 정당2는 각각 자신을 중심으로 보수와 진보라는 우리를 확대·강화하기 위해 적극적이고 직접적인 정치적 호명을 통해 헤게모니 투쟁을 전개하며, 이는 보수와 진보 진영의 구조적 재편성을 가져올 수 있다. 구조 차원과 국면 차원에서의 아비헤투는 서로 맞물려서 돌아간다.

여섯째, 이상과 같은 아비헤투가 보수와 진보 진영 각각의 내부에서, 그리고 각 진영을 이끄는 정당1과 정당2 각각의 내부에서도 일어나며, 이런 진영 내 헤게모니 투쟁은 아와 비아의 진영간 헤게모니 투쟁에 상호영향을 준다. 아와 비아의 관계는 아와 비아 각각의 내부에 있는 소아들 사이의 헤게모니 투쟁에 의해서 영향을 받는다. 진영 내 헤게모니 투쟁에는 각 진영의 지도적 세력인 정당1과 정당 2 내부의 헤게모니 투쟁이 포함된다. 보수와 진보 각 진영의 내부 헤게모니 투쟁이 진영 간 헤게모니 투쟁에 영향을 미치고, 그 역도 성립한다. 보수와 진보의 상대에 대한 헤게모니 투쟁 방식은 진영 내 헤게모니 투쟁의 결과다. 보수와 진보의 각 진영 안에는 다양한 세력들이 존재하며 각 진영 내의 헤게모니를 잡기 위해 서로 투쟁한다. 진영 내 헤게모니 투쟁의 결과로 상대 진영에 대한 전략이 정해진다. 역으로 진영 간 헤게모니 투쟁이 각 진영 내의 특정 세력을 강화하거나 약화시킴으로써 진영 내 헤게모니 투쟁에도 영향을 미친다. 가령 남과 북의 관계가 남과 북 내부의 온건파와 강경파의 세력관계에 영향을 주고, 그 역도 성립한다. 다음의 <그림 11>은 이를 시각화한 것이다.

그림 11 진영 간 헤게모니 투쟁과 진영 내 헤게모니 투쟁

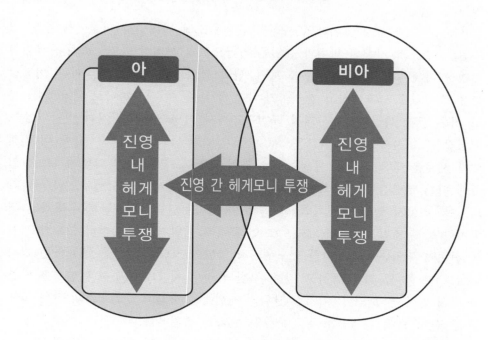

2. 단위의 (재)설정

아와 비아를 구분하는 중요한 방법의 하나는 '우리'의 단위 설정 또는 재설정이다. 남과 북의 분립은 단위 설정의 방식으로 아와 비아를 구분한 경우다. 해방정국에서 남과 북을 통합한 한민족 전체를 우리의 단위로 설정하려는 세력과 남과 북 각각을 하나의 우리 단위로 설정하려는 세력이 헤게모니 투쟁을 전개했다. 단정단선 노선에 대한 남북통일국가('통합한국') 지향 세력의 대립이 그것이다. 아비헤투 개념으로 표현하면 남과 북 각각을 하나의 단위로 설정하는 소아주의와 남북한 전체를 하나의 단위로 설정하는 대아주의자 사이의 대립이다. 대아주의자는 한반도 전체의 통합을, 소아주의자는 남과 북의 분리를 추구했다. 다만 이때 분리는, 남과 북의 사람들과 세력들을 각각의 단정세력을 중심으로 하는 헤게모니 아래 통합하는 작은 통합이다. 통합과 분리의 대립은 대아주의와 소아주의, 즉 큰 통합과 작은 통합 사이의 투쟁인 것이다. 우리의 단위

의 (재)설정은 아와 비아의 구분선의 (재)설정이며, 이는 곧 분리와 통합의 문제이다.

　단위의 (재)설정은 기존의 사회적 균열구조에 기대면서 이루어질 수도 있지만, 균열구조 자체의 범위와 층위를 바꿈으로써 사회적 균열구조에 근본적인 변경을 가져온다. 우리의 경우를 보면, 남과 북의 단정세력들은 좌우의 이념갈등을 정치적으로 호명하고 분리국가 수립의 주요 이유의 하나로 활용했다. 분립 이후 남과 북 각각의 사회적 균열구조에서 이념갈등은 철저히 억압되었다. 이념갈등 그 자체보다 이념갈등으로 인해 분립된 남과 북 각각 서로에 대한 적대가 새로운 주요 사회적 균열구조로 자리 잡았다. 분립 이후 남한에서는 산업화에 따른 계급갈등의 심화를 바탕으로 이념갈등이 사회적 균열구조의 하나가 되지만, 위에서 언급한 것처럼 선거제도와 국가보안법 및 대단히 우경화된 정치지형 등 구조적·제도적 제약으로 인해 좌우 이념갈등은 여전히 중요한 정치적 전선이 되지 못한다. 대신 중도우파적 성향의 정당이 진보를 대표하는 의사(pseudo) 보혁구도가 작동하고 있다. 북한의 경우 체제의 이념적 편향성은 남한에 비해 훨씬 커 보인다. 이처럼 단위의 재설정은 사회적 균열구조의 단위 자체를 변경함으로써 균열구조에 근본적인 변화를 가져온다.

　단위의 설정은 우리 즉 공동주체가 형성되는 층위의 문제이면서 범위의 문제이기도 하다. 단위 설정에는 범위라는 수평적 측면과 함께 층위라는 수직적 측면이 모두 포함된다. 앞서 든 예를 다시 보면, 남과 북이 겨레의 차원에서 하나의 공동주체를 형성하느냐 아니면 각각 별개의 개별주체를 형성하느냐는 일차적으로 단위설정의 문제다. 여기에는 (수평적) 범위와 (수직적) 층위가 서로 얽혀 있다. 남과 북을 각각 하나의 단위로 설정하는 경우 한반도라는 범위 대신 남과 북이라는 좁은 범위의 단위가 설정될 뿐만 아니라, 남북을 합친 겨레나 한반도 전체라는 대아의 층위 대신 남과 북이라는 소아의 층위가 설정되는 것이다. 단위의 설정은 어떤 사람들 또는 집단들이 하나의 공동주체로 인식되고 행동하는지를 정하는 문제다.

　문승익은 단위 설정의 차원에서 비아를 아의 속체로 만드는 방법으로 '단위의식의 조절'을 든다. 그는 단위의식의 '조절'을 다시 단위의식을 '억압'하는 '식민지적 상황'과 단위의식을 '조종'하는 '일차원적 상황'으로 나눈다. 그에 따르면, 전자는 비아의 인간으로서의 잠재성 자체를 억압하는 것이고, 후자는 비아의 실제 인간성을 조정하는 것이다. 예를 들면, 식민지적 상황에서 노예는 한 명의 인간이 아니라 노예주인이 소유하고 사고 팔 수 있는 하나의 물건 즉 비인간(또는 준인간)으로 취급된다. 노예도 하나의 인간이라는 단위의식이 억압되는 것이다. 식민지로 전락한 국가의 경우도 마찬가지로 하나의 독자적인 국가라는 단위의식이 억압되고 식민지 제국에 속한 한 지역으로 간주된다. 억압에 비해 조종은 다소 이해하기 어려운 개념이다. 조종은 비아의 인간성 자체를 아의 뜻에 맞게끔 변형하는 것이다. 문승익에 따르면, '억압'이 비아로부터 아가 원하는 반응을 얻고자 자극을 가하는 것이라면, '조종'은 비아의 반응구조 자체를 변형하는 것이다. 가축에게 채찍과 당근을 사용하여 특정한 행동을 하도록 하는 것이 억압이라면, 가축의 신경 및 소화 체계 자체를 구조적으로 바꾸는 것이 조종이다. '일차원적 상황'에서 개체들은 하나의 밀폐된 전체 체계(system) 속에서 체계를 유지하는 하나의 기능적 부분으로 단위의식을 재규정하는데, 이것이 문승익이 말하는 조종이다. 식민지적 상황에서는 중간 지배세력이 있고 그를 통해 비아를 간접 지배하는 반면, 일차원적 상황에서는 아예 중간 지배세력이 없이 비아를 아의 체제 내에 완전히 흡수한다(문승익 1970, 97–111).

　문승익의 억압과 조종의 구분은 다소 난해하다. 식민지적 상황은 아직 식민지가 제국 전체에 완전히 흡수되지 않은 상태다. 비아 즉 식민지의 단위가 별도로 존재하는 상황에서 그 단위의식을 억압함으로써 지배하는 것이 단위의식의 '억압'이다. 그래서 중간 지배세력에 의한 간접지배 형식을 취한다. 반면에 일차원적 상황은 개체들이 전체의 일부분으로 완전히 흡수되어서 스스로 독자적인 개체의식을 갖지 못하고 전체의 기능적 부분으로 인식하는 상황이다. 전체주의 국가의 개인이나 극도로 물신화된 자본주의 사회의 개별 노동자들이 이에 해당한다. 이때 개체들은 스스로 구별되는 독립적인 개체의식을 가지기보다는 전체의 기능적 부품으로 자기 자신을 생각한다. 이것이 단위의식의 '조종'이다. 단위의식의 억압이 (독자적 단위의식을 억압하는 점에서) 금지를 주로 하는 부정적 헤게모니 행사라면, 단위의식의 조종은 (전체의 부분이라는 단위의식을 만드는 점에서) 형성(변형)을 주로 하는 긍정적, 생산적 헤게모니 행사라고 생각할 수 있다.

　문승익의 개념을 소개한 것은 그의 이론을 재활용하기 위해서가 아니라 우리 학계에서 이룬 기존의 연구를 이어가기 위해서이다. 문승익이 단위 설정의 문제를 단위 '의식'의 문제로 이해한 반면, 나는 이 단위 설정 문제가 몸—마음

−행동의 차원에 두루 걸쳐서 존재한다고 생각한다.[14)

　먼저, 마음의 차원에서 문승익이 강조한 것처럼 단위의식을 억압하거나 조종하는 단위의식의 조절을 통해서 아와 비아를 더 큰 우리 즉 대아라는 하나의 통합된 단위로 재설정하거나, 또는 더 작은 아와 비아들로 즉 여러 소아들로 분리된 단위로 재설정할 수 있다. 더 큰 대아로 통합하거나 더 작은 소아로 분리함으로써 단위를 재설정할 경우, 그 분리나 통합이 성공하기 위해서는 새로운 단위에서의 집단정체성 즉 자기의식이 다른 단위에서의 자기의식들을 압도할 정도로 우위에 있어야 한다. 자기의식을 재규정함으로써 단위의식 나아가 우리의 단위 자체가 재설정될 수 있는 것이다. 의식의 차원에 더하여 적대적 감정이나 우호적 감정을 통해서 감정의 차원에서도 단위를 재설정할 수 있다. 개별주체들이 서로 사랑해서 하나의 가정을 이루는 경우 애정이라는 공동감정이 가정이라는 하나의 새로운 공동주체 즉 새로운 단위를 낳을 수 있다. 가족 구성원 사이에 하나의 단위를 형성하고 있다는 단위의식은 이성적인 생각 이전에 가족 구성원으로서 갖는 서로에 대한 공동감정에 의해서 이루어진다. 거꾸로 가정 구성원들 사이의 적대감이나 혐오감이 발달하여 그 가정이 해체될 수도 있는 바, 이것도 새로운 단위가 설정되는 과정이다. 해방정국에서 남과 북이 하나의 단위로 통합되지 못하고 각각 별개의 단위로 분리되는 과정은, 의식과 감정이라는 마음의 차원에서 각각의 단위 의식과 단위 감정이 형성되고, 겨레 전체의 대아의 단위 의식과 단위 감정을 억압함으로써 소아의 단위 의식과 단위 감정이 우위를 차지하도록 만드는 과정이다.

　몸의 차원에서도 단위의 (재)설정이 가능하다. 마음의 차원을 중심으로 보면 하나의 단위(몸)체가 공동 감정이나 의식에서 만들어지지만, 몸의 차원을 중심으로 보면 공동의 몸체와 경계에서 단위 의식과 공동 감정이 형성된다. 공동의 의식과 행동에서 공동의 몸이 만들어질 수도 있지만, 몸체와 경계를 조정하여 몸의 단위를 재설정함으로써 그에 따라 의식과 행동이 변화할 수도 있는 것이다. 가령 두 개 학급의 학생을 하나의 학급으로 합쳐서 물리적으로 하나의 단

---

14) 문승익이 언급한 식민지적 상황이나 일차원적 상황은 전체적으로 몸체의 차원을 바탕으로 존재한다. 그러한 몸체 차원을 바탕으로 공동의 단위의식과 행동이 비롯된다고 볼 수 있는 것이다. 이런 점에서 그의 논의가 단위 '의식'에 초점을 두었지만, 이를 몸−마음−행동의 다차원에 걸쳐 있는 것으로 볼 수 있다.

위(학급)로 만들면 이들은 공동 학급의식을 형성하고 하나의 단위로 행동하게 된다. 학급 대항 시합에서 서로 경쟁관계에 있던 학급들이 학년 단위 시합에서는 하나의 팀으로 새롭게 규정되고 하나의 단위로서 집단 의식과 감정을 갖게 된다. 몸체 차원에서 단위의 재설정에 따라 관계가 변화하는 것이다. 시공간의 분리나 통합은 몸의 차원에서 단위를 (재)설정하는 데 있어서 핵심이다. 남과 북의 분리는 하나의 시공간을 둘로 나누면서 시작된 것이다. 유럽통합은 단일 시장의 형성을 사회정책이나 공동안보 등의 정치사회적 차원보다 우선적으로 추진했다. 이는 (유럽의 영혼이나 정신에 앞서) 시장이라는 물적 기반 즉 몸(뼈와 살)의 단위를 먼저 재설정함으로써 공동의 시공간을 구축한 것이다. 단위의 설정과 재설정은 몸체와 경계 모두에서 일어난다. 유럽연합의 몸체를 강화하고 내부 및 외부의 경계를 조정함으로써 몸 차원에서 새로운 단위를 설정했다. 유럽연합은 한편으로 다양한 유럽연합 기구들을 수립하고 그들의 권한 강화를 통해서 공동의 몸체를 형성하고, 다른 한편으로 관세동맹(공동 관세라는 대외적 경계 수립)이나 공동시장(내부 관세 철폐 즉 내부 경계 완화) 또는 단일시장(비관세 장벽 철폐 즉 내부 경계 철폐) 등 내외 경계를 관리하여 몸 차원에서 유럽을 하나의 단위로 재설정한 것이다.

행동의 차원에서도 단위의 설정과 재설정이 가능하다. 몸과 마음은 상호 구성적 관계에 있으며 그러한 몸과 마음에서 행동이 나온다. 거꾸로 행동이 몸과 마음을 구성할 수도 있다. 용기(마음)에서부터 용감한 행동이 비롯하기도 하지만, 용감한 행동을 통해서 용기가 생기기도 한다. 용기가 부족해서 주저할 때 어떤 이유로든 용감한 행동을 하면 자신이 더 용감해지는 것에 스스로 놀라곤 한다. 덕에서 덕행이 나오기도 하지만, 덕행을 쌓아가면 유덕한 사람이 되기도 한다. 착한 사람이 되는 지름길은 착한 행동을 하는 것이다. 처음에 폭력 행사를 꺼려했던 병사들이 상황의 압력으로 폭력을 수행하면 할수록 더욱 쉽게 할 수 있게 된다. 즉 폭력행위가 그 행위자의 폭력적인 성향을 키우고 행위자의 마음을 변형시킬 수 있다(장원석 2018, 101-102). 몸과 행동의 관계도 마찬가지다. 튼튼한 몸에서 강한 힘을 사용하는 행동이 나오기도 하지만, 강한 힘을 사용하는 훈련 즉 행동을 하다 보면 튼튼한 몸이 만들어지기도 한다. 하나의 단위를 이룬 몸체에서 공동 행동이 나오기도 하지만, 거꾸로 행동을 같이 하면 하나의 단위체(몸)가 되기도 한다. 나쁜 행동이나 좋은 행동을 함께 하면 한 편이 되는 것이다. 한국전쟁 동안 마을사람들이 돌아가면서 구타를 하도록 해서 특정인(잠재적 혹은 실질적 적)을 죽인 사례가 적지 않다. 그 특정인과 적대관계가 없는 사람도 공동 행동에 가담하게 함으로써, 어쩔 수 없이 다른 사람들과 하나의 무리가 되게끔 만드는 것이다.[15] 하나의 집단이 공동의 의식이나 감정을 강화하기 위해서 공동의 행동이나 훈련을 자주 반복하는 모습을 볼 수 있다. 공동 행위가 공동의 마음을 강화하고, 동시에 공동 몸체를 강화하기 때문이다. 의지의 층위도 마찬가지다. 하나의 단위에서 공동의지가 나오기도 하지만, 공동의지의 형성과 실현에서 하나의 단위가 설정되기도 한다. 과거 하나의 단위를 형성했었던 공동의 기억보다 더 중요한 것이 앞으로 하나의 단위를 유지하거나 만들겠다는 미래의 의지다. 공동의지를 구축하고 구현하던 집단 구성원이 의지가 서로 엇갈리는 경우 공동의 단위가 분열되어서 새로운 단위의 재설정이 이루어진다(오르테가 이 가세트 2005, 238-242).

단위 설정의 문제는 국제관계에서도 중요할 수 있다. 국제관계는 기본적으로 국가를 하나의 단위로 하는 공간이다. 국가는 국제관계의 기본 단위이고 바로 그 단위성 때문에 주권의 주체가 된다. 국제관계에서 국가가 기본적인 행위자인 이유는 바로 이러한 구성적 원리 즉 그 단위성에서 비롯한다. 아무리 작은 국가라도 국제관계에서 행위자성을 인정받고 주권국가로서 동등한 자격으로 서로 만난다. 물론 국제관계는 국내보다 적나라한 힘의 논리가 더 노골적으로 작용하는 곳이고, 같은 주권국가라고 해도 사실상의 힘의 차이로 인해 형식적인 동등성이 무의미할 수 있다. 그렇지만 한국과 미국은 엄청난 국력의 차이에도 불구하고 각각 주권국가로서 대등한 차원에서 만나고 적어도 외양상으로는 서로 그렇게 대한다. 국가가 기본 단위이기 때문이다.

국가가 기본 단위이기 때문에 아무리 권력자원이 많은 기업이라도 국가와 대등하게 만나지 못한다. 초국적기업이 웬만한 국가보다 물적 권력자원이 훨씬 많은 경우는 얼마든지 찾을 수 있다. 가령 2020년 8월 시가총액을 기준으로 비

---

15) 반대로, 함께 놀이를 함으로써 같은 편이 되게 할 수도 있다. 빨치산들은 산속 생활을 하면서 오락회를 자주 했는데 놀이를 통해 내부 결속을 다지는 효과가 있었다. 정지아의 소설 『빨치산의 딸』에는 한국전쟁 기간 호남 지역을 점령한 인민군들이 후퇴하는 상황에서도 동네 주민들과 오락회를 열어서 함께 어울리는 장면들이 나온다. 특별한 말이나 설득 없이, 같이 어울려 춤을 추고 노래를 부르고 흥겹게 어깨동무를 하며 놀기만 하는 것으로 주민들을 같은 편으로 만들어버리는 것이다(정지아 2005, 266).

교하면 애플이 세계 8위 경제규모의 국가와 맞먹는다.[16] 비슷한 사례는 얼마든지 찾을 수 있다. 군사 분야에서도 국가의 독점이 무너지고 있다. 1980–90년대 등장하여 대테러 전쟁에서 급성장한 민간군사기업(PMC: Private Military Company)이나 민간군사경비회사(PMSC: Private Military Security Company)들이 보여주듯이, 전통적으로 공적 영역에 속한 군사 부문에서 외주화와 민영화가 일어나고 있다. 이는 국가가 더 이상 베버가 정의했듯이 합법적 무력을 독점하지 못함을 보여주는 듯하다(싱어 2005, 19–45. 전용태 2020, 곽선조 2018 참조). 하지만 이들은 국제관계에서 기본 행위자가 되지 못한다. 국제관계는 국가를 기본 단위로 하여 구성되고, 국가를 기본 단위로 해서 아와 비아가 구분되고 그 관계가 형성된다.

하지만, 국가가 기본 단위임에도, 국제관계에서도 아와 비아를 구분하는 단위가 재설정될 수 있다. 우선, '동맹'을 통해 아와 비아의 구분 단위가 달라진다. 동맹국들은 그 상대방에 대항해서 하나의 '큰 우리'를 형성한다. 이때 동맹 자체가 아와 비아 구분의 단위가 된다. 냉전체제에서는 자본주의 진영(서방)과 공산주의 진영(동방)이 아와 비아를 구분하는 기본 단위가 되었고, 동서 간에 긴장과 대립이 심했다. 냉전체제에서 비동맹국가들이 하나로 뭉쳤을 때 이는 동방과 서방 모두와 구별되는 제3의 진영에서 새로운 우리의 단위를 설정한 것이다. 물론 이때 각각의 우리성 즉 공동주체의 발달 정도는 일정하지 않다.

헌팅턴(Huntington)은 탈냉전 세계는 7–8개의 주요 문명권으로 이루어지는 세계이며, 국가나 이념(진영) 간의 대립보다 문화나 문명의 충돌이 주된 갈등이 된다고 주장했다(헌팅턴 1997). 헌팅턴의 주장에 중요한 문제점들이 있지만(서유석 2003 참조), '문명충돌론'을 둘러싸고 일어난 관심과 논쟁은 국가 대신 문명이 하나의 단위로 움직일 수 있다는 가능성을 제기한다. 국제관계의 기본적인 구성 단위는 국가이지만, 그 국가들의 관계를 정하는 아와 비아의 구분에서 우리의 기본단위가 문명이 될 가능성을 배제하지 못하는 것이다. 돌이켜보면, 1차대전 당시 사회주의 세력은 국제주의를 표방하면서 국가간 전쟁이 사실은 지배계급인 부르주아지들의 전쟁이며 노동자계급은 이에 참여하지 말아야 한다고 주장했다. 이는 국가를 단위로 싸우는 전쟁에서 국가가 아닌 계급을 단위로 집단 정체성을 재설정하려는 기획이다. 이러한 기도는 실패했지만, 국제관계에서 국

---

16) "애플이 국가였다면? …브라질 제치고 세계 8위 국가." 『한국경제』 2020/8/16. https://www.hankyung.com/international/article/202008163296i (2022년 6월 11일 검색).

가가 아니라 계급을 단위로 아와 비아를 구분하려는 시도로 볼 수 있다. 실제 1차대전 와중에 사회적 계급 갈등이 참호 안에서 장교와 사병 사이의 계급 갈등으로 재생산되기도 했다. 프랑스 육군을 비롯한 곳곳에서 병사들의 항명과 반전 저항이 일어났고, 이는 러시아(1917년)와 중부 유럽(1918-1919년)에서 노동자·병사 소비에트 혁명으로 이어졌다(펠츠 2018, 197-237; 장석준 2019, 69-77 참조). 이처럼 국제관계에서도 아와 비아를 구분하는 우리의 기본 단위는 고정되어 있지 않고 재설정될 수 있다. 요컨대, 국내정치는 물론 국제관계에서도 단위의 (재)설정은 아와 비아의 구분의 중요한 방법이다.

3. 분리와 통합

분리와 통합은 우리의 단위 설정을 둘러싸고 전개되는 헤게모니 투쟁이다. 여기서는 먼저 분리와 통합의 개념을 정리하고, 그 헤게모니 투쟁을 연구하기 위한 분석틀을 제안한다.

먼저, 분리와 통합은 곧 우리의 단위 설정 문제다. 소아와 대아 사이에서 어느 것을 단위로 설정하느냐에 따라서 분리와 통합이 갈린다. '통합'은 '소아(小我)에서 대아(大我)로의 확대'로, 분리는 '대아에서 소아로의 축소'로, 각각 '우리'의 외연의 상대적 크기를 기준으로 정의한다. 통합은 둘 이상의 행위자가 더 큰 '우리'를 형성해나가는 과정이나 또는 그 최종적인 결과로서 큰 우리를 형성한 상태를 지칭한다. 소아와 대아는 상대적인 개념이다. 소아 즉 '작은 우리'는 '더 작은 우리'에 대해서는 대아에 해당한다. 대아 즉 '큰 우리'도 '더 큰 우리'에 대해서는 소아에 해당한다. 나와 너라는 개인들이 모여서 가족을 이루고 가족들이 지역공동체를, 지역공동체들이 국가공동체를 이룬다고 하면, 이 때 '개인 ⇨ 가족 ⇨ 지역 ⇨ 국가'의 순으로 소아에서 대아로 확대되는 것으로 볼 수 있다. 국가와 국가가 모여서 국가연합이나 연방국가를 구성한다면 이 또한 소아(원래의 국가)에서 대아(새로운 연합이나 연방)로 통합하는 것이다. 이와 같이 소아에서 대아로 우리 외연의 확대로 통합을 정의하는 것은, 나이(Nye, 1968, 858)가 "부분들로 하나의 전체를 형성하는 것 또는 상호의존성을 만드는 것"으로 통합을 이해한 것이나, 구영록(1980, 316)이 "부분들로써 전체를 형성하는 것"으로 통합을 정의한 것과 일맥상통한다.

분리-통합의 개념

통 합	소아에서 대아로의 확대 = '큰 우리' 구축 = 작은 우리들을 통합
분 리	대아에서 소아로의 축소 = '작은 우리' 구축 = 더 작은 우리들을 통합
분리-통합	'큰 우리'와 '작은 우리' 사이의 헤게모니 투쟁 과정

'분리'는 '통합'의 상대적인 개념으로서 대아에서 소아로 우리의 외연이 축소되는 과정이나 그 최종적인 결과로서 작은 우리를 형성한 상태를 지칭한다. 연방국가에서 개별 국가로, 국가에서 지역으로, 지역에서 가족으로, 가족에서 개인으로 우리의 외연이 축소되는 과정이 분리다. 대아에서 소아로 우리의 외연이 축소되는 분리 과정은, 한편으로는 '더 작은' 소아들을 소아로 통합하는 과정이기도 하다. 연방국가에서 개별 국가로의 분리를 예로 들면, 이는 연방국가라는 대아에서 개별국가라는 소아가 분리하는 과정이면서, 동시에 개별국가 내의 다양한 소아들을 연방국가와 구별하여 개별국가의 이름 아래 통합하는 과정이기도 하다. <그림 12>로 설명하자면, '작은 우리1'이 '큰 우리'에서 분리하는 과정은 '더 작은 우리1'과 '더 작은 우리2'를 자신('작은 우리1')을 중심으로 통합하는 과정과 같다. 한민족이라는 '큰 우리'(대아)에서 남한과 북한이라는 '작은 우리'(소아)로 분리한 과정은 곧 남과 북 각각의 내부에서 '더 작은 우리'들을 한민족이라는 '더 큰 우리'의 이름이 아니라 남한과 북한이라는 '작은 우리'의 이름으로 호명하고 통합한 것이다.

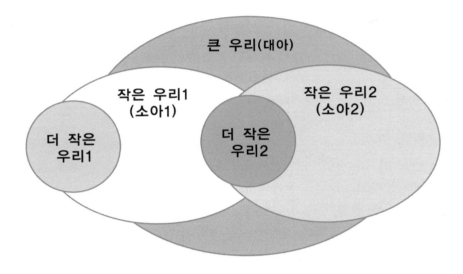

그림 12 분리와 통합의 상대적 개념도

큰 우리(대아)

작은 우리1
(소아1)

작은 우리2
(소아2)

더 작은
우리1

더 작은
우리2

이러한 통합과 분리의 개념은 아비헤투 정치 개념과 유기적으로 연결되어
있다. 소아에서 대아로 자아를 확대하는 '통합' 과정은 곧 헤게모니 행사요 구
축 과정이다. 통합의 주도세력 또는 구심세력은 하위세력들에게 강압이나 리더
십, 양보와 담론 등 다양한 방식으로 헤게모니를 행사하고 구축함으로써 자신
을 중심으로 한 '우리'의 틀 안에 하위세력을 규합한다. 주도세력과 하위세력을
각각 아와 비아라고 한다면, 아가 비아에 대하여 헤게모니를 구축함으로써 전
체로서의 우리 안에 포함하는 과정은 소아에서 대아로 우리를 확대하는 통합과
정이다. 원래의 아(즉 주도세력)나 원래의 비아(즉 하위세력)는 나중의 우리(즉 대
아)에 비하여 모두 소아에 해당한다. 이 과정을 소아의 견지에서 보면 우리 밖
의 헤게모니 행사 과정, 즉 외적 통합이다. 하지만, 같은 과정을 대아의 견지에
서 보면 아(大我) 내부에 있는 아(小我)와 비아(小我) 사이의 헤게모니 투쟁과 구
축 과정, 즉 내적 통합이다.

그 역도 마찬가지다. 소아에서 대아로 우리의 외연이 확대되는 통합과정이
헤게모니 행사와 구축 과정이라면, 역으로 대아에서 소아로 분리되는 과정도
마찬가지로 헤게모니 행사와 구축 과정이다. 대아에서 소아로 분리를 도모하는

세력은 대아의 입장에서 보면 분열적인 세력이다. 그러나 분리를 도모하는 세력은 그보다 '더 작은 소아들'을 따로 모아서 하나의 우리(소아)를 형성한다. 이소아는 더 작은 소아들을 자신의 헤게모니 아래 통합함으로써 만들어진 것이다. 이 과정을 원래의 대아의 입장에서 보면 분열 내지 분리의 과정이지만, 아주 작은 소아의 입장에서 보면 또 다른 대아(원래의 대아보다는 작지만)로의 통합 과정이다.

분리와 통합은 소아와 대아처럼 상대적인 개념이며, 분리-통합은 하나의 연속적인 과정으로 보아야 한다. 분리-통합은 소아와 대아가 스스로를 '우리'로서 동시에 구축하려는 과정이다. 즉 '분리-통합'은 '큰 우리'와 '작은 우리' 사이의 헤게모니 투쟁이다. 또는 '큰 우리'를 형성하려는 주도세력인 소아1과 그 하위세력인 소아2 사이의 헤게모니 투쟁이다. 큰 우리는 상대적으로 외연이 넓은 대아로의 큰 통합을 추구하며 구심력을 구축하려 한다. 작은 우리는 상대적으로 외연이 좁은 소아로의 작은 통합을 추구하며, 이는 대아의 입장에서 보면 분리를 추구하는 원심력의 원천이 된다. 아비헤투의 시각에서 볼 때 세계 곳곳의 분리-통합을 둘러싼 갈등은 이러한 '큰 우리 대 작은 우리' 또는 '구심력 대 원심력' 또는 '구심력 대 원심력1 대 원심력2', 또는 '구심력1,2,3,⋯n 대 작은 구심력1,2,3,⋯n' 사이의 헤게모니 투쟁이다. 따라서 분리-통합의 중심에 단위 설정의 문제가 핵심을 차지하고 있다.

이와 같은 통합과 분리의 개념은 가치중립적인 개념이다. 즉 '통합=좋은 것' '분리=나쁜 것'이라는 가치판단을 전제하지 않는다. 이는 기존의 국제통합 이론이 갖는 규범적 정향과 다르다. 신기능주의 통합이론의 효시인 하스(Haas 1971, 4)가 언명한 것처럼, 지역통합을 연구하는 주된 이유가 바로 국제평화를 도모하는 규범적인 지향점에 있다. 반면에 아비헤투 관점에서 사용하는 분리와 통합의 개념은 이러한 규범적 전제를 담지 않는다. 분리와 통합은 단순히 우리 외연의 축소와 확대를 뜻할 뿐이다.

우리사회에는 통합을 좋은 것으로 보고 분리를 부정적인 것으로 보는 경향이 강하다. '뭉치면 살고 흩어지면 죽는다'는 생각이 강하다. '뺄셈의 정치'를 나쁜 것으로 보고 '덧셈의 정치'를 좋은 것으로 보는 경향도 강하다. 공적인 것을 집단적인 것으로 사적인 것을 개인적인 것으로 공과 사를 구분하고, 공익을 추구하면 바른 정치이고 사익을 추구하면 그릇된 정치라고 보는 경향도 강하다.

하지만 나는 공과 사의 구분이 그렇게 명확하지 않다고 본다. 당파성의 보편화가 헤게모니 수립이다. 굳이 따지자면, 헤게모니가 수립된 만큼 헤게모니 세력의 당파적 이익과 가치(관)가 보편적인 이익과 가치(관)로 받아들여진다. 당파성은 사적이고 보편성은 공적이다. 당파성의 보편화는 사적인 것이 헤게모니를 구축하는 정도만큼 공적인 것이 된다는 뜻을 담고 있다. 아렌트(1996, 85)가 강조하는 공과 사를 가르는 깊은 '심연'은 존재하지 않는다.

한마디로 나는 소아에서 대아로의 통합이 반드시 '정치적 선'인 것은 아니라고 본다. 소아에서 대아로의 통합이 소아를 억압하는 방향으로 이루어질 수 있기 때문이다. 정치적 선은 소아에서 대아로의 통합이라는 아와 비아의 만남의 외연보다는, 헤게모니 방식 즉 아와 비아의 만남의 방식에 더 많이 좌우되는 것으로 보아야 한다. 만남의 방식은 홀로주체적 방식과 서로주체적 방식으로 나뉜다. 다른 조건이 같다면, 서로주체적 헤게모니 방식을 지향하는 것이 정치적 선이며, 소아에서 대아로의 자아확대 즉 통합이 반드시 정치적 선인 것은 아니다. 이 같은 가치중립적인 분리−통합 개념은 통합을 이질성의 감소와 동질성의 증대로 보는 기존의 사회통합론적 개념과 다르다(자세한 논의는 김학노 2011; 2018a). 남북한의 통합을 논할 때도 민족 '동질성'의 회복을 추구하지 않는다. 동질성을 강조하는 것은 홀로주체적 통합이 될 가능성이 농후하며, 나는 남과 북 사이에도 서로의 차이를 인정하고 수용하는 바탕 위에서 서로주체적 통합을 지향해야 한다고 생각하기 때문이다(김학노 2018).

이렇게 분리−통합 개념을 정의하고 나서 1장의 <그림 7>을 다시 보자. <그림 7>은 아와 비아 또는 집단(지역)과 집단(지역), 국가와 국가, 또는 집단(지역)과 국가 사이의 분리와 통합의 유형을 서로 만남의 깊이와 만남의 방식을 기준으로 생각해본 것이다. 수평축은 만남의 깊이, 수직축은 만남의 방식이다. 만남의 깊이는 '우리'의 층위를 나타낸다. 너와 내가 만나서 공동의 '우리'가 발전하면 통합이 많이 진척된 것으로, 너와 내가 공유하고 있는 공동의 '우리'가 희미하면 통합의 정도가 약해지고 분리가 심해진 것으로 이해한다. 완전한 '분리' 상태는 나와 너, 또는 우리와 그들이 각각 별개의 개체로서 존재하는 상태다. 완전한 '통합'은 나와 너, 또는 우리와 그들이 만나서 하나의 새로운 우리 즉 큰 우리(大我)를 만든 상태다. 분리의 차원에서는 아와 비아가 공유하는 대아가 없고, 통합의 차원에서는 아와 비아가 대아의 구성원으로 '절합'되어 있다.

분리와 통합은 물론 기본적으로 연속적인 개념이다.

<그림 7>에서 한 가지 유의할 점이 있다. <그림 7>은 아와 비아의 만남의 방식과 깊이만을 기준으로 하고 있으며 만남의 외연은 고려하지 않는다. 여기서 혼동이 있을 수 있는 것은 '통합'의 개념이 외연과 내포의 두 측면을 가지고 있기 때문이다.[17] 앞에서 통합은 소아에서 대아로 자아가 확대되어 큰 우리를 만드는 과정이나 그러한 상태라고 정의했다. 이렇게 정의할 때 수평적인 차원에서 얼마나 많은 소아들이 참여하는지가 통합의 외연에 해당한다. 자아확대의 과정에서 소아들이 대아의식과 제도를 얼마나 내면화했는지는 통합의 수직적 차원 즉 내포에 해당한다. 앞의 정의가 통합의 외연의 측면을 중시했다면, <그림 7>은 통합의 외연은 보지 않고 내포만 고려하고 있다. 동일한 숫자의 소아들이 대아로 통합하는 경우, 통합의 외연(수평적 차원)은 고정되어 있지만 통합의 내포(수직적 차원)는 다를 수 있다. <그림 7>의 수평축은 만남의 깊이를 표시하는 것으로서, 고정된 숫자(외연)의 소아들 사이에서 대아가 얼마나 발전하였는지 통합의 수직적 정도만을 고려하는 것이다. 가장 단순하게는 소아1(아)과 소아2(비아)의 두 행위자의 관계로 생각하면 된다.

이상에서 살펴본 분리－통합의 개념은 단위 (재)설정을 통한 아와 비아의 구분, 혹은 우리의 (재)형성의 문제에 닿아 있다. 분리－통합은 단위 설정의 문제로서 그 자체로 헤게모니 투쟁을 분석하고 이해하는 데 중요한 개념이다. 여기서 분리－통합 개념은 지역 단위나 공간 단위에 국한되어 있지 않다. 분리－통합 개념이 남북한과 같은 지역적, 공간적 분리－통합 문제에 적용될 수 있는 것은 물론이고, 비공간적 영역에도 얼마든지 적용 가능하다. 가령 정당 정치에 있어서 정당들 사이에 일어나는 분리와 통합 문제, 족류 집단들을 민족으로 엮는 통합이나 민족이 소수민족들 즉 족류 집단들로 나뉘는 것과 같은 다양한 사회세력의 분리와 통합, 사회운동세력들의 분리와 통합 문제 등 사회 전반의 헤게모니 투쟁에 적용할 수 있는 개념이다.

---

17) 또 한가지 혼동을 줄 수 있는 점은 통합의 내포와 외연이 연결된 지점이다. 이 책의 3장 2절에서 설명했듯이, 통합의 외연은 실은 통합의 내포와 연결되어 있다. 다만, 논의의 단순화를 위해서 우리의 외연과 내포 사이의 역동적 연결성을 접어두고, 우리의 외연은 우리를 구성하는 소아(작은 우리)들의 수라고 상정한다.

그림 13 분리−통합 경로의 요인 및 영향

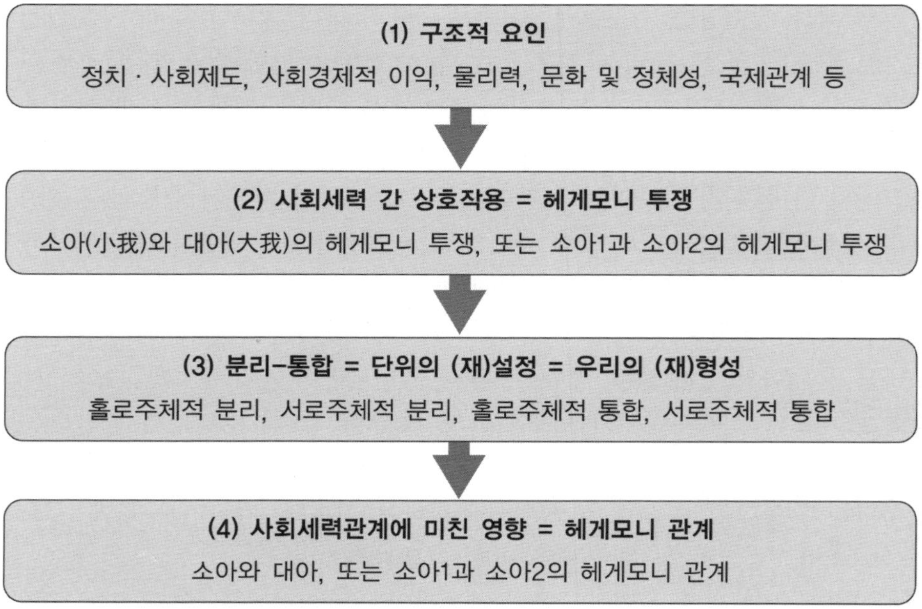

---

(1) 구조적 요인

정치 · 사회제도, 사회경제적 이익, 물리력, 문화 및 정체성, 국제관계 등

⬇

(2) 사회세력 간 상호작용 = 헤게모니 투쟁

소아(小我)와 대아(大我)의 헤게모니 투쟁, 또는 소아1과 소아2의 헤게모니 투쟁

⬇

(3) 분리−통합 = 단위의 (재)설정 = 우리의 (재)형성

홀로주체적 분리, 서로주체적 분리, 홀로주체적 통합, 서로주체적 통합

⬇

(4) 사회세력관계에 미친 영향 = 헤게모니 관계

소아와 대아, 또는 소아1과 소아2의 헤게모니 관계

<그림 13>은 분리−통합을 헤게모니 투쟁과 연결하여 분석하는 하나의 분석틀이다. 이 분석틀은 분리−통합 즉 단위의 (재)설정을 아비헤투와 연결시키고, 단위 (재)설정에 의한 우리의 (재)형성을 중심으로 그 전과 후의 인과관계를 연구하게끔 해준다. 이는 크게 두 단계로 나눌 수 있다. 첫째, 우리의 (재)형성(<그림 13>의 (3))을 기준으로 해서 그 이전의 단계들은 우리의 형성이 홀로주체적 분리/통합−서로주체적 분리/통합의 어떤 유형으로 귀결되는지를 본다. 주어진 구조적 요인들(1)을 바탕으로 사회적 행위자들이 어떻게 헤게모니 투쟁을 전개해서(2) 그 결과로 특정 유형의 분리나 통합(3)이 나오는지 분석한다. 둘째, 특정 형태의 우리 형성(3)이 사회세력들 사이의 헤게모니 관계에 미치는 영향(4)을 분석한다. 헤게모니 투쟁은 아와 비아 사이의 세력관계에 의해서 영향을 받지만, 그 투쟁의 결과가 또 역으로 아와 비아의 세력관계를 재편성하는 영향력을 발휘한다. 요컨대, 분리−통합은 단위의 (재)설정이자 우리의 (재)형성이며, 그것은 헤게모니 투쟁 및 헤게모니 관계의 결과

이자 원인인 것이다.

　　다양한 세력의 헤게모니 투쟁의 결과 단위가 설정된다. 즉 우리 자체가 재설정된다. 그런데 이것이 또 다양한 세력들 사이의 헤게모니 투쟁에 영향을 미친다. 해방 이후 남과 북의 분리를 예로 들면, 아래 <그림 14>처럼 간단하게 그 경로를 그려볼 수 있다. 여기서 해방정국은 한반도에서 분리−통합의 유형을 정하는 데 있어서 '결정적 국면'으로 간주되었다.

그림 14　남과 북의 분립

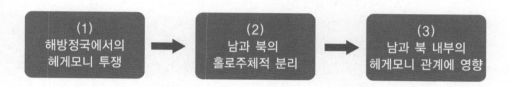

이를 아주 간략하게 논의하자면 다음과 같다.

- (1)⇨(2): 해방정국에서의 헤게모니 투쟁 ⇨ 남과 북의 홀로주체적 분리

　　해방 후 한반도에는 다양한 균열구조가 중첩적으로 존재했다. 그 중 특히 민족 갈등 (민족 vs. 반민족＝친일), 계급 갈등 (지주 계급 vs. 농민), 이념 갈등 (좌익 vs. 우익), 국제적 갈등 (미국 vs. 소련) 등이 중요한 갈등으로 충돌했다. 결과적으로 남과 북이 분리된 점에 비추어서 보자면, 남과 북 각각의 단정 지향 세력과 통일국가 수립 지향 세력 사이의 대립이 가장 중요한 것으로 보인다. 이는 '분리주의 vs. 통합주의'의 대결이며, 단위 설정의 문제다. 즉 남과 북 각각을 하나의 단위로 우리를 구축하려는 세력과 남북을 합친 겨레를 단위로 우리를 구축하려는 세력 사이의 헤게모니 투쟁이 가장 중요하였다. 남과 북 사이의 헤게모니 투쟁이 아니라, 남과 북 각각의 소아주의와 남북한을 합친 대아주의 사이의 헤게모니 투쟁이 가장 중요했던 것이다. 결과는 결국 남과 북 각각의 소아주의가 승리하였다.[18]

---

18) 한편, 남(소아1)과 북(소아2) 각각의 소아주의 세력은 각자의 지리적 공간에 존재하면서 서로 소통할 필요가 없이 헤게모니를 구축할 수 있는 반면에, 대아주의 세력이 헤게모니를 수립하기 위해서는 남과 북 사이의 소통이 반드시 필요하였다. 남과 북 사이

이 헤게모니 투쟁은 대단히 홀로주체적인 방식으로 전개되었고 그 결과도 홀로주체적 방식이 우세하게 되었다. 과정과 결과 모두에서 홀로주체적 방식이 우세한 분리가 된 것이다. 이 헤게모니 투쟁은 우선 남과 북 각각의 공간에서 전개되었으며, 남과 북 각각의 내부에서도 홀로주체적 방식이 지배적으로 전개되었다. 즉 한반도 전체를 무대로 하는 공간이 형성되지 않았고, 상호 합의가 아닌 일방적 방식으로 분리가 전개되었다. 모스크바 삼상회의의 결정에 따라 임시정부를 수립하였다면, 또 이를 위한 미소공동위원회가 성공했다면, 한반도 전체를 포함하는 정치적 공간이 형성될 가능성이 있었다. 하지만 이는 현실화되지 않았다. 남과 북을 연결하는 정치적 공간을 만들어보려는 김구와 김규식의 남북협상 시도도 성공하지 못했다. 결국 남과 북의 분립은 남과 북 각각의 정치적 공간 안에서 전개된 헤게모니 투쟁의 결과였다. 남한의 단정 노선에 반대하는 제주 4·3 사건과 같은 대항 헤게모니 운동이 벌어졌지만, 이는 강압적으로 진압되었다. 이와 같은 홀로주체적 헤게모니 행사는 남과 북 각각의 내부뿐 아니라 남과 북 사이의 관계에도 영향을 주었다.

해방 후 남과 북의 분리는 홀로주체적 분리의 유형에 해당한다. 여기서 특별히 강조할 점이 있다. 무엇보다도, 남과 북은 분단국가가 아니다. 남북은 하나의 국가가 두 개 분단국가로 쪼개져서 만들어지지 않았다. 외세에 의해서 나뉜 것 못지않게 서로 갈라선 측면도 강하다(신복룡 2006, 58). 원래 하나였던 것이 두 개로 갈라지기보다는 처음부터 두 개의 국가로 갈라섰다. 이는 여러가지 차원에서 홀로주체적인 분리에 해당한다. 첫째, 대아와 소아의 관계 차원에서 홀로주체적이다. 대아가 아예 성립하지 못했다. 소아의 일방적 성립에 따른 대아의 미성립에 해당한다. 이는 대아가 성립되었다가 소멸된 것이 아니다. 해방 후 대아가 형성조차 되지 못했으므로 대아가 소멸될 수 없었다. 문승익의 개념을 빌리자면, 남북한을 합친 가칭 '통합한국'은 공동주체로 수립된 적이 없는 비체(非體)에 불과하다. 둘째, 소아와 소아의 관계 차원에서 홀로주체적이다. 남과 북은 서로 상대방을 동등한 주권 국가로 인정하지 않고 절멸과 통합의 대상

에 소통이 자유롭고 원활하지 못한 해방정국에서 대아주의 세력이 그만큼 헤게모니 경쟁에서 불리했다고 볼 수 있다. 물론 민족(주의)적 감정은 대아주의 세력에 유리한 점이었으나, 소아주의 세력의 민족 내부 적대(감) 전선 형성에 맞서서 대아주의가 민족(주의) 감정에만 호소하는 데에는 분명한 한계가 있었다. 이 점은 이예인(영남대학교 정치외교학과 학생)씨로부터 배웠음.

으로만 생각했다. 북한에서는 남한을 미 제국주의에 의해 지배 받고 있는 식민지로, 남한에서는 북한을 불법적으로 우리의 영토를 강점하고 있는 괴뢰로 보았다. 셋째, 소아 내부의 차원에서 홀로주체적이다. 남북 모두 각각의 내부에서 상대방을 인정하거나 지지하는 세력을 용인하지 않았다. 아 속의 아와 비아가 뚜렷이 구분되었다. 이때 아 속의 비아는 아 밖의 비아와 연결된 존재로 규정되었다.

• (2)⇨(3): 남과 북의 홀로주체적 분리 ⇨ 남과 북 내부의 헤게모니 관계

남과 북의 홀로주체적 분리는 해방정국에서 여러 사회세력의 헤게모니 투쟁의 결과 귀결한 도착점이자 새로운 출발점이기도 하다. 즉 남과 북의 단독정부 수립이라는 홀로주체적 분리는 남북한 사이의 관계에 그리고 남과 북 내부에 있는 사회세력들 사이의 헤게모니 관계에 영향을 미쳤다. 먼저, 한반도 전체를 하나의 정치적 공간으로 하는 단위가 존재하지 않았다. 이는 통합주의(통합 한국이라는 대아주의)의 패배로 인한 당연한 결과이다. 남과 북 각각의 단독정부의 수립은 한반도를 하나의 무대로 하는 정치적 공간의 부재를 뜻했으며, 특히 그 구심점이 될 수 있는 중심의 소멸을 의미했다. 통합한국의 중심이 될 만한 서울과 평양을 남과 북이라는 소아들이 각각 차지함으로써 통합한국의 구심점이 공간적으로 위치할 수가 없었던 것이다. 이는 통합한국의 수립을 더욱 가로막는 구조적 제약이다.

다음으로, 남과 북 각각의 내부에서 통합주의 세력의 헤게모니가 현격하게 약화되고 분리주의의 헤게모니가 강화되었다. 이는 소아를 단위로 하는 우리 건설의 박차로 나타났다. 남한의 예만 들어보자. 제주 4.3 항쟁을 통해 남한의 단독정부 수립에 반대하는 인민의 목소리가 나타났지만, 이는 소아주의 즉 분리주의 세력에 의해 진압되었다. 여순 10·19 사건을 계기로 남한 내 친북 세력은 물론 서로주체척 통합주의 세력이 모두 빨갱이라는 이름 아래 소탕의 대상이 되었다. 반공을 이데올로기로 하는 소아 분리주의의 강화는 반공을 체화한 남한 소아 단위의 우리를 만듦으로써 아와 비아의 구분을 명확히 하고 비아를 적대시하였다. 비아와 동조하거나 타협하려는 아 속의 다양한 세력들은 모두 아 속의 비아로 처분의 대상이 되었다. 한국전쟁의 발발 직후 수십만 명의 국민보도연맹원들이 학살당한 것이 그 예다. 체제 내 통일담론을 억압한 것도

우리의 단위에 대한 논의 자체를 하지 못하게 함으로써 우리 단위의 재설정을 원천 봉쇄하는 것이었다. 요컨대, 남한에서는 '국민'(소아)이 '민족'과 '인민'을 대체하였다.

　위의 <그림 13>은 하나의 분석틀에 불과하다. 분석틀에 그치는 가장 근본적인 이유는 이론이 없기 때문이다. 구조적 요인들 중 어떤 것이 중요하게 작동하는지, 헤게모니 투쟁의 결과를 좌우하는 요인들이 무엇인지 등에 대한 내 나름의 이론이 제시되어 있지 않다. 물적 구조와 제도가 어떻게 변화하고 행위자에게 어떤 영향을 주는지에 대한 이론이 없다. 또한 누가 중요한 행위자인지, 그 행위자들이 주로 어떤 동인에 의해 어떻게 움직이는지와 같은 행위(자) 이론도 없다. 이는 한편으로 의도적인 것이다. 나는 내 자신의 행위자 이론, 행위 이론, 구조 이론 등을 제시하지 않음으로써 이 분석틀이 널리 사용될 수 있기를 희망한다. 이 분석틀은 정당, 사회세력, 지역, 국가, 계급 등 다양한 행위자들에 대해서 다양한 구조의 흐름 속에서 여러 문제 영역에 적용할 수 있다. 그야말로 열려 있는 분석틀이다.

제5장   우리 형성의 헤게모니 행사 방식

인간은 고립되어 존재하지 않는다. 인간은 언제나 다수의 집단에 동시에 속해 있는 '집단적 인간(collective men)'이다(그람시 1993, 162).[1] 나는 너와 별개로 독립되어 존재하지 않으며, 우리 안에 존재한다. 너와 내가 속해 있는 우리는 다층적이고, 다양한 중심 세력들이 서로 자신의 헤게모니를 행사하고 수립하기 위해 경쟁한다. 너와 내가 속해 있는 집단(들)은 고정되어 있지도 않고 공허하지도 않다. 다양한 층위에서 다양한 세력들이 그 집단에 자신의 공기를 채우기 위해 투쟁하고 있다. 그 헤게모니 투쟁 안에서 살고 숨 쉬면서 개별 인간은 개인 이전에 먼저 집단적 인간으로 형성된다. 인간은 진공 속에 태어나고 사는 것이 아니라 다양한 세력들의 헤게모니 행사와 투쟁으로 가득한 시공간 속에서 살며 그런 헤게모니의 영향을 받는다. 개인의 개별성은 현존하는 관계들의 총체이며 이 관계들의 역사의 종합이기도 하다(그람시 1993, 198-199).

소아1과 소아2가 지도세력으로 서로 경쟁하고, 소아3,4,5…n이 하위세력으로 존재한다고 가정하자. 이때 소아1과 소아2의 헤게모니 투쟁은 각각 자신을 중심으로 한 우리를, 즉 (소아1을 중심으로 하는) 대아1이나 (소아2를 중심으로 하는) 대아2를 만드는 경쟁이다. 이들은 각각 상대방과 또 다른 비아들(소아3,4,5,…n)

---

1) 그람시는 여기에서 더 나아가서 인간이 다른 사람들뿐 아니라 자연과 더불어 있음을 강조한다. 인간이 다른 사람과 단순한 병렬 관계에 있는 것이 아니라 그들과 이루는 집단 속에서 존재하며, 또 자연과도 유기적 관계 속에 있다는 것이다(그람시 1993, 198).

을 자신을 중심으로 한 큰 우리(대아1이나 대아2)에 통합하려고 한다. 지도세력인 소아1의 관점에서 볼 때 소아2는 경쟁자이자 비아이며, 소아3,4,5…n 등은 관중이자 언제든지 자신과 경쟁할 수 있는 비아이기도 하다. 소아1과 소아2의 헤게모니 투쟁은 경쟁자와 관중을 대상으로 각각 자기 자신을 중심으로 하는 대아1과 대아2를 수립하는 투쟁이다. 소아1과 소아2 중에서 소아3,4,5,…n의 관중을 누가 많이 자기 편으로 확보하느냐에 따라, 또는 누가 더 많이 그리고 깊이 자기를 중심으로 하는 대아1이나 대아2를 구축하는 데 성공하느냐에 따라, 소아1과 소아2의 헤게모니 투쟁의 승패가 좌우된다. 헤게모니 투쟁은 곧 비아를 아로 만드는 쟁투다.

   이 장에서는 우리 즉 공동주체를 몸—마음—행동이라는 세 가지 존재차원으로 나누어서 비아를 아로 만드는 데 있어서 헤게모니가 어떻게 행사되는지 살펴본다. 앞의 4장이 아와 비아의 구분을 (재)설정하는 것이라면 이번 5장은 아와 비아의 구분을 전제하고 비아를 우리로 만드는 것이다. 물론 이는 개념상의 전제일 뿐이다. 실제로 4장에서 다룬 아와 비아의 구분과 이번 5장에서 다룰 우리 형성은 서로 얽혀 있다. 본격적인 논의에 앞서 두가지 사항을 강조한다.

   먼저, 헤게모니 투쟁은 여러 분야에서 여러 차원에 걸쳐서 전개되므로 그 중심세력을 하나의 고정된 실체로 특정하기 어렵다. 자본주의, 권위주의, 가부장주의, 남성우월주의, 인종주의, 학벌주의, 지역주의, 능력주의, 특정 종교 근본주의 등 다양한 종류의 헤게모니가 여러 분야와 영역에 중첩적으로 행사되고 있다. 하나의 지배세력이 온갖 종류의 헤게모니를 마치 하나의 모나드처럼 행사하는 것이 아니다. 이에 대한 대항 헤게모니도 일원적이지 않다. 다양한 분야에서 서로 다른 행위자들이 대항주체를 형성하고 대항 헤게모니를 행사하고 구축한다. 논의의 단순화를 위해서 소아1과 소아2 사이의 헤게모니 투쟁이 전개되는 것으로 가정했지만, 소아1과 소아2 자체가 고정되어 있지 않다. 그들의 구성이나 성향, 지향점 등도 끊임없는 투쟁의 결과 재구성되고 변화한다. 대아를 구축하는 헤게모니 투쟁이 소아 내부에서도 벌어지고 있는 것이다. 이 장에서는 아와 비아의 구분을 전제로 한다고 했지만, 이때 아와 비아 자체가 고정된 불변의 것들은 아니다. 동일한 개체나 집단이 때로 아로 때로 비아로 존재한다. 또한, 소아1이나 소아2와 같은 행위자들이 직접 나서지 않은 상태에서 지배세력의 당파적 이익과 가치관을 보편화하는 제도를 통해 헤게모니가 일상적으로 행사될 수도 있고, 보다 근본적으로 자본주의 체제나 국제체계와 같은 구조적 차원에서 행사될 수도 있다. 따라서 헤게모니 행사 및 투쟁의 특정 주체를 명시하기 어려울 수 있다. 푸코(1990, 106–116; 1994, 56–57) 식으로 얘기하면 헤게모니는 도처에 편재해 있으며, 헤게모니 투쟁과 행사를 진두지휘하는 하나의 고정된 '참모본부(headquarter)'는 없다. 사회 곳곳의 미시적 네트워크 속에 헤게모니 장치들이 존재한다. 이런 구조 속에서 나와 너는 헤게모니 행사의 대상이면서 동시에 그 전달자이자 실행자이기도 하다. 가부장주의와 권위주의 그리고 그에 맞서는 페미니즘의 헤게모니 투쟁 속에서 한 가족의 가장인 나는 가부장주의 헤게모니에 젖은 대상이기도 하지만 동시에 내가 그 헤게모니 실천의 수행자일 때도 있다.

다음으로, 헤게모니가 행사되는 방식이나 수단을 모두 포괄적으로 살필 수는 없다. 헤게모니가 행사되는 방식이나 수단 및 기술은 너무나 다양하여서 그 목록을 작성하는 작업은 끝이 없다. 국가와 시민사회의 다양한 장치들이 헤게모니 행사를 위해 사용되며, 인간의 창의성은 끝이 없어서 헤게모니 행사의 수단을 총괄 정리하는 것은 사실상 불가능하다.[2] 나는 그와 같은 작업이 무의미하다고 생각하지는 않지만, 내가 그런 작업을 할 생각은 없다. 여기서는 그와 같은 포괄적인 목록 작성보다는, 지배 헤게모니와 대항 헤게모니들이 우리 즉 공동주체(성)의 여러 존재 차원에서 어떻게 작동하는지를 살피는 데 초점을 둔다. 몸, 마음, 행동의 세 차원에서 헤게모니와 대항 헤게모니들이 작동하는 모든 방식을 여기서 전부 포괄할 수는 없다. 각각의 차원에서 대표적인 사례들을 중심으로 간략하게 살펴본다.

문승익은 자신이 구분한 존재 차원에 따라 상대방의 주체성을 억압하고 '속체화'하는 방식을 체계적으로 이론화했다. 그는 자체의 존재차원을 자기행동, 자기의지, 자기의식, 단위의식, 물체의 다섯 가지로 나누었다. 이 중 물체 차원을 제외한 나머지 네 차원에서 상대방의 주체성을 와해하는 대표적인 속체화 기제를 (1) 행동의 규제 (2) 의지의 마비 (3) 의식의 기만 (4) 단위의식의 조절 등 네 가지로 논한다(문승익 1970, 41–70).[3] 이 중 '단위의식의 조절'은 앞 장

---

2) 그런 시도의 예로 그린·앨퍼스(2009)나 페퍼(2011)를 보라.

3) 이들은 외적 요인에 의한 주체성의 붕괴에 해당한다. 문승익은 이에 더하여 자신의 내

에서 단위 설정의 문제를 논의할 때 이미 다루었다. 여기서는 나머지 세 가지를 내가 새롭게 구분한 몸-마음-행동이라는 공동주체성의 세 차원으로 나누어 검토하고 내 나름대로 더욱 발전시키고자 한다. 다시 반복하지만, 몸-마음-행동을 구분하지만 이들은 서로 밀접히 연결되어 있다. 따라서 특정 존재 차원에서의 논의가 다른 존재 차원에도 해당할 수 있으며, 같은 현상을 다른 차원에서 중복해서 볼 수도 있다.

행동의 규제, 의식의 마비, 의식의 기만 등 문승익이 여러 존재차원에서 밝힌 속체화 방식들은 주로 부정적이고 억압적인 헤게모니 행사 방식이다. 이들을 계승 발전시킴에 있어서 나는 헤게모니의 부정적이고 억압적인 측면뿐만 아니라 좀더 긍정적이고 생산적인 측면도 함께 고찰하고자 한다. 헤게모니는 행동을 규제할 뿐 아니라 만들어내고, 의지를 마비시킬 뿐 아니라 생성하며, 의식을 기만할 뿐 아니라 왜곡하고 형성한다. 억압과 아울러 적극적인 생성의 측면이 함께 있는 것이다. 이 둘은 사실 배타적이지 않다. 억압과 생성은 긴밀히 연결되어 있다. 부정적인 측면과 긍정적인 측면, 금기의 측면과 허용의 측면이 서로 얽혀서 맞물려 있다. 억압과 형성, 부정과 긍정을 함께 봐야 하는 이유다.

1. 행동 차원

행동의 차원에는 행위와 의지 두 층위가 포함된다. 앞에서 논의했지만 의지를 행동의 차원으로 분류하는 것이 통념과 어긋날 수 있다. 대체로 우리는 행동을 몸의 외적 움직임으로 이해한다. 하지만 몸과 마음은 밀접히 연결되어 있으며, 넓은 의미의 행동은 몸의 내적 움직임과 마음의 움직임까지 포함한다.[4] 의지는 마음먹기 즉 마음의 움직임이다. 몸의 움직임이 행위이고, 마음의 움직

적 요인에 의한 주체성의 붕괴도 별도로 분석한다(문승익 1970, 71-88 참조).

4) 이런 뜻에서 식물도 행동할 수 있다. 일반적으로 말해서 식물은 한 곳에 뿌리를 내리고 있기 때문에 이동(exit) 옵션이 없다. 따라서 식물은 몸의 외적 움직임이라는 좁은 뜻에서 행동을 하기 어렵다. 하지만 식물은 내외 환경의 변화를 감지하고 그 정보처리에 입각해서 내부 신호전달체계에 변화를 가져옴으로써 생장 방식을 달리하거나 영양소 배분에 변화를 가져온다. 이것이 궁극적으로 식물의 몸에 변화를 가져온다. 즉 식물은 내적 움직임이라는 뜻에서 행동을 할 수 있다(몽고메리 2022, 26 참조).

임이 의지다. 우리가 무언가를 행동으로 옮길 때 우리의 몸과 마음이 같이 움직여야 한다. 특히 공동주체는 공동의 마음을 정하기 위해 복잡한 의사결정과정을 거친다. 의사결정 자체가 중요한 공동 행위에 해당한다. 의지를 행위와 함께 행동 차원으로 가져온 이유다.

(1) 행위

• 행위의 집단적 성격

우리의 행위가 집단 차원의 성격을 가지고 있음을 먼저 논하고 그에 대한 헤게모니 행사 방식을 살펴보자. 인간의 행위는 집단의 영향을 받는다. 미국의 주류 정치학은 방법론적 개인주의와 합리적 선택 접근에 입각해서 개인들이 독자적으로 자기 자신의 합리적 선택에 따라서 개별적으로 행동한다고 본다. 하지만 자기가 스스로 선택했다고 생각하는 개별적 행위도 집단의 영향을 받는다. 개별 행위에 대한 집단의 영향은 여러 실험으로 밝혀져 있다. 널리 알려진 애쉬(Asch)의 동조 실험을 보자. 애쉬의 동조에 대한 실험은 6명의 피험자 집단 중 5명이 사전 각본대로 이상한 행동을 할 때 나머지 1명이 이 행동에 동조하는지 여부를 검사했다. 실험 대상자 6명에게 하나의 직선을 보여주고 다른 세 개의 직선 중에서 그것과 같은 길이의 직선을 고르도록 한다. 이 중 한 명을 제외한 나머지는 틀린 직선을 선택하도록 사전에 지시를 받았다. 실험 결과, 사전 모의에 가담하지 않은 한 명이 자신이 맞다고 생각하는 직선 대신에 다른 사람들이 선택한 직선을 선택하는 '동조' 현상을 보이는 경우가 많았다(밀그램 2009, 172-174). 우리는 각자 행동을 할 때 다른 사람들의 행동에 신경 쓰면서 자신의 행동을 거기에 맞추는 경향이 있는 것이다.

비슷한 맥락에서 밀그램은 사람들이 부당한 지시에 복종하는 여부를 실험했다. 이 실험에서는 기억과 학습이라는 가짜 실험을 마치 진짜인 것처럼 꾸며놓고, '선생' 역을 맡은 피실험자에게 '학습자' 역을 맡은 사람이 틀릴 때마다 전기충격을 가하도록 했다. 학습자 역을 맡은 사람은 사전 공모자이고, 선생 역을 맡은 사람만 진짜 실험 대상자다. 실험 결과, 선생 역을 맡은 피실험자가 학습자에게 전기충격을 가하지 않을 것이라는 예상을 깨고, 65%에 달하는 피실험자가 전기충격을 가하라는 밀그램의 말에 복종하였다. 밀그램은 이 실험을 다양하게 변조하여 진행했는데, 부당한 지시에 많은 사람들이 복종한다는 결과를 얻었다.

> "놀라운 것은 평범한 사람들이 실험자의 지시에 너무나 기꺼이 따른다는 점이다. 실제로, 실험의 결과는 놀랍고도 당혹스럽다. 많은 피험자들이 스트레스를 느끼고 실험자에게 항의를 하지만, 상당수의 피험자가 전기충격기의 마지막 단계까지 계속한다"(밀그램 2009, 30).

밀그램의 실험은 많은 평범한 사람들이 아무런 적대감 없이도 상부의 지시에 따라 타자에게 해를 입히는 파괴적 행동을 수행한다는 사실을 보여준다. 이 같은 복종은 권위주의가 아니라 '권위'에 대한 복종이다. 즉 권위 있는 자, 정확하게는 권위 있다고 여겨지는 자의 요구에 보통 사람들은 복종하는 경향이 강한 것이다. 그 요구 사항이 설령 자신의 도덕적 기준에 어긋나는 경우에도, 민주주의 사회에서도, "합법적인 권위자가 명령한다고 자각하는 한 많은 사람들은 행위의 내용이나 양심의 통제와 무관하게 그들이 들은 대로 한다"(밀그램 2009, 267). 복종이 권위자에 순종하는 반면, 동조는 동료들을 따라하는 점에서 차이가 있다. 하지만 복종과 동조는 모두 사람들이 각자 합리적 판단에 따라 개별적으로 행동한다는 합리적 선택 접근과 거리가 멀다. 우리의 개별적 행동은 집단적 영향으로부터 자유롭지 않은 것이다.

집단 내 행동은 전염이 된다. 비근한 예로 하품을 들 수 있다. 내가 하품을 하는 행위는 나의 신체 리듬에 의해서만 아니라, 옆 사람의 하품 행위에 의해서도 영향을 받는다. 웃음도 전염된다. 집단 내 또는 집단 간 행위의 전염 및 전파에서 핵심적인 기제는 모방이다. 타르드의 『모방의 법칙』에 따르면, 모든 사회적 행위는 '발명' 아니면 '모방'이다. 모방은 기본적으로 '반복'이지만 반복은 '변이'를 수반한다. 모방이 창의적인 혁신으로 이어질 수 있는 까닭이다(타르드 2012, 29-42). '베르테르 효과'에서 보듯이, 심지어는 자살도 모방을 한다. 요컨대 개인 차원의 행위는 집단 속에서 모방을 통한 전염의 영향을 받는다.

행위의 전염성이 강한 이유는 우리가 기본적으로 집단적 인간이며 긴밀한 네트워크로 연결되어 있기 때문이다. 크리스태키스와 파울러(2010, 52-57)는 밀그램의 '6단계 분리'론에 더하여 '3단계 영향 규칙'을 제시한다. 밀그램에 따르면, 6단계를 거치면 세상 모든 사람들이 연결될 수 있다. 우리가 사는 지구는 '작은 세상'인 것이다.[5] 3단계 영향 규칙에 따르면, 우리가 하는 말과 행동이 우리의 네트워크를 통해 친구(1단계), 친구의 친구(2단계), 친구의 친구의 친구(3단계)에게까지 영향을 미친다. 예를 들어 한 사람이 투표하는 행위는 평균 세 사람을 추가로 투표장으로 이끈다고 한다(크리스태키스 · 파울러 2010, 278-287). 개인이 투표에 참여하는 행위가 혼자서 결정하는 게 아닌 셈이다. 이는 투표 행위를 독립적인 개별 행위로 연구하는 합리적 선택 접근의 방법론적 개인주의에 근본적인 도전을 제기한다. 투표율이 높거나 낮은 현상은 독립된 개인들이 합리적으로 결정한 결과의 합이 아니다. 개인들이 각자 판단하고 개별적으로 행위하더라도, 그들은 집단 속에서 존재하며 집단의 영향을 받는 행동을 한다.

• 행위의 규제와 형성

문승익은 행동의 차원에서 상대방을 속체화시키는 방법으로 '행동의 규제'를 제시한다. 행동의 규제는 문승익이 구분한 존재차원 중 가장 표층적인 차원에서 상대방에게 영향력을 행사하는 방법이다. 문승익에 따르면, 여기에는 강압과 이익(유인 incentives)의 두 가지 방법이 있다. 강압은 '박탈'에, 유인은 '탐닉'에 의거한다. 문승익이 제시한 예를 가져오면, 문학지망생이 부모의 학비의 박탈(위협)에 의해 법대에 진학하는 경우와 부모의 재산상속을 탐닉하여 법대에 진학하는 경우가 각각 강압과 유인에 해당한다. 강압과 유인으로 인한 비아의 동조는 각각 '순응'과 '영합'의 형태로 나타난다(문승익 1970, 41-43).

'행동의 규제'는 행위를 금지하거나 제약하는 부정적인 모습만 있는 것은 아니다. 좀더 긍정적이고 생산적인 방향으로도 헤게모니가 작동한다. 행위의 제약과 허용, 금지와 생산은 밀접히 연결돼 있다. 엄격한 가부장제 사회에서 부엌일은 여성의 일로 남자에게 금지되어 있고, 제사는 남성의 일로 여자에게는 부분적으로만 허용된다. 금지와 허용, 제약과 생산이 사실상 맞물려 있는 것이다. 행위 차원에서 헤게모니는 특정 행위를 규제하거나 금지하면서 동시에 경우에 맞게 적절한 행위를 하도록 길들이는 역할을 한다. 우리는 자기가 속한 집

---

5) 김범준은 이와 관련하여 재미있는 설명을 한다. 사람들의 평균 친구 수, 일명 '던바의 수(Dunbar's number)' 150명을 100명으로 어림해 계산하면 2단계에 1만명, 3단계에 100만명, 4단계에 1억명, 5단계에 무려 100억 명과 연결된다. 5단계만에 지구 상 총 인구수를 넘는 사람들과 연결될 수 있는 것이다. 이중 나와 내 친구 사이에 겹치는 친구들이 있다는 사실을 감안해도 대략 6-7단계 만에 전세계 사람들과 연결될 수 있다는 계산이 나온다(김범준 2020, 19-24).

단(계급, 신분, 직업, 학생-선생과 같은 관계 부류 등)에 '맞는' 행위를 하도록 사회화되고 길들여진다. 어른 앞에서 담배를 피우지 못하고, 윗사람과 술을 마실 때 몸을 돌리거나, 존칭을 쓰는 등 행위의 조율은 '예절'이나 '매너'라는 이름으로 일상생활에서 준수되고 반복되며 깊숙이 뿌리내린다. 자신이 속한 집단이나 계급에 따라 예절이나 매너, 몸가짐이 다르고, 이것이 어릴 때부터 몸에 배고 익혀진다. 이는 지배계급과 피지배계급 사이의 계급간 차별과 구별짓기의 징표가 될 뿐만 아니라, 지배계급 내에 분파들 사이에서도 '분류투쟁'의 근거가 된다(부르디외 2006, 346; 부르디외 2006a, 566-568, 836-868). 동시에 스콧이 강조하듯이, 이와 같은 지배적인 예절에 대한 저항과 전복도 일상생활에서 수시로 일어나고 시도된다(Scott 1985; 1989; 1990). 지배 헤게모니와 저항 헤게모니의 대립이 우리 일상의 곳곳에서 벌어지고 있는 것이다.

문승익이 분석한 강압과 유인의 기제는 각각 갈브레이드(Galbraith)가 '강압적 권력(condign power)'과 '보상적 권력(compensatory power)'으로 명명한 권력 양식에 해당한다. 갈브레이드는 이 두 유형에 더하여 '조건화된 권력(conditioned power)'이라는 제3의 권력 유형을 구분한다. 강압적 권력이 물리적·정신적 고통 즉 '징벌'이나 그 위협을 사용하고, 보상적 권력이 이익이나 '보상' 즉 유인을 통해 행사하는 반면, 조건화된 권력은 사람들에 내면화된 신념을 통해서 본인의 선호가 실현되는 방식으로 행사된다. 강압적 권력이나 보상적 권력에 비해 조건화된 권력은 깊이 우리 몸 속에 스며들어 있어서, 자신이 지배에 복종하고 있다는 사실 자체를 의식하지 못한다(갈브레이드 1984, 18-20). 헤게모니는 세 번째 즉 조건화된 권력 유형을 분석하는 데 특히 유용하다.[6] 여기서는 그의 세 가지 권력 유형에 따라 행위의 규제와 형성을 살펴보자(권력 개념 전반에 대해서는 신병식 2017, 363-398 참조).

먼저, 강압적 방식에 의한 행위의 규제와 형성이다. 강압적 방식은 사회 곳곳에 만연해 있다. 익히 알려져 있듯이 베버(2013, 110)는 근대국가가 영토 내에서 정당한(합법적인) 폭력을 독점하고 있다고 정의했다. 합법적 폭력을 독점한

---

6) 문승익은 행동의 규제를 주로 강압적 권력과 보상적 권력으로 이해하지만, 그가 포착한 의지의 마비와 의식의 기만(및 단위의식의 조절)은 대부분 '조건화된 권력'으로 볼 수 있다. 문승익은 이 점에서 상대를 우리(편)로 만드는 데 단순한 강압과 보상을 넘어서 더 깊은 생각을 할 수 있게 한다. 다만 그의 통찰이 갖고 있는 잠재력이 충분히 발휘되지 않아 보인다.

근대국가는 국민을 상대로 직접 국가폭력을 휘두른다. 이 명백한 사실을 우리는 잊고 지내는 경향이 있다. 광주항쟁 당시 국가가 국민을 향해 총을 쏠 수 있다는 데 많은 국민들이 놀랐지만, 한국전쟁기 민간인 학살의 상당부분이 우리편 국가의 폭력에 의한 것(홍순권 외 2012)이라는 점을 생각하면 놀라운 일이 아닐 수 있다. 2009년 쌍용자동차 노조원들의 농성 진압에서 자행된 경찰특공대의 무자비한 진압은 "어떻게 국가권력이 노동자를 이토록 무자비하게 다룰 수 있는가"라는 생각을 하게끔 만든다. 그러나 우리 현대사에서 이와 같은 국가폭력의 노골적인 행사는 비일비재한 일이며, 용산참사나 쌍용자동차 진압은 "한국전쟁기 군경의 토벌작전이 아주 부드러운 형태로 지속된 양상"에 불과하다(김동춘 2013, 37-48).

국가는 직접 국가폭력을 휘두를 뿐만 아니라, 사회 곳곳의 사적인 영역에서 사적인 행위자에 의한 폭력 사용을 용인한다. 그 결과 그람시가 '정치사회'라고 부른 '좁은 의미의 국가'가 합법적 폭력을 독점하고 있어 보이지 않는다. 하지만, 국가와 시민사회의 구분은 그람시가 강조하듯이 어디까지나 방법론적인 구분일 뿐이며(Gramsci 1996, 182), 실제로 국가와 시민사회는 서로 침투해 긴밀하게 연결되어 있다. 그람시는 "국가=정치사회+시민사회, 즉 강압의 갑옷으로 보호받는 헤게모니"(Gramsci 2007, 75) 또는 "국가=독재+헤게모니"(Gramsci 2007, 117)라고 공식화하여 이 둘의 상호침투를 강조한다. 나아가 그는 국가가 교육자의 역할을 하는 측면을 '윤리적 국가'라는 개념을 사용하면서 강조한다(Gramsci 2007, 338; 그람시 1999, 291, 305-306). 좁은 의미의 헤게모니 즉 동의의 구축이 시민사회뿐 아니라 법과 재판소 같은 국가기구를 통해서도 이루어지듯이, 합법적 강제력 행사도 국가뿐 아니라 시민사회 곳곳에 만연해 있다.

19세기 말에서 20세기 초에 미국의 고용주들이 사용한 사설경비군 핑커톤(Pinkerton)의 사례에서 보듯이 사적 영역이라고 할 수 있는 곳에 합법적인 폭력이 편재해 있다. 오늘날 한국사회에서 소위 민간 '용역'이라는 이름의 철거반이나 '구사대'가 국가권력과 별개로 (보다 정확하게는 '나란히') 강제력을 행사한다(펄트 2016, 72-166). 이처럼 국가를 대신해서 폭력을 행사하는 준경찰기구는 해방직후부터 우리사회에 널리 존재했다. 1946년 10월항쟁이나 1948년 4·3사건에서 민간인 학살에 앞장선 것도 군경과 함께 서북청년회 같은 우익 청년단체 즉 사적 행위자였다. 구사대나 용역이 국가기관일 수는 없다. 하지만 그들은 버젓

이 경찰과 나란히, 경찰의 비호를 받으면서, 적나라한 폭력을 휘두른다. 그들의 폭력은 합법적이다. 국가가 사실상 이들을 의지하고 이용하고 있기 때문이다. 폭력의 합법성을 판단하는 최종 결정권을 여전히 국가가 독점하고 있는 데에는 변함이 없는 것이다. 또 다른 예로, 학교나 기업 또는 정당이나 사회 단체 등에서 행사하는 징계권을 들 수 있다. 국가 차원에서 법원이 처벌을 내리듯이, 사회의 각 기관에서 자체적으로 징계를 내릴 수 있다. 합법적 강제력이 국가에 의해서 사실상 독점되어 있지 않은 것처럼 보인다. 그러나 이 같은 시민사회의 사적 기관들의 징계권은 어디까지나 국가의 강제력인 법에 바탕을 두고 있다. 합법적 폭력의 국가 독점이라는 베버의 정의는 여전히 유용하다. 다만 국가의 합법적 강제력이 시민사회에 깊숙이 침투해 있는 것이다.

다음으로, 보상적 권력에 의한 행위의 규제와 형성이다. 이는 좁은 의미의 순수한 헤게모니의 핵심에 속한다. 그람시는 어떤 계급이 헤게모니를 수립하기 위해서 다른 계급이나 집단에게 '희생'과 '양보'를 할 필요가 있다고 한다(그람시 1999, 180). 주도적 집단이 다른 집단에게 '지도적' 위치를 수립하기 위해서는 그들의 이해관계와 가치관을 고려하여 적절히 양보하고 끌어안는 자기 희생이 필요하다. 비아에게 보상을 제공함으로써 아가 바라는 행동을 끌어내는 경우, 그 보상만큼 아로서는 희생과 양보를 한 셈이다. 부르주아 계급이 자기의 단기적 이익을 극대화하기보다는 빈곤층과 중산층을 위한 복지국가를 수립하고 보편적인 복지를 제공하는 것은 아(부르주아)의 희생과 양보를 통해 비아(민중)에게 보상을 제공함으로써 비아를 우리 편으로 만드는 헤게모니 행사 방식이다. 즉 물적 보상과 양보는 당파성을 보편화시키는 핵심 기제의 하나다. 자신의 이익을 희생하는 것은 곧 보상을 통해 비아의 행위를 아의 행위에 조율시키는 방법이다.

끝으로, 행위 차원에서 깊숙이 뿌리내린 헤게모니는 우리의 몸과 마음에 깊이 배어 '조건화된 권력'을 이룬다. 지배 헤게모니는 사람들의 몸과 마음에 깊이 새겨 있다. 윗사람 앞에서 몸을 돌려 술을 마시는 행위는 거의 자동적이다. 술을 마시면서 몸을 돌리는 행위가 바람직하지 않으니 그러지 말자고 여러 차례 얘기를 해도 학생들은 그 버릇을 잘 고치지 못한다. 몸에 그 행위가 깊이 배어 있기 때문이다. 우리 몸은 이처럼 헤게모니에 의해 '길들여져' 있다. 인종주의, 반공주의, 권위주의 등등 몸에 길들여진 헤게모니의 예는 얼마든지 있다.

권혁범(1999)은 우리들의 몸 속에 '반공주의 회로'가 얼마나 깊숙이 일상적으로 형성되고 뿌리내려 있는지 잘 보여준다. 나도 모르게 흑인 무리 앞을 지나칠 때 몸이 위축되고 마음이 불안해지는 내 모습을 보곤 한다. 이는 영화나 책 등을 통해 백인 우월주의와 그것이 내포하고 있는 흑인에 대한 공포감이라는 인종주의가 내 몸 속에 깊이 뿌리내려 있기 때문이다. 이런 면에서 행위의 차원에서 조건화된 권력은 몸과 마음에 깊이 뿌리내린 헤게모니 행사의 결과 나타난다.

행위의 차원에서 특히 주목할 부분은 이른바 '자기검열'이다. 자기검열은 스스로 자기의 행동을 타자의 입장이나 관점에서 판단하고 그에 맞추는 것이다. 이는 강압에 의할 수도 있고 보상을 포함한 유인에 의할 수도 있으며, 자기도 모르는 사이에 어느새 자기 몸에 새겨진 조건화된 권력에 의한 것일 수도 있다. 특히 '팬옵티콘(panopticon)'이 보여주듯이, 이때 강압적 방식은 반드시 물리적이거나 가시적일 필요가 없다. 감시주체가 없이 감시체계만으로도 충분히 강압적 장치를 작동시키고 자기검열을 하도록 할 수 있다(벤담 2019; 라이언 2014 참조). 타자의 입장이나 관점에서 자기 자신의 행위를 판단하고 그에 맞춰서 스스로 행동하는 자기검열은 자신이 아닌 타자의 의지에 맞추는 것이다. 이 점에서 자기검열은 단순히 행위의 층위에만 머물지 않고 의지의 층위와도 연결된다. 아래 인용한 어느 실직자의 사람 회피 행위는 사회(집단)의 보이지 않는 시선에 의한 자기검열을 잘 보여준다.

"실직자라는 이름을 달고 다니는 것이 얼마나 힘들고 수치스러운 일인지 아는가? 외출할 때 나는 완전히 열등감에 젖어 시선을 밑으로 깔고 다닌다. 길을 걸을 때 나는 자신이 보통사람들의 발뒤꿈치에도 못 미치며 모든 사람들이 나에게 손가락질하는 것처럼 느껴진다. 나는 나도 모르게 사람 만나기를 기피한다"(고프만 2018, 37에서 재인용).

우리사회에서 지배적 행위 억제 기제인 '빨갱이' 사냥이나 '종북' 몰이는 극심한 자기검열을 조장한다. 자기검열은 자기부정으로까지 이어질 수도 있다. 『빨갱이의 딸』의 저자인 정지아는 어려서부터 엄마로부터 "넌 남하고 달라. 말 한마디 함부로 해서는 안 된다. 세상 욕하지도 말고 공산주의 같은 거 꿈에라도 알 생각 말아라"(정지아 2005, 33)라는 말을 지겹도록 들으며 자랐다. 이러한 자기검열의 부정적 헤게모니를 극복하지 못할 경우 그것은 자기부정과 자기혐오로 이어질 수 있다.

행위의 규제와 형성이 곧 비아를 우리(편)로 만든 것으로 볼 수 있는지 의문이 들 수 있다. 속으로는 나에 대한 적개심을 가지고 있으면서 겉으로만 나의 뜻에 따르는 행동을 하는 경우 과연 우리(편) 형성이라고 할 수 있는가?

　　공동주체성의 차원을 몸, 마음, 행동의 여러 차원으로 나누어 생각하는 것의 한 가지 장점은 이와 같은 문제를 고민할 필요가 없다는 점이다. 속으로는 적개심을 가지고 있으면서 겉으로만 우리 편인 것처럼 행동하는 경우, 즉 우리 차원의 공동의 행위에 참여하거나 공동의 내부 역동적 밀도에 참여하는 경우, 그 행위자의 속마음이야 어찌되었든 행동의 차원에서는 우리 편이 된 것으로 볼 수 있다. 속마음을 얻지 못하고 행동의 차원에서만 우리 편이 되게 하는 것도 엄연히 우리 편 만들기에 해당한다. 그것이 행동 차원에 그치는 상당히 피상적인 헤게모니인 것으로 이해하면 된다. 가령 뒷골목에서 폭력을 사용하거나 폭력을 사용하겠다고 위협하여서 특정 노동자를 그의 의사에 반하여 노조에 가입시켰다면, 당사자의 마음과 무관하게 행위의 차원에서 그는 우리 편 즉 노조원이 된 것이다. 한국이 내키지 않음에도 불구하고 미국의 강압과 회유에 의해 이라크 전쟁에 참전하였다면, 속마음과 상관없이 행위의 차원에서 미국과 같은 편이 된 것이다. 조건화된 권력을 제외하면, 강압이나 보상 때문에 우리 편으로 행위하던 비아가 강압이나 보상의 수단이 작동하지 않으면 더 이상 우리 편이기를 그칠 수 있다. 이는 행위 차원에서의 우리 편 만들기가 그만큼 효과적이지 못함을 의미한다. 이 점에서 단순히 행동의 차원에서 비아의 행동을 규제함으로써 아의 편으로 만드는 것은 비아에게 아의 자기규정을 부과하기 위해서 쓰이는 가장 원시적인 최후의 방법이다(문승익 1970, 43).

　　그러나 다른 한편으로, 마음이 따르지 않는 행위도 대단히 엄중한 의미를 가질 수 있다. 사랑의 언약(식)은 사랑하는 마음이 식더라도 연인 사이의 관계를 유지해줄 수 있다. 고문에 의해 허위자백을 한 사람은 그로 인해 고문보다 더 심한 고통을 받을 수 있다. 마음으로부터 진정으로 자백한 것이 아니고 고문 때문에 어쩔 수 없이 자백을 했어도 그 행위가 가져오는 파장이 클 수 있는 것이다. 마음으로부터 깊이 우러나오는 진정성 있는 사과와 달리 마음을 담지 않은 사과라 할지라도 용서를 구하고 사과하는 행위는 화해의 정치를 위해 대단히 중요하다. 특정 정당이 속 마음과 달리 서민들의 편이 되겠다고 말로만 약속을 해도 그것이 그 정당의 추후 행동반경을 제약할 수 있다.

보다 엄중한 경우는 자신의 마음에 어긋나는 행위를 함으로써 오는 자책과 자기부정의 깊은 모멸감이다. 허위자백을 하는 사람은 무력 앞에 자신이 결국 굴복했으며 자신의 중요한 양심을 저버렸다는 생각을 하게 된다. 이와 관련하여 우리 역사에서 아마 '전향'만큼 엄중한 것도 없을 것이다. 전향은 자신이 살아온 과거를 부정하고 앞으로 자신의 기존 생각을 버리고 사회의 지배세력이 원하는 대로 살겠다는 언명을 하는 의례 행위다. 끝까지 전향서 쓰기를 거부한 장기수들은 자기 자신을 지키기 위해 마음에 없는 언명을 하지 않는 선택을 고수하는 것이다. 1949년 국민보도연맹을 만들어서 문화인들로 하여금 전향서를 쓰게 했는데, 그것을 쓴 사람들은 그 속마음과 상관없이 '변절' 행위를 한 셈이다. 이는 단순히 행위 차원에 머물지 않는다. 글이나 말로 하는 자기부정은 당사자의 몸과 마음을 송두리째 뿌리뽑는 행위가 아닐 수 없다(조은정 2018 참조).

(2) 의지

• 의지의 집단적 성격

행위와 마찬가지로 개인의 의지도 집단의 영향을 받는다. 의지 차원에서 가장 핵심적인 '욕구'의 측면에 집중해서 이 점을 살펴보자.

인간의 본성은 고정되어 있지 않으며, 집단의 영향을 받는다. 인간은 백지 상태로 태어나지 않는다. 오랜 진화의 결과 축적된 특정한 성질을 가지고 태어난다(최재천 2008). 태어날 때 갖고 있는 특성을 인간의 본성이라고 한다면, 인간의 본성은 사악하거나 이기적이지 않다. 오히려 "자연 선택에 의해 만들어진 [인간의] 특성들은 풍부하고 다양하며, 일반적으로 생각하는 것보다 훨씬 더 낙관적인 사회적 성향을 포함하고 있다"(드 발 2017, 73). 사회생물학에서는 인간의 이타성과 상호부조 성향을 집단적 진화론의 관점에서 설명한다(박만준 2008; 정상모 2008).[7] 진화와 함께, 인간의 본성은 역사적으로 형성된 사회관계의 영향을 받으며 그 속에서 변화한다. 인간은 "역사적으로 규정된 인간" 즉 "일정한 조건, 다시 말하여 특정한 사회적 복합체, 또는 사회관계의 총체 속에서 성장하고 살아가는 인간"으로서만 존재한다. 그람시가 강조하듯, "인간성은 역사적으로

---

7) 이와 관련하여 게임이론으로 인간의 이타적 본성의 진화를 설명하는 작업으로 최정규 (2009)를 보라.

규정된 사회관계들의 총체성이[다].” 변하지 않는 고정된 ‘인간성(human nature)’
이란 존재하지 않는다(그람시 1993, 202; 1999, 144, 288; 1996, 150; 2007, 185–187).[8]

　　우리의 개인적인 욕구도 객관적으로 주어진 고정된 것이 아니다. 개인의
욕구도 인류 (또는 영장류) 전체의 진화 역사와 인간의 사회적 집단 관계에 의해
서 형성된다. 자기계발을 열심히 하는 나의 욕구는 자유의지에 의한 것 같지만,
사실상 신자유주의 경제체제와 그 이데올로기 및 이를 실행하는 지식인들에 의
해서 조종되고 형성된 것이다(서동진 2009). 근사한 해외여행을 원하는 나의 욕
구도 자연적인 욕구이기보다 여행산업과 소비자본주의가 만들어낸 욕망이다(하
라리 2015, 173). 내가 무엇을 원하거나 좋아하는 나의 취향과 안목도 순전히 개
별적인 것이 아니다. 취향이나 안목은 “태어나면서 타고난다”는 말은 이데올로
기 즉 허위의식에 불과하다. 그것은 “모든 이데올로기 전략이 그렇듯이 실질적
인 차이를 **자연화하고=본성화하고***naturalize*, 문화획득양식의 차이를 본성*nature*의
차이로 전환시키”는 것이다(부르디외 2006, 135. 강조는 본문). 우리는 각자 태어난
가정 속에서 자라면서 일상생활 속에서 특정한 취향과 안목에 노출되고 익숙해
지며 길들여진다. 나의 취향이나 안목은 천성적으로 타고나는 것도 아니고 내
가 스스로 독자적으로 원한다고 쉽게 만들 수 있는 것도 아니다. 나는 내가 속
한 집단이나 계급에 의해서, 그 지배세력의 헤게모니 실천들에 의해서 구성된
욕구와 취향을 갖는다(부르디외 2006, 131–137). 욕구를 포함하여 내가 원하고 의
지하는 것이 나의 개별적인 의지이기 이전에 내가 속한 사회구조와 집단의 영
향을 받으면서 구성된다.

　　행위가 전염되듯이 의지도 전염되며, 집단적으로 행위를 불러일으킬 수 있
듯이 의지도 불러일으킬 수 있다. 탐욕이나 열정 모두 감염될 수 있다. 우리는
다른 사람들과 연결되어 있기 때문에, 그리고 다른 사람들에게 관심을 갖고 ‘공
감(empathy)’ 하도록 진화했기 때문에(드 발 2017), 무엇을 할지 선택할 때 다른
사람들의 행복도 고려한다. 우리가 갖는 욕구의 중요한 원천의 하나가 바로 주
위 사람들의 욕구다. 즉, “우리는 자신과 연결된 다른 사람들이 원하는 것을 원

---

8) 그람시는 ‘본성(nature)’이 고정된 것도 객관적인 것도 아니라고 본다. ‘자연적(natural)’
　이라는 말은 우리의 현재의 역사적 의식의 기준에서 즉 우리의 ‘본성’의 기준에서 정당
　하고 정상적인 것을 의미한다. 따라서 ‘인간의 본성(human nature)’이라는 말 자체가
　사실 모순이다. 인간성은 곧 사회적 관계의 총체이기 때문이다(Gramsci 2007,
　320–321).

한다"(크리스태키스 · 파울러 2010, 341). 의지가 전염되고 전파될 수 있는 이유다. 욕구는 전염될 뿐만 아니라 확산시킬 수도 있다. 지도자나 지도세력은 여러가지 방법으로 높은 성취 열정을 주변에 퍼뜨린다. 사회나 집단에서 욕구를 만들어내고 확산시키는 대표적 기제가 바로 광고와 선전이다. 광고와 선전은 단순히 정보를 제공하는 데 그치지 않고 새로운 필요를 만들어내고 사람들로 하여금 이를 원하게(욕구하게) 만든다. 욕구 생성과 확산 방식은 상당히 발달하여서 오늘날에는 알고리즘에 의한 맞춤형 광고 방식까지 등장했다. 여러 방식으로 나의 욕구를 확인하고 이를 바탕으로 연관된 욕구를 만들어내고 확산한다. 욕구는 집단적으로 의식하지 못하는 가운데 만들어지거나 확산되기도 한다. 경제학을 전공하는 학생들은 합리성 가정을 내면화하여 이기심이 보편적이고 합리적이라고 스스로 믿고 그렇게 원하게 된다. 경제학의 전파에 따라 이처럼 이기주의적 욕구를 장착한 사람들이 많아지고 이기주의적 탐욕이 전염 · 확산된다(크라비츠 2019, 118-123).

• 의지의 마비와 형성

문승익은 목적설정의 차원에서 상대방을 속체화시키는 방법으로 '의지의 마비'를 든다. 의지의 마비는 비아로 하여금 아가 바라는 대로 의지하게끔 비아의 의욕구조를 조절하는 과정 및 그 결과다. 문승익은 사람의 '내적 요구'를 (1) 필요 (2) 욕구 (3) 가치의 세 가지로 나눈다. '필요'는 (자신의 욕구와 상관없이) 자신의 존재를 유지하기 위해서 요구되는 것이고, '욕구'는 필요를 넘어서 자신이 원하는 것이며, '가치'는 자신의 존재와 무관하게 객관적으로 존재한다. 이 구분에 따르면, 필요는 객관적 요구, 욕구는 주관적 요구에 해당한다.[9] 문승익에 따르면, 의지의 마비는 비아 내에 가짜 필요를 산출하는 '욕구의 필요화'와 거짓 가치를 산출하는 '욕구의 가치화'를 통해 이뤄진다. 아가 비아의 욕구를 조종하

9) 이러한 구별이 절대적인 것은 아니다. 문승익에 따르면, 존재 자체에 의해 요구되는 필요성은 자신이 그것을 추구하지 않더라도 객관적으로 존재한다. 반면에 욕구는 자신이 그것을 추구하지 않으면 더 이상 요구되지 않는다. 의식주는 모든 사람에게 필요한 것이지만, 밍크코트, 산해진미, 아방궁은 필요가 아니고 욕구다(문승익 1970, 44-46 참조). 하지만 문승익이 '욕구의 필요화'와 '욕구의 가치화'를 논하는 것에서 알 수 있듯이 욕구와 필요의 경계는 유동적이다. 모든 사람에게 필요한 의식주는 절대적 의미에서 특정한 수준으로 정할 수 없다. 밍크코트와 산해진미가 욕구가 아니라 필요가 될 수도 있다.

여 아의 필요와 가치를 비아가 욕구하게끔 만드는 것이 의지의 마비다(문승익 1970, 43-49). 아의 입장에서 설정한 목적을 비아에게 '보편화'하고 '절대화'하는 데 이것이 비아의 의지를 마비시키는 과정이다(문승익 1970, 79). 아의 당파적 욕구의 보편화가 곧 비아의 의지의 마비인 셈이다.

앞에서 문승익의 논의를 단순화해서 필요와 욕구를 각각 객관적 이익과 주관적 이익으로 보고, 자기 자신의 이익(필요와 욕구)을 추구하고 자신의 가치를 지향하는 만큼 의지의 차원에서 주체성이 수립되는 것으로 보았다. 문승익의 정의에 따르면, 이익(필요+욕구)과 가치 중 욕구만이 주관적인 것이고 필요와 가치는 자신의 주관과 무관하게 객관적으로 존재한다. 그러나 현실에 있어서 개인의 이익과 가치는 물론이고 집단이나 공동체의 공동이익과 공동가치는 객관적으로 주어져 있지 않다. 이들은 객관적 발견의 대상이 아니라 사회적 투쟁과 구성의 대상이다. 설령 객관적 이익과 가치가 있을지라도 그것이 공동의 이익과 가치가 되려면 그러한 것으로 사람들에게 받아들여져야 한다. 즉, 이익(필요+욕구)과 가치 모두 단순히 객관적으로 존재해서 발견하면 되는 것이 아니라, 공동체 내부에서 사회적으로 공동의 이익과 가치로 구성되어야 한다. 이익과 가치, 그것에 입각한 의지의 형성이 헤게모니 투쟁의 영역이 되는 이유다.

행위의 규제가 행위의 형성과 긴밀히 연결되어 있는 것처럼, 의지의 마비도 의지의 형성과 밀접하게 연결되어 있다. 의지의 마비 및 형성을 위한 헤게모니 투쟁과 행사는 여러 방식으로 진행될 수 있다. 이를 문승익을 따라서 욕구, 필요, 가치의 세 측면으로 나누어서 살펴보자.

첫째, 욕구의 형성이다. 비아가 원하는 것 즉 그 욕구를 마비, 조정, 형성함으로써 아가 원하는 것을 비아 스스로 원하게끔 할 수 있다.[10] 선진 산업사회에서 개인들은 자신이 제어할 수 없는 외적인 구조적 힘에 의해서 '거짓된' 욕구를 갖게 된다. 이러한 '타율적' 욕구는 "개인을 억압하는 것이 이득이 되는 특정의 사회적 세력이 개인에 대하여 부과하는 욕구"라는 의미에서 '거짓된 욕구'

---

10) 욕구의 배출구를 특정 영역으로 열어놓음으로써 새로운 욕구 창출과 함께 특정 욕구의 억압을 동시에 꾀할 수 있다. 스포츠와 섹스, 스크린이라는 전두환 정부 시절의 3S 정책이 바로 여기에 해당한다. 여기에는 욕구의 억압과 허용이 함께 맞물려 있다. 단순히 욕구를 억압하는 것보다 일정 방향으로 배출하도록 유도함으로써 특정 욕구의 허용을 통해 다른 의지를 마비하는 것이다. 방탕한 생활에 빠진 인민은 민주화라는 고급 의지가 마비된다.

다(마르쿠제 2009, 51). 거짓된 욕구는 개인에게 사실상 강요되고 있다.

> "이 사회에는 낭비물의 생산과 소비를 요구하는 압도적으로 강한 욕구, 노동이 더 이상 실제로는 필요하지 않은 곳에서도 감각을 마비시킬 정도로 일하려는 욕구, 이 마비를 경감하고 지연시키는 갖가지 기분전환을 추구하는 욕구, 이를테면 관리가격에 의한 자유경쟁, 자율로 검열하는 자유 언론, 상표와 상업광고 사이의 자유로운 선택에서 보여지는 기만적인 자유를 유지하고 싶다는 욕구 등이 사회 통제에 의해 강요되고 있다"(마르쿠제 2009, 54).

소비 욕구의 예를 들어보자. 자본주의 사회는 끊임없이 욕구를 창출하고 욕구를 필요화한다. 명품 소비는 이 같은 '욕구의 필요화'의 전형적인 사례다. 보통의 사람들에게는 명품이 필요가 아닌 사치라고 생각되겠지만, 명품에 목을 매는 당사자들에게는 명품이 단지 사치품이 아니라 반드시 필요한 필수품일 수 있다. 음식값을 아끼면서까지 명품을 구입하는 쇼핑 행위는 단지 소비를 위한 것이 아니라 자신의 정체성을 보여주는 행위이기도 하다. 오늘날 소비사회에서 사물은 사용가치와 교환가치 뿐 아니라 자신의 신분을 드러내주는 상징가치와 기호가치를 갖기 때문이다. 우리는 이미 소비가 자신의 생활방식(life style) 즉 신분이나 정체성을 나타내는 상징적 의미를 갖는 경제 생활을 하고 있다. 이 같은 경제사회에서 소비는 단순한 물질주의 이상의 상징주의와 긴밀히 얽혀 있는 것이다(Anderson 1997, 189).[11] 정체성의 유지가 단순히 욕구가 아니라 필요한 것이라면, 정체성 유지를 위한 소비는 이미 욕구의 필요화 과정을 지난 단계라고 할 수 있다.

부르디외가 강조하는 '취향'도 자신의 신분을 드러내는 구별짓기의 기제로 작동한다. 부르디외는 문화적 취향을 계급 지배의 핵심 매개물로 본다. 미적 성향을 포함하여 취향은 사람들 사이의 차이를 드러내주고 구별해준다. 취향이 비슷한 계급의 사람들을 묶어주고 이들을 다른 계급과 구분시켜 준다. 사람들은 자신의 취향을 '자연스러운' 것으로, 다른 취향을 "비자연적이며 따라서 타

---

11) 지배세력은 "**쓸데없는 낭비**(wasteful expenditure)를 통해 자신들의 우월성을 확인"(보드리야르 1999, 48. 강조는 원문)할 뿐만 아니라, 때로는 '과소소비'를 통해서 자신을 다른 사람들과 구별한다. 즉 단순히 소비 그 자체가 아니라, '소비양식'이나 스타일이 서열 관계와 지위를 상징하는 하나의 사회적 기호로 작용한다(보드리야르 1999, 69-70, 80-81).

락한 것"으로 느낀다. 이는 "다른 취향에 대한 공포감"이나 혐오 감정으로 이어진다. 취향으로 대표되는 "다른 생활에 대한 혐오감은 각 계급을 갈라놓고 있는 가장 강력한 장벽"이 된다(부르디외 2006, 114-115). 문화적 취향은 제도권 교육뿐만 아니라 이보다 더 중요하게 가정과 같은 사적 공간에서 습득되는 상징적 권력이다. 지배세력은 끊임없이 새로운 고급문화를 만들어내고 소비함으로써 그들을 모방하는 하위세력과 '구별 짓기'를 계속한다(공진성 2009, 107-121; 신진욱 2004, 12-17).

보드리야르가 강조하듯, 욕구는 '위에서 아래로' 흘러간다. 즉 지배세력의 고급문화를 대중들이 모방하고 소비한다. 욕구가 반대의 방향으로 흐르는 경우는 거의 없다. 상류계급의 고급 취향이 담긴 재화나 욕구는, 상류계급이 소비와 구별 짓기의 기제로 사용한 다음 아래로 흘러서 대중에게 유포된다.[12] 대중문화 즉 아래로 흐른 욕구는 더 이상 커다란 '차별효과'를 갖지 못한다. 상류계급의 구별 짓기를 위해서 다른 차별적인 취향이나 재화가 이전의 것을 대체한다(보드리야르 1999, 83-84). 이 같은 '위에서 아래로'의 흐름은 모방의 일반적인 현상이다. 타르드에 따르면, 모방은 (1) "안에서 밖으로" 그리고 (2) "위에서 아래로" 향한다. 먼저, 모방은 사람의 '안에서 밖으로' 전개된다. 즉 생각이나 의지(욕구)의 모방이 먼저 일어나고 행동의 모방은 그 이후에 이루어진다. 다음, 모방은 위에서 아래로 즉 상류사회에서 하류사회로 흐른다. 하위집단이 상위집단을 모방하는 것이 그 반대의 경우보다 훨씬 많다. 타르드는 모방이 '우월성'과 '사회적 거리'에 비례한다는 사실을 발견했다. 즉 사람들은 자신과 가까운, 우월한 상대를 모방한다(타르드 2012, 255-308).

요컨대, 구별 짓기로서의 문화적 취향과 모방의 하향 흐름은 대중들의 욕구를 창출하는 중요한 기제다. 욕구의 형성은 지배세력의 의도적인 조작이나 행동을 필요로 하지 않을 수도 있다. 하위세력이 상위세력의 욕구를 모방하기 때문이다.

"의지가 감동이나 확신과 함께 심리 상태 중에서 가장 전염되기 쉽다는 것을 부정할 수 있는가? 활기차고 권위적인 사람은 약한 사람들에게 저항할

12) 취향의 '위에서 아래로'의 전파는 국제적인 차원에서도 일어난다(홍성민 2009, 36-38 참조). 국제 차원에서 '중심에서 주변으로'의 취향의 전파는 '위에서 아래로'의 흐름 현상과 어긋나는 것이 아니라 오히려 일치하는 것이다.

수 없는 영향력을 행사한다. 그는 약한 사람들에게 그들에게 없는 것, 즉 방향을 제공한다. 그에게 복종하는 것은 의무가 아니라 욕구다. 모든 사회적 관계는 그렇게 해서 시작된다. 복종은 요컨대 믿음의 자매다. 사람들은 그들이 믿는 이유와 똑 같은 이유에서 복종한다. 그들의 믿음이 어떤 사도의 믿음의 방사인 것과 마찬가지로, 그들의 활동은 어떤 지도자의 의지의 전파에 불과하다. 지도자가 원하거나 원한 것을 그들도 원한다"(타르드 2012, 259).

인민들이 놀라울 만치 폭정을 묵묵히 참고 받아들이는 한 가지 이유가 바로 여기에 있다. 인민들은 강압적으로 통치되기보다 자발적으로 복종하는 경향이 강하다. 저항을 할 수 없어서 안 하는 게 아니라 저항을 원하지 않는 것이다. 권위에 대한 복종은 '자발적' '욕구'인 셈이다(라 보에티 2004, 13－19).

둘째, 필요의 생성이다. 문승익은 필요를 객관적인 요구로 보았지만, 객관적 필요도 사회적으로 형성되는 것이다. 단적으로 말해서, 필요에 의해서 발명이 이루어지는 것이 아니라, 거꾸로 발명에 의해서 필요가 만들어진다. 타르드가 비너(Wiener)의 말을 빌려 말하듯이, 부끄러움을 가릴 필요 때문에 옷이 발명된 것이 아니라, 반대로 옷을 입기 때문에 그 결과로서 부끄러움이 생기고 그것을 가릴 필요가 생긴 것이다(타르드 2012, 142). 마르쿠제는 선진 산업사회가 될수록 개인의 필요와 욕구 자체가 사회의 생산기구들에 의해서 결정될 정도로 전체주의화 하는 경향을 띤다고 주장한다(마르쿠제 2009, 42). 비아가 자신에게 무엇이 필요한지 또는 무엇이 자기의 이익인지에 관하여 아가 원하는 대로 생각하거나 느끼게끔 할 수 있다.

우리 사회가 '필요'로 하는 것이 무엇인가에 대한 보수와 진보 진영 사이의 담론투쟁을 예로 들어본다. 지배세력과 그 분파들은 자신들의 주도가 사회 전체의 이익이 된다는 논리를 전개하기 위해 핵심 이슈를 개발한다(레이코프·로크리지 연구소 2007, 55－60). 박정희가 내걸었던 '근대화' 프레임, '개발'과 '성장' 프레임 등이 대표적 예다. 이에 대해 대항 세력들도 대안 이슈들을 제시한다. '성장 vs. 복지'의 프레임 전쟁, 무상급식을 둘러싼 '보편적 복지 대 선별적 복지'의 논쟁 등이 모두 우리의 공동 이익을 정의하는 헤게모니 행사이자 투쟁이다. '개발 대 복지' 논쟁, 또는 그것의 발전본이라 할 수 있는 '성장우선론' 대 '분배우선론'의 담론투쟁을 살펴보자. 보수세력은 개발이 사회 전체적으로 필요하다는 점을 들어서 진보진영에 속할 수 있는 서민들을 자기 편으로 포섭하려고 하고,

진보세력은 복지야말로 우리 사회가 필요로 하는 것이라고 설득함으로써 다수의 청중들을 자기편으로 끌어들이려 한다. '성장 vs. 분배'의 논쟁은 단순히 어떤 것이 옳으냐를 놓고 벌어지는 규범적 논쟁이 아니라, 어떤 것이 모두에게 (또는 우리 사회 전체적으로) 이득을 가져오느냐를 놓고 벌이는 기능적 헤게모니 투쟁이다. 성장우선론은 성장이 있어야 전체 경제의 파이가 커지고 전체적 파이가 커져야 분배의 몫도 늘어난다는 주장이다. 이때 분배는 성장에 딸린 부차적 문제가 된다. 성장이 먼저 되어야 분배할 몫이 생기기 때문이다. 성장이 없으면 분배가 들어설 공간이 없다. 소위 낙수효과론(trickle-down theory)도 부자가 잘 살아야 가난한 사람들에게도 그 부가 넘쳐흘러간다는 논리로, 가난한 사람들의 삶을 부자의 삶에 의존하는 것으로 자리 잡음으로써 부자의 기능적 헤게모니를 수립하려는 논리다. 이에 반해 분배우선론은 분배를 통해 국민 일반의 소득이 높아지면 소비가 늘고 경제가 활성화되고 이는 곧 기업에게도 이득이 되는 선순환구조를 강조한다. 즉 케인즈 식의 소비자 소득 분배의 기능적 헤게모니를 수립하고 있다. 여기서 분배우선론은 단순히 분배를 강조하는 게 아니라, 분배가 성장의 동력이며 성장을 가져온다는 점을 강조한다. 분배우선에서 '임금주도성장(wage-led growth)' 또는 '소득주도성장'이라는 성장의 한 방법론으로 바뀌는 것이다(전혜원 2022 참조). 이는 단순히 분배의 증대가 사회정의와 공평한 사회를 위해서 좋다는 도덕적 헤게모니 수립이 아니다. 가난한 사람들에게 분배의 몫을 늘려주는 것이 사회 전체에 기능적으로 이득이 된다는 기능적 헤게모니의 수립인 것이다. 도덕적 헤게모니는 기능적 헤게모니를 바탕으로 할 때 현실적 실현가능성이 높아진다.

필요는 욕구와 가치가 결합되어 등장한다. 즉 공동이익을 규정함으로써 아의 욕구를 비아의 필요로 나아가 사회 전체의 필요로 만들고, 그것을 추구하는 것이 옳다고 믿게끔 함으로써 가치화를 동반한다. 여기에는 도덕적 헤게모니가 작동한다. 무엇이 사회를 위해 옳은 것인지가 기준이다. 하지만 이는 순전히 도덕적인 문제에 그치지 않는다. 도덕적 헤게모니 보다 중요한 것이 지적 헤게모니, 보다 정확하게는 '기능적' 헤게모니다. 진보든 보수든 우리 사회 전체의 필요를 정의하고 주장하고 나서는 것은, 대중들에게 무엇이 그들을 위해서 필요한 것인지 설득하고 그것을 잘 해낼 수 있는 주도세력이 바로 자기 자신이라는 것을 믿게끔 하는 것이다. 부르주아 계급이 자신의 이익을 도모하는 것이 사회 전체의 이익이 된다고, 즉 기능적으로 필수적이라고 대중들에게 믿게 하는 데 성공하는 만큼 부르주아지의 기능적 헤게모니가 수립된다. 우리 사회에서 재벌이 잘되어야 국민 전체가 잘산다는 식의 논리는 소수 지배세력과 다수 민중세력 사이에 기능적 의존관계를 수립하는 지적 헤게모니 수립이자 행사다.

기능적 헤게모니의 수립을 극적으로 보여주는 또 다른 예로 2012년-2017년에 유명 방송인 송해를 모델로 한 기업은행 광고를 보자. 다음과 같은 기업은행 광고는 은행의 인지도를 크게 높이는 대성공을 거두었다.

> "IBK기업은행! 대한민국 국민 모두가 거래할 수 있는 은행입니다. 국민 여러분! 기업은행에 예금하면 기업을 살립니다. 그리고 기업이 살아야 일자리가 늘어납니다."

'기업'은행은 기업만이 아니라 '국민 모두가' 거래할 수 있으며, 기업은행에 예금하면 기업을 살리는 역할을 하는 것이고, 기업이 잘 되면 일자리가 늘어나서 나라가 잘 되고 국민이 잘 산다는 메시지는 당파적 이익을 보편적 이익으로 연결시킨 고전적인 헤게모니 기법을 잘 보여준다. 여기서도 헤게모니의 핵심은 당파적 보편성의 수립이다. 아의 이익 추구가 사회 전체의 이익이 된다는 기능적 연결고리를 수립하고 이를 받아들이게끔 하는 것은 바로 당파적 이익의 보편화 즉 헤게모니 수립이다. 당파적 이익이나 가치의 보편화는 규범적이거나 도덕적인 차원에서만 행해지는 것이 아니라, 물질적 차원에서 그리고 기능적 차원에서도 이루어진다. 즉 국민 '누구나' 기업은행에 예금하면 곧 기업을 살리는 순기능을 하고, 기업은 곧 일자리를 만드는 기능을 하고 있으므로 기업이 살면 곧 국민들의 일자리가 많아진다는 기능적인 선순환 논리를 수립하고 있다. 여기서 기업은행의 광고는 기업의 기능적 헤게모니, 즉 전체 사회에 일자리를 제공하는 필수불가결한(indispensable) 기능을 수행한다는 논리에 바탕을 두고 있다.

그람시의 좁은 의미에서의 헤게모니 즉 순수한 헤게모니에서 강조되는 '지적·도덕적' 리더십의 바탕에 자본주의 사회에서 기업이 수행하는 것으로 전제가 된 기능적 리더십 즉 '기능적 헤게모니'가 작동하고 있는 것이다. 기업의 이익이 곧 국가와 국민의 이익이라는 논리에는 기업의 주도적(hegemonic) 기능적 역할을 중요한 연결고리로 활용하고 있다. 이에 맞서 진보 진영에서는 보편적 복지가 단지 사회의 극빈층을 위해서 인도적 차원에서만 필요한 것이 아니라, 보편적 복지를 실시함으로써 우리 사회의 구성원 모두에게 골고루 혜택이 돌아갈 수 있고 사회의 경제발전이 더욱 촉진된다는 논리를 앞세운다. 보수나 진보 진영 모두 단순히 도덕적 헤게모니에 머물지 않고 기능적 헤게모니를 구축하는 것이 헤게모니 투쟁에서 승리의 관건이다.

셋째, 가치의 구축이다. 비아를 아로 만드는 한 가지 방법은 무엇이 올바른 것인지에 대한 비아의 도덕적 판단을 나의 가치체계(가치관)에 맞게끔 만드는 것이다. 이는 도덕적 헤게모니의 문제다. 사람들은 자신이 원하는 것을 행하기도 하지만 그것이 사회적인 도덕적 가치체계에 어긋나지 않기를 바란다. 즉 옳은 일을 하고 싶어한다. 가치(체계)가 의지의 형성으로 이어지는 것이다. 지배세력은 단순히 사람들의 행위를 규제할 뿐만 아니라 그 사회의 지배적인 가치체계를 자신의 가치체계와 일치하도록 (또는 부합하도록) 만드는 노력을 한다. 종교와 교육 및 법질서가 도덕적 헤게모니 수립에 특히 큰 역할을 수행한다. 그람시는 특히 법이 단순히 국가의 강압적 기제일 뿐 아니라 교육자의 역할을 수행한다는 사실을 강조한다(Gramsci 2007, 338; 그람시 1999, 291, 305-306). 법이 강제하는 지배적 가치는 언론이나 종교, 교육 등 시민사회의 헤게모니 장치들에 의해서도 인민들에게 교육된다. 법이라는 강압적 국가의 교육적 활동에서 보듯이, 지배세력의 도덕적 헤게모니는 강압적 국가기구에 의해서 뒷받침된다.

가치체계와 관련하여 특히 중요한 것은 상식과 정상성(자연스러움)에 대한 주도권이다. 사람들의 전반적인 '상식'을 정의하는 '심층 프레임'이 도덕적 헤게모니 수립에 긴요하다. '테러와의 전쟁'이나 '자유시장' 프레임은 악을 응징하고 자유를 보호하는 '상식'에 기반한다(레이코프·로크리지 연구소 2007, 50-54, 119-121). 도덕적 헤게모니는 결국 상식을 누가 어떻게 정의하느냐 하는 문제에 연결된다. 지배세력의 헤게모니에 따라, 그리고 그에 대한 대항세력과의 헤게모니 투쟁에 따라, 상식의 구체적 내용이 달라진다. 가난한 사람을 도와주는 것이 상식인 곳이 있고, 가난한 사람이 스스로 자립하도록 하기 위해 도와주지 않는 것이 상식인 곳이 있다. 여필종부가 상식인 시공간이 있고 그것이 구시대적 몰상식인 시공간이 있다. 상식과 도덕이 긴밀히 연결되어 있으며, 헤게모니 행사 대상인 것이다.

'정상성' 또는 '자연스러운 질서'를 정의할 수 있는 힘 또한 지적·도덕적 헤게모니의 핵심이다. '정상성'을 정의하는 힘이야말로 중요한 헤게모니 수단이다(카림 2019, 41-42). 정상성은 중립적이지 않다. 지젝은 이 점에서 '정상성' 속에 폭력이 담겨 있다는 점을 지적하고 이를 '객관적(objective) 폭력'이라고 부른다(지젝 2011, 23-24).[13] 개인의 능력과 노력에 따라 차등적인 보상을 받는 것이 당연하고 자연스러운 것이라는 공정(성) 담론은, 현재의 빈부격차를 과거 노력과 능력의 차이에서 비롯되는 자연스럽고 당연한 것으로 받아들이게 하는 효과가 있다. 능력주의(meritocracy)와 결과적 평등주의(egalitarianism) 사이에 공정성의 의미를 두고 벌어지는 담론투쟁은 곧 정상성을 둘러싼 헤게모니 투쟁이다(김동춘 2022; 샌델 2020 참조).

    지배세력이 행사하는 중요한 헤게모니의 하나는 기존의 질서가 자연스럽다는 것을 믿게 하는 것이다. 부모에게 자식이 효도하고 군주에게 신하가 충성하고 양반에게 상민이 공경하는 것이 자연스러운 질서라는 유교적 교육이 가정과 사회 곳곳에서 이루어진다. 힘 있는 자가 지배하는 것이 당연하고 자연스러운 질서에 해당한다고 믿게 만든다. 현상태(status quo)의 유지를 자연스러운 것으로 보는 시각은 특히 국제관계에서 지배적이다. 현재의 헤게모니 관계를 정상적인 것으로 공고화하는 헤게모니가 작동하고 있다. 오늘날 남과 북의 분리상태가 오래 지속된 결과 남북통합을 굳이 추구할 필요가 있는지에 대해 회의적인 생각이 늘고 있다. 이는 통일국가 수립에 대한 공동의 이익(욕구, 필요) 및 가치(통일의 바람직성)를 둘러싼 헤게모니 투쟁에 지대한 영향을 준다. 분리가 오래된 결과 지금의 상태가 자연스러우며, 이를 인위적으로 변화시키려는 것이야말로 부자연스럽고 부작용을 불러올 것이라는 생각은 곧 현상태의 용인과 추인으로 이어진다.

---

13) 지젝은 직접적으로 눈에 보이는 '주관적(subjective) 폭력'과 '객관적(objective) 폭력'을 구분한다. 객관적 폭력에는 언어를 통해 실현되는 '상징적(symbolic) 폭력'과 '구조적(systemic) 폭력'이 있다. 주관적 폭력이 '정상적'인 상태를 혼란스럽게 만들기 때문에 잘 보이는 반면에, 상징적 폭력과 구조적 폭력은 바로 '정상적'인 상태에 내재하기 때문에 잘 보이지 않는다.

2. 마음 차원

'마음이 필요한가'라는 질문을 던지면서 하라리(2017, 159-165)는 과학자들이 뇌를 이해하면 할수록 마음이 불필요해 보이는 것을 다음과 같이 매우 간명하게 보여준다.

그림 15 마음이 필요한가?

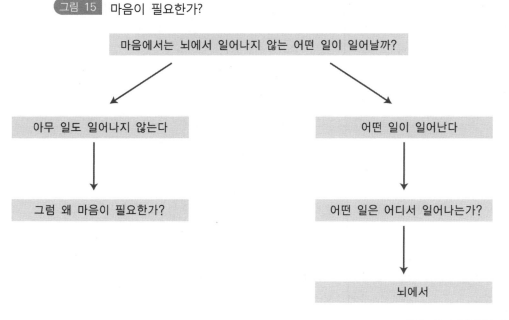

출처: 하라리(2017, 163).

모든 생각을 뇌로 환원하는 하라리의 이 같은 생각은 "유기체는 알고리즘이며 생명은 데이터 처리 과정"이라는 과학의 특정 교의에 입각해 있다(하라리 2017, 544). 하라리는 호모 사피엔스가 신적 존재 즉 '호모 데우스'가 되는 방법으로 (1) 생명공학, (2) 사이보그 공학(인조인간), (3) 비(非)유기체 합성 등 세 가지를 든다(하라리 2017, 69-72). 이 중 마지막 방법 즉 비유기체 합성이라는 방법이 상상 가능한 근본적인 이유가 바로 유기체를 알고리즘으로 보는 시각에 있다. 유기체를 알고리즘으로 환원하는 생각은 오늘날 널리 받아들여지고 있는 것 같다. 하지만, 유기체 활동의 핵심이 알고리즘이더라도, "그 유기체들 자체가 알고리즘은 아니다"(다마지오 2019, 266). 설령 우리의 생각을 알고리즘으로 환원할 수 있을지라도 알고리즘이나 로봇은 인간처럼 느끼고 감정을 가질 수 없다. 인간과 동물은 연계 습관(associated habits)이나 신경(계) 작용을 통해서 자신의 감정을 표정으로 드러내지만(다윈 2020, 77-139), 로봇은 표정을 흉내낼 수는 있어도 그것이 감정을 드러내는 것은 아니다.

위의 <그림 15>에서 보듯이, 하라리에게 마음은 결국 뇌로 환원된다. 하지만 뇌가 마음의 유일한 원천은 아니다. 마음은 뇌에서만 발생하는 것이 아니라, 우리 몸 곳곳에 뻗어 있는 신경계와 근육이 뇌와 협업하여 생성된다(다마지오 2019, 43, 264). 마음의 본산이 뇌라는 전통적 시각과 달리 '체화된 마음 이론(theory of embodied mind)'에서는 몸과 마음 및 환경의 상호연결성을 강조한다(이영의 2010, 350-352). 그 이론에 따르면, "인지와 정서는 감각 및 운동 체계, 환경과의 상호작용을 포함한 신체적 요소들에 의해 결정되며, 인식의 근원은 대상에 대한 관조적 사고에 있는 것이 아니라 체험적 경험에 있다"(이영의 2010, 343). 더구나 뇌에서 일어나는 것을 모두 물질적인 것으로 환원할 수도 없다. 자기 의식과 자기 감정이라는 마음의 차원은 단순히 알고리즘으로만 환원하기에는 너무나 복잡하고 인간에게 특별한 의미를 갖는다. 우리는 흥분할 때 심장이 뛰고, 부끄럽거나 화가 날 때 얼굴이 후끈거리고 붉어진다. '마음'은 우리의 뇌뿐만 아니라 심장과 얼굴, 손끝 같은 우리 몸이 환경과 같이 교감하면서 작용하여 만드는 것이다. 몸과 행동의 차원에 더하여 마음의 차원이 필요한 이유다.[14]

여기서는 마음의 차원을 의식과 감정의 두 층위로 나누어서 생각해본다. 몸, 마음, 행동의 세 차원이 긴밀히 연결되어 있듯이, 마음의 두 층위인 의식과 감정도 긴밀히 연결되어 있다. 서양에서는 '의식 vs. 감정', '마음 vs. 몸', '공 vs. 사', '남성 vs. 여성' 등과 같은 이원론적 관점이 발달해왔다. 하지만, 의식과 감정, 합리성과 비합리성 등을 대립적인 단절보다는 하나의 연속적인 선 위에 있는 것으로 볼 필요가 있다(요시다 도오루 2015, 27-29; 칼훈 2012, 83-86). 의식과 감정은 서로 단절되고 대립되는 별개의 영역이 아니다. 서로 분리하기 어려울 정도로 밀접히 연결되어 있다. 감정은 단순히 충동이 아니라 의식적 가치판단

---

14) 설령 뇌에서 일어나는 모든 것을 물질적인 것으로 환원할 수 있을지라도, 우리는 아직 그 메커니즘을 전부 알지 못한다. 적어도 그것을 전부 알 때까지는 우리 안에서 일어나는 것을 이해하기 위해서 '마음'이라는 차원을 따로 생각할 필요가 있다.

을 포함한다(누스바움 2019, 23). 생각 없는 감정이나, 감정 없는 생각은 없다(바커 2012, 263). 열등의식은 열등감(정)과 구별하기 어렵고 우월감과 우월의식도 마찬 가지로 구분하기 어렵다. 나의 자아의식은 자긍심(자긍감)과 얽혀 있다. 의식과 감정이 서로 맞물려 있어서 이 둘을 명쾌하게 분리하기가 쉽지 않은 것이다.

그럼에도 마음 차원에서 의식과 감정의 두 층위를 구분하는 것은 방법론적 인 이분법 이상의 의미가 있다. 거기에는 우리가 일상적으로 이성과 감정을 구 분한다는 사실 이외에, 특별한 의도가 있다. 그것은 감정의 층위를 별도로 다룸 으로써 감정에 좀더 주목하기 위함이다. 사회과학은 전반적으로 감정을 경시해 왔다. 최근 사회과학에서 감정에 대한 관심과 강조가 늘어나고 있지만, 여전히 감정을 중시하는 연구가 부족해보인다. 특히 합리적 선택 접근법은 의식을 단 순히 합리적 이성의 계산으로만 생각하는 경향이 있다. 이 책에서 계승 발전시 키고자 하는 문승익도 행동설정, 목적설정에 이어 자기설정의 차원에서 자기의 식 즉 정체성의 설정을 다루면서 감정을 충분히 고려하지 않는다. 나는 의식 못 지않게 감정이 정치는 물론 인간의 삶에서 중요하다고 생각한다. 의식과 감정 이 서로 얽혀 있지만 이 두 층위를 개념적으로 구분하고, 문승익이 경시하는 감 정을 별개의 층위로 첨가하고 강조하는 이유다.

(1) 의식

• 의식의 집단적 성격

우리는 각자 개별적으로 생각하지만 내가 사고하는 방식과 내용 즉, 나의 생각은 나만의 것이 아니다. 그것은 대부분 내가 속한 집단이나 공동체의 영향 을 받는다. 의식의 집단적 성격을 (1) 의식 일반과 (2) 자기의식의 두 가지로 나누어서 살펴보자.

먼저, 우리의 개별적 인식 행위는 집단의 영향을 받는다. "개인의 합리성보 다 공동체의 집단사고"가 개인의 생각 형성에 더 중요하다(하라리 2018, 327). 재 니스(Irving L. Janis)는 '집단사고(group think)'의 증후를 (1) 집단에 대한 과도한 자신감(overestimations of the group), (2) 닫힌 마음(closed-mindedness), (3) 통일 성 압력(pressures toward uniformity) 등 세 가지 유형으로 분류한다. 첫째 집단 자 만심 유형에는 (1) 과도한 낙관주의(와 이에 따른 위험 감수 경향) 및 (2) 자기 집단의 도덕성에 대한 절대적 믿음이 있다. 둘째 집단폐쇄주의 유형에는 (3) 경고 무시와 (4) 적에 대한 고정관념(stereotype) 등의 집단사고 증후가 있다. 셋째 획일주의(압력)에는 (5) 이견에 대한 자기검열, (6) 다수 의견에 대한 순응주의, (7) 이견 표출의 억압, 그리고 (8) 자발적인 집단 심기보호(mindguard)(반대 정보로부터 집단 보호 등)의 증후가 해당한다. 이들 집단사고 증후들은 정책결정 과정과 결과에 영향을 미치고 왜곡시킨다(Janis 1982, 174-177).

집단사고의 확대판으로 계급적 인식을 들 수 있다. 만하임(Mannheim 1936)은 개인이 속한 계급적 위치에 따라서 세상을 다르게 바라보는 현상을 분석했다. 그는 계급에 따른 시각을 이데올로기와 유토피아로 구분한다. 이데올로기는 보수적 시각으로서 지배계급의 시각이다. 반면에 유토피아는 진보적 시각으로서 피지배계급의 시각이다. 그에 따르면, 사람들이 세상을 바라보는 시각은 그가 위치한 집단 즉 그의 사회적 위치(사회적 존재)에 의해서 결정된다. 지배적 집단은 자기의 이해관계와 관련된 상황에 너무 매몰되어서 자기의 지배의식에 어긋나는 특정 사실들을 아예 보지 못한다. 반대로 피지배 집단들은 기존 사회체제의 파괴나 변혁을 너무 갈망하는 나머지 현 사회체제 유지에 부정적인 측면에만 관심을 갖는다. 양 방향에서 모두 사회적 현실의 특정 부분들을 보지 못하게 하는 현실의 왜곡 현상이 일어나는 것이다. 이러한 집단적 의식은 근본적으로 '집단적 무의식(the collective unconscious)'에 기초하고 있어서 자각하기 쉽지 않다(Mannheim 1936, 1-48). 개인의 의식은 객관적 합리성보다 자신이 처한 사회적 위치에 따른 집단적 편향성의 지배를 받는다.

마르크스가 강조한 '지배 이데올로기'도 일종의 확대된 집단사고로 볼 수 있다. 마르크스는 지배계급의 이데올로기가 사회 전체의 지배 이데올로기가 된다고 역설한다.

"어느 시대나 지배 계급의 사상이 지배 사상이다. 곧 사회를 지배하는 물질적 힘을 가진 계급은 동시에 사회를 지배하는 정신적인 힘이다. **물질적** 생산을 위한 수단을 장악한 계급은 이를 통해 **정신적** 생산의 도구 또한 통제하게 되며, 이로써 평균적으로 본다면 이 계급은 정신적 생산을 위한 도구를 갖지 못하는 계급의 사상 역시 지배한다. 지배 사상은 지배적인 물질적 관계를 관념으로 표현하는 것일 뿐이며, 지배적인 물질적 관계가 사상을 통해 파악된 것일 뿐이고, 하나의 계급을 지배 계급으로 만드는 상황을 관념으로 표현한 것이며, 그 계급의 지배를 표현하는 사상일 뿐이다"(마르크스·엥겔스 2019, 100-101. 강조는 원문).

지배계급의 이념이 자동적으로 지배적인 이념이 되는 것은 아니다. 특정 이념이 지배적인 이념이 되기까지에는 언제나 헤게모니 투쟁을 거쳐야 한다. 이념을 둘러싼 헤게모니 투쟁이 전개되지만, 대체로 지배적 계급의 이념이 우세하기 쉽다. 그만큼 물적 기반이 강하기 때문이다. 지배적 이데올로기는 실제로 물질적 조직을 갖추고 있다. 학교와 교회, 다양한 언론기관과 출판사 및 길거리 조형물 등이 이에 해당한다(Gramsci 1996, 52-53). 이러한 이데올로기적 국가장치 뿐만 아니라 군대와 법과 같은 강압적 국가장치들도 지배 이데올로기를 유지하고 강화하는 역할을 한다(알튀세르 2018, 31-32, 99-116, 121-125, 158-160).

이처럼 개인의 인식은 집단사고, 계급적 사고, 또는 지배 이데올로기의 영향을 받는다. 보다 근본적으로 개인의 합리성 자체 즉 이성이 무엇을 의미하는지 자체가 역사적으로 달라져왔다. 아도르노와 호르크하이머가 강조하는 '도구적 이성'의 발달이 대표적 예다. 원래의 이성이 목적과 수단의 정당성을 판단하는 것이라면, 도구적 이성이란 주어진 목적 달성을 위해 효율적 수단을 계산하는 능력이다. 이제 이성은 더 이상 목적과 원칙에 관여하지 않는다. 주어진 목표를 실현하기 위한 수단, 즉 효율적 도구로서만 기능한다. 세계질서의 원리에서 도출되는 객관적 이성이 근대에 들어와서 효율성만을 중요시하는 주관적 이성으로 전락한 것이다(아도르노·호르크하이머 2001, 65; 요시다 도오루 2015, 32-33). 요컨대 인간의 합리성, 즉 이성이 무엇을 의미하는지 자체가 역사적 맥락에 따라서 다르다.

오늘날 선진 산업사회에서 소위 '기술적 합리성'은 이전의 사회에서보다 더욱 더 이데올로기적이다. 기술적 합리성이라는 이름 아래 체제 자체에 대한 저항은 물론 저항적 사유도 생산성의 기준으로 억압하기 때문이다. "오늘날 이데올로기는 생산과정 그 자체에 들어 있기 때문"에 이전의 산업문화보다 "'한층' 이데올로기적이다"(마르쿠제 2009, 58). 기술적 합리성이 지배하는 '일차원적 사회'에서 사람들은 "현실적인 것은 이성적이고 체제는 기대에 어긋나지 않는다는" "행복한 의식"을 가진다. 이러한 "체제 순응주의(conformism)"야말로 "기술적 합리성의 한 단면이다"(마르쿠제 2009, 132).

다음으로, 자기 자신에 대한 의식 즉 개체 차원의 자아 의식도 집단의 영향을 받는다. 집단적 의식이 존재할 뿐만 아니라 개체의식이 집단의식에 의해서 형성된다. 개체의식은 집단의식 속에 존재하는 것이다.

> "개인의식 속에서 발견되는 거의 모든 것들이 사회에서 왔다 … 우리의 의식은 인간 일반의 심리적 본성에서 나온 것이 아니라, 집단을 구성한 인간들이 서로 영향을 주는 방식에서 비롯된 것이다. … 개인의식은 집단생활 속에서 만들어졌기 때문에, 개인의식을 설명할 수 있는 유일한 것도 집단의 성격이다"(뒤르케임 2012, 521).

나의 정체성을 나타내는 <그림 16>의 뇌구조를 생각해보자. 이는 수업시간에 학생들과 함께 했던 놀이에서 영감을 받아 작성한 것이다. <그림 16>의 나의 정체성 중에서 순전한 나 즉 개별적 자아에만 해당하는 것을 제외하고 나머지 것을 빼보자. 먼저 내가 속한 집단 정체성과 관계 정체성을 모두 제외한다. 나는 한국 사람이다, 나는 아빠다, 나는 남편이다, 나는 선생이다, 나는 공부하는 사람이다… 등등 모든 집단적 정체성과 관계적 정체성을 제외하고 남는 것은 무엇일까? (나의 모든 역할(role)이 집단이나 관계 속에 존재하고 있음을 기억하자). 이 모든 것을 제외하고 남는 것이 있다면 그것은 그야말로 순수한 개인 차원의 정체성일 것이다. 아마도 나의 취향이 남는다. 나는 ○○○를 좋아한다, ○○○를 싫어한다 등. 그런데 부르디외가 강조하듯이, 나의 취향 역시 집단으로부터 자유롭지 않다. 나의 속성이 남는다. 나는 착한 사람이다, 나는 게으른 사람이다 등. 그런데 이러한 속성은 부류(유형)에서 비롯한다. 나만이 갖고 있는, 그야말로 나만의 고유하거나 독특한(unique) 특징이 무엇이 있을까? 이런 생각을 계속하면 마지막에 아마도 나의 이름이 남는다.[15] 나는 ○○○다. 그런데

---

15) 혹은, 마지막에 남는 것은 순전히 '내적인 자아'라고 할 수도 있다. 울릭 나이서 (Neisser 1993, 3–6)는 다섯 가지 상이한 자아 개념을 구별함으로써 자기가 '다층적'임을 시사한다. (1) 생태적 자기(ecological self), (2) 대인적 자기(interpersonal slef), (3) 개념적 자기(conceptual self), (4) 기억된 자기(remembered self), (5) 사적 자기 (private self) 등이 그것이다. 생태적 자기와 대인적 자기는 자기를 둘러싸고 있는 환경과 인간관계 속에서 직접적으로 인지되는 자기다. 이들은 자아 이야기(self-narrative)가 시작되기 전부터 이미 존재하는 것으로서 사회적으로나 관념적으로 구축되는 것이 아니다. 반면에 개념적 자기는 자기 자신에 대해서 스스로 어떻게 생각하는지에 따라서 달라지는 자아 개념이다. 내가 스스로 교수, 남편, 아버지, 남자 등으로 생각하는 것들이 여기에 해당한다. 기억된 자기는 개념적 자기를 시간적으로 연장한(temporarily

이름이야말로 호명이 필요한 것이며, 호명해줄 상대가 있지 않고는 무의미하다. 누군가 나의 이름을 불러줘야 '꽃'이 될 수 있는 것이다.

그림 16 나의 정체성

앞에서 브루어와 가드너(Brewer and Gardner 1996)의 논의를 따라서 개인의 정체성을 개별, 관계, 집단의 세 차원으로 구분했다. 여기서 관계 정체성과 집단 정체성은 모두 '순수한 나 자신'을 넘어서는 차원이고, 개별적 정체성만이

extended) 자기 개념이다. 즉 현재의 순간을 넘어서 자신의 과거에까지 자기 자신에 대한 생각을 연장한 자아 개념이다. 마지막으로 사적 자기는 자기 자신에게 독특한 자기의식 내부의 성질들을 뜻한다. 가령 자신의 생각과 이미지, 고통이나 꿈, 느낌과 감정 등으로 구성된 내적 자아다. <그림 16>과 같은 사유놀이에서 마지막에 남는 것은 어쩌면 올릭 나이서가 말하는 '사적 자기'일 수 있다. 그러나 나이서에 따르면 '사적 자기'는 융(Jung)이 '내향자(introverts)'라고 부른 사람들에게는 중요할 수 있지만 다른 사람에게는 그렇지 않다고 한다. 나는 마지막으로 남는 자기 내부의 사적 자기도 다른 사람들과의 관계나 집단 소속 경험으로부터 자유롭지 않다고 생각한다.

개체 내부의 특성을 준거로 한 자기규정과 자기해석이다. 하지만 개체 내부의 특성을 준거로 할 때 그 특성 자체가 집단 속에서 또는 타체와의 비교 속에서 존재한다. 위에서 나의 행동이 집단과 무관하게 존재하지 않음을 보았고, 아래에서는 나의 몸조차 집단 속에 존재하며 집단의 영향을 밀접히 받는다는 사실을 볼 것이다. 나의 행동과 몸이 모두 집단적 속성에서 자유롭지 않을 때 나의 마음 차원에서 개별 정체성에는 과연 무엇이 '순수한 나 자신'으로 남을 것인가? 나의 마음에서 집단 및 관계 정체성을 비우고 또 비우면 그야말로 '무아(無我)' 상태가 되는 것이 아닐까? '오상아(吳喪我)'야말로 순수한 나 자신인가? 이때 비로소 볼 수 있는 진아(眞我)는 텅빈 것이 아닐까? 요컨대, 순전히 나의 개체 차원에만 해당하는 고립된 자아의식은 좀처럼 찾기가 힘들다. 나는 우리 속에 존재하고 있으며 나의 개체의식도 집단의식 속에 존재한다. 이는 개별주체를 부정하는 것이 아니다. 개별적 정체성을 갖는 개별적 자아 즉 개별주체가 물론 존재한다. 다만 이것이 집단적 자아 즉 공동주체 속에서 존재하며 그 영향을 받는다는 것이다.

행동이나 의지가 그렇듯이, 의식도 전염성이 있다. 행동의 모방과 함께 생각의 전염은 사회에서 규범이 확산되고 그에 따라 주된 규범이 변화하는 현상에서 볼 수 있다. 모든 혁신은 "보편성을 열망"한다(타르드 2012, 52). 가령 비만에 대한 새로운 규범이나 성 규범의 변화는 빠른 속도로 확산될 수 있다. 금연이나 음주 습관에 대한 사람들의 생각과 태도의 변화도 매우 빠른 속도로 확산된다(크리스태키스·파울러 2010, 179-191). 자본주의의 운영에 관한 케인즈주의 생각도 세계적으로 전파되었고(Hall 1989), 신자유주의 생각도 나라별로 다양한 양상으로 수용되지만 전세계적 규모에서 전파되었다(한인희·고경민 2002 참조). 행동이나 의지가 그렇듯이, 의식도 개별적으로 형성되기보다 집단적으로 형성되고 불러일으킬 수 있는 것이다.

• 의식의 기만과 형성

문승익은 자기설정의 차원에서 비아를 아의 속체로 만드는 방법으로 '의식의 기만'을 든다. 의식의 기만은 아가 비아의 자기의식을 조정하여 나와 너의 구별을 모호하게 만드는 것이다. 문승익은 자기의식의 차원에서 자기규정을 할 때 (1) 자기규범 (2) 자기이상 (3) 자기이미지의 세 가지 측면을 나눈다. 자기규범은 있는 그대로의 나로서 자신의 역사와 전통을 포함하는 현존적 나다. 자기이상은 자기가 되고자 하는 나 즉 바람직한 미래상으로서 나다. 자기이미지는 내가 사람들에게 보이려고 인위적으로 만든 허구의 나다. 의식의 기만은 아의 자기이미지를 비아의 자기규범으로 내면화하게 하는 '규범과 이미지의 모호화', 아의 자기규범을 비아의 자기이상으로 내재화하는 '규범과 이상의 모호화' 등의 방식으로 이루어진다. 아의 입장에서 형성한 자기규범이나 자기이미지를 '보편화'하고 '절대화'함으로써 이를 비아가 자기의식으로 받아들이게 하는 것이 '의식의 기만'이다. 즉 비아로 하여금 비아 자신의 자기규범, 자기이상, 자기이미지가 아니라 아의 자기의식을 본받게 하는 것이다(문승익 1970, 49-59, 83). 다소 난해한 문승익의 생각을 한마디로 정리하자면, 비아가 아의 자기의식을 비아 자신의 자기의식으로 갖게끔 하는 것이 의식의 기만이다. 즉, 의식 차원에서 보편적 당파성의 수립이 의식의 기만의 핵심이다. 여기서는 의식의 기만과 억압이라는 부정적 측면과 의식의 형성이라는 긍정적 측면을 나누어서 살펴본다. 반복하지만, 이들 부정적 측면과 긍정적 측면은 함께 맞물려 있다.

먼저, 의식의 억압이라는 부정적 헤게모니를 살펴보자. 의식을 억압하는 대표적 방법에는 (1) 생각하고 말할 '자유'를 억압함으로써 생각의 내용을 제한하는 방식과 (2) 생각할 '능력' 자체를 억압하는 방식이 있다. 우선, 자유롭게 생각하고 자신의 생각을 자유롭게 표현(말)할 자유를 억압함으로써 비아의 의식을 억압할 수 있다. 의식 억압의 전형적인 방식이 바로 학문과 출판 및 사상의 통제다. 종교를 비롯하여 학문(과학)과 언론, 정치 등 일상생활에서 이단 및 외설을 금지하고 억압함으로써 '생각할 수 있는 것'의 범위를 제한할 수 있다. 생각의 허용 범위를 제한함으로써 억압하는 것이다. 이와 관련하여 우리 역사에서 중요한 기제가 바로 '전향'이다. 전향은 행동이나 말로 이단적인 생각을 표명한 전력이 있는 사람으로 하여금 우리사회의 지배적 시각을 자신의 생각으로 받아들이게끔 강제한다. 전향은 이단자로 하여금 자신의 생각을 버리고 주류(아)의 생각을 따르겠다는 '선언'을 하게끔 하는 의식(통과의례)이다. 이는 체제에서 허용된 생각만을 강요하는 대단히 홀로주체적인 헤게모니 기제다. 지배적인 주류의 생각만 허용하는 사회에서 사람들은 자신의 생각이 주류의 지배적인 생각에서 벗어나지 않도록 스스로의 생각을 돌이켜본다. 이와 같은 '자기검열'은 생각의 자유를 금지하는 외양 없이도 사실상 구성원의 생각을 억압하고 일정한 방향으로 왜곡하는 데 큰 힘을 발휘한다.

　다음으로, 생각하고 말할 자유를 억압하는 것보다 좀더 근본적인 차원에서 생각할 능력 자체를 박탈하는 방법이 있다. 이는 사고 능력 자체를 억압하고 제한하는 점에서 문승익이 말한 의식의 기만보다 더 근본적인 부정적 방식의 헤게모니 행사다. 대표적 방식으로 (1) 언어, (2) 문자, (3) 생각 기능 등의 억압과 박탈을 차례로 살펴보자.

　첫째, 언어의 박탈과 억압이다. 사고능력에서 가장 중요한 것이 바로 언어다. 우리는 생각하고 난 다음에 말하는 것이 아니라 말하면서 동시에 생각한다. 즉 먼저 생각을 하고 나서 이를 언어로 표현하지 않는다. 나의 생각이 어렴풋한 상태에서, 또는 내 생각이 무엇인지조차 뚜렷하게 의식하지 못한 상태에서, 말을 하는 가운데 나의 생각이 언어로 나온다. 말과 생각은 함께 작동하는 것이다. 글도 마찬가지다. 생각을 다 정리하고 글을 쓰는 경우도 있지만, 많은 경우 글을 쓰는 가운데 새로운 생각이 전개된다. 따라서 말할 자유를 억압하거나 박탈하는 것은 우리의 생각할 자유를 억압하거나 박탈하는 것이며, 말할 능력을 억압하거나 박탈하는 것은 우리의 생각할 능력을 억압하거나 박탈하는 것이다. 언어의 지배가 곧 정신의 지배인 이유다. 인도의 영어 교육, 식민지 조선의 일본어 교육처럼 지배국은 자신의 언어를 사용하게 함으로써 피지배 민족을 지배 민족에 동화시켰다. 언어 자체가 사고방식을 지배한다. 특정 언어에는 그 언어를 사용하는 집단의 생각 방식, 세계를 바라보고 이해하는 방식이 녹아 있다. 언어에는 그 언어를 사용하는 집단의 공유된 정신 즉 '얼'이 담겨 있다. 모국어를 잃은 집단은 자기 집단의 생각하는 방식 대신 지배국의 생각 방식을 따른다. 이는 자기 민족의 얼을 잃어버린 것과 마찬가지다.

　둘째, 문자의 억압과 박탈이다. 문자 자체를 금지하거나 문해능력을 제한함으로써 사고능력을 제한할 수 있다. 이는 생각하고 비판할 수 있는 능력을 억제하는 점에서 본원적인 금기에 해당한다. 글은 정보의 획득과 비판적 사고의 확산에 중요하다. 글을 쓰고 읽을 수 있는 능력과 그 수단을 통제하는 것은 전통적으로 지배세력의 중요한 헤게모니 행사 방식이다. 노예제 하에서 미국의 노예들은 글을 읽고 쓰는 것이 금지되었다. 무식한 인간이 다루기 쉽기 때문이다(엥글레르트 2006, 99). 노예들이 글을 읽으면 생각할 줄 알게 되고, 생각을 하기 시작하면 비판할 줄 알게 된다. 노예들의 문해능력 자체를 억제한 이유다. 이 점에서 한글의 창제는 대단히 획기적인 사건이다. 한글 창제를 반대했던 당대 사대부들은 문자가 지배계급의 중요한 헤게모니 장치임을 본능적으로 알고 있었다. 한글 창제는 인민 대중이 사용할 수 있는 쉬운 문자를 보급함으로써 지배계급의 헤게모니 기제를 약화한 것이다. 이후 한글은 주로 여성과 평민이 사용했다. 사대부가 쓰는 한문에 비해 평민과 아녀자가 쓰는 한글은 언문으로 천대받았다. 이는 문자 자체가 계급차별의 기제였고, 계급지배의 도구였음을 보여준다.

셋째, 사고 능력이나 기능의 억압과 박탈이다. 사고 능력의 박탈은 지배 헤게모니의 중요한 수단이다. 그람시가 "미국주의(Americanism)"와 "포드주의(Fordism)"라고 부른 자본주의 생산방식은 '과학적 경영방식'이라고 불린 테일러주의(Taylorism)에 입각하였다. 테일러주의의 핵심은 노동의 '구상(conception)과 실행(execution)의 분리'이다. 자기 노동과정을 스스로 구상하고 실행하였던 장인들과 대조적으로, 표준화된 상품을 대량생산하는 포드주의에서는 경영진이 전체 생산공정과 판매 과정을 미리 '기획'하고 노동자의 작업을 사전에 부분 공정들로 분해하고 배치한다.[16] 이제 노동자는 작업 수행 방법을 구체적으로 기술한 작업지시서에 따라 단순히 실행만 한다. 요컨대, 테일러주의와 그에 입각한 포드주의는 구상과 실행의 분리를 통해 노동과정을 통제한다(Braverman 1974, 112-121). 노동자는 더 이상 '생각'을 하지 않는다. 현대 자본주의에서 노동자는 경영진이 구상하고 설계한 계획에 따라 잘게 분절된 단편적인 작업을 실행한다. 생각 기능을 박탈당한 노동자는 테일러가 말한 '훈련된 고릴라(trained gorilla)'로 전락한 것이다. 자본주의가 발전하면서 포스트포드주의(post-Fordism)의 단계로 넘어가고 다양한 고객의 독특한 취향에 맞춤형 주문제작을 하는 다품종 생산이 이루어지고 노동자의 다기능(polyvalency)과 창의성 및 노동유연성이 요구되기도 하지만, 노동자는 여전히 구상의 단계에서 제외되고 있다. 노동에서 '생각'하는 기능이 박탈된 것이다.[17] 오늘날 자본주의 생산방식의 헤게모

---

16) 그람시는 장인들이 노동에 자신의 '인간성(humanity)'과 '영혼성(spirituality)'을 구현할 수 있었던 점에서 최고봉에 있었지만(Gramsci 1996, 216), 표준화된 상품의 생산은 장인 체계에서도 있었다는 점을 적시한다. 미국의 테일러주의에 와서 달라진 것은 표준 상품 생산의 규모(scale)일 뿐이라는 것이다. 자기 일을 하는 과정에서 '개인적 창의성'을 발휘할 수 있었던 장인은 소수에 불과했다(Gramsci 1996, 391).

17) '구상과 실행의 구분'은 '사유와 행위의 구분' 및 '지배와 피지배의 구분'과 일맥상통한다. 아렌트에 따르면, 플라톤의 '사유와 행위의 구분'은 곧 '지배자와 피지배자의 구분'

니의 한 단면이다.

사고 기능의 박탈은 노동자를 마치 전장터의 병사처럼 취급하는 것이다. 이태의 『남부군』에 보면 전쟁에 회의적인 한 소대원과 빨치산 소대장의 다음과 같은 대화가 있다.

> "전선에 선 병사는 그 전쟁의 목적을 생각해선 안된다는 말이 있지. 전쟁의 목적은 권력의 높은 곳에 있는 사람이 생각하는 것이고 전투의 목적은 참모부의 높은 사람이 생각하는 것이고, 병사는 오직 살기 위해 싸우면 되는 거야.
> 하지만 사람이 노루와 다른 것은 사람은 어떤 목적의식이 있어 움직이는 점 아닙니까? 목적은 어떤 명분에서 찾을 수 있는 것이고 …."(이태 1988, 155).

이 대화는 현대 자본주의에서 노동자가 생각 기능을 박탈당한 것이 마치 전장터의 병사와 같다는 사실을 보여준다. 오늘날의 병사는 과거의 기사가 아니다. 그는 전쟁은 물론 전투에서도 생각할 기능을 박탈당할 뿐 아니라 부정당한다. 전장터에서 심각하게 생각하는 것은 "인텔리의 나쁜 버릇"일 뿐이며 병사에게 필요한 것은 "생각 않는 사람" 즉 "바보"가 되는 일이다(이태 1988, 157). 노동자도 마찬가지로 '생각 않는 사람'이 되어야 한다. 생각이 많은 노동자는 관리자의 입장에서 불편할 뿐이다. 병사가 새로운 무기들로 대치될 수 있듯이, 노동자는 신기술의 발전에 따라 기계나 인공지능으로 대치된다. 생각 기능이 요구되지 않는 작업을 인간이 수행할 필요가 없기 때문이다.[18]

과 동일하다. 사유는 앎을 갖고 있지만 행위는 하지 않는, 즉 명령을 내리는 지배자에 속하고, 행위는 앎이 없고 행위만 하는, 즉 복종하는 피지배자에 속한다는 구별이다. 이는 곧 지식 즉 사유를 명령 및 지배와 동일시하고, 행위를 복종 및 집행과 동일시하는 것이다. 이는 (정치가 일어나는) '행위'를 '생산'으로 대체하려는 바램에서 비롯하며, 정치를 '보다 높은' 목적을 달성하기 위한 수단으로 폄하하는 것이다. 아렌트에 따르면, 여기서 보다 높은 목적이란, 고대에는 악한 지배로부터 선한 사람의 보호(특히 철학자의 안전 도모), 중세에는 영혼의 구원, 근대에는 사회의 생산성과 진보 향상 등이라고 한다(아렌트 1996, 286-294; 2007, 197-177; 김선욱 2007, 14-20).

18) 오늘날 노동 문제의 핵심에는 노동자의 '생각' 기능의 박탈에서 더 나아가서 기술에 의한 노동자의 '숙련'의 해체라는 문제가 있다. 프랜차이즈 가맹업주가 자영업자이면서도 '종속적'인 상태에 있는 근저에는 '숙련의 표준화'라는 프랜차이즈의 핵심이 자리한다. 내비게이션 기술이 택시 기사의 숙련을 해체하고, 영상 인식 기술에 입각한 무정차 통행료 납부 시스템(smart talling)은 노동(자) 자체를 해체한다(전혜원 2021, 11-116). 노동유연성-노동시장의 유연성이 아니다!-만으로 대처하기 어려운 구조적 변화다.

하지만 그람시가 지적하듯이 아무리 기계적인 일이라고 해도 최소한의 기술적 요소가 필요하며 따라서 최소한의 "창조적 지적 행위"의 필요성은 남아 있다(Gramsci 1996, 200). 일의 종류에 따라 지적인 활동과 근육 활동의 비중이 다르지만, 어떤 종류이든지 지적인 활동을 전혀 요구하지 않는 직업은 없다. 게다가 직업이나 일과 상관없이, 모든 개인은 지적 활동을 한다. 그람시는 모든 사람이 철학자이고, 세계관을 공유하고 있으며 따라서 그 세계관을 유지하거나 수정하는 데 기여하고 있다고 한다(Gramsci 1996, 215). 그래서 테일러주의는 노동자의 정신적 죽음(spiritual death)을 초래하지는 않는다. 컨베이어벨트에 묶여 하나의 기계 부품으로 전락한 노동자는 오히려 완전한 자유의 경지에 이른다. 그의 육체가 완전히 기계적으로 움직여도, 노동자의 뇌는 다른 생각을 충분히 할 수 있는 자유를 얻는다. 마치 사람들이 걸을 때 걸음 동작 하나하나, 팔과 다리 각각의 구체적인 방법에 대해 전혀 신경을 쓰지 않으면서 전체 몸을 자연스럽게 움직이듯이, 새로운 생산방식에 적응한 노동자는 기계적인 움직임에 몸을 맡기고 자신은 마음껏 사고할 수 있는 여유를 가진다. 미국의 경영주들은 이 점을 잘 알고 있었다. 그들은 노동자들이 생각할 뿐만 아니라, 자신의 일로부터 직접적인 만족을 얻지 못하고 특히 자신이 '훈련된 고릴라'로 전락했다는 사실을 깨닫고 불만을 품음으로써, 즉 이러한 연속적인 생각의 결과 고분고분하지 않을 수 있다는 것을 잘 알았다. 포드주의에서 고임금이라는 유인책과 강제적 억압이 함께 사용된 배경이다(Gramsci 1996, 219).

사고 기능이나 능력의 박탈은 자발적으로 이루어지기도 한다. 아렌트가 『예루살렘의 아이히만』에서 주장했듯이, 악은 집단적 광기에서 나오기보다 관료제 속에서 별 생각없이 상부의 지시에 무심히 따를 때 생겨난다(아렌트 2006, 106, 349, 393–394). 그러나 아렌트가 악의 평범성의 근원으로 지적한 '무사유'는, 엄밀하게 살펴보면 그야말로 완전히 사고 없음의 상태가 아니라 자기가 편한 지점까지만 사고하고 멈춘 것이다. 죽음을 앞둔 아이히만은 사고 능력이 결여된 사람이 아니었다. 그는 자기성찰을 통해 냉철하게 자기자신을 통제할 수 있었다. 다만 그의 자기성찰이 "특정 지점에서 정지해 있다"는 것이 문제다. 자기성찰의 목적 자체에 대한 성찰이 없는 성찰은 자신의 예속적 주체성을 합리화할 뿐이다(김홍종 2009, 94–95). 아이히만의 무사고는 완전한 무사고가 아니라 자발적이고 고의적인 무사고, 즉 자기 합리화를 위한 생각의 멈춤이었던 것이다.

오늘날 공무원 사회에서 비슷한 현상을 볼 수 있다. 2008년 1월 이명박 정부 출범을 위한 인수위원회에서 홍보처 간부가 자기방어를 위해 스스로 "영혼이 없는 공무원"일뿐이라고 호소했다. 이후 '영혼 없는 공무원'이란 표현이 우리 사회에서 자주 회자된다. 이는 공무원 스스로 책임을 면하기 위한 변명이다. 베버에 따르면, 정치가와 달리 관료는 "비당파적 자세로 행정을 해야" 하며, "'분노도 편견도 없이' 그의 직무를 수행해야 한다"(베버 2013, 149-150). 하지만 이는 관료가 영혼마저 없어야 한다는 뜻이 전혀 아니다. 베버는, 현대의 관료가 자유로운 계약에 의해 임명되며, 사람에게 충성하는 것이 아니라 공적(impersonal)인 업무상 의무에만 복종한다는 점을 강조한다. 아무리 공식적인 관료제라도 자리에 앉은 사람들이 자유로운 개인이 아니면 현대의 관료제라 할 수 없고 '가부장제적 관료제(patrimonial bureaucracy)'라고 불러야 한다. 현대 관료제는 전통적인 통치와 달리 합리적인 통치기제다. 현대 관료제가 합리적일 수 있는 이유는 전문적인 지식에 입각해서 통치한다는 사실과 함께 개인적인 관계에 의해서 영향받지 않고 엄격하게 공식적인 비인격적 절차에 따라서 일을 처리하는 정신(a spirit of formalistic impersonality)에 있다(Weber 1964, 333-341). '영혼 없는 공무원'이란 표현은 바로 이와 같은 현대 관료제에 정면으로 어긋나는 자세를 보여준다. 그것은 관료의 업무가 공적인 의무의 수행보다 개인적(personal) 상하관계에 의해서 상관의 명령에 충성할 수밖에 없다는 뜻이다. 스스로 자유 계약에 따라서 오로지 비인격적(impersonal) 위계질서 속에서 업무를 수행하는 게 아니라, 위계질서 속에서 상관의 명령을 따를 수밖에 없는 노비와 같은 존재임을 내세워 자신의 책임을 면하려는 얄팍한 생각이다. 관료들 사이에서 서로 "판단하지 마라"는 말을 하는데, 이 또한 상부에서 시키는 대로 함으로써 책임을 면하려는 방편이다. 자신의 사고 능력과 권한 및 기능을 스스로 박탈함으로써 관료들은 책임을 지지 않으려 한다. 이는 결과적으로 '지배의 수단'으로서 관료제라는 그 본질에 부합하는 것이다(베버 2013, 116 참조).

다음으로, 의식을 형성하는 좀더 생산적이고 적극적인 측면의 헤게모니를 살펴보자. 지배 헤게모니는 의식을 억압하고 제한하는 한편 동시에 적극적으로 의식을 형성하고 생산한다. 지배세력이 의식적, 무의식적으로 만들고 보급하는 지배 이데올로기는 지배체제를 옹호하고 강화함으로써 이를 유지하고 재생산하는 기능을 수행한다. 지배세력은 종종 의도적이고 계획적으로 이러한 이데올로기를 생산하고 확산한다. 자기 세력에 유리한 당파적 의식을 보편적인 것으로 만들어서 널리 보급하는 것이다. 앞에서 개인들의 의식이 집단의 영향을 받는다는 사실을 강조했는데, 집단적 사고에 지배세력의 헤게모니가 작동하고 있다.

집단 차원의 의식 형성에서 무엇보다 중요한 것은 집단적인 자기 의식 즉 우리의 집단적 정체성이다. 집단의식 즉 우리의식은 분명 개개인의 개별의식 속에 존재한다. 개인들의 뇌를 집단의 뇌로 합체하는 것은 불가능하다. 하지만 개개인의 개별의식 속에 존재하는 집단의식은 개체를 뛰어넘어 존재한다.

> "집합의식은 분명히 구분된 실체처럼 나름대로의 고유한 특성이 있다. 집합 의식은 개인이 처해 있는 특정한 조건과 독립적으로 존재한다. 개인은 잠시 살다 가지만 집합의식은 그 사회에 남는다. … 집합의식은 개인을 통해 실현되기는 하지만 개인의식과는 완전히 다른 것이다"(뒤르케임 2002, 128).

요컨대, 집단의식은 개인의식의 단순한 합이 아니다. 집단의식 또는 집단 정체성의 수립은 집단의 주관적 관점과 공동의 경험들로 구성된다. 집단의식의 형성을 개인의식의 형성에 대한 다마지오의 설명에 기대어 살펴보자. 다마지오에 따르면, 개인의 의식은 '주관성(subjectivity) + 통합된 경험(integrated experience)'이다. 첫째, 개인 차원에서 자기의식이 형성되기 위해서는 우선 자기중심의 시각 즉 주관성이 필요하다. "주관성은 실체가 아니라 과정"이며, 이 과정에서 (1) 관점의 구축과 (2) 느낌과 이미지들의 연결이 중요하다. 둘째, 의식은 주관성을 갖춘 이미지들을 상당한 정도로 통합된 방식으로 경험할 때 생긴다. 주관성에 입각해서 이미지들을 정렬하여 이야기 형식으로 정렬하거나 조절해야 경험의 통합이 이루어진다(다마지오 2019, 193-214).

다마지오의 논의에 기대어, 집단 정체성도 개인 차원의 정체성과 마찬가지로 집단적 주관성과 통합된 경험의 공유를 바탕으로 형성된다고 볼 수 있다. 첫째, 집단적 주관 즉 관점이 필요하다. 집단적 관점은 다마지오(2019, 249)가 말하는 '공동주시(joint attention)'를 가능하게 한다. 집단적 관점은 대개 지배세력이 장악하고 있다. 지배세력은 집단의식의 상징으로서, 안팎의 적으로부터 공동의식을 지키는 역할을 자임한다. 이 점에서 "지배권력은 집합의식의 상징이고 살아 있는 표현인 것처럼 보인다. … 통치권력은 다른 모든 기능보다 우위를 점하게 된다. 이제부터 통치기능은 부수적 기능이 아니라 집단의 이상이 구현된 매우 중요한 기능이다"(뒤르케임 2002, 134). 지배세력과 경쟁하는 대항세력은 이러한 집단적 관점에 영향을 주거나 그것을 점유하기 위해 투쟁한다. 집단적 관점은 궁정, 수도, 대통령, 민족의 성지, 특정 광장, 정부 대변인 또는 국영 언론(방송, 통신, 신문) 등 집단의 상징적 구심점들로 표상되고, 이러한 구체적 장소나 상징적 구심점은 지배세력과 지배세력 안팎의 대항세력(들)의 헤게모니 투쟁의 주요 대상이 된다. 우리는 우리 집단의 공동의 눈을 통해 세상을 같이 바라본다.

둘째, 집단 정체성의 수립을 위해서는 집단적 관점과 함께 집단의 통합된 경험의 공유가 필요하다. 여기서 필수적인 것이 공동의 상상 질서다. 도시, 국가, 제국 등 인간의 모든 집단은 '상상 속의 질서'다(하라리 2015, 157). 하지만 공동의 상상 질서가 완전히 허구는 아니다. 그것은 '상호주관적 실재'다.[19] 우리의 공동체와 제도는 객관적 실재가 아니라, 상호주관적 의미망에 의해서 존재하고 힘을 발휘하는 상호주관적 실재이다. 가령 돈이나 법, 국가나 제국 등은 단순히 상상이나 관념 속에만 존재하는 허구가 아니다. 그것들은 현실에서 존재하고 실제 힘을 발휘한다. 이들은 객관적 실체로 애초부터 주어진 것이 아니지만, 인간들이 역사적으로 형성해온 상호주관적 의미망에 입각해서 구축된 상호주관적 실재다(하라리 2017, 204-216). 아와 비아의 헤게모니 투쟁이 전개되면서 형성되는 공동주체도 이와 같은 상호주관적 실재다. 우리는 우리에 속하는 소아들의 공동의 상상 속에 존재하는 실재로서, 그 안에서 우리는 집단을 마치 하나의 유기체처럼 생각하고 집단 차원의 경험을 공동의 경험으로 겪고 기억하며 기록하고 전달한다.

이렇게 집단적 관점과 통합된 경험의 공유로 형성된 우리 의식은 슈츠(Schutz)가 말하는 "우리의 공동의 의식 흐름 안에서" 살고 있다(자하비 2019, 438에서 재인용). 집단의식이 집단적 신체(뇌) 속에 있는 것은 아니다. 너와 나 개인의 신체를 떠나서 집단적 신체는 존재하지 않는다. 너와 나를 우리라는 하나의 집단적 신체로 합체할 수는 없다. 그럼에도 우리는 각자의 의식 속에서 공동의 의식 흐름을 공유하고 그 속에서 집단 정체성을 갖는다. 우리의 공동의 의식 흐

---

19) 상호주관성(intersubjectivity)과 서로주체성(allelosubjectivity)은 구별할 필요가 있다. 상호주관적 실재가 반드시 서로주체적일 필요는 없다.

름의 예로 자하비의 설명을 따라서 친구와 같이 영화를 즐기는 상황을 생각해 보자. 우리는 각자 영화를 보지만 친구와 함께 영화를 보고 있다는 것을 공감적으로 경험한다. 이는 각자의 즐거움을 배가시킨다. 즉 "우리의 공동의 의식 흐름 안에서" 너와 나의 경험이 서로 관여하며 연동되어서 영향을 미친다(자하비 2019, 437−438). 이 설명을 가족, 사회 또는 나라 같은 집단이나 촛불시위 같은 집단적 행동으로 확대해보자. 우리는 집단이나 집단적 행동 속에서 각자 자기 의식의 흐름을 갖고 있으면서 동시에 공동의 관심사에 대해서 함께 관심을 가지고 같이 보고 참여하고 있다는 것을 안다. 즉 개별 의식과 함께 "우리의 공동의 의식 흐름 안에서" 함께 있다는 것을 안다. 이것이 곧 우리의 공동의식 즉 집단적 정체성을 이룬다. 우리 의식은 각 개체의 의식이 이루는 공동 흐름 속에 있는 것이다.

요컨대 집단 정체성 또는 집단 차원에서의 우리 의식은 이러한 집단적 관점(주관성)과 함께 상호주관적 실재 속에서의 통합된 경험의 공유로 구성된다. 이러한 집단 정체성의 수립은 결코 중립적인 것이 아니다. 집단 정체성의 수립 과정에서 지배적 헤게모니와 대항적 헤게모니 사이의 투쟁이 벌어진다. 기억투쟁의 중요성이 바로 여기에 있다. 기억투쟁에 의해서 공유된 기억은 동시에 공동의 망각을 수반한다. 한국전쟁 전후의 민간인 학살 희생자 유가족에 대한 5·16 쿠데타 세력의 탄압은 지배세력에게 불편한 기억을 지우기 위한 공동의 망각을 강요한 것이다.

집단 정체성의 수립을 위해 소아1과 소아2 및 다른 세력들의 헤게모니 투쟁이 전개된다. 집단적 자기의식 즉 우리 의식의 수립은 소아1이 자신의 정체성을 중심으로 비아들을 더 큰 우리 즉 대아1로 통합함으로써 형성된다. 문승익이 언급한 '의식의 기만'의 전형적인 방법이 바로 비아를 아의 자아의식으로 포섭하는 것인데, 이는 곧 소아1의 정체성을 대아1로 확대한 것이기도 하다. 물론 그 확대 과정에서 소아1의 자기의식의 변화가 불가피하다. 이는 의식의 기만인 동시에 생성이고, 금지인 동시에 허용이며, 파괴와 창조가 함께 이루어지는 과정이다.

자신을 중심으로 큰 우리를 만드는 방법과 함께, 거꾸로 상대방을 중심으로 큰 우리를 만드는 방식도 가능하다. 아가 비아 편이라고 속임으로써 (또는 실제로 아가 비아의 편이 됨으로써) 비아가 아를 중심으로 한 우리 편이 되게 하는 방법이다. 일종의 '대역(altercasting)' 방식으로, 비아를 아의 친밀한 친구처럼 대해서 비아에게 아의 친구 역할을 부여하고 우리 편으로 만드는 것이다.[20] 아가 비아의 진정한 친구나 동지라고 상대방을 속이거나 더 나아가 아 스스로도 그렇게 믿고 행동하다 보면 비아가 아를 자신의 동지나 친구로 인식하기가 쉽다. 선거 때 자주 보는 광경으로 보수 정당이 스스로를 '서민 정당'이라고 속이거나 스스로 그렇게 믿는 경우, 또 진보적 정당이 친기업가(pro-business) 정당임을 자처하는 경우가 이에 해당한다.

이런 방식들은 결국 아가 비아를 큰 우리로 자기설정을 하게끔 헤게모니를 행사하는 것이다. 이것은 가치중립적이지 않다. 헤게모니에 의해 수립되는 보편성은 앞서 말했듯이 당파성을 벗기 힘든 당파적 보편성이다. 문승익은 이를 다음과 같이 표현한다.

> "모든 형태의 자기확장적 규범은 그것이 자-타 구별이라는 근본적 전제에 근거하는 것이기 때문에 본원적으로 -세계적이 아니라- 지방적인 규범이다. 따라서 모든 사이비 세계주의가 공동으로 소유하는 논리적 오류는 다음과 같다. 즉 근본적으로 지방적인 규범을 보편화시키고 절대화시킨다는 점이다. 이와 동시에 이러한 사이비 세계주의가 갖는 허위성은 다음과 같다. 즉 자체와 타체가 소유하는 자기의식의 세계성-즉 동일성-을 표방하는 이면에, 자체가 아체적 주체로서 존재함을 부정하는 점이다. 이것은 사이비 세계주의의 허위성이자 위선성이다"(문승익 1970, 83n).

문승익은 여기서 보편성으로 위장한 지방성 즉 당파성이야말로 핵심이라고 보고 이러한 헤게모니에 의한 자기확장의 규범을 허위이자 위선이라고 단정한다. 그러나, 당파성의 보편화가 실제로 성공하는 정도만큼 그것은 현실에서 보편적인 것으로 받아들여진다. 물론 이때 그 보편성은 제한적이다. 당파성의 보편화가 완벽하게 이루어지는 순간 그것은 더 이상 당파성을 갖고 있지 않다. 그러한 것은 더 이상 헤게모니도 아니다. 이 점에서 이러한 자기의식의 외연 확대는 단지 허위이자 위선에 그치는 것만은 아니다. 비아를 아의 울 안으로 포함

---

20) '대역'은 상대방에게 내가 선호하는 특정 역할을 '배역'함으로써 상대방의 행동을 제약하는 방법이다(휴이트 2001, 255-258). 가령 상대방을 비난함으로써 상대방이 답변해야 하는 역할을 억지로 맡게끔 하는 방법이다. 비아를 아의 친밀한 친구로 대하는 것도 대역의 일종이다. 이 때 비아는 친밀한 대접이 거짓인 줄 알면서도 행동에 제약을 가질 수밖에 없다.

하여 더 큰 우리의 모습을 설정하는 데 있어서 주도적인 세력은 자신의 모습을 큰 우리의 바람직한 모습으로 보편화함으로써 헤게모니를 수립한다. 즉 비아가 아를 중심으로 하는 우리의식을 갖게끔 함으로써 상대와 내가 같은 우리 안에서 스스로를 인식하도록 하는 것이다. 이 때 주도적이거나 지배적인 세력은 대아의 견지에서 볼 때 일부분에 지나지 않으며 이 점에서 다른 세력들과 마찬가지로 지방적이고 당파적이다. 하지만 그 지방적이고 당파적인 세력인 자신의 모습을 기준으로 새로운 우리의 '표준'을 만들어낼 때 그들은 그 울의 범위 내에서 보편성을 확립하고 즐길 수 있다. 그 보편성은 어디까지나 주도적 세력의 지방성 즉 당파성에 입각한 당파적 보편성이다.

요컨대 공동주체의 자기의식 즉 자기 정체성은 의식의 차원에서 가장 중요한 부분이다. 역사는 의식 차원의 헤게모니 투쟁에서 가장 중요한 영역의 하나다. 기억투쟁으로서의 역사야말로 우리가 누구인가의 문제와 직결되기 때문이다. 신채호는 『조선사연구초』에서 고려 인종 때 묘청이 김부식에 패한 "서경(西京) 전쟁"을 "독립당 대 사대당의 싸움이고, 진취사상 대 보수사상의 싸움"으로 규정하면서, 묘청의 패배를 "조선 역사상 1천년 이래 최대 사건"이라고 평가하고(신채호 2007, 444–476), 『독사신론』에서 우리 민족의 원류를 여러 족류 중 부여족으로 주장했다(신채호 2007, 211–290). 신채호가 우리의 역사 정립에 투신한 것도, 그것이 곧 우리가 누구인가 즉 우리의 집단 정체성의 문제와 바로 직결되기 때문이다(김산호 1993–1995 및 김운회 2006 참조).

(2) 감정

• 감정의 집단적 성격

감정은 몸(신체)에 직접 연결되어 있다. 외부의 자극에 대한 몸의 변화가 감정이라면, 느낌은 의식된 감정이다(김종갑 2017a, 12–13, 18). 다마지오에 따르면, 느낌은 우리 몸의 항상성(homeostasis)의 대리인이다. 항상성은 생명체가 안정된 상태를 유지하는 과정을 의미한다.[21] 느낌은 언제나 그 느낌이 속한 존재

---

21) 다마지오는 항상성을 좀더 적극적으로 정의해서, 단순히 생존에 필요한 정도에서 그치지 않고, 개체나 종의 수준에서 생명의 계승과 번성을 도모한다고 본다. 즉 항상성은 단순히 중립적인 개념(=생명 조절)이 아니라 좀더 편안하고 좋은 상태를 향해 스스로를 상향조절하는(upregulate) 생명의 작용이다(다마지오 2019, 40, 73).

의 살아 있는 몸을 나타내는데, 그 중에서도 특히 우리 몸의 "오래된 내부 세계" 즉 몸 속 깊숙한 곳의 내장 기관들의 현재상태와 연결되어 있다. 한마디로 감정과 느낌은 우리 몸의 내부 생명상태를 가리킨다(다마지오 2019, 140-144).

우리 몸의 항상성의 대리인으로서 감정과 느낌은 개별 신체에 직접 연결되어 있지만 전적으로 개별적인 현상만은 아니다. 개인의 감정은 집단의 영향을 받는다. 감정은 나의 몸에 의해서 자동적으로 반응하기도 하지만 집단 차원에서 사회문화적으로 형성되기도 한다. 특히 정치와 관련된 감정, 가령 집단적 정체성에 대한 수치심이나 자부심은 사회적으로 집단적으로 형성된다(굿윈 외 2012, 24, 29). 개인의 행복감도 사회적 네트워크 속에서 자기가 차지한 위치에 의해서 영향을 받는다. 친구가 많을수록, 네트워크의 중심에 위치할수록 그렇지 않은 사람보다 행복한 감정을 갖게 될 확률이 더 높다. 네트워크의 구조와 그 속에서 자신이 차지하는 위치가 중요하다는 점에서, "행복은 단순히 개인적 경험이나 선택의 산물이 아니다. 그것은 집단의 한 성질이기도 하다"(크리스태키스·파울러 2010, 87-94; 인용은 93쪽). 집단 내의 사회적인 관계나 지위가 감정의 원천이 되기도 한다. 권력의 상대적 증가는 안전과 안심 감정을, 권력의 상대적 감소는 공포와 불안 감정을 강화한다(캠퍼 2012, 99-109).

시대와 사회 또는 계급과 같은 집단에 따라 감정(표현)이 다르다는 사실은 감정의 집단적 성격을 잘 보여준다. 사회나 집단에 따라서 솔직한(노골적인) 감정표현을 억제하기도 하고 권장하기도 한다. 동일한 사회에서도 시대에 따라 양상이 달라진다. 오늘날 우리는 감정의 자제("참아라!")가 미덕이던 시대에서 감정의 만끽("즐겨라!")이 미덕인 시대로 변하고 있다(김종갑 2017a, 28-29). 이러한 큰 추세와 달리, 불안정한 현실 속에서 불안한 젊은 세대가 "감정을 아끼면서 상처를 덜 받기 위한 자구책"인 '썸'이라는 새로 등장한 용어는 감정을 마음껏 만끽할 수 없는 세대를 보여준다(최은주 2017, 77). 감정의 양상이 시대에 따라 변하는 한편, 동일한 시대에서도 집단, 계급, 범주에 따라 감정의 양상이 다른 것이다. 오늘날 수많은 '솔로테리아(솔로+프롤레타리아)'는 마음껏 연애를 하지 못한다. 낭만적 사랑의 감정이 소비 능력에 달려 있기 때문이다. 사랑이라는 순수한 감정마저 자본주의적 합리성과 쾌락주의 소비문화에 달려 있는 것이다. '순수한 사랑'이라는 감정 자체가 시대 구속적이다. 그것은 18세기 말 낭만주의와 자본주의의 발흥에 의해 '발명'되어 최초로 등장했다(김운하 2017, 89-100; 최정운 2000 참조). 요컨대 감정의 구체적인 모습은 우리 몸의 상태에 따라서 달라지는 한편 우리가 살고 있는 사회에 의해 집단적으로 구성된다.

집단적 현상으로서 감정은 행위나 의지 또는 사유와 마찬가지로 전염된다. 옆 사람의 웃음이 전염되는 것처럼 그(녀)의 기쁨과 행복의 감정도 전염된다. 우울증을 앓고 있는 사람과 같이 있다 보면 주위의 사람도 우울해지기 쉽다. 몸과 마음이 연결되어 나타나는 감정 현상이 바로 공감 즉 감정이입(empathy)이다. 드 발은 줄타기를 하는 곡예사를 보고 있는 관중을 예로 들어 이를 설명한다. 관중은 마치 곡예사의 몸에 들어가 있는 것처럼 그의 경험을 감정적으로 공유한다. 곡예사의 묘기와 아슬아슬한 위험의 순간에 관중의 몰두는 즉각적인 반응을 일으킨다. 우리가 공감하기로 결정하는 것이 아니라 그러한 생각을 하기도 전에 즉각적으로 공감하는 것이다(드 발 2017, 100–102). 이것은 "상상력에 의한 공감이 아니다. … 공감은 무엇보다도 감정적 교감을 필요로 한다. … 다른 이의 감정을 봄으로써 감정이 생기고 거기서부터 조금씩 다른 사람의 상황을 이해하게 된다. 신체적 연결이 먼저 일어나고, 이해가 그를 따른다"(드 발 2017, 109). 공감에 따른 감정전이는 거의 자동적으로 일어나는 집단적 전염 현상이다.

• 감정의 억제와 형성

의식과 마찬가지로 감정도 헤게모니 행사와 투쟁의 영역이다. 여기서는 먼저 부정적인 측면에서 감정이 어떻게 억제되는지 살펴보고, 다음에 긍정적인 측면에서 집단감정의 형성을 살펴보자. 억제와 형성은 서로 얽혀 있다.

먼저, 부정적인 측면의 헤게모니로서 감정의 억제와 제한을 살펴보자. 지배세력 또는 지배체제는 감정을 억압하고 감정의 표출에 제한을 가한다. 대부분의 사회 특히 권위주의적인 사회에서 감정의 표출은 자유롭지 않다. 권위주의 문화가 지배적인 곳에서 하위자는 상위자 앞에서 마음껏 즐거워하거나 슬퍼하는 것이 허용되지 않는다. 어른 앞에서 함부로 화를 내서도 안 되고, 함부로 웃어서도 안 되며, 좋고 싫음을 마음껏 표현해도 안 된다. 권력자의 심기를 잘 보좌해야 하는 비서의 경우는 말할 것도 없고(김지은 2020 참고), 일반적으로 연장자나 윗사람 앞에서 나의 감정을 함부로 드러내지 않도록 신경을 써야 한다. 공자는 효를 행함에 있어서 '색난(色難)' 즉 얼굴 표정 관리의 어려움을 언급한다(『논어』 위정(爲政)편). 어버이를 모심에 있어서 힘들더라도 얼굴빛을 곱게 해야 하는데 그것이 쉽지 않다는 말이다(유교경전번역총서 편찬위원회 2005, 37–38). 또는 어버이의 안색을 살피는 일(色)이 어렵다는 뜻으로 해석되기도 한다.

하지만, 민주주의 사회에서 아랫사람들이 자유롭게 의견을 말할 수 있어야 하고 그러기 위해서는 윗사람이 싫은 표색을 하면 안 된다. 윗사람의 얼굴 표정 관리가 중요한 것이다. 이런 의미에서 오늘날 '색난'은 아랫사람이 아니라 윗사람에게 해당하는 말이다. 집단사고의 증후를 밝힌 재니스는 집단사고에 의한 왜곡을 방지하기 위한 방법의 하나로, 집단의 지도자가 구성원들로 하여금 각각 비판적 평가자(critical evaluator)의 역할을 하도록 적극 권장해서 반대의견이나 의문을 열심히 제기하게끔 할 것을 주문한다. 특히 구성원들이 지도자 자신의 판단에 대해 자유롭게 비판하도록 하고 지도자는 이를 적극 받아들일 것을 요구한다(Janis 1982, 262). 이는 곧 지도자가 비판에 스스로를 열어놓고 아랫사람들에게서 배우는 자세 즉 서로주체적 리더십을 가질 것을 의미한다. 서로주체적 리더십을 위해 반드시 필요한 것이 윗사람의 표정 관리다. 듣기 싫은 소리에 싫은 내색을 하지 말아야 한다. 아랫사람은 윗사람을 비판할 때 그(녀)의 심기를 살필 수밖에 없기 때문이다.[22]

지배세력이나 사회체제가 감정(표현)을 억압하는 한 가지 중요한 이유는 하위세력의 저항을 억누르기 위해서다. 마음껏 웃고 슬퍼하고 분노할 수 있다면, 그러한 감정은 쉽게 전파되고 확산되기 쉽다. 슬픔과 분노 또는 적개심을 삭이지 않고 마음껏 표출하게 한다면 집단적 슬픔과 분노 및 적개심으로 번지기 쉽다. 고종의 죽음과 노무현의 죽음에서 보듯이, 지도자의 사망과 그 장례식이 커다란 슬픔의 공유에 그치지 않고 분노와 적개심의 급속한 확산 계기가 될 수 있다. 하위세력의 감정과 그 표출을 억제하는 기본적인 이유다. 지배세력은 '선량한 풍속'을 해친다는 구실로 '풍기문란'을 단속하고 행동유형이나 몸가짐 등에 대한 '표준화된 이념'을 기준으로 풍속을 단속한다. 풍속 단속은 몸, 마음, 행동의 거의 모든 층위에 걸쳐서 행해지는데, 특히 '불건전'하거나 '불온'한 정념의 '번짐'과 '물듦'을 미연에 방지하는 데 초점이 있다(권명아 2013, 33, 57–61.).

---

22) 아랫사람의 색난이 언급되는 것은 말할 것도 없고, 윗사람의 색난이 언급되는 것 즉 윗사람의 표정관리가 중요하다고 언급되는 사실 자체가 그 사회가 여전히 권위주의적임을 보여주는 징표이기도 하다. 윗사람의 감정 즉 심기를 살피는 분위기가 지배적이기 때문에, 아랫사람들이 마음껏 말하게 하기 위해서 윗사람의 표정관리가 필요한 것이다.

불온한 정념의 번짐과 물듦이 걷잡을 수 없는 감정의 분출을 야기할 수 있기 때문이다. 이진경(2011, 21-40)이 강조하듯, '불온성'은 (1) '정상적'인 경계들을 지우며 침범하는 낯선 것의 등장으로 인한 '당혹'과 (2) 그것이 기존의 질서 속에서 그동안 보이지 않던 존재를 보이게 할 것이라는 '불안'한 예감의 두 가지 성분을 갖고 있다. 불온 세력을 억압하는 근본적인 이유는 거기에 대한 '반감'과 함께 일정부분 '공감'이 존재하기 때문이다. 불온 세력은 지배세력에 스며들 수 있는 것이다.

이와 맞물려서, 지배세력의 감정(표현) 억압에 대항하는 한 가지 방식이 바로 조롱과 풍자다. 조롱은 지배세력을 '비웃음'으로써 하위세력의 감정을 표현할 뿐 아니라, 지배계급을 만만하게 보게 하는 효과가 있다.[23] 우리는 특정 인물이 지도자(상류층)라는 사실 자체만으로 그 앞에서 위축되고 그를 대단한 사람으로 보곤 한다. 조롱은 이와 같은 착시 현상을 멈추고 지도자나 지배세력을 있는 그대로 보게 함으로써, 그들이 특별한 사람이 아니며 우리와 똑같은 사람임을 일깨워준다(부르디외 2006, 373). 풍자는 지배세력에 대한 조롱에 그치지 않고 비판 의식과 공감대를 형성하고 확산하는 적극적인 정치적 '참여' 행위다(전경옥 2015, 19-76). 조롱이나 풍자를 지배세력이 억압할수록 조롱과 풍자는 더 은밀하고 섬세하고 미묘하게 행해진다. 정치적 저항은 늘 풍자에 기대어 일어난다. 풍자가 지도자나 권위 있는 사람에게 부여된 (부여되어 있다고 착각하는) 매력이나 카리스마를 부숴주기 때문이다. 비슷한 현상을 수용소 안에서도 볼 수 있다. 강제수용소에서 굶주림과 상상을 초월한 잔혹행위에 사람들은 스스로를 지키는 자아방어기제의 하나로 '무감각'해지지만(프랭클 2005, 51-61), 수용소 안에도 예술과 유머가 있다. 수용소 밖에서와 마찬가지로 수용소 안의 절망적인 세계에서도, "유머는 그 어떤 상황에서도 그것을 딛고 일어설 수 있는 능력과

---

23) 류종영에 따르면, 고대 그리스 로마 시대 이래 서양의 '웃음이론'에는 (1) '웃음의 우월이론'과 (2) '웃음의 불일치이론'의 두 가지 큰 줄기가 있다. 플라톤의 '무지의 우스꽝스러움'이라는 견해와 아리스토텔레스의 '무해한 실수와 결점의 웃음이론'이 (1)의 기원이고, 키케로의 '기대감에 어긋난 무해한 저속함' 즉 '무해한 규범의 일탈'이라는 관점이 (2)의 연원에 해당한다. 17세기 홉스에 의해 부활(정립)된 '웃음의 우월이론'은 웃음을 기본적으로 '비웃음'으로 본다. 웃음은 상대방의 약점이나 결함을 보면서 인식한 자신의 우월감에서 나오는 기쁨의 표현이라는 것이다(류종영 2005, 49-87, 126-137, 443-458). 이 점에서 지배세력에 대한 하위세력의 '비웃음'은 일상의 지배관계 속에 내재한 우열관계의 전복이자 도전이고 저항이다.

초연함을 가져다준다"(프랭클 2005, 87).

감정의 억압과 짝을 이루는 것이 감정의 배출 기제다. 지배세력은 하위세력의 감정을 억압하는 한편으로, 때때로 그것을 발산하게끔 한다. 감정의 배출구를 만들어놓는 것이다. 배출 없이 억압만 계속되면 감정이 폭발하기 쉽기 때문이다. 감정을 완벽히 억압하는 것은 바람직하지도 않지만 사실 가능하지도 않다. 하위세력 스스로 감정을 완전히 억누르지도 않는다. 그들은 상위자나 지배세력이 보이지 않는 곳에서 (즉 무대 뒤에서) 상위자를 욕하고 그에 대한 분노를 표출하고 뒷담화를 한다. 때로는 면전에서도 자기만의 방식으로 은밀하게 불만을 표출한다. 그들의 '일상적 저항'의 목록(hidden transcript)은 끝이 없어 보인다(Scott 1989). 하위세력의 감정을 분출할 수 있는 출구를 마련하는 것은 지배세력의 헤게모니 유지를 위해서도 필요하다. 억울한 사연을 호소하는 제한된 통로를 만들고(신문고), 특정 기간 동안 억눌린 감정을 마음껏 분출하도록 하기도 한다.

평소 웃음을 비롯한 감정 표현을 억눌렀던 '엄숙한' 중세 시대에도 민중의 감정을 방출할 수 있는 출구인 카니발(carnival)이 있었다. 카니발은 '전복적 축제'로서, 무엇보다도 "유희적인 육체의 반란"이 중요하다(정화열 2005, 109)이다. 카니발은 공식적 축제와 다르다. 중세의 공식적인 축제에서 사람들은 현존하는 위계질서에 맞게 "자신의 호칭과 관등, 공훈을 나타내야 하며, 자신의 계급에 상응하는 자리를 차지하고 있어야 한다." 반면에 카니발에서는 "모든 위계(位階) 관계가 파기"되며, "모든 사람이 '평등'한 것으로 간주된다." 공식적 축제가 "불평등을 성화(聖化)"하는 것과 대조적으로, "카니발은, 마치 지배적인 진리들과 현존하는 제도로부터 일시적으로 해방된 것처럼, 모든 계층 질서적 관계, 특권, 규범, 금지의 일시적 파기를 축하"한다. 계급, 재산, 연령을 비롯한 중세의 모든 봉건적 위계질서에서 벗어나서 사람들은 한시적이나마 자기 자신 즉, 인간의 본연의 모습으로 돌아가서 서로 "생생하고 물질적이고 감각적인 접촉 속에서" 평등한 만남을 가졌다(바흐찐 2001, 32－33; 류종영 2005, 107－108 참조). 유머와 마찬가지로, 카니발은 "기존 체제의 '더러운 밑바닥'의 옷을 벗기고, 가면을 벗기며, 혹은 폭로한다"(정화열 2005, 107). 하지만 카니발은 전복과 동시에 공존을 도모한다. 정화열(2005, 106－110)에 따르면, 카니발과 혁명은 중요한 차이가 있다. "폭력적 형태의 전도"인 혁명이 "타자가 출현하는 대화를 종식"시키는 반면 "유희적인 육체의 반란"인 카니발은 기본적으로 "대화와 공동체의 축제, 인간의 연대성의 축제이다". 감정의 배출을 허용하는 것이 체제 유지에 도움을 주는 것이다(바흐찐 2001, 34−37, 630−632 참조).

　다음으로, 감정의 형성이라는 좀더 긍정적이고 생산적인 측면의 헤게모니 실천을 살펴보자. 지배세력은 감정을 억압할 뿐 아니라 특정의 집단감정을 형성하고 조장함으로써 감정을 지배의 수단으로 이용한다.[24] 이른바 '감정정치'다. 공포정치와 혐오정치를 대표적인 예로 들 수 있다. 공포는 군사작전에서 자주 사용하는 단골메뉴다. '충격과 공포(Shock and Awe)'의 레짐을 통해 적의 의지와 인식을 아군의 전략적 목적에 맞게 조정하는 '신속 지배(Rapid Dominion)' 독트린이 전형적인 예다(Ullman and Wade 2017). 군사작전에서와 마찬가지로 공포정치는 사람들에게 불안감과 두려움을 조성하고 이를 통치의 자원으로 즉 정치적 무기로 사용한다. 공포의식이 깊어질수록 사람들은 더 나은 내일을 바라기보다 더 나쁜 내일을 두려워한다. 공포 조장의 결과 사람들은 더 나아질 노력을 하기 위해 위험을 감수하려 하지 않는다. 공포정치의 중요한 효과는 '대안이 없다'는 생각을 굳힘으로써 저항의지를 뿌리뽑는 것이다. 보수뿐 아니라 진보 세력 역시 자기 자신의 공포 요소를 만들어서 대중의 공포를 조성하고 자기편으로 흡수함으로써 상대편의 세력을 약화시키는 데 동원한다(푸레디 2013, 180−190; 서윤호 2017, 202−205). 공포와 불안을 통해 비아를 아로 만드는 방식이다. 과거 권위주의 정권들이 많이 사용하였던 공안 사건 조작과 안보 불안감 조성을 통한 공포정치가 여기에 해당한다. 공포는 정치질서를 강요하고 유지하는 데에도 적극 활용된다. 시위 현장에서의 무자비한 진압은 본때를 보여줌으로써 참여자들에게

---

24) 여기서는 지배세력의 헤게모니가 안정적인 경우를 상정하고 있는데, 그렇지 못한 경우 지배세력 자신이 공포와 불안의 감정을 갖기 쉽다. 추아(Amy Chua)는 오늘날 미국 사회에서 인종갈등뿐만 아니라 같은 백인 인종 내에서의 집단 간 적대와 경멸 현상에 주목한다. 그에 따르면 오늘날 '백인 미국인'은 하나의 집단이 아니라 '농촌/중서부/노동자 계급'인 백인과 '도시/연안 지역'의 백인의 두 집단으로 갈라져 있다. 이 두 집단 사이의 과도한 적대와 경멸 현상에서 보듯이, 오늘날 미국에서는 어느 집단도 안전한 헤게모니를 확보하지 못하고 있으며, 모든 집단이 서로 공격받는다고 느끼고 불안해한다. 지배세력의 헤게모니가 불안정한 상황에서 지배집단은 스스로 불안과 공포의 집단감정에 빠지기 쉽고, 이는 서로 배타적인 홀로주체적 정치를 낳는 경향이 있다(추아 2020, 205−225). 지배세력의 헤게모니의 안정성이 사회 전체의 불안 해소에 도움이 될 수 있는 것이다.

공포를 불러일으키고 그들의 저항의지를 꺾는다. 한국 현대사에서 지울 수 없는 만행인 민간인 학살도 마찬가지다. '빨갱이'에 대한 무자비하고 잔인한 대량학살은 한국의 국민들로 하여금 스스로 빨갱이로부터 멀어지게끔 공포를 불러 일으키는 효과를 노렸다. 인혁당재건위 사건에서 선거공판 후 하루가 지나기도 전에 사형을 집행한 것도 공포효과를 노린 공포정치다. 광주항쟁 당시 공수부대의 잔인한 진압도 시민들 사이에 공포를 일으킴으로써 저항의지를 꺾으려는 "전시적(demonstrative) 폭력"이었다(최정운 1999, 71, 123).

혐오 감정도 지배 도구로 이용될 수 있다. 대표적인 예가 히틀러의 유대인 혐오에 입각한 인종주의 정치다. 혐오는 인간이 스스로 갖고 있는 동물성과 필멸성을 인정하지 않으려는 '인간부정(anthropodenial)'[25]에서 비롯한다(누스바움 2019, 263). 인간이 가진 동물적 한계에 대한 거부인 인간부정이 '투사적 혐오'로 발전하여 지배의 수단이 되는 것이 혐오정치다. 땀, 오줌, 배설물, 정액, 콧물, 피, 시체 등처럼 동물적 특성을 상기시키는 인간의 속성들을 부정하고, 이들로부터의 오염 불안에서 혐오 감정이 형성된다. 이것이 더 동물적인 (그렇게 사회적으로 규정된) 하위 집단에게 투사된다. 지배세력은 이러한 투사혐오로 하위세력과 스스로를 분리하고 자신의 지배를 정당화한다. 지배세력은 하위세력이 갖고 있는 짐승 같은 속성 때문에 그들을 혐오하고 배척하며 자신들은 그들과 아무런 공통점이 없다고 강조한다. 이렇게 혐오정치는 특정 집단을 배척하기 위한 사회적 무기가 된다. 여성의 몸에 대한 차별적 혐오, 남성 동성애자에 대한 남성의 혐오 등이 모두 이에 해당한다(누스바움 2019, 290-296; 너스바움 2015, 200-214).

혐오와 짝을 이루는 감정이 수치심이다. 수치심은 혐오와 함께 특정 집단을 '비정상'으로 구별하여 차별, 배제하는 장치다(너스바움 2015, 319-320). 장애라는 대표적인 '낙인'을 가지고 있는 사람들은 정상인과 함께 있을 때 부끄러워야 한다고 사회적으로 학습된다. 여기서 중요한 것은 장애라는 낙인의 속성 그 자체보다는 그것이 상징하는 사회적 관계다. 특정 속성(예, 신체적 결함)이 맥락에 따라 불명예가 될 수도 있고 반대로 명예로운 것이 될 수도 있다(고프만 2018, 15-17). 속성 그 자체가 아니라 그를 빌미로 한 사회적 낙인이 특정 속성

---

25) '인간부정(anthropodenial)'은 드 발의 용어로서, 인간이 자신의 동물성과 동물과의 친족성에 대해 인정하는 것을 거부하려는 경향을 말한다(누스바움 2019, 255-256에서 재인용).

을 비정상적인 것으로, 부끄러워해야 할 것으로 만드는 것이다. 수치심(부끄러움)은 부러움의 감정과 연동된다. 시기심이나 질투가 타인의 행복을 자신의 불행의 원인으로 탓하는 반면, 타인의 행복에 대한 부러움은 자기의 불행을 자기 탓으로 돌린다(정지은 2017, 143). 부러움은 상대방의 우월성을 인정하고 자신의 열등성을 받아들이는 데에서 그치지 않고, 상대방에 대한 자발적인 모방과 추종 및 복종, 자기비하로 연결될 수 있다.[26] 한편, 수치심은 보다 긍정적인 효과를 가져올 수도 있다. 죄 없는 하위세력 앞에서 느끼는 '윤리적 수치심'은 서로 주체적인 관계를 만드는 원동력이 될 수 있다(임지연 2017, 171-174). 광주항쟁에서 보듯이, 지배세력의 공포와 폭력으로부터 도망친 자신에 대한 수치심은 인간의 존엄성을 유린하는 지배세력에 대한 분노와 함께 공포를 이기는 힘이 되기도 한다(최정운 1999, 127).

공포나 혐오처럼 집단의 구성원들이 공유하는 집단적 감정 중에서 우리 형성과 관련하여 가장 중요한 것은 아마도 자기집단 감정 즉 자기 집단에 대한 (선호 및 동일시) 감정일 것이다. 우리는 자기가 속한 집단을 선호하고 집단과 자신을 동일시하는 경향이 강하다. 자기가 속한 집단에 대한 자부심은 "부족적인 본능의 모든 것"으로 여겨지기까지 한다(추아 2020, 241). 집단선호감정은 집단 구성원들이 서로에 대해 갖는 선호감정과 구분된다. 구성원에 대한 선호감정이 '상호적 감정(reciprocal emotion)'인 반면, 집단선호감정은 앞서 언급한 공포나 혐오처럼 집단 구성원들의 '공유감정(shared emotion)'이다.[27] 집단선호감정은 그 공유감정의 대상이 집단 자체인 점에서 공포나 혐오와 같은 '공유된 집단감정'과 다르다. 집단선호감정과 구성원에 대한 선호감정은 반드시 일치하지는 않으나 서로 강화하는 경향이 있다. 집단 구성원에 대한 선호감정에서부터 집단선호감정이 나오기도 하지만, 그보다는 거꾸로 자신의 집단에 대한 선호감정에서부터 그 구성원에 대한 선호감정이 나오는 경향이 크다. 우리 집단에 소속되어 있는 사람들이 착하고 옳기 때문에 그들을 좋아하기보다는, 그들이 우리 집단에 속해 있기 때문에 그들을 좋아하고 옳다고 생각하며 응원한다. 구성원에 대

---

26) '부러움'과 '부끄러움'이 사람의 내면을 지배하는 모습을 잘 보여주는 작품으로 박민규 (2009)의 『죽은 왕녀를 위한 파반느』를 보라.

27) '상호적 감정'과 '공유된 감정'의 구분은 야스퍼(Jasper 1998)에서 가져왔음(굿윈 외 2012, 40 참조).

한 선호감정이 집단선호감정에서 비롯되는 것이다. 경기에서 우리 팀을 응원하고 우리 팀 선수를 좋아하는 이유다.

집단감정은 아와 비아를 구분하는 중요한 차원이다. 인간이 자기 집단을 선호하고 동일시하는 집단감정은 편협한 경향이 있다.[28] 즉 내가 속해 있는 다양한 복수의 그리고 복층의 우리들 중에서 좀더 큰 집단보다 작은 집단을 선호하는 경향이 강하다(누스바움 2019, 263). 1장의 <그림 5>처럼 아와 비아의 관계를 여러 겹의 '우리(들)'가 동심원을 그리고 있는 것으로 보면, 작은 동심원에 해당하는 우리 즉 작은 집단을 (그보다 더 큰 집단에 비해) 더 선호한다. 한국 사람들이 스스로 많다고 생각하는 정(情)은 기본적으로 '우리' 사이에 느끼는 감정으로서 우리'들'의 동심원에서 외곽으로 갈수록 그 깊이가 얕아진다(튜더 2013, 261-273).

이처럼 집단(선호)감정이 편협한 한 가지 이유는 집단 차원의 항상성 유지라는 측면에서 찾을 수 있다. 앞에서 보았듯이, 감정은 우리 몸의 항상성을 유지하는 대리인 역할을 한다. 진화론의 관점에서 볼 때, 인간의 사회적 문화는 집단적 항상성의 도구다. 즉 예술과 정치 및 경제제도를 비롯한 사회적 문화적 관행과 도구는 집단 차원에서 항상성을 유지하거나 증진하는 기능을 수행한다. 이 같은 문화적 사회적 집단 활동은 가족이나 부족과 같은 작은 집단에서 시작해서 오랜 세월에 걸쳐 진화해 오면서 확대해왔지만, 여전히 전체 지구의 규모에까지 도달하지 못했다. 여러 층에 걸쳐서 형성된 집단들은 지구 전체에 걸쳐 있는 인류라는 큰 생물의 일부가 아니라 각각이 마치 하나의 생물인 것처럼 행동한다. 하나의 생물로서 각 집단은 자기 집단만의 항상성 조절을 도모하고 자기 집단만의 이익을 수호하려고 한다(다마지오 2019, 48-49).

집단의 항상성을 도모하는 집단(선호)감정은 지배세력의 중요한 헤게모니 기제이다. 아와 비아가 새로운 우리 즉 더 큰 우리로 통합하는 데에는 그 대아에 대한 애착심과 소속감, 연대감, 그리고 그로부터 발생하는 헌신 의지와 행위

---

28) 자기집단에 대한 선호감정이 없다면 이는 더 심각한 문제를 가져올 수 있다. 드 발이 예로 드는 윌리엄스 증후군(Williams syndrome) 환자들은 피아 구분이 없다. 윌리엄스 증후군 환자들은 어떠한 구분도 없이 이 세상 사람 전부를 사랑한다. 모든 이에게 친절하고 잘해준다. 그런데 친구가 없다. 모두를 다 똑같이 신뢰하고 사랑하기 때문이다. 윌리엄스 증후군 사례는 우리가 서로 친절하고 신뢰하는 것만으로는 좋은 인간 관계를 만들 수 없다는 사실을 보여준다. 우리는 다른 사람을 신뢰할지 불신할지 선택하고 분별하기를 서로에게 기대하는 동물인 것이다(드 발 2017, 232-233).

등이 필요하다. 대아에 대한 애착심이야말로 비아를 우리(편)로 통합하는 접착제다. 이런 까닭으로 당연히 지배세력은 집단(선호)감정의 형성과 강화를 꾀한다. 지도 세력은 말(수사)과 글, 몸짓과 의복 등을 이용해 집단감정을 형성하고 고양하며, 교육과 예술, 축제와 기념 행사, 노래와 춤 등 다양한 방법을 통해 집단선호감정을 생산한다(누스바움 2019, 322).

집단감정을 고양하는 기제로 집단적 활동과 의례가 특히 중요하다. 집단적 활동은, 낯선 사람들과 함께 할 때도, 그 자체로 집단감정을 고양한다.

> "운동은 감정을 생산한다. 즉 운동은 단지 성원들이 운동에 참여하게끔 한 감정적 지향을 반영하기만 하는 것이 아니다. 운동은 성원들의 마음을 끄는 감정을 불러일으키는 것을 넘어, 헌신을 확고히 하고, 공유된 의미를 유지하고, 실제로 참여자들에게 감정분출의 '도취감'을 하나의 '선택적 유인'으로 제공하기 위해 반복해서 감정을 재생산한다. '절정'의 감정적 개입상태를 유도하기 위해 정기적으로 반복되는 행사들은 다소 의례화되기도 하며, 운동 지도부들에 의해 일정 정도 의식적으로 관리된다"(칼훈 2012, 91).

집단 행동을 통해 대중은 "공동성의 경험, 거기서 느끼는 기쁨과 해방감"을 공유한다(이진경 2012, 37). 시몬 베유(Simone Weil)는 1930년대 프랑스 인민전선의 탄생으로 이어진 파업에 참가했을 때의 감정을 이렇게 말한다. "이 파업은 그 자체가 하나의 기쁨이다. 하나의 순수한 기쁨. 불순물이 없는 기쁨이다."(도오루 2015, 78에서 재인용). 광주 항쟁에서 '절대공동체'의 등장과 균열을 본 최정운은 '아리랑'을 함께 부르는 집단행동이 학생과 시민들 사이에 "모두가 하나됨의 느낌"을 가져온 순간을 주목한다. 아리랑에 담긴 우리 민족의 오랜 감성이 중요한 계기가 되었겠지만, 노래를 같이 부르는 집단 행동 자체가 함께 울고 기뻐하고 하나되는 집단감정을 고양한 것이다(최정운 1999, 139–142).

집단 행동과 함께 정치적 의례가 감정적 귀속감을 높이고 집단감정을 강화한다. 의례와 상징은 집단 구성원들이 공유한 감정을 공식화하고 그들을 감정적으로 하나의 집단으로 동원하는 기능을 수행한다(바커 2012, 280–282). 베레진은 이탈리아 파시스트의 사례를 들어서 정치적 의례가 집단 정체성의 위계질서를 재정렬하는 것을 보여준다. 파시스트들은 공적인 의례에서 '로마 가톨릭 대중문화'와 '어머니 숭배'라는 감정적 수사를 사용하여 종교적 집단감정과 모성애를 불러냈다. 로마 가톨릭과 어머니, 즉 종교와 가족은 단순히 파시즘 공공의례의 표상에 그치지 않는다. 반복적으로 수행되는 정치적 의례는 구성원 사이에 친밀감과 연대감을 강화할 뿐 아니라 공동의 기억을 만들어내고 집단적 차원의 공동 감정을 생산한다(베레진 2012, 138-146). 비슷한 예를 1980년 폴란드 그단스크 레닌조선소의 자유노조(연대노조) 운동에서도 볼 수 있다. 자유노조 운동가들은 1970년 노동운동 과정에서 사망한 노동자들을 추모하는 묵념, 국가제창, 공동의 집단적 행위(박수, 환호, 야유, 휘파람 등), 그리고 가톨릭 미사까지 다양한 의례를 동원해서 집단의 결속을 높였다. 특히 바웬사는 한 해 전(1979년) 폴란드를 방문한 교황(바오로 2세)의 방문 기념 펜으로 독립 노조 결성 권한을 인정하는 합의서에 서명함으로써 폴란드 출신의 교황이 갖는 상징적 의미를 활용했다. 종교적 상징과 의례를 집단감정의 강화에 적극 활용한 것이다(돕스 2020, 87-90).

한편으로 집단적 운동 그 자체와 다른 한편으로 의례의 수행은 복합적으로 집단감정을 끌어올린다. 콜린스에 따르면, 집단운동은 집단적 의례를 거치면서 (1) 초기 감정을 확대하고 (2) 나아가 초기 감정을 다른 감정으로 변형하는 이중의 감정 변형을 가져온다. 즉, 집단적 모임에서 사회적 의례를 통해 고양되는 '감정에너지'는 (분노, 화, 공포와 같은) 초기 감정을 공유 및 선동하고, 나아가 집단 성원들이 서로 관심과 입장을 같이하고 있다는 사실을 인식함으로써 생기는 연대감, 열광, 도덕성과 같은 독특한 집단감정을 만들어낸다(콜린스 2012, 48-58).[29] 이를 통해 구성원 각자의 집단적 연대감 즉 집단(선호)감정과 소속감이 고양된다. 집단적 운동과 의례를 통해 고양되는 이 같은 감정에너지는 '우리'를 확대하고 심화시킨다. 공동의 감정에너지는 집단 운동으로 형성된 우리에 대한 강한 일체감과 헌신적 활동을 유발한다. '우리'의 내포를 심화하는 것이다. 아울러 외부효과도 낳는다. 집단의 감정에너지는 외부의 양심적 지지자에게 호소하고 다수 사람들의 도덕적 관심을 창출하고 강화한다. 즉 '우리'의 외연을 확대한다.[30]

---

29) 콜린스는 감정동학이 단선적으로 일방향으로 나아간다고 보지 않는다. 감정에너지가 집단의식의 고양을 가져오지만 집단운동이 절정에 다다른 이후 감정에너지는 쇠퇴한다. 결국에는 핵심 참여자들은 소진되고, 양심적 지지자를 이루는 주변 구경꾼들 사이에서 일었던 관심은 흩어진다.

30) 태극기부대에 대해 감정동학을 경험적으로 연구한 것으로 김왕배(2017)를 보라. 언어(정치적 호명)가 감정을 고양하고 그것이 집합행동으로 이어지는 과정을 잘 분석하고 있다. 한편 태극기집회와 촛불집회의 문화정치 측면을 분석한 이정엽(2017)의 연구도 문화를 통한 집단감정의 형성과 동원을 엿볼 수 있게 한다.

3. 몸 차원

　　문승익의 이론에서 한 가지 아쉬운 점은 그가 물적 차원을 상대적으로 경시한다는 점이다. 문승익은 물체적 차원을 자체의 행동이나 목적(자기의지), 자기의식 및 단위설정 이전의 단계로서 이들에 관여하지 않는 것으로 본다. 문승익과 달리 나는 물적 차원과 의식, 목적(의지) 및 행동의 차원들이 명확하게 구분되기보다는 서로 긴밀히 연결되어 있는 것으로 본다. 가령 자기규범의 주요 요소인 자신에 대한 기억이 우리의 마음에만 있는 것이 아니라 몸에도 있다. 몸도 기억하는 것이다. 또한 자신의 목적을 설정하는 의지의 차원에서도 자기가 원하거나 필요로 하는 것 또는 가치 있게 여기는 것이 의식의 차원뿐만 아니라 몸에서도 비롯한다. 무언가를 갈망할 때 자신의 생각과 달리 몸이 말을 듣지 않는 경우가 있다. 몸도 원하는 것이 있는 것이다. 따라서 비아를 아의 편으로 만드는 데 있어서도 상대방의 물체적 차원 즉 몸(신체)을 길들이는 방법을 포함해야 한다.

　　행동과 마음의 차원을 각각 행위와 의지 및 의식과 감정의 층위들로 나눈 것처럼, 몸 차원도 몸체와 경계의 두 층위로 나누어 살펴본다. 엄밀히 말하면, 몸체와 경계는 몸의 두 층위이기보다는 같은 층위의 두 측면이라고 보는 게 더 적합하다. 몸체와 경계는 두 층위로 포개져 있기보다는 몸체 자체가 안팎으로 경계를 갖고 있고 경계가 곧 몸체를 구성하는 점에서 동일한 층위의 두 측면이다. 몸체는 그 자체로 경계를 가지고 경계는 그 자체로 몸체를 포함한다. 아래에서 몸체와 경계를 구분하여 논하지만, 이 둘은 서로 포개어져 밀접히 연결되어 있다.

(1) 몸체

• 몸체의 집단적 성격

　　우리는 각자 몸을 개별적으로 가지고 있다. 각자 자기의 개별적인 몸 안에서 개별적 정체성을 가지고 개별적 자아를 형성한다. 하지만 나의 몸이 개별적으로 존재한다고 해서 그것이 전적으로 독립적이거나 고립되어 있는 것은 아니다. 나의 개별적인 몸은 내가 속한 집단 속에서 집단적 영향을 받으며 형성된다.

내 몸은 나의 유전자에 의해서 피부, 머리, 눈동자는 물론이고 키와 체형 등이 어느 정도 정해진다. 그런데 유전자 자체가 내가 속한 집단의 영향을 받는다. 내 몸 안에 집단의 진화 역사가 자리하고 있는 것이다. 생물학적으로 같은 종족이더라도 다른 족류집단에 따라 식습관 문화가 다르고 그에 따라 신체가 많이 다르다. 식습관 문화가 비슷한 족류집단이더라도 자기가 속한 계급이나 집단에 따라 신체적 특성에 차이가 많이 난다. 단적인 예로, 남과 북의 분립 이후 불과 수십 년 만에 남북한 주민들의 신체는 두드러지게 차이가 난다. 또, 같은 남한의 주민도 세대에 따라 평균 신체에 차이가 뚜렷하다. 과거에 비해 영양 섭취가 좋아지면서 젊은 층의 신장이 더 커졌을 뿐 아니라, 입식문화가 주가 되면서 다리의 길이도 더 길어졌다. 얼굴 생김새도 점점 더 서양화하여 오늘날의 미인이나 아이돌의 얼굴은 조선 시대 우리 선조들의 그것과 크게 차이가 난다. 우리 각자의 몸 즉 개별적인 신체 자체도 우리가 속한 집단으로부터 그리고 그 집단의 역사적 시대적 경험으로부터 영향을 받는 것이다. 우리의 몸은 개별적으로 고립되어 집단으로부터 독립적으로 만들어지지 않는다.

신체와 아울러 우리 몸의 일부를 구성하는 의복과 장신구들도 집단의 영향을 받는다. 의복, 모자, 신발, 지팡이 등 우리 몸의 일부를 구성하는 의복과 장신구 전반은 우리가 속한 집단의 영향을 받는다. 같은 한민족이지만 조선 시대 사람들과 현재 우리들은 입는 옷과 몸 치장에 있어서 현저히 다르다. 백의민족이라고 불릴 정도로 흰 옷을 주로 입었던 우리 민족이 지금은 온갖 다채로운 색상의 옷을 입고 다니고, 조선시대 사람들이 보기에 해괴하게 보일 만한 복장과 장신구를 거리낌 없이 착용하고 다닌다. 나의 몸과 아울러 내 몸을 꾸미는 의복과 장신구에 있어서 내가 속한 집단과 그 집단의 역사적 경험의 영향으로부터 자유롭지 않은 것이다.

나의 신체와 의복이나 장신구에 대한 집단의 영향력은 중립적이지 않다. 집단에 속한 모든 개체들이 동등하게 서로 영향을 미치기보다는 지배적 세력의 문화가 헤게모니를 행사한다. 오늘날 미의 기준은 과거 우리 조상에 비해 훨씬 서양화되어 있다. 늘씬하고 다리가 긴 서양 스타일의 미인이 오늘날 우리에게 미인으로 통한다. 서양의 문화적 헤게모니가 우리사회의 지배적 문화에 이미 깊이 들어와 있기 때문이다. 이러한 미적 헤게모니는 우리의 몸에 직접적으로 영향을 미친다. 우리는 집단적으로 선호하는 형태의 몸을 스스로 만들기 위해

운동을 하고 식습관을 조절할 뿐만 아니라, 그에 그치지 않고 키가 크거나 살이 빠지는 약을 먹고 주사를 맞고 (성형 또는 위장 절제) 수술까지 한다. 그것이 우리의 체형을 상당히 서구화하는 결과를 가져온다. 머리 모양이나 복장에 있어서도 마찬가지다. 우리의 헤어스타일이 아무리 자유롭다고 해도 어느정도 허용되는 범위가 있다. 가령 오늘날 변발을 하고 다니면 대단히 이상한 사람으로 보일 것이다. 마찬가지로 우리는 아무런 옷이나 마음대로 입고 다니지 않는다. 우리 사회의 지배적인 문화에 맞추어 복장을 선택한다. 지배적 문화의 코드에서 크게 벗어날 경우 사회생활을 하기가 쉽지 않다. 물론 주류 문화에 대한 저항이 일어나고 그것이 새로운 유행이 되기도 한다. 우리 몸을 둘러싸고 지배적 헤게모니와 대항 헤게모니 사이의 투쟁이 일상에서 다방면으로 일어나는 것이다.

몸은 집단의 영향 속에 있을 뿐 아니라, 사람들을 연결시켜주는 통로의 역할을 해서 집단을 구성하는 데 기여하기도 한다. 아주 근원적인 차원에서 보자면, 우리 몸을 구성하는 요소들은 모두 우주 공간으로부터 왔으며 이 점에서 우리 몸은 우주의 일부다. 우리 몸에 있는 화학적 요소들로 인해 우리는 "우주의 역사, 별의 탄생과 죽음의 역사를 머금은 존재"다. 인간을 '별먼지' 또는 '생각하는 별먼지'라고 부를 만한 이유다(이명현 2020, 119−121). 현실세계의 차원으로 돌아와서, 우리의 몸은 우리를 개별적 존재자로 분리하기도 하지만 우리를 서로 연결해주는 끈이기도 한다. 정화열에 따르면, 우리의 몸 때문에 우리가 고립적 존재자가 되는 게 아니다. 오히려 우리의 몸 덕분에 우리는 고립적 존재자가 아니라 집단적인 인간으로 존재한다. 우리의 몸이 개인을 개별 존재로 만드는 경계라는 직관과 달리, "몸은 사회적인 것으로 연결시켜주는 탯줄이다"(정화열 1999, 244). 몸 덕분에 우리는 서로 보고 타인에게 자신을 드러내 보일 수 있고, 다른 사람들 및 그들의 정신과 교류할 수 있다.[31]

> "무엇보다도 삶을 살아가는 육체는 사회성의 기본적인 문법이다. 육체가 우리를 다른 사람이나 사물들의 세계와 원초적으로 연결시키는 고리라고 말하는 것만으로는 충분치 않다. 그것은 우리가 세계에서 능동적으로 존재하는

---

[31] 몸에 대한 정화열의 논의에서 보듯이, 현상학은 '몸'의 우선성에 바탕을 둔 몸의 정치를 이해하는 데 긴요하다. 이와 관련하여 메를로−퐁티와 후설 및 슈츠에 대한 김홍우(1999)의 연구를 참조하라. 한편 정복철(2008)은 이제마의 사상철학(四象哲學)이 현상학의 문제의식 및 방법론과 연결된다는 매우 흥미로운 주장을 펼친다.

(실존하는) 양식이라고 말하는 것이 보다 정확하다. 우리가 우리의 육체로 살아가는 것처럼 우리는 우리의 육체이다. 삶을 살아가는 육체가 없다면 인간은 영원히 수동적인 방관자, 인체 해부용 모형으로 남아 있을 것이다. 사회성은 결코 탈체현되고 비가시적인 마음이 만나는 장소가 아니라, 무엇보다도 상호 육체적인, 즉 체현된 육체가 '대결(confrontation)'하는 곳이다. 마음은 독백적인 반면 육체는 필연적으로 대화적이다. 삶을 살아가는 육체 때문에 인간은 분리될 수 없도록 사회적인 존재가 된다. 달리 말하면, 육체의 죽음은 사실상 사회적인 것의 죽음이다"(정화열 2005, 111).

우리는 각자의 몸 속에 숨은 고립된 존재가 아니다. 우리는 몸을 통해 서로 연결된다. 다른 사람들과 서로 몸을 부대끼고 직접 마주보면서 관계를 맺는다. 서로 눈을 바라보면서 그 눈 속에서 신뢰를 읽고, 서로 포옹하면서 그 품 안에서 위로와 배려를 읽고, 악수를 하면서 그 속에서 약속과 상호 존중을 읽는다. 언어가 달라도 손짓과 몸짓으로 소통하고, 얼굴 표정으로 말하고 감정을 나누며, 오래 떨어져 있으면 서로 만나고 싶어한다. 오늘날 교통과 통신의 발달로 이 같은 육체적 만남 대신에 비대면 접촉이 늘어나면서 사람들의 만남에서 육체가 '소멸'되고 있다. 육체로부터 이탈된 비대면 관계의 급증은 소위 '감시사회'가 확산되는 중요한 이유가 된다(라이언 2014, 31-35).

정화열의 위 인용문에서 마음이 독백적이라고 한 이유는 (몸과 달리) 마음이 서로 보이지 않기 때문일 것이다. 하지만 앞 절에서 보았듯이 우리의 마음도 집단 속에 있으며 집단의 영향을 받는다. 우리의 몸은 개별적 존재로 보이는 그 가시성 때문에 오히려 서로의 만남과 연결을 확인해준다. 우리의 개별적인 몸은 집단 속에서 집단적 영향 속에 형성되고, 동시에 서로를 연결하면서 집단을 형성하는 것이다.

• 몸체의 규율과 형성

내 몸이 순전히 개별적이지 않은 가장 근본적인 이유는 나와 너라는 개별 존재가 공동의 시공간(들)에 속해 있기 때문이다. 내 몸이 위치하고 있는 공동의 시공간(들)은 바로 공동주체의 몸체(들)를 구성하고 있다. 여기서는 (1) 내 몸이 처해 있는 시공간 자체가 헤게모니 투쟁이 전개되는 곳이며, (2) 그 헤게모니 실천들이 바로 내 몸을 관통한다는 점을 살펴본다.

먼저, 내 몸은 공동의 시공간(들) 속에 자리하며, 이 시공간들은 그냥 텅 빈

허공이 아니라 헤게모니 투쟁이 진행되는 곳이다. 우리의 시공간은 하나의 균질한 곳이 아니다. 우리는 여러 겹의 집단적 시공간들 속에서 존재한다. 내 가족의 시공간이 있고, 그를 둘러싸고 있는 마을의 시공간, 내가 속한 다양한 집단들의 시공간, 그리고 국가와 세계 차원의 시공간 등 여러 겹의 시공간(들) 속에 살고 있다. 소위 '세계화'의 핵심은 "시공간 압축(time-space compression)"이다(Harvey 1990). 하지만 아무리 세계화가 진척되어서 세계 수준의 시공간이 압축되어도, 우리는 겹겹의 중첩적인 시공간 속에 동시에 존재한다. 시공간 속에서의 헤게모니 실천과 투쟁을 시간과 공간을 나누어서 각각 살펴보자.

공간은 중립적이지 않다. 우리는 특정 국가의 주권이 작용하는 영토 속에서, 경영권이 작동하는 회사의 공간 속에서, 가부장적 권위가 통괄하거나 도전받는 가정의 공간 속에서, 자본주의 체제의 구조적 권력이 작동하는 시장 속에서, 그 외에도 다양한 종교적 및 세속적 세력들의 헤게모니와 대항 헤게모니들이 교차하는 여러 공간들 속에서 살아간다. 이들 공간은 그저 텅 빈 허공이 아니다. 다양한 층위에서 지배세력의 헤게모니가 작동하고 지배세력의 안팎에서 대항 헤게모니들이 저항하는, 의미로 가득한 공간이다.

공간 속의 헤게모니 행사와 투쟁은 다양한 방식으로 구현된다. 우리가 무심코 지나치는 조형물, 건축물, 도로, 주택단지 등에 모두 헤게모니 관계가 녹아 있다. 인도가 잘 정비된 길과 그렇지 않은 길, 자연 친화적인 길과 그렇지 않은 길, 도시를 관통하거나 둘러싼 복잡한 교통망 등은 모두 사회세력들 사이의 헤게모니 관계를 반영한다. 광화문 거리의 이순신 장군이나 세종대왕의 동상, 청계천의 전태일 다리와 동상, 수유리의 국립 4·19묘지,[32] 5·18 민주묘지 등은 모두 헤게모니 관계를 반영한다. 거리의 다양한 조형물과 거리의 이름은 누가 우리인지, 또는 우리가 누구인지를 상징한다. 이는 사회세력들의 헤게모니 관계를 반영하며 결코 중립적이지 않다. 가령 일제는 조선 사람들의 이름만이 아니라 우리의 지명과 거리명도 일본식 이름으로 바꿨다. 을지로, 퇴계로, 충무로, 세종시 등 오늘날 거리와 장소의 이름들은 일제 잔재를 청산하는 과정에서 우리 안의 지배세력의 헤게모니가 관철되거나 대항 헤게모니가 도전한 결

---

32) 4·19기념탑은 원래 서울 중심지에 마련할 계획이었으나, 5·16 이후 이 계획에 차질이 생겼다. 그로 인한 4·19기념물의 서울 중심지에서의 '부재(不在)'라는 현상을 기억할 필요가 있다.

과다. 오늘날 북한에는 사람 이름을 딴 지명과 건물명이 많은데, 북한의 지배세력이 바뀌면 김일성 대학이나 김책시와 같은 북한의 수많은 건물과 장소의 이름들도 바뀔 것이다.

공간 속에서 다양한 세력들의 헤게모니 투쟁이 벌어지고 공간 스스로가 그러한 헤게모니 관계를 반영하기 때문에, 공간들은 균일하지 않다. 공간들 사이의 차등 관계도 일정하지 않고 헤게모니 투쟁의 전개에 따라서 변화한다. 이와 관련하여 특히 (1) 성스러운 공간과 (2) 중심 공간의 두 가지를 강조한다. 성스러운 공간이나 중심이 되는 공간은 객관적으로 존재하는 것이 아니다. 이들은 지배세력의 헤게모니가 작동하는 곳이며 동시에 다른 세력들의 헤게모니 투쟁이 집중하는 지점이기도 하다. 어디가 성역인지 그리고 어디가 중심인지, 그 지정 및 유지와 변경을 둘러싸고 헤게모니 투쟁이 벌어진다.

첫째, 사회에는 다른 공간과 달리 특별한 의미를 갖는 '성스러운' 공간이 있다. 시민사회 곳곳에는 국가나 지배세력의 공권력이 함부로 침입할 수 없는 성스러운 공간이 있다. 세속권력에 대한 대항 헤게모니의 주체로서 종교기관은 성스러운 장소로서 특별한 의미가 있다. 과거 삼한시대에 소도는 하늘에 제사를 지내는 곳으로서 종교적인 의미가 있었다. 이곳에는 죄인이 숨어도 국가 공권력이 잡아갈 수 없었다. 속세와 구별되는 성스러운 공간인 사원은 다른 모든 것 위에 위치한다. 사원은, 악마의 거주공간인 카오스(chaos)와 대조되는 코스모스(cosmos 즉, 우주)의 모상이며 지상에서의 재현이다. '신들의 집'으로서 사원은 "어떤 지상의 퇴폐에도 초연해 있다"(엘리아데 1998, 82. 61-63 참조). 오늘날에도 종교적 공간은 국가권력이 함부로 침입할 수 없는 성역으로 간주된다. 민주화 운동의 상징적인 장소인 명동성당은 권위주의 정권도 마음대로 침입할 수 없는 성역이었다. 이들 '성역'은 세속 권력의 공간 속에 있으면서도 그 권력의 범위 바깥에 존재하는 공간이다.

성역을 둘러싼 헤게모니 투쟁의 대표적 예로 국립묘지를 들 수 있다. 성스러운 공간으로서 국립묘지는 우리라는 공동주체성의 핵심을 상징한다. 국립묘지에 묻힐 자격 여부를 놓고 종종 벌어지는 뜨거운 논쟁은 단순히 개개인의 안장 자격 문제가 아니다. 누구의 죽음을 우리가 기억할 것인지는, 우리가 누구인지, 누가 우리에 포함되고 안 되는지를 둘러싼 논쟁이다. 예컨대, 1965년 이승만의 국립묘지 안장 문제를 두고 4·19유족회 등의 반대로 사회적 갈등이 고조되었었다. 이는 곧 "국가가 기억해야 하는 죽음에 대한 기억의 경합"이다(신동은 2020, 112).

개인의 안장 자격 여부를 떠나서 사회의 대항세력들은 국립묘지 자체가 우리를 대표하는지에 대한 근본적인 질문을 던지고 대안 장소를 성역화하기도 한다. 남한의 국립묘지는 국군묘지에서 개칭된 것으로 군사주의적, 국가주의적 이념을 담고 있으며, 4·19 이후 국립묘지의 개칭 문제가 몇 차례 제기되기도 했다. 국립묘지 안장 대상자인 독립운동가 중에도 효창공원이나 망우리 같은 국립묘지 밖에 안장된 상태로 남아 있는 분들이 있다. 이들의 후손들이 국립묘지가 "친일파와 독재자가 묻혀 있는" 곳이라는 이유로 국립묘지 이장에 찬성하지 않기 때문이다. 스스로를 국립묘지 경계 밖에 위치시킨 노무현의 봉하마을도 국립묘지에 대한 일종의 도전으로 볼 수 있다. 특히 이한열의 죽음과 그의 '민주국민장'은 국립묘지의 정통성에 대해 직접적으로 도전하는 계기가 되었다. 유족과 학생들이 "독재자가 묻혀 있는" 국립묘지에 이한열을 안장할 수 없다고 주장하면서 광주의 망월동 묘지에 안장한 것이다. 망월동 묘지는 국가권력과 국가주의에 대항하는 '민주묘지'로서 더욱 상징적인 성역이 되었다. 김영삼 정부가 4·19묘역과 망월동 신묘역을 국립민주묘지로 승격하였고, 이에 따라 동작동 국립묘지의 위상이 상대화되었다(신동은 2020, 106-122; 하상복 2014, 341-342). 하지만 망월동 구묘역과 신묘역 사이에 국가권력과 저항(민주)세력의 헤게모니 투쟁이 지속되고 있다.

> "국립민주묘지로 승격되면서 국립 5·18민주묘지의 상징은 국립묘지의 경계 안에서 기억되고 있다. 5·18기념식에는 정부 주도의 국가의례가 예외 없이 적용되고 이에 반발하는 유족과 시민들이 경계 주변으로 밀려나면서 민주묘지로서의 상징은 희석되었다. 오히려 국립묘지 경계 밖에 있는 '망월동 구묘역'의 상징을 통해 민주화운동의 기억이 강화되고 있다"(신동은 2020, 117).

둘째, 사회의 지배세력을 대표하는 중심 공간(들)이 있다. 가령, 돕스(2020, 366)에 따르면 "전통적으로 중국의 심장인 천안문 광장을 지배하는 자가 '인민'을 대표할 권리를 주장했다." 중심 공간은 공동체의 주관적 공동 관점이 되기 때문에 특히 중요하다. 변두리에 사는 사람도 공동체의 중심 공간의 관점에서 세상사의 변화를 바라본다. 중심 공간은 공동 몸체의 눈과 같은 곳으로서, 세계를 바라보는 공동 관점을 주관한다. 중심(공간)이 반드시 하나일 필요는 없다. 복수의 중심들이 가능하다. 행정 수도와 경제 중심지, 과학 및 문화의 중심지들이 서로 다른 위치에 존재할 수 있다. 다중심의 중층 공간들로 구성되어 있는 경우에도 이들 중심들은 사회 전체 또는 집단의 공동 관점의 중심이 된다.

한 사회의 중심 공간을 놓고도 헤게모니 투쟁이 전개된다. 중심 공간을 둘러싼 투쟁은 공동 몸체의 '중앙성'과 주관적 관점을 장악하기 위한 투쟁이기도 하다. 새롭게 수도를 정하거나 옮기려고 하는 경우 구지배세력과 새로운 지도 세력 사이에 투쟁이 심하게 일어난다. 개성에서 한양으로의 천도, 노무현의 수도 이전 시도와 기득권 세력의 반발에 의한 좌절, 이후 세종 행복도시 건설 등에 나타난 갈등은 모두 나라의 중심을 어디에 두는가를 둘러싼 헤게모니 투쟁이다. 북한은 단독정부 수립 이후에도 1972년 헌법 수정에서 평양을 수도로 규정하기 전까지 "조선민주주의인민공화국의 수부(首府)는 서울이다"라고 헌법에 명기했었다. 이는 한편으로 서울의 역사적 중심성을 반영하지만, 다른 한편으로는 북한이 한반도 전체를 아우르는 통합한국의 건설을 포기하지 않았으며 자신이 한반도 전체의 유일한 중앙정부임을 주장한 것이다(박명림 2009, 243-244; 서중석 2007, 52 참조).

지배세력의 헤게모니가 관철되는 성스러운 중심 공간에는 궁극적으로 특정 인물의 몸이 있다. 천자, 천황이나 왕과 같은 한 인물의 신체가 공동체의 중심(구심점)을 상징한다. 칸트로비츠(Kantorowicz)의 *The King's Two Bodies*에 따르면, 왕의 신체는 개인의 신체이자 집단의 생명을 상징한다. 왕의 두 신체 즉 물리적 · 생물학적 신체와 상징적 · 정치적 신체 중 후자는 그가 속한 공동체를 상징하는 몸이다. 그에 따르면,

> "단일한 집합체(a collective body)를 형성하기 위해 필요한 '사람들의 복수성(plurality of persons)'은 보통 두 가지 방식으로 구성된다. 즉, '수평적으로' 동시에 사는 사람들에 의해서, 그리고 '수직적으로' 계승적으로 사는 사람들에 의해서"(Kantorowicz 2016, 312).

칸트로비츠의 '수평적' '수직적'이라는 용어를 '공시적' '통시적'이라는 개념으로 이해하자. 공동주체는 공시적으로 많은 사람들이 참여하는 공간적 차원과, 통시적으로 이들이 후계자들에 의해서 계승되는 시간적 차원을 가지고 있다.

칸트로비츠는 한 사람에 의해 (즉 공시적으로 얼마나 많은 사람들이 참여하는지와 무관하게) 이루어지는 단일 집합체의 연속성을 '왕'의 몸에서 발견하였다. 이는 집합체가 오로지 시간의 관점에서만 (즉 공간 차원을 괄호에 넣고) 구성되는 것을 의미한다. 개별 왕이 죽어도 왕권(왕국)이 계속되는 "왕은 죽지 않는다(The King never dies)"는 말이 가능한 이유다(Kantorowicz 2016, 312–450).[33] 이와 같은 중심 공간으로서 특정 지도자의 몸이 반드시 하나일 필요는 없다. 왕의 몸도 나눌 수 있다. 임진왜란 당시 선조가 광해군을 세자로 삼고 '분조(分朝)'를 구성한 것이 하나의 예다. 국가의 중심을 두 개의 몸을 통해 공간적으로 둘로 나눈 것이다.

비단 왕만이 아니다. 한 국가나 공동체 또는 집단이나 운동의 중심을 상징하는 특정 인물의 신체는 그 집단 전체를 몸으로 대표한다. 해방정국에서 건국준비위원회와 인민위원회는 "좌우가 연대한 민족적 · 민중적 집합의지(national–popular collective will)의 실현체"였으며(박명림 2002, 751), 그 중심에 있던 여운형의 암살은 그러한 집합의지의 신체적 중심을 겨냥한 것이었다. 남과 북의 단독정부의 수립에 있어서 각각의 소아주의의 중심은 궁극적으로 이승만과 김일성의 신체에 있었다. 한국전쟁 발발 당시 이승만은 '사실상의 국가' 즉, 대한민국의 공동 몸체의 중심이었다. 박명림이 단언하듯, "이승만은 1950년 6월 25일 현재 남한의 국가와 외교 그 자체였다"(박명림 2002, 160). 전쟁 초기에 많은 국민을 버리고 피난을 떠난 그의 행동을 용납하기 어렵지만, 만일 이승만이 서울에서 북한군의 포로가 되었다면 미국은 남한을 지원하고 싶어도 대한민국 정부의 중심을 찾기 어려웠을 것이다. 남과 북의 소아주의에 대해 저항한 대아주의(남북 통합주의) 운동의 중심에는 김구와 김규식이 있었고, 김구의 암살은 그 정치적 (운동의) 중심을 표적으로 한 것이었다. 김구의 신체적 죽음은 곧 그가 상징했던 단독정부반대운동과 남북통합운동(대아주의)의 정치적 · 상징적 죽음이기도 하였다.

공간과 마찬가지로 시간도 그 자체로 중립적이지 않다. 시간도 헤게모니 투쟁이 벌어지는 지점이며, 시간을 다스리는 자가 곧 지배세력이다. 모든 행위자가 동등하게 시간 통제 능력이나 권한을 가지고 있지 않다. 나라 사이에 그리

---

33) 칸트로비츠에 따르면, 12세기 아리스토텔레스의 '세계의 영원성(the eternity of the the world)' 개념이 발견되고 논란이 된 이후에야 법적 · 정치적 영역에서 공동체의 연속성(continuity) 개념이 발달하였다고 한다. 시간 개념에 대한 근본적인 혁신이 현실세계의 연속성 문제의 바탕에 있다(Kantorowicz 2016, 273–291 참조).

고 한 나라 안의 계급이나 사회적 지위에 따라서 시간 통제 권한과 능력에 차이가 있다.

먼저, 나라 사이의 관계에서, (공간뿐 아니라) 시간에 대한 통제 권한과 능력은 나라의 관계에 따라 다르다. 과거 천하질서에서는 중국의 천자만이 하늘의 뜻을 알고 시간을 관장할 수 있었다. 중국의 천자가 달력을 만들어서 제후국들에 주었고 종주권을 행사했다. 이런 맥락에서 세종이 신하들과 함께 서울을 기준으로 천체운동을 연구하고 계산해서 『칠정산(七政算)』 내편과 외편을 완성한 것은 실로 그 의미가 크다. 이는 원나라의 수시력(授時曆)과 명나라의 대통력(大統曆) 및 아라비아 회회력(回回曆)을 검토하고 오류를 수정한 새로운 역법서다. 이는 우리의 천문학이 당대 세계 최고 수준이었음을 보여줄 뿐 아니라, 그 역법의 기준을 우리 영토의 중심에 맞춘 점에서 획기적인 일이었다. 이전까지 우리 민족은 우리 강토를 기준으로 천문 계산을 하지 못했고 중국을 기준으로 한 중국의 역법을 빌려서 사용해왔다. 중국의 역법을 우리 지리에 맞춰 사용하려는 노력이 있었지만 쉬운 일이 아니었고, 중국에서도 역법을 황제의 권력으로 생각하였기 때문에 잘 가르쳐주지 않았다. 1442년 『칠정산』 내외편의 완성은 우리가 스스로 시간을 계산하고 통제할 수 있는 능력을 보유하게 되었음을 의미한다. 세종은 또한 장영실을 후원하여 물시계인 자격루와 옥루를 비롯한 여러 종류의 시계를 만들었는데, 이 또한 우리 중심의 시간을 측정한 점에서 의미가 크다(이정모 2001, 178–184; 이이화 2000, 279–295). 이는 우리의 실정에 맞는 역법을 만드는 일이지만, 중국의 입장에서 본다면 시간에 대한 천자의 권한에 대한 도전으로 볼 수도 있다. 당시로서는 대단히 민감한 문제일 수 있는 것이다.

한 나라 안에서도 시간에 대한 통제권은 사회적 지위나 계급에 따라서 다르다. 단순화해서 말하자면, 지배세력은 시간을 스스로 통제할 수 있고 충분한 여유 시간을 가질 수 있는 반면 하위세력은 그렇지 못하다.[34] 핵심은 시간에

---

34) 지배세력의 시간에 대한 헤게모니는 구조적·체계적 차원에서도 나타난다. 시간의 흐름은 객관적이거나 자연적으로 고정되어 있지 않다. 나는 내가 살고 있는 사회의 사회적 시간흐름(social tempo) 속에서 산다. 나의 의지와 상관없이 사회 전체 차원에서 작동하는 자본주의의 시간흐름(리듬)이 존재한다. 사회적 시간흐름은 고정되어 있지 않다. 과거와 비교하여 현대인은 대단히 바쁜 삶을 살고 있다. 산업화에 따라 삶의 속도는 엄청 빨라졌다. 시골과 도시는 그 삶의 속도가 다르다. 오늘날 한국사회의 사회적 리듬은 자본주의 체제의 구조적 헤게모니가 작동하고 있는 것이다.

대한 통제 권한이다. 지배세력에 속하는 사람들은 대체로 자기 시간에 대한 통제권을 가지고 있다. 반면, 하위세력의 사람들은 자기 시간을 마음대로 통제하지 못한다. 자신의 생존을 위해서 노동을 해야만 하는 사람들은 그럴 필요가 없는 사람에 비해 시간 통제 측면에서 분명한 열세에 있다. '여가' 즉 자유시간의 질과 내용이 개인 간, 사회계급 간 차이를 표시하는 기호가 된 것이다(보드리야르 1999, 249–250). 단지 여유 시간만의 문제가 아니다. 노동 과정에서 자신의 노동시간을 스스로 통제할 수 있는지 여부가 더 중요하다. 지배세력은 자신의 노동 시간을 통제할 수 있다. 반면에 하위세력은 대부분 자신의 노동 시간을 통제할 수 없다. 테일러주의는 노동자의 생각 기능만 빼앗아가는 게 아니라, 그(녀)의 리듬에 대한 자율권 또한 빼앗아간다. 노동자는 더 이상 자신의 시간 흐름에 따라 일을 할 수 없다. 그의 노동은 컨베이어 벨트의 속도에 의해서 결정된다. 컨베이어 벨트의 속도가 증가함에 따라 그의 노동 강도 또한 증가한다. 작업과정 전체를 구상하는 것은 경영진이다. 경영자가 노동자의 시간 흐름에 대한 통제권을 행사하는 것이다.

하지만 시간에 대한 통제권이 일방향으로만 행사되는 것은 아니다. 지배세력의 시간 통제권은 절대적이지 않다. 그것은 하위세력의 도전을 받는다. 하위세력이 지배세력의 통제에 대항하는 데 있어서 시간을 어떻게 활용하는지 피쪼르노(Pizzorno 1978)가 재미있는 통찰을 제공한다. 그에 따르면, 자본주의 사회에서 노조는 '단체협상'을 통하여 노동시장을 왜곡함으로써 '개별협상'에서의 노동-자본 간 힘의 불균형을 시정한다. 노동자들은 노동'시장'에 하나의 '상품'으로 등장하여 임금을 받고 자신의 노동력을 판다. 다른 사람이나 기계가 '대체할 수 없는' 필수불가결한 기술을 갖고 있는 경우가 아니면, 대부분의 노동자는 시장화된 노동관계에서 자본가들에 비해 불리한 입장에 있다. 노동시장의 개별협상에서 열세에 처할 수밖에 없는 노동자들이, 집단적 협상을 통하여 노동-자본의 힘의 관계에 균형을 가져오고 고용조건의 균등화를 통해서 노동자들 사이의 연대성을 강화하는 수단이 바로 단체협상이다. 단체협상은 노동시장의 개별협상에서 열세에 있는 노동자의 협상력을 집단적으로 강화함으로써 시장을 '왜곡'하는 데 의미가 있다. 그런데 이 왜곡력의 핵심에 바로 시간에 대한 통제가 있다. 고용주가 노동조합과의 단체협상에 임하는 이유는, 노조가 파업할 경우 작업대의 흐름 즉 시간이 멈추기 때문이다. 작업 흐름의 멈춤은 곧바로 자본가의 이윤 창출의 중단을 뜻한다. 시간은 그야말로 돈인 것이다. 평소 고용주가 통제하는 컨베이어 벨트의 흐름을 중지함으로써, 즉 시간의 흐름을 중단시킴으로써, 노동자들은 자본가에게 이윤창출의 중단이라는 손해를 입힐 수 있다. 이것이 노동자들이 갖고 있는 단체협상력의 근원이다. 노동을 중단함으로써 (노동) 시간을 통제하는 것이 핵심이다.

지금까지 내 몸이 처해 있는 시공간 자체가 헤게모니 행사와 투쟁의 장이라는 점을 살펴봤다. 이제부터는 그 헤게모니 행사와 투쟁이 바로 내 몸을 관통하는 측면을 살펴보자. 내 몸이 자리잡고 있는 다양한 층위의 공동의 시공간들에서 헤게모니 투쟁이 전개되듯이, 내 몸은 다양한 헤게모니 투쟁이 전개되는 곳이며 궁극적으로는 헤게모니 투쟁의 주요 수단이나 무기가 된다. 내 몸을 둘러싼 시공간에서 벌어지는 헤게모니 투쟁들은 내 몸 자체를 관통하고 침투해 들어온다. 헤게모니는 나에게 침투하여 내 몸을 만든다.

이것의 단적인 예는 몸의 수명과 안전 및 건강에 있어서 사회적 불평등이다. 우리 몸의 건강과 수명은 면역력과 부의 정도에 좌우되며, 이들은 사회적 지위와 연관된다. 단순화해서 말하면, 지배세력에 속한 사람들은 하위세력에 속한 사람들에 비해 상대적으로 더 안전하고 건강하게 오래 산다. 다음의 <그림 17>에서 보듯이 2010년대 말 현재 우리 국민들의 기대수명과 건강기대수명(healthy life expectancy)은 소득분포에 따라 상당한 불평등을 보이고 있다. 개인소득 최저 1분위와 최고 5분위 사이에는 기대수명에 있어서 6.5년 차이가 나며, 건강하게 살 수 있는 건강기대수명에 있어서는 11.3년의 차이가 난다(김명희 2019, 32). 이는 식사, 주거 환경, 의료 혜택 등의 차이에서 기인할 것이다.

하위세력에 속한 단순 노동자들은 단지 생존을 위해서 목숨마저 내걸고 일을 해야 한다. 매년 산업재해로 숨지는 사람들이 너무나 많음에도, 이를 비탄해하는 김훈 작가가 아무리 외쳐대도(김만권 2020 참고), 재해 사망자 김용균의 어머니인 김미숙 김용균재단 이사장이 그렇게 울부짖어도(권미정·림보·희음 2022), 우리사회의 지배세력은 '중대재해기업처벌법'의 제정을 저지하고 제정 이후에는 그것을 무력화하려는 시도들을 여전히 전개하고 있다. 우리의 몸, 생명, 수명, 건강, 안전이 사회 내 헤게모니 관계에 의해서 직접 영향을 받는다. 우리의 몸은 사회적으로 동등하지 않다.

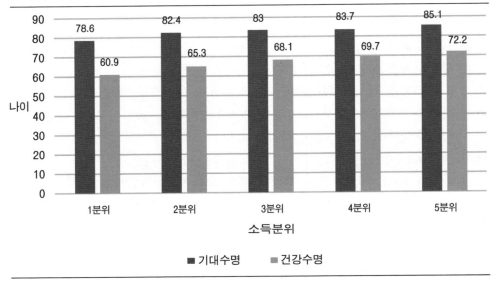

그림 17 소득 5분위별 기대수명과 건강기대수명

출처: 김명희 2019, 32.

바로 이런 이유로 우리의 신체는 자신의 사회적 지위를 나타내는 상징자본이 된다. 보드리야르(1999, 208–249)가 강조하듯이, 오늘날의 소비사회에서 육체는 바로 하나의 자산이며 상품이 된다.

> "육체는 하나의 자산으로서 관리·정비되고, 사회적 지위를 표시하는 여러
> 기호형식 가운데 하나로서 조작된 것이다. … 육체는 향유(享有)의 도구 및
> 위세를 나타내는 지수로서의 역할을 담당하게 되면서 **투자＝물신숭배적 노
> 동**(배려와 집착)의 대상이 된다"(보드리야르 1999, 213. 강조는 원문).

몸의 사회적 불평등은 사망 이후에도, 또 인간이 죽음을 정복한 이후에도 지속된다. 사망선고를 받은 사람을 (미래의 의료 기술로 다시 살릴 가능성을 열어놓기 위해) 일정 기간 동안 냉동 보존하는 서비스 회사가 있다. 한국에도 2020년 5월 첫 '냉동인간'이 나왔다.[35] 미래의 과학기술에 기대를 걸기 위해서는 물론 적지 않은 돈이 필요하다. 부활은 (이런 기업과 계약할 수 있는) 부유한 사람들의

---

35) 송병기. 2022. "우리의 현재가 냉동인간의 미래다." 『시사인』 762호. https://www.
  sisain.co.kr/news/articleView.html?idxno=47301 (2022년 7월 19일 검색).

특권인 셈이다. 하라리는 '호모 사피엔스'가 죽음을 정복함으로써 신적인 존재 즉 '호모 데우스'로 변화할 것이라는 전망을 내놓으면서, 이 같은 인간의 신으로의 업그레이드가 불평등하게 일어날 것으로 예상한다. 그에 따르면, "일부 사람들은 업그레이드되어 필수불가결한 동시에 해독 불가능한 존재로 남아 소규모 특권집단을 이룰" 것이지만 "대부분의 사람들은 업그레이드되지 않을 것이고, 그 결과 컴퓨터 알고리즘과 새로운 초인간 양쪽의 지배를 받는 열등한 계급이 될 것이다"(하라리 2017, 474). 그는 이같은 "생물학적 계급" 사이의 격차가 "사피엔스와 네안데르탈인의 격차보다 클 것"이며, "21세기 진보의 열차에 올라탄 사람들은 창조와 파괴를 주관하는 신성을 획득하는 반면, 뒤처진 사람들은 절멸에 직면할 것이"라고 한다(하라리 2017, 378). 부활과 마찬가지로 영생(신성)도 부유한 자들의 특권인 것이다.

시공간에 대한 헤게모니 행사와 투쟁은 우리 몸을 관통하고 우리 몸을 만든다. 앞서 테일러주의가 '구상과 실행의 분리'를 통해 노동자의 사고 기능을 박탈한다고 언급했다. 그람시는 테일러주의에 입각한 '미국주의(Americanism)'와 '포드주의(Fordism)'라는 새로운 자본주의의 핵심을 궁극적으로 '새로운 인간 유형(a new human type)'을 만드는 것으로 파악했다.[36] 그에 따르면, 포드주의는 단지 생산과 노동의 합리화에 그치지 않는다. 보다 근원적으로 강한 노동강도와 단순 노동의 반복을 견딜 수 있는 새로운 인간 유형을 만들기 위한 경영진과 국가의 헤게모니 행사다. 테일러주의와 합리화라는 새로운 작업방식은, "성적 본능에 대한 엄격한 규율(신경체계의 수준에서), 넓은 뜻에서의 '가족'(가족체계의 특정 형태가 아니라)의 강화, 성관계에서의 규제와 안전성의 강화를 요구한다"(그람시 1999, 361). 단순 작업을 반복 실시하는 노동자의 신체를 만들기 위해 건강하고 금욕적인 인간이 필요하고, 이를 위해 음주를 금지하고 과도한 성생활을 제한하였다. 그렇지 않으면 테일러주의에서 필요로 하는 높은 강도의 노동력을 발휘할 수 없다. 청교도주의는 이러한 사실을 감추는 이데올로기에 불과

---

36) 그람시에게 미국주의는 단순히 생산의 합리화에 그치지 않는다. 미국주의는 "인구의 합리화(rationalization of population)"를 전제조건으로 한다. 즉 생산 세계에서의 기능이 없는 "기생계급(parasite classes)"들이 없어야 한다. 유럽 특히 이탈리아에는 국가 관료, 성직자 및 지식인, 지주계급을 비롯해서 연금이나 지대로 먹고사는 기생계급들이 많다. 미국에는 유럽과 달리 '전통'이 없는데, 그 없는 전통 중의 하나가 바로 이와 같은 기생계급이다(Gramsci 1992, 167–169; Gramsci 2007, 207 참고).

한 것이다(Gramsci 1996, 215-220; 그람시 1999, 342-373).

그람시는 미국주의에서 "헤게모니는 공장 안에서 만들어지며 정치적 및 이데올로기적 매개체들(intermediaries)을 많이 필요로 하지 않는다"고 언명한 바 있다(Gramsci 1992, 169). 미국에서 자본가계급의 헤게모니는 포드주의로 상징되는 높은 임금 및 부수혜택이라는 설득의 요소와 노조파괴라는 강제력 행사가 결합하여 공장 안에서 만들어진다.[37] 이와 동시에 포드주의와 그 기반에 있는 테일러주의는 작업의 분절적 공간 배치와 컨베이어 벨트의 노동 리듬에 맞춰 제자리에서 단순 작업만 반복하는 노동자의 신체를 만들어 내기 위해서 노동자들의 음주와 성생활에 대한 국가 차원의 규제를 필요로 했다. 청교도주의는 이를 가리는 이데올로기로서 기능을 한다. 높은 임금과 노조파괴를 통해 공장 안에서 만들어지는 헤게모니와 함께, 사회 전반과 국가의 강제력이 결합하여 새로운 유형의 인간 즉 노동자의 강인한 신체를 만들어내는 헤게모니 행사가 필요했던 것이다.

새로운 유형의 인간 특히 새로운 신체의 생산과 관련하여 푸코(Foucault)가 탁월한 통찰을 보여준다. 푸코에 따르면, 인간의 신체에 대한 사회의 권력 행사가 그 이전에도 어느 사회에서나 있었지만, 17-18세기에 서양에서 신체에 대한 '규율권력'은 통제의 규모와 대상 및 양상의 측면에서 새로운 것이었다(푸코 1994, 205-206). 첫째, 신체를 한 덩어리로 다루던 방식에서 벗어나서, 신체의 활동을 세세한 수준으로 분리하여 운동, 동작, 자세, 속도 등을 통제의 규모로 삼는다. 둘째, 동작의 세세한 구조와 유효성, 내적 조직 등이 통제의 대상이 된다. 셋째, 신체 활동의 결과보다 활동 과정 자체에 주목하여, 시간과 공간 및 운

---

37) 포드주의와 관련하여 알튀세르가 흥미로운 해석을 제공한다. 포드주의는 통상적으로 노동자가 자신의 자동차를 구매할 수 있을 정도로 높은 임금을 준 것으로 잘 알려져 있다. 알튀세르는 노동자 대중이 자동차를 소유할 수 있게 한 것이 자본가 계급의 통치전략의 하나라고 주장한다. 이전까지 노동자들은 공장 근처에 노동자 주거 마을을 구성해서 살았는데, 이는 노동자들이 작업장 안에서, 그리고 주거 지역에서 결집할 수 있는 '이중 집적'을 가능하게 했다. 포드주의의 높은 임금은 노동자의 이중 집적을 분쇄하기 위한 전략이라는 것이 알튀세르의 주장이다. 즉 노동자들이 자동차를 소유하고 교외의 근사한 집에 거주하게끔 해서 공장 주변의 '노동자 지구'에서 모이는 기회를 원천 제거한 전략이라는 것이다. 노동자의 이동성을 높여서 그들의 이중 집적을 사전에 막고 분산시킴으로써 노동자의 계급의식 형성과 단체행동을 미연에 방지하는 전략이다(알튀세르 2018, 20-28).

동을 미세하게 분할하고 체계화하여 통제하는 새로운 양상을 보여준다. 이러한 새로운 통제 방식을 통해 규율권력은 '순종하는 신체'를 만들어낸다.

> "이리하여, 규율은 복종되고 훈련된 신체, '순종하는' 신체를 만들어낸다. 규율은 (유용성이라는 경제적 관계에서 보았을 때) 신체의 힘을 증가시키고 (복종이라는 정치적 관계에서 보았을 때는) 동일한 그 힘을 감소시킨다. 간단히 말하면, 규율은 신체와 힘을 분리시킨다"(푸코 1994, 207).

이 같은 규율권력은 우리의 신체를 학교에서, 감옥에서, 군대에서, 공장에서 각각 특정한 형태의 신체로 만들어낸다. 우리의 신체는 더 이상 자연적으로 타고난 몸이 아니라 사회의 규율권력에 의해서 길들여지고 훈육된 신체다.[38]

이처럼 지배세력의 헤게모니 행사에 의해서 내 몸이 만들어지는 것은 비단 근대사회나 자본주의에서만의 일이 아니다. 유교 이데올로기, 남성우월주의, 인종주의, 반공주의, 국가주의, 반북주의 등의 헤게모니가 내 몸을 관통하여 내 몸 속에 거의 반(半)자동화된 회로를 만들고 있다. 우리 몸이 기존의 지배세력에 의해서 길들여지는 만큼 우리 몸은 속체화된다. 유교 문화에 길들여진 몸은 스스로 굽신거리고, 눈을 똑바로 뜨거나 보지 못하고, 조그만 칭찬에도 몸둘바를 모른다. 몸에 배어 있는 예절(술잔 돌려서 먹기, 맞담배 금지 등)은 유교의 '예치(禮治)'이념에서 보듯이 통치와 지배의 수단이다.[39] 유교 이데올로기뿐 아니라 다양한 종류의 헤게모니가 우리의 몸에 스며들어 있다. 유신 시절 국민교육헌장의 암송과 국기에 대한 경례와 같은 일상 속의 국가주의 의례를 통해서, 또 생활화된 반공·반북 교육의 반복을 통해서 국가주의와 반공주의, 반북주의가 우리의 마음은 물론 몸 안에 깊이 스며들었다(서중석 2013, 385–387). 권혁범

---

38) 푸코는 규율권력이 사용하고 있는 (1) 분할의 기술, (2) 활동의 통제, (3) 발생의 구조, (4) 힘의 조립 등의 네 측면을 살핀 후 다음과 같이 천명한다(푸코 1994, 212–253). "규율·훈련은 그것이 통제하는 신체로부터 네 가지 형태의 개체성, 아니 더 정확히 말해서 네 가지 성격이 구비된 개체성을 만들어낸다. 즉, 그것은 (공간배분의 작용에 의해서) 독방중심적이고, (활동의 규범화에 의해서) 유기적이며, (시간의 축적에 의해서는) 생성적이며, (여러 가지 힘을 조립하는 점으로는) 결합적이라는 특징을 갖는다. 또한 그 목적으로 규율은 네 가지 주요한 기술을 사용한다. 첫째, 일람표를 작성하고 둘째, 작전을 세우고 셋째, 훈련을 시키며 넷째, 힘의 조합을 확고히 하기 위해 '전술'을 꾸민다"(푸코 1994, 250).

39) 봉건적 이데올로기로서 공자의 유교와 이에 대한 노자의 반대 입장에 대해서 진고응(2013, 126–142) 참조.

(1999)은 "내 몸 속의 반공주의 회로"라는 표현으로 이러한 신체 형성을 간명하게 포착한다. 우리가 의식하지 못하는 사이에 인종주의, 남성우월주의 등도 우리 몸 속에 스며들어 있다. 이처럼 길들여진 몸 속에 장착된 갖가지 헤게모니 회로는 특별히 강제력 사용이나 설득 과정이 없어도 스스로 자발적으로 순응하는 몸을 만든다. 우리는 이러한 몸에서 자동적으로 반응하고 자발적으로 순응하는 모습을 보이고 그것이 습관이 된다. 사람들이 권위에 '자발적 복종'을 하는 중요한 근거가 바로 이러한 몸에 밴 '습관'이다(라 보에티 2004, 56). 이 같은 순응은 곧 "피지배 위치에 자기를 적응시키는 것"이며 "지배를 수용하는 것"을 뜻한다(부르디외 2006a, 692-716).

지배세력의 헤게모니가 전일적으로 우리 몸을 관통하는 것은 아니다. 지배세력 안팎의 다양한 대항세력들의 대항 헤게모니도 작동한다. 우리의 몸은 이들 헤게모니가 투쟁하는 전장터이자 투쟁의 수단이 된다. 우리 몸은 단지 개인의 것만이 아니라 집단의 속성과 의미들을 가지고 있다. 우리 집단 내 다양한 헤게모니 실천의 흔적이 우리 몸에 녹아 있고 몸을 통해 전승된다. 그람시는 이를 우리 몸이 기억하는 춤에서 발견했다. 자신의 처형인 타니아(Tania: 타타니아의 애칭)에게 보내는 편지에서 그람시가 유럽으로 수입된 흑인 음악과 춤의 전염성에 대해 언급한 대목이 있다.

> "흑인들이 자신들의 물신들 주위를 돌며 춤을 출 때와 같은 몸짓의 끊임없는 반복이나 재즈 밴드들의 절분(切分)된 리듬의 계속되는 소리가 아무런 이데올로기적 효과를 갖지 않는다고는 생각할 수 없습니다. 이것은 수백만의 사람들, 특히 젊은이들에게 영향을 미치는 대단히 광범위한 현상이에요. 그것은 깊고 지속적인 영향력을 갖는 매우 강렬하고 격렬한 인상을 창출합니다. 더군다나 그것은 오늘날 존재하는 가장 보편적 언어인 음악을 통해 표현됩니다. … 그러한 문화는 원시적이고 초보적이며, 따라서 음악과 춤을 수단으로 영적 세계 전체에 쉽사리 확산되고 동화될 수 있습니다"(그람시 2000, 168).

아무도 가르쳐주지 않고 배운 적도 없지만 한국 사람들은 흥에 겨워 어깨를 들썩이는 춤을 잘 춘다(튜더 2013, 194-196). 외국인의 눈에 비친 이 어깨춤은 우리의 몸 안에 녹아 있다. 내 몸 속에 우리 집단의 정서와 가치가 흐르고 있는 것이다.

우리 몸 속에 흐르는 집단적 특성은 헤게모니 투쟁의 중요한 대상이자 무기가 된다. 몸은 한마디로 헤게모니 투쟁의 주요 장소이다. 헤게모니 투쟁의 장소로서 몸은 투쟁의 주요 무기가 된다. 우리는 폭압적인 헤게모니 행사에 목숨을 걸고 몸으로 맞선다. 단발령에 대항해서 목숨까지 걸고 저항했던 사람들에게 머리는 내가 누구인지 나타내주는 중요한 상징적 의미를 갖는다. 상투를 튼다든가 삭발을 하는 것이 단순히 헤어 스타일에서 그치는 게 아니라 헤게모니 투쟁이 벌어지는 바로 그 장소가 된다. 몸에 가해지는 포악한 고문은 극악한 홀로주체적 헤게모니 행사이며, 그것에 저항하여 승리하는 방법은 목숨을 걸고 몸으로 견뎌내는 것이다. 우리는 몸에 직접 고통을 주는 고문을 당하면서 악을 쓰고 이를 이겨내려고 한다.

> "고문은 인간에게서 추상명사를 빼앗아가는 일이었다. 우리는 일상을 보통 명사로 살아간다고 믿는다. 그리고 하루하루 생활의 경영은 이 보통명사를 얻는 데 바쳐지고 땀 흘린다. 돈, 집, 차, 음식, 옷 …. 이 모든 것은 만질 수도 잡을 수도 있는 보통명사들이다. 그러나 이것은 일상의 양식[이]다. 궁극적으로 인간은 추상명사로 살아간다. 모성애, 열정, 가치, 헌신, 의리, 신뢰, 사랑이라는 이름의 모든 것, 서로의 우애, 맡은 일에 모든 것을 다하는 충성, 의미와 뜻 그리고 가치라는 이름으로 불리는 모든 추상명사가 우리를 살아가게 하는 것이다. 인간의 존엄성을 마지막까지 지켜내는 것, 그것이 추상명사다"(한수산 2010, 143).

한수산이 말하는 추상명사는 집단적으로 공유하는 가치다. 고문은 이러한 추상명사 즉 집단적 가치를 파괴하기 위해 나의 개별적인 몸에 폭력을 가하는 것이다. 고문에 대한 인내와 저항은 몸에 직접 가해지는 폭력적 헤게모니 행사에 대한 저항이며 나를 비롯한 우리가 공유하고 있는 가치를 지키려는 저항이다. 그 궁극에는 자결, 순국, 순교가 있다. 몸으로 끝까지 저항함으로써 나의 신념과 대의를 지키는 것이다. 육체적인 폭력이 가해지지 않아도 자신의 신념이나 대의를 위해 우리는 단식투쟁을 하기도 한다. 단식투쟁은 내 몸을 수단으로 나의 결전 의지를 과시하는 방법이며, 내 몸을 혹사함으로써 내가 목숨을 걸고 투쟁하고 있음을 다른 사람들이 알고 나의 지지세력 즉 우리편이 되게끔 하는 방법이다. 심지어 분신, 투신, 자결 등 나의 목숨을 버림으로써 나의 뜻을 펼치기도 한다. 우리 몸은 헤게모니 투쟁의 장소이며, 바로 이 이유 때문에 헤게모니 투쟁의 궁극적인 수단이 된다.

(2) 경계

• 경계의 집단적 성격

나의 몸은 분명 개별적인 경계를 가지고 있는 것처럼 보인다. 피부는 내 몸의 안과 밖을 분리한다. 언뜻 분명해 보이는 내 몸의 안과 밖의 구분은 사실은 그렇게 간명하지가 않다. 우리 몸은 생각보다 외부로부터의 침투가능성이 상당히 크다. 내 몸에 있는 많은 구멍들이 안과 밖을 연결해준다. 심지어 내 몸 안의 공간은 외부 공간과 직접 연결돼 있다. 어찌 보면 우리의 몸은 입에서 소화기관을 거쳐 배설기관으로 이어지는 커다란 관이 관통하고 있는 공간이다. 그 관의 공간은 내 몸 안에 있지만 내 몸 자체는 아니며 외부공간과 이어진다. 그것은 내 몸 안인가 밖인가? 자명한듯 보이지만 그렇지 않다. 해부학적으로 볼 때 위와 장의 안은 내 몸의 밖이다(타다 토미오 1998, 159-162).

내 몸은 나만의 서식지도 아니다. 기생충을 제외하고도, 내 몸 속에는 많은 생물들이 나와 함께 살고 있다. 나의 세포보다 10배나 많은 100조 개의 미생물이 내 몸 속과 피부 표면에 공생한다(박한선 2020, 73-76). 이들 공생 미생물은 나의 건강, 성격, 음식 선호 등에도 영향을 미칠 뿐 아니라(나이트·불러 2016), 나의 몸을 유지하는 데도 긴요하다. 이들이 없으면 면역력이 떨어져서 나는 '버블보이(Bubble Boy)'처럼 멸균된 버블 속에 갇힐 수 있다. 내 몸 속에 공생하는 미생물이라는 이물질이 나의 몸과 생명을 유지하는 데 없어서는 안 된다. 생명은 '항상성'과 함께 '다원성'을 필요로 하는 것이다(류충민 2020, 101-105). 내 몸은 나라는 하나의 생명이 사는 모나드 비슷한 공간처럼 보이지만, 실상은 전혀 그렇지 않다. 내 몸 안에는 무수히 많은 다른 생명이 같이 살고 있고, 언뜻 뚜렷해 보이는 내 몸의 경계는 이들 미생물들에게는 사실상 경계의 역할을 하지 못한다.

그럼에도 내 몸은 분명 너와 나를 구분하고 다른 사람들과도 구분하는 경계의 역할을 한다. 몸은 개별적 자아(individual self)를 구분하는 분명한 경계를 갖는다. 이때 몸에서 경계 역할을 하는 것은 피부다. 그런데 윌버(Ken Wilber)가 보여주듯이 '의식의 스펙트럼'에서 '나'와 '나 아닌 것'을 구별하는 경계를 다르게 그릴 수도 있다. '나는 누구인가'라는 질문에 대해 윌버는 '의식의 스펙트럼'에서 '자기'와 '비자기(not-self)'를 구분하는 경계선으로 크게 다섯 가지를 제시한다. (1) 피부경계, (2) 몸과 마음 사이의 경계, (3) '페르소나' 대 '그림자'의 경계, (4) 전유기체 대 환경 사이의 경계, (5) 무경계 (합일의식) 등이다. 몸과 마음 사이의 경계에서 몸은 진정한 나로 인식되지 않는다. "당신은 자신이 몸이라고 느끼는가, 아니면 몸을 갖고 있다고 느끼는가?"(윌버 2005, 26-27. 강조는 원문)라는 질문에 대부분의 사람들은 마치 자기 집이나 자동차를 갖고 있듯이 자신이 몸을 갖고 있다고 생각한다. 자신이 갖고 있는 것이 자기 자신일 수는 없다. 몸과 마음 사이에 경계가 그려지는 근거다. 페르소나와 그림자의 경계는 마음 속에서 자신이 동일시(인정)하는 부분과 자신이 이질시(부인)하는 부분 사이의 경계다. 마지막 두 단계는 개인을 넘어선 초개인적(transpersonal) 의식 과정이 개인 안에서 일어나는 것을 가리킨다. '초월적 나'가 유기체에 국한되는 단계가 넷째고, 내가 곧 전 우주와 일체되는 합일의식(unit consciousness)이 무경계 상태다(윌버 2005, 23-40; 김철수 2020, 256-259 참조).

그런데 윌버의 경계들 중 넷째 단계 즉 전유기체 대 환경을 나누는 경계 이전에 초개인적 차원에서 아와 비아를 구분하는 경계들이 무수히 많이 존재한다. 나와 타자의 구분은 개별적 자아보다 집단적 자아의 수준에서 주로 이루어진다. 앞(2절)에서 관계적 자아와 집단적 자아를 제외하면 나의 개별적 자아에 과연 무엇이 남는지 질문을 했었다. 집단적 자아를 나누는 사회적 경계는 내 몸 하나의 경계로 되어 있는 경우가 거의 없다. 나는 나의 의사와 상관없이 다양한 공동 몸체의 경계들을 중첩적으로 가지고 있다. 내가 속한 국가, 인종이나 족류 집단 또는 민족, 그 외에 여러 층위에 걸쳐서 존재하는 다양한 집단과 범주들이 중첩적으로 여러 경계들을 만들고 가로지른다. 이들 경계들은 집단적 성격을 가지고 있다. 그것은 나 개인의 몸체와 상관없이 나를 특정 경계 속에 위치지운다. 이로 인해 나뉜 안과 밖의 구별에서 나는 집단적 몸체들의 경계들 안에 자리한다. 중첩적이고 때로 상충적인 집단적 경계들의 예로 남과 북의 국민 경계와 우리 민족의 경계를 들 수 있다. 이 두 경계는 일치하지 않는다. 나는 이들 중첩적이면서 엇갈리는 경계를 안고 그 속에서 태어났다. 이산가족은 가족이라는 몸체가 남과 북 두 국가의 경계에 의해서 나뉜 경우다. 이들 예는 내가 속한 경계의 집단성과 그 중첩성 및 교차성(엇갈림)을 잘 보여준다.

• 경계의 형성과 관리

경계의 형성과 유지 및 변경은 중립적이지 않다. 그것은 늘 다양한 세력의 헤게모니 실천들에 의해서 영향을 받는다. 나의 사회적 경계는 여러 헤게모니 실천들과 투쟁의 결과 중첩적으로 구성된다. 사회적 구성물로서 집단적 경계는 고정되어 있지 않다. 다양한 세력들에 의해서 집단적 경계가 만들어지고 유지되거나 철폐되고 다시 만들어진다. 경계의 형성, 유지, 변경, 파괴 등은 다차원에 걸쳐서 일어난다. 현실에 있어서 우리의 층위가 여럿이고 이들이 복잡하게 얽혀 있어서 우리들 사이의 경계를 명확하게 구분하기가 쉽지 않다. 소아 차원에서 외부 경계 문제가 대아 차원에서 볼 때는 내부 경계 문제가 된다. 다차원의 중첩적인 경계들이 서로 얽혀 있지만, 논의 전개의 편의를 위해서 어떤 한 대아를 기준으로 한다고 가정하자. 여기서는 (1) 우리의 몸체 건설과 관련된 안과 밖의 경계 문제와 (2) 우리 속의 아와 비아를 구분하는 경계의 두 문제로 나누어서 살핀다. (1)은 대아의 몸체 구축을 위한 외부 경계의 강화와 내부 경계의 약화 문제이고 (2)는 대아 속에 소아와 소아 사이의 경계 설정과 유지 및 이에 대한 도전의 문제다.

먼저, 우리의 몸체 건설과 관련된 안과 밖의 경계 문제다. 외부 경계의 구축과 공고화는 몸체의 형성에 있어서 핵심적인 기제다. 경계는 몸체와 밀접히 맞물려 있다. 앞서 보았듯이, 경계는 영토집단뿐 아니라 비영토집단(membership)의 테두리를 정하고, 그 안에 소아들을 자리잡게 하는 '잠금장치(locking-in mechanism)' 역할을 한다(Bartolini 2005, 13). 외부 경계가 내부 몸체의 형성과 공고화에 직접 연결되어 있는 것이다. 외부 경계의 공고화는 공동의 시공간을 형성하는 데 중요하다. 외부 경계가 존재할 때 우리는 하나의 공동체를 뚜렷하게 상상할 수 있다. 우리는 같은 민족을 하나의 공동체로 상상할 뿐만 아니라 그것을 제한적(limited)인 것으로 상상한다(앤더슨 2018, 24-28). '상상된 공동체(imagined community)'로서 우리는 제한된 공간으로 상상되는 것이다. 경계는 이러한 공동체의 윤곽을 그리는 데 핵심 기제다. 경계의 구축은 영토라는 이름으로 (또는 제한된 공간으로) 상상된 공동체의 몸체를 가시화한다. 경계 속에서 집단적 감정을 영토화하고 공동의 몸체를 하나의 유기체처럼 생각하고 행동함으로써 그렇게 만든다. 분명한 경계 덕분에 우리의 제한된 시공간에 집단감정이 결합할 수 있다. 이로써 우리는 이제 공간적으로 제한된 감정 공동체로 상상되고 그렇게 만들어진다(카림 2019, 13).

이러한 외부 경계는 단일하지 않고 중첩적이며 다원적 헤게모니가 작동한다. 사회적으로 구성된 경계에는 여러 힘이 중첩적으로 작용하고 있으며, 아무리 공고해 보이는 접경지역도 침투가능(permeable)하다. 접경지역에는 아와 비아가 혼재하고, 여러 층위의 힘이 중첩적으로 행사되고 있다. 예를 들어, 단둥의 경우 중국과 북한이라는 국민국가들만 아니라 단둥시와 랴오닝성 및 압록강 맞은편의 신의주 등 지역정부들이 영향력을 행사한다. 접경을 통제하는 전통적 관습에 더하여 중국 정부의 개발정책, 유엔의 대북제재, 북중관계, 단둥 지역 차원의 접경 무역 등 여러 층위에 걸친 다양한 행위자들의 힘이 중첩적으로 교차한다. 이들 다층적 힘이 일치하지도 않는다(지상현 외 2017, 297-300). 외부 경계는 우리의 안과 밖을 나누지만 경계지역에는 중첩적인 힘이 작용하고 늘 침투가능성이 있으며 경계를 가로지르는 상호행위가 있다.

외부 경계는 또 다른 의미에서도 중첩적이다. 공동체나 국가 사이에 경계를 외경(外境)이라고 한다면 그 안에도 중첩적인 경계 즉 내경(內境)들이 있다. 이때 내경은 대아 내부에 있는 소아들을 구분하는 경계가 아니다. 대아의 안과 밖을 구분하는 외부 경계가 대아 안에서도 중첩적으로 존재하는 것이다. 즉 내경은 중첩적인 외경들이다. 중국은 전통적으로 '중화(中華)'와 '사이(四夷)'의 세계를 구분했다. 중화는 소위 중원 지역을 중심으로 했지만, 중화와 사이의 경계는 지리적, 영토적 구분이기 이전에 문화적 경계였으며, 중원 지역 내부에도 수많은 내경이 존재했다(송진 2013, 187). 오늘날에도 국가의 내부에 외부를 상대로 하는 방벽 즉 외경들이 존재한다. 공항과 항구의 출입국 경계, 국내 곳곳의 방어시설들, 군사시설 및 주요 지점의 경계 들이 국경 내부에 있는 외부경계 즉 내경에 해당한다. 국가 안보와 방어를 위한 외부 경계를 국내 곳곳에 겹겹이 마련해 두는 것이다. 한마디로 외경은 국경지대에만 있지 않다. 그것은 국경 안에 곳곳에 중첩적으로 만들어진다.

내부에도 외부 경계가 있는 이유는 적이 내부에도 존재할 수 있거나 내부로 침투해 올 수 있기 때문이다. 예로부터 성의 둘레에 해자(垓子)를 깊이 파거나 성벽을 높게 만들어 국가 안의 외부 경계로 삼았다. 이는 외적이 국경을 뚫고 들어올 경우 그 침입에 대항하기 위한 것이기도 하고, 한편으로는 내부의 적 또는 백성으로부터 왕이나 지배세력을 보호하기 위한 방책이기도 하였다. 성벽은 또한 악마나 질병 또는 죽은 사람으로부터 산 사람을 지키는 경계이기도 했다(엘리아데 1998, 75). 이는 안과 밖의 구분, 또는 아와 비아의 구분이 대단히 유동적일 수 있음을 의미한다. 대아 내부의 우리편이 어느 순간 적으로 돌변할 수 있다. 그에 따라 얼마든지 안이 밖이 될 수 있다. 중첩적인 내경은 외부를 구분하는 외경들이기도 하지만, 내부에 있는 잠재적 외부에 대한 경계이기도 하다.

외부 경계의 강화와 아울러 내부 경계의 완화 및 철폐도 우리의 공동 몸체를 구축하는 데 중요하다. 외부 경계의 공고화는 공동의 시공간을 형성하는 데 중요하지만 그것이 곧 내부 강밀도(intensity)로 이어지지는 않는다. 외부 경계에 더하여 내부에서 행위자들 사이의 긴밀한 연결이 이루어져야 공동의 시공간성, 공동의 단위성이 강화된다. 뒤르케임(2012, 380–389)이 말한 '역동적 밀도'의 증가가 필요한 것이다. 따라서 대아 형성의 주도세력은 대아 내부의 경계들을 완화하거나 철폐하는 노력을 기울임으로써 대아의 몸체를 구축하고 강화한다. 내부 경계의 완화와 물리적·기능적·사회적 연결망의 구축은 사람과 물자(자본) 등의 이동성과 이동량 및 이동 빈도 즉 역동적 밀도를 증가시킨다.

예로부터 국가는 외부 경계 강화와 함께 내부 경계 철폐를 위해 많은 노력을 기울였다. 운하, 도로, 철도 등 교통망 구축은 내부 연결망 강화의 전형적인 예들이다. 물질적인 연결망과 함께 비물질적인 연결 네트워크도 구축한다. 경찰과 세무를 비롯한 각종 행정체계 네트워크, 법적·제도적 내부 체제의 수립, 우편과 통신망 등의 물적 구축은 물적·비물질적 커뮤니케이션 증가를 위한 조치다. 통화와 화폐 체계의 구축과 관세 및 비관세 장벽의 철폐, 상품과 서비스 및 자본 시장의 형성도 내부 연결망 구축에 해당한다. 이러한 내부 경계의 완화와 연결망 강화는 사람과 물자뿐 아니라 지식과 감정의 교류를 촉진함으로써 우리라는 공동주체 차원의 공동의 몸체와 함께 공동 의식과 감정을 발전시킨다.

내부 경계를 완화하고 하나의 공간을 구축하기 위해 표준을 수립한다. 언어(표준어와 글자 통일), 도량형, 제품, 부품, 서비스, 기술 등 여러 분야에서 표준의 수립은 내부 공간에서 활발한 역동적 밀도를 위해 필요하다. 진시황이 중원을 통일한 제국을 건설하고 (측량)단위와 글자를 통일한 것이나, 국가 (또는 일정한 공동 공간) 전체에 통용되는 화폐를 발행하고 유통시키는 정책, 공식 비공식 표준을 세우는 작업 (표준어 설정 포함) 등등이 모두 내부 경계를 없애고 연결을 강화함으로써 '역동적 밀도'를 증대시킨다. 표준 설정은 단순히 기술력에 의해서 결정되지 않는다. 표준 설정을 둘러싸고 다양한 세력들의 이해관계와 생각들을 반영하는 헤게모니 투쟁이 벌어진다. 표준 설정은 승자의 헤게모니를 제도화하는 점에서 대단히 중요한 헤게모니 투쟁이다(정병기 2016).

　　내부 경계 약화와 연결망 확대를 통해서 하나의 공간을 건설하는 것은 중립적인 일이 아니다. 여기에는 다양한 집단의 가치관과 이해관계가 개입하고 헤게모니 투쟁이 전개된다. '사회적 유럽'의 건설을 둘러싼 헤게모니 투쟁을 하나의 예로 들 수 있다. 유럽연합의 건설 과정에서 보듯이 관세와 비관세 장벽의 철폐는 유럽공동체를 하나의 거대한 단일시장으로 건설하기 위한 노력이다. 여기에는 유럽을 자본 위주의 단일 시장으로 만들려는 세력과, 노동자와 소비자 등 보통 사람들의 권익을 보호하고 그들의 목소리를 낼 수 있는 장치를 마련하려는 소위 '사회적 유럽'을 건설하려는 세력 사이의 헤게모니 투쟁이 복잡하게 얽혀 있다. 이는 관세 및 비관세 장벽의 철폐라는 내부 경계 완화의 성격을 두고 일어나는 헤게모니 투쟁이다(김학노 2012, 2012a 참조). 장애인 단체가 이동권 보장을 요구하며 시위를 하는 것도 같은 맥락에서 볼 수 있다. 우리사회에서는 장애인에게 비장애인만큼의 이동권을 보장하지 않고 있다. 문턱, 길턱, 계단 등 이동권을 제한하는 물적 기반은 우리 사회 연결망이 갖고 있는 당파성을 보여준다. 내부 경계의 철폐는 사회적으로 동등하게 진행되지 않는다.

　　다음으로, 아 속의 아와 비아 사이의 경계 문제다. 이는 우리(대아) 속에 있는 소아와 소아 사이의 경계 설정과 유지 및 이에 대한 도전의 문제다. 우리는 우리와 우리 밖의 비아를 구분하기 위해 외부 경계를 만들고 그 넘나듦을 통제하지만, 동시에 우리 안에 작은 우리들을 구분하는 내부의 경계들을 만들고 유지하려 한다. 특히 한 사회 안에서 지배적 세력이 다른 소아들과 자신을 구별하기 위한 경계를 만드는 경향이 강하다. 자코비(2012)가 강조하듯이, 역사상 커다란 인명 피해를 가져온 학살들은 서로 많이 다르고 거리가 먼 집단들 사이에서 일어나기보다 같은 집단 안에서 서로 가깝고 비슷하지만 사소한 차이를 가지고 있는 무리들 사이에서 일어났다. 아비헤투 개념으로 말하자면, 아와 비아 사이의 적대와 혐오보다 더 무서운 것이 '아 속의 아와 비아' 사이의 적대와 혐오다. 여기서는 아 속의 아와 비아를 나누는 경계를 물리적, 제도적 및 사회문화적 경계 설정으로 나누어서 살펴본다. 이들은 서로 중첩될 수 있다.

첫째, 법적·제도적 경계다. 지배세력은 제도와 법의 힘을 빌려서 아 속의 아와 비아 사이를 구별하는 경계를 구축한다. 장애인, 여성, 노동자 등 다양한 사회적 약자에 대한 제도적 경계를 설정하고 유지한다. 대표적 예가 국민과 비국민을 나누는 제도적 장치다. 외국인의 귀화 및 이민, 국내 태생 외국인 자녀의 국적 취득, 외국인의 출입국과 국내 체류 및 취업, 난민의 입국 및 국내 체류 등의 문제에 있어서 굉장히 까다로운 절차와 자격 규정이 커다란 장벽으로 존재한다(이철우 외 2018 참조). 우리 안에서 같이 일을 하고 똑같이 세금을 내도 외국인은 국민과 같은 대접을 받지 못한다. 국민－비국민의 경계를 유지하는 다양한 법적·제도적·문화적 장치를 통해 지배세력(국민)의 헤게모니가 작동하고 있는 것이다(정은주 2015, 136－141). 발리바르는 국민국가들이 '시민권'을 '국적'과 연결시켜서 우리 안에서도 비국민에 해당하는 사람들에게 온전한 시민권을 인정하지 않는 사실에 주목한다(발리바르 2011, 47－53). 또한 유럽연합이 회원국의 국적을 바탕으로 유럽 차원의 시민권을 규정함으로써 회원국 차원에서의 비국민에게 유럽 시민권 자격을 제도적으로 부정하는 사실도 지적한다. 대안으로 그가 제시한 "배타적이지 않은 소속으로 정의"되는 시민권은 그야말로 "역사 속에서 진정한 선례가 존재하지 않는" 생각이다(발리바르 2011, 62－70).

둘째, 사회문화적 경계다. 제도적 힘을 빌리지 않더라도 사회문화적으로 소아들 사이에 경계를 설정하고 아와 비아를 구분할 수 있다. 앞에서 취향이 계급 사이에 이와 같은 구분짓기를 위한 경계로 작동하는 사실을 보았다. 아주 사소한 문화적 차이가 경계로 작동할 수 있다. 언어, 생활 양식 및 습관, 음식, 음악, 몸짓 등 다양한 사회문화적 차이가 내부의 아와 비아를 나누는 경계로 작동한다. 새터민(북한이탈주민)들은 남한 사람들과 같은 언어를 사용함에도 외래어, 발화태도, 억양 등의 작은 차이에서 커다란 경계(장벽)에 부딪힌다(전영선 2014, 111－114). 이에 더하여, 북한 출신 사람들에 대한 남한 사람들의 편견과 차별, 열등하고 믿을 수 없는 존재로 보는 부정적 시선, 사회적 비용으로 보는 시각, "은밀한 적대감" 등이 새터민들에게 사회문화적으로 넘기 힘든 장벽(경계)을 세운다(박지희 2015, 406－416; 전영선 2014, 117－12; 정근식 외 2017, 263). 이 같은 남한 사람들의 홀로주체적 자세 때문에 새터민들은 탈북자가 아니라 조선족인 것처럼 행세하곤 한다(Lee 2010, 52－54). 사회문화적 경계 설정은 상대방에 대한 상대적 우월감이 클수록 더 심해지는 경향이 있다. 같은 민족이면서 우리는 재미동포나 재일동포와 달리 재중동포에게 차별의 벽을 세운다. 재미동포나 재일동포와 달리 재중동포는 우리 자신보다 '못사는 나라'에서 왔기 때문에 얕잡아 보는 우월의식이 작동하는 것이다. 따라서 재미교포나 재일교포처럼 '재중동포'로 부르는 대신에 '조선족'으로 부르고 얕잡아본다(방미화 2020, 120−142 참조). 사회문화적 경계 형성과 유지는 의도하지 않은 상태에서 무의식적으로 이루어질 수 있다(Sbicca 2015).

셋째, 물리적 경계 설정이다. 아 속의 아와 비아를 구분하는 경계를 물리적으로 설정할 수 있다. 특히 지배적 소아들이 하위세력과 자신을 구분하는 물리적 경계를 설정하고 비아를 공간적으로 분리하거나 격리할 수 있다. 사회의 지배적 세력은 자신의 헤게모니 아래 형성된 대아의 우리성(性)을 공격하거나 침해할 위험이 있는 사람들을 공간적으로 분리하고 격리한다. 사회적 장소에 따른 남녀의 분리, 흑인과 백인의 주거 지역 분리, 계급이나 빈부에 따른 생활공간의 분리, 인종이나 민족 및 족류 집단의 공간적 분리(예, '조선족 타운'), 난민 이동 제한 및 거주 지역 분리, 감옥과 정신병원 및 요양원 등의 수용시설이 모두 이러한 물리적, 공간적 내부 경계에 해당한다. 대아의 주류 헤게모니 집단이 비주류 소수 집단을 공간적으로 분리하여 격리하는 것이다. 이러한 공간적 분리의 경계는 대부분 정상과 비정상, 우월과 열등의 구별을 나타낸다.

우리가 '시설'이라고 부르는 공간들 즉 '수용소'가 특히 중요하다. 나치에 의해 유대인 수용소에 갇혔던 프랭클에 따르면, 수용소의 비좁은 공간과 수용 기간의 불확실성(언제까지 갇혀 있어야 하는지 알 수 없다는 사실)이 재소자들을 압박한다(프랭클 2005, 129). 설령 수용 공간이 넓고 기간이 분명하게 한정되어 있더라도 수용소로 경계지워지는 시공간 자체가 근본적인 압박으로 작용한다. 고프만은 고아나 노인들을 돌보기 위한 기관들, 정신병원이나 요양원, 교도소나 강제수용소, 군대 막사나 선박, 수도원 등 여러 종류의 '총체적 기관(total institutions)'을 '수용소(asylum)'로 분류하고 분석한다.[40] 총체적 기관이 세운 '장벽'에 의해 '재소자'는 '바깥 세계'와 단절되고, 바깥 세계에서 가지고 있던 원래

---

40) 수용소는 "구성원의 시간과 관심을 … 포괄적으로 아우르는 경향"이 있다. 즉 "자고, 놀고, 일하는 … 생활의 세 영역을 분리시키는 경계의 붕괴, 이것이 총체적 기관의 핵심적인 특징"이다. 이들의 "포괄성 또는 총체적 성격은 외부와의 사회적 접촉과 이탈을 가로막는 장벽으로 상징된다"(고프먼 2018, 16−18).

의 자아를 박탈하거나 축소하는 '체계' 속에 '편성'된다. 이 체제에 적응된 재소자들이 '출소'해서 바깥 세계로 돌아갈 때 '출소 불안'을 느끼는 이유다(고프먼 2018, 54-97). 한마디로, 수용소는 정상과 비정상, 우월과 열등을 구분하고, 비정상적인 사람들을 격리함으로써 바깥 세계에 있는 우리의 정상성을 유지하기 위한 경계 설정 장치다. 수용소 개념과 현상이 확산되면서 미국에서 인디언 '보호구역'이라는 새로운 공간 분리 개념이 등장했다. 수십 년 동안 인디언들을 재배치(relocation)하던 이전의 방식 대신 보호구역 지정으로 정책의 뼈대가 바뀌었다. 이는 인디언들을 마치 범죄자나 정신병자 또는 고아들처럼 비정상적이고 열등한 존재로 보고 공간적으로 분리하는 새로운 경계를 설정한 것이다(브링클리 2005, 46-48).

공간적 분리를 수반하지 않으면서 아 속의 아와 비아를 구분하는 경계를 설정할 수도 있다. 바로 '표식'의 사용이다. 역사적으로 아와 비아의 경계 형성과 유지를 위해 낙인이나 문신, 배지(badge) 등 다양한 종류의 '표식'을 사용했다. 표식을 사용하는 근본적인 이유는 아 속의 아와 비아의 구별이 용이하지 않기 때문이다. 자코비(2012, 141)가 강조하듯이, "범주를 물화reify하는 것은 쉽지만 범주를 구체화flesh out하는 것은 어렵다." 유대인 특히 주류사회에 성공적으로 동화한 유대인 이웃을 증오와 적대의 대상으로 범주화해도, 구체적으로 유대인을 식별하는 것은 쉽지 않다. 노란 별표나 특별한 옷차림으로 유대인에게 표식을 하는 것은 기본적으로 유대인과 기독교인들의 생김새가 닮은 점이 많아서 구별하기 어려웠기 때문이다(자코비 2012, 136-180). 표식은 아와 비아 중 어느 한 쪽에 또는 양쪽에 사용될 수 있다.[41]

우선, 자기 표식을 통해 아와 비아의 경계를 만들 수 있다. 집단의 회원권이나 국가 및 자치단체의 시민권과 같은 신분 증서, 특정 상징물(예, 십자가) 착용, 복장이나 머리 모양,[42] 몸에 새긴 문신이나 집단을 상징하는 깃발이나 문장(일종의 집단 문신) 등으로 자신의 집단 정체성을 표시하고 타집단과 구별하는

---

41) 오스만 제국이 18세기 무슬림과 비무슬림(기독교인이나 유대인들) 모두의 복장을 규제한 것이 아와 비아 모두의 표식을 드러내도록 한 사례다(쿼터트 2008, 85).

42) 한족은 속(俗: 머리 모양과 복장)을 문명의 기초로 삼았는데, 속 중에서도 머리 모양을 중시했다. 한족 주변에서 말을 타고 양을 모는 기마민족은 기본적으로 '변발(辮髮)', 강남(양자강 이남)의 만족은 '단발(斷髮)'이었다. 한족은 머리카락을 길러 정수리에서 묶었는데, 그것을 '결발(結髮, 상투머리)'이라고 했다(시바 료타로 2002, 49).

경계를 만들 수 있다(고명지 2020 참조). 상대방의 표식을 통해 경계를 만들 수도 있다. '주홍글씨' 즉 '낙인(stigma)'이 대표적 방법이다. 낙인은 상대방의 (신체적, 기질적, 또는 종족적) 속성에 바탕을 두지만, 속성 그 자체보다는 관계를 나타낸다(고프만 2018, 15-17). 독일 나치가 유대인에게 별표를 달게 함으로써 비유대인과 구별한 것은 유명하다. 패전한 독일인들에 대해 체코인들이 낙인을 달게 한 것은 상대적으로 덜 알려져 있다. 독일이 패전하자 체코인들은 주데텐란트의 독일계 주민들에게 N(체코어로 독일인의 머릿글자)이라는 큰 표식을 왼쪽 가슴에 붙이게 했다. 소련군이나 체코군 장교 앞에서 독일인들은 모두 "모자를 벗고 적절한 거리를 둘 것"을 지시받았다(돕스 2018, 427). 이는 낙인이 속성 자체보다 헤게모니 '관계'를 나타낸다는 사실을 잘 보여준다. 지배자의 위치에 있던 집단이 피지배자의 위치로 전락하자 낙인을 찍는 지위에서 낙인이 찍히는 지위로 전락한 것이다.[43]

표식을 통한 구별짓기는 억압장치로 쉽게 발전할 수 있다. 유대인 표식이 유대인 학살로 이어진 것이 대표적 예다. 아바야, 니캅, 차도르, 부르카 등을 착용하여 여성의 얼굴을 가리는 것은 단순한 구별짓기에서 나아가서 억압장치로 작용한다. 이는 곧 여성이 자신의 얼굴을 드러내고 말할 수 있는 발언권을 억압하는 것이다(전경옥·안정선 2021, 94). 복수의 다양하면서 동등한 인간이 말과 행위로 스스로를 드러내는 것을 정치의 핵심으로 본 아렌트의 시각에서 보자면,[44] 이처럼 여성의 몸과 얼굴을 가리는 것은 자신의 생각 이전에 몸 자체를 드러내지 못하게 함으로써 시민권 자체를 박탈하는 것으로 볼 수 있다. 표식을 통한 경계의 설정은 근본적으로 억압, 차별, 배제 장치의 성격을 가지고 있는 것이다.

표식과 함께 통과의례는 경계를 유지하는 중요한 헤게모니 기제다. 통과의례는 경계의 이쪽과 저쪽 사이의 시공간을 구분해준다. 이 점에서 통과의식 자체가 일종의 표식으로서 경계를 유지하는 헤게모니 기제다. 군 입대 시 통과의례는 사회에서 있었던 일을 잊을 것을 요구한다. 이는 군이 사회와 다른 세상임

---

43) 로마에서 노예들을 구별하기 위해 특정한 복장을 규정하도록 하는 제안이 있었지만 원로원(senate)에서 부결되었다고 한다. 노예들이 자신들의 수가 많은 것을 확인하게 되면 위험할 수 있다는 우려 때문이었다(Gramsci 1996, 96). 이는 표식의 사용에 있어서 그것이 헤게모니 관계에 가져올 영향이 중요 고려 사항임을 보여준다.

44) 이 책의 6장 참고.

을, 그래서 다른 생활방식을 요구함을 각인하고 상징하는 방식이다. 사진을 찍고 지문을 찍거나 옷을 벗기고 목욕시키고 몸 수색을 하는 등의 수용소 '입소절차'도 하나의 통과의례다. 이는 입소자가 이전의 세상과 완전히 다른 성격의 시공간으로 들어가고 있음을, 따라서 이전의 자신을 지워야 한다는 사실을 각인시킨다. 입소 절차 이후에도 통과의례는 지속된다. 다양한 종류의 '복종 테스트'를 거쳐야 하고, 반항하는 경우 즉각적인 처벌과 모욕으로 저항의지를 좌절시킨다. "소유물의 압류"(표준화된 대체물 제공)와 "이름의 상실"(번호 부여)을 포함해서 다양한 종류의 인격 상실을 수반하는 통과의례는 바깥 세계와의 단절뿐만 아니라 자신의 과거와의 절연(자아 상실)을 의미한다(고프먼 2018, 28–54). 클럽이나 동아리에 가입한 신입회원이 거쳐야 하는 통과의례도 비슷하게 새로운 생활양식으로의 진입을 의미한다. 다양한 종류의 '신고식'이나 가입절차, 새로운 세대로 진입하는 결혼식, 성인식 등도 모두 경계를 넘음으로써 다른 시공간으로 진입하는 통과의례에 해당한다.

경계 통과의례는 외부의 부정한 요소가 내부로 들어오지 못하게 하는 일종의 '정화의식'의 성격도 갖는다. 상(商)대의 경계의식에 대한 한 연구에 따르면, 상읍(商邑)의 경계들은 (성스러운 공간인) 종묘를 중심으로 하는 동심원 형태의 중첩된 구조로 추정된다. 이는 물리적이기보다는 종교적 성격을 띤 관념상의 경계다(송진 2013, 201). 당시 왕이 상읍 밖으로 나갔다가 귀환할 때나 빈객이 종묘를 방문할 때 향(饗)을 행하였는데, 이는 성소나 성역에서 조상신을 대면하기 위해 정화의 절차가 필요하였기 때문으로 보인다(송진 2013, 207–211). 오늘날에도 경계를 넘나들 때 정화의식의 예를 볼 수 있다. 성당에 들어갈 때 입구에 위치한 성수반에서 성수를 찍어 십자 성호를 긋는 행위나, 절에 들어갈 때 입구에서 본당까지 사이에 일주문, 사천왕문, 금강문, 불이문 등을 거치면서 하는 합장은 모두 속세의 죄와 번뇌를 씻는 정화의 의미를 갖고 있다. 이 같은 정화의식으로서의 통과의례도 궁극적으로는 속세와 성소를 구분하는 경계 유지의 기능을 한다. 일상의 문과 문지방도 이와 비슷하게 정화의식의 의미를 갖는다. 도시의 성벽과 마찬가지로 문지방은 외적은 물론 악마와 질병의 침입을 방지하는 경계라는 성스러운 종교적 의미를 갖는다. "문지방과 문은 한 공간에서 다른 공간으로의 이행의 상징이자 매개자이기 때문"에 속과 성의 공간을 구분하는 정화의 의미를 갖는다(엘리아데 1998, 58, 75).

표식이나 통과의례가 경계형성(boundary–making)과 유지(boundary–maintaining) 방식이라면, 그와 반대로 경계를 지우고(boundary–blurring) 가로지름으로써(boundary–crossing) 경계 설정 및 유지에 저항하는 대항 헤게모니 실천도 있다(Kyed 2017; 김미경 2015 참조). 미국 남부 노예들을 구하기 위한 '지하철도 비밀결사(Underground Railroad)'는 글자 그대로 물리적 경계횡단(boundary–crossing)을 통해 노예제에 대항한 실천이다. 로자 파크스(Rosa Louise McCauley Parks)가 백인 승객에게 버스 자리 양보를 거부한 행위도 경계횡단 행위다. 법적 경계를 가로지른 이 행위는 몽고메리 버스 보이콧 운동의 계기가 되었다. 우리 역사에서도 남과 북의 경계를 지우려는 수많은 경계 횡단 노력들을 찾을 수 있다. 김구와 김규식의 남북협상 참가, 김낙중의 한국전쟁 당시 '탐루(探淚, 눈물을 찾다)' 등불 시위와 이후의 방북 통일운동(김선주 2005), 김대중의 금강산 관광과 정주영의 소떼 방북, 노무현의 육로 방북, 문재인과 김정은의 군사분계선 넘기, 임수경과 문귀현의 판문점 귀환 등은 남과 북의 물리적 경계를 가로지름으로써 경계를 지우려는 상징적이고 전략적인 노력들이었다. 이들의 역사적 의의는 결코 작지 않다.

오늘날 경계횡단의 대표적 사례로는 퀴어축제를 들 수 있다. 2021년 전국 9곳에서 개최된 퀴어축제는 사회문화적·제도적 경계에 도전하는 공개 문화행사다. 2000년부터 해마다 개최되는 서울퀴어퍼레이드(Seoul Queer Parade, SQP)를 예로 들면, "성적지향과 성별정체성을 비롯한 다양한 정체성을 가진 모든 사람들이 평등하게 어우러져 즐기는 장"을 만든다는 비전 아래 축제광장을 조성하고 자긍심 행진(pride parade)을 실시한다.[45] 아이러니하게도, 퀴어축제가 벌어지는 광장은 그야말로 차별 없이 누구나 자유를 만끽할 수 있는 공간이지만, 이에 반대하는 많은 세력들이 그 주위에 벽을 형성하고 이들을 욕하고 저주하는 광경을 볼 수 있다. 경계 부수기에 대해 새로운 경계 세우기 싸움이 벌어지고 있는 형국이다. 차별금지법을 둘러싸고 벌어지는 헤게모니 투쟁의 축소판인 셈이다.

---

45) https://www.sqcf.org/sqcf (2022년 4월 26일 검색).

제3부

헤게모니 정치의
이념과 현실

여기에는 나의 아비헤투 정치관을 이론적으로 확장한 작업들을 모았다. 6장은 최영진의 비판에 대한 나의 두 번째 반론이다. 첫 번째 반론에서는 헤게모니 개념과 우리 형성 문제에 대해 초점을 맞췄는데, 막상 그가 제기한 정치의 편재성과 고유성 문제에 대해서는 논의를 하지 못했었다. 후자의 문제에 초점을 맞추면서 6장에서 나는 슈미트와 아렌트를 각각 홀로주체적 정치관과 서로주체적 정치관의 이념형으로 제안하고 비판했다. 홀로주체적 헤게모니와 서로주체적 헤게모니 정치의 양극단은 이념형으로서만 존재한다. 현실의 정치는 이 두 극단 사이를 오간다.

7장은 2010년대 우리사회에서 눈에 띄게 늘어난 혐오정치의 문제를 여성혐오와 그에 대한 대항혐오 현상을 중심으로 다뤘다. 우리사회에 점점 심해지고 있는 혐오 현상은 시민들 사이에 홀로주체적 관계가 심화되고 있음을 보여주는 중요한 문제다. 이 글은 문제의 근본적인 구조적 요인들을 분석하고 처방하는 것이 아니다. 나는 혐오에 대한 대항혐오가 관계의 악순환을 가져오는 과정에 초점을 맞추고 이를 아비헤투의 관점에서 분석했다. 이 글에서 나는 혐오를 '홀로주체적 인정투쟁'으로 규정하고 그에 대한 대항혐오가 '홀로주체적 관계의 악순환'을 초래한다고 진단했다. 이런 악순환에서 벗어나기 위해서 홀로주체적 자세에서 벗어남과 동시에, 대항혐오를 넘어서서 보다 바람직한 미래를 지향하는 '이행-분노'를 서로주체적 관계로 나아갈 길로 제안했다.

8장은 헤게모니가 서로주체적일 수 있는가라는 문제를 다룬다. 헤게모니가 기본적으로 지배 및 지도라는 수직적 관계를 전제로 하는데, 이것이 어떻게 서로주체성 개념과 양립할 수 있는지의 문제다. 이 문제는 내가 아비헤투 논문을 발표하는 학술회의장의 청중석에서 나온 질문이다. 이에 대해 나는 원래 좁은 의미의 순수한 헤게모니 개념은 수직적 차원에서 치자와 피치자 또는 지도세력과 추종세력 사이의 상호교육의 관계를 상정하는 점에서 서로주체적이라고 주장했다. 나아가 근대 부르주아 민주주의가 갖는 헤게모니의 근본 장점을 수직적 및 수평적 차원의 서로주체성에서 찾았다. 아울러 과거 사회주의 혁명이 서로주체적 헤게모니를 수립하지 못한 궁극적 이유를 '프롤레타리아 독재론'에서 찾았다.

마지막 9장은 1946년 대구에서 비롯한 10월항쟁을 아비헤투 관점에서 분석했다. 이 글은 이론적 논의보다는 경험적 연구에 가깝다. 영남대학교 정치외교학과 학생들과의 수업에서 이 논문을 이 책에 포함시키는 것이 좋을지 함께 논의를 한 적이 있다. 10월항쟁이라는 구체적 현실 문제를 다루는 점에서 다른 이론적 논의들과 차이가 있지만, 아비헤투 개념이 경험적 분석에 어떻게 적용될 수 있는지 보여주는 점에서 함께 포함하는 것이 좋겠다는 학생들의 의견을 따라서 여기에 포함했다. 내가 경산에 소재한 대학에서 공부하면서 지역의 아픔과 현안들에 대해서 관심을 제대로 기울이지 못한 점을 늘 아쉬워했는데, 이 책으로 조금이나마 위안을 삼고자 한다. 이런 연구가 10월 항쟁에 그치지 않고 한국정치의 다른 문제들에도 이어지기를 기대한다.

제6장   정치는 어디에 있는가?*

1. 여는 말

이 글은 정치의 편재성과 고유성 문제에 대해 최영진이 제기한 비판에 대한 반론이다. '아(我)와 비아(非我)의 헤게모니 투쟁'이라는 나의 정치 개념에 대한 논쟁을 시작하면서 최영진(2014)은 주로 세 가지 문제를 제기했다. (1) 헤게모니 용어의 다의성, (2) 헤게모니의 수립에 따른 새로운 우리 형성의 가능성, (3) 서로주체적 통합의 소망성 여부에 대한 비판이 그것이다. 이에 대해 나는 (1) 정치에 대한 포괄적인 분석을 위해서 헤게모니 개념을 넓은 의미로 사용할 필요가 있고, (2) '우리'는 정치적 호명에 의해 형성되는 공동주체로서, 하나의 고정된 모나드(monad)가 아니고, 반드시 타자의 존재를 전제하는 것도 아니며, (3) 일반적으로 서로주체적 헤게모니가 바람직하지만 구체적 상황에서는 다차원에 걸쳐서 생각해야 하기 때문에 미리 단정할 수 없다고 응답했다(김학노 2014). 같은 논문의 말미에서 최영진은 정치의 고유성 문제를 제기했다. 나의 개념이 정치의 편재성(遍在性)을 전제하고 있어서 정치의 고유한 본질을 포착하지 못한다는 비판이다. 나는 최영진에 대한 첫 번째 반론에서 정치의 고유한 속성이 무엇인지는 대단히 근본적이고 큰 질문이므로 다음 기회에 따로 다루겠다고 언급했다. 이 글은 바로 이 주제에 대해 나의 견해를 밝히는 자리다.

---

* 이 장은 김학노(2016)를 수정·보완한 것임.

최영진(2015)은 나의 정치 '개념화' 작업에 대해 비판을 제기함으로써 논쟁의 2라운드를 열었다.[1] 여기에서도 나의 정치 개념이 정치를 어디에나 존재하는 '편재적인' 것으로 간주함으로써 정치의 '고유성'이나 '본질적 준거'를 제시하지 못한다고 비판한다. 그는 나의 '서로주체적 헤게모니' 개념, 특히 '우리의 형성'에 관한 논의가 정치의 고유성을 찾는 데 중요한 단서를 제공할 것으로 기대한다. 그럼에도 나의 헤게모니 정치 개념이 정치를 어느 곳에나 존재하는 것으로 봄으로써 정치의 고유성을 놓친다고 한다. 최영진(2014, 11)은 정치의 고유성이나 본질적 준거를 제시한 예로 아렌트(Hannah Arendt)와 슈미트(Carl Schmitt)를 든다. 아렌트는 '복수의 인간(human plurality)'들이 서로 더불어 살아가는 정치공동체의 이상적인 모습을 제시함으로써 정치공동체의 고유성을 제시했으며, 슈미트는 '적과 동지의 구분'이라는 '고유하고 최종적인 구분'을 통해 '정치적인 것(the political)'의 개념 규정을 시도했다고 한다.

이 문제에 대한 나의 생각을 먼저 밝히면, 정치의 편재성과 고유성은 양립 가능하다는 것이다. 즉, 정치는 인간세계의 어느 곳에서나 발생할 수 있지만, 모든 것이 정치적인 것은 아니다. 나의 관점에서 정치는 '아와 비아의 헤게모니 투쟁'이 있는 곳에 있다. 헤게모니 투쟁은, 권력 투쟁이 그러하듯이, 사회 어느 곳에서나 벌어질 수 있다. 하지만 사회의 모든 것이 헤게모니 투쟁인 것은 아니다. 최영진은 정치의 편재성 주장이 '본질로서의 정치'와 '속성으로서의 정치적(인 것)'을 구별하지 못하는 개념적 혼돈에 빠져 있다고 비판한다. "일시적이고 부수적인" 속성과 "지속적이고 보편적인" 본질(혹은 고유성)을 구분하지 못함으로써 '정치적'인 현상을 '정치' 그 자체로 오인한다는 것이다(최영진 2008, 288-292). 하지만 정치가 사회에 편재하는 것으로 본다고 해서 그것이 곧 정치의 고유성을 부인하는 것은 아니다. 가령 정치의 정수를 권력관계에서 찾는 경우를 보자. 권력관계는 인간사회의 어느 곳에서나 존재할 수 있으며 따라서 정치는 사회의 특정 장소나 영역에 국한되지 않는다(정치의 편재성). 하지만, 그렇다고 해서 인간세계의 모든 것이 권력관계가 아니며 따라서 모든 것이 정치적인 것은 아니다(정치의 고유성). 정치의 편재성과 고유성은 별개의 문제이며 양립할 수 있는 것이다.[2]

---

1) 개념화 방식의 문제와 관련해서 최영진(2015)에 대한 비판으로는 이현휘(2015)를 보라.
2) 이 점에서 논쟁의 초점은 정치의 편재성 여부가 아니라, 정치의 정수가, 또는 최영진

다음에서는 나의 아비헤투 정치관에서 바라본 정치의 고유성과 편재성 문제를 간단히 언급하고, 슈미트와 아렌트의 정치관을 비판적으로 검토한다. 먼저, 나의 정치관이 정치의 정수를 지배관계에서 찾고 있음을 밝힌다. 아비헤투 정치관은 정치의 핵심을 지배 문제로 본다. 정치의 정수는 넓은 의미의 헤게모니 즉 지배 및 지도 관계에 있다. 아비헤투 정치관은 기존 사회체제 속에서의 헤게모니 관계뿐 아니라 그 사회체제를 떠받치고 있는 근본적인 헤게모니 질서에도 주목한다. 이 관점에서는 정치를 정치사회나 제도권 정치영역에 국한해서는 안 된다고 본다. 헤게모니 관계는 정치영역 안에서는 물론 그 밖의 어느 곳에서나 발생할 수 있기 때문이다. 나아가 사회체제 속에서뿐만 아니라 그 사회가 딛고 있는 근본적인 헤게모니 질서에도 '정치적인 것'이 존재한다. 나는 이러한 정치관에서 정치를 사회에 편재적인 것으로 보는 시각과 정치의 고유성을 찾는 노력이 양립한다고 주장할 것이다.

이어서, 홀로주체적 헤게모니와 서로주체적 헤게모니의 이념형에 해당하는 정치관으로 슈미트와 아렌트의 정치 개념을 비판적으로 검토한다. 나는 헤게모니 투쟁의 방식으로 홀로주체적 헤게모니와 서로주체적 헤게모니 개념을 제시한 바 있다. 홀로주체적 헤게모니는 상대방의 주체성을 인정하지 않고 자신의 목적을 실현하기 위한 수단으로 상대방을 대하는 방식이다. 서로주체적 헤게모니는 아와 비아가 서로 상대방을 동등한 주체로 인정하고 만남으로써 상호 공존하는 방식이다. 두 방식은 어디까지나 이념형에 해당한다. 현실세계는 이들 이념형을 양극으로 하는 연장선 위에서 둘 사이를 오갈 것이다. 슈미트는 정치적인 것의 핵심을 적대관계로 이해하는 반면, 아렌트는 정치의 핵심을 말과 행위를 함께 하는 자유의 실현으로 본다. '정치적인 것'의 개념을 슈미트와 아렌트까지 추적하면서, 마차트(Marchart 2007, 38-44)는 이들의 정치 개념을 각각 분리적(dissociative), 결합적(associative) 정치 개념으로 분류한다. 마차트와 달리 나는 이들의 정치 개념이 각각 홀로주체적 정치와 서로주체적 정치에 가깝다고 본다.

슈미트와 아렌트는 정치 또는 '정치적인 것'에 대해서 자신의 개념을 수립한 대표적 사상가이며, 앞에서 언급했듯이 최영진도 정치의 고유성 문제와 관련하여 이들을 특별히 긍정적으로 평가하고 주목한다. 나는 이들이 정치(적인 것)의 개념을 너무 좁게 설정함으로써 정치의 많은 부분을 놓치고 있으며, 또

의 표현에 따르면 정치의 '본질'이나 '고유성'이, 무엇인가라는 문제에 있다.

각각의 개념화 작업에 중요한 문제점과 한계가 있다고 주장할 것이다. 현실세계의 정치는 홀로주체적 정치와 서로주체적 정치를 잇는 연속선 위에서 어느 한 극단이 아니라 둘 사이를 오가며 존재한다. 따라서 홀로주체적 정치와 서로주체적 정치를 모두 봐야 한다.

슈미트는 '적과 동지의 구분'을 '정치적인 것'의 고유하고 궁극적인 기준으로 제시함으로써 정치의 고유한 본질을 포착한 것처럼 보인다. 하지만 슈미트는 정치를 홀로주체적 헤게모니의 극단에 존재하는 것으로 이해함으로써 정치의 공간을 매우 좁혀놓았다. 그나마 그러한 슈미트의 작업은 성공적이지 못하다. 첫째, 슈미트는 '적과 동지의 구분'에서 적의 구분만 강조함으로써 그의 '정치성(性)'3) 기준을 '적대관계'로 축소하고 있으며, 정치적으로 유의미한 적을 '공적인 적'으로 한정함으로써 정치성의 영역도 공적인 영역으로 한정한다. 슈미트가 정치의 편재성 문제를 극복한다면 (그래서 최영진이 생각하듯이 정치의 고유성을 간직한다면), 그것은 그가 제시한 정치적인 것의 고유한 기준 때문이 아니라 '공적인' 적이라는 부차적인 단서 때문이다. 둘째, 슈미트의 홀로주체적 정치관이 서로주체적 정치를 부정하지만, 그가 원래 제시한 적과 동지의 구분이라는 정치성의 궁극적인 기준으로도 서로주체적 정치가 가능한 지평을 열 수 있다. 그는 자신의 정치성 기준이 갖고 있는 가능성을 충분히 여는 데 성공하지 못한 것이다.

아렌트는 정치를 다수의 자유로운 인간들의 서로주체적 공존관계에서만, 그 중에서도 필연성에 얽매이지 않고 완전한 자유가 있는 폴리스의 공론장에서만 존재하는 것으로 본다. 나아가 그는 지배와 폭력을 정치에서 적극 배제한다. 슈미트와 대조적으로 아렌트는 정치를 서로주체적 헤게모니의 극단에 존재하는 것으로 이해함으로써 정치의 공간을 너무 좁혀놓았다. 이렇게 까다롭게 정치 개념을 제한함으로써 아렌트는 최영진이 생각하는 정치의 순수한 고유성을 포착한 듯이 보인다. 하지만 나는 아렌트의 정치 개념 자체가 헤게모니 관계로부터 자유로울 수 없다고 주장할 것이다. 첫째, 아렌트가 이상화하는 '비(非)지

---

3) 여기서 나는 '정치성'과 '정치적인 것'을 서로 호환되는 개념으로 사용한다. '정치적인 것'은 영어의 "the political"을 우리말로 옮긴 것이다. 그런데 이 용어는 '~인 것'의 형태로 어감도 이상하고 하나의 자족적인 개념으로서 부족해보인다. 그래서 '정치적인 것'이라는 용어 대신에 '정치성(性)'으로 표현한다. 다만 뜻을 분명하게 하고 싶을 때는 '정치적인 것'이라는 개념을 사용한다.

배'의 공론장 안에도 헤게모니 관계가 존재한다. 서로주체적 공존정치에도 헤게모니 관계가 있으며, 아렌트가 '비지배'로 찬양한 '이소노미아(isonomia)'도 헤게모니 관계에서 자유롭지 않다. 둘째, 비지배의 공론장 밖에도 헤게모니 관계가 존재한다. 아렌트는 비지배에서 정치를 찾으려 하고 있지만, 막상 그가 찾은 비지배의 공간은 특정한 지배 질서 위에서 존재한다. 아렌트의 정치 개념은 기존 사회체제의 근본적인 헤게모니 질서를 문제삼지 않는 점에서 근본적인 한계를 갖는다.

2. '아비헤투' 정치관

아비헤투 정치 개념에는 헤게모니 투쟁과 아와 비아의 형성이라는 두 차원이 얽혀 있다. 먼저 헤게모니 투쟁이다. 헤게모니는 기본적으로 지배 및 지도 관계를 지칭하는 개념이다. 여기에는 인간세계가 완전히 동등하지 않다는 전제가 있다. 인간세계에는 지배자와 피지배자, 지도자와 추종자의 구분이 있기 마련이다. 그람시(Gramsci 1999, 158)는 이 구분이야말로 정치의 첫째 요소라고 주장한다. 나의 정치 개념은 그람시처럼 치자와 피치자의 구분에서 정치의 존재 조건과 정수를 찾는다. 슈미트가 '적과 동지의 구분'에서 정치적인 것의 고유하고 궁극적인 기준을 찾았다면, 나는 '치자와 피치자의 구분'에서 정치(적인 것)의 고유하고 궁극적인 기준을 찾는다.

크게 볼 때, 정치를 헤게모니 투쟁으로 보는 시각은 정치를 권력투쟁으로 보는 시각과 같은 부류에 속한다(김학노 2010, 32). 다만 투쟁에 걸려 있는 것이 단순히 자기 힘의 극대화나 자기생존 또는 자기이익의 실현이 아니라 지배관계의 형성과 유지, 강화 및 변화라고 본다. 정치의 핵심은 단순히 국가나 사회의 권력을 장악하기 위한 투쟁이라기보다는 서로 다른 세력이 누가 우위에 오르느냐의 주도권 다툼이다. 국제관계에서도 국가들 사이의 단순한 권력투쟁보다는 헤게모니 질서 속에서 그것을 유지하고 순응하거나 변화시키고 전복하려는 헤게모니 투쟁이 중요하다.

우리는 통상적으로 지배관계를 강압적 수단에 입각한 것으로 이해한다. 그런데 현실세계의 지배관계는 강압과 동의를 복잡하게 혼합하여 사용함으로써 유지된다. 이 점에서 나는 지배와 지도 관계를 한 몸에 포함하는 '헤게모니' 개념을 사용한다. 헤게모니는 한편으로 강압적 수단에 의한 지배관계를 포함하고, 동시에 지배받는 사람들의 자발적이거나 비자발적인, 적극적이거나 소극적인 동의를 구축한 지도관계를 포함한다. 나는 헤게모니 행사 방식으로 홀로주체적 헤게모니와 서로주체적 헤게모니 개념을 구분한다. 홀로주체적 헤게모니에서는 상대방을 주체로 인정하지 않는다. 서로주체적 헤게모니에서는 서로 상대방을 동등한 주체로 인정하고 만난다. 이 두 방식은 어디까지나 이념형에 해당한다. 현실세계는 이 이념형을 양극으로 하는 연장선 위에서 둘 사이를 오갈 것이다.4)

　　권력투쟁으로서의 정치가 서로 '집 빼앗기'에 중점을 둔다면 헤게모니 투쟁으로서의 정치는 상대방의 집을 부수는 것보다 자신의 '집 짓기'에 더 치중한다 (김학노 2010, 38). 자신의 세력을 형성하고 강화함으로써 상대방의 세력보다 우위에 서는 것이 헤게모니 투쟁에서 중요하다. 이 점에서 헤게모니 투쟁은 아와 비아의 형성 및 구분과 밀접히 연관되어 있다. 우리를 형성하고 구분하는 것 자체가 헤게모니 정치다. 우리를 형성할 수 있는 많은 잠재적 정체성 중에서 어느 것이 우위를 발휘하여 너와 나를 우리로 만나게 하느냐 하는 것은 헤게모니 문제이며 지극히 정치적인 문제다. 헤게모니 투쟁에서 아와 비아는 미리 주어져 있거나 고정되어 있지 않다. 지배적-지도적 세력의 당파성을 보편화하여 '우리'를 구축하는 것이 헤게모니 투쟁의 핵심이다. 헤게모니 투쟁으로서의 "정치는 우리를 만들고 지키고 또 새로운 우리를 창조하는 활동이다"(김학노 2010, 44).

　　나의 이와 같은 아비헤투 정치관은 정치의 핵심을 넓은 의미의 헤게모니 관계에서 찾는다. 넓은 의미의 헤게모니 관계, 즉 강압과 동의가 혼용되어 있는 지배 및 지도 관계가 정치의 정수다. 헤게모니를 유지하고 획득하기 위한 항쟁 및 헤게모니를 행사하고 구축하는 제반 활동이 정치적인 성격을 갖는다. 헤게모니에 대한 저항, 헤게모니 관계를 끝내려는 탈지배 노력도 마땅히 정치에 포함된다. 헤게모니 관계는 정치사회에 국한되어 있지 않다. 사회의 곳곳에 헤게모니 관계가 존재한다. 따라서 정치는 사회의 어느 곳에서든지 발생할 수 있다.

---

4) 강압적 방식과 동의적 방식이 각각 홀로주체적 방식과 서로주체적 방식에 반드시 조응하는 것은 아니다. 표면적으로 강압적 수단을 쓰지 않으면서도 얼마든지 홀로주체적 헤게모니를 행사할 수 있다(예, 자발적 복종의 경우). 또 서로주체적 입장에서 강압적 수단에 의지할 수도 있다(예, 주권국 사이에 합의된 규칙하의 전쟁).

정치의 정수를 지배관계에서 찾는 아비헤투 정치관은 정치를 사회의 특정 공간이나 이슈영역에 국한시키지 않는다. 아비헤투 정치관은 국가나 정치사회에 국한하지 않고 사회의 모든 공간에서 정치의 발생 가능성을 열어둔다. 또한 정치의 고유성을 특정한 이슈영역에서 찾지도 않는다. 정치적인 이슈와 비정치적인 이슈를 구획하는 절대적인 경계선은 없다. 그것은 언제나 유동적이다. 정치적으로 중요한 일들이 정치사회 밖에서 일어날 수도 있고(예, 밥상머리 정치), 비정치적이던 이슈들이 정치적으로 민감해져서 정치영역 안으로 진입할 수도 있으며(예, 학생 급식 문제), 또 정치권에서 발생하는 일이 모두 정치적인 것은 아니다(예, 의원들의 급식). 요컨대, 정치적 현상이 특정한 제도적 공간이나 특정한 이슈영역 안에서만 일어나는 것은 아니다. 정치는 인간세계의 모든 장소와 이슈영역에서 발생할 수 있다. 다만 그 이슈와 장소가 헤게모니 질서 및 투쟁과 관련될 때 정치가 발생한다.

아비헤투 정치관은 더 나아가서 기존 사회체제 속에서의 지배−지도 관계뿐 아니라 그 사회체제를 떠받치고 있는 근본적인 헤게모니 질서에도 주목한다. 사회체제의 기반이 되는 근본적인 헤게모니 질서는 '정치적인 것'의 차원에 해당한다. 마차트(Marchart 2007, 5−8, 48)의 탈토대주의(post−foundationalism)를 따라서, '정치적인 것(the political; le politique)'과 '정치(politics; la politique)' 개념을 각각 '존재론적(ontological)' 차원과 '존재자적(ontic)' 차원에 해당하는 것으로 구별하자. '정치적인 것'은 사회의 존재론적 차원으로서 사회를 구조화하는 '정치적 계기'에 해당한다. '정치'는, '정치적인 것'에 근거해서 구축되는 사회체계에서 하나의 하위체계(영역)에 해당한다. '정치'는 사회체계의 하나의 하위체계(영역)로서 사회의 근본적인 질서 또는 세력관계에 의해서 영향을 받는다. 가령 우리가 일상적으로 보는 정치는 많은 부분 사회의 계급 갈등이나 지역 갈등과 같은 주요 균열구조에 기초해 있다. 동시에, 사회의 근본질서나 세력관계는 고정되어 있지 않으며 '정치'영역에서의 정치적 실천들에 의해서 영향을 받고 재구조화될 수 있다. '정치'영역이 사회의 세력관계에 의해서 영향을 받는 것이 사실이지만, 다른 한편 사회의 근본적인 질서 또한 '정치'영역의 실천들에 의해서 영향을 받고 재구조화되는 것이다. 가령 새로운 상징적 질서를 구축하는 정치적 실천을 통해 사회의 기존 질서나 세력관계에 근본적인 변화를 가져올 수 있다. '정치'영역이 사회의 세력관계라는 토대를 부분적으로 반영한다면, '정치적인 것'은 사회의 토대 자체를 (탈)구조화한다. 사회를 조건 짓는 정치적인 것에 의해서 정치는 '고유성(specificity)'뿐만 아니라 사회에 대해 '자율성(autonomy)'과 '우위성(primacy)'을 갖는다(Marchart 2007, 48-49). 단순화하자면, '정치'가 "주어진 현실[을] 세계의 전부라고 생각"하는 반면 '정치적인 것'은 "주어진 세계를 우연적인 것으로 간주"하고 "우리가 살아가는 세계의 원리와 규칙을 새롭게 창안"한다(서동진 2014, 27-29). 또는, '정치(과)학'이 사회의 구성원리를 묻지 않으면서 단지 '정치' 영역을 대상으로 부분적 지식을 축적하는 반면, '정치적인 것'을 사유하는 '정치철학'은 그 사회의 정치적·경제적·종교적 영역들의 분화를 제도화하는 원칙과 기원을 묻는다. '정치적인 것'을 생각하는 것은 "통치 전략이 아니라 법, 권력, 공동체의 원리들에 대해 말하는 것"이다(홍태영 2010, 33; Lefort 1988, 10-12; 랑시에르 2013, 14; Paipais 2014, 360; Mouffe 2005, 9; 안효성 2013, 241).[5]

헤게모니 개념이야말로 '정치적인 것'의 문제를 생각할 때 핵심이다. 모든 사회체제의 구성은 정치적 성격을 갖는다. 사회질서는 자연적인 것도, 중립적인 것도, 고정된 것도 아니다. 특정 사회세력의 '헤게모니 실천'들에 의해서 사회 질서가 구성된다. 이러한 헤게모니 질서는 대항 헤게모니 실천들에 의해서 도전 받기도 한다. 사회는 어떤 필연적인 법칙을 통해서 스스로의 구조적 배열을 결정하지 않는다. 특정 세력을 중심으로 하는 '헤게모니 절합'들 사이의 투쟁에 의해서 사회의 구조적 배열이 정해진다. 그러한 헤게모니 절합들은 반드시 그런 절합이 일어나야 한다는 의미에서의 필연성을 가지고 있지 않다. 우연적인 헤게모니 절합들을 가능하게 하는 것이 자율적 활동으로서의 정치다. 존재자적 차원의 '정치'영역에서의 헤게모니 투쟁이 사회의 존재론적 패러다임의 변화를 가져올 수 있다(라클라우·무페 2012, 11-18; Mouffe 2005, 17-19).

나의 아비헤투 정치관을 예로 들면, 아와 비아가 각각 '우리'를 형성하고 유지하거나 새롭게 구축하는 헤게모니 투쟁이 현 사회질서 속에서 중요한 정치문제이지만, 보다 더 중요한 것은 누가 '우리' 구성원이 될 자격을 인정 받는가라는 근본적인 헤게모니 질서에 대한 투쟁이다. 자연적인 개체로서의 '인간'이

---

5) 정치는 (가령 경제와 달리) 개인들이 각자 자신에 대해서만 아니라 다른 성원들에 대해서도 목소리를 내는 점에서 가장 포괄적인(encompassing) 인간 활동이다. 바로 그렇기 때문에 '정치적인 것'도 인간 활동 중 가장 부수기 쉬운(fragile) 활동에 해당한다(Strong 2008, 448-449). 정치와 정치적인 것 모두에서 투쟁은 계속되고 있는 것이다.

사회의 성원권을 가짐으로써 '사람'이 된다면, '사람들' 사이의 헤게모니 투쟁이라는 정치 못지 않게 '인간'이 '사람'이 되는 것을 결정하는 보다 심층적인 헤게모니 투쟁도 중요하다(김현경 2015, 31-80 참조). 정치의 정수를 '감각의 분할'에서 찾은 랑시에르(2008; 2013)의 정치관도 이런 관점에서 이해된다. 감각의 분할이 정치의 정수인 까닭은 그것이 헤게모니 질서와 관련되어 있기 때문이다. 내일의 노동을 위해 (즉 생산력의 재생산을 위해) 수면을 취하는 대신 책을 읽고 글을 쓰는 '프롤레타리아의 밤'은 사회가 정한 자리를 거부하고 벗어나려는 몸부림을 담고 있다. 노동자가 잠을 자는 대신 자신에게 허용되지 않은 글쓰기라는 부르주아지의 꿈을 꾸는 것은 감성적인 것의 재분배이자 지배관계에 새로운 균열을 일으키는 행위다(주형일 2012, 148-194). 세종 28년 훈민정음의 창제도 같은 의미에서 대단히 정치적인 사건이다. 지배층뿐 아니라 일반 백성이 말과 글을 통해 자기 뜻을 표현할 수 있는 능력을 갖도록 하는 것은 기존의 지배체계에 대한 명백한 도전이기 때문이다.[6] 따라서, **"정치를 특정 정치체제 안에서 권력을 소유하는 문제로 파악해서는 안 된다"**(진은영 2014, 76. 강조는 원문). 특정 정치체제 안에서의 권력 투쟁은 물론, 정치적인 것의 근본적인 문제 즉 사회질서의 근본을 구성하는 심층적인 헤게모니 관계를 둘러싼 투쟁도 정치학이 다뤄야할 대상이다.

　　아비헤투 정치관은 거시적 정치사회에 국한하지 않고 미시적 일상생활에서의 헤게모니 질서와 다툼에도 주목하며, 보다 근본적으로 사회체제의 바탕에 있는 '정치적인 것'의 차원에도 주목한다. 노동자의 글쓰기와 한글 창제의 예에서 보듯이 '정치적인 것'의 문제는 미시적 일상생활과 서로 긴밀히 얽혀 있다. 따라서 헤게모니 정치관에서는 정치의 편재성을 전제할 뿐 아니라 보다 적극적으로 정치의 편재성을 전제해야 한다고 주장한다. 헤게모니 정치관에서 특히 주목하는 '정치적인 것'의 문제는 그것에 의해서 틀지어진 '정치'영역에서 보기 힘들 수 있기 때문이다. 아래에서 보겠지만, 아렌트가 '정치'영역에서 정치의 정수를 찾음으로써 그 바탕에 있는 '정치적인 것'의 층위에 있는 헤게모니 질서를 경시하는 게 단적인 예다. 정치적인 것은 정치사회 밖의 미시적 권력관계의 그물망 속에서 벌어지는 헤게모니 투쟁 속에서 더 잘 볼 수 있다. 이 점에서 정치의 편재성과 고유성 문제는 양립 가능하며 양립 가능해야 한다.

---

6) 2장의 각주 15 참조.

3. 홀로주체적 정치관: 슈미트

슈미트는 '적과 동지의 구분'을 '정치적인 것'의 고유하고 궁극적인 기준으로 제시함으로써 정치의 고유한 본질을 포착한 것처럼 보인다. 하지만 슈미트는 정치를 홀로주체적 헤게모니의 극단에 존재하는 것으로 이해함으로써 정치의 공간을 매우 좁혀놓았다. 여기서는 슈미트의 정치관이 홀로주체적 정치에 국한되어 있으며, 그의 개념 정의가 그다지 성공적이지 못하다고 주장한다.

(1) 홀로주체적 적대의 정치

슈미트는 '정치적인 것'의 특성을 정치에 고유한 궁극적인 기준에서 찾는다. 도덕과 미학, 경제의 궁극적 기준이 선악과 미추(美醜), 손익의 구분인 것처럼, 정치(성)의 궁극적인 기준은 적과 동지의 구분이라고 한다. 슈미트가 적과 동지의 구분을 정치적인 것의 고유하고 최종적인 기준으로 제시한 것은 정치 '영역'이 아니라 정치 자체의 고유성을 구명하기 위한 것이었다. 국가와 사회가 서로 침투하면서 국가를 중심으로 정치를 정의하는 것이 더 이상 가능하지 않게 되자, 거꾸로 '정치적인 것'으로부터 국가를 이해하고 정치의 고유성을 찾고자 했다. 국가는 그 기저에 있는 인민 공동체 '우리'를 바탕으로 하며, 이는 적과 동지의 구분이라는 '정치적인 것'에 의해서 형성된다는 것이다(Schmitt 2007, 19-22; Strong 2012, 234).

슈미트에게 적과 동지는 각각 분리와 통합에 해당한다. 그는 정치적인 것의 구체적 내용(substance)을 언급하기도 하지만(Schmitt 2007, 30), 적과 동지의 구분이라는 정치성의 기준이 구체적 내용을 기술하기보다는 사람들의 결사와 해체(association and dissociation) 또는 연합과 분리(union or separation)의 강도를 지칭한다고 한다(Schmitt 2007, 26, 38; Bull 2005, 675-676 참조). '동지=통합', '적=분리'를 가정하고 있는 것이다. 적을 홀로주체적 관계에, 동지를 서로주체적 관계에 대입하면,[7] 슈미트는 1장의 <그림 7>에서 B(서로주체적 통합)와 C(홀로주체적 분리)만을 고려할 뿐 A(서로주체적 분리)와 D(홀로주체적 통합)의 경우를 생각하지 못하고 있다. 내가 홀로주체적 분리뿐만 아니라 홀로주체적 통합의 경

---

7) 논의를 간명하게 하기 위해서 대입했을 뿐이며, '적-동지'가 곧 '홀로주체-서로주체' 관계에 반드시 조응하는 것은 아니다.

우를, 서로주체적 통합뿐만 아니라 서로주체적 분리의 경우를 상정하는 것과 차이가 있다.8)

그런데 적과 동지의 구분을 정치의 궁극적인 기준으로 삼는다고 하면서 슈미트가 전념하는 것은 적대적 관계뿐이다. 앞에서 언급했듯이, 마차트는 슈미트의 정치 개념을 '분리적' 정치 개념으로 보고 있는데, 이는 슈미트가 '동지＝통합', '적＝분리' 중에서 후자 즉 '적대'라는 분리적 측면을 중심으로 생각하고 있음을 반증한다(Marchart 2007, 41). 슈미트에게 있어서 '우리'는 적대관계를 기준으로 형성되는 것이다. 그는 적(enemy)의 개념을 단순히 은유나 상징이 아니라 구체적인 실존적(concrete existential) 의미로 사용한다. 슈미트에 따르면, 적이란 자신의 삶의 방식(way of life)을 부정하려는 의도를 가진 자다. 적은 자신의 삶의 방식 및 존재유형에 위협적인 존재이기 때문에, 자신의 존재유형 및 삶의 방식을 지키기 위해서 적과의 싸움이 필요하다는 것이다(Schmitt 2007, 27). 이런 의미의 적은 경쟁자(rival)나 대항자/맞수(adversary)와 분명하게 구분된다. 적의 개념에는 언제든지 전투의 가능성, 즉 실제로 상대를 "물리적으로 죽일" 수 있는 가능성이 포함된다(Schmitt 2007, 27–33). 슈미트에게서 찾을 수 없는 것은 동지에 대한 개념 규정과 관심이다. 정치적인 것의 궁극적인 기준이 적과 동지의 구분에서 어느 순간 적대관계로 바뀐 것이다.

슈미트가 적과 동지 중에서 적대관계만 보는 것은 그가 전쟁이라는 극단적인 예외상태를 기준으로 생각하기 때문이다. 예외상태는 현행 법질서를 정지시킬 수 있는 권한을 포함하며, 이런 예외상태를 결정하는 자가 바로 주권자다(슈미트 2010, 16, 24–25). 슈미트에 따르면, 극단적인 경우는 예외적이기 때문에 결정적이다(Schmitt 2007, 35; 슈미트 2010, 27–28). 예외적인 경우에서야말로 문제의 핵심이 나타나기 때문이다. 따라서 중요한 것은 가장 극단적인 경우가 발생할 가능성, 즉 실제 전쟁이 일어날 가능성이다. 실제 전쟁이 일어날 가능성이라는 극단적 예외상태가 있기 때문에 적대관계라는 일상적 정치가 존재한다. 전쟁 자체에 정치성이 있는 것은 아니지만, 전쟁의 가능성 즉 물리적 살육의 가능성이 정치적인 것의 핵심이다. 그래서 슈미트는 한마디로 "정치적인 것은 가장 강

---

8) 마차트(Marchart 2007, 38–44)는 슈미트와 아렌트의 '정치적인 것'의 개념을 각각 분리적(dissociative), 결합적(associative) 정치 개념으로 분류한다. 그 역시 홀로주체적 통합과 서로주체적 분리의 범주를 인지하지 못하고 있다.

하고 극단적인 적대"라고 정의한다(Schmitt 2007, 29).

적과 동지의 구분에서 적대관계로 초점이 바뀌면서 정치적인 것의 기준에서 문제가 발생한다. 어느 정도로 적대관계가 심해야 정치적인 성격을 띠게 되는가? 슈미트가 정치성을 특정 이슈나 영역에 국한하여 규정하지 않음에 유의하자. 가령 종교적 갈등이 심해져서 종교 영역에서 적과 동지의 구별이 생기면 정치적 문제가 된다는 것인데, 종교적 갈등이 얼마나 심해져야 정치적인 문제가 되는가? 이 질문을 제기하는 것은, 슈미트의 적과 동지의 구분이라는 기준이 여기서 정치성의 경계를 구분하는 준거를 제공하지 못하기 때문이다. 슈미트는 단지 "정치적인 것은 가장 강하고 극단적인 적대이고, 모든 구체적인 적대는 그것이 적과 동지의 편가르기라는 가장 극단적인 지점에 가까울수록 더욱 정치적인 것이 된다"고 할 뿐이다(Schmitt 2007, 29). 슈미트의 정치적인 것의 개념이 동어반복이라는 비판이 성립하는 대목이다(Morgenthau 2012, 107–118; 이해영 2004, 5–6).

정치적인 것의 궁극적인 기준이 '적과 동지의 구분'에서 '가장 강하고 극단적인 적대관계'로 바뀌면서 슈미트는 정치의 공간을 홀로주체적 헤게모니의 극단에 존재하는 것으로 좁혀놓았다. 그는 홀로주체적 적대정치의 관점에서 서로주체적 합의정치를 적극적으로 부정하고 비판한다. 대표적 예로 자유주의적 의회제에 대한 그의 비판을 살펴보자. 먼저, 그는 19세기 스페인의 반혁명적 보수사상가인 도노소 코르테스(Juan Donoso Cortés)의 입을 빌려 자유주의를 비판한다(김항 2009, 63–76 참고). 도노소 코르테스는 부르주아지를 "토의하는 계급"으로 규정한다. 비판의 핵심은 결정을 회피한다는 것이다(슈미트 2010, 81–82). 슈미트가 보기에 자유주의는 모든 문제를, 심지어는 형이상학적 진리의 문제까지 포함하여, 토론으로 해결하려고 한다. "토론에 의한 정치"가 자유주의적 의회제의 본질이다(슈미트 1987, 22). 이런 토론 과정을 통해 진리에 도달할 수 있다는 생각이 그 바탕에 있다. 슈미트가 보기에 이는 전형적인 합리주의적 관점이다. 자유주의는 "의견들 간의 자유로운 투쟁을 통해 진리에 도달할 수 있다는 원칙"을 기반으로 하고 있으며, 여기에서 "진리는 의견들 간의 영원한 경쟁의 단순 함수"가 된다(무페 2007, 167–173, 186–197). 하지만 토론을 통한 합의정치는 "결정적 대결, 피비린내 나는 결전"을 회피하고, "영원한 대화를 통해 영원히 유보상태에 머물 수 있다는 기대"를 가지고 "수다를 늘어놓는" 것에 불과하다

(슈미트 2010, 86). 슈미트에게 "정치적인 것은 자유로운 토론 지대가 아니라 '결정' 지대다"(무페 2007, 176). 자유주의는 결정과 적대적 대결을 끝없는 공적 토론의 과정으로 대치시키는 것이다.

나아가서 그는 자유주의적 의회제에서 진정한 토론이 이루어지지도 않는다고 비판한다. 슈미트(1987, 17-20)에 따르면, 토론은 단순한 거래와 다르다. 토론은 "합리적인 논거에 의해서 상대에게 진리와 공정함을 납득시킨다든지, 상대에 의해서도 진리와 공정함을 납득한다는 목적에 의해서 지배되는 의지의 교환"이다. 의회에서 토론정치를 구현하기 위해서는 서로 다양한 의견을 교환하고 비판과 수용을 통해 올바른 법률을 제정해야 한다. 이를 위해서는 기꺼이 진리를 받아들이려는 자세, 설득당할 수 있는 마음가짐, 당파의 관점에서 벗어난 보다 보편적인 관점, 자기 이해관계에서 벗어나려는 노력 등이 전제되어야 한다. 반면에, 당파적 자기 이익의 극대화를 추구하고 서로 간의 이익을 기준으로 타협하는 것은 토론에 의한 합의정치가 아니라 거래에 의한 타협일 뿐이다. 오늘날 현대의 의회민주주의에서 공개적 토론은 진정한 '의견투쟁'이 아닌 '이해투쟁'으로 전락해버렸다. 진실한 토론 대신에 이해관계와 권력의 교환과 타협이 의회 내 정당정치를 지배하고 있다는 것이다. 그가 현대 의회민주주의가 위기에 처했다고 본 이유다.[9]

(2) 적의 편재성과 동지의 가능성

슈미트가 '적과 동지의 구분'에서 적의 구분만 강조함으로써 그의 정치성 기준을 적대관계로 축소하였고, 그로 인해 정치를 홀로주체적 극단에 존재하는 것으로 좁혀놓았음을 보았다.[10] 이러한 슈미트의 작업은 그렇게 성공적이지 못

---

9) 슈미트는 『현대의회주의의 정신』에서 자유주의와 민주주의가 서로 충돌할 수밖에 없음을 역설한다. 그에 따르면, 민주주의는 "평등한 것이 모두 평등하게 취급될 뿐만 아니라 그 불가피한 귀결로서 평등하지 않은 것은 평등한 것으로 취급되지 않는다"는 원칙에 입각해 있다. '동질성' 원칙에 입각해 있는 민주주의의 평등은 평등한 사람들을 평등하게 대우해야 한다는 원칙이다. 이는 불평등한 사람들에게는 평등 원칙이 적용되지 않음을 의미한다. 민주주의는 동질성을 기반으로 하며, 자기의 동질성을 위협하는 이질성을 배제한다. 반면에 자유주의는 모든 인간이 평등하다는 절대적 평등의 원칙에 기반한다. 자유주의의 절대적 평등 원칙은 동질성을 전제하는 민주주의에는 낯선 개념이다. 자유주의와 민주주의의 만남은 이러한 기본적인 원칙의 충돌로 인해 내재적 모순을 늘 안고 있는 것이다(슈미트 1987, 24-33; 무페 2007, 168-169 참고).

하다. 여기서는 정치의 편재성과 우애정치의 가능성의 두 측면에서 이를 검토한다.

먼저, 슈미트가 정치의 편재성이라는 주제를 다루는 방식에 문제가 있다. 적과 동지의 구분, 보다 정확하게 말해서 '가장 강하고 극단적인 적대'라는 슈미트의 기준으로 볼 때 정치는 어디에 있는가? 적과 동지의 구분은 어린이들 사이에서부터 조폭들, 기업들, 국가들 사이에 이르기까지 세계 어디에서나 일어날 수 있다. 적과 동지란 무엇인가? 자신의 정치적, 경제적, 도덕적, 종교적, 미학적 가치나 목적을 실현하는 데 도움을 주는 사람이 동지이고 방해하는 사람이 적이다. 정치적 동지와 적이 구별되듯이, 상업적, 예술적, 도덕적, 종교적 동지와 적이 마찬가지로 구별될 수 있다. 적과 동지의 구분은 절대적이지 않으며, 영구적이지도 않다. 한 영역에서의 적이 반드시 다른 곳에서도 적인 것은 아니다. 어제의 적이 오늘의 동지가 될 수 있듯이, 종교적 적이 정치적 동지가 될 수 있다. 요컨대 적과 동지의 구분은 늘 상대적이며, 추구하는 목적에 따라서 바뀔 수 있다(Morgenthau 2012, 113-117). 바로 이 때문에 슈미트도 정치영역 이외의 곳에서, 즉 도덕이나 종교, 경제적 영역에서 적대관계가 심화되어서 적과 동지의 구분이 심해지면 그것이 곧 정치적인 것이 된다고 한다. 슈미트의 정치성 개념을 따를 경우 정치는 제도권 정치의 공간에 국한되지 않는다. 적대관계는 인간세계의 여러 공간과 이슈영역에 편재하기 때문이다.

그렇다면 슈미트에게 정치는 어느 곳에나 있는가? 그렇지 않다. 슈미트가 제시한 정치성의 기준이 인간세계에 편재할 수 있음에도 불구하고, 그에게 정치는 공적인 영역에 국한된다. 슈미트(Schmitt 2007, 28)는 "적이란 오로지 공적인 적"을 의미한다는 단서를 달아서, 정치의 편재성 문제를 피해간다. 적이란 사적인 감정의 문제가 아니다. 사적인 차원에서의 적은 무의미하다. "적이란, 적어도 잠재적으로 서로 싸우는 인간 집합체가 비슷한 집합체를 마주하고 있을 때에만 존재한다"는 것이다(Schmitt 2007, 28). 자신의 삶(존재)의 방식을 부인하는 의미에서 인간성 문제로 연결되는 적의 개념은 공적인 차원에서만 집단적으로 존재하는 게 된다. 요컨대 슈미트는 공적 차원과 사적인 차원을 구별하고 오직

---

10) 슈미트는 주권이 정치체의 (다원성이 아니라) '동질성'을 전제한다고 주장한다(Strong 2012, 251). 이 점에서 그는 적과의 관계에서뿐만 아니라 내부적으로도 차이를 인정하지 않는 홀로주체적 정치관을 갖고 있다.

공적 차원에서의 적대관계를 정치의 정수로 본다.

그렇다면 공과 사를 구분하는 기준은 무엇인가? 슈미트는 이 부분에서 다소 애매하다. 슈미트는 예외상태를 결정할 수 있는 권한 즉 전쟁상태를 선언할 수 있는 권한은 주권자 즉 국가만이 갖는다고 본다. 국가의 교전권(*jus belli*)이 곧 주권이다. 국가만이 그 구성원들로 하여금 기꺼이 목숨을 바치도록 요구할 수 있고 또 주저 없이 적을 죽이도록 요구할 수 있는 권리를 갖는다. 따라서 슈미트의 정치적인 것의 개념은 정치적 단위의 바깥 경계를 구획하는 데, 즉 국가들 관계에 우선적으로 적용된다(Marchart 2007, 42). 그에 따르면, 정치체만이 그 본성상 결정적인 행위체이자 단위체(entity)다. 정치체는 존재하거나 존재하지 않거나 할 뿐이다. 그것이 존재할 때, 정치체는 최고의 권한을 갖는다. 즉 결정적인 순간에 권위를 갖는 행위체다. 그에게 이러한 정치체는 국가와 같다. 국가야말로 하나의 행위체이며 결정적 행위체다. 국가가 결정적 행위체인 것은 그것이 정치적 성격을 갖기 때문이다. 다소 동어반복적인 이 설명들을 따라가면, 결론은 국가야말로 본질적으로 정치적인 실체(행위체/단위체, entity)라는 것이다. 그런데 슈미트는 국가뿐만 아니라 국내 집단들의 적도 공적인 적으로 본다. 가령 적대적 종교 집단들은 서로에게 공적인 적이 될 수 있다. 종교집단을 포함하여 국내의 집단들 사이에 적대관계가 심해져서 전쟁이 일어날 수 있는 가능성, 즉 내전이 일어날 수 있는 가능성이야말로 국내 정치가 존재하는 기반이다. 슈미트는 국가와 국가의 전쟁 가능성에서 정치적인 것의 개념을 찾듯이, 국내 정치도 종국에는 내전의 가능성에서 그 정치성을 찾고 있는 것이다. 그렇다면, 국내의 모든 집단이 공적인 적을 규정할 수 있는가? 이는 분명히 아니다. 공적인 적을 정의하고 국민들의 목숨을 요구할 수 있는 주권은 국가만이 가지고 있기 때문이다. 다소 불분명한 슈미트의 논리를 살릴 수 있는 방법은, 내전이 단순히 국내의 집단 사이에서 일어나는 것이 아니라, 각각 주권을 주장하는 권력집단들 사이의 전쟁이라는 점에서 사실상 국가와 국가의 전쟁이라고 보는 것이다(Derrida 2005, 121). 슈미트에게 원래 '정치적인 것'은 '적의 규정'이었고, 그것에 의해 형성되는 '우리'가 국가와 정치의 존립을 가능하게 하는 존재론적 근거였다. 그런데 이것이 종국에는 '정치적인 것 = 공적인 적의 설정 = 주권자 즉 국가의 권리'라는 등식으로 바뀐 것이다.

요약하면, 적과 동지의 구분이라는 슈미트의 정치성 기준은 곧 적대관계로 축소되고, 이 때 적이란 오직 공적인 적으로서 주권자인 국가만이 설정할 수 있는 권한을 갖는다. 슈미트가 제시한 정치성의 기준인 적과 동지의 구분, 혹은 적의 설정 자체는 인간세계의 여러 영역에서 작용할 수 있다. 하지만 슈미트는 정치적으로 유의미한 적을 '공적인 적'으로 한정함으로써 정치성의 영역도 공적인 영역으로 한정하는 결과를 가져왔다. 슈미트의 정치적인 것의 개념이 정치의 장소를 제한한다면 (그래서 최영진이 생각하듯이 정치의 고유성을 간직한다면), 그것은 그가 제시한 정치적인 것의 궁극적인 기준 때문이 아니라 '공적인 적'이라는 부차적인 단서 때문이다. 따라서 국가와 사회가 서로 침투하면서 '국가＝정치'의 등식이 더 이상 성립하지 않는 시대에, 슈미트의 정치성 개념은 다시 '정치성＝공적인 적의 설정＝국가의 권리'라는 등식을 수립하고 있는 것이다. 원래 정치영역과 구별하여 정치적인 것의 고유한 속성을 물었던 그가 정치성의 핵심을 국가의 권리로 등치 함으로써, 정치성과 정치영역(국가)의 구분이 슬그머니 사라진다.

다음으로, 슈미트의 정치성 기준이 반드시 홀로주체적 정치관으로 귀결될 필요가 없다. 슈미트가 홀로주체적 적대정치의 관점에서 서로주체적 정치를 적극적으로 부정하지만, 그가 원래 제시한 '적과 동지의 구분'이라는 정치성의 궁극적인 기준 자체가 서로주체적 정치를 배제할 필요는 없다. 오히려, 나의 판단으로는, 적과 동지의 구분이라는 슈미트의 최초의 통찰 속에서 서로주체적 정치가 가능한 지평이 열릴 수 있다. 그는 자신의 정치성 기준이 갖고 있는 풍부한 가능성을 충분히 열지 못한 것이다.

첫째, 우선 적과 동지의 구분이라는 정치성의 궁극적인 기준을 적대관계로 대치할 수 없다. 적과 동지의 구분과 적대관계는 동일하지 않기 때문이다. 이는 마치 도덕과 미학, 경제의 궁극적 기준으로 그가 제시한 선과 악, 아름다움과 추함, 이로움과 해로움의 구분에서 후자만을 각각의 궁극적 속성으로 보는 것과 같다. 도덕의 궁극적 기준으로 선과 악의 구분을 받아들인다고 해서 도덕을 악의 관계로만 볼 필요는 없다. 미학의 기준을 아름다움과 추함의 구분으로 생각한다고 해서 미학이 반드시 추함에 대한 학문이 되는 것은 아니다. 마찬가지로 정치의 궁극적인 기준을 적과 동지의 구분으로 생각한다고 해서 정치가 반드시 적대관계로만 존재하는 것은 아니다. 적과 동지의 구분과 적의 설정은 동일한 기준이 아니다. 슈미트는 논리적 일관성을 지키지 못함으로써 정치성을 적대관계에 국한시키는 결과를 가져왔다. 도덕적인 것과 미학적인 것이 각각 악과 추함의 세계에만 존재하는 것이 아니듯이 정치적인 것이 적과 친구의 구분에서 적의 관계에만 존재해야 하는 것은 아니다.

둘째, 적대관계를 정치적 가치로 볼 수 없다. 슈미트가 적대관계를 강조한 것은 정치를 도덕적 선의 실현과 연결하는 당위론적 함의를 제거하기 위한 노력으로 볼 수 있다. 이는 도덕이 선악을 구분하고 미학이 미추를 구분하는 것이 반드시 선과 미를 추구하기 위해서라는 목적론적 의미를 가질 필요가 없는 것과 마찬가지다. 하지만 선과 악, 미와 추, 이로움과 해로움에서 어느 하나를 선택해야 한다면, 도덕은 선에 관한 것이며, 미학은 아름다움에 관한 것이고, 경제는 이로움에 관한 것이어야 한다. 선과 미, 이로움은 각각 도덕과 미학 및 경제의 영역에서 바람직한 가치를 내포하고 있기 때문이다. 적과 동지가 이들과 마찬가지로 정치적 가치를 포함하는 구분인지는 분명하지 않다. 애초에 미학이나 도덕과 같은 다른 영역들에서와 달리, '정치성' 개념에서부터 '적과 동지'라는 개념쌍이 논리적으로 나오는 것도 아니다(Morgenthau 2012, 111). 하지만 전쟁과 평화 중에서 정치적으로 바람직한 가치를 선택하라면 많은 경우 후자를 선택할 것이다. 적어도, 전쟁을 정치적으로 바람직한 가치라고 일반화할 수는 없다. 도덕과 미학과 경제가 각자의 가치를 추구하듯이, 정치도 자신의 가치를 추구할 수 있다. 적과 동지의 구분이라는 기준이 적의 관계로 축소될 수 없는 이유다.

셋째, 슈미트는 적의 경우에만 극단적인 예외상태(전쟁)를 상정하는데, 동지의 경우에도 마찬가지로 예외상태(평화)를 기준으로 정치를 생각할 수 있다. 앞에서 언급했듯이, 슈미트는 전쟁이라는 극단적 예외상태에 기대어 홀로주체적 적대정치의 궁극적 준거를 찾는다. 이것이 적과 동지의 구분을 적의 설정 문제로 축소시킨 이유다. 하지만 동지의 경우에도 똑같이 극단적인 예외상태를 준거로 우애의 정치를 찾을 수 있다. 슈미트는 적과 동지 중 적의 관계에만 예외상태라는 잣대를 적용함으로써 우애정치의 가능성을 보지 않는 것이다.[11]

---

11) 가령 남북한 관계에 적용할 경우, 슈미트의 정치성(정치적인 것)의 개념은 남과 북의 홀로주체적 분리를 잘 설명해줄 수 있으나, 남과 북의 서로주체적 관계의 정립에 대해서는 제한적 의미만 갖는다. 남북한의 서로주체적 분리, 또는 제3의 적을 설정하지 않는 상태에서의 서로주체적 통합의 전망에 대해서 슈미트의 개념을 적용하기 어렵다.

슈미트는 완전히 평화로운 지구는 적과 동지의 구분이 더 이상 존재하지 않는 세계이며 이런 의미에서 더 이상 정치가 존재하지 않는 세계라고 한다(Schmitt 2007, 35). 그에게 세계평화는 전쟁의 가능성이 완전히 제거된 세계로서 최종적인 탈정치(final depoliticization)의 세계다(Schmitt 2007, 54). 하지만 이런 개념화는 반대의 경우에도 적용돼야 한다. 즉 완전한 전쟁상태의 지구는 평화의 가능성이 완전히 제거된 세계로서 세계평화와 마찬가지로 최종적인 탈정치의 세계로 개념화돼야 한다.[12] 슈미트가 예외상태로서 전쟁상태를 생각할 때 그가 완전한 전쟁상태를 상정한 것은 아니었다(김항 2014, 253-254 참조). 그렇다면 평화를 생각할 때에도 마찬가지로 적과 동지가 여전히 구분 가능한 불완전하고 잠정적인 평화를 예외상태로 생각했어야 한다. 슈미트는 전쟁과 평화의 두 극단 지점에 대해서 서로 다른 잣대를 적용한 셈이다.

슈미트의 말처럼 완전한 평화 상태에서 정치가 없다는 것이 사실이라면, 완전한 전쟁상태에서도 정치가 없어야 한다. 아와 비아의 관계가 영원한 동지 관계일 경우 더 이상 적과 동지의 구분이 무의미하므로 정치가 존재하지 않는다면, 아와 비아가 영원한 적의 관계일 경우에도 정치는 존재하지 말아야 한다. 실제로 슈미트도 전쟁 그 자체를 정치적인 것과 동일시하지는 않았다. 정치를 전쟁 가능성이라는 예외상태에 기대어 정의하면서도, 그는 전쟁을 다른 수단에 의한 정치의 연속이라고 정의한 클라우제비츠의 명제에 동의하지 않는다. 막상 전쟁의 단계로 넘어가면 더 이상 정치는 존재하지 않는다. 전쟁은 그 자체의 전략·전술과 규칙 및 관점을 가지고 있으며, 누가 적인지에 대한 정치적 결정이 이미 이루어진 것을 전제로 한다(슈미트 2007, 33-34). 실제 전쟁이 일어날 가능성이라는 극단적 예외상태가 있기 때문에 적대관계라는 일상적 정치가 존재한다면, 평화 또한 극단적인 정치 수단으로 봐야 한다. 즉, 슈미트 식으로 생각하면, 평화의 문턱을 넘어서는 순간 정치적인 것과 멀어지지만 바로 그런 극단적 예외상태가 있기 때문에 우애의 정치가 가능해야 한다. 물론, 슈미트를 따라서 "적이란 오로지 공적인 적"이듯이 동지도 마찬가지로 오로지 '공적인 동지'만을

---

12) 이는 현실의 전쟁과 차이가 있다. 전쟁은 원래 승패를 가르는 '승부경기'의 특질을 가지고 있다. 승부가 확실해짐과 함께 전쟁이 종식하는 것이다. 1차 세계대전은 이러한 전쟁의 종말 형식, 즉 '전쟁 형태의 전체주의의 출현'을 의미한다(후지따 쇼오조오 2014, 57-68).

고려할 수 있다. 개개인의 사적인 애증관계와 무관하게 공적인 적이기 때문에 정치성을 띤다면, 사적인 감정과 무관하게 공적인 친구만이 정치성을 띠는 것으로 볼 수 있다. 적과 동지의 구분이라는 기준은 적에서부터 출발하는 적대정치뿐만 아니라 친구에서부터 출발하는 우애정치의 가능성을 열어놓을 소지가 충분히 있는 것이다. 슈미트는 이 지평을 여는 데 실패했다(이진경 2007; Derrida 2005 참조).

4. 서로주체적 정치관: 아렌트

아렌트는 정치를 다수의 자유로운 인간들의 서로주체적 공존관계에서만, 그 중에서도 필연성에 얽매이지 않고 완전한 자유가 있는 폴리스의 공론장에서만 존재하는 것으로 본다. 이렇게 정치 개념을 제한함으로써 아렌트는 최영진이 생각하는 정치의 순수한 고유성을 파악한 듯이 보인다. 하지만 아렌트는 정치를 서로주체적 헤게모니의 극단에 존재하는 것으로 이해함으로써 정치의 공간을 매우 좁혀놓았다. 여기서는 아렌트의 정치관이 극단적인 서로주체적 정치에 국한되어 있음을 보여주고, 그의 정치 개념 자체가 헤게모니 관계로부터 자유롭지 않다고 비판한다.

(1) 서로주체적 공존의 정치

아렌트는 '정치'와 '정치적인 것'을 일관되게 구분하지는 않는다. 다만 '정치적으로 진정한 정치'와 '정치적으로 도착된 정치'를 구분한다. 전자가 진정으로 '정치적'인 것이라면, 후자는 '비정치적인 정치' 또는 '정치적 비정치'라고 할 수 있다(Marchart 2007, 38). 슈미트가 홀로주체적 적대를 기준으로 정치를 생각한 반면, 정치의 원형을 그리스 폴리스에서 찾는 아렌트는 서로주체적 공존에서 정치를 찾는다. 아렌트에게 정치는 다수의 자유로운 인간들의 서로주체적 공존관계에서만 일어난다. 아렌트의 정치 개념은 그의 심오한 사상 전체에 기반해 있다. 그의 정치 개념을 논하기 전에 먼저 '세계'와 '인간' 그리고 인간의 '활동적 삶'에 대해 그가 갖고 있는 생각을 간략하게 알아보자.

아렌트에게 정치는 인간'세계'에서 발생한다. '세계'는 인간 사이에 존재하는 공간(in-between space)으로서, 지구 상에서 끊임없이 순환하는 '자연'과 지구 바깥의 '우주'와 구별된다. 인간은 자연의 일부이기도 하지만 동시에 '세계'를 만들고 그 속에서 살아간다. 자연과 달리 세계는 인간이 없으면 존재하지 않는다. 아렌트에 따르면, "인간 사이의 공간, 즉 세계는 인간이 없으면 존재하지 않는다. 따라서 인간이 없는 우주나 인간이 없는 자연과는 대조적으로 인간이 없는 세계란 그 말 자체가 모순이다"(아렌트 2007, 146). 인간 사이에 존재하는 세계는 단수의 인간이 만들 수 없다. 여럿의 사람들이 같이 있을 수밖에 없다. 세계는 "수많은 사람이 공유하고, 그들 사이에 있고, 그들을 분리시키는 동시에 연결시키면서 있는 어떤 것"이다. 따라서 "세계는 사람마다 다른 모습을 드러내며… 서로가 더불어 그리고 대립하면서 의견과 관점을 교환할 수 있는 한 이해할 수 있다"(아렌트 2007, 171). 인간 사이의 공간으로서 세계는 지속성을 갖는다. 개별 인간들은 오고 가지만 세계는 지속된다. 이 지속성이 인간 활동에 의미를 부여한다. 즉, 개별 인간은 죽음을 피할 수 없지만 세계 속의 지속 즉 '불멸성'을 추구할 수 있다. 인간은 '영원성'을 얻을 수는 없지만 세계 속에서 '불멸성'을 구할 수 있으며 구하려고 한다.13)

세계-내-존재인 인간의 삶에서 아렌트는 '관조적 삶(*vita contemplativa*)'과 구별되는 '활동적 삶(*vita activa*)'을 노동(labor)과 작업(work) 및 행위(action)의 세 종류로 구분한다.14) 노동은 인간의 신체적 필요성을 충족시키는 활동으로 자연의 '필연성'의 지배를 받는다. 작업은 인공적 세계의 사물들을 제작하는 활동으로 '유용성'을 추구한다. 행위는 "사물이나 물질의 매개 없이 인간 사이에 직접적으로 수행되는 유일한 활동"이다(아렌트 1996, 55-57). '행위'는 인간의 가장 순수하고 높은 활동이며(안효성 2013, 252), 인간 사이에 일어나는 점에서 "모든 행위는 …'함께 하는(in concert)' 행위"다(아렌트 2007, 169). 아렌트는 행위야말로 "인간사회를 벗어나서는 상상조차 할 수 없는 것"이며, 짐승이나 신도 갖지 못하는 "인간의 배타적 특권"이라고 한다(아렌트 1996, 74).

정치는 인간 사이의 공간인 '세계'에서 인간의 '활동적 삶'의 가장 순수하고

---

13) 인간을 '세계-내-존재'로 보는 점에서 아렌트는 하이데거의 영향을 받고 있다(안효성 2013, 251).

14) 아렌트와 아리스토텔레스의 관조적 삶과 활동적 삶에 관한 논의에 대해서 장영란 (2016) 참조.

높은 차원인 '행위'에 해당한다. 아렌트에게 이러한 정치는 다수의 자유로운 인간들의 서로주체적 공존관계에서만 일어난다. 수평적 차원과 입체적 차원 모두에서 그렇다.

우선, 수평적 차원에서, 정치는 자유롭고 동등한 인간들이 서로주체적으로 만나는 곳에서만 존재한다. 정치는 인간의 활동 중 행위에 속한다. 정치가 동등한 인간들이 서로주체적으로 만나는 곳에서만 존재한다는 아렌트의 생각은 인간의 다원성/복수성이라는 행위의 근본적인 성격에서 비롯한다. 그에 따르면 행위의 근본 조건은 "다원성으로서의 인간조건, 즉 보편적 인간(Man)이 아닌 복수의 인간들(Men)이 지구상에 살며 세계에 거주한다는 사실"이다(아렌트 1996, 56). 인간의 '다원성' 또는 '복수성'은 세계와 그 세계 속에서 일어나는 행위 및 정치를 규정하는 핵심 요소다. 정치는 세계를 구성하고 만들고 있는 인간들 사이에서 발생하며, 인간의 복수성에 기초한다. "단수의 인간은 비정치적이다. 정치란 **인간들 사이에서**, 즉 단수의 인간 외부에서 생겨난다. 그러므로 참된 정치적 실체(political substance)와 같은 것은 존재하지 않는다. 정치란 **인간들 사이**에 놓여 있으며, 관계로서 성립된 것 안에서 일어난다"(아렌트 2007, 134. 강조는 원문).

인간의 다원성은 복수의 사람들의 동등성과 차이성이라는 이중의 성격을 갖는다. 즉 모든 사람들은 서로 다르며 동시에 서로 동등하다. 우선 인간의 다원성은 모든 인간이 서로 다름을 의미한다. 모든 사람은 개별주체로서 존재하고 서로 다르다는 점에서 유일성을 갖는다. 유기체 중 오직 인간만이 자신을 타인과 구별하고 차이를 표현하고 자신을 세계에 전달할 수 있다. 동시에 인간의 다원성은 모든 인간이 동등함을 의미한다. 동등하지 않다면 서로를 이해하고 함께 행위 할 수 없기 때문이다. 동등성은 동질성이 아니라 차이성에 바탕을 둔 개념이다(아렌트 1996, 235-237). 정치적 평등은 서로 다른 인간들의 차이성에 기반한 동등성의 문제다. 그것은 죽음이나 신 앞에서의 평등과 다르다(아렌트 1996, 279). 정치는 이처럼 복수의 다원적인 인간들 사이에서 일어나는 서로주체적 행위다.

다음, 입체적 차원이다. 정치는 공동체와 구성원들 사이의 입체적 차원에서도 서로주체적 관계가 존재하는 곳에 존재한다. 정치는 자유롭고 동등한 다수의 인간들이 함께 공동의 우리를 형성하고 공존하는 곳에서 발생한다. 아렌트(1996, 260)에게 "정치의 영역은 직접적으로 함께 행위 하는 데서, 즉 '말과 행위의 공유'에서 발생한다." 정치는 서로 다른 사람들이 함께 어울려 '공동체'를 구성하면서 동시에 그 공동체에서 개인이 각기 다른 개성을 드러내면서 함께 행위 하는 것이다. 행위를 통해 사람들은 각기 자신이 누구인지, 그 고유한 정체를 드러낸다. 노동을 통해서 신체적 필요를 드러내고, 작업을 통해서 솜씨를 드러내듯이, 행위를 통해서 인간은 '자신'을 드러낸다. 행위는 이렇듯 주체의 현시일 뿐 아니라, 무엇인가를 '시작'하는 활동이기도 하다. 인간만이 어제까지 없었던 그 무엇을 시작하는 능력을 가지고 있다(안효성 2013, 254). 정치는 서로 다르면서 동등한 다수의 인간들이 공동체를 구성하면서 '말'과 '행위'로 서로에게 '자신을 드러내고' 인간세계에 '참여'하는 행위다.

　이때 공동체에서 각 개인의 주체성이 훼손되어서는 안 된다. 정치에 참여하는 인간이 자신의 개성을 드러내는 것이야말로 정치의 핵심이기 때문이다. 입체적 차원에서 대아 속에서 소아의 자유와 평등이 철저하게 전제되어야 한다. 공동체는 공적 '자유'의 공간이자 '유대'의 공간이어야 하며, 공동체 속에서 자유로운 개인의 주체성이나 개성이 위축되지 말아야 한다(아렌트 2004, 172). 아렌트에게 정치(적인 것)의 근본은 스스로 '생각'하고 '판단'하는 것이다. 아무 생각 없이 명령을 따르거나 사회의 지배적인 규범을 받아들이는 순전한 '무사유'를 그는 '악의 평범성'이라는 이름으로 질타한다(아렌트 2006, 106, 349, 393–394). 사유는 새로운 '시작'을 의미하며, "사유하지 않음은 살아 있는 죽음과 마찬가지이다"(홍원표 2009, 85). 스스로 '생각'할 때 인간은 자기 자신의 입장만 아니라 다른 사람들의 관점을 고려하면서 생각한다. 즉 다른 이들을 내 마음 속에 '표상'하면서 생각한다. 이 표상의 과정 속에서 '나'와 '우리'가 서로주체적으로 만난다(Strong 2012, 332–343).15)

　공동체 또는 공론 영역은 동질성이 아니라 다양성을 전제로 한다. 서로 다른 복수의 관점이 존재한다는 사실을 바탕으로 공론 영역이 실재한다. 여러 관점들이 공존하는 가운데 '공동세계'가 실재한다. 여기에 공통분모나 척도는 없다. 한마디로 공통점이나 동질성이 공동세계의 특징이 아니다. 공동세계에 참여

---

15) "내가 무엇인가?"와 "우리가 무엇인가?"라는 질문에 동시에 공통된 답을 제공하는 것이 '정치적' 행위라는 스트롱(Strong 2008, 439)의 정의는 아렌트의 이 생각을 발전시킨 것으로 보인다.

하는 인간은 모두 다양하고 상이하며 유일한 인간들이다. 다양한 인간들이 함께 하는 공동의 관심사에서 공동세계의 공동성이 나온다(아렌트 1996, 110−112).

"공동세계의 조건에서 실재성을 보증하는 것은 이 세계를 구성하는 사람들의 '공통적 본성'이 아니라, 다양한 입장과 관점에도 불구하고 모든 사람은 언제나 같은 대상에 관심을 갖는다는 사실이다"(아렌트 1996, 111).

동질성이 아닌 다양성, 고립성(사적 영역)이 아닌 공동성(공적 영역)이 함께 존재해야 정치가 이루어진다. 개인의 다양성이 유지 및 보호되기 위해서도 공동성이 필요하다. 아렌트는 공동세계를 파괴하는 점에서 독재나 대중사회가 마찬가지라고 비판한다. 독재는 물론 대중사회에서도 사람들은 완전히 사적 공간에 갇혀서 공동세계를 만들지 못한다. 그들은 모두 자신의 고유한 경험의 관점 즉 주관성에 갇혀서 서로 다른 사람을 보거나 듣지 못한다. 이처럼 자신의 관점에서만 바라볼 때 공동세계는 존재할 수 없다. 소아든 대아든 하나의 관점에서 볼 때, 또는 단지 한 측면만 보여질 때, 공동세계는 끝이 난다. 소아와 대아의 관점들의 다양성이 전제될 때에야만 공동세계가 존재한다. 이 점에서 아렌트의 정치는 입체적 차원에서도 대아와 소아의 서로주체적 공존을 전제로 한다(아렌트 1996, 111−112).

그렇다면, 아렌트에게 정치는 어디에 있는가? 서로주체적 공존관계가 있는 모든 곳에 정치가 존재하는가? 그렇지 않다. 아렌트에게 서로주체적 공존관계는 정치가 발생하기 위한 필요조건에 불과하다. 정치는 완전한 자유가 있는 곳, 즉 필연성과 지배관계에 얽매이지 않는 극히 제한된 곳에서만 존재한다. 아렌트(2007, 148)에게 "정치의 의미는 자유"다. 정치는 "나−너라는 상호관계에서 일어나는 행위"이며 '자유의 실현'을 의미한다(윤은주 2009, 77−78). 자유가 아닌 필연성의 원리가 작동하는 사적 영역, 자유로운 말이 아닌 물리적 강제력의 수단이 작동하는 지배의 영역은 모두 정치의 영역이 아니다. 여기서 아렌트가 말하는 자유가 단순히 강압이나 지배로부터의 자유만을 의미하지 않음에 유의하자. 아렌트에게 자유는 자신의 생계에 기여하는 모든 생활방식을 배제한다(아렌트 1996, 61). 자유는 강압적 지배와 함께 생물학적 삶이라는 필연성의 지배를 벗어나야 존재한다.

우선, 정치는 공적 영역에 속한다. 슈미트와 마찬가지로 아렌트도 공과 사를 엄격하게 구분한다. 공적 영역과 사적 영역은 서로 대립해 있으며, 깊은 '심연'이 둘 사이를 갈라놓는다. 사적 영역인 가정에는 정치가 존재할 수 없다. 가정은 가장을 중심으로 한 '지배'의 영역이며 자유가 아니라 생물학적 '필연성'의 지배를 받기 때문이다. 정치의 원리인 자유는 지배 및 필연성의 원리와 대립한다. "가정 내에서 삶에 필수적인 것의 충족"이 바로 폴리스가 자유의 영역이 되기 위한 조건이지만, "어떤 상황에서도 정치는 오로지 사회보존의 수단일 수는 없다"(아렌트 1996, 83). 따라서 정치는 사적 영역이 아니라 공적 영역에서만 일어날 수 있다. 가정 즉 사적 영역은 삶의 필연성과 연관되어 있기 때문에 오직 "진정한 정치영역인 일반적인 공적 세계"로 들어가야만 자유로울 수 있다(아렌트 2007, 164).

> "고립된 개인은 결코 자유롭지 않다. 그는 폴리스로 나아가 거기서 행위할 때에만 자유롭다. … 그것은 인간들 사이의 공간이었는데, 이는 서로 다른 개인들이 함께 할 때에만 생길 수 있고, 그들이 함께 머물러 있는 동안에만 지속될 수 있는 공간이다."(아렌트 2007, 213).

예로부터 '용기'가 정치의 핵심 덕목으로 간주된 까닭이 여기에 있다. 폴리스가 공적인 이유는 용기 있는 사람들이 "동료들과 함께 있기 때문"이다(아렌트 2007, 165). 정치는 사적 영역을 벗어난 용기 있는 자유인들이 공적 영역에서 만나고 있을 때에만 일어난다. 공적 공간은 용기 있는 자유인들의 만남이 있는 동안 존재하는 '현상 공간'이다.

> "모험과 야심의 공적 공간은 모든 것이 끝나는 순간, 일단 군대가 해산하고 '영웅' – 호메로스에게는 단지 자유로운 사람을 의미할 뿐이다 – 이 집으로 돌아가는 순간 사라진다. 이러한 공적 공간은 그것이 도시 안에서 공고해질 때에야 비로소, 즉 기억할 만한 일들과 그러한 일을 함으로써 그 일이 세대를 넘어 후대까지 전해질 만한 사람들의 기념할 이름들보다도 더 오랫동안 지속될 수 있는 구체적인 공간과 연결될 때에야 비로소 정치적이 된다. 가멸적 인간들 그리고 그들의 흘러가는 행위와 말에 항구적인 안식처가 될 도시가 폴리스이다. 그것은 공적 공간의 주위에, 즉 자유로운 사람들이 어떤 경우에도 동료들과 함께 만날 수 있는 아고라의 주위에 목적을 갖고 지어졌기 때문에 정치적이며, 따라서 다른 주거지(주거지를 말할 때 그리스인들은 다른 단어인 아스테[astē]를 썼다)와는 다르다"(아렌트 2007, 165).

공적 영역 중에서도 정치는 필연성이 아닌 자유의 영역에서만 가능하다. 예컨대 시장은 공공의 장소 또는 광장에 있지만 정치의 영역이 아니다. 그리스 시민들이 만나는 광장 즉 아고라(agora)는 정치와 종교 활동의 중심이기도 했지만, 무엇보다도 시장이었다(김덕수 2004, 30-35). 시장에서 사람들이 사물이나 상품을 교환하는 행위는 여전히 필연성(이나 유용성)의 지배를 받는 점에서 정치의 영역이 아니다. 따라서 폴리스 안에서도 필연성이 아닌 자유의 영역에 들어서야 비로소 정치의 세계가 열린다. 이런 의미에서 아렌트는 근대 들어서 '사회적인 것'이 등장하고 팽창하면서 사적 영역과 공적 영역의 구별이 모호해지고 두 영역 사이의 '심연'이 사라지고 있다고 개탄한다. 아렌트에 따르면, "단순한 생존에 관련된 활동이 공적으로 등장하는 곳이 '사회'이다"(아렌트 1996, 99). 근대에 들어서 사회가 팽창하면서 이전에 가정(사적 영역)에 속했던 경제활동이 공적 영역으로 범람하였고, '국민경제'나 '정치경제'라는 용어가 보여주듯이 경제 문제가 공적 관심사를 지배하게 되었다. (필연성의 지배를 받는) 사적인 문제가 공적 영역에 범람하여서 공적인 영역에 고유한 정치(자유의 영역)가 위축되었고, 동시에 경제 문제가 사적 영역을 벗어남으로써 고유한 사적 영역도 훼손되었다(아렌트 1996, 80-90). 요컨대, 근대 사회의 출현으로 자유로운 인간들의 서로주체적 공존으로서의 정치가 위협받고 있다는 것이다(Lefort 1988, 52; 진은영 2014, 275; 김선욱 2001 참조).

이렇게 엄밀한 의미의 정치 개념을 고수하면서 아렌트는 정치에 대한 '편견'들을 적극적으로 부정한다. 그에 따르면, 인간이 존재하는 모든 곳에 언제 어디서나 정치가 존재한다는 생각, 정치를 (정치의 외부에 존재하는) 다른 목적을 위한 수단이나 방법으로 여기는 관점, 정치의 정수를 강제력으로 보는 시각, 지배가 모든 정치이론의 중심이라는 관념 등이 모두 정치에 대한 잘못된 편견이라고 한다(아렌트 2007, 194-195). 한마디로, 아렌트는 서로주체적 공존의 정치만을 정치로 인정하고, 모든 홀로주체적 관계를 정치에서 적극적으로 배제한다. 특히 지배와 폭력을 정치와 철저하게 구별한다.

첫째, 지배는 정치가 아니다. 아렌트에게 정치의 의미는 자유에 있으며, "자유롭다는 것은 지배관계에 내재하는 불평등으로부터 벗어나서 **지배와 피지배 그 둘 다 존재하지 않는** 영역에서 활동하는 것을 의미"하기 때문이다(아렌트 1996, 85. 강조 첨가). 정치 현상으로서의 자유는, 그리스 시대 "지배받지 않는 조건 아래서 시민들이 함께 생활하는 정치조직, 지배자와 피지배자를 구분하지 않는 정치조직의 한 형태" 즉, '비지배'라는 뜻의 '이소노미(isonomy)'로 이해되었다(아렌트 2004, 97). 그리스의 자유인들이 가정의 노예제를 통해 생물학적 필연성을 충족하는 점에서, 폴리스의 자유로운 정치는 사적 영역의 지배와 뗄 수 없는 관계에 있다. 사적 영역에 존재하는 노예제는 경제적 착취보다는 주인의 자유를 위한 제도였다. 주인이 노동을 할 필요가 없게 함으로써 공적 영역인 폴리스에서 그들이 자유를 향유할 수 있도록 하는 게 노예제의 목적이었다(아렌트 2007, 158). 즉 그리스의 자유인들은 가정의 노예제를 통해 인간의 생물학적 삶(생존)을 위한 자연적 필연성을 충족함으로써 노동이 아닌 행위를 할 기반을 갖추는 것이다. 하지만 아렌트(2007, 159)는 "이러한 지배는 비록 모든 정치적인 것들을 위한 필수불가결한 전제조건이기는 하지만, 그 자체는 정치적인 것이 아니었다"라고 확실히 선을 긋는다. 그에게 "절대적이고 저항할 수 없는 지배와 정치적 영역은 상호배타적이"다(아렌트 1996, 79-80). 요컨대 지배는 자유를 원리로 하지 않기 때문에 정치가 아니라는 것이다.

> "여기서 정치의 의미는, 그 목적과는 달리, 자유로운 인간들이 서로에 대한 강요나 강제력 혹은 지배 없이, 서로 평등한 관계 속에서 오직 긴급사태 – 즉 전쟁 – 에서만 서로에 대해 명령하고 복종하면서, 그리고 긴급사태가 아닐 때에는 모든 공무를 서로 대화하고 서로를 설득하면서, 서로서로 관계를 맺을 수 있다는 것이다. 따라서 그리스적 의미에서의 '정치'는 자유를 중심으로 한다"(아렌트 2007, 159).

자유는 "모든 정치적인 것의 실체이자 의미이다. 이런 의미에서 정치와 자유는 동일하며, 이런 자유가 존재하지 않는 곳에서는 진정한 정치영역은 존재하지 않는다"(아렌트 2007, 172). 자유와 대립되는 지배는 결코 정치가 될 수 없다.[16]

둘째, 폭력은 정치가 아니다. 아렌트에 따르면, (말이 아닌) 폭력이나 (설득이 아닌) 명령으로 사람을 다루는 방식은 전(前)정치적이다. 이는 폴리스 밖의 생활, 즉 가장이 전제적 권력을 휘두르는 가정이나 아시아의 야만적인 제국의 특징이다(아렌트 1996, 78-79). 폭력이 정치적 공간을 보호하는 데 활용되더라도,

---

16) 아렌트는 플라톤 이래 서양의 정치철학이 정치를 '지배'로 대체하려 했다고 비판한다(아렌트 1996, 286-294; 2007, 197-177).

폭력이 곧 '정치적' 수단인 것은 아니다. '정치적'인 것은 말과 행위에서 찾을 수 있는 것이며, 폭력은 결코 정치적인 것이 될 수 없다. 아렌트에 따르면, "정치적이라는 것, 즉 폴리스에서 생활한다는 것은 힘과 폭력이 아니라 말과 설득을 통하여 모든 것을 결정함을 의미한다"(아렌트 1996, 78). "정치적 인간[은], 즉 행위하고 토론하는 인간"인 것이다(아렌트 1996, 218). 말이야말로 인간을 정치적 존재로 만든다(아렌트 1996, 52-53).

정치적 행위는 말을 통해 실현된다. 말은 단순한 의사소통이나 정보 수단이 아니라 인간이 인간으로서 자신(의 인격)을 서로에게 드러내고 보여주는 양식이다. 말과 행위는 서로에게 '나는 누구인가'를 보여주는 '출현'으로 나타난다. 그 사람의 재능이나 특성과 같은 속성을 가리키는 '어떤(what)' 사람인가라는 질문과 달리, 그가 '누구(who)'인가라는 문제는 그 사람의 인격을 뜻하는 것이며 이는 그의 말과 행동을 통해서 보여진다(아렌트 1996, 236-240). 인간이 서로 말을 하고 들으면서 서로의 인격을 드러내고 보는 것은 서로의 동등한 주체성 즉 서로주체성을 전제로 한다. 따라서 "명령의 형태로 말하기와 복종의 형태로 듣기는 실제의 말하기와 듣기로 간주되지 않았다". 그리스인들은 "노예와 야만인들은 말을 하지 않는다(aneulogou)"라고 했는데, 이는 그들이 자유롭게 말할 수 없기 때문이다. 말은 단순히 물리적, 육체적 작용에 그쳐서는 안 된다. 서로주체적으로 서로의 인격을 담을 수 있어야 비로소 말이 된다. 독재자의 명령도 마찬가지로 말이 아니다. 단순히 명령이 아니라 "말을 하기 위해서는 그는 자신과 동등한 다른 사람들을 필요로 하게 된다"(Arendt 2007, 160). 폭력 자체는 말을 할 수 없으므로 정치가 아니다(아렌트 2004, 83; 1996, 78).

이 점에서 아렌트는 폭력과 권력을 엄격하게 구분한다. 권력(power)은 다수의 사람들이 함께 행동하는 능력이다. 권력은 다수의 사람들이나 집단에 속하는 것이며, 결코 개인의 소유물이 될 수 없다. 반면에 폭력(violence)은 도구에 의존하기 때문에 반드시 다수의 사람들을 필요로 하는 것은 아니다. 폭력은 총구로부터 나올 수 있지만, 권력은 결코 총구로부터 나올 수 없다(아렌트 1999, 62-91). 권력과 폭력의 구별은 정당성과 정당화의 차이에서 극명하게 드러난다.

> 권력은 결코 정당화(justification)를 필요로 하지 않으면서, 정치 공동체의 현존 자체에 내재한다. 권력이 필요로 하는 것은 정당성(legitimacy)이다. … 권력은 언제든지 사람들이 모이고 제휴하여 행동할 때 생겨나지만, 그

정당성은 나중에 뒤따라올 어떤 행동에서가 아니라 오히려 최초의 모임에서 유래한다. 정당성은, 도전받을 경우, 과거에 대한 호소에 기초하지만, 반면에 정당화는 미래에 위치하는 목적과 관련이 있다. 폭력은 정당화될 수 있지만, 결코 정당성을 가질 수 없다"(아렌트 1999, 84-85).

권력은 서로주체적 정치 행위에서 생긴다. 폴리스가 단순히 물리적 공간이 아니라 정치행위가 일어나는 '현상'에 존재하듯이, "권력은 함께 하는 사람들 사이에서 생겨나서 사람들이 흩어지는 순간 사라진다"(아렌트 1996, 263; 2004, 286-291). 권력과 달리 폭력은 단순한 물리력의 행사로, 결코 서로주체적 관계에서 사용될 수 없다. 홀로주체적 관계에서는 정치도 권력도 존재할 수 없으며, 폭력만이 존재할 수 있다. 단순한 물리력으로서 폭력은 권력을 파괴할 수는 있어도 그것을 대신할 수는 없다(아렌트 1996, 88-89, 264-265). 아렌트에게 정치나 권력은 '현상 공간'이다. 현상 공간이란 "사람들이 흩어지면 사라지며 … 활동 자체가 없어져도 사라져버린다. 사람들이 모이는 곳 어디에서나 현상의 공간은 잠재적으로 존재하지만, 필연적으로 또는 영원히 존재하는 것은 아니다"(아렌트 1996, 262). 권력이 사람들이 함께 할 때 생겨나서 사람들이 흩어지는 순간 사라진다는 것은 바로 이러한 현상 공간에 속한다는 뜻이다.

"권력은 폭력의 도구처럼 저장할 수도 없고 비상시를 위하여 비축할 수도 없다. 권력은 실현될 때에만 존재한다. 권력이 실현되지 않는 곳에서는 권력은 없어진다. … 말과 행위가 일치하는 곳에서, 말이 공허하지 않고 행위가 야만적이지 않은 곳에서, 말이 의도를 숨기지 않고 행위가 실재를 현시하는 곳에서, 권력은 실현된다. 그리고 행위가 관계를 침해하거나 파괴하는 것이 아니라 그것을 확립하고 새로운 실재들을 창조하는 곳에서만 권력은 실현된다"(아렌트 1996, 262).

요컨대, 아렌트의 서로주체적 공존의 정치관은 정치가 공적 영역에서만, 그곳에서도 자유의 영역에서만 존재한다고 본다. 폴리스 안에서 자유롭고 동등한 사람들이 함께 만나서 서로 말과 의견을 나누는 공적 행위를 할 때에만 정치가 존재한다. 이 점에서 진정한 폴리스는 단순히 지리적인 도시국가를 의미하지 않는다. 그것은 자유로운 사람들이 함께 말하고 행위 하는 현상이 펼쳐지는 '현상 공간', 또는 말과 행위를 함께 하는 사람들이 공유하는 '인식적 공간'을 의미한다(아렌트 2007, 260-261; 서유경 2009, 116). 정치는 지배와 피지배 관계가 없는 '비지배' 상태에서만 존재한다. 정치는 폭력을 배제하고 서로주체적으로 말로 행위 할 때만 존재한다. 이렇게 자유로운 인간들 사이의 서로주체적 공존으로 정치를 엄격하게 정의함으로써 아렌트는 정치의 공간을 극도로 좁혀놓았다. 실제로 그는 정치가 "너무나 드물게 또 아주 적은 장소에서 존재해왔"으며 "오직 몇몇 위대한 시기에만 정치가 무엇인지 알려졌고 그 정치가 현실이 되었다"고 단언한다(아렌트 2007, 161). "정치는 그리스인들이 생각했던 것처럼 그리스에만 ―그리고 그곳에서도 상대적으로 짧은 기간만― 존재했다"는 것이다(아렌트 2007, 158).

(2) 폴리스 안과 밖의 헤게모니 관계

대단히 엄밀하고 까다로운 기준을 고수함으로써 아렌트는 지배관계로부터 독립적인 순수한 정치의 정수를 파악하는 듯이 보인다. 하지만 아렌트의 정치 개념 자체가 지배관계 즉 헤게모니 관계로부터 자유롭지 않다. 이 점을 공론장 안에서의 문제점과 공론장에 국한시키는 문제점으로 나누어서 살펴보자. 전자는 영역으로서의 '정치'에 후자는 '정치적인 것'의 차원에 해당한다.

첫째, 아렌트가 이상화하는 '비(非)지배'의 공론장 안에도 헤게모니 관계가 존재한다. 자유롭고 동등한 주체들 사이의 정치 행위에 초점을 둠으로써 아렌트는 사르토리(Sartori 1973)가 말하는 정치의 '수평적' 차원만 고려하고 수직적 차원은 보지 않는다. 그런데 정치의 수평적 차원에서도 헤게모니 투쟁은 지속된다. 헤게모니 투쟁은 서로 존중하는 사람, 서로 사랑하는 사람 사이에서도 얼마든지 가능하다. '함께 하는' 행위에 의해서 권력이 창출될 때에도 지도자와 추종자가 있기 마련이다. 대중의 자연발생적(spontaneous) 운동에서도 리더십이 발생한다. 리더십이 없이 움직이는 "'순수한' 자생성이란 역사에 존재하지 않는다"(그람시 1999, 224). 자생적 운동이라고 평가되는 하위집단들의 운동에도 '의식적인 리더십'의 요소들이 있기 마련이다. '자생성' 자체를 운동 방식으로 제시하는 세력이 있다는 사실 자체가 이른바 자생적 운동에도 의도적이고 의식적인 리더십이 존재함을 단적으로 보여준다(Gramsci 1996, 48-52). 물론 그것이 전통적 권위에 입각한 리더십이 아니라 운동 대중 속에서 자체적으로 만들어지는 '유기적' 리더십일 수 있다. 그람시(1993, 13-15)가 '유기적 지식인'이라 부른 이런 종류의 리더십도 추종세력을 바탕으로 하는 헤게모니 관계에 속한다. 공론장 속에서 강압이 아닌 지적 우수성이나 도덕적 당위성으로 합의를 이끌어낼 때에도 '지적·도덕적 헤게모니'가 작동한다. 공론장의 합의정치라는 수평적 차원에서도 '서로주체적 헤게모니'가 존재하는 것이다(김학노 2011).

아렌트가 이상적인 모습으로 그리는 그리스의 폴리스 내에서도 실제로는 헤게모니 관계가 존재했다. 폴리스의 현실정치에서 주요 결정이 어떻게 이루어지고 어떤 수단에 의해서 일부의 사람들이 다른 사람들에게 지속적인 권위를 수립했는지 물어보아야 한다. 아렌트는 이런 질문 자체를 던지지 않는다. 말이 유일한 설득 수단이며 말의 교환이 그 자체로 평등하다고 생각했기 때문이다(Lefort 1988, 53; 안효성 2013, 256). 폴리스는 운명을 스스로 결정할 수 있는 합리적 이성을 가진 자유인들로 구성된 에클레시아(ecclesia, ekklesia)의 이상 위에 형성되었다. 에클레시아는 광장(agora)에서 열리는 자유 시민들의 총회 즉 민회를 의미한다. 어원적으로는, 'ek(밖으로)'와 'caleo(부르다)'의 합성어로서 '어떤 문제를 결정하기 위해 부름 받은 자들의 모임'이라는 뜻이라고 한다(김덕수 2004, 37). 에클레시아는 아테네인들의 주요 문제들에 대해 말하고 듣고, 토론과 투표를 통해 법령화하는 집회로 성인 남자 시민들이 그 회원이었다. 하지만 현실의 폴리스는 집단 간 내적 갈등의 공간이었다. 한편으로 폴리스의 시민 전체를 뜻하는 데모스(demos)는 다른 한편으로는 엘리트와 대비되는 빈곤한 대중 즉 이성적이지 못한 위험한 집단을 뜻하기도 했다. 신분상으로 자유인이며 에클레시아의 회원이라 할지라도, 육체노동자들은 실제로는 노예와 다를 바 없다는 생각이 엘리트 사이에 팽배해 있었다. 따라서 바울이 보여주듯이, 초기 그리스도인들에게 폴리스는 광야와 바다 못지 않게 위험한 곳이었다. 언제든지 흥분하여 짐승으로 돌변할 수 있는 데모스의 공간이었기 때문이다(박영호 2014, 479-483, 508). 자유인들 사이에도 지배-지도 관계가 존재했던 것이다.

아렌트가 '비지배'로 찬양한 '이소노미아(isonomia)'도 헤게모니 관계에서 벗어나 있지 않다. 아렌트에 따르면, "'비지배'라는 개념은 '이소노미(isonomy)'라는 용어로 표현되었다. … 폴리스는 민주정이 아니라 이소노미로 간주되었다"(아렌트 2004, 97). '평등정치' 또는 '법 앞의 평등'을 의미하는 이소노미아는 솔론과 클레이스테네스 등의 개혁으로 실현되었다. 이들 개혁은 시민들의 정치참여를 보장함으로써 공동체에 강한 연대감을 느끼는 광범위한 시민층을 만들어냈다. 실제에 있어서 이는 공동체 구성원들인 인민과 귀족 사이에 힘의 균형을 의미했다. 한 세력이 다른 세력을 홀로주체적으로 배제하거나 지배하는 대신, 여러 제도와 기구를 통해 아테네 전 시민층이 폴리스라는 공동체에 결합하도록 한 것이다. 이소노미아가 인민과 귀족의 힘의 균형에 입각해 있었다면, 이후의 데모크라티아(demokratia)는 이 힘의 균형이 파괴되고 빈민의 힘이 강화되면서 등장한 민중의 '지배' 체제라고 할 수 있다(김경희 2006, 7-18). 그러나 이소노미아는 데모크라티아와 마찬가지로 여전히 헤게모니 질서다. 이소노미아는 엄밀하게 말해서 지배와 피지배 둘 다 존재하지 않는 '비지배' 상태가 아니라 중산층을 중심으로 귀족과 인민이 힘의 균형을 이룬 서로주체적 헤게모니 상태인 것이다.

둘째, 비지배의 공론장 밖에도 헤게모니 관계가 존재한다. 아렌트는 비지배의 공론장에서 정치를 찾고 있지만, 그러한 공론장은 특정한 지배 질서 위에 존재한다. 폴리스의 정치는 가정과 폴리스의 구분, 폴리스와 외부(야만)의 구분에 입각해 있다. 가정에서 폭력에 입각한 지배가 이루어짐으로써 가장이 자유시민으로 폴리스의 정치에 참여한다. 아렌트는 폴리스의 자유인들의 서로주체적 공존 정치가 폴리스 밖의 사적 영역에서의 홀로주체적 지배질서 위에서 존재한다는 사실을 명백히 알고 있다. 하지만 "이러한 지배는 비록 모든 정치적인 것들을 위한 필수불가결한 전제조건이기는 하지만, 그 자체는 정치적인 것이 아니"라고 단정한다(아렌트 2007, 159). 이는 정치적인 것을 함께 행위하는 사람들 사이-공간에서만 찾으려는, 즉 그 밖에서는 어떠한 토대도 인정하지 않는 아렌트의 반(反)토대주의적(anti-foundational) 입장을 보여준다(Marchart 2007, 46 참조). 이는 아렌트(2007, 153-155)가 정치에서야말로 '새로운 시작' 즉 '기적'을 기대할 수 있다고 생각한 이유이기도 하다. 그리스 폴리스의 실제 역사적 경험 속에서 순수한 정치의 원형을 찾음으로써 새로운 정치를 시작할 수 있는 개념을 제시한 점에서 아렌트의 작업은 의미가 있다. 그러나 이는 기존 체제의 정치영역 속에서만 정치의 정수를 찾고, 그 정치를 가능하게 하는 '정치적인 것'의 차원을 문제삼지 않는 점에서 문제가 있다. 즉 폴리스 정치가 기초하고 있는 헤게모니 질서, 다시 말해서 당시의 사회체제를 지탱해주는 존재론적 차원의 '정치적인 것'의 문제를 보지 않는 한계가 있다. 아렌트가 주목하는 공론장이라는 '정치' 공간의 존립을 가능하게 하는 '정치적인 것' 차원의 헤게모니 관계를 보지 않는 것이다.

근대 사회의 등장과 확대에 대한 아렌트의 논의도 같은 한계를 갖는다. 아렌트는 근대에 필연성의 영역인 경제 문제가 공적 영역으로 들어오면서 자유의 실천으로서의 정치가 쇠퇴했다고 비판한다. 근대 '사회적인 것'이 등장하면서 먹고 사는 문제가 정치영역을 잠식했다는 것이다. 아렌트의 생각은 오늘날 우리사회에서 '민생정치'라는 이름 아래 강화되고 있는 "정치의 기능화"(아렌트 1996, 85)에 대한 비판으로 유용할 수 있다. 이는 '사회'에 의해 잠식되고 있는 정치의 고유성을 회복하려는 몸부림으로 높이 평가할만하다. 하지만 그러한 비판만으로 정치의 자율성과 우위성이 회복되는 것은 아니다.17) 아렌트의 비판 속에 정치는 여전히 사회에 의해 구속되는 것으로 남기 때문이다. 근대 이후의 정치 쇠퇴를 비판하고 순수한 정치의 회복을 주장할 때에도 아렌트는 여전히 사회체제 속의 한 영역으로서의 정치에 주목하며, 그 근저에 있는 정치적인 것의 차원을 간과하고 있다. 아렌트가 정치의 고유성을 보여주는 데 성공했다면, 바람직한 소망성에 머무르는 점에서 그것은 여전히 부분적인 성공에 머물러 있다.

'정치적인 것'을 보지 않는 점에서 아렌트의 정치는 이미 정해진, 주어진 주체만의 정치이며, 현 체제에서 주체의 자리를 차지하지 못한 '몫 없는' 자들을 배제하는 정치다. 그는 정치에 참여하는 주체들을 이미 정해진 것으로 보고 있다. 폴리스의 자유인들은 각자의 가정에서 노예제라는 홀로주체적 헤게모니에 기반하고 있다. 자유인과 노예의 구분, 시민과 비시민의 구분은 누가 정치행위의 주체이고 참여자인가를 정하는 근본적인 문제다. 정치영역을 둘러싸고 있는 사회체제를 조건 짓는 '정치적인 것'의 문제다. 문성훈(2014, 253)이 지적하듯이, "민주주의의 역사는 누가 '인민'으로 인정되느냐의 역사였다." 아렌트는 폴리스의 공론장에 정치를 국한함으로써 그러한 폴리스의 성원권을 규정하는 근본적인 차원의 헤게모니 질서에 침묵한다. 이 점에서 아렌트의 '순수 정치' 모델은 정치에 참여하는 주체들을 이미 정해진 것으로 보고 있다. 하지만 "정치는 그것에 앞서 존재하는 어떤 주체에 따라서 정의될 수 없다"(랑시에르 2013, 207). 그러한 정치관은 정치의 주체를 미리 설정하는 아르케의 논리에 입각해 있으며, "아르케의 논리는 이처럼 한정된 열등에 대해 행사하는 한정된 우월을 전제한다"(랑시에르 2013, 212). 랑시에르가 일갈하듯이, "정치를 필요의 세계에 대립

---

17) 정치의 고유성, 자율성, 우위성에 대해서는 Marchart(2007, 48-49) 참조.

되는 평등한 자들이나 자유인들의 특정한 세계로부터 연역해내는 것은 정확히 정치적 계쟁의 대상인 것을 정치의 토대로 삼는 것이다"(랑시에르 2013, 228).

폴리스 내에서 일어나는 정치 현상에 집중하고 그 밖의 헤게모니 질서에 주목하지 않는 아렌트의 정치관은 공동체 내부, 즉 '우리'의 내부만 고려하고 있다. 단순하게 표현하자면, 슈미트는 우리와 그들(적) 사이의 홀로주체적 관계를 주로 보는 반면, 아렌트는 우리 밖의 지배관계를 애써 외면하고 우리 안에 성원권을 가진 자유민 즉 시민들 사이의 서로주체적 관계를 주로 본다. 슈미트에서처럼 아렌트에게 있어서도 우리와 그들의 관계는 홀로주체적이다. 우리 즉 폴리스 밖의 세계는 우리의 구성원인 자유민이 지배하는 사적 영역이거나 야만의 세계로, 모두 홀로주체적 지배관계가 작동한다. 이 점에서 슈미트와 아렌트는 공동 지점에서 만난다. 즉 '우리' 내부의 통합은 서로주체적인 것으로, 우리와 그들의 분리는 홀로주체적인 것으로 보는 점에서 공통점을 찾을 수 있다. 다만 아렌트와 슈미트는 각자 다른 부분을 볼 뿐이다.

체제 내 미리 주어진 당사자들 사이의 자유로운 담론은, 설령 그들이 서로 상이한 의견과 이해관계를 가진 다양한 존재라고 할지라도, 그 사회의 헤게모니 관계에 의해서 구성된 질서의 틀 속에서 이루어지는 행위다. 이들의 의사소통을 정치라고 할 수 있지만, 정치를 여기에 국한할 경우 그 질서에 의해서 참여할 몫을 갖지 못한 자들은 배제된다. 하지만 현실에는 이들 배제된 자들의 정치도 존재한다. 헤게모니 투쟁의 정치는 자유인들 사이에서만 아니라 자유인과 비자유인 사이에서도 '일상적 저항'의 형태로 무대 뒤에서 일어난다(Scott 1985; 1990). 현재의 헤게모니 질서에 입각해 있는 눈에 보이는 정치영역에 정치를 국한할 수 없는 이유다.

이와 관련하여 진은영은 불가능한 주체를 상상하는 "소통의 시학poetics"을 주장한다. 그에 따르면, "소통은 새로운 소통 주체의 탄생과 동시에 발생한다" (진은영 2014, 302; 홍원표 2010 참조). 이 관점에서 아렌트가 정치의 쇠퇴를 가져왔다고 비판하는 근대 '사회적인 것'의 등장과 확대는 오히려 노예와 자유인 사이의 정치적 구별이 사라진 것으로, 즉 새로운 주체의 탄생으로 볼 수 있다. 노동하는 사람들이 고대와 달리 근대 사회에서는 더 이상 정치의 영역에서 배제되는 것이 아니라 노동을 하면서 동시에 소통의 공간에 참여하고 정치적 행위에 참여하게 된 것이다(윤은주 2009, 79–80). 즉 근대 '사회의 발견'은 이전까지 사회의 성원으로 인정받지 못한 사람들에게 성원권이 확대된 점에서 의미가 크다 (김현경 2015, 142-148). 아렌트(1996, 183, 281-283)가 이 점을 인식하면서도 중시하지 않는 이유를 이해할 수 있지만, 여전히 아쉬움이 남는 대목이다.

한편 아렌트가 정치와 다른 영역 특히 경제를 명확하게 구분하는 것 자체가 특정 헤게모니 질서를 반영하는 것이라고 할 수 있다. 아렌트가 '먹는 입'과 '말하는 입'을 구별하고 정치를 후자에 국한시킨 것은 "밥에 대한 말의 우위, 즉 지배(밥)에 대한 자유(말)의 우위라는 위계" 즉 특수한 헤게모니 질서를 전제하는 것이다(김항 2009, 26). 이 전제 위에서 그는 민생 자체가 중요한 정치 문제임을 인정하지 않는다. 하지만 함께 먹는 것은 단순히 생물학적 삶을 유지하기 위한 필수적인 활동에 그치지 않는다. 그것은 서로 인간적 가치를 드러내고 확인하는 활동이기도 하다(진은영 2014, 273). 이는 아렌트(1996, 236)가 중시하는 '행위', 즉 "인간으로서 서로에게 자신을 드러내는 양식"에 해당할 수 있다. 적어도 아렌트가 회복하고자 하는 순수한 정치 행위를 위해 필요한 전제 조건이다. '먹는 입'과 '말하는 입'이 서로 얽혀 있을 때 둘을 명확하게 떼어놓는 것 자체가 정치적인 전제다.

5. 정치는 어디에 있는가?

정치는 어디에 있는가? 정치는 인간 사회의 어느 곳에서나 발생할 수 있지만, 모든 것이 정치적인 것은 아니다. 나의 관점에서 정치는 넓은 의미의 헤게모니 관계 즉 지배 및 지도 관계라는 고유한 정수를 갖는다. 슈미트를 원용하여 표현하자면, 나는 '적과 동지의 구분'이 아니라 '치자와 피치자의 구분'에서 정치의 궁극적이고 고유한 기준을 찾는다. 헤게모니 투쟁으로서의 정치는 사회의 어느 곳에서나 발생할 수 있다. 하지만 사회의 모든 곳에서 언제나 헤게모니 관계가 발생하는 것은 아니다. 정치의 편재성과 고유성은 양립 가능하며, 또 양립 가능해야 한다.

이 글에서는 나의 아비헤투 정치 개념을 소개하고, 홀로주체적 헤게모니와 서로주체적 헤게모니의 두 이념형에 가까운 슈미트와 아렌트의 정치관을 비판적으로 검토했다. 나와 마찬가지로 슈미트와 아렌트는 정치를 인간 사이의 '관계'에서 찾는다. 이들은 가령 이스튼(Easton)의 '사회적 가치의 권위적 배분'과 같은 기능 중심의 정치관과 근본적으로 다른 지점에 있다.[18] 슈미트와 아렌트 사이의 거리는 그것이 아무리 멀어 보일지라도, 그들과 이스튼 사이의 거리보다 가깝다. 정치를 인간 사이의 관계에서 찾는 점에서 공통점이 있지만, 슈미트와 아렌트는 인간 관계의 양쪽 극단에서 정치성을 찾는 면에서 대조적이다. 그들이 제시한 정치 개념은 서로 대척점에 위치해 있다. 상대를 언제든지 전쟁에서 맞싸울 '적'으로 보는 슈미트의 정치 개념과 상대를 같이 말하고 듣는 동등한 대화의 '파트너'로 보는 아렌트의 정치 개념은 각각 홀로주체적 정치와 서로주체적 정치의 이념형에 가깝다.

슈미트의 전쟁 모델에서는 홀로주체적 적대관계, 공적인 적대관계에 정치가 있다. 아렌트의 대화 모델에서는 서로주체적 공존관계, 공적인 공존관계에 정치가 있다.[19] 슈미트의 정치적인 것은 원칙적으로 사회의 도처에 편재할 수 있으나, 그는 '공적인 적'에 국한하여 정치를 공적 영역에 제한했다. 아렌트의 정치는 오로지 공적인 곳에, 그 중에서도 강압적 지배는 물론 필연성으로부터도 자유로운 곳에만 존재한다. 그에게는 정치가 '있거나 없거나' 둘 중 하나만 가능하다. 어떤 정치가 어떤 맥락에서 발생하게 되는지 묻거나 설명하는 것은 아렌트에게 가능하지 않다(Lefort 1988, 54). 슈미트와 아렌트가 그리는 정치는 각각 '극－정치(ultra－politics)'와 '후－정치(post－politics)'에 가깝다. '극－정치'는 정치적인 것을 곧바로 정치에 대입하는 시각으로, 상대를 모든 수단을 동원하여 박멸할 적으로 본다. '후－정치'는 현존하는 정치를 곧 정치적인 것으로 봄으로써, 사회의 근저에 있는 심층 헤게모니 관계를 무시하고 합의를 추구한다(지젝 2005, 303－334; Paipais 2014, 361).

나는 슈미트와 아렌트의 정치 개념을 비판적으로 검토함으로써, 이들 각각의 정치 개념의 불완전성을 드러내 보였다. 슈미트는 홀로주체적 정치관에 입각해서 서로주체적 정치를 부정한다. 아렌트는 서로주체적 정치관에 입각해서 홀로주체적 정치를 부정한다. 나는 이들이 정치의 개념을 너무 좁게 설정함으

---

18) 이스튼을 중심으로 한 '자유주의' 정치관에 반(反)하여, 1960－70년대 우리 정치학계 내에서 자아준거적 정치 개념을 수립하려는 노력에 대한 역사적 검토로 기유정(2015)을 보라.
19) 이들은 모두 정치를 '공적인' 영역에 속하는 것으로 본다. 나는 공적 영역과 사적 영역, 공과 사의 구별이 절대적이라고 생각하지 않는다.

로써 정치의 많은 부분을 놓치고 있으며, 각자의 개념화 작업에 중요한 한계와 문제가 있다고 주장했다. 이들과 달리 나는 홀로주체적 정치와 서로주체적 정치를 모두 봐야 한다고 생각한다. 현실세계의 정치는 홀로주체적 정치와 서로주체적 정치를 잇는 연속선 위의 어느 한 극단이 아니라 둘 사이를 오가며 존재하는 것으로 보아야 한다. 이런 입장에서 나는 슈미트의 적과 동지의 구분이라는 정치적인 것의 기준 자체에 서로주체적 정치의 가능성이 남아 있다고 주장했다. 슈미트가 서로주체적 정치를 부정한 것은 그의 정치적인 것의 개념 자체 때문이 아닌 것이다. 아울러 나는 아렌트가 제시한 서로주체적 공존정치 안에도 헤게모니 관계가 존재하며 또 그러한 서로주체적 정치가 정치영역 외부의 홀로주체적 헤게모니 질서에 기반해 있음을 지적했다.

정치는 홀로주체적 헤게모니와 서로주체적 헤게모니의 이념형 사이를 오가며 존재한다. 완전한 홀로주체와 서로주체의 상태에는 더 이상 지배−지도 관계가 없고 따라서 정치도 존재하지 않는다. 극단적인 전쟁 자체에는 정치가 존재하지 않는다. 슈미트도 이 점을 인지한다. 정치를 전쟁에 기대어 정의하면서도, 슈미트가 전쟁을 다른 수단에 의한 정치의 연속이라고 정의한 클라우제비츠의 명제를 부인하는 까닭이다(Schmitt 2007, 33−34). 힘의 관계에서 완전히 벗어나서 순수한 토론과 합의를 구축하는 아렌트의 세계에도 지배−지도 관계가 없고, 따라서 헤게모니 투쟁의 정치가 존재하지 않는다. 완전한 홀로주체적 세계를 '악마의 세계', 완전한 서로주체적 세계를 '천사의 세계'라고 한다면, 악마의 세계나 천사의 세계 어디에도 정치는 없다. 두 곳 모두에 지배−지도 관계가 없기 때문이다. 인간의 세계는 천사의 세계와 악마의 세계 사이에 있다. 천사의 세계와 악마의 세계는 인간의 세계에 영향을 미친다. 인간 세계는 때로 천사의 세계에, 때로 악마의 세계에 근접한다. 하지만 어느 한 곳에 가까워진다고 그곳에 영구히 정착하는 것은 아니다. 인간세계는 악마와 천사의 세계 사이를 끊임없이 오간다.

인간세계가 악마의 세계에 근접할 때 홀로주체적 정치가 지배한다. 완전히 홀로주체적인 세계에는 더 이상 지배−지도할 인간(집단)이 존재하지 않는다. 단지 자기의 목적을 위해 활용하거나 폐기할 대상만이 객체로서 존재할 뿐이다. 나치가 수용소까지의 이동 구간은 물론 수용소 안에서 유대인들을 그들의 배설물로 조직적으로 괴롭힌 데에는, 병사들로 하여금 유대인들을 동등한 인간이 아닌 짐승으로 보게끔 하는 책략이 숨어 있다(데 프레 2010, 105–135). 하지만 이곳에도 정치의 불씨는 남아 있다. 레비(2007, 57)가 기록하듯이, "수용소는 우리를 동물로 격하시키는 거대한 장치이기 때문에, 바로 그렇기 때문에 우리는 동물이 되어서는 안 된다"는 자각이 바로 그것이다. 수용소에서 유대인들이 스스로를 깨끗하게 유지할수록 생존확률이 높았다고 한다. 일할 수 있는 것처럼 보여야 죽음의 줄에 선발되는 것을 피할 수 있었기 때문이다(프랭클 2005, 48–51). 그것은 또한 자신을 짐승으로 취급하는 홀로주체적 상대에 대항하여 자신의 인격을 스스로 유지하고 드러냄으로써 비정치의 세계에 균열을 일으키는 행위이기도 하다. 인간이 완전히 악마가 되는 것은 불가능하다. 악마의 세계에 가까울수록 인간의 존엄성은 빛을 발한다.

인간세계가 천사의 세계에 가까이 갈 때 서로주체적 정치가 우세해진다. 완전히 서로주체적인 세계에는 더 이상 지배–지도할 인간(집단)이 존재하지 않는다. 단지 완전히 동등한 주체들만 존재할 뿐이다. 하지만 인간이 완전히 악마가 될 수 없듯이 완전히 천사가 될 수도 없다. 서로주체적 정치가 우세해져도 여전히 헤게모니 관계가 존재한다. '서로주체적 헤게모니'가 존재하는 것이다. 서로 의견이 다른 사람들이 합의에 이르기 위해서는 일방이나 쌍방 모두가 원래의 의견을 수정해야 한다. 여기에는 지적·도덕적 헤게모니는 물론 물질적인 유인이나 강압적 수단도 작용한다. 인간이 천사의 세계에 근접할 수는 있지만 영원히 천사의 세계에 머물 수는 없다. 인간이 천사가 되는 것은 불가능하다. 천사의 세계에 가까울수록 인간의 오류가능성이 인간다움으로 두드러진다.

아비헤투 정치관은 정치의 정수에 지배관계가 자리잡고 있다고 본다. 현실의 지배관계는 강압적 방식뿐만 아니라 설득과 길들이기 등 여러 가지 동의 구축 방식에도 입각해 있다. 헤게모니는 지배와 지도가 복잡하게 얽혀 있는 현실을 지칭하는 개념이다. 정치의 정수를 지배의 문제로 보는 점에서 나의 시각은 베버(2013, 108–111)의 시각과 같다. 하지만 베버(2013, 108–111)가 정치와 국가를 명확하게 구분하지 않고 "[국가가] 고유하게 지니고 있는 특수한 수단" 즉 정당한 폭력 수단을 중시하는 반면에, 나는 지배의 수단을 폭력에 국한하지 않으며 정치를 국가에 국한시키지 않고 사회에 편재한 것으로 본다. 나는 정치의 핵심을 지배의 방법이나 수단에서 찾지 않는다. '말은 곧 서로주체, 폭력은 곧 홀로주체'라고 할 수도 없다. 아렌트(2007, 160)의 언명처럼, 명령과 복종 관계에서는 진정한 말하기와 듣기가 존재하지 않는다. 정치는 기술적 문제도 아니다. 정치가 단순한 기술적 문제가 되는 순간 지배-지도 관계가 사라짐과 함께 정치도 사라진다. 헤게모니 관계가 존재하지 않는 토론과 합의는 더 이상 정치가 아니라 단순히 기술적, 산술적 과정으로 전락한다. 하지만 모든 것이 순전히 '사실관계의 문제(matter-of-factness)'가 된 세계에서 인간은 어떤 의미 있는 삶을 살 수 있을까(Mannheim 1936, 236)?

정치의 정수에 지배-지도 관계가 자리잡고 있다면 정치학은 인간세계의 지배-지도 관계를 이해하고 분석하는 데 중점을 두어야 한다. 정치학은 헤게모니 관계를 끊임없이 문제화하고 지배관계에 대한 질문을 멈추지 말아야 한다. 아비헤투 정치관은 아와 비아 사이에 전개되는 다양한 방식의 헤게모니 투쟁에 우선적인 관심을 둔다. 아울러 아와 비아의 형성 자체를 헤게모니 구축과 투쟁의 문제라고 보고 정치학의 주요 분야로 포함한다. 이 시각에서는 현존하는 '정치'영역의 헤게모니 투쟁은 물론이고 사회체제의 근저에 있는 헤게모니 질서를 유지하고 전복하는 행위를 모두 중시한다. 오늘날 정치학은 헤게모니 질서에 대해 문제를 제기하고 비판하기보다는 주어진 문제를 해결하는 기술을 향상시키는 데 과중한 노력을 기울이고 있다. 오늘날 강화되고 있는 '정치학의 행정학화'는 학문의 실용성을 강화하는 시대적 풍토를 반영한다. 그러나 행정이란 무엇인가? 행정의 핵심은 '지배의 조직화'다(베버 2013, 116). 그런 이상, 행정학은 정치학의 하위 분야로 남아야 한다. 정치학의 행정학화는 정치학이 지배의 도구로 전락함을 의미한다. 보다 실용적인 학문으로의 변용을 모색하는 과정에서 정치학은 헤게모니 즉 지배-지도 관계에 대한 근본적인 관심을 상실하고 있다. 이러한 추세의 역전이 필요하다.

제7장 혐오와 대항혐오: 홀로주체적 헤게모니*

1. 여는 말

　이 글은 우리사회의 일부에서 증가하고 있는 혐오의 정치를 탐구한다. 첫째, 2010년대 들어서 눈에 띄게 증가한 혐오와 적대의 정치를 홀로주체적 인정투쟁으로 규정하고 그 홀로주체성을 분석한다. 둘째, 혐오에 대한 대항혐오(retaliatory hate)가 혐오의 홀로주체성을 폭로하는 순기능이 있지만 동시에 홀로주체적 관계의 악순환에서 벗어나지 못하고 오히려 더욱 악화시킨다고 주장한다. 셋째, 혐오와 대항혐오의 홀로주체적 관계의 악순환에서 벗어나기 위한 서로주체적 길을 모색한다. 개별적 혐오나 대항혐오의 구조적·제도적 원인을 밝히고 그 치유책을 제공하는 것은 이 글의 목적이 아니다. 사회구조적 차원이 아니라 혐오와 대항혐오의 상호행위 수준에서 홀로주체적 관계가 확대되는 현상을 포착하고, 그 악순환을 벗어나는 길을 모색하는 데 이 글의 목적이 있다.

　한국사회에 혐오의 정치가 늘어나고 있다. "하나의 유령이 한국을 떠돌고 있다. 혐오라는 유령"(박권일 2016, 8)이라는 『공산당선언』의 패러디가 등장할 정도다. 감정으로서 혐오는 오염과 위험으로부터 자신을 지키기 위한 방어기제로 이해된다(김종갑 2017b, 123). 이 오염과 위험의 요소는 자기 자신의 일부이기도 하다. 우리는 우리 자신의 배설물이나 체액 또는 시체같이 "인간의 동물성과 유

---

* 이 장은 김학노(2020)를 수정·보완한 것임.

한성을 일깨워주는 존재들"을 혐오함으로써 우리를 다른 동물들과 구분한다. 이같은 '원초적 혐오'와 달리, 사회적 혐오는 다른 사람이나 집단에게 혐오스러운 것을 전가하는 '투사적 혐오'다. 순수한 우리와 더러운 타자를 구분하는 투사적 혐오는 자신은 깨끗하고 상대는 더럽다는 이중의 망상에 입각해 있다(누스바움 2016, 52–61). 우리사회를 떠돌고 있는 혐오라는 유령은 사회 차원에서 발생하는 투사적 혐오다.

혐오는 적대로 쉽게 이어진다. 상대방을 경멸, 비하, 무시하는 혐오표현이나 혐오발화(hate speech)는 단순히 상대방을 싫어하는 데 그치지 않고, 상대를 적대시하고 파괴하는 "학살의 담론"으로까지 이어질 수 있다(김왕배 2017, 18–19). 나치가 유대인들을 더럽게 만들고 잔혹하게 다룬 데서 보듯이(데 프레 2010, 105–135), 상대가 더럽고 미천할수록 상대를 혐오하고 적대시하고 파괴하기 쉽다. 동등한 주체로 보지 않기 때문이다. 혐오가 적대와 폭력적 파괴로 이어지는 이유다. 그 역관계 또한 존재한다. 즉 적대와 파괴가 혐오표현의 증폭을 가져오기도 한다. 테러리스트 공격 이후에 인터넷 상에서 혐오표현이 급증하는 것이 그 예다(Chetty and Alathur 2018, 108–117).

오늘날 혐오와 적대의 정치는 세계 곳곳에서 일어나고 있다. 나치를 경험한 독일에서도 이전에는 "상상도 할 수 없는" 혐오 발언과 증오 행위가 "이제 공공연하고 거리낌 없이" 표출되고 있다(엠케 2017, 21–22). 특히 인터넷의 발전과 함께 온라인 공간이 확대되면서 사이버 혐오와 사이버 테러 문제가 심각해지고 있다. 우리사회에서도 2010년 무렵부터 '일베(일간베스트)'로 대표되는 일부 온라인 사이트에서 극심한 혐오와 조롱의 발화가 이어지고, 그것이 주류 언론에 등장하는 소동을 빚곤 했다. 특히 2014년 세월호 참사를 둘러싸고 혐오표현이 오프라인 세계에도 노골적으로 등장했다(홍찬숙 2019, 10). 유가족들의 단식 투쟁을 조롱하는 '폭식 투쟁'은 경악스럽고 섬뜩하며 믿기 어려울 정도다.

혐오의 주요 대상은 사회적 소수자다. 대표적인 것이 여성혐오(misogyny)다. 우리사회에 존속하던 여성혐오는 일베가 등장한 이후 보다 노골적으로 나타났다. 페미니즘에 반감을 갖는 청년이 곧 일베는 아니지만, 청년 남성들 사이에 상당히 퍼진 반(反)페미니즘 정서와 일베의 여성혐오 사이에 유사한 논리구조가 있어 보인다. 여성혐오 문제는 2015년 메르스 재난을 계기로 우리사회에서 더욱 논쟁적인 주제가 되었다. 메르스 확진자의 성별에 따른 사회적 차별에 여성들이 분노하고, 소위 메갈리아(Megalia)라는 커뮤니티 사이트에서 여성혐오를 남성에게 그대로 반사하는 '미러링(mirroring)' 전략을 구사하였다. 여성혐오와 대항혐오의 대결은 2016년 5월 강남역 살인 사건에서 극렬한 논쟁과 갈등으로 이어졌다(이나영 2019; 홍지아 2019 참조). 2018년 초부터 본격화된 미투(Me Too)운동은 여성에 대한 혐오와 비하 및 권력형 성폭력이 우리사회에 만연해 있음을 드러내는 한편, 잠재적 가해자로 일반화되는 데 대한 청년 남성들의 반발도 심해지는 계기가 되었다. 여성혐오는 박근혜 대통령 탄핵을 외친 촛불광장에서도 종종 드러났고, 이에 맞서 페미니스트들은 '페미존(Femi Zone)'을 만들어서 독자적인 정치세력화를 시도하기도 했다(이진옥 2018, 206-211; 김홍미리 2017; 천정환 2017, 452-454 참조).

혐오와 대항혐오의 확대는 적대정치의 심화와 더불어 일어났고, 자주 편가르기 정치와 광장정치로 발전했다. 2016~2017년 촛불집회와 그에 대항하는 태극기집회가 하나의 예다. 촛불집회 참가자들은 태극기집회 참가자들이 돈을 받고 동원되었다고 비웃고, 태극기집회 참가자들은 촛불집회 참가자들이 종북좌파에 의해 조종받는다고 비난했다. 비교적 짧은 거리를 두고 집회를 했음에도 양 집회의 참가자들이 직접적으로 충돌하는 일은 거의 없었다. 하지만 각자의 집회 공간에 들어서면 이들은 상대에 대해 거침없는 혐오와 적대의 감정을 쏟아내곤 했다(김왕배 2017, 29). 혐오와 적대의 정치가 자기 집단의 결속을 강화하는 데 사용된 것이다.

2019년에 발생한 이른바 '조국 대전'에서도 적대적인 광장정치 현상을 볼 수 있다. 조국 반대와 지지를 기준으로 나뉜 광화문 집회와 서초동 집회는 적대와 혐오에 입각한 세(勢)대결의 양상을 띠었다. 조국 대전은 자기 진영을 맹신하고 상대방을 불신하고 부정하는 적대정치를 보여주었다. 이때 적대의 전선은 보수와 진보 사이보다도 소위 진보 진영 내부에서 형성되었다. 여기서도 상대방에 대한 적대와 혐오의 감정이 자기 집단의 결속을 강화하고 내부 비판의 목소리를 억누르는 역할을 하였다. 조국 대전에 나타난 광장정치가 '광장 민주주의의 과잉'(정성훈 2019, 144, 150) 또는 '광장 파시즘'(한수경 2019, 44-46)으로 평가받는 이유다.

이 글에서 나는 주로 여성혐오와 이에 대한 대항혐오에 초점을 맞추어서, 우리사회 일각에서 확대되고 있는 혐오와 적대의 정치가 홀로주체적 관계의 악순환을 초래하는 홀로주체적 정치 기제라고 주장하고, 거기에서 벗어나서 서로주체적 관계를 수립할 수 있는 길을 모색할 것이다. 박권일(2016, 10)은 혐오가 문제의 '원인'이 아니라 '증상'임을 강조하고, 단순히 혐오를 사회적 문제로 비판하기보다는 그것을 만들어내는 구조적 기제를 찾아내야 한다고 주장한다. 이 글은 박권일의 주장에 동의하는 한편으로, 사회적 혐오가 단순히 증상에 머물지 않고 동시에 홀로주체적 관계를 만들고 악화시키는 원인 또는 기제가 되기도 한다고 주장한다.

　　이 글은 크게 두 부분으로 구성된다. 먼저, 3절에서 일베의 여성혐오와 메갈리아의 대항혐오를 중심으로 혐오를 홀로주체적 인정투쟁으로 규정하고, 혐오와 대항혐오가 홀로주체적 관계를 초래하고 악화시키는 기제임을 보여준다. 혐오와 대항혐오는 공동체 차원의 구조적 불평등이나 권력관계를 보지 않고 사회적 문제를 개인 탓으로 돌리는 점에서 홀로주체적이고, 상대방의 주체성을 인정하지 않고 열등한 존재로 대하는 점에서 홀로주체적이다. 다음으로, 4절에서 혐오에 직면하여 홀로주체적 관계의 악순환에 빠지지 않고 서로주체적 관계로 나아가기 위한 길을 모색한다. 이를 위해 (1) 상대방을 탓하는 홀로주체적 자세에서 벗어나고, (2) 분노로 대응하되 그것이 혐오에 머물지 않고 보다 바람직한 관계로 넘어가는 '이행－분노'의 길을 제안한다. 이에 앞서 2절에서 혐오와 적대 등을 포괄하는 용어로서 '홀로주체－서로주체' 개념을 간략히 설명한다.

2. '홀로주체-서로주체' 개념

　　이 글에서 사용하는 '홀로주체－서로주체'라는 용어는 김상봉의 『서로주체성의 이념』에서 가져온 것이다. 김상봉에 따르면, 서양의 주체성 개념은 타자적 주체를 배제하는 홀로주체성이다. 데카르트(Descartes)의 '생각하는 자아(cogito)'에 기초한 서양의 근대적 주체는 나의 내면에서 홀로 존재하는 홀로주체다. 홀로주체성에서 타자는 주체적 존재가 되지 못하고 나의 인식의 대상 즉 객체로서 존재할 뿐이다. 그에 반해 서로주체성은 타자적 주체와의 상호 주체적인 만남을 통해서 생성되는 주체성이다. 서로주체성 개념은 내가 홀로 존재하는 것이 아니라 너와 내가 만나서 이루는 우리 속에서 존재한다고 본다. 이때 우리는

"실체가 아니라 주체"이며 "주체는 사물이 아니라 활동이다"(김상봉 2007, 172). 우리는 너와 나의 적극적이고 능동적인 활동 즉 '만남'을 통해서 생성된다. 우리는 끊임없이 형성되고 흩어지고 다시 형성되는 과정 속에 있다. 같은 울타리에 있다고 해서 우리가 되는 것은 아니다(김학노 2010, 43). 너와 내가 뜻을 같이하고 그것을 실천함으로써 생성되는 공동주체성 만큼 우리라는 공동주체가 생성되며 너와 나의 개별주체는 그렇게 형성된 공동주체 속에서 더불어 존재한다(김학노 2014).

나는 김상봉의 홀로주체-서로주체 개념을 활용하여 정치를 '아(我)와 비아(非我)의 헤게모니 투쟁'이라고 정의한 바 있다(김학노 2010). 정치는 아와 비아가 서로 자신을 중심으로 '우리'를 구축하는 투쟁이다. 헤게모니는 물적, 관념적 우위나 주도권을 의미하며, 여기에는 강제력에 의한 지배와 자발적 동의에 입각한 리더십(지도)의 두 측면이 복잡하게 얽혀 있다. 아비헤투에서 핵심은 '당파적 보편성'의 수립이다. 아 또는 비아는 각자 자기의 소아적 자세를 벗어나서 자신의 이기적 이익을 부분적으로 희생하거나 양보하고 다양한 사회세력의 이해관계를 대변함으로써, 작은 우리(小我)들을 큰 우리(大我)로 통합하고 그들에 대해 자신의 지배 및 지도력 즉 헤게모니를 수립한다. 지도세력이 된 아 또는 비아가 제시하는 이익이나 정체성은 큰 우리 전체에 대해 보편적 타당성을 갖게 된다. 그러나 이러한 헤게모니 행사는 어디까지나 지도세력의 핵심적인 이해관계와 정체성을 근본으로 하고 있다. 이 점에서 그것은 보편성의 모습을 갖추었으되 한쪽 발을 여전히 당파성에 담고 있는 '당파적 보편성'이다. 지도세력의 당파적 이익과 가치가 다른 소아들 사이에서 얼마나 보편성을 획득하는지에 그 헤게모니의 정도가 달려 있다.

아와 비아의 헤게모니 투쟁에서 헤게모니는 두 가지 방식으로 행사될 수 있다. 홀로주체적 헤게모니는 상대방의 주체성을 인정하지 않는다. 상대방은 객체 즉, 나의 목적을 위한 수단일 뿐이다. 반면에 서로주체적 헤게모니는 상대방을 동등한 주체로 인정하고 만난다. 여기서 서로주체적 방식과 홀로주체적 방식은 이념형이다. 현실세계에서 아와 비아의 관계는 서로주체성과 홀로주체성의 양 극을 잇는 연속선 위의 어떤 지점들이 될 것이다.

홀로주체-서로주체의 개념은 다차원에 걸쳐 적용될 수 있다. 첫째, 수평적 차원이다. 아와 비아, 또는 소아와 소아가 동등한 주체로서 만나는지 여부가 여기에 해당한다. 둘째, 수직적 차원이다. 지도적 소아와 다른 소아들과의 헤게 모니 관계도 홀로주체적이거나 서로주체적일 수 있다. 셋째, 입체적 차원이다. 대아와 함께 소아의 정체성과 주체성이 공존하는지가 기준이다. 넷째, 입체 차 원의 외부 즉, 대아 밖의 차원이다. 대아와 다른 대아들 사이의 수평적 및 수직 적 차원의 관계가 있다. 다섯째, 여기에 시간을 더한 4차원 관계다. 과거와 미 래 그리고 오늘날의 우리가 서로의 부름에 응답하고 충분히 배려하는지 등의 문제가 이 차원에 해당한다.

혐오 문제에 대한 기존 연구는 개별 혐오 현상의 문제점과 원인을 분석하 고 그 정당성을 주장하거나 반박하는 내용이 주를 이룬다. 이와 달리 이 글은 여러 부문에 걸친 혐오와 적대 현상을 관통하는 큰 흐름을 '홀로주체-서로주 체'라는 개념을 사용하여 포착한다. 김상봉에 의해 주조된 이래 우리 철학계에 서 중심적 개념으로 평가받기도 하지만(유대칠 2020) 아직은 낯설은 이 개념을 사용하는 궁극적인 이유는 그것이 다른 개념들보다 유용하기 때문이다. 그 유 용성을 살피기 위해서 호네트(Honneth)의 '인정-무시' 개념과 간략히 비교한다.

호네트(2011, 187-263)는 헤겔(Hegel)과 미드(Mead)의 생각을 발전시켜서 사 회생활의 세 영역에서 상호 인정과 무시의 형태를 구분한다. 호네트가 강조하 는 인정투쟁은 무시 당한 주체가 자신의 주체성을 확립하기 위한 사회적 저항 으로 볼 수 있다. <표 8>은 세 가지 영역에서 인정과 무시의 형태를 정리한 것이다.

표 8 인정 vs. 무시

영 역	인 정	무 시
친밀성	사랑(자기 믿음)	폭행, 학대(신체적 불가침성 훼손)
법질서	권리(자기 존중)	배제, 권리 부정(사회적 불가침성 훼손)
사회적 가치평가	연대(자기 가치 부여)	모욕, 가치 부정(명예, 존엄성 훼손)

출처: 호네트 2011, 249 부분 수정; 김진욱 · 허재영 2018, 60 참조.

나는 두 가지 이유에서 인정−무시라는 개념 대신에 홀로주체−서로주체라는 개념쌍을 사용한다. 첫째, 범용성(凡容性)이다. 홀로주체−서로주체 개념쌍은 인정−무시를 포함하여 보다 폭넓은 관계들을 포괄할 수 있다. <그림 18>에서 보듯이, 서로가 상대방의 주체성을 인정하는지 여부뿐만 아니라, 서로의 관계가 우호적인지 적대적인지, 일방향인지 쌍방향인지, 서로 대등 관계인지 우열 관계인지 등을 홀로주체−서로주체 개념으로 포괄할 수 있다. 누스바움(2016)이 구분하는 '혐오의 정치'와 '인류애의 정치'는 물론, 다문화주의와 동화주의 같은 인접한 주제들에도 적용할 수 있다. 범용성을 만능으로 착각하면 곤란하지만, 범용성이 높은 개념은 서로 연관성이 적어 보이는 여러 현상들 사이에서 공통의 흐름을 포착할 수 있다.

그림 18 '홀로주체-서로주체' 연속선

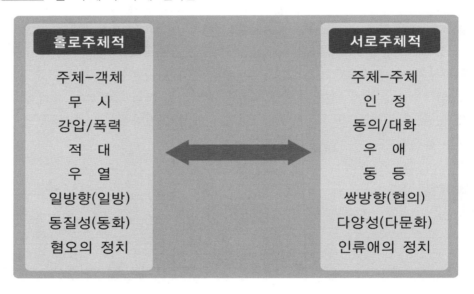

<그림 18>에서 홀로주체−서로주체는 단절적인 이항대립이 아니라 하나의 연속선 위에 있는 정도의 문제로 보아야 한다. 아래에서 일베와 메갈리아, 촛불집회와 태극기집회 등 서로 다른 집단들의 주장을 홀로주체적인 것으로 파악하지만, 각 집단의 홀로주체성의 정도는 동일하지 않으며 그 정도에 있어서의 차이가 대단히 중요함을 미리 강조한다. 단절적 대립항이 아니라 정도의 문

제로 볼 때 홀로주체-서로주체의 정도를 측정하는 척도와 지표가 중요하다. 이 척도와 지표는 혐오와 대항혐오의 홀로주체성의 정도를 판단하는 기준이 된다. 그러한 기준을 충분히 제공하지는 못하고 있지만, 나는 상대적 약자의 주체성이 인정되고 존중되는 정도를 홀로주체-서로주체성의 정도를 측정하는 척도로 볼 것을 주장한 바 있다(김학노 2018a). 아울러 주체성을 판단함에 있어서 그 주체(개별주체 및 공동주체)의 몸-마음-행동의 세 차원을 나누어서 볼 것을 제안했다(김학노 2018b).

둘째, 가치중립성이다. 홀로주체-서로주체 개념은 가치중립적인 분석을 가능하게 한다. 아와 비아의 헤게모니 투쟁은 서로주체적 방식으로 일어날 수도 있지만 홀로주체적 방식으로 일어날 수도 있으며, 헤게모니 투쟁의 결과도 홀로주체적이거나 서로주체적일 수 있다(김학노 2016). 반면에 호네트의 인정투쟁 개념은 서로주체적인 경우에 한정되어 있다. 우리 학계에 열심히 호네트를 소개한 문성훈은 "인정투쟁은 무시당한 자들이 헤게모니를 장악하려는 투쟁일 수 없"다고 단언한다. 그에 따르면, 인정투쟁이 차이의 논리를 따르는 반면 헤게모니 투쟁은 동일성 논리를 따른다. 나의 개념으로 표현하면 인정투쟁이 서로주체적인 반면 헤게모니 투쟁은 홀로주체적이라는 것이다. 바로 이런 이해 때문에 그는 인정투쟁이 슈미트(Schmitt) 식의 적대적 투쟁과 대립한다고 본다(문성훈 2014, 118-124). 인정투쟁이 헤게모니 투쟁과 양립할 수 없다고 보는 문성훈과 달리 나는 인정투쟁도 헤게모니 투쟁의 일부라고 생각한다. 또, 헤게모니 투쟁을 홀로주체적인 것으로 이해하는 그와 달리 나는 헤게모니 투쟁이 홀로주체적 방식뿐만 아니라 서로주체적인 방식으로도 일어날 수 있다고 본다(김학노 2011).

인정투쟁 개념은 논리적으로 나의 주체성을 인정할 상대방(의 주체성)을 전제로 하는 만큼 서로주체적 관계를 사실상 "강제"한다(호네트 2011, 88). 그러나 아비헤투 정치 개념은 현실세계에 홀로주체적 관계와 서로주체적 관계가 혼재해 있음을 분명히 인식한다. 나의 주체성을 인정할 상대방의 주체성을 논리적으로 전제하는 인정투쟁도 현실에 있어서는 타자의 주체성을 무시하는 방향으로 전개될 수 있다. 사랑하고 싶은 마음이 상대방의 존재에 대한 사랑뿐 아니라 소유욕으로도 이어질 수 있는 것과 마찬가지다(프롬 1978). 단적으로 말해서, 호네트의 인정투쟁 개념은 패전과 막대한 전쟁배상금으로부터 생긴 집단적 무시감과 굴욕감에 대한 저항으로서 나치의 빗나간 인정투쟁을 담지 못하며(주정립

2011, 524-525), 아래에서 내가 '홀로주체적 인정투쟁'이라고 부르는 '혐오를 동반하는 인정투쟁'을 담지 못한다. 가치중립적이고 포괄적인 홀로주체-서로주체 개념이 보다 유용한 이유다.[1]

3. 홀로주체적 관계의 확대

혐오의 증가는 홀로주체적 관계의 확대를 의미한다. 이 절에서는 먼저 일베의 여성혐오를 중심으로 혐오의 홀로주체적 성격을 규명한 다음, 메갈리아를 중심으로 대항혐오가 혐오의 홀로주체성을 드러내는 의미가 있지만 동시에 홀로주체적 관계의 악순환을 초래한다고 주장한다.

(1) 혐오: 홀로주체적 인정투쟁

먼저 일베의 여성혐오를 일종의 인정투쟁으로 보고, 그것이 어떤 측면에서 홀로주체적인지 분석한다. 일베와 일부 청년 남성의 여성혐오 특히 페미니즘에 대한 혐오는 이들이 벌이는 인정투쟁으로 볼 수 있다. 그들은 여성이 아니라 자신들이야말로 약자이고 피해자라고 인식한다. 그들이 보기에, 페미니스트들은 약자인 자신들을 잠재적 가해자로 몰고 자신들을 향해 혐오를 쏟아내고 있다. 일베를 비롯한 여성혐오주의자들이 혐오 발언과 행위를 쏟아내는 것은 이러한 부당함을 드러냄으로써 타인과 사회의 인정을 받기 위한 "강한 인정욕망의 표현"이다(이현재 2016, 304).

오늘날 적지 않은 남성들이 우리사회에서 남녀 차별이 없어진 지 이미 오래 되었고 오히려 남성이 불리한 사회구조가 되었다고 생각한다. 특히 젊은 층에서 일부 남성들은 가부장제 시절은 이미 지나갔으며 오히려 자신이야말로 "역차별을 경험하는 약자"라고 생각한다(김수아·이예슬 2017, 86-90). 이들은 군 가산점 폐지 이후 남성만의 병역의무에 불만이 많고, 정부 부처 중에서 특히 여성가족부를 공격의 표적으로 삼는다. 여성가족부가 남성을 차별하고 여성을 우대하는 정책을 주도한다고 생각하기 때문이다(정사강·홍지아 2019, 210-218). 일

---

1) 호네트와 나의 개념 및 분석틀의 비교평가는 박정원(2018) 참조.

부 남성들은 2016년 강남역 살인사건 관련 논쟁이나 미투 운동이 남성 전체를 잠재적 가해자로 간주한다고 인식하고 이에 적극 반발한다. 기성세대와 달리 청년 '남성-약자'는 권력이 없으므로 미투 운동의 대상이 될 수 없다. 그럼에도 여성이 무고할 경우 대처할 방법이 없다. 남성이라는 이유만으로 잠재적 가해자로 규정되기 때문이다. 따라서 "아예 무고 상황을 만들지 않는 것이 남성 입장에서는 자구책"이고 그래서 "답은 펜스룰(Pense rule)[2]이 된다(김수아 2018, 22-24). 이들이 보기에 권력을 갖지도 행사하지도 않는 자신들을 잠재적 가해자로 모는 페미니스트야말로 혐오를 쏟아내고 있다.

스스로 약자의 위치를 확인하는 '소수자화'와 '역차별론'은 일베의 인정투쟁에서 중요한 기제로 작동한다(김학준 2014, 87-88). 일베 식의 "전도된 피해자 의식"(김학준 2014, 112)은 젊은 남성층에 상당히 널리 공유되어 있다. 한 연구에 따르면, 오늘날 적지 않은 수의 20대 남자들이 남성보다 여성이 강자의 위치에 있는 권력 관계 속에 있다고 진정으로 믿고 있다. 그들에게 페미니즘은 남녀평등이 아니라 여성우월주의를 주장하는 것으로 인식된다. 이것은 더 이상 (남성의 권력우위구조를 전제하는) '역차별'이 아니라 그냥 '차별'이다(천관율·정한울 2019, 37-53). 일베 이용자의 여성혐오는 (비록 그 연령대가 높은 경우에도) 이 같은 청년 남성층의 소수자 의식에 기초를 두고 있다. 여전히 남성중심이라고 생각되는 사회지만 실제로는 약자의 위치에 있는 자신들이 받고 있는 부당한 차별을 제대로 인정할 것을 호소하는 것이다.

인정투쟁으로서의 여성혐오는 대단히 홀로주체적이다. 앞에서 언급했듯이, 호네트의 인정투쟁 개념은 상호주관적 인정을 추구하고 (나를 인정할) 상대방의 주체성을 사실상 강요하는 점에서 서로주체적이어야 한다. 그런데 왜 또는 어떤 측면에서 인정투쟁으로서의 여성혐오가 홀로주체적인가? 여성혐오의 홀로주체적 성격을 수평적 차원과 입체적 차원으로 나누어서 분석해보자.

먼저, 입체적 차원에서 홀로주체적이다. 입체적 차원은 소아와 대아 사이의 관계 차원이다. 소아와 대아가 서로 간에 주체성을 유지하고 공존하는 경우가 서로주체적이고, 대아에 의해 소아가 완전히 흡수되어서 소아의 주체성을 상실하거나 거꾸로 대아의 주체성이 완전히 상실될 정도로 소아가 압도하는 경

---

2) 미국 부통령 펜스(Mike Pence)가 "아내 외의 여자와는 절대로 단둘이 식사하지 않는다"고 한 말에서 유래.

우가 홀로주체적이다. 일베와 청년 남성의 여성혐오는 대아 즉 공동체 차원의 구조적·제도적 문제는 무시하고 개인의 차원에서 책임을 묻는 점에서 홀로주체적이다. 가령 자신은 권력이 없기 때문에 미투 운동의 대상이 될 수 없다는 젊은 남성의 생각은 우리사회에서 젠더관계가 갖고 있는 구조적 권력관계를 보지 않고 개별 행위자만 보는 시각이다.

입체적 차원에서의 홀로주체성은 젊은 층이 깊이 젖어 있는 '능력주의(meritocracy)' 이데올로기에서 잘 나타난다. 신자유주의에 의해 심화되는 개인간 경쟁은 '자발적인' 자기계발을 사실상 구조적으로 강제한다(서동진 2009). 시장과 사회의 경쟁에서 살아남기 위해서 젊은이들은 스스로 자기계발에 매진하고 자신의 능력과 노력으로 이룬 성과를 자신이 누리는 것은 정당하고 공정하다고 여긴다. 청년층에 지배적인 공정성 담론이다. 개인책임의 윤리와 각자도생의 원칙이 압도한다. 일베는 공동체의 책임을 강조하는 주장을 비판하는데, 자기 잘못을 "남 탓"으로 돌린다고 보기 때문이다(강태수·신진욱 2019, 221-225). 천정환은 이같은 능력주의가 사회체계의 편향성이나 구조적 불평등 또는 권력관계를 보지 않는 점에서 '오도된 능력주의'라고 부른다. 젊은이들 사이에서 오도된 능력주의는 "이 시대의 가장 무서운 지배 이데올로기"다(천정환 2016, 370; 김수아 2018, 20-21 참조).

일베와 청년 남성이 동일한 것은 절대 아니지만, 많은 젊은 남성이 이 같은 능력주의 이데올로기를 공유하며, 이것이 여성혐오를 비롯한 소수자 혐오의 기제가 된다. 오도된 능력주의는 성과와 그에 따른 보상에 있어서의 차이를 넘어서 사회적 차별과 멸시 및 불평등을 정당화하는 기제로 작동한다. 가령 가난한 것은 사회적 또는 구조적 문제가 아니라 개인의 능력이나 노력 부족의 문제가 된다. 이 점에서 오도된 능력주의는 "능력에 따른 대우를 넘어서 무능력자나 저능력자에 대한 멸시와 차별을 정당화"하는 '과잉능력주의(hyper-meritocracy)'가 된다(박권일 2016, 29). 능력주의라는 공정성 담론이 차별과 무시의 기제가 되는 것이다(김동춘 2022; 샌델 2020 참조).

오도된 능력주의나 과잉능력주의는 사회적 문제를 개인 탓으로 돌리는 점에서 입체적 차원에서 홀로주체적이다. 능력주의를 신봉하는 사람들은 능력주의 안에 내재해 있는 편향성을 보지 못한다. 하지만 모든 능력주의 체계는 편향될 수밖에 없다. 어떤 능력을 중시하고, 그것을 어떤 기준으로 어떻게 측정할 것인지를 정하는 데 이미 편향성이 개입된다. 필기시험 방식은 시각 장애인에게 불리하고, 구두시험 방식은 청각 장애인과 농아에게 불리하다. 이 같은 편향성과 '간접차별'의 예는 무수히 많다. 그럼에도 능력주의라는 공정성 담론은 이들로 하여금 스스로 정의롭다고 생각하게 한다. 자신이 공정하다고 믿기 때문에 더욱 떳떳하게 차별하고 혐오하는 '능력주의의 역설'이 발생한다(김지혜 2019, 103–112).

일베 이용자들은 여성, 성소수자, 장애인, 조선족, 외국인 노동자, 세월호 참사 희생자 등 사회적 약자나 소수자에 대해 거리낌없이 혐오감정을 표출한다. 이러한 혐오 발언의 이면에 과잉능력주의라는 홀로주체적 이데올로기가 작동하고 있다. 사회적 약자들은 정당한 노력을 기울이지 않은 채 다른 사람들이 낸 세금으로 수혜를 보고 있기 때문에 부당하다는 인식이다(장소연·류웅재 2017, 59–65). 약자에게 혐오를 내뱉는 자신들이 부당한 것이 아니다. 그것은 정당하다. 왜냐하면 사회적 약자들이 마땅한 노력을 기울이지 않은 채 단지 약자라는 위치를 이용하여 정당하지 않은 이익을 가져가기 때문이다. 이렇게 부당한 이익을 가져가는 대표적인 집단이 바로 여성이고 그들의 이데올로그들인 페미니스트들이라는 것이다.

다음으로, 평면적(수평적) 차원에서 홀로주체적이다. 평면적 차원에서 여성혐오의 홀로주체성은 크게 두 가지 측면이 있다. 첫째, 상대방의 주체성을 인정하지 않는다. 혐오주의자들은 상대방을 주체가 아닌 객체, 대상으로 간주하고 그렇게 대한다. 혐오주의자들에게 혐오의 대상은 온전한 주체가 아니다. 여성혐오는 "여성을 남성과 동등한 성적 주체로 결코 인정하지 않는 … 여성의 객체화, 타자화—더 직설적으로 말하면 여성 멸시"를 말한다(우에노 지즈코 2015, 39; 박차옥경·김수아 2017, 11 참조). 여성을 마치 음식처럼 대상화하고 품평하는 행위는 여성을 주체가 아닌 객체, 나의 욕구 실현의 대상으로만 인식하는 대표적 예다(김종갑 2017b, 127).

일베에 자주 등장하는 혐오 표현은 이같은 의미에서 홀로주체적 자세에 입각해 있다. 일베 사용자들은 여성, 호남, 좌파 등을 타자화하고 우리사회의 동등한 주체로 인정하지 않는다. 가령 광주를 '적'으로, 호남을 '외국'으로 명시함으로써 우리의 외연 밖으로 배척한다. 소위 '홍·보·빨'(호남·여성·진보)을 잘 알지도 못하는 주제에 '감성팔이'와 '선동'에 쉽게 이용되는 '이중적'이고 '위선적'이며 '무식'한 집단으로 본다. 게다가 이들은 '나대기'까지 한다. 일베 이용자들은 이와 같은 타자들을 우리사회의 권리를 공유하는 주체로 보지 않는다. 일베에게 그들은 아예 어떠한 주체도 될 수 있는 자격이 없는 사람들이다(김학준 2014, 65–66, 149–151).

비슷한 맥락에서 이현재는 여성혐오의 대상으로서 여성은 더 이상 주체도 객체도 아닌 '비체(abject)'이며, 오늘날 심해지는 여성혐오는 바로 이러한 비체에 대한 혐오라고 주장한다. 여기서 비체는 원래 자기 것이었다가 내뱉은 것으로, 주체도 아니고 객체도 아니다. 비체는 "동일성이나 체계와 질서를 교란시키는 것"이다(줄리아 크리스테바 2001, 25; 이현재 2017, 157에서 재인용). 포스트모던 사회에서 여성은 일종의 비체로서 기존의 남녀 정체성의 경계를 넘나들고 무너뜨린다. 이러한 비체는 남성 중심 질서를 위협하는 것으로 인식된다. 비체로서의 여성에 대한 혐오는 이러한 위협에 대한 혐오다. 이는 남성 주체가 만들어놓은 기존의 질서를 유지하고자 하는 점에서 역시 홀로주체적이다(이현재 2017, 145–160; 이현재 2016, 297–302).

둘째, 상대방을 열등한 존재로 본다. 여성혐오는 남성과 여성 사이에 우월과 열등, 선과 악, 정상과 비정상, 순수와 불순 등 비대칭적 관계를 상정한다. 혐오는 강자가 약자에 대해 행하는 것으로서, 혐오 자체가 기본적으로 홀로주체적 감정이다. 혐오는 약자에 대한 강자의 우월감에서 비롯하며, 늘 우열의 논리에 입각해 있다. 원래 더러운 것에 대한 거부 감정인 혐오는 자신이 순수하고 결백하다는 믿음을 바탕으로 한다. 더러운 상대에 의해서 자칫 오염될 수 있다는 두려움에서 혐오 감정이 생기는 것이다(김종갑 2017, 13, 65–66; 김종갑 2017b, 117; 박권일 2016, 28; 김학준 2016 참조).

이러한 우열의식이 가장 잘 드러나는 사례는 아마도 반퀴어 운동일 것이다. 반퀴어 집단이 퀴어 집단에 대해 증오와 분노를 거침없이 쏟아내면서 동시에 스스로 올바른 일을 하고 있다는 확신을 갖는 것은 바로 선과 악의 이분법적 사고방식 때문이다(시우 2018, 126–127, 181). 반퀴어집단은 "동성애는 죄악", "동성애 금지", "사랑하니까 반대합니다" 같은 구호가 적힌 피켓을 들고 퀴어문화축제를 방해한다(김지혜 2019, 134). 여기에서 적대와 혐오는 홀로주체적 사랑과 연결되어 있다. 반퀴어 집단은 성소수자를 사랑하기 때문에 그들을 혐오하고 증오한다. 퀴어 집단의 죄(그릇된 성)는 미워하되 죄인은 사랑하기 때문에 우리와 같은 모습을 갖도록 그들을 변화시켜야 한다는 것이다(시우 2018, 192–200). 이 점에서 반퀴어 집단이 퀴어 집단에 대해 갖는 자세는 근본적으로 홀로주체적이다. 선의 편인 우리가 악의 편인 그들을 관용하고 사랑한다는 자세다.

반퀴어 집단이 퀴어 집단을 정상적인 자신의 모습에 맞게 변화시키려 하듯이, 일베는 혐오의 상대를 '길들일' 대상으로 본다. 일베 유저들은 '보슬아치(여성)' 자체보다 '보빨러(여성에게 과도하게 잘해주는 남성)'를 더 심하게 공격한다. '김치녀'를 '3일에 한 번씩 패야'('삼일한') 하는데, 보빨러들이 여성에게 과도하게 잘해줌으로써 그들을 잘못 길들였다고 여기기 때문이다(김학준 2014, 58–59). 마찬가지로 메갈리아와 여기서 분파해 나온 워마드(Womad)에서는 '한남충 길들이기'를 언급한다. 일베나 메갈리아가 모두 상대방을 교정의 대상으로, 길들일 대상으로 간주하고 있음을 알 수 있다(박가분 2017, 82–83 참조). 이처럼 혐오주의 자들은 혐오의 상대를 객체화할 뿐만 아니라 길들일 대상으로 본다. 혐오주의 자에게 혐오의 상대는 교정의 대상일 뿐이다. 그만큼 홀로주체적이다.

사회적 약자에 대한 일베의 조롱행위도 이와 같은 우열의 논리에 입각해 있다. 일베는 소위 '평범 내러티브'에 입각해서 스스로 강자의 위치를 차지한다. 일베의 평범 내러티브에서 고통은 '누구나 겪는 것'이 된다. 고통을 호소하는 약자와 달리, 자신들은 모든 고통을 평범하게 다 겪고 소화해낸 생존자 즉 강자다. 그들에게 소위 사회적 약자는 누구나 겪는 고통을 유별나게 호소하고 특별히 인정해줄 것을 요구하는 존재일 뿐이다. 일베 집단이 세월호 유가족을 포함하여 희생자와 약자들을 거리낌없이 비웃고 혐오하는 이유다(김학준 2016, 56).

여기서 한 가지 의문이 생긴다. 앞에서 혐오를 일종의 인정투쟁으로 해석하면서 일베가 스스로를 강자가 아닌 약자로 인식한다고 하지 않았는가? 그런데 어떻게 우열의 논리에 입각해서 강자의 시선에서 혐오를 표현하는가? 언뜻 서로 상충되는 것 같지만, 그렇지 않다. 일베는 스스로를 진정한, 순수한 약자로 인식하고 강자인 여성의 우월주의를 강요하는 페미니즘에 저항하고 분노한다. 자신이 약자이기 때문에 자신의 주장이 정의롭다고 생각한다. 동시에 사회적 약자들의 고통을 비웃고 혐오한다. 누구나 다 그 정도의 고통을 경험하는 점에서 사회적 약자들의 고통이 특별할 것이 없는데 유별나게 티를 내는 것에 경멸과 혐오로 대응하는 것이다. 자신이 진정한 약자라는 인식과 스스로가 순수하고 옳다는 도덕적 우월감이 공존한다.

(2) 대항혐오: 홀로주체적 관계의 악순환

우리사회에서 혐오에 대한 대항혐오도 증가하고 있다. 대항혐오의 사례로 가장 주목할 만한 집단은 일베의 여성혐오에 대해 소위 미러링을 통해 혐오를 반사하는 메갈리아와 워마드다. 여기에서는 대항혐오가 혐오의 홀로주체성을 일깨워주는 긍정적인 측면이 있지만, 동시에 혐오를 확산함으로써 홀로주체적 관계의 악순환과 확대를 초래하는 문제가 있다고 주장한다.

먼저, 대항혐오는 혐오에 적극적으로 맞서는 대항운동 또는 '대항표현(counter speech)'으로서 긍정적 의미가 있다. 첫째, 대항혐오는 혐오 발화가 노리는 무력화에 저항한다. 혐오의 미러링은 침묵을 거부하는 점에서 중요한 의미가 있다. 여성혐오의 대상이 된 사람은 "발화 불가능"하게 되어서 적극적으로 저항하기가 어렵다(김은주 2016, 108). 우에노 지즈코(2015, 15, 162, 186)가 강조하듯이, 여성혐오가 남성에게는 '여성 멸시'를 의미하지만, 여성에게는 '자기혐오'가 되기 때문이다. 자기혐오를 내면화한 여성은 여성혐오에 대해서 적극적으로 대항하기 어렵다. 여성이 여성혐오를 자기혐오로 경험하지 않는 방법은 특출한 엘리트 여성으로 '출세'하거나 거꾸로 추녀로 '낙오'함으로써 여성혐오의 대상에서 벗어나는 것이다(우에노 지즈코 2015, 268-269). 하지만 이처럼 예외적 여자가 되는 것은 문제에 대한 정면돌파도 아닐뿐더러 지난한 일이다. 여성혐오의 대상이 된 대부분의 여성은 자기혐오를 내면화하고 침묵하게 된다.

메갈리아는 이와 같은 침묵과 자기혐오의 끈을 끊고 과감하게 자신의 목소리를 낸 집단이다(정희진 2016). 혐오 현상은 그 피해자 즉 상대적 약자가 저항을 해야만 사회적 문제로 드러날 수 있다(이나영 2019a, 23). 이 점에서 메갈리아의 대항혐오는 혐오가 노리는 효과 즉 여성의 자기 혐오와 자기 검열 및 침묵을 거부하고 적극적으로 맞대응하여 발화함으로써 혐오 문제를 부각시키는 긍정적 의미가 있다.

둘째, 대항표현으로서 대항혐오는 여성혐오의 홀로주체적 구조와 질서를 드러내고 폭로하며 이를 전복함으로써 "혐오의 지형을 뒤바꾼다"(홍성수 2018, 209-222). 강자가 발화하는 혐오표현이 약자에 대한 홀로주체적 억압 행위라면, 약자의 혐오 미러링은 바로 그와 같은 홀로주체성을 반사함으로써 그것을 드러내고 전복시키는 의미가 있다. 혐오의 미러링은 여성혐오를 발화하는 행위자를 역으로 대상화함으로써 홀로주체적 억압의 구도를 적나라하게 드러낸다(김은주 2016, 110). 메갈리아의 대항혐오가 곧 남성 혐오 질서나 여성 숭배 질서를 수립하려는 것은 아니다. 대항혐오는 남성중심체제에 대한 저항이자 "남근 질서에 대한 분노, 여성 혐오에 대한 분노"일 뿐이다(윤지영 2017, 234; 함승경 외 2019, 29-30 참조).

'증오선동(incitement to hatred)'과 혐오에 대한 '분노(indignation)' 사이에는 중요한 차이가 있다. 선동이 소수자 집단에게 '모욕주기(offense-giving)'라면, 분노는 그에 대한 '화내기(offense-taking)'이다(George 2016, 3-5). 혐오표현이 기존의 차별과 부조리에 침묵하는 반면, 분노는 차별과 부조리한 질서에 이의를 제기한다. 분노에는, 혐오에 없는 정의의 관념이 있는 것이다(김종갑 2017, 9-13). 대항표현으로서 대항혐오는 정당한 분노에 해당한다. 그것은 홀로주체적 구조와 질서를 드러내고 전복하려는 시도다. 구조적으로 사회적 약자인 여성의 입장에서 강자의 여성혐오에 직면하여 서로주체적 방식으로 대응하기가 쉽지 않다. 혐오의 미러링은 구조적으로 다른 방식이 제한된 상태에서 분노를 표출하기 위한 약자의 정당한 수단이 된다.

하지만, 이와 같은 긍정적 의미에도 불구하고 대항혐오는 또 다른 혐오표현을 발화함으로써 홀로주체적 관계의 악순환으로 귀결되고 홀로주체적 관계를 확대시키는 경향이 있다. 첫째, 대항혐오뿐만 아니라 그것이 대상으로 삼는 애초의 혐오표현 자체가 대항혐오로 정당화될 수 있다. 메갈리아나 워마드를 정당화하는 대항혐오라는 논리가 혐오를 발화하는 다른 집단에도 동일하게 적용될 수 있다. 혐오를 표현하는 대부분의 집단이 스스로 무시당하고 있으며 무시에 대한 저항 즉 대항표현을 행하고 있다고 생각한다. 게다가 정치가나 일부 극단주의자들이 무시와 모욕감 자체를 (실제 이상으로 증폭하여) 조장하거나 조작할 수 있다. 조작된 모욕감은 조작된 분노의 기반이 된다(George 2016, 17-19). 실제 경험적 연구에서 혐오발화자가 상황에 따라서 종종 대항발화자의 역할을 수행한다는 사실이 드러나기도 한다(Matthew et. al. 2018, 10). 원래의 혐오표현과 (조작된) 분노에 담긴 대항혐오는 '혐오의 이중회전구조(hate spin)'의 양 측면을 구성하는 것이다(George 2016, 3-5). 요컨대 대항혐오를 정당화할 경우 혐오표현 일반에 대항표현으로서의 정당화가 적용될 수 있으며, 이는 곧 혐오의 확산 즉 홀로주체적 관계의 악순환을 가져온다.

앞에서 메갈리아의 대항혐오가 대항표현으로서 갖는 긍정적 의미를 언급했지만, 그에 앞서서 부정적으로 평가했던 일베의 여성혐오도 마찬가지로 대항표현으로서 긍정적으로 분석할 수 있다. 실제로 메갈리아뿐만 아니라 일베도 스스로를 상대방의 혐오에 대항하는 것으로 정당화한다. 메갈리아가 애초에 혐오에 대한 미러링을 한다는 주장의 사실 여부에 대해서 실증적인 반박도 제기되지만(박가분 2016, 31−50), 그들이 미러링한다고 하는 일베의 여성혐오 자체도 대항혐오의 성격을 갖고 있는 것이다. 앞서 일베의 여성혐오를 '홀로주체적 인정투쟁'으로 설명할 때 언급했듯이, 일베 사용자들은 남성들이야말로 약자이며 페미니즘으로 인해 (역)차별을 받고 있다고 생각한다. 그들은 자신이 받는 차별과 무시의 부당함을 알리기 위해 혐오로 대응한다고 스스로 정당화한다. 상대방의 혐오표현에 대한 "앙갚음의 논리"가 일베의 혐오표현의 바탕에 있다(박가분 2016, 38). 일베나 메갈리아나 모두 부당한 무시 또는 모욕감에 대해 대항혐오를 행사하고 있다고 스스로 정당화하고 있는 것이다.

같은 논리를 태극기부대에서도 찾아볼 수 있다. 태극기집회를 인정투쟁으로 해석하는 연구는 상당히 많다. 이 연구들에 따르면, 태극기집회 참가자들은 자신의 인생이 부정당하고 무시되는 데에서 모멸감을 느끼고 그에 대한 사회적 저항으로 혐오와 적대의 정치를 수행한다(김진욱 · 허재영 2018, 57, 63−68). 한마디로 태극기 집회는 소외된 노인 즉 '할배'들이 자신의 시대와 생애를 인정받기 위한 인정투쟁이다. 그들이 '애국'을 표방하고 강조하는 이유이기도 하다(최현숙 2016, 허윤 2017, 203, 215−217; 박현선 2017, 127; 김왕배 2017, 23). 그들은 사회가 자신의 세대를 인정하지 않는 데 대해 분노하고 이것을 혐오와 적대로 표현한다(김왕배 2017, 40). 태극기집회도 메갈리아와 마찬가지로 대항혐오를 발화하고 있다고 스스로 정당화할 수 있는 것이다.

둘째, 보다 심각한 문제로, 대항혐오는 또 다른 혐오표현을 발화함으로써 홀로주체적 관계의 악순환과 확대를 가져온다. 메갈리아의 미러링을 저항이나 분노 또는 대항표현으로 정당화할지라도, 그들의 비하 표현의 남발은 곧 무차별적인 혐오를 양산함으로써 홀로주체적 관계의 악순환과 확대를 가져온다(권혁남 2017, 101). '한남충', '한남유충', '6.9', '애비충', '재기해' 등과 같은 메갈리아와 워마드의 용어들은 일베가 사용하는 여성혐오 표현들의 미러링이라고는 하지만, 그 자체로 심한 혐오와 멸시, 적대와 조롱을 담고 있다(박가분 2016, 25−26

참조). 물론 사회적 권력구조를 고려할 때 여성혐오와 이에 대한 대항혐오가 가져오는 사회적 효과는 근본적인 차이가 있고, 이 점에서 메갈리아의 대항혐오가 일베의 여성혐오와 같은 '소수자에 대한 차별' 효과를 가져온다고 볼 수는 없다(홍성수 2018, 44-45, 209-214). 하지만 대항혐오의 용어도 상대를 대상화하고 경멸하고 우열관계 속에 위치지우는 점에서 (일베의 여성혐오가 홀로주체적인 것과 마찬가지로) 홀로주체적이다. 혐오표현에 대한 대항표현이 긍정적 의미를 갖기 위해서는 대항발화가 공격적인 혐오표현을 포함하지 말아야 한다. 공격적인 혐오표현은 상대방의 더욱 강한 혐오표현을 초대하기 마련이다(Ernst et al. 2017, 40). 그것이 담고 있는 혐오표현 때문에 대항혐오는 대항표현으로서의 의미가 반감된다. 즉 혐오발화자의 마음가짐을 변화시키는 것이 대항표현의 궁극적인 목적이라면(Matthew et. al. 2018), 대항혐오는 상대방의 혐오감정을 완화하지 못하고 그것을 더욱 악화시킴으로써 대항표현의 목적을 달성하는 데 이르지 못한다. 메갈리아의 대항혐오에 의해서 일베가 혐오발화를 반성하기는커녕 또 다른 혐오표현을 발화하게 되고, 그것이 반복되면서 홀로주체적 관계의 악순환이 이어지는 것이다.

　게다가 메갈리아나 워마드의 대항혐오는 혐오를 미러링하는 데 그치지 않고 혐오를 다른 소수자에게 확장하기도 한다. 즉 일베 사용자에게 혐오를 반사하는 데 그치지 않고 남성 성소수자(똥꼬충, 게이충), 남성 어린이(한남충, 좆린이), 남성 장애인(윽엑, 장애한남), 산업재해를 당한 남성 비정규직(태일해) 등 사회적 약자를 상대로도 혐오표현을 일삼는다. 이는 홀로주체적 관계를 확산하는 결과를 가져온다. 아울러 이에 동조하지 않는 여성을 멸시하고 왕따시킴으로써(흉내자지, 명예자지) 집단 내에서도 심한 홀로주체적 억압이 이루어진다(박가분 2016, 27-28, 59-60, 115-137; 박가분 2017, 12, 208-209; 장소연·류웅재 2017, 65-69 참조). 이처럼 약자의 입장에서 강자에 대한 대항혐오가 사회의 다른 약자에 대한 혐오와 조롱으로 확장하는 것은, 우리사회에 무분별하게 혐오담론이 확산되는 데 기여한다(오세라비 외 2019, 69; 장소연·류웅재 2017, 71).

　여성혐오에 대해서 반박하고 분노하는 것은 정당하다. 대항표현으로서 대항혐오의 긍정적 측면을 보지 않고 단순히 혐오라고 폄하하는 것은 여성이 처한 비대칭적 사회구조에 주목하기를 거부하는 것이다(게이 2016, 135). 하지만 반박과 분노를 넘어서 그것이 사회적 약자에 대한 노골적 혐오와 비하로 확대되면 곤란하다. 대항혐오가 드러내고 전복시키려고 하는 여성혐오의 홀로주체적 질서와 관계를 더욱 확산하고 악화시키는 결과를 가져오기 때문이다. 요컨대 대항혐오는 혐오사회에서 약자의 자구책으로서 의미가 있으나, 그것이 혐오문화와 홀로주체적 관계의 확대로 귀결되는 문제가 있다. 혐오와 대항혐오의 맞대결이 홀로주체적 관계의 악화와 악순환에서 벗어나기 어려운 것이다.

지도세력의 당파적 이해관계와 가치관이 보편성을 확보하는 정도만큼 헤게모니가 수립된다면(김학노 2010, 45-47), 홀로주체적 헤게모니는 지배세력의 당파성이 보편성을 압도하는 경우인 반면 서로주체적 헤게모니는 그 반대에 해당한다. 여성혐오나 그에 대한 대항혐오나 모두 그것이 확보하는 보편성의 범위는 대단히 제한적이다. 지나친 당파성이 보편성 확대를 어렵게 한다. 더 큰 문제는 대항혐오를 발화하는 사람들이 자신의 당파성을 더욱 노골적으로 드러내고 강화하는 것이 기존 홀로주체적 헤게모니에 균열을 내고 저항을 하는 효과적인 길이라고 생각하는 점이다. 그들의 생각처럼 대항혐오는 여성혐오의 홀로주체적 지배질서에 파음을 내고 균열을 내는 데 상당히 기여한다. 그러나 혐오와 적대의 정치가 기반하고 있는 홀로주체적 헤게모니 자체에는 변화를 일으키지 못한다. 악을 수행하는 상대에 대한 악의 되먹임은 가해자-피해자 또는 우월과 열등의 위치만 바꿀 뿐 홀로주체적 지배질서의 근본 성격에는 아무런 변화를 가져오지 못한다. 대항혐오는 보편성의 확보 없이 당파성의 주인만 바꿀 뿐이다.

4. 서로주체적 길의 모색

서로주체적 정치의 소망성(desirability)을 밝히는 일은 이 글의 범위를 벗어난다. 문제가 다차원에 복잡하게 걸쳐 있을 경우 서로주체적 관계가 늘 정치적 선이라고 단언하기도 어렵다. 미국의 남북전쟁처럼 노예제 폐지와 유지라는 근본적인 윤리적-정치적 기본틀(ethico-political frameworks)이 부딪힐 때는 노예제 폐지라는 서로주체적 질서를 상대에게 일방적으로 강요하는 홀로주체적 자세가 민주주의의 발전에 기여할 수도 있다(Olson 2009). 홀로주체적 자세와 서로주체적 자세에 대한 규범적 판단은 구체적 맥락에 따라 신중하게 내려질 필요가 있는 것이다. 앞에서 여러 사회집단의 혐오와 대항혐오의 홀로주체성을 분석했지만, 그들이 모두 동일한 수준의 책임이 있는 것은 아니다. 혐오에 대한 대항혐오가 대항표현으로서 긍정적 의미가 있다는 점도 밝혔다. 하지만 똑 같은 대항표현의 논리가 애초의 혐오표현에도 적용될 수 있으며, 혐오와 대항혐오의 고리가 홀로주체적 관계를 확대하고 그 악순환을 불러일으키는 측면도 분명히 존재한다. 혐오가 사회의 구조적 · 제도적 문제의 '증상'에 그치지 않고 홀로주체적 관계의 악순환을 심화시키는 '원인'이자 '기제'로 작동하는 것이다. 여기서는 사회적 상호행위의 차원에서 혐오와 대항혐오의 홀로주체적 관계의 악순환을 끊고 서로주체적 관계로 가기 위한 길을 모색해본다.

서울대 교수의 성희롱 사건에 대한 대학원대책위원회 활동을 기록한 유현미는 서로주체적 길의 실현가능성에 의문을 제기한다. 그에 따르면, "공동체적 해결", 또는 "가해자를 교정하고 배제하지 않는" 서로주체적 방식이 "원칙적으로 맞는 말"이겠지만, 우리사회에 만연한 "교수-학생 관계의 비대칭성을 강화하는 구조에서는, 가해자-피해자의 공존가능성은 피해자의 역량에 달린 문제가 아니다"(유현미 2018, 120). 유현미의 절실한 언명처럼, 강자의 홀로주체적 억압에 대해서 상대적 약자가 취할 수 있는 길은 대단히 제한되어 있다. 구조적으로 사회적 약자인 여성의 입장에서 강자의 여성혐오에 직면하여 서로주체적 방식으로 대응하기가 쉽지 않다. 그럼에도 나는 약자의 입장에서도 여전히 갈 수 있는 서로주체적 길이 있다고 생각한다. 여기서는 그러한 길을 모색함에 있어서 (1) 상대방을 탓하는 홀로주체적 자세에서 벗어나고, (2) 분노로 시작하되 그것이 혐오로 귀결되지 않고 혐오를 넘어서서 보다 바람직한 미래를 지향하는 '이행-분노'로 넘어갈 것을 제안한다.

첫째, 서로주체적 길의 출발점은 상대방을 탓하는 홀로주체적 자세를 멈추는 것이다. 홀로주체적 자세는 아와 비아의 관계 악화의 원인을 상대방에게서 찾는다. 나는 옳고 상대는 틀렸다, 나는 좋고 상대는 나쁘다, 또는 나는 정상이고 상대는 비정상이다 등의 이분법적 우열 사고가 홀로주체적 자세의 특징이다. 이러한 우열 사고는 아와 비아의 관계의 문제점을 상대방에게서 찾고, 문제의 근원인 상대방을 변화시켜야 한다고 본다. 이처럼 상대방에게서 잘못을 찾고 상대방에게 책임을 묻고 상대방을 정상화시키려는 자세는 상대방의 입장에서는 대단히 홀로주체적인 억압으로 다가온다. 홀로주체적 관계의 악순환이 지속되는 것이다. 이러한 악순환에서 벗어나기 위해서 우선 상대방을 탓하는 자세를 지양할 필요가 있다.

이것은 다양한 집단의 서로 다른 주장이나 입장이 모두 동일한 정도로 홀로주체적이고 그 점에서 모두 다 부당하다는 것을 의미하지는 않는다. 여러 차례 언급했듯이, 각 입장의 정당성이나 부당성은 사회적·구조적 맥락에 따라서 판단할 문제다. 다만 일베나 메갈리아, 또는 촛불집회나 태극기집회 등 각 집단이 모두 자신의 타당성과 상대방의 부당성에 대해 확고한 믿음을 갖고 있으며, 이 같은 자기확신이 우리사회에서 혐오와 대항혐오라는 홀로주체적 관계의 악순환을 가져오고 있다는 것이다.

혐오와 대항혐오의 악순환을 극복하고 서로주체적 관계로 나아가기 위한 길은 상대방을 비정상적이거나 악하고 열등한 대상이 아닌 나와 같은 동등한 주체로 마주하는 데서 출발한다. 문제의 원인을 상대방에게서 찾는 홀로주체적 자세는 자기 자신은 잘못이 없다는 생각을 전제로 한다. 이와 달리 서로주체적 자세는 자신의 무오류성(infallability)을 전제하지 않는다. 아무리 명백하게 상대방의 잘못으로 보여도, 우리는 스스로의 오류가능성을 열어놓아야 한다. 상대방의 입장에서는 내가 명백하게 잘못하고 있는 것으로 보일 수 있기 때문이다. 밀(2010, 47)이 역설하듯이, 인간의 오류 가능성은 시대가 증명한다. 절대적 진리로 믿었던 많은 의견들이 시대가 지남에 따라 어처구니없는 것으로 판명나는 경우가 많다. 서로주체적 길은 이와 같은 오류가능성을 자기 자신에게도 열어놓는 데서 출발한다.

우리사회의 혐오문화와 적대정치를 극복하고 서로주체적 관계를 강화하고자 하는 연구들도 홀로주체적 자세에서 자유롭지 못한 경우가 종종 있다. 최종숙(2018, 5)은 촛불집회와 태극기집회의 적대적 대립을 심각한 문제로 인식하는 학자들의 연구에서 한 가지 중요한 경향을 발견한다. 대체로 촛불집회에 긍정적인 반면 태극기집회에 부정적인 경향이 그것이다. 가령 문성훈은 촛불집회와 태극기집회 사이에 서로주체적 관계를 추구하면서, 오늘날 혐오와 적대 관계의 홍수사태를 상대방 즉 태극기집회의 탓으로 돌린다. 그에 따르면, 태극기 군중은 프롬(Fromm)이 파시즘이나 전체주의에 대한 권위주의적 맹신을 설명하기 위해 고안한 '자유로부터의 도피'라는 테제에 잘 들어맞는 전형적인 사례다. 여기서 태극기 군중은 하나의 '사회적 질병' 또는 '사회적 기능 장애'로 취급된다. 그는 혐오와 적대 관계의 대안으로 프롬이 말한 '사랑과 연대'를 제안하면서, 이는 호네트가 말하는 '상호인정관계'에 다름 아니라고 한다(문성훈 2018, 23-27). 하지만 사회적 질병을 앓고 있는 병든 집단을 상대로 해서 사랑과 연대라는 상호인정관계를 발전시킨다는 그의 생각에는 이미 우월과 열등, 정상과 비정상의 홀로주체적 자세가 자리하고 있다.

나도 개인적으로 태극기집회의 참가자들을 이해하기 어렵다. 하지만 서로주체적 관계를 지향하는 한, 상대방을 병리적 집단으로 보는 것은 도움이 안 된다. 태극기집단도 병리적이기보다는 지극히 정상적인 사람들의 모임으로 볼 필요가 있다. 촛불집회 참가자와 태극기집회 참가자를 경험적으로 분석한 한 연구에 따르면 이들은 실제로는 이질적이기보다는 서로 비슷한 집단이다. 두 집회 모두 "수도권에 거주하는 중도 성향의 대학 이상 고학력, 중간소득층"이 주도한 점에서 비슷하다. 태극기집회 참여자 중에 '돈 받고 동원된 가난한 노인'도 있을지 모르나, 대부분의 참여자가 "'선동'과 '세뇌'가 아닌 자신의 판단에 의해 자발적으로 참여"했을 가능성이 훨씬 크다(최종숙 2018, 12).

세월호 참사 이후 벌어진 '노란 리본' 대 '폭식 투쟁'의 대립도 선과 악의 대결로 보는 자세에서 벗어나야 한다. 폭식 투쟁을 벌이는 사람들을 도덕적으로 일탈한 나쁜 사람이라고 인식하는 선악 구도로 접근하면 홀로주체적 관계에서 벗어나기가 어렵다. 세월호 진상규명 운동 참여자와 반대자를 심층면접조사한 한 연구에 따르면, 반대자 그룹은 두 가지 유형으로 나뉜다. 하나는 무관심과 비공감에서 출발해서 정치적 반감과 유가족에 대한 혐오로 나간 경우다. 다른 하나는 희생자와 유가족에 대한 공감에서 출발했으나 피로감이 누적된 끝에 반감과 혐오로 이어진 경우다(강태수 · 신진욱 2019, 185-186, 215-220). 실제로 세월호 관련 담론 경쟁이 진행되면서, 사고 직후 '참사' 담론이 많은 지지를 받은 반면, 이후 원인 · 책임 규명기와 대책 수습기에는 '보상' 담론과 '피로감' 담론 역시 적지 않은 사람들에게 받아들여졌다(김영욱 · 함승경 2015, 106-108; 이현정 2017, 124-127). 세월호 운동의 참여자와 반대자를 양분하고 후자를 도덕적으로 문제가 있다고 보는 시각은 '공감 · 참여 ⇨ 피로 ⇨ 반대'의 경로를 거친 적지 않은 사람들을 적으로 돌리게 된다. 서로주체적 길은 상대가 아무리 마음에 들지 않더라도 상대방에게 문제의 책임을 돌리는 자세를 지양하고 상대를 탓하지 않는다. 상대방이 비정상적으로 보일지라도 나에게도 문제가 있을 수 있다는 자세를 갖고 아와 비아의 관계의 개선에 집중한다.

이것은 훅스(Hooks)의『모두를 위한 페미니즘』의 길이다. 대항혐오가 상대방을 타자화하는 홀로주체적 길이라면, 모두를 위한 페미니즘은 남성과 여성의 관계를 개선하는 데 초점을 두는 서로주체적 길이다. 모두를 위한 페미니즘은 페미니즘을 "성차별주의와 그에 근거한 착취와 억압을 끝내려는 운동"으로 이해하고 "남성을 적으로 돌리지 않는" 서로주체적 자세를 표방한다. 남성만 아니라 여성도 성차별주의적 사고에 젖거나 성차별주의적 행동을 할 수 있다. 성차별주의에 반대하는 남성은 페미니즘의 소중한 친구인 반면, 성차별주의에 젖은 여성은 페미니즘 운동에 도움이 안 된다(훅스 2017, 25, 45). 여기서 페미니즘이 반대하는 것은 남자가 아니라 남성중심주의라는 성차별주의다. 페미니즘은 우리 모두를 위한 것이지 여성만을 위한 것이 아니다. 대항혐오와 달리, 모두를 위한 페미니즘은 상대를 적으로 돌리지 않는다. 오히려 더 큰 우리(大我)의 대의에 참여하게 함으로써 우리의 외연을 넓힌다. 대항혐오가 자기 집단 내의 이견을 억압하는 것과 대조적으로, 서로주체적 길을 가는 페미니즘은 단 하나의 대문자(F) 페미니즘이 아니라 복수의 다양한 페미니즘(소문자f)들을 인정한다(게이 2016, 18).

모두를 위한 페미니즘은 당파성의 '보편화'에 초점을 둔 점에서 '당파성'을 강조하는 대항혐오와 대조된다. 비아를 배제할수록 아의 당파성은 선명해지고 결집력도 강해지겠지만, 다른 한편으로 배제되는 비아의 범위가 커진다. 모두를 위한 페미니즘은 당파성을 살리면서도 아의 헤게모니에 포함되는 비아의 범위를 넓힌다. 그만큼 비아는 새로운 아 즉 대아 속에 들어와서 우리가 된다. 당파성보다 보편성을 강조한 결과 훅스의 페미니즘은 여성에 대한 폭력뿐만 아니라 "모든 종류의 폭력을 종식하기 위한 운동"이 되고, 모든 종류의 지배를 종식하여 아무도 지배받지 않는 세상을 건설하는 운동이 된다(훅스 2017, 22, 149-158, 234-235, 263). 이와 같은 서로주체적 세상을 향한 출발점은 상대방을 적으로 돌리지 않는 것이다. 상대방의 잘못이 아니라 상대방과 나의 관계에 초점을 맞추고, 상대방을 바꾸는 것보다 나와 상대방의 '관계'를 개선하는 데 중점을 두는 것이다.

둘째, 서로주체적 길은 상대방의 혐오표현에 대해 분노하되 분노에 그치지 않고 그것을 넘어 서로주체적 관계로 나아가는 '이행-분노(transitional anger)'를 요구한다(누스바움 2018, 47-131; Nussbaum 2015). 상대방을 탓하는 홀로주체적 자세에서 벗어난다고 해서 상대방의 부당한 행위에 가만히 있어야 한다는 것은 아니다. 혐오에 대해 침묵하는 것은 혐오표현이 노리는 자기혐오에 빠지는 것이다. 침묵이 아닌 적극적 대응이 요구된다. 필요하면 강제력을 동원한 저항도 주저하지 말아야 한다. 대항혐오가 아니라 대항표현 같은 비폭력적이고 평화적인 저항을 더 선호하지만, 구조적으로 제약이 많은 사회적 약자의 입장에서 강제력을 동원한 저항이 불가피할 수도 있다. 여기에서 중요한 것은 "평등이 평화보다 더 높은 사회적 목표"라는 점이다(니버 2017, 317-318). 혐오에 침묵함으로써 홀로주체적 지배질서를 유지하는 평화보다 혐오에 저항하고 대등한 관계를 수립하는 것이 더 우선한다.

혐오에 저항하는 데 있어서 분노는 유용하다. 분노는 무언가 잘못되었다는 신호(wake-up call)로 작용하거나, 중요한 동기(motivation)가 될 수 있고, 나아가 향후 혐오를 반복하지 못하게 하는 억제책(deterrent)의 역할을 할 수 있다(Nussbaum 2015, 55-56; 누스바움 2018, 94-100). 여기서 중요한 것은 혐오에 대항해서 혐오가 아닌 분노로 저항해야 한다는 점이다. 혐오에 대해서 혐오로 맞대응하는 것은 홀로주체적 관계의 악순환을 가져온다. 분노로 혐오의 구조를 저항하며 그것을 바꿔야 한다. 혐오와 달리 분노는 정의감에 입각해서 차별과 부조리한 질서에 문제를 제기한다(김종갑 2017, 9-13).

분노하되, 한편으로 그것이 대항혐오에 빠지지 않도록 하면서 다른 한편으로 분노 자체를 넘어서 나아갈 준비를 해야 한다. 분노만으로는 혐오와 적대의 홀로주체적 관계를 넘어서지 못한다. 대항혐오와 마찬가지로 분노에는 상대방에게 보복(retribution)하거나 되갚음(payback) 하려는 마음이 들어 있다(누스바움 2018, 49, 64; Nussbaum 2015, 41). 누스바움은 분노의 길에 들어선 사람이 마주할 세 갈래 길을 언급한다. '지위의 길'과 '인과응보의 길', 그리고 미래의 행복을 향한 '이행의 길'이다. 지위의 길은 상대방의 지위를 격하시킴으로써 피해자와 가해자의 지위만 바꿀 뿐, 홀로주체적 억압과 우열 구조는 그대로 둔다. 인과응보의 길은 상대방이 피해를 입고 고통을 당하게 하지만 엄밀하게 말하자면 나에게 있어서 달라지는 것은 아무 것도 없다. 이들 분노는 기본적으로 과거지향적이다. 남는 것은 세번째 길, 과거의 잘못에 대해 분노하되 동시에 이를 넘어서서 바람직한 미래를 향한 건설적 사고로 이행하는 '이행적 분노'다. 이행적 분노는 공동체의 미래 복지를 증진하는 데 초점을 두는 점에서 실리적이다 (Nusbaum 2015, 42, 46-52; 누스바움 2018, 64-82, 263, 356).

분노에서 시작하여 비분노로 '이행'한 사례로 누스바움이 든 마틴 루터 킹 (Martin Luther King, Jr.)의 예를 보자. 킹은 인종차별주의에 대한 분노에서 시작하지만 거기에 멈추지 않았다. 킹에게 있어서 분노는 백인에게 치욕을 돌려주거나 백인을 악마화하는 문제가 아니라, 인종에 상관없이 모두가 자유롭고 정의롭게 함께 사는 미래를 건설하는 문제로 넘어간다. "나에겐 꿈이 있습니다"라는 킹의 연설은 인종차별에 대한 분노에서 시작하지만, 그것은 가해자에게 고통을 돌려주거나 보복적 처벌을 가하는 꿈이 아니라 모두가 함께 연결되는 평등과 자유, 형제애에 대한 꿈으로 나아간다(누스바움 2018, 83-85; Nussbaum 2015, 53-54). 간디의 비폭력 노선, 미국의 시민권 운동, 남아프리카공화국의 반(反)아파르트헤이트 투쟁도 궁극적으로 분노를 넘어서 비분노를 실천한 대표적 예다. 분노가 아닌 비분노로 상대를 대하고 우정과 아량을 통해 상대방을 우리 안에 포용하는 것이 중요하다. 이러한 비분노는 분노에 비해 전략적으로도 우월하다. "비-분노는 존중과 우정을 얻어내며, 궁극적으로는 적들도 내 편으로 끌어들"일 수 있기 때문이다(누스바움 2018, 440-447, 473).

과연 누스바움의 비분노와 같은 서로주체적 길이 현실에 있어서 실현 가능할까? 가능성이 크지도 않고 쉬운 길도 아니지만, 이들 사례에서 보듯이 실현가능한 서로주체적 길은 분명히 있다. 이 길이 가능하다는 생각의 끈을 놓지 말아야 한다.

5. 맺는 말

이 글은 2010년대 들어 크게 증가한 우리사회의 사회적 혐오 현상에 대한 나의 고민과 생각을 정리했다. 첫째, 일베의 여성혐오를 중심으로 혐오와 적대의 정치를 홀로주체적 인정투쟁으로 규정하고 그 홀로주체성을 분석했다. 둘째, 여성혐오에 대한 메갈리아의 미러링을 중심으로 혐오에 대한 대항혐오가 혐오의 홀로주체성을 폭로하는 순기능이 있지만 동시에 홀로주체적 관계의 악순환을 더욱 악화시킨다고 주장했다. 셋째, 혐오와 대항혐오의 홀로주체적 관계의 악순환의 고리를 끊기 위한 서로주체적 길을 모색했다.

박권일(2016, 32-33)은 단순히 혐오에 반대하는 것만으로는 이 문제를 해결하지 못하며, 혐오주의의 근본에 있는 "우열의 논리, 과잉능력주의"와 싸워야 한다고 주장한다. 허윤도 비슷하게 문제의 근원을 찾아서, 여성혐오와 그에 대한 대항혐오의 근원에 신자유주의 체제에 의해서 위협받는 가부장적 '남성성'이 자리하고 있다고 본다. 따라서 "여성혐오를 둘러싸고 벌어지는 논쟁은 직업과 노동권을 둘러싼 정치경제적 투쟁"이라고 주장한다(허윤 2016, 109). 이들의 주장에 공감하면서도 의문을 누를 수 없다. 과연 우리는 혐오정치라는 증상을 치유하기 위해서 능력주의나 그 근원에 있는 신자유주의 체제의 변혁을 위해 노력해야 할 것인가? 나는 그와 같은 근원적인 접근이 필요하다는 데 동의하면서도 그것이 충분하다고 생각하지 않는다. 혐오의 근본원인을 찾아서 과잉능력주의라는 오늘날의 지배 이데올로기와 함께 그것을 배태한 신자유주의 경제질서에 대한 정치경제적 투쟁도 전개해야 하겠지만, 동시에 혐오 자체에 대한 상호행위 차원의 대응도 필요하다. 혐오와 대항혐오가 악화시키는 홀로주체적 관계의 악순환을 끊고 서로주체적 관계로 나아가기 위한 서로주체적 길도 모색해야 한다.

혐오는 단순히 증상으로만 취급되어서는 곤란하다. 혐오는 증상이자 원인이기도 하다. 혐오는 홀로주체적 관계에서 나타나는 증상이기도 하지만 홀로주체적 관계를 더욱 심화시키는 원인이기도 하다. 이 글은 혐오와 대항혐오가 홀로주체적 관계를 악화시키는 기제로 작동하는 점을 강조했다. 혐오와 대항혐오라는 사회적 상호행위 차원에서의 진단과 처방의 모색이 홀로주체적 관계의 악순환을 끊고 서로주체적 길을 모색하는 데 충분하다고 생각하지는 않는다. 사회적 혐오의 구조적 · 제도적 원인을 찾아서 그것을 변혁시키기 위한 노력도 기울여야 한다. 혐오와 대항혐오의 상호행위의 차원에서 홀로주체적 관계의 악순환의 기제를 찾는 작업이 행위집단에 모든 책임을 돌리는 것으로 읽히지 않기를 바란다. 정당한 분노가 필요하며 그것은 홀로주체적 관계를 개선하는 데에도 도움이 된다. 다만 구조적 차원에서의 진단과 처방은 근본적인 만큼 요원하며, 그 또한 필요하기는 하지만 충분한 것은 아니다. 구조적 분석과 아울러 사회적 상호행위 차원에서의 분석도 필요하다.

사회적 구성물로서의 혐오는 증상이자 원인이기도 하다. 혐오는 (대항)혐오에 의해서 더 심해진다. 이때 전자는 증상으로서의 혐오이고, 후자는 원인으로서의 혐오다. 이 둘은 섞여 있으며 둘 사이의 상호강화가 계속된다. 이 악순환을 끊기 위해 홀로주체적 상대방에 대해서 서로주체적 자세로 접근하는 서로주체적 길을 걸어야 한다. 서로주체적 길은 대단히 어렵지만 실현 가능하며 누스바움이 강조하듯이 역사적으로 성공한 사례들도 있다. 그 길이 있다는 생각의 문을 닫지 말아야 한다.

제8장 　서로주체적 헤게모니*

1. 여는 말

이 글은 '서로주체적 헤게모니'의 개념을 탐구한다. 서로주체성과 헤게모니는 양립 가능한가? 헤게모니가 기본적으로 지배–지도 관계를 상정하고 있다면, 과연 그러한 지배–지도의 수직적 관계에서도 서로주체성이 실현될 수 있는가?[1] 아렌트는 서로주체적 헤게모니 정치관을 대표한다. 그런데 그의 서로주체적 정치는 지배관계가 아닌 자유인들 사이의 평등한 수평적 관계에만 해당한다. 이에 반해 나는 수직적 관계에서도 즉 지배 관계에 있어서도 서로주체적 헤게모니가 가능하며 원래 좁은 의미의 '순수한' 헤게모니는 홀로주체적이기보다는 서로주체적이라고 주장한다.

다른 조건이 같다면, 서로주체적 헤게모니가 홀로주체적 헤게모니에 비해서 정치적 선에 해당한다. 서로주체적 만남은 서로 상대방의 주체성을 인정하고 공존하는 점에서, 일반적으로 홀로주체적 만남보다 더 바람직하다. 그만큼 홀로주체적 만남보다 서로주체적 만남이 더 어렵다. 아와 비아가 각각 상대적 강자와 약자의 입장에 있다고 가정하자. 상대적 강자인 내 입장에서는 나 자신

---

* 이 장은 김학노(2011)를 수정·보완한 것임.
1) 이 질문은 2009년 한국정치학회 연례학술회의(12. 5)에서 권기붕 선생님이 제기하였다. 날카로운 문제 제기에 감사드린다.

의 유리한 위치나 힘을 발휘하고 싶은 유혹을 견뎌야만 비아에 대해 서로주체적 만남의 자세를 갖출 수 있다. 상대적 힘의 차이가 클수록 그 같은 유혹이 클 것이다. 반면에 상대적 약자인 비아의 입장에서는 강자인 나를 상대로 예속됨 없이 서로주체적 만남의 자세를 견지하는 것이 쉽지 않다. 상대적 힘의 격차가 구조적으로 작동해서 의도하지 않았음에도 자신도 모르게 자발적으로 복종하는 자세를 가질 수도 있다.

집단 간 또는 사회세력 간 서로주체적 만남은 개인 사이에서보다 더 어렵다. 『도덕적 인간과 비도덕적 사회』에서 라인홀드 니버는 개인 차원에서의 도덕과 집단이나 사회 차원에서의 도덕이 상이하다는 점을 강조한다. 개인 차원에서는 타인을 위해 자신의 이익을 양보하고 희생하는 이타심이 도덕적으로 훌륭한 일이다. 반면에 집단 차원에서는 집단적 이기심이 이타심보다 도덕적으로 더 바람직한 경우가 많다. 자기 집단의 이익을 희생하면서 이타심을 발휘하는 지도자는 결코 훌륭한 지도자로 추앙받을 수 없다. 집단적 또는 사회적 이기심은 불가피하며, 개인과 집단 차원의 도덕 기준은 서로 달라야 한다(니버 2017, 345-370). 따라서 집단 사이의 서로주체적 관계는 개인 차원의 서로주체적 관계보다 훨씬 어렵다. 특히, 현대의 국가처럼 "집단이 크면 클수록 그 집단은 전체적인 인간 집단에서 스스로를 이기적으로 표현한다"(니버 2017, 81). 자기 집단에 대한 사랑 및 희생과 타집단에 대한 집단 이기적 자세는 서로 상통한다. 따라서 "개인의 희생적인 이타심을 국가의 이기심으로 전환시켜버리"는 '애국심의 윤리적 역설'이 발생한다(니버 2017, 133). 개인의 차원에서 도덕적으로 용납되지 않는 폭력이 집단 차원에서는 도덕적 정당성을 갖는 경우도 많이 발생한다(니버 2017, 236-238, 317-318).

그렇다면 집단 간 또는 사회세력간 지배관계를 전제하는 헤게모니 개념이 서로주체성 개념과 과연 양립 가능한가? 단순히 개인 차원을 넘어서 집단 차원에서 아와 비아 사이에 서로를 주체로 간주하고 존중하면서 동시에 지배 및 지도의 수직적 관계가 수립될 수 있는가? 이 질문에 대해 이 글은 서로주체적 헤게모니가 가능할 뿐만 아니라 원래 그람시가 사용한 좁은 의미의 '순수한' 헤게모니는 홀로주체적이기보다는 서로주체적이라고 주장한다. 또한 이 글은 부르주아 혁명에 의해 수립된 근대민주주의가 기본적으로 서로주체성을 지향하고 있으며, 부르주아 지배의 강점은 바로 이러한 서로주체적 헤게모니에 있다고 주장한다. 반면에 과거 사회주의 혁명의 이론적 기반이었던 프롤레타리아 독재론은 근대민주주의가 담고 있는 서로주체성을 크게 훼손하였다고 주장한다. 진보 진영의 새로운 헤게모니 기획은 근대민주주의가 내포하고 있는 서로주체적 헤게모니의 장점을 더욱 발전시키는 한편 그 한계를 극복하는 방향으로 수립되어야 할 것이다.

　　이 글의 구성은 다음과 같다. 2절에서는 좁은 의미의 헤게모니 개념이 내포하고 있는 서로주체성을 살펴본다. 이는 그람시가 헤게모니를 서로주체적인 개념으로 이해했음을 보여준다. 특히 순수한 헤게모니는 수직적 차원에서 치자와 피치자 또는 지도세력과 추종세력 사이의 상호교육의 관계를 상정하는데, 이 점이야말로 서로주체적 헤게모니가 가능한 접점이다. 3절에서는 근대민주주의의 서로주체성을 수직적 차원과 수평적 차원으로 나누어 찾는다. 4절은 과거 사회주의 혁명이 서로주체적 헤게모니를 수립하지 못한 궁극적 이유를 '프롤레타리아 독재론'에서 찾고, 진보 진영의 새로운 헤게모니 기획의 방향성을 모색한다.

2. 헤게모니의 서로주체성

　　홀로주체적 헤게모니와 서로주체적 헤게모니는 소아에서 대아로 나아가는 두 가지 상이한 방식의 이념형이다. 홀로주체성은 상대방의 주체성을 인정하지 않는다. 홀로주체적인 나는 너를 나와 동등한 주체로 인정하지 않는다. 너는 주체적 존재가 되지 못하고 대상이나 객체가 될 뿐이다. 너는 나의 목적을 위한 수단일 뿐이다. 반면에 서로주체성은 타자적 주체와의 상호 주체적인 만남을 통해서 생성되는 주체성이다. 서로주체성은 너와 나의 상호 동체(同體), 동등(同等), 동존(同存)의 가치를 추구한다. 너와 나는 각각 자아준거적 주체로서 정립하고 동시에 상대방이 그런 주체임을 인정하고 서로 공존한다. 서로주체는 서로를 숭배하거나 억압하지 않고 경쟁과 연대의 주체로 간주한다. 너와 내가 만남을 통해서 보다 확장된 우리 즉 대아가 되는 과정에서도 너와 나의 소아적 주체성이 억압되지 않고 너와 내가 동등한 주체로 만나는 것이 서로주체성이다 (문승익 1970, 39−70, 112−142; 1984, 126−137, 178−186; 김상봉 2007, 36−37,

69-70, 234, 271; 2004, 53-54; 2006, 142; 2007a 69-73; 박구용 2007, 35 참조).

　　서로주체성과 홀로주체성 개념은 이념형이다. 현실세계에서 아와 비아의 관계는 양자의 혼합적 성격을 가질 것이며 서로주체성과 홀로주체성의 양 극을 잇는 연속선 위의 어떤 지점이 될 것이다. 아와 비아의 헤게모니 관계라는 관점에서 볼 때 서로주체성의 문제는 다음과 같이 여러 차원으로 나누어서 생각해 볼 수 있다. 첫째, 아와 비아, 또는 소아와 소아의 수평적 차원이다. 앞에서 홀로주체성과 대조하여 설명한 서로주체성의 개념이 이 차원에 해당한다. 둘째, 지도적·지배적 소아와 다른 소아들 사이의 수직적 차원이다. 소아들의 대아로의 통합을 주도한 헤게모니 집단을 '소아1'이라고 한다면, 수직적 차원은 '소아1'과 다른 소아들 즉 지배적 집단과 하위 집단들 사이의 관계다.[2] 셋째, 대아와 소아 사이의 차원, 또는 전체와 개체 사이의 입체적 차원이다. 소아와 소아가 만나서 대아를 형성할 때 그 대아 속에서 소아의 주체성을 상실하느냐 아니면 대아의 정체성과 함께 소아의 정체성과 주체성이 공존하느냐의 문제다. 서로주체성이란 우리라고 하는 공동의 주체 또는 집단적 주체 속에서 나와 너의 개별적 주체성이 소멸되지 않는 것이라는 김상봉(2007, 271)의 언급은 이 차원을 의미한다. 넷째, '우리'의 안과 밖의 관계다. 앞에서 언급한 수평적 차원과 수직적 차원이 대아 안의 소아들 사이의 문제라면, 대아의 밖에서도 (즉 대아와 다른 대아들 사이에도) 그러한 두 차원의 관계가 있을 수 있다. 대아의 밖에서의 관계가 안에서의 관계에 영향을 미칠 수 있고 그 역도 가능하다.[3] 다섯째, 여기에 시간을 더한 4차원 관계다. 과거의 우리의 부름에 오늘날의 우리가 응답하는지,[4] 미래의 우리에 대해 오늘날의 우리가 충분히 배려하는지,[5] 또는 위임관계의 역

---

2) 수직적 차원과 수평적 차원의 아이디어는 사르토리에게서 가져왔다. 사르토리(Sartori 1973, 9-21)에 따르면, 원래 고대 그리스 시대에는 '정치(politics)'라는 개념에 수직적 차원의 시각이 존재하지 않았고 폴리스(polis)라는 공동체의 수평적 의미만 있었다. 근대에 들어서 사회가 정치체로부터 분리되면서 19세기에 정치라는 개념에 수직적 차원이 들어오는 대변화가 일어났고, 20세기에 들어서서야 정치의 민주화 혹은 대중화에 따라서 다시금 수평적 차원이 확산되었다고 한다.

3) 일례로 어떤 국가가 다른 국가에 대해 서로주체적이지 못하고 속체상황에 있을 때 설령 그 국가의 정부와 국민의 관계가 서로주체적인 경우에도 다른 국가의 외압에 의해 정부가 국민을 서로주체적으로 대하지 못할 수 있다(예, 원하지 않는 파병을 하는 경우).

4) 예컨대 5·18에 대해 기억하기. 김상봉(2006) 참조.

5) 예컨대 지속가능성에 대한 고민.

사와 그 내용에 대해 기억하는지[6] 등의 문제가 이 차원에 해당한다. 여기서는 논의의 단순화를 위해 수직적 차원과 수평적 차원에 국한하여 서로주체성의 문제를 살펴본다.[7]

　좁은 의미의 순수한 헤게모니 개념은 서로주체성을 내포하고 지향한다. 먼저, 헤게모니는 수평적 차원에서 소아에서 대아로 자아의 외연이 확대되는 것을 의미한다. 그람시(1999, 205–206)는 의식을 (1) 경제적–조합적, (2) 계급적, (3) 헤게모니적 단계로 구분한다. 이 세 단계는 각각 소아와 대아의 관계에 있다. 경제적–조합적 단계가 계급적 단계보다 소아의 위치에 있고, 헤게모니 단계에 비해 계급적 단계가 소아의 위치에 있다. 거꾸로, 계급 내 분파의 집단이 기적 이익만 고려하는 것에 비할 때 계급의식은 대아적 단계에 있고, 하나의 특정 계급에 국한한 정치보다 사회 전체의 이익을 고려하는 헤게모니 정치가 더 대아적 단계에 있다.

　우리가 그람시의 계급 관점을 따를 필요가 없다면, 그래서 계급적 단계를 생략한다면, 조합적 자기이익만 추구하는 소아에서 다른 집단들의 이해관계를 포용하는 대아의 단계로 나아가는 것이 보다 헤게모니적이라고 단순화할 수 있다. 특정 이념이나 지역을 대변하는 정당이 소아적 자세를 고집할 때보다 대아적 자세를 견지할 때 그만큼 사회전체적인 헤게모니 수립에 근접한다. 이는 헤게모니가 수평적 차원에서 서로주체적 관계의 수립을 지향한다는 것을 뜻한다. 아와 비아, 나와 너, 우리와 그들 사이에 뚜렷한 구별을 하고 비아를 배제하기보다는, 우리와 그들의 차이를 인정하되 그 차이를 배제하는 게 아니라 그 자체로 자율성을 갖는 주체로 인정하고 수용하는 자세다. 인정과 수용은 일방적인 흡수와 다르다. 있는 그대로의 상대를 수용하는 것이야말로 아와 비아 사이의 공통성을 발견하거나 창출함으로써 보다 큰 대아로 발전하는 데 필요한 덕목이다. 헤게모니는 수평적 차원에서 아와 비아 사이의 서로주체성을 지향하는 것이다.

---

6) 망각과 기억의 문제에 대해서 최희식(2010) 참조.

7) 서로주체성의 이러한 차원들은 현실에 있어서 분명하게 구분되지 않을 수 있다. 특히, 세 번째 소개한 소아와 대아 사이의 차원은 앞의 수평적 및 수직적 차원들과 겹칠 수 있다. 대아의 정체성이 사실상 지배적 소아의 당파성을 보편화한 것이라면, 대아와 소아의 관계는 소아와 소아의 수평적 관계 그리고 지도적 집단과 하위 집단의 수직적 관계와 밀접히 연관된다.

헤게모니 개념은 수직적 차원에서도 아와 비아의 서로주체적 관계를 지향한다. 이 점은 그람시가 헤게모니 관계를 근대적 교육의 원리에 비유한 데서잘 나타난다. 그에 따르면, 근대적 교육 원리는 더 이상 위로부터 아래로의 일방적인 주입식 교육이 아니라, 피교육자와 교육자가 서로로부터 배우는 상호학습의 관계를 바람직하게 본다. 즉 "교사와 학생 사이의 관계는 [능]동적이고상호적이기에 모든 교사가 곧 학생이고 모든 학생이 곧 선생"이라는 것이다(그람시 1993, 194). 그는 이 근대적 교육 원리를 학교강단뿐 아니라 사회 전반에적용한다.

> "교육적 관계는 이러한 강단에서뿐 아니라 사회 전체에 걸쳐 존재하며, 지배자와 피지배자 사이, 엘리트와 그 추종자들 사이, 지도자와 지도받는 자사이, 전위부대와 본단 사이에도 존재한다. 모든 '헤게모니'적 관계는 필연적으로 교육적 관계이며, 이는 한 나라에서뿐 아니라, 즉 한 국가를 구성하고있는 여러 세력들 사이에서뿐 아니라 국제적이며 전세계적인 영역, 다시 말해서 국가간·대륙간에도 타당하다"(그람시 1993, 195).

이러한 생각의 바탕에는 두 가지 중요한 생각이 전제되어 있다. 모든 사람이 지식인이라는 것과 모든 사람이 다 지배·지도할 수는 없다는 생각이다. 첫째, 현실 세계에는 지배자와 피지배자, 또는 지도자와 피지도자의 구분이 존재한다. 모든 사람이 다 지배자나 지도자가 될 수는 없다. 아무리 모든 사람의 동등한 주체성을 인정한다고 해도 치자와 피치자의 수직적 관계가 현실적으로 존재함을 부인할 수는 없다. 이를 가리켜서 그람시는 정치의 첫째 요소라고 한다(그람시 1999, 158). 둘째, 지배자와 피지배자, 지도자와 피지도자의 구분과 상관없이, 모든 사람은 지식인이자 철학자이다. 모든 사람이 사회에서 지식인의 기능을 수행하는 것은 아니지만, 모든 사람은 그의 직업적인 활동 이외의 부분에서도 어떠한 형태로든지 지적인 활동을 한다. 즉 "호모 파베르는 호모 사피엔스로부터 분리할 수 없다"(그람시 1993, 18, 191).[8]

지식인은 사회에서 지도·지배의 기능을 수행한다. 대중은 그러한 기능 수

---

8) 알튀세르는 인간의 모든 활동이 '철학'적인 것이며 이는 곧 세상과 관련한 '실천'을 포함하는 것이므로 모든 철학이 '정치'라는 그람시의 말들이 결국 모든 인간 활동을 정치활동으로 환원하는 것이라고 비판한다. 이것이 그람시에게서 하부구조에 대한 논의를찾아보기 힘든 이유라는 것이다(알튀세르 2018, 81−96).

행의 대상이다. 따라서 지식인과 대중은 지배와 피지배, 지도와 피지도의 관계를 형성한다. 하지만, 그렇다고 해서 지식인과 대중의 구별이 원초적으로 주어져 있는 것은 아니다. 모든 사람은 동시에 지식인이다. 특정 계급의 유기적 지식인은 전통적으로 지식인의 기능을 하는 사람들이 아니라 그 계급의 대중들로부터 나온다.

물론 대중과 지식인은 지식의 인지방식에 있어서 차이가 있다. 그람시(1993, 283; Gramsci 1996, 173)에 따르면, 대중은 '느낌(feeling)'을 위주로 하며 앎(knowing)이나 이해(understanding)의 방식과는 거리가 있다. 반면에 지식인은 '앎'을 위주로 하지만 항상 이해하는 것은 아니며 느낌의 방식과는 더욱 거리가 멀다. "모든 사람이 철학자"이고 대중의 인식이 지식인의 그것과 차이가 있다면 대중의 철학은 어디에 있는가? 그람시(1993, 161)는 이런 철학은 (1) 언어 자체, (2) '상식'과 '양식', (3) 대중 종교 및 '민속'에 집합적으로 묶여 있는 신념, 미신, 의견, 사물을 보는 방식, 행위 방식 속에 담겨 있다고 한다.

그렇다면 지식인과 대중의 인식방식의 차이에도 불구하고 어떻게 모든 사람이 지식인이면서 동시에 지식인과 대중, 지도자와 피지도자의 구분이 가능한가? 김선욱(2007, 194–197)의 '대중적 인식론'에서 흥미로운 해법을 찾을 수 있다. 김선욱은 철학자들이 추구하는 것이 참된 '진리(Epistemē)'라면 일반 대중이 일상의 삶 속에서 소통하고 설득하는 지식은 '의견(Doxa)'이라고 구분한다. 민주주의 맥락에서 일반 대중이 서로 소통하는 주요 지식은 의견이며, 따라서 '진리의 정치'보다는 공동체성에 입각한 '의견의 정치'가 중요한 의미를 가질 수 있다. 중요한 것은 대중과 엘리트의 서로 다른 인식론이 모든 개인에게 함께 존재한다는 점이다. 엘리트와 대중, 또는 지식인과 대중은 현실 세계에서 처음부터 분리되어 존재하지 않는다. 의견을 추구하는 대중적 인식론과 진리를 추구하는 철학자적 인식론이 모든 개인의 내면 속에 모두 갖추어져 있다는 것이다.

모든 사람은 대중이자 지식인이다. 마찬가지로 모든 사람은 의견을 가지고 있으면서 진리를 추구할 수 있다. 지식인과 대중의 구분, 지도자와 대중의 구분은 원초적으로 주어진 것이 아니다. 나아가서 지식인과 대중은 서로 유기적 관계를 맺고 있어야 하며, 근대 교육의 원리에 따라 서로가 상대방으로부터 배울 자세를 갖추고 있어야 한다. 지식인이 대중의 느낌이나 열정에 대한 이해 없이도 지식과 지식의 대상에 대해서 알 수 있다고 믿는다면, 즉 지식인이 대중으로부터 떨어져서 민중의 기본적 열정과 정서를 느끼고 이해함이 없이도 진정한 지식인이 될 수 있다고 믿는다면 큰 오류를 범하는 것이다(그람시 1993, 170, 283; 김성국 1995, 41-42).

> "지식인과 민중·민족, 지도자와 피지도자, 지배자와 피지배자 간의 관계가 유기적 결속으로 맺어지고, 이러한 결속을 통해 느낌·열정이 이해 및 나아가 지식(기계적으로가 아니라 생동적인 방식으로)으로 화할 때, 오직 그때에만 그 관계는 서로를 대변하는 관계가 될 것이다. 또 이때에만 통치자와 피통치자 그리고 지도자와 피지도자 사이에 개인적 요소들의 상호교환이 일어날 수 있으며 함께 나누는 생활이 실현될 수 있는 것이다. 이 함께 나누는 생활을 통해서만 하나의 사회세력 즉 '역사적 블록(historical bloc)'이 형성된다"(그람시 1993, 284; Gramsci 1996, 173-174).

지식인과 인민 대중, 지도자와 피지도자 사이에 유기적 결속을 이룰 수 있는 가장 중요한 장치가 바로 정당이다. 그람시는 "지도자와 피지도자, 지배자와 피지배자가 존재한다는 원칙이 주어진 이상, 정당은 지금에 이르기까지 지도자와 지도력을 발전시키는 가장 효율적인 방식이었다"고 강조한다(그람시 1999, 160). 정당 안에서 지식인과 지도자가 대중과 유기적 관계 속에서 서로 배울 자세를 갖고 있을 때 그들의 수직적 관계는 민주적 관계가 된다. 반면에 지식인 또는 지도자가 대중으로부터 배울 자세를 갖추지 않고 일방적으로 지도하거나 지배하려고 할 때 그들은 권위주의 내지는 관료주의로 빠진다. 이 점에서 그람시는 민주적 집중제와 관료적 집중제를 구별한다.

그에 따르면, 정당이나 국가와 같은 조직에서 관료제는 가장 위험하고 소심한 보수적 세력이다.[9] 관료제가 만연하는 것은 지도적 집단이 포화되었음을 뜻한다. 즉 지도 집단이 반대 목소리에 귀를 기울이지 않고 반대 세력을 압박하면서까지 자기의 특권을 영속화하려는 하나의 파당으로 바뀌었다는 것을 뜻한

---

9) 그람시는 관료주의를 자유주의의 근본적인 단점으로 본다. (정치적 및 경제적) 자유주의의 요체는 바로 권력분립(separation of powers)이다. 그런데 바로 여기에 관료제라는 자유주의의 맹점이 존재한다. 공적 업무의 담당자를 인민이 선출한다는 자유주의의 이상과 달리, 일종의 카스트(caste)로 굳어진 관료집단이 인민의 위임 없이 공적 강제력을 행사하기 때문이다. 자유주의는 결국 국가의 수장을 선출하는 것에 그치고, 인민의 선출에 의한 통치라는 자유주의의 이상은 사실상 허구가 된다(Gramsci 2007, 64-65).

다. 관료제가 당원 대중으로부터 또는 국민 대중으로부터 독립하여 군림하려 든다면, 그 당이나 국가는 시대착오적인 과오를 범하는 것이며 막상 심각한 위기가 도래했을 때 대중의 지지를 상실한 채 그들의 지배가 얼마나 허약한 기반 위에 있었는지 알게 될 것이다(그람시 1999, 215, 247).

반대로 당이나 국가와 같은 조직이 대중들의 느낌과 열정에 귀를 기울이고 대중의 실제 운동에 조직을 부단히 적응시킬 때 진정한 민주적 집중제가 가능하다. 이런 점에서 민주적 집중주의는 "운동하는 집중주의"다. 지도적 집단이 "대중의 밑바닥으로부터 떠오르는 인자들"을 지도기구의 틀 속으로 끊임없이 받아들이고 그 경험의 축적으로부터 배울 때에만 그 조직은 기계적 관료주의로 빠지지 않고 '민주적' 집중주의를 구축할 수 있다. 민주적 집중주의는 대중의 끊임없는 운동과의 '유기적' 연결을 유지하는 것이다(그람시 1999, 214-215). 이러한 민주적 운영을 위해서는 정당이나 국가 또는 어떤 조직이든지 그 모든 성원을 지식인으로 간주하여야 한다(그람시 1993, 26).

요컨대, 그람시가 이상적으로 생각하는 순수한 헤게모니는 지식인과 대중, 지도자와 피지도자, 지배자와 피지배자 사이의 상호교육 관계이고, 이는 평범한 당원이나 대중 모두를 지식인으로 간주할 것을 요구한다. 현실 세계에 있어서 지도와 피지도의 구분이 불가피하지만, 그럴지라도 지도 세력은 하위 세력들을 자신과 동등한 서로주체적인 관계로 대해야 하는 것이다. 지식인과 대중, 지도자와 피지도자의 구분이 있다고 해서 그들의 구분이 원초적으로 주어진 것은 아니다. 그람시는 달(Dahl 1989, 55-56)이 말하는 수호자주의 (guardianship)의 가정, 즉 자격 있는 일군의 사람들만이 통치할 수 있다는 가정을 부정하는 것이다.

그람시의 헤게모니 관계가 강조하는 '상호학습' 또는 '서로 배움'의 관계는 김상봉(2007, 281-300)이 강조하는 서로주체적 만남의 대표적인 경우다. 서로주체성은 너와 나의 만남의 깊이와 관련된다. 만남의 깊이는 너와의 만남을 위해 나를 얼마나 비우고 버릴 수 있느냐에 달려 있다. 나를 버리고 비움은 나의 실체나 주체성을 상실하는 것이 아니다. 만남을 통해서 보다 큰 대아로 거듭 태어나기 위해서, 나의 사욕과 집착을 내려놓고 너의 열정과 느낌을 느끼고 수용함을 의미한다. 배움은 나를 낮춰서 비우고 거기에 너를 받아들여서 마음으로 모시는 것이다. 겸손하게 나를 낮추지만, 나는 그 배움을 통해 타인의 노예가 되기보다는 더욱 자유롭게 된다. 나를 낮추고 비워야 진정한 배움이 가능하다는 점에서 김상봉은 배움이야말로 가장 탁월한 의미에서 서로주체적인 만남이라고 한다.

지도적 집단과 하위 집단이 서로 배우는 서로주체적 만남의 관계를 갖기 위해서는 생각하고 말할 수 있는 자유가 반드시 필요하다. 하위 집단의 사상과 표현의 자유가 보장되어야 지도적 집단이 그들로부터 배울 수 있다. "모든 사람이 철학자"라는 원칙 위에서, 그람시는 철학자와 그의 환경(모든 사람을 포함한) 사이에도 근대 교육의 원리가 적용되어야 한다고 주장한다.

> "환경은 그의 '스승'이다. 근대의 지식인들이 정치영역에서 제기한 가장 중요한 요구 가운데 하나가 이른바 '사상과 표현의 자유'(곧 '출판의 자유', '결사의 자유')였던 까닭도 바로 이런 이유에서이다. 왜냐하면 일반적 의미에서 위에서 언급한 교사와 제자의 관계는 오직 이런 정치적 조건들이 갖춰져 있어야만 실현될 수 있으며 또 오직 그때에야 우리는 새로운 유형의 철학자의 '역사적' 출현을 맞을 수 있기 때문이다. 이 새로운 유형의 철학자는 자신의 개성을 물리적 개체로서의 자신에 국한하지 않고 문화 환경을 개혁하고자 하는 적극적인 사회적 관계로까지 발전시키고자 하는 의미의 철학자이기 때문에 우리는 그를 '민주적 철학자'라고 불러 마땅하다"(그람시 1993, 195).

지도적 집단과 하위 집단 사이에 서로 배움의 관계가 필요한 것은 서로주체적 만남 자체가 미덕이기도 하거니와 그러한 만남을 통해서 서로 자기 오류나 과오를 정정할 수 있기 때문이기도 하다. 철학자는 일방적인 교육을 통해 자기가 변화시키고자 하는 문화 환경을 바꾸기보다는 환경과 자신이 상호 영향을 미치는 서로주체적 만남을 통해서 끊임없는 자기비판과 자기정정의 과정을 거칠 수 있다. 지도적 집단이 홀로주체적 헤게모니를 행사할 때 하위 집단으로부터 배움이 일어날 수 없으며 지도적 집단의 자기정정의 기회도 그만큼 줄어든다. 서로주체적 헤게모니를 통해 서로 배움의 관계에 있을 때 자기수정을 통한 발전이 가능하다.

3. 근대민주주의의 서로주체적 헤게모니

주지하듯이 헤게모니 개념은 그람시가 선진 자본주의 사회의 강점을 파악하는 과정에서 발전시킨 개념이다. 그는 러시아와 같은 동유럽에 비해 자본주의가 훨씬 발달한 서유럽에서 프롤레타리아 혁명이 성공하지 못하는 이유를 시민사회의 강고한 부르주아 헤게모니에서 찾았다. 그람시가 주목한 부르주아 헤게모니 장치는 여러 가지가 있지만, 나는 근대민주주의 자체를 그러한 헤게모니 기제로 특별히 강조한다. 그람시 자신도 '시민적(civil) 헤게모니'와 관련하여 "국가조직과 시민사회의 여러 단체들의 복합체에서 모두 볼 수 있는 **현대민주주의의 대량적 구조들은**, 말하자면 정치기술상 진지전의 전선에 설치된 '참호'와 항구적인 요새를 구성한다"고 언급한다(그람시 1999, 286-287. 강조는 첨가). 이 글은 이 중요한 통찰의 단초를 발전시켜서 근대민주주의가 내포하고 있는 서로주체적 헤게모니를 밝힌다. 부르주아 헤게모니 기제로서 민주주의는 치자와 피치자의 서로주체성을 지향한다. 이를 수직적 차원과 수평적 차원으로 나누어서 살펴보자.

(1) 수직적 차원

수직적 차원에서 근대민주주의의 서로주체성은 다음과 같은 측면에서 찾을 수 있다. 첫째, 무엇보다도 민주주의는 치자와 피치자의 원초적 구분을 지양한다. "모든 '시민'이 '통치'에 참여하고, 사회는 … 각 개인이 그렇게 할 수 있는 일반적인 조건을 마련해주는 것이 민주주의다. 정치적 민주주의는 피지배자의 동의에 기초하여 통치한다는 의미에서 지배자와 피지배자의 구분이 없는 상태를 지향하고 있다"(그람시 1993, 55). 프랑스혁명에 의해 수립된 민주주의의 이념은 구체제의 불평등한 정치적 위계질서와 단절한다. 민주혁명 이전의 사회에서 사람들은 주어진 사회적 위치에서 고정된 신분의 굴레에 속박되었다. 통치자와 피치자의 구분은 애초에 주어진 것이었으며, 통치는 피치자들을 동등한 주체로 간주하지 않는 홀로주체적인 성격의 것이었다. 근대 시민혁명은 이러한 신분적 구분으로부터 자유로운 개인들로 이루어진 사회상을 만들었다. 이제 치자와 피치자의 구분이 미리 주어지지 않은 새로운 정치의 그림을 그리게 된다 (Laclau and Mouffe 2001, 155; 윤평중 2009, 190 참조).

근대 시민혁명은 단순히 정권이나 체제를 바꾼 게 아니라 정치와 사회를 구성하는 근본 원리를 변화시킨 혁명이다. 근대 이전의 구체제에서는 신정(神政)(theological-political) 논리에 따라 군주에게 영토 내 주권을 부여하였다. 군주는 세속적인 주권자인 동시에 신의 대리인이었고, 언젠가는 죽게끔 되어 있는 인간과 불멸의 신 사이의 중재자였다. 군주는 한편으로 법에 종속되어 있지만 다른 한편으로는 인간의 법 위에 군림하였다. 군주제에서 권력은 신의 대표자로 표상된 군주의 인격체 속에 착근되어 있었다. 근대민주주의 혁명은 이러한 군주제의 질서를 거꾸러뜨린 것이다. 단순히 군주나 구체제의 지배집단 대신에 새로운 지배집단을 대체한 것이 아니다. 민주주의 혁명에 의해 "권력의 소재지가 **비어있는 장소가 된다**"(Lefort 1988, 17. 강조는 원문). 이제 권력은 항구적인 규칙에 따른 경쟁의 결과에 따라 정기적으로 재분배된다. 권력의 소재지는 비어있는 장소이며, 특정 개인이나 집단이 권력과 동체가 되어 이를 차지할 수 없게 되었다. "중요한 점은 민주주의는 **확실성 표지의 해소**(*dissolution of the markers of certainty*)에 의해서 제도화되고 유지된다는 것이다. 사회적 삶의 모든 층위에서, 권력과 법 및 지식의 근거에 대하여, **아**(*self*)와 **비아**(*other*)의 관계들의 근거에 대하여, 인민들이 근본적인 불확실성을 경험하는 새로운 역사가 민주주의와 더불어 시작된다"(Lefort 1988, 19. 강조는 원문). 요컨대, 민주주의 혁명에 의해서 권력은 빈 공간이 되고, 권력과 법, 지식은 늘 불확실성에 노출된다(Lefort 1988, 16-20; 무페 2007, 26; 이병천 1992, 414-415; 이승원 2008, 84).

민주주의가 현실세계에 있어서 치자와 피치자, 지도자와 피지도자의 구분이 존재한다는 정치의 첫째 요소를 부정하는 것은 아니다. 다만 민주주의 혁명과 함께 치자의 조건 또는 지도자가 될 자격이 원천적으로 이미 주어져 있는 세계에서 벗어나게 되었다는 뜻이다.[10] 이 점에서 민주주의는 민주적 정체라는 하나의 특정한 정치체제로 이해할 것이 아니라, 정치적 주체를 수립하고 치자

---

10) 그람시는 헤게모니 체제에서 지도집단과 피지도집단 사이에 분자적(molecular) 교환이 일어나는 만큼 민주주의가 발전한 것으로 본다. 즉 피지도 집단에서 지도 집단으로 인적 이동이 있는 만큼 민주주의가 발전한 것이다. 이런 의미에서 로마 제국 시대에는 피정복 인민들에게 로마 시민권을 주는 형태로 일종의 "제국적-영토적 민주주의(imperial-territorial democracy)"가 존재했다고 할 수 있다. 반면에 배타적 지배 집단이 수립되어 있었던 중세의 봉건주의에서는 민주주의가 불가능했다(Gramsci 2007, 345).

와 피치자의 관계 형태를 수립하는 새로운 방식으로 이해해야 한다. 랑시에르 (2008, 240)가 강조하듯이, "민주주의는 하나의 정치 체제가 아니다. 그것은 아르케 논리와의 단절, 곧 아르케의 자질로 지배를 예견하는 것과 단절하는 것이며, 특정한 주체를 정의하는 관계 형태로서의 정치 체제 자체이다." 치자와 피치자의 구분이 원초적으로 주어진 것이 아니고 누구든지 통치자가 될 수 있다는 근대민주주의의 이념은 고대 민주주의의 제비 뽑기 방식과 상통하는 측면이 있다. "민주주의를 특징짓는 것은 제비 뽑기, 즉 통치할 자격의 부재다"(랑시에르 2008, 240). 이제 권력을 행사할 자격은 특정한 통치 자격이 아니라 바로 그러한 통치 자격의 부재에서 비롯한다(랑시에르 2011, 90-111; 2010, 132; 2008, 238-249).

둘째, 인민대중이 정치의 주체로 등장하였다. 근대 이전에는 정치가 왕과 상층 귀족계급의 사회에서만 있었고, 이들은 인민들에 대해서 홀로주체적인 통치를 실시하였다. 인민들은 통치의 주체가 아니라 객체 즉 홀로주체적 통치의 대상이었다. 인민은 정치의 주체가 되지 못하였으며, 궁정사회를 중심으로 전개되는 정치의 장(場)에서 사실상 배제되었다. '궁정 = 정부 + 왕실'이었고 궁정에서의 정치는 왕과 귀족들로 한정되었다(이종영 2005, 205-232). 근대 시민혁명은 인민을 그 대표를 통해 자기자신의 지배에 참여하는 정치적 주체로 정립하였다. 상층계급에만 한정되었던 정치의 장도 인민에게 확대·개방되었고, 군주가 가지고 있던 주권의 소재지도 인민으로 확대되었다. 이제 정치는 주권자인 인민들의 동의를 바탕으로 지배 세력을 선출하고 교체하는 대중정치로 확대되었다. 시민혁명 이후 인민의 삶과 실천은 단순히 통치의 대상이 아니라, 지배 집단을 선출하고 지배 구조를 재규정하는 권력의 원천이 되었다(조희연·장훈교 2009, 74-75). 요컨대 근대민주주의의 수립으로 인민에 대한 지배는 더 이상 상층 지배 집단의 홀로주체적 통치에 의해서 이루어지지 않고, 인민이 주체로서 참여하고 인민의 동의에 의해서 실시되는 서로주체적 정치에 의해서 이루어진다.

인민대중이 정치의 주체로 등장한 것은 인민의 주체화를 통해 전근대적 통치에 주체적으로 저항한 결과이지 상층 지배집단의 시혜적 통치의 산물이 아니다. 즉 서로주체적 민주정치의 수립은 인민의 속체상황에서 벗어나려는 서로주체적 노력의 산물이다. 이 과정은 나라에 따라서 점진적이거나 급진적으로 다른 형태를 띠며 이루어졌다. 영국과 프랑스가 각각의 대표적인 경우다. 그러나 인민의 주체화가 점진적으로 이루어진 경우에도 그것은 부단히 지속된 차티스트운동과 같은 주체적 투쟁과 저항의 산물이다. 서로주체적 정치는 정치의 객체·대상으로서 주체성을 박탈당하였던 인민대중이 서로주체적 주체화를 이루어내고 이를 기득권 세력에게 인정하도록 하는 데 성공함으로써 수립되었다. 위에서 정치의 장이 인민에게 확대·개방되었다고 언급하였지만, 엄밀히 말하자면 인민이 능동적 주체가 되어 정치에 진입함으로써 정치의 장을 확대시킨 것이다.

셋째, 인민의 동의를 정치의 핵심 원리로 내장하였다. 근대민주주의가 '인민의 동의에 의한 지배'를 요구한다는 점이야말로 전근대적 지배와 구별되는 근대적 지배의 핵심적인 특징이다(조희연·장훈교 2009, 75n). 민주주의의 헤게모니 기제로서의 성격이 여기에서 명확해진다. 그람시는 국가의 권력을 장악하기 전에도 강압보다는 동의를 형성함으로써 지도력을 행사하고 권력을 장악한 이후에도 강압보다는 동의를 바탕으로 지속적인 리더십을 행사하여야 한다고 주장하는데, 그렇게 하는 전체적인 틀이 바로 민주주의의 제도와 규범 및 절차이다. 사르토리(1989, 254-255)의 표현을 빌리면, 민주주의는 권위에 의해서 뒷받침되는 권력을 창출한다. 즉 민주주의는 강압에 입각한 권력을 리더십에 입각한 권위로 전환하는 것을 목표로 한다. 민주주의 자체에서 부르주아 헤게모니가 형성되는 것이다.

인민의 동의에 의한 지배는 그람시가 말하는 좁은 의미의 헤게모니를 뜻한다. 그렇다면 헤게모니 자체가 민주주의에서 비롯되었으며 근대 이후의 현상일까? 라클라우와 무페(Laclau and Mouffe, 2001, 137-138, 151-154, 171)는 중세시대는 차이들로 구성된 닫힌 체계였기 때문에 헤게모니적 절합의 여지가 극도로 제한되어 있었고, 오직 민주주의와 함께 근대에 들어서야 헤게모니적 형태의 정치가 중심에 등장하였다고 한다. 나는 좁은 의미의 헤게모니 즉 동의에 입각한 정치의 개념과 현실이 반드시 근대 이후에만 존속하였다고 보지는 않는다. 규범적으로 바람직한 통치를 위해서나 실질적인 통치의 효율성을 위해서나 지배자가 인민의 동의에 입각한 통치를 하여야 한다는 생각은 근대 이전에도 동서양을 막론하고 얼마든지 찾아볼 수 있다. 근대에 들어와서 달라진 것은 민주주의라는 새로운 정치이념을 통하여 인민의 동의에 입각한 정치를 지배의 체제에 제도적으로 내장한 점이다. 권력의 장악과 행사를 위한 과정 자체에 인민의 동의 기제가 내장되어 정치의 전체적인 과정과 개념이 달라졌다.

넷째, 민주주의는 치자와 피치자의 상호 구성관계뿐만 아니라 상호 학습의 관계를 기본으로 수립하였다. 인민의 동의를 바탕으로 한다는 것은, 통치 세력이 자기의 통치방식과 내용을 인민의 뜻에 따라 수정하여야 함을 뜻한다. 이 점에서 민주주의에 의해 수립되는 헤게모니는 서로주체성을 지향한다. 정치지도자는 주인인 인민대중의 대리인으로서 주인인 인민을 홀로주체적 정치의 객체로만 보지 않는다. 대리인이 일방적으로 주인을 지배·지도하는 것이 아니라 오히려 주인인 국민의 뜻에 따라 대리인인 정치지도자들의 정책 방향이 정해진다. 그람시가 강조한 치자와 피치자의 서로 배움의 관계가 전제된 것이다.

수직적 차원에서의 서로 배움의 관계는 민주주의를 열려 있는 체제로 만들어준다. 열린 체제는 인민들의 목소리를 듣고 배우고 스스로 변화할 자세를 가지고 있는, 새로운 질서의 수립 가능성을 내포하고 있는 체제다. 스스로의 오류 가능성을 인정하고 다양한 목소리를 청취하는 배움의 자세다. 또 인민대중의 목소리로부터 배우려 하지 않는 정치세력을 인민의 힘으로 벌할 수 있는 체제다. 이는 현재의 질서를 잠정적이고 불안정한 것으로 만든다. 따라서 민주주의 질서란 영원하지 않고 언제든지 전복 가능하다는 '민주주의의 역설'이 성립된다 (무페 2006, 71-91; 장훈교 2009, 260-266).

(2) 수평적 차원

민주주의의 서로주체성은 수평적 차원에서도 찾을 수 있다. 첫째, 권력투쟁의 정치를 삶과 죽음의 문제에서 공존을 전제로 한 경쟁의 문제로 바꾸었다. 근대 이전의 정치는 목숨을 걸고 싸우는 경우가 많았다. 권력투쟁의 승자와 패자가 삶과 죽음으로 갈릴 수 있다면 이는 결코 서로주체적일 수가 없다. 정치의 장에서 부르주아적 지배양식이 안정적으로 확립된 이후의 정치도 여전히 모든 것을 거는 생사투쟁의 성격을 갖지만, 이 때 모든 것은 단지 '상징적 생명'으로 국한된다. 권력투쟁의 패자는 '상징적 죽음' 즉 정치적 죽음을 맞는다. 그 죽음의 상징성이 유효한 한에서는 더 이상 '정치의 장'에 발붙일 수 없지만, 다른 영역에서는 새로운 삶을 시작할 수 있다(이종영 2005, 235). 근대민주주의의 두드러진 공헌은 바로 피를 흘리는 일 없이 정부를 물러나게 하는 것이 가능해졌다는 점이다(포퍼 2000, 219-220). 정치가 목숨을 내놓을 만큼 위험하지 않게 된 정도로 민주주의는 수평적 서로주체성을 보증한다.

민주주의 사회에서 갈등이 더 이상 존재하지 않는 것은 아니다. 민주사회에서 갈등은 더 많이 표출된다. 다만 "사회 내에 존재하는 갈등들을 억압하거나 범죄화하는 대신, 적대적이고 경쟁적인 이익들을 공식적 대표의 체계 내에 통합하고 제도적으로 관리하는 정치적 과정"이 민주주의다(최장집 2006, 26). 민주주의에서 아와 비아의 구분이 사라진 것도 아니다. '그들' 없이 모두를 포함하는 '우리'는 존재하지 않는다. 아와 비아 사이의 적대(antagonism)관계가 사라진 것이 아니라, 그 적대관계를 관리하고 표출하는 방식이 달라지고 다양해졌다. 민주 정치에서 '비아'는 더 이상 파괴를 요하는 '적(enemy)'이 아니라 공존을 전제로 한 '맞수(adversary)'다. 맞수란, '아'와 생각이 달라서 서로 투쟁을 하지만, 그(녀)가 자신의 생각을 방어할 권리를 아가 지켜줘야 할 주체다. 이런 의미에서 '적대'를 '경합(agonism)'으로 바꿈으로써 '경합적 다원주의(agonistic pluralism)'를 수립하는 것이 민주주의의 목적이다(Mouffe 2000, 149; 무페 2007, 15).

이 점에서 민주주의는 아와 비아의 관계를 적과 동지로 양분하는 슈미트(1995)의 이분법을 지양한다. 슈미트는 적의 규정에서 먼저 출발해서 적이 아닌 우리 편을 규정한다. 적과 동지의 구별에서 동지가 아니라 적이 일차적인 규정이다. 먼저 적을 설정하고 적이 아닌 자를 동지로 규정한다(이진경 2007, 81-84). 이러한 적대관계는 적과 친구 사이에 다른 형태의 중간지대를 허용하지 않는다. 반면에 민주 정치에서는 적과 동지 사이에 다양한 형태의 관계가 가능할뿐더러 적과 동지의 관계가 영원히 고착된 것도 아니다. 무엇보다도 민주 정치에서의 적대관계는 아와 비아가 서로 맞수의 생존권과 정치적 자유를 인정한 바탕 위에서 전개된다.

민주정치가 적과 동지라는 이분법적 시각을 지양한다고 해서, 자유주의의 주장처럼 근대민주주의가 여러 사회세력들 사이의 이익정치가 중립적인 영역에서 벌어지는 것이라고 볼 필요는 없다. "헤게모니의 각축장인 시민사회는 모든 계급에게 평등하게 열린 중립적인 장이 아니라 물질적 · 지적으로 우위에 있는 지배계급에게 압도적으로 유리하게 조직된 투쟁의 지형"이다(강옥초 1998, 293; 안현호 2007, 66 참조). 시민사회와 마찬가지로 정치사회도 지배적 집단에 유리하게 제도화되어 있다. 이러한 불평등성에도 불구하고, 민주주의에서 정치적 주체들은 최소한 서로의 정치적 · 법적 주체성을 인정하고 서로의 공존을 바탕으로 정치에 임한다. 전근대 사회에 비해 정치적 주체들 사이의 수평적 서로주체성이 크게 확대되었다.

둘째, 정치적 평등의 확대다. '1인 1표'로 집약되는 정치적 평등, 법 앞의 평등, 기회와 조건의 평등 등의 민주주의 이념은 서로주체적 수평적 관계를 지향한다. 정치적 평등의 확대는 다수결 제도와 보편적 선거권으로 구현된다. 먼저, 다수결은 정치적 평등 원리에 입각하여 모든 시민의 목소리를 동등하게 취급한다. 달(2010, 27-29)은 다수결 이외에 "모든 시민이 정치적으로 평등한 자로 인정받을 수 있는 자격을 갖는다는 전제와 양립할 수 있는 또 다른 규칙은 없다"고까지 말한다. 물론 다수결 원칙은 오직 정치적 평등을 달성하는 수단으로서만 정당화되기 때문에, 다수(결)에 의해서 민주주의에 필수적인 기본권들이 침해되는 것은 정당화될 수 없다는 조건이 붙는다. 이 문제는 다음에 살필 다수지배의 '제한'으로 보완된다.

정치적 평등의 확대와 관련하여 보다 유의미한 것은, 네그리와 하트가 근대민주주의의 첫 번째 위대한 혁신이라고 부른 선거권 및 시민권의 보편화다. 고대 그리스 민주주의는 자유와 평등 및 권리에 대한 보편적 권리를 인정하지 않았다. 고대 민주주의에서 자유는 인류에 대한 소속이 아니라 특정 도시의 성원이라는 자격에 귀속된 속성이었다. 그래서 도시 공동체를 넘어서 확장되지 않았다(Dahl 1989, 22-23). 반면에 오늘날 민주주의는 시민권의 보편적 확대 과정을 포함한다. 물론 이는 부르주아 계급이 적극 추진하기보다는 민중의 주체적 운동에 의해 성취된 것이다. 하지만 이러한 운동은 만인에 의한 만인의 지배라는 민주주의 개념의 보편화가 있었기 때문에 가능하였다. 고대 민주주의가 소수의 지배와 대조되는 '다수의' 민주주의를 의미하는 제한된 뜻을 가지고 있었던 반면, 근대민주주의는 '만인의' 민주주의로서 제한을 두지 않는 '절대적 민주주의'를 지향한다. 물론 이 보편적, 절대적 민주주의관은 현실세계에서 완벽하게 실현된 적이 없지만, 근대 혁명과 투쟁들에 방향성을 제시하고 동력을 제공하는 역할을 한다(네그리·하트 2008, 291-292).

셋째, '제한된' 다수의 지배를 지향한다. 민주주의는 단순한 다수의 지배가 아니다. 소수의 기본적인 권리를 보장하는 전제 위에서 민주주의는 성립한다. 두 가지 의미에서 그렇다. 하나는 소수의 권리 보호 자체가 갖는 규범성이다. 다수자와 소수자 사이에 서로주체성을 지향하는 규범이다. 다수의 지배는 소수의 권리에 의해서 제한되어야 한다. 그래야만 소수자도 민주주의의 근간인 인민대중에 포함된다. 또 하나는, 민주주의 자체가 존속하기 위해서도 소수자와의 서로주체적 관계가 필요하다. 단순한 다수의 지배는 민주주의 자체를 무너뜨릴 수 있다. 첫 선거에서 또는 어떤 특정한 선거에서 다수를 차지한 사람들이 소수자의 자유를 영구적으로 박탈할 수 있기 때문이다. 이는 다수자 집단에 속한 사람들의 자유를 박탈하는 것이기도 하다. 자신의 견해를 바꾸는 것이 사실상 허용되지 않기 때문이다. 요컨대 소수의 권리에 의해서 제한된 다수지배의 원칙이야말로 민주주의가 작동할 수 있기 위해서 필요한 민주주의 원칙이다(사르토리 1989, 45-63). 민주주의는 수평적 차원에서 인민대중의 서로주체적 관계를 필요로 하는 것이다.

실제의 민주주의 운영에 있어서 소수자와 다수자 사이의 서로주체적 관계는 제한이 있다. 선거로 의사를 결정하는 방식에서는 다수결의 원칙이 적용되기 마련이다. 공직자를 선출하거나 국민결의로 정책을 결정하는 경우에 적용되는 다수제 원칙은 제로섬 관계를 가져오기 쉽다. 구체적 다수가 안정되고 분명한 경우도 그렇다(사르토리 1989, 316-317). 이런 경우에도 소수자에 대한 서로주체성이 보장되어야 한다. 그렇지 않으면 민주적 절차를 거쳐 파시즘이 등장한 것처럼 소수자에 대한 다수의 독재가 가능하다. 단순한 다수제가 가져올 수 있는 위험을 막기 위해 여러 가지 보완책들이 사용된다. 우선 다수의 지배를 의미하는 민중적 민주주의(populist democracy)에서도 다수결은 마지막 수단으로서 사용된다. 즉 '최후의 결정수단'이라는 조건(the condition of "the last say")이 충족되어야 한다(Dahl 1956, 38). 메디슨적 민주주의도 3권 분립 등의 권력분점을 통해 '다수의 전제'를 막으려 한다(Dahl 1956, 4-33). 결사체 민주주의는 시민사회의 기능적 대표원리로 다수의 지배를 보완한다(김의영 2005, 438; 임혁백 2000, 315-334). 권력공유 혹은 다수자의 최대화를 통해 정치적 상생을 도모하는 합의제 민주주의도 다수의 지배를 제한함으로써 보완한다(홍재우 2010 참조).

무엇보다도, 다수의 지배에 대한 제한은 대의 민주주의 자체에 어느 정도 내장되어 있다. 네그리와 하트가 근대민주주의의 두 번째 위대한 혁신이라고 부른 대의제는 고대 도시국가에서 작동하였던 민주주의의 이념을 근대 국민국가의 넓은 영토에서 가능하게 만들었다. 그들에 따르면, "대의는 두 가지 모순적인 기능들을 수행한다. 즉 그것은 다중을 통치(정부)에 연결하는 동시에 분리한다. 대의는 연결시키는 동시에 자르며 접착시키는 동시에 분리시킨다는 점에서 **이접적 종합이다**"(네그리 · 하트 2008, 293, 강조는 원문). 대의는 민중의 지배라는 '절대적' 민주주의를 실현시켜 주면서 동시에 다수의 전제를 예방하는 역할을 수행한다. 주인인 시민을 대표하는 대의자는 주인의 종복인 한편 동시에 일정 정도의 자율성을 갖는 것이다(네그리 · 하트 2008, 292-299).

넷째, 변화의 가능성을 내포하고 있다. 민주주의에서 소수의 주체성을 보장하는 근본적인 이유는, 다수가 소수로 될 수 있고 거꾸로 소수가 다수가 될 수 있는 변화 가능성에 민주주의의 미래가 달려 있기 때문이다(사르토리 1989, 50). 어떤 시점에서의 다수자가 민주주의의 이름으로 특정 이념이나 질서를 전 사회에 걸쳐서 고착시키면, 이는 현재의 우리가 미래의 우리를 홀로주체적으로 구속하는 행위가 된다. 이 점에서 "민주주의는 총체적 비전을 담는 이념이나 어떤 통일적인 도식 내지 규범과는 본질적으로 병존하기 어려운 체제이다. 공동체가 지향하는 목표와 결정은 가능한 많은 참여자들이 논의한 결과로 획득되고, 그런 경우라 하더라도 그것은 어디까지나 잠정적일 뿐이다"(최장집 2006, 41). 위에서 민주주의를 인민대중의 목소리에 대해 열려 있는 체제라고 하였는데, 이제 민주주의는 수직적으로뿐만 아니라 수평적으로 (즉 소수와 다수 사이에), 그리고 시간적 차원에서도 (즉 현재와 미래 사이에) 서로주체적으로 열려 있는 체제다.

이승원(2008, 83-87, 91-94)은 이를 민주주의의 구성과 전복 사이에서의 '요동성(vacillation)'으로 개념화한다. 민주주의는 상이한 정치세력들이 헤게모니 투쟁을 통해 정치권력을 장악함으로써 사회질서를 유지하거나 재생산할 수 있는 '구성의 논리'와 함께 새로운 질서를 만들기 위한 헤게모니 투쟁을 전개할 수 있는 '전복의 논리'를 포함한다. 민주주의의 구성의 논리를 통해 구축하는 질서와 전복의 논리에 의해 새롭게 구축되는 질서는 잠시 억압적인 것으로 타락할 수 있어도 영구적으로 고착될 수는 없다. 민주주의는 치자와 피치자 사이에, 다수 집단과 소수 집단 사이에, 그리고 현재와 미래의 우리 사이에 서로주체적 배움의 관계를 전제로 하고 있으며, 이 점에서 학습 즉 자기정정의 가능성을 내포하고 있다. 구성과 전복 사이의 요동성은, 민주주의가 뚜렷한 기의(signified)가 없는, 즉 상이한 기의들을 담을 수 있는, '비어 있는 기표(signifier)'라는 사실에 입각해 있다. "어쩌면 민주주의가 지금 누리고 있는 인기는 민주의의 의미와 실천이 보여주는 개방성뿐만 아니라 그 공허함에도 의존하고 있는 듯하다. 민주주의라는 말은 누구나, 그리고 모두가 자신의 꿈과 희망을 싣는 텅 빈 기표이다"(브라운 2010, 85). 이 요동성이야말로, 즉 구성뿐 아니라 전복의 가능성을 내포하고 있는 것이야말로 민주주의가 근대 세계에서 발휘하는 정치적 헤게모니의 으뜸 이유일 것이다.

4. 진보적 서로주체적 헤게모니의 모색

근대민주주의에 내장되어 있는 서로주체적 헤게모니는 부르주아 지배체제의 강점이다. 그렇다면 진보 진영의 입장에서 서로주체적 헤게모니를 수립하기 위해서는 어떻게 해야 하는가? 여기서는 먼저 과거 사회주의가 실패한 이유를 프롤레타리아 독재론의 홀로주체성에서 찾고, 진보 진영의 새로운 헤게모니 기획이 나아갈 방향을 탐색한다.

(1) 프롤레타리아 독재론의 문제점

20세기 초 사회주의 혁명은 근대민주주의를 비판적으로 심화하기보다는 그 서로주체성을 상당히 훼손하였다. 그 결과 '민주주의'라는 타이틀을 서방 자본주의 진영이 독점하게 되었다. 20세기 후반 사회주의 체제의 붕괴는 민주주의의 서로주체적 헤게모니가 담고 있는 상호학습과 자기정정 능력을 결여하였던 탓이다. 나는 사회주의가 민주주의에 실패한 근원을 '프롤레타리아 독재론'에서 찾는다.[11]

프롤레타리아 독재론은 서구의 의회민주주의를 부르주아 민주주의가 아닌 부르주아 독재로 보는 관점에서 비롯한다. 근대민주주의는 자본가 계급의 프롤레타리아 계급에 대한 독재에 다름 아니라는 생각이다. 사회주의의 건설을 위해서 부르주아 계급에 대한 프롤레타리아 계급의 독재가 과도적으로 필요한데,

---

11) 프롤레타리아 독재론에 대한 대단히 상세한 검토는 김해인(2008) 참조. 한상진(1991, 98-99)은 레닌에 의해 정식화된 프롤레타리아 독재론이 마르크스의 견해를 왜곡한 측면이 있다고 주장한다. 이 글에서도 레닌을 중심으로 본다. 이 문제와 관련하여 최근의 진지한 논의로 전지윤(2022, 183-235)을 보시오.

이는 궁극적으로 계급지배의 체제를 없앰으로써 계급 없는 사회를 건설하기 위해서라고 한다. 프롤레타리아 계급은 우선 정치적 조직화와 투쟁을 통하여 정치권력을 장악하고, 그 정치권력을 이용하여 "이전 사회에서 억압의 기반이 되었던 제 조건들을 파괴하고, 새로운 사회를 위한 기반을 창조"하여야 하는데, "이 시기가 바로 이행기로서의 프롤레타리아 독재이다"(김해인 2008, 144, 240).

과도적 이행기로서의 프롤레타리아 독재는 독재와 민주주의의 양면성을 가지고 있다(레닌 1992, 120). 첫째, 프롤레타리아 독재는 억압자, 착취자, 자본가들의 자유에 대해서 일련의 제한을 가한다. 부르주아지와 지주를 비롯한 자본주의적 착취자들에 대한 독재가 필요한 이유를 레닌(1992, 39–40, 119–120)은 모든 착취를 근절하고 부르주아 국가를 지양하기 위해서라고 말한다. 그에 따르면 계급지배의 지양, 무계급사회로의 발전은 '더욱 더 많은 민주주의'로는 이루어질 수 없으며, 반드시 프롤레타리아 '독재'라는 이행기를 거쳐야만 한다. 프롤레타리아 독재 이외의 어떤 방법에 의해서도 자본주의적 착취자들의 저항을 분쇄할 수 없기 때문이다. 한 마디로, 프롤레타리아 독재는 모든 착취구조, 계급지배를 근절하기 위해 필요한 과도기적 정치기제다. 이것이 "우리는 레닌의 『국가와 혁명』이 주는 교훈을 당당하게 되풀이해야 한다. 즉, 혁명적 폭력의 목표는 국가권력을 장악하는 데 있는 것이 아니라 국가권력을 변형시키고 그 기능방식과 토대와의 관계 등을 근본적으로 바꾸는 데 있다는 그 교훈 말이다. 바로 여기에 '프롤레타리아트 독재'의 핵심 구성요소가 있다"라고 지젝(2010, 191)이 역설하는 이유다.

둘째, 프롤레타리아 독재는 다수인 프롤레타리아 계급 내부와 인민대중에 대해서는 민주주의이기 때문에 부르주아 민주주의보다 훨씬 더 민주적이라고 한다. 프롤레타리아 독재는 부르주아 계급에게만 독재를 행사하지 사회의 나머지 부분에 대해서는 민주적 헤게모니 정치를 수행한다. 즉 "프롤레타리아트 외에도 노동하는 모든 사람들에 대한 체계적이고 지도적인 영향력"을 행사하여 인민대중의 동의에 기초한 정치를 추구하였다(곽노완 2007, 29). 프롤레타리아 독재는 부자를 위한 민주주의가 아니라 처음으로 빈자를 위한 민주주의이며, 인민을 위한 민주주의이기 때문에 민주주의를 크게 확장시킨다(레닌 1992, 120). 프롤레타리아 독재는 부르주아 민주주의가 위장하고 있는 부르주아 독재를 파괴하고 전면적으로 재구성하는 점에서 민주주의의 확장이며, 동시에 보편적 인간

해방을 위해 국가지배의 지양을 도모하는 '비국가' 민주주의이기도 하다(윤웅태 2002, 430).

하지만, 주지하듯이 프롤레타리아 독재론은 부르주아지는 물론 인민대중에 대해서도 억압적 독재를 펼쳤고 결국에는 '프롤레타리아트에 대한 독재'로 귀결되었다(김비환 2001, 133–135; 윤웅태 2002, 431). 프롤레타리아 독재론이 민주주의의 확장이 아니라 독재의 악화를 가져온 이유는 무엇인가? 나는 그 이유를 수직적 및 수평적 서로주체성의 결여에서 찾는다.

첫째, 수직적 차원에서 서로주체성이 결여되었다. 프롤레타리아 독재론은 통치의 주체를 노동자계급 또는 그 계급의 전위인 당으로 고정한다. 노동자 이외의 인민대중들, 혹은 전위 정당의 지도부가 아닌 인민대중들은 통치의 주체로 인식되지 않는다. 그들은 어디까지나 지도적 계급과 정당의 헤게모니 정치의 대상일 뿐이다. 레닌은 헤게모니를 계급동맹 내에서의 정치적 리더십으로 보았다. 이때 각 계급의 정체성과 이해관계를 주어진 것으로 전제하였다. 전위계급과 대중의 분리는 이미 주어져 있었다. 레닌주의에서 노동자계급과 그 전위는 헤게모니 실천을 통해 사회의 다른 집단들과 연합하거나 계급동맹을 구축할 때에도 자신의 정체성이 바뀌지 않는다. 지도자 또는 지배자로서의 노동자계급과 그 전위정당의 위치는 이미 주어져서 변함이 있을 수 없다(Laclau and Mouffe 2001, 55–57).

이 점에서 프롤레타리아트 독재론은 "누가 지배해야 하는가?"에 대한 도덕적 답변이었다. 플라톤이 "가장 선한 사람이 지배해야 한다"고 생각한 것처럼, 프롤레타리아 독재론은 악한 자본가가 아니라 선한 프롤레타리아트가 당연히 지배해야 한다고 답하였다(포퍼 2000, 215). 계급별로 선과 악, 지도할 집단과 지도 받을 집단을 미리 구별한 것이다. 이것은 또한 절대적 진리에 대한 강한 신념에 바탕을 두고 있다. '계몽된 전위'로서의 노동자계급과 그 정당만이 역사운동의 법칙과 필연적인 방향을 알 수 있으며, "보편성의 화신"이자 "계급적 진리의 대변자"로서의 전위당이 인민대중을 이끌고 지도하는 것은 당연한 것이었다. 진리를 독점한 당이 진리와 동시에 권력을 독점하는 일당독재가 탄생하는 대목이다(윤웅태 2002, 436; 이병천 1992, 408; 서규환 1993 참조). 요컨대, 프롤레타리아 독재론은 오직 일군의 사람들만이 인민들을 통치하기 위해 요구되는 지식과 미덕을 가지고 있으며 이들 자격 있는 사람들 즉 수호자들이 통치해야 한다는 수호자주의의 가정을 전제하였다(Dahl 1989, 55–59). 이것이 수직적 서로주체성을 훼손하는 결과를 가져왔다.

　프롤레타리아 독재론은 앞에서 살펴본 근대 부르주아 민주주의의 수직적 서로주체성의 많은 부분을 결여하고 있다. 근대 부르주아 민주주의는 (1) 치자–피치자의 원초적 구분을 지양하고, (2) 인민대중을 정치의 주체로 세웠으며, (3) 인민의 동의를 정치의 핵심원리로 내재화하였고, (4) 지배자와 피지배자가 서로 배움의 관계에 있는 열린 체제를 형성한다는 점에서 수직적 서로주체성을 담지한다. 이에 비해 프롤레타리아 독재론은 (1) 프롤레타리아 계급과 전위정당을 치자의 위치에 고착하여 치자–피치자를 다시 원초적으로 구분하였고, (2) 인민대중을 전위계급과 정당의 헤게모니 행사의 대상으로 간주함으로써 그들을 서로주체적인 관계로 보지 않았으며, (3) 인민의 동의를 바탕으로 하지만 그것이 정치의 핵심원리로 체제 자체에 내장화되는 기제를 만들어내지 못하였고, (4) 상호 학습보다는 일방적인 지도의 관계로 파악하였다. 부르주아 민주주의가 수직적 차원에서 수립한 서로주체성이 프롤레타리아 독재론이 지향하는 민주주의에서 크게 훼손된 것이다.

　둘째, 수평적 차원에서의 서로주체성도 상처를 입었다. 프롤레타리아 독재론은 부르주아 계급에 대해서는 독재이면서 다른 인민대중에게는 헤게모니를 실현한다고 한다. 그래서 프롤레타리아 독재와 프롤레타리아 헤게모니를 구분한다. 적대계급인 부르주아지에 대해서는 독재를, 동맹계급인 인민대중(주로 농민)에게는 헤게모니를 적용한다(유팔무 1995, 65–67). 인민대중에게 실제로 헤게모니가 구현되었는지는 주로 위에서 본 수직적 차원의 문제에 해당한다. 부르주아 계급에 대해서 독재를 실시한다는 생각은 수평적 차원에서 적대 세력을 서로주체적으로 보지 않는 홀로주체적인 자세다. 부르주아지를 민주주의로부터 '배제'하는 것이 정당화된 것이다.

　부르주아지에 대한 이 같은 노골적인 독재론은 근대민주주의가 수립한 수평적 차원의 서로주체성을 크게 훼손한다. 근대 부르주아 민주주의는 (1) 적대 관계에 있는 상대를 파괴할 대상인 적으로부터 경쟁하지만 공존하는 주체인 맞수로 바꾸었고, (2) 정치적 평등을 확대하여 보편적인 시민권과 절대적 민주주의의 이념을 세웠으며, (3) 제한된 다수 원칙을 통해 다수의 지배에 제한을 두었고, (4) 어떤 집권세력도 자신의 질서를 고착화하지 못하게끔 변화 가능성을 내포하는 열린 체제를 형성하였다. 프롤레타리아 독재론은 근대민주주의의 이러한 수평적 서로주체성을 훼손하였다. (1) 적대관계는 다시 맞수에서 적의 관계로 바뀌었고 정치는 삶과 죽음의 문제가 되었다. 이는 비단 부르주아 계급에 대해서만이 아니라 같은 계급과 같은 당 내에서도 다양한 목소리를 내지 못하게끔 하는 억압장치로 발전하였다. (2) 계급이 없는 평등사회를 실현한다는 명목으로 특정 세력을 민주주의와 그 시민권에서 배제하였다. (3) 더 이상 '제한되지 않는' 다수의 지배가 고착되었다. 다수인 프롤레타리아트는 소수인 부르주아지를 정당하게 억압하였고, 부르주아 계급이 소멸할 때까지, 즉 무제한적인 지배를 할 수 있었다. (4) 새로운 집권세력인 프롤레타리아 계급과 그 전위정당은 자신의 질서를 잠정적인 것이 아니라 돌이킬 수 없는 것으로 고착화하고, 오로지 자신이 설정한 '계급 없는 사회'를 향한 길만을 허용하는 폐쇄적인 체제로 변모하였다. 이는 새로운 학습에 따른 자기정정의 가능성을 막아놓은 것이며, 이러한 자기 변화 능력의 근원적인 부정이야말로 실재하였던 사회주의 체제가 붕괴한 중요한 이유다.

프롤레타리아 독재론이 수직적 차원과 수평적 차원 모두에서 서로주체성을 훼손하였다는 비판은 그람시에게도 적용될 수 있다. 우선 수직적 차원에서 '현대의 군주'로서 정당의 지도적 역할을 강조한 점에서 프롤레타리아 독재론과 연결된다고 보는 해석이 있다(김세균 1995, 200-201; 김호기 1995, 135). 이에 대해서는 그람시가 헤게모니를 지도자와 추종자의 서로 배움의 관계로 보았다는 이 글의 설명이 해명을 해준다.

수평적 차원에서도 그람시가 적대세력에게는 폭력을, 동맹세력에게는 포섭과 지도력을 발휘할 것을 요구했다는 비판이 가능하다(그람시1993, 77-78; 1999, 190; 김성국 1995, 24 참고). 하지만 강압과 동의, 또는 독재와 헤게모니를 적대집단과 우호집단에게 각각 적용하는 이분법적 생각을 지양하는 것이야말로 그람시의 본래 뜻에 가깝다. 그가 연구한 부르주아 헤게모니의 핵심은, 부르주아 계급이 적대집단에게도 지배뿐만 아니라 지도 즉 헤게모니를 행사한다는 사실이다. 부르주아 헤게모니의 대상에는 그들의 우호세력뿐 아니라 과거의 적(구 지배계급)과 새로운 적(프롤레타리아트)도 포함된다. 한 예로 그람시는 이탈리아의 리소르지멘토(Risorgimento)에서 온건파가 행동당에 대해 포용적 헤게모니를 행사한 '트라스포르미조(trasformiso)'를 설명하면서 다음과 같이 말한다.

"이 계급의 형성과정은 다양한 효력을 지니는 방법을 구사하여, 동맹집단이 산출한 적극적 분자와 심지어는 적대집단으로부터 나온 도저히 화해불가능해 보이는 분자들까지를 점진적이지만 지속적으로 흡수하는 것이었다"(그람시 1993, 79).

근대민주주의의 수평적 차원에서 서로주체적 헤게모니의 첫째 항목이 바로 적에서 경쟁자로의 공존관계를 수립한 것이었다. 서로주체적 공존을 바탕으로 자기에게 적대적인 세력에게도 헤게모니를 행사함으로써 새로운 우리 즉 대아 속에 포섭하고 자아의 외연을 넓히는 것이 서로주체적 헤게모니를 수립하는 길이다. 그람시가 탐구한 부르주아 헤게모니는 민주주의의 이와 같은 서로주체성을 바탕으로 존재한다. 이것이 부르주아 민주주의의 기본적인 힘이다. 프롤레타리아 독재론은 부르주아 민주주의가 갖고 있는 이와 같은 서로주체성과 그에 입각한 헤게모니의 정수를 이해하지 못한 소산이다. 그것은 부르주아 독재와 부르주아 민주주의를 구별하지 못한다. 그 결과 현실의 사회주의는 민주주의를 심화시키지 못하고 오히려 반대의 길로 나아갔다.

(2) 진보 진영의 새로운 헤게모니 기획

과거 실재했던 사회주의는 부르주아 민주주의가 발전시킨 서로주체적 헤게모니를 더욱 강화하기는커녕 크게 훼손하였다. 이것이 사회주의 체제가 실패한 중요한 이유다. 서로주체적 헤게모니라는 관점에서 볼 때, 설령 그러한 사회주의가 현실세계에서 생존하는 데 성공했더라도 그것이 바람직한 것인지 의문이 든다. 사회주의의 몰락은 중요한 교훈을 남겼다. 진보 진영의 대안 헤게모니를 구축하는 문제는 근대민주주의가 수립한 서로주체적 헤게모니의 장점을 받아들이고 그 위에서 출발하여야 한다는 점이다. 지젝(2011, 300)은 민주주의가 자본주의 재생산을 위한 국가기구일 뿐이며 '민주주의 환상'이야말로 자본주의에 대한 근본적 변화를 가로막는다고 주장한다. 하지만 민주주의가 부르주아 헤게모니 장치라고 해서 그것을 무조건 부정하는 것은 바람직하지 않다. 오히려 그 장점과 업적을 긍정적으로 인정한 위에서 진보 진영의 보다 나은 대안 헤게모니를 수립하는 자세가 필요하다.

근대민주주의의 서로주체적 헤게모니를 보완하고 강화하기 위한 진보 진영의 노력은 바로 근대민주주의의 한계에서부터 시작하여야 한다.[12] 앞에서 민주주의의 수직적·수평적 서로주체성을 논하였지만 현실세계에서는 이들이 제대로 발현되지 못하고 이념에 머무르는 경우가 적지 않다. 특히 참여와 대표의 문제가 자주 거론된다. 이 둘은 서로 긴밀하게 연관되어 있다. 가령 최장집(2002, 17-23)은 한국민주주의의 위기를 '참여의 위기'와 '대표성의 위기'로 논하면서, 한국민주주의의 가장 큰 문제를 "매우 협애한 이념적 대표체제, 사실상 보수와 극우만을 대표하는 정치적 대표체제"에 있다고 본다. 대표성의 위기라는 수평적 서로주체성의 부족이 참여의 위기라는 수직적 서로주체성의 거부와 연결되는 것이다.[13]

민주주의의 수직적 서로주체성에 대해 가장 빈번히 제기되는 위협은 '대표의 실패' 문제다. 민주적으로 선출된 대표가 주인인 시민과의 대표관계에서 벗어나서 독단적으로 행동하는 경우, 다음 선거에서 그러한 대표들을 처벌하기 어려운 경우 등의 문제가 여기에 해당한다(임혁백 2000, 159-162). 무엇보다도 시민 스스로의 '망각'이 수직적 서로주체성에 한계를 가져올 수 있다. 대표자는 물론이고 주인인 시민들도 과거를 '기억하지 않는 정치'가 주를 이룰 때 수직적 서로주체성을 확보하기는 어렵다(최희식 2010, 257-260).

수평적 차원에서 서로주체성의 한계도 대의민주주의와 근원적으로 관련 있다. 이를 조희연(2011, 44-52)은 근대민주주의의 '원형적 결손'이라고 규정한다. 시민혁명을 통해 수립된 근대민주주의는 인민이 정치의 주체가 되는 서로주체적 정치를 지향하지만, 기본적으로 대의민주주의로서 '인민 주체의 정치'와 '대표자 정치' 간의 근원적 괴리를 가지고 있다는 것이다. 그 결과 근대민주주의는 인민이 아닌 '시민'의 정치가 되었다. 자신의 대표를 갖는 시민은 정치의 주체가 되는 데 성공하지만, 대표되지 못하는 자들로서의 인민은 정치의 주체가 아니라 정치의 외부로 추방되고 통치의 대상으로만 존재하게 된다(조희연·장훈교 2009, 72-76). 역사적으로 모든 민주주의는 비(非)시민, 즉 배제된 내부 집단을 갖고 있었다. 노예, 원주민, 여성, 빈민, 인종적 소수자, 종교적 소수자,

---

12) 민주주의의 위기에 대한 주요 논쟁과 논점들에 대해서는 신병식(2017, 431-477) 참조.
13) 여기서 대표성의 위기는 사회의 다양한 세력을 대표체제에 포함시키지 못하는 배제의 문제로서 수평적 차원에 해당한다. 아래에 나오는 대표의 실패는 국민과 대표자 사이의 수직적 차원의 문제다.

성적 소수자, 오늘날의 불법거주자나 외국인체류자 등이 모두 민주주의를 정의하는 '구성적 외부'에 해당한다(브라운 2010, 94-95).[14]

　　수평적 차원과 수직적 차원에서 서로 연결되어 있는 근대민주주의의 이러한 한계는 근대 부르주아 정치이론이 기반하고 있는 '동일성의 논리'에서 비롯한다.[15] 근대 부르주아 민주주의는 원칙적으로 평등한 개인들을 창출해냈다. 물론 평등주의적 법률체제 밑에 규율권력으로 형성된 불평등한 권력체제가 있다(푸코 1994, 323). 보다 중요한 문제는 법적·정치적으로 평등한 개인들을 상정하면서 개인들을 국가권력이 인정하는 인민 또는 국민이라는 하나의 동질적인 집단으로 생산한다는 점이다(홍태영 2011, 335-339). 근대민주주의는 주권-인민(국민)-대표의 삼각체제를 바탕으로 하고 있으며(고병권 2011, 44-78), 영토 내 모든 개인들을 대표하기 위해서는 대의 기제에 의해 측정되고 표상될 수 있는 동일성을 형성하여야 한다. 따라서 근대민주주의는 "측정가능하지 않은 것, 한정되지 않은 것은 대의될 수 없다"(네그리 2011, 124)는 문제를 안고 있다. 근대민주주의의 이러한 동일성의 논리는 '이중의 허구'에 입각해 있다. "모두를 동질적인 한 집단으로 간주하는 허구"와 "개인들이 독립되어 있으면서 통약가능하다(commensurable)는 허구"가 그것이다. 이 허구를 바탕으로 영토 안의 모든 존재들을 '셀 수 있다'고 생각했고, 이런 관념 때문에 '대의불가능한 것'에 대해서는 원천적으로 생각할 수 없었다(고병권 2011, 73).

　　진보 진영의 새로운 헤게모니 기획은 바로 이 지점에서 출발할 필요가 있다. 이곳이야말로 근대민주주의의 서로주체적 헤게모니를 더욱 발전시킬 수 있는 지점이기 때문이다. 동질적 주체를 상정하는 재현(representation)의 정치에서 다양한 주체들의 표현(expression)의 정치로 전환을 모색하는 포스트모던 시도가 여기에 해당한다(홍태영 2011, 348-357). 대의민주주의가 발달하면서 동시에 대의 기제에 의해서 배제되거나 추방된 사람들이 많아지고, 이들 권리 없는 사람들이 권리를 주장하는 새로운 저항운동에 주목하는 것도 같은 맥락이다(고병권 2011, 90-111). 이러한 운동은 단순히 대의 기제를 통해서 자신의 몫(권력)을 보

---

14) 시민의 범주에 포함된 경우에도 수평적 서로주체성에 한계가 있을 수 있다. 예컨대, 여성에게 있어 평등한 민주적 시민권의 이상은 자신의 특성과 자율성을 상실하고 남성과의 동화를 사실상 강요받는 홀로주체적 헤게모니로 전락할 수 있다(문지영 2009, 226).

15) 이 점을 지적해준 익명의 심사위원께 특히 감사드린다.

다 공정하게 배분 받겠다는 자유주의적 요구를 '넘어서' 있다. 이는 곧 '우리'가 누구인지에 대한 헤게모니 투쟁이자 보편성과 정상성을 규정하는 기존 헤게모니에 대한 도전이다(권김현영 2011).

여러 새로운 기획 중에서도 나는 특히 오늘날 진보 진영의 일부에서 제기되고 있는 민주주의의 급진화 또는 급진민주주의(radical democracy) 논의에 주목한다. 급진민주주의는 부르주아 자유주의가 전유한 민주주의를 진보 진영에서 재전유하는 시도이자 좌파의 입장에서 심화된 '좌파민주주의'를 수립하는 시도다(조희연 2011, 77). "정치적 투쟁[이] 단어들을 전유하기 위한 투쟁"이라면(랑시에르 2010, 131), 보수 진영에 빼앗긴 '민주주의'라는 단어를 좌파에서 재전유하려는 노력이다. 급진민주주의는 근대민주주의의 연장선에서 민주주의를 급진적으로 확대하고 심화함으로써 급진적이고 다원적인 민주주의를 수립하려고 한다. 그 출발점은 자유민주주의 이데올로기를 전체적으로 부정하는 것이 아니라 그 서로주체적 헤게모니를 심화하고 확대하는 것이다(Laclau and Mouffe 2001, 176; 한상진 1991, 107 참조).

먼저, 민주주의의 수직적 서로주체성의 심화다. 무엇보다도 인민대중의 주체화를 통해 지배 세력의 홀로주체적 정치에 저항하는 것이 필요하다. 근대민주주의의 서로주체적 헤게모니를 이 글에서 강조하였지만, 부르주아 지배에는 홀로주체적 헤게모니의 측면이 여전히 많이 있다. 예속, 질서와 안정, 능력(우월-열등), 상호의존, 사회통합, 효율성, 전문성, 시장, 보편화와 경쟁 등을 강조하는 논리들이 그 예다. 이러한 부르주아지의 홀로주체적 헤게모니를 비판하고 이에 저항하는 것이 진보 진영의 우선적인 출발점이다. 특히 현재의 질서가 '주어진' 것이고 인간본성과 사회의 관점에서도 '자연스러운' 것이며 현상유지와 안정이 으뜸이라는 홀로주체적 헤게모니에 저항하여야 한다. 이를 위해 민주주의가 구성과 전복의 논리를 모두 가지고 있으며 그 사이에서의 요동성이야말로 민주주의의 핵심임을 인민대중이 주체적으로 의식해야 한다. 그래야만 현재의 지배질서를 쟁투의 대상으로 인식하고 현 사회질서의 모순과 불평등을 저항과 전복의 관점에서 비판적으로 인식할 수 있다(조희연 2011, 60-62).

다음으로, 수평적 차원에서의 서로주체적 헤게모니를 확대·심화하기 위해서 진보 진영의 '우리'를 확대해야 한다. "역사는 한편으로 아와 비아의 투쟁이지만, 다른 한편으로는 아와 비아가 자율적 서로주체를 형성하는 과정이다"

(박구용 2007, 31). 가능한 많은 수의 민주주의적 투쟁들을 절합하여 새로운 '우리'를 구축할 필요가 있다(무페 2007, 37). 진보 진영의 우리 형성은 근대민주주의의 동일성 논리에 대한 비판에서 출발하여 차이와 다양성을 인정하는 바탕 위에서 이루어져야 한다. 서로 구별되는 사회집단들 간의 차이를 적극적으로 인정하고 포용하면서도, 동시에 이를 고착화하지 않도록 조심하여야 한다. 우선, 집단들 간의 차이를 '집단변별화된 대표'의 형태로 포함하자는 페미니스트 민주주의이론에 귀를 기울일 필요가 있다(문지영 2009, 230-236). 집단 간 수평적 서로주체성의 출발은 이들 간 차이에 대한 인정이다. 그러나 자칫 이러한 차이를 본질적인 것으로 보아서는 곤란하다. 본질주의를 강조할 때 우리 안의 소아 사이의 절합 가능성과 서로주체성은 오히려 해소되고 상호 배제적인 관계가 증가할 수 있다(김동수 1995, 140). 기존의 산업사회적 생활방식(계급, 계층, 남녀 성 역할, 가족)에서 이탈하는 '개인화' 문제는 기존의 집단 경계선들이 더 이상 유지되지 않고 정체성들이 혼합될 수 있다는 사실을 보여준다(벡 2000, 81-83, 260-262, 287). 요컨대 집단별 또는 개인간 차이를 인정하고 포용하되 그 차이를 본질적으로 주어진 것으로 보지는 말아야 할 것이다.

진보적 '우리'를 구축하기 위해 급진민주주의는 근대민주주의가 배제하는 비시민들과 진보적 연대를 추구한다. 비시민은 시민의 '구성적 외부'로서 민주주의가 시민에게 부여하는 시민권과 평등에서 배제된 사람들이다. 주민등록 말소자, 비정규직 노동자, 이주노동자 등이 해당된다(조희연·장훈교 2009, 82-85). 또 급진민주주의는 근대민주주의 속에서 제대로 대표되지 못하는 모든 사람들과 집단들을 포용한다. 미성년자, 장애인, 성소수자, 여성, 군복무 거부자, 차별지역 출신, 차별 학력 소유자, 결혼 이민자, 북한이탈주민 등 우리 사회에 존재하는 다양한 형태의 차별을 받는 소수자 집단을 끌어안는다. 민주주의에서 대표되지 못하는 소아들을 진보적 대아로 통합함으로써 민주적 대표성을 고양하는 것, 이것이 진보적 연대다.

차이의 인정과 수용을 바탕으로 형성된 진보적 '우리'는 하나의 덩어리와 같은 형상을 띠어서는 곤란하다. 진보적 우리는 다양하고 복수적인 주체들이 한편으로 서로 연대하고 다른 한편으로 경쟁하면서 '민주주의의 심화'라는 가치 아래 모이고 흩어지는 비균질적인 집합체다. 여기에서 '다중(multitude)'의 개념이 유용할 수 있다. 다중은 자본의 지배 아래 일하는, 그래서 잠재적으로 자본의 지배를 거부하는 모든 사람들을 뜻한다. 다중에서 여러 다양한 소아들은 서로 다른 상태로 남아 있다. 다중은 복수성, 특이성들의 구도, 관계들의 열린 집합이며, 통일되어 있지 않고 복수적이고 다양한 상태로 남아 있다. 다중은 특이성들의 집합으로 구성되어 있다. 여기서의 특이성은 그 차이가 동일성으로 환원될 수 없는 사회적 주체, 차이로 남아 있는 차이를 뜻한다(네그리·하트 2008, 18−19, 135−136, 142−143; 네그리·하트 2001, 149−154). 다중은 다양한 차이들이 서로 다르게 남아 있는 다채색을 띤다. 급진민주주의는 과거 진보 진영에서 하나의 보편적 이념을 가지고 추구하였던 단색 민주주의에서 벗어나서 계급과 민족, 성차, 문화, 취향 등 다양한 차이가 고려된 총천연색의 다색 민주주의로 발전할 수 있을 것이다(연효숙 2010, 133).

끝으로, 진보 연대 내부에서 수직적 차원의 서로주체성을 확립하는 것이 중요하다. 처음에 언급한 인민의 주체화가 진보 진영과 지배 세력 사이의 수직적 서로주체성 문제라면, 진보 연대 내부에서의 수직적 서로주체성은 진보운동 내부에서 지도자−피지도자 사이의 서로주체성 문제다. 그람시의 헤게모니 개념이 지도자와 피지도자 사이의 서로 배움의 관계를 내포하듯이 진보 연대 내부에서도 지도자와 피지도자 사이에 서로 배움의 관계가 구축되어야 한다. 특히, 진보 연대 내부의 어떤 집단도 특별히 선도적인 역할을 하는 것으로 고정되지 말아야 한다(Laclau and Mouffe 2001, 169). 진보 연대 내부에서도 지도자와 피지도자가 바뀔 수 있어야 하는 것이다. 그래야만 진보 연대의 모든 소아들이 홀로주체적 지도의 대상이 아니라 서로주체적 헤게모니의 주체가 될 수 있다. 이를 위해서도 프롤레타리아트나 노동계급 대신에 다중 개념이 적절해 보인다. 노동계급은 근본적으로 배제에 기초를 두는 제한된 개념이다. 즉 노동계급 개념은 소유주들이나 임금을 받지 못하는 빈민들을 배제하는 방식으로 배타적으로 사용되어 왔다. 이에 반해 다중은 개방적이고 열린 개념이다(네그리·하트 2008, 19−20, 142−143; 2001, 91).

5. 맺는 말

이 글은 정치에 대한 나의 정의를 바탕으로 '서로주체적 헤게모니'의 개념을 탐구하였다. 서로주체성과 헤게모니가 양립 가능한지의 질문에 대하여 이 글은 원래 좁은 의미의 헤게모니는 서로주체적이라고 주장하였다. 나아가 부르주아 혁명에 의해 수립된 근대민주주의가 기본적으로 서로주체성을 내포하고 지향하고 있으며, 부르주아 지배의 강점은 바로 이러한 서로주체적 헤게모니에 있다고 주장하였다. 또한 과거 사회주의 혁명이 실패한 이유를 프롤레타리아 독재론이 홀로주체적 헤게모니에 치우친 데에서 찾았다.

근대민주주의의 서로주체적 헤게모니와 프롤레타리아 독재의 홀로주체적 헤게모니는 수평적 차원과 수직적 차원 모두에서 발견되었다. 수직적 차원에서 근대민주주의는 (1) 치자─피치자의 원초적 구분을 지양하고, (2) 인민대중을 정치의 주체로 세웠으며, (3) 인민의 동의를 정치의 핵심원리로 내장하였고, (4) 지배자와 피지배자가 서로 배움의 관계에 있는 열린 체제를 형성하는 점에서 수직적 서로주체성을 내포하고 지향한다. 반면에 프롤레타리아 독재론은 (1) 치자─피치자를 다시 원초적으로 구분하였고, (2) 인민대중을 전위계급과 정당의 홀로주체적 헤게모니 행사의 대상으로 간주하였고, (3) 인민의 동의를 체제 자체에 내장화하지 못했고, (4) 상호 학습보다는 일방적인 지도의 관계로 파악하였다.

수평적 차원에서도 비슷한 양상이 나타난다. 근대민주주의는 (1) 적대관계에 있는 상대를 파괴할 대상인 적으로부터 경쟁하지만 공존하는 주체인 맞수로 바꾸었고, (2) 정치적 평등을 확대하여 보편적인 시민권과 절대적 민주주의의 이념을 세웠으며, (3) 제한된 다수 원칙을 통해 다수의 지배에 제한을 두었고, (4) 어떤 집권세력도 자신의 질서를 고착화하지 못하게끔 변화 가능성을 내포하는 열린 체제를 형성하였다. 반면에 프롤레타리아 독재론은 (1) 다시 맞수에서 적의 관계로 바뀌었고, (2) 특정 세력을 민주주의에서 배제하였으며, (3) 제한되지 않는 다수의 지배를 고착화했고, (4) 자신의 질서를 잠정적인 것이 아니라 돌이킬 수 없는 폐쇄적인 체제로 만들었다.

진보 진영의 새로운 헤게모니 기획은 이와 같은 교훈 위에서 출발할 필요가 있다. 진보 진영의 새로운 헤게모니는 근대민주주의가 내포하고 있는 서로주체적 헤게모니를 더욱 확장하고 발전시키는 방향에서 수립되어야 한다. 민주주의의 급진화를 모색하는 새로운 진보적 헤게모니 기획이 눈길을 끄는 이유다.

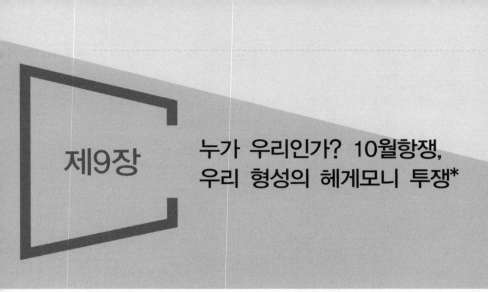

제9장

누가 우리인가? 10월항쟁,
우리 형성의 헤게모니 투쟁*

> "'아' 내부에도 '아'와 '비아'가 있고,
> '비아' 안에도 또한 '아'와 '비아'가 있다"
> (신채호 2006, 24; 문장부호 수정함).

1. 여는 말

이 글은 나의 아비헤투 정치 개념에 입각하여 10월항쟁을 해방정국에서 전개된 '우리 형성의 헤게모니 투쟁'으로 규정한다. 1946년 10월 1일 대구에서 발생한 10월항쟁은 2일부터 인근 경북 지방으로 퍼진 이후 12월 중순까지 남한 곳곳으로 확산됐다. 10월항쟁은 해방 이후 미군정의 정책 실패와 친일세력의 헤게모니 지속에 대한 최초의 대규모 인민 저항이지만, 그것은 단순히 저항에 그치지 않는다. 그것은 해방정국에서 누가 우리인지, 누가 우리의 중심이고 중심이어야 하는지, 그리고 누가 우리가 아니고 아니어야 하는지를 둘러싼 본격적인 헤게모니 투쟁이다.

10월항쟁에 대한 연구는 상당히 축적되었다(특히 정해구 1988; 김상숙 2016). 기존의 연구는 10월항쟁의 전개 과정, 원인과 영향, (유족회 중심의) 역사적 진실 규명 노력 등 사실의 구명과 서술에 집중돼 있다.[1] 항쟁의 원인과 관련해서는,

---

* 이 장은 김학노(2022)를 수정·보완한 것임.
1) 항쟁의 전개 양상에 대한 사회 및 학계의 시각에 대한 최근의 포괄적인 개괄은 김일수 (2020, 369－375)를 보시오.

좌파세력의 조직적 계획을 강조하는 시각과 기아, 콜레라, 미군정의 가혹한 미곡 수집 정책, 인플레이션을 비롯한 군정의 정책실패와 민생 도탄 등의 국면 요인을 강조하는 시각이 대립한다. 이는 항쟁에서 지휘부의 조직적 리더십을 강조하는 시각과 인민들의 자발적인 참여를 강조하는 시각의 대립으로 이어진다. 항쟁의 영향에 대해서는, 항쟁으로 인해 남한에서 좌익 세력이 크게 약화되었다는 평가가 주를 이루는 가운데 그에 대한 반론도 존재한다(신복룡 2006, 535-536; 커밍스 1986, 471-473; 김남식·심지연 1986, 72; 김진웅 2009, 97; 서중석 1991, 454-464; 김상숙 2016, 16-17, 158-189; 2016a, 231, 2016b; 2019, 2-28; 허종 2004, 185).

기존 논의에서 가장 논쟁적인 지점은 사건의 성격에 대한 규정이다. 이는 사건의 전체 성격을 표현하는 이름짓기의 문제이기도 하다. 10월항쟁은 명명자의 입장에 따라 "사건·사태, 소요·소동, 민요·민란, 봉기·항쟁, 폭동·폭거" 등 다양하게 불렸다.[2] 보수적인 시각의 '폭동' 규정과 진보적 시각의 '항쟁' 명명 사이에 정명(正名)을 둘러싼 헤게모니 투쟁이 계속되고 있다. '진실·화해를 위한 과거사 정리 위원회'(이하 진화위)(2010a)는 중립적인 표현으로 '대구10월사건'으로 표기한다.

이 글은 10월항쟁이 단순히 폭동이나 저항에 머물지 않고 해방 후 새로운 '우리' 형성을 위한 헤게모니 투쟁의 본격적인 출발점이라고 주장한다. 이는 10월항쟁을 인민항쟁으로 보는 진보적 해석을 계승하며, 특히 다음과 같은 정해구의 주장을 따르는 것이다.[3]

> "10월인민항쟁은 전민중적 항쟁이었으며, 친일파에 대한 저항이라는 점에서 일제하의 민족해방투쟁의 맥락과 연결되었고, 미국의 반동화 정책과 식량정책에 저항하였던 민중항쟁 또는 '인민'항쟁이었다. 이런 여러 성격들이 한데 모인 결절점에서 구체적 공격대상이 주로 경찰을 향하였다"(정해구 1988, 151. 강조는 원문).

이에 더하여 이 글은 아비혜투 정치 개념을 활용하여 10월항쟁에 좀더 적

---

2) '사건·사태, 소요·소동, 민요·민란'을 중심으로 당대의 명명과 그 정치적 의미에 관한 분석으로 임종명(2019) 참조.
3) "해방과 함께 개혁되어야 할 사회구조가 미군정에 의해 현상유지 또는 재생산되는 것에 대한 저항"이라는 김일수(2020, 368-369)의 해석도 비슷한 맥락에 있다.

극적인 의미를 부여한다. 10월항쟁은 단순히 저항에 그치지 않는다. 그것은 해방정국에서 새로운 우리 건설을 둘러싸고 본격적으로 전개된 헤게모니 투쟁이다. 헤게모니 투쟁 과정에서 인민은 주로 '민족 대 반(反)민족'을 기준으로 아와 비아를 구분한 반면 진압 주체는 '좌익 대 우익'으로 나누었다. 이 글은 기존 진보적 해석에 더하여, (1) 10월항쟁이 해방 후 본격적으로 전개된 '아와 비아의 헤게모니 투쟁'이며, (2) 항쟁과 진압의 과정에서 인민의 주된 구분선인 '민족 대 반민족(친일)'을 진압 주체 측의 '좌익 대 우익' 전선이 대체했다는 주장을 제기한다.

10월항쟁은 우리 형성을 둘러싼, 보다 정확하게는 '누가 우리'인지 또는 '누가 우리의 중심인지'를 둘러싼, 헤게모니 투쟁이다. 이 투쟁은 해방정국에서 소아와 소아(남과 북), 그리고 소아(남 또는 북)와 대아(남북 전체; 이하 '통합한국')가 분리되지 않은 상태에서 일어났다. 아직 우리의 외연이 정해지지 않은 해방정국에서 누가 우리의 중심을 차지하는지는, 우리가 남한 및 북한이라는 소아1 또는 소아2가 될지 아니면 남북한을 아우르는 대아 즉 통합한국이 될 것인지의 문제와 연관된다. 즉 '누가 우리인가' 문제는 '우리가 누구인가' 문제의 핵심이 된다.

이 글의 구성은 다음과 같다. 우선, 아비헤투 정치 개념이 전제하는 우리(들) 개념을 간단히 살핀다. 다음으로, 10월항쟁을 항쟁과 진압의 두 측면으로 나누어서 분석한다. 항쟁의 측면에서는 (1) 항쟁의 주체가 인민대중이었고 (2) 그 공격 대상이 주로 경찰이었다는 점을 강조한다. 이는 인민이 주로 '민족 대 반민족'을 기준으로 아와 비아를 구분하고 있음을 보여준다. 진압의 측면에서는 (1) 미군정이 항쟁 대상인 경찰을 진압 주체로 활용하고 비호했고 (2) 진압 대상을 '빨갱이'로 규정하고 적으로 비아화(非我化)했다는 점을 강조한다. 진압 과정에서 아와 비아의 구분선은 '좌익 대 우익'의 전선으로 대체되었다.

2. 아 속의 아와 비아

10월항쟁을 우리 형성의 헤게모니 투쟁으로 봄에 있어서, 이 글은 '우리는 누구인가(Who are we)?' 보다 '누가 우리인가(Who is us)?'라는 문제를 중심에 놓는다. 두 질문은 상호 긴밀히 연결되어 있지만 중요한 차이점이 있다. '우리는 누구인가'는 집단적 정체성의 질문으로서 우리를 하나의 단일체로 간주하고 그 외연이 이미 정해진 것으로 간주하는 경향이 있다. 가령, 『한국인, 우리는 누구인가』라는 책에 실린 8명의 저명한 필자들의 글은 단일한 집단체로서 한국인의 의식과 역사를 분석한다(권수영 외 2016; 최정운 2016, 17-42, 645-650 참조). 이에 반해 '누가 우리인가'라는 질문은 우리가 중층적이고 중첩적이며 유동적인 우리들로 구성된 것으로 이해하며, 우리 속에 또 다른 층위의 '아와 비아'의 구분이 존재할 가능성을 열어 둔다.

'누가 우리인가'는 우리에게 낯선 질문이다. 한국인들은 동질적이고 단일체적인 우리 의식을 깊이 보유하고 있기 때문이다. 단일체적인 우리 의식에 대한 비판과 해체 작업들에도 불구하고(예, 권혁범 2004), '우리＝단일체' 관념은 우리의 몸과 마음 속에 깊이 스며 있다. 그러나 우리가 단일체인 것은 결코 아니다. 한 울(타리)에 있다고 해서 모두 우리인 것도 아니다. 한국전쟁을 포함하여 전 세계에 걸쳐서 내전의 당사자들 내부에서 일어난 수많은 민간인 학살은 이를 극명하게 보여준다(노용석 2018 참조). 러시아 혁명 당시 "대다수의 유산계급은 혁명보다 -심지어 임시정부보다도- 독일군이 더 낫다고 공공연히 밝혔"(리드 2005, 23)으며, 동학농민군에 맞서 조선의 지배세력은 청과 일본의 군대를 불러들였다(신주백 2021, 33-47). 국군이 국민을 향해 총을 쏜 광주학살에 대해 우리가 놀라고 분노했지만, 애초에 근대국가의 상비군은 외적에 대한 방비에 앞서 국왕에 대한 내부의 도전에 대비한 것이었다(맥닐 2005, 172).

아비혜투 정치 개념은 신채호의 역사 개념과 그람시(Gramsci)의 헤게모니 개념의 종합을 시도한다. 이 개념은 우리 형성을 헤게모니 투쟁의 핵심 문제로 본다. 여기서 아와 비아는 고정된 실체가 아니다. 소아1과 소아2, … 소아n이 서로 자신을 중심으로 대아1,2…n을 형성하려는 헤게모니 투쟁을 벌인다. 각각의 소아는 자신을 아로, 나머지를 비아로 볼 것이다. 이들의 변화무쌍한 분리와 통합에 따라 새로운 층위에서 아와 비아의 투쟁이 벌어진다. 따라서 '아와 비아'

를 '친구와 적'과 같은 슈미트(Schmitt)식의 이분법적이고 도식적인 이항대립으로 보지 말아야 한다. 이와 관련해서 나는 "우리는 객관적 실체가 아니라 정치적 호명에 의해 형성되는 공동주체"이며, "우리는 균질적이고 단단하게 고정된 모나드(monad)가 아니"고, "우리의 형성이 반드시 그들을 전제로 하는 것은 아니"라고 주장한 바 있다(김학노 2014, 10-18).

특히 이 글의 주제와 관련하여, '우리'의 경계와 범위는 늘 유동적이며 중층적이라는 점을 강조한다. <그림 19>와 4장의 <그림 12>에서 보듯이, 아와 비아의 경계는 유동적이고 불분명하며 서로 중첩되어 있어서, 그 구분이 명확하지 않고 고정되어 있지도 않다. 우리는 단일체적 집단이 아니다. 서로 다른 우리들이 여러 층위에 걸쳐서 중첩적으로 경쟁한다. 가령 <그림 12>에서 소아1과 소아2가 대아의 헤게모니를 장악하기 위해서 서로 투쟁할 때 이들은 '아와 비아'의 관계에 있다. 하지만 이들은 대부분 큰 우리(대아)에 속해 있다. 즉 이들은 '아 속의 아와 비아'다. '더 작은 우리1'이나 '더 작은 우리2'가 소아1이나 소아2 또는 이들을 중첩적으로 포괄하는 대아의 경계 내에서만 존재하는 것도 아니다. 한마디로, 아비헤투 정치 개념은 우리를 하나의 고정된 덩어리로 간주하지 않는다(김학노 2010, 40-42). 이 글의 제사(題詞)로 인용한 신채호의 말처럼, 우리 속에 또 아와 비아의 존재 가능성을 열어 둔다.

그림 19 우리의 중층 구조

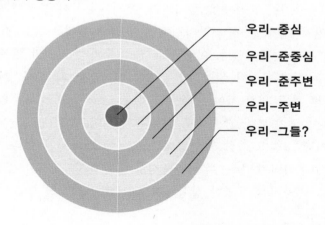

출처: 김학노 2010. 42. (<그림 5> 부분 수정)

아와 비아의 헤게모니 투쟁에서 핵심적인 문제는 <그림 19>의 '우리—중심'을 누가 차지하는가 즉, 누가 우리 형성의 주도적(hegemonic) 세력이 되는가이다. (이는 <그림 12>에서 소아1과 소아2 중 누가 대아의 '우리—중심'을 차지하는가의 문제로 볼 수 있다.) 누가 우리—중심을 차지하느냐에 따라서 준중심—준주변—주변 등 동심원에 들어가는 집단이 달라진다. 우리—중심과의 정치적 관계에 따라서 그 주위의 동심원은 가변적이다. 동일한 세력이 우리—중심을 차지하는 동안에도 그 주위의 준중심이나 주변 또는 우리—그들(?)이 달라질 수 있다. 가령 이승만을 핵으로 하는 우리—중심이 유지되는 동안 한민당 세력은 중심에서 준중심 혹은 (준)주변으로 밀려났다. 우리—중심을 차지한 집단의 헤게모니가 지속적으로 견고하고 우리(들)의 동심원 구조가 고착될 수도 있다. 북한의 '핵심계층—동요계층—적대계층'의 성분 구조가 한 예다.

아와 비아는 그 만남의 방식에 따라 홀로주체적 또는 서로주체적 헤게모니 관계를 형성한다(김학노 2010, 48−50). 홀로주체적 방식은 상대방의 주체성을 인정하지 않고 대상이나 객체로만 대하고, 서로주체적 방식은 서로 상대방의 주체성을 인정하고 받아들인다. 아 속의 아와 비아의 관계도 홀로주체적이거나 서로주체적일 수 있다. 즉 <그림 19>의 우리(들) 지도에서 '우리—중심'과 '우리—주변' 또는 '우리—그들?'도 서로주체적 포용과 공존의 관계를 형성하거나, 홀로주체적 배제와 적대의 관계를 형성할 수 있다.

해방정국은 새로운 우리 형성을 둘러싼 헤게모니 투쟁이 치열하게 전개된 시기이자, 우리—중심이 불분명했던 시기다. 우리—중심이 상정하는 우리가 소아(남 또는 북)인지 대아(통합한국)인지조차 불투명한 상태로서, 그것 자체가 헤게모니 투쟁의 주요 지점이었다. 이런 형국에서 '누가 우리인가'는 '누가 우리—중심을 차지하는가'의 문제가 된다. 이 문제에 대해서는 좌우 사이에만 아니라, 독립운동 세력과 친일 세력 사이, 대아주의자(통합주의자)와 소아주의자(분리주의자=남과 북의 단정 추진 세력) 사이에도 갈등이 있으며, 소아(남 또는 북) 내 지배적 세력들 사이에 그리고 그들과 인민대중 사이에도 차이가 있다. 10월항쟁은 이와 같이 누가 우리인지, 누가 우리—중심을 차지할지, 그리고 종국에는 우리가 누구인지 그 전망이 불투명한 상황에서 전개된 본격적인 우리 형성의 헤게모니 투쟁이었다.

3. 인민의 항쟁: '민족 대 반민족'

10월항쟁의 주체는 인민대중이며, 그들의 주된 공격 대상은 친일세력 특히 경찰이었다. 10월항쟁은 인민의 입장에서 볼 때 우익에 대한 좌익의 계급투쟁이 아니었다. 인민대중은 계급의 관점에서 상층 계급이나 우익 일반을 공격하기보다는 그에 앞서 민족의 관점에서 경찰과 관료로 대표되는 친일세력을 주로 공격했다. 인민에게 경찰은 일상생활에서 우리 밖의 비아를 대신하여 우리를 억압하는 하수인, 즉 아 속의 비아에 해당했다. 이는 인민이 생각하는 아와 비아의 구분이 주로 '민족 대 반민족'의 대립에서 이루어지고 있음을 의미한다.

(1) 항쟁의 주체: 인민

10월항쟁의 주체는 인민대중이었다. 인민대중은 단일체적 집단이 아니다. 당시 남한 인구의 절대 다수를 차지하고 있던 농민이 중심축이지만, 사회경제적 성분, 정치적－이념적 성향, 조직화 정도 등에서 다양한 사람들이 '인민'이라는 이름 아래 항쟁의 주체로 등장했다. 한편 공산당이나 전평(조선노동조합전국평의회)을 비롯한 좌익 조직을 항쟁의 중심으로 볼 수 있는 소지도 있다. 1차 미소공위가 성과 없이 끝나고 미군정이 공산당 탄압을 시작하자 조선공산당이 박헌영의 신전술에 따라 미군정에 강경 대응하면서 총파업을 기획했고, 10월 1일 대구에서 발생한 항쟁은 9월 총파업의 연장선으로 볼 수 있기 때문이다. 항쟁의 중심적인 주체가 다양하고 광범위한 요소로 이루어진 인민대중인지 아니면 이들을 조직한 공산당인지 여부는 '항쟁 대 폭동'이라는 사건의 성격과 관련된 논쟁에서 핵심적인 문제다. 나는 10월항쟁에서 지역별로 좌익 세력의 조직적 호명과 개입이 있기도 했지만, 다음과 같은 점에서 좌익의 조직적 기획보다 인민대중의 자발적 참여가 더 중심이었다고 본다.

첫째, 조직적 기획의 요소가 있었지만, 항쟁의 범위와 강도는 처음부터 조직의 의도와 예상을 뛰어넘는 것이었다. 10월항쟁을 폭동으로 보는 시각에서는 공산당의 조직적 계획과 선동을 강조한다. 가령 "미리부터 조직적인 지령과 폭동계획으로 좌익계는 시종 파괴행위로서 각지 경찰서를 습격할 뿐만 아니라 방화와 살상을 일삼게" 했다고 하거나(희망출판사 1975, 53-54), 공산당 휘하의 청년 조직이 귀향 학생들에게 미군정의 하곡 수집에 반대하는 투쟁을 전개하도록 했다고 한다(김정기 1967, 19). 실제로, 10월 1일 시위에서 경찰의 발포로 희생자가 생기자 조선공산당 대구시당 산하의 '특별대책위원회'가 다음 날의 투쟁을 준비했다. 대구경찰서, 대구역, 대구부청(시청) 세 곳에서 대규모로 전개된 2일의 시위에서 좌익의 조직적 계획의 요소를 찾을 수 있다(경북대학교 대형과제연구단 2005a, 243−244).

하지만 10월 2일 대구의, 그리고 이후 인근 경북 지역으로 확산된 사태의 진행 과정은 조선공산당 대구시당의 계획이나 예상을 훨씬 뛰어넘는 것이었다. 주지하듯이 10월항쟁은 1946년 3월부터 수차례 자연발생적(spontaneous)으로 일어난 기아시위의 연속선에서 발생했다. 정영진(1990, 234; 2021, 92−95)에 따르면 항쟁 발생에 중요한 촉매가 된 10월 1일 당일의 기아시위도 자연발생적인 데모였다고 한다. 한편, 당시 대구 지역에서 노동운동과 공산당 활동에 투신했던 이일재(1990, 378−381)의 증언에 따르면, 10월 1일 당일의 기아시위에는 자연발생적인 요인들 외에도 가두세포를 활용한 조직적 개입이 있었다. 기아시위가 터질 만한 객관적 요인들이 누적된 상태에서, 인민위원회의 지시에 따라 청년행동대원들이 곳곳에 배치되는 등 조직적 활동이 더해진 것이다(신복룡 2006, 527). 하지만 일단 불붙은 항쟁은 조직의 예상과 제어 능력을 넘어서는 성난 파도로 돌변했다.

> "대구시당의 조직이 사태의 엄청난 진행에 일단 주춤하고 있을 때 항쟁은 농촌으로 확대되면서 폭력화되고 봉기로 변했습니다. '10월인민항쟁'은 조공, 전평 등의 조직적 영향력과 대중들의 자연발생적인 운동력이 결합한 것이었지만 분명 후자가 훨씬 강력한 것이었습니다"(이일재 1990, 381).

10월항쟁의 발생 초기에 좌익 조직의 계획과 선동이 있었음을 인정하더라도, 홍명희가 지적했듯이 선동에 호응할 만한 요인들이 이미 산적해 있었다(신복룡 2006, 523에서 재인용). 그 결과 10월 2일 오후 이후의 사태 전개는 성난 인민이 뿜어내는 분노의 거대한 파도에 휩쓸려 조직의 손을 떠나갔다. 좌익의 지도부도 경찰의 발포와 시위군중의 흥분에 놀란 한편 사태를 어떻게 수습할지 몰라 당황해 했다. 항쟁 발생 이후 항쟁의 "전반적인 흐름은 대중들 스스로에 의해 만들어져 어떤 정치 조직도 통제할 수 없는 상황이었다"(안재성 2016, 107).

둘째, 공산당을 포함하여 대구·경북 지역의 좌파세력은 다른 지역과 달리 좌우협력을 도모하는 한편으로 미군정에 협조적인 입장을 견지해오고 있었다. 해방 초부터 대구지역에서도 좌우 갈등이 드러나기 시작했지만 동시에 이를 극복하기 위한 좌우협력 노력이 성공하기도 했다. 1946년 초 신탁통치 문제로 전국적으로 좌우가 극렬하게 대립할 때에도, 대구에서는 중앙과 달리 좌파가 반탁운동을 지속할 수 있었고 우파와 연합하여 '조선신탁관리반대공동투쟁위원회'를 결성하여 반탁운동을 전개했다(경북대학교 대형과제연구단 2005b, 183). 반탁공동투쟁위원회가 분열된 이후에도 미군정의 지원 하에 좌우는 다시 협력을 시도했다. 1946년 6월에는 조선공산당, 조선인민당, 한국민주당, 한국독립당 등 좌우 정당 대표가 '대구공위(대구공동위원회)'를 결성하고 산하에 민생문제대책위원회, 문화문제대책위원회, 산업경제대책위원회 등을 두고 활동했다. 대구공위는 식량난 타개를 위해 지역민의 협조를 요청하는 성명서를 발표하고, 좌파 인사들이 군정 관리와 함께 유세대를 조직하여 지역을 순회하면서 하곡 수집을 독려하기도 했다. 이는 하곡 수집에 저항한 당시 농민들의 민심에 어긋나는 것으로, 그만큼 지역의 좌파 지도자들이 미군정에 협조적인 태도를 유지했음을 보여준다(허종 2017, 224-237; 2004, 172-177; 커밍스 1986, 412; 경북대학교 대형과제연구단 2005, 330-331).

　9월 총파업과 10월항쟁이 일어나자 대구공위에서는 파업과 항쟁의 수습방안을 함께 논의했다. 대구공위 차원에서 최문식과 손기채 등 좌파 지도자들이 라디오 방송으로 질서 유지와 파업 참가자의 직장 복귀를 권유하기도 했다(경북대학교 대형과제연구단 2005a, 246). 하지만 항쟁이 걷잡을 수 없이 확대되면서 미군정이 최문식, 손기채, 김일식, 박일환 등 지역의 좌파 지도자를 항쟁 주도 혐의로 검거하자 좌파 지도자들이 이를 피해 잠적했다. 대구공위가 와해되고 좌파도 더 이상 우파 및 미군정에 대해 협조할 수 없게 됐다(허종 2004, 178). 요컨대, 대구 지역 좌파의 지도적 인물들은 10월항쟁이 통제선을 넘어서 폭발하는 것을 결코 반길 입장이 아니었다. 미군정이 사건 배후 조종자로 검거한 이들 중 최문식만 징역 3년의 판결을 받고 나머지는 무죄 또는 집행유예를 받은 점에서도, 10월항쟁을 좌익의 조직적 기획과 개입에 의한 사건이라고 하기 어렵다(정영진 2021, 103-105).

　셋째, 항쟁을 중앙에서 기획하거나 통제할 전국적 지도부가 존재하지 않았다. 대구에서의 항쟁 소식을 접한 주변 농촌과 다른 지역에서 일어난 항쟁은 대구에 비해 좌파 조직이 더 많이 개입할 수 있었다(안재성 2016, 115). 이 점에서 지역별 항쟁의 강도와 지역의 인민위원회 활성화 정도 사이의 상관관계에 주목한 논의들은 적절성이 있어 보인다. 커밍스(1986, 439–440)에 따르면, 항쟁이 경상도를 비롯하여 인민위원회 조직이 강했던 전남, 충남 및 강원도 등에서 발생한 점에서, 10월항쟁의 전파 양상은 인민위원회의 세력 판도와 대단히 비슷했다(이에 대한 비판으로 손호철 2011, 201–205 참조). 신기욱(Shin 1994, 1597–1600)은 조직력과 아울러 과거 농민항쟁의 경험이 인민들이 항쟁에 적극 참여하는 자신감의 원천이 된 점을 강조한다. 하지만 중앙 당에서 체계적 지령이 내려온 것은 아니었고, 항쟁 소식을 접한 지역 차원의 좌익세력이 인민의 분노에 불을 붙이는 데 주도적 역할을 했을 뿐이다.

특히, 항쟁이 대구 인근 경북 지역으로 확산된 이후 전국적으로 동시에 일어나지 않고 산발적으로 전개된 점에 주목해야 한다. 한 곳에서 항쟁이 일어난 다음 얼마간 시간이 지난 후 다른 지역에서 발생하는 양상이 두어 달 지속되었다. 이는 전국 차원에서 항쟁을 지도하거나 통제할 지도부가 없었음을 의미한다. 공산당 중앙이 전국적인 차원의 인민항쟁의 발생을 원하였더라도 이를 조직적으로 지도할 능력이 없었다(서중석 1991, 458). 지역별로 조직적 준비나 기획의 정황이 있지만, "항쟁의 조직적 단위가 군 단위, 또는 면 단위, 또는 마을 단위 이상이 결코 되지 못하였다"(정해구 1988, 189). 10월항쟁은 전국적 지도부 없이 지역별로 발생했으며, 이 점에서 공산당의 중앙 조직이 아니라 지역의 인민과 진보세력이 주체적 역할을 수행했다(김상숙 2016, 16, 100; 정해구 1988, 189).

요컨대, 10월항쟁의 확산과 인민대중의 폭발적 참여는 항쟁의 주체가 특정 조직이기보다 인민대중임을 의미한다. 항쟁은 당 중앙의 조직적 개입으로 일어나거나 확산된 것이 아니었고 지역별 역량에 따라 발생했다. 지역(마을) 차원에서 좌익의 리더십이 작동한 경우에도, 항쟁은 발생 초기부터 이미 조직의 손을 떠나서 인민대중의 자발적 참여에 의해 격화됐다. 항쟁에 직접 참여하거나 긍정적 태도를 보인 집단도 총파업에 참여한 노동자에 그치지 않고, 이에 연대한 학생과 청년 및 시민들, 공무원과 의사와 같은 전문직 종사자, 빈민을 비롯한 도시의 기층민중 그리고 농촌 지역의 농민들로 확대했다(김상숙 2019, 19–30). 자발적으로 항쟁에 참여한 인민대중의 범위와 참여 정도를 놓고 볼 때 10월항쟁의 주체는 좌익 조직이기보다 광범한 인민대중이었다(정해구 1988, 110–112).

(2) 항쟁의 대상: 경찰

10월항쟁은 대단히 홀로주체적인 방식으로 일어났다. 10월항쟁은 항쟁의 주체인 인민과 그 진압 주체인 경찰이 서로 상대방을 주체로 존중하기보다는 폭력적으로 제거하려고 한 점에서 대단히 홀로주체적인 투쟁이었다. 성난 민심은 통제하기가 어려웠고 폭력 행사는 거칠었다. 하지만 폭력 행사의 대상은 비교적 한정적이었다. (1) 공격 대상의 제한성과 (2) 그에 대한 강한 폭력성이 10월항쟁에서 인민들이 보여준 홀로주체적 투쟁의 특징이었다.

첫째, 항쟁의 공격 대상은 친일세력 특히 경찰에 집중되었다. 폭력이 극심했지만, 그것은 제한적이었다. 인민들의 폭력은 무분별하지 않았고, 어느정도 특정한 방향성을 가지고 있었다. 안재성(2016, 111-112)의 표현을 빌리자면, "폭동 전체를 지휘하는 단일한 지도부가 없음에도 군중들은 타격할 곳과 보호할 곳을 정확히 알고 있었다". 항쟁의 공격 대상은 친일 경찰과 군정 관리에 집중됐다(서중석 1991, 459). 인민의 공격이 친일 또는 악질 지주로 확대되기도 했으나(커밍스 1986, 446-447), 상층계급이나 우익 일반이 공격 대상은 아니었다. 폭력은 친일분자에 집중되었다. 주민들의 평판에 따라 관리와 지주 및 우익 중 폭력 대상이 정해졌다. 여기서 가장 기본적인 선별 기준이 바로 친일 여부와 그 정도였다(정영진 1990, 369-370). 인민들은 친일세력을 공격의 목표로 분명하게 의식하고 있었다. 한 예로, 백천에서 발견된 전단은 "이제 우리 젊은 애국자들은 재식민화(再植民化)의 위험으로부터 조국을 지키고자 일어섰다! 우리의 목적은 우리 참된 애국자들을 탄압하는 악질 경찰관과, 지나치게 양곡을 수탈해 가는 악질 관료와, 그들 뒤에 있는 친일반역자들을 숙청하는 것이다"라고 명시했다(커밍스 1986, 438; United States Armed Forces in Korea(이하 USAFIK) 1948, 356 (217)[4]).

항쟁은 친일세력 중에서도 특히 경찰을 공격 목표로 삼았다. 10월 항쟁이 전근대적인 민란과 유사한 측면이 있지만(신복룡 2006, 535; 김용철 외 2018, 42), 경찰을 집중 공격한 점에 유의해야 한다(메릴 2004, 54). 시위 군중의 폭력이 향한 첫 번째 물적 대상이 바로 경찰서와 지서(파출소)였고 제1의 인적 목표는 경

---

4) 이 글의 USAFIK 1948 인용은 『주한미군사 HUSAFIK』 3권(돌베개 영인본, 1988)의 쪽수와 함께 괄호 속에 정해구(1988)의 부록으로 실린 번역본의 쪽수를 표시한다.

찰이었다(정해구 1988, 147). 물론, 군청과 면사무소, 우편국, 재판소, 등기소, 신한공사 출장소 등의 장소와 군수, 관공리 및 우익 인사들에 대한 공격도 있었고, 악질 지주를 비롯해서 평소 원한을 가졌던 대상에 대한 폭력 행사도 있었다. 하지만, 경찰서 습격과 경찰관 살해 및 폭행이 10월항쟁에서 가장 두드러진 폭력 행사였다.

  10월항쟁에서 경찰이 폭력의 주된 대상이었다는 데 대해서는 좌우를 막론하고 대부분의 분석이 일치한다. 경북지방경찰청(2001, 52－53)은 9월 총파업을 주도한 조직인 전평이 '남조선총파업투쟁위원회'(시투市鬪)를 구성했고, 이 시투가 경찰에 대한 적대감정을 선동했다고 한다. 대검찰청(1965, 265)도 항쟁이 주로 경찰서 습격과 경찰관 살해 및 폭행으로 나아갔는데, 그 이유가 바로 경찰이 좌익 척결의 선봉에 섰고 이에 대해 좌익분자들이 경찰을 주 공격 대상으로 삼았기 때문이라고 한다. 조선공산당 측에서도 10월항쟁의 초기부터 항쟁의 주요 대상이 경찰임을 분명하게 파악했다. 조선공산당은 1946년 10월 2일자 「경찰 폭압을 반대하여 인민에게 고함」이라는 전단지에서 10월항쟁을 "일제보다 더 잔인포학한 경찰을 반대하여 일어선 것"으로 명시했다(김현식·정선태 2011, 317). 관점에 따라 경찰 공격의 이유를 다르게 보지만, 10월항쟁에서의 폭력 행사가 주로 경찰을 향했음에 대해서 모두 인식을 같이하고 있다.

  미군은 인민항쟁에서 공격의 직접적 대상이 아니었다. 미군이 항쟁의 진압에 직접 개입했음에도 전반적으로 시위대는 미군과 직접 충돌하지 않았고 미군의 피해는 없었다(게인 1986, 66). 미군에 대한 공격이 전혀 없었던 것은 아닌 듯하다. 『미군정사』에 실려 있는 "1946년 10월의 준반란"에는 왜관에서 시위대가 미군에 총을 쏜 특이한 경우가 언급된다(USAFIK 1948, 351 (213)). 미군에 대한 직접 공격이 드물었지만, 10월항쟁에서 경찰과 군정 관리에 대한 공격은 친일파에 대한 공격인 동시에 곧 그들을 고용한 미군정에 대한 항쟁이기도 했다(이동원 2018, 64). 미군을 공격하지 않은 이유에 대해 심지연(1991, 19, 51－52)은 인민대중의 직접적인 불만이 미군보다는 경찰로 대표되는 친일세력에 있었기 때문이라고 본다. 반면에 서중석(1991, 459－462)은 10월항쟁에서 나타난 친일 경찰과 군정 관리에 대한 공격은 곧, 인민위원회 같은 자발적 민중조직을 탄압하고 친일세력을 앞세워 통치하면서 식량문제를 비롯한 제반 정책에 실패한 미군정에 대한 인민의 불만이 터진 것으로 본다. 여기에 더해, 나는 인민의 입장에서 볼 때 미군의 무력이 워낙 강해서 공격 가능 범위를 벗어나기도 하거니와, 미군은 해방정국에서 새로운 우리를 건설하는 데 있어서 애당초 우리 안에 셈 해지지 않은 외부였다고 생각한다. 미군정에 대한 불만을 표시하면서도 항쟁은 외부의 압제자가 아니라 우리 안에 있는 "억압의 하수인들"을 향했다(커밍스 1986, 445). 인민들의 분노는 외부의 비아로 향하기 전에 내부의 비아에게 향했 던 것이다.

둘째, 항쟁의 과정에서 인민들이 행사한 폭력의 정도가 대단히 심했다. 일 반적으로 시위의 조직자들은 보복을 우려하여 농민들의 폭력 행사를 권장하지 않았다(커밍스 1986, 448-449). 그러나 인민들의 폭력 행사를 누를 수 없었다. 인 민들이 경찰에게 가한 폭력은 야만적일 정도로 잔인했다. 단순한 구타를 넘어 서 경찰의 얼굴과 몸을 "칼과 도끼로 난자"하고, 경찰서장과 경관의 "눈알을 빼 고 혀를 잘라낸 다음 살해"하거나, "성기를 잘라버린 경우"도 있고, 또는 "생매 장"하기도 했다(USAFIK 1948, 369 (229-230); 신복룡 2006, 530-531; 정영진 1990, 352-374). 경찰을 대상으로 한 잔인한 보복 살해는 당시에도 널리 알려졌다.

헨더슨(2013, 283)은 10월항쟁의 격렬함과 잔인함을 중간매개집단이 근절된 대중사회에서 비롯하는 것으로 본다. 그러나 항쟁의 폭력성이 경찰로 대표되는 친일세력에 집중되어 있다는 점에서 10월항쟁은 단순히 원자화된 대중사회의 무분별한 폭발과 구별된다. 경찰에 집중된 인민의 폭력성은 10월 1일의 평화적 시위대에게 경찰이 발포했다는 사실만으로 설명되기 어렵다. 이는 경찰에 대한 인민들의 분노와 증오가 일상생활에서 그리고 역사적으로 그만큼 누적되었음 을 반증한다. 친일 경찰에 대한 공격은 1946년 10월에 새롭게 등장한 현상이 아니었다. 경북지역만 보더라도 해방 이후 경찰 및 경찰서 습격은 꾸준하게 일 어났다. 칠곡군 인동의 경찰주재소 습격, 김천 경찰간부 저격 등 친일 경찰에 대한 공격이 영일, 김천, 상주, 고령, 칠곡 등지에서 발생했다. 1946년 1월 반탁 시위대가 달성군 성서면의 주재소를 습격했던 사건에서 보듯이 경찰에 대한 반 감은 10월항쟁 이전부터 기회 있을 때마다 터져 나오곤 했다(김상숙 2016, 56-59; 정영진 1990, 169, 213-220; 김상숙 2016a; 2016b). 이는 10월항쟁의 폭력행 사가 단순히 우발적인 것이 아님을 뜻한다. 인민대중이 경찰에 대해 갖는 증오 와 반감은 이미 오랫동안 누적되어 왔던 것이다.

경찰은 친일파 중에서도 인민의 원성을 가장 많이 산 집단이다. 일제 강점기 친일 경찰은 억압적 국가기구의 말단 조직으로 일선에서 인민대중을 직접 탄압했다. 당시 경찰은 대부분 일제의 "광신적인 앞잡이들"로서 조선 인민의 증오와 멸시의 대상이었다(헨더슨 2013, 171). 특히 심산 김창숙을 고문하여 불구로 만든 최석현의 경우처럼, 경찰은 독립운동가들을 체포하고 고문한 것으로 악명 높았다. 미군정이 지역을 점령한 이후 친일 경력의 경찰은 친일 관료들이 그랬듯이 재빨리 미군정으로 갈아탔다. 민족해방운동을 탄압하는 데 앞장섰던 친일 경찰 및 관료들이 해방 이후 친일행위로 인해 처벌받기는커녕 경주경찰서장, 대구경찰서장, 경북경찰청장 등으로 임명되거나 승진했다(허종 2001, 262-265; 허종 2001a, 270). 해방이 되어서도 인민의 눈에 비친 경찰은 일제 시대 경찰과 다를 바가 없었다. 인민의 눈에 경찰은 외부 지배자를 달리할 뿐 똑같은 억압의 직접적인 수행자였다(정영진 1990, 169; 정해구 1988, 112-113).

게다가 경찰은 일제 강점기 시절과 마찬가지로 악랄한 수법의 고문을 자행하고 금품을 강요하는 등 인민에 대해 고압적인 태도를 유지했다(헨더슨 2013, 278-279). 경찰은 해방 후에도 일제 때 그랬던 것처럼 여전히 "군림하고, 윽박지르고, 족치는" 모습이었고 체포와 구타 및 고문을 다반사로 했다(정영진 1990, 213; 신복룡 2006, 525). 영장 없이 혐의자를 체포하고 고문하고 감옥에 처넣고 억지 자백을 강요하는 경찰의 모습은 일제시대의 경찰 모습 그대로였다(로빈슨 1988, 141). 한국 경찰이 자백을 받아내기 위해 가혹한 고문을 자행한다는 사실을 미군은 잘 알면서도 문제삼지 않았다(케인 1986, 98). 경북 청도군 민중들의 구술증언과 자서전을 분석한 노용석(2004, 76-81)에 따르면, 언제부턴가 지역민들은 온갖 폭력을 휘두르는 경찰을 '산골대통령'으로 부르고, 경찰서 사찰실을 '빨갱이 제조공장'이라고 불렀다. 경찰의 폭압 자체가 10월항쟁의 주요 원인 중 하나로 꼽히는 이유다.

요컨대, 10월항쟁에서 인민대중이 행사한 폭력은 극심했으나, 무분별하지는 않았다. 앞서 언급했듯이, 항쟁의 주체인 인민대중은 단일체적 집단이 아니다. 그만큼 우발적이거나 사적인 감정에 의한 폭력 행사도 있었다. 그러나 전반적으로, 인민의 폭력 행사는 주로 친일세력 특히 경찰에 집중됐다. 미군은 공격 대상이 아니었다. 이는 미군이 인민대중의 직접적인 불만 대상이 아니었기 때문일 수도 있지만, 그보다는 10월항쟁이 우리 내부에서 전개된 아와 비아의 투쟁이었기 때문이라고 생각한다. 미군정에 대한 최초의 반발이면서 미군을 주목표로 하지 않고 그 하수인인 친일세력을 주 대상으로 한 것이다. 친일 경찰에 대한 공격은 새로운 것이 아니었다. 친일 경찰에 대한 인민대중의 반감은 오랫동안 누적되어 왔으며 10월항쟁에서 갑자기 등장한 우발적인 것이 아니었다. 친일 경찰에 인민의 폭력적 공격이 집중된 현상은, 인민대중의 마음에 남아 있는 '친일=반민족=비아' 인식에도 불구하고 여전히 그들이 억압적 국가기구를 차지하고 있는 부조리한 현실에 대한 인민의 응징이었다.

(3) 아와 비아의 주전선: '민족 대 반민족'

인민들이 경찰로 대표되는 친일 분자를 폭력행사의 주 목표로 삼은 점에서 10월항쟁은 '민족 대 반민족'이 아 속의 아와 비아를 구분하는 주전선임을 보여줬다. 이는 해방 후 새로운 우리의 건설에서 '누가 우리인지' 또는 '누가 우리가 아니고 아니어야 하는지'에 대한 인민대중의 생각을 몸으로 보여준 것이다. 과거 우리를 침략하고 지배했던 외부 세력에 빌붙었던 자들이 외부 세력이 바뀌었음에도 다시금 우리-(준)중심을 차지하는 모습을 인민들은 항쟁으로 거부하고 응징했다. 바뀐 세상에서도 우리-중심을 차지한 친일세력이야말로 인민들의 눈에는 아 속의 비아였다.

이는 항쟁이 단일 전선으로 구성되었다는 주장이 아니다. 기아시위가 항쟁을 촉발시키는 데 중요했던 데에서 보듯이 굶주린 기층민중의 사회적 반감과 생존을 위한 몸부림도 중요했다. 지역별 조직의 역량에 따라 좌파 및 이에 동조하는 세력의 이념과 계급 전선도 존재했다. 하지만 상층 계급이나 우익 일반이 인민항쟁의 주요 대상이 아니었다. 항쟁의 발생에 좌익의 개입이 있었고 확산 과정에서 지역별 좌익의 역량이 중요했어도, 이를 계급 대 계급의 싸움이나 우익 대 좌익의 싸움으로 보기 어렵다. 10월항쟁에서 인민들의 주요 공격 대상은 어디까지나 친일 경력의 경찰과 관리들 즉 반민족 세력이었다.

미군정도 이러한 사실을 간파하고 있었다. 1946년 말 수립된 남조선과도입법의원의 과제에 대한 1947년 1월 초 미군정의 여론조사에 따르면, 경찰의 민주화(13%)가 산업부흥(37%), 농업 및 식량 문제 해결(18%)에 이어 세 번째 높은 순위로 나왔다. 이는 임시정부 수립(11%)보다 앞선 것이었다. 미군 방첩대(CIC: Counter Intelligence Corps)는 이를 다음과 같이 해석했다.

"경찰체제를 민주화해야 한다고 생각하는 13%에 달하는 사람들은 간접적으로 친일파 제거를 바라는 것으로 이해할 수 있다. 왜냐하면 경찰에 대한 불만의 대부분은 많은 경찰들이 일제에 복무했다는 비난에서 비롯하기 때문이다"(United States Army Forces, Korea, Counter Intelligence Corps, Seoul District Office, APO 235. 1947; 정용욱 1994, 472; 한림대학교 아시아문화연구소 1995a, 117).

미군정도 인식하듯이, 경찰이 항쟁의 주된 표적이라는 사실은 친일파 제거 요구가 분출한 것이었다. 인민들에게 아 속의 아와 비아의 주전선은 계급 이전에 민족이었다.

이는 당시 전국의 중앙 차원에서 전개되고 있던 우리 형성 헤게모니 투쟁의 주전선과 차이가 있다. 해방과 함께 본격화된 아와 비아의 헤게모니 투쟁에는 여러 균열선이 중첩돼 있었다. 미소의 국제적 갈등, 좌우 이념적 대립, 사회경제적 혁신을 포함한 계급 갈등, 친일파 처리 문제를 둘러싼 대립 등 여러 단층선이 중첩되어 있었다. 하지만 어느 균열선을 우선하든지 간에 전반적으로 친일파 배격은 시대의 지배적인 요구였고, 친일 경력의 소유자는 큰 목소리를 내기 힘든 상황이었다. 그런데, 1946년 초 신탁통치 파동을 거치면서 이전까지 정치지도자 층 위주로 진행됐던 대립이 전국민적 대결로 격화되었고, 여러 갈등 전선이 '좌익 대 우익'의 전선 아래 결집했다(심지연 1986, 55-61). 우익과 좌익이 각각 '비상국민회의'와 '민주주의 민족전선'이라는 통일전선체 아래 뭉치고 대립함으로써, 아와 비아의 헤게모니 투쟁은 이제 '애국 대 매국(친일)' 대립보다 '좌익 대 우익'의 구도 위에서 전개되었다(김용철 외 2018, 29-32). 좌익은 모스크바삼상회의의 결의가 곧 통일 임시정부를 수립하는 길이라는 판단 아래 삼상회의 결의 지지로 입장을 변경했지만(기광서 2018, 219-239), 우익은 갑자기 반탁 입장을 철회한 좌익을 매국세력으로 공격했다. 원래 반민족적 매국세력인 친일세력이 반탁운동에 편승하면서 '애국'세력으로 변신하는 데 성공했고, 반대로 좌익은 '매국'적 찬탁세력으로 비난받았다(김동춘 2006, 173). 신탁통치 파동을 거치면서 아와 비아의 전선에 중요한 변화가 일어난 것이다.

대한독립촉성전국청년총연맹 명의의 1946년 8월 15일자 「우리의 적은 누구이냐!!!」라는 제목의 전단지를 보면 다음과 같이 신탁을 찬동한다는 이유로 좌파를 '우리의 적'으로 규정한다.

"해방의 날 8·15 1주년이 닥쳐왔다. 그 포학하던 왜적은 이 땅에서 말살되었다. 그러나 왜적 아닌 다른 적이 또 다시 우리를 파멸과 암흑의 구렁이로 끌고 있다. 건국사업의 지리멸렬 대중 생활의 파멸 실업자의 홍수 경제범죄의 속출 등등 이 일련의 참담한 현실을 초래케 한 우리의 적은 과연 누구이냐?

그것은 계급혁명을 위하여 민족의 파멸도 불사하고 민족을 분열시키며 모국(某國)의 주구가 되어 신탁통치를 받겠다는 공산당이요 목적을 위해서는 수단을 가리지 않고 1천 2백만원의 지폐를 위조하여 경제계를 교란시키는 공산당이다. 그리고 지난날의 영화를 다시 독점하려는 사이비 애국자들이다. 동포여! 우리의 적을 확실히 알라. 그리고 8·15의 감격과 각오를 새로이 하여 우리의 적을 말살하는 동시에 끝까지 철강(鐵鋼)같은 단결력을 지속하여 우리의 독립을 지연케 하는 국제팟쇼의 압력을 극복하고 조국의 완전독립을 전취하자!"(김현식·정선태 2011, 297).

친일세력이 우익 일반의 반탁운동에 편승하여 애국세력, 민족세력으로 둔갑할 수 있는 틈이 여기에 있다. 이는 '적의 적은 친구'라는 논리에 해당한다. 원래 민족의 적인 일본의 친구라는 이유로 친일세력이 민족의 적이었다면, 이제 신탁통치를 실시하려는 모국(某國) 즉 소련을 새로운 적으로 규정하고, 탁치를 지지하는 세력은 적의 친구로서 민족의 적이고 탁치를 반대하는 세력은 적의 적으로서 민족의 편에 서게 된다.

이는 중대한 변화다. 8·15 직후 '민족 대 반민족'의 대립 전선과 좌우의 대립 전선이 중첩되기도 했지만, 친일파가 큰 목소리를 낼 수는 없었다. 허헌이 강조한 것처럼, "한국의 좌파들은 대부분 공산주의자들이 아니라 민족주의자들"이었으며(게인 1986, 37), 이 점에서 해방 당시 좌익은 친일파에 대항하는 좌익적 민족해방세력의 성격이 강했다(정해구 1988, 151n). 우익 중에도 반일 민족주의 세력이 엄존하고 있었음을 고려하면, 해방 직후 좌우 대립이 '민족 대 반민족'의 전선을 덮어버릴 수는 없었다. 친일파는 떳떳하게 고개를 들기 어려웠고, 친일 경력의 경찰 대다수가 잠적하기도 했다. 그런데 미군정이 친일 경찰과 관리를 계속 임용하고, 급기야 탁치 파동을 거치면서는 친일파들이 우익의 반탁운동에 편승하여 보수 애국세력으로 둔갑하고, 좌익은 소련에 나라를 팔아먹는 매국 세력으로 매도되었다. '좌익=찬탁=친소=매국 vs. 우익=반탁=독립=애국'의 전선이 형성된 것이다. 심지어 대한독립촉성국민회의 반탁 시위 지침을 보면, '찬탁=매국 vs. 반탁=애국'이라는 등식에서 더 나아가서, 찬탁을 곧 친일역사와 연결하였다. 즉 신탁통치를 "외세 간섭"과 동일시함으로써, 찬탁을 곧 "이완용 2세" 또는 "일진회가 다시 오는 것"이라는 구호를 사용하여 비판하였다(주한미군 방첩대 서울지부 군사우편(APO) 235. 서울역사편찬원 2019, 75–76). 친일파가 반탁운동 속에서 애국자로 둔갑하고, 찬탁운동을 전개한 좌익은 제2의 이완용 즉 매국 세력으로 매도된 것이다.

　이와 같은 중앙 차원의 헤게모니 투쟁의 전개 양상과 달리, 10월항쟁은 인민의 마음 속에 응어리진 주적이 친일분자(경찰)임을 드러냄으로써 좌우의 대결보다 '민족 대 반민족'의 대결을 제일의 전선으로 다시금 부각시켰다. 신탁통치 반대 파동을 거치면서 우익 진영에 가담한 친일파들이 중앙 차원에서 애국애족 세력으로 분장했음에도, 지방에서는 아직 친일파들의 반민족 행위에 대한 반감이 사라지지 않고 있었던 것이다. 중앙 차원의 헤게모니 투쟁과 무관하게, 지역과 인민대중의 실생활에서는 좌우익의 이념적 구분이 명확하지 않았다. 지역 차원에서 일어난 좌우익 충돌의 대다수가 실제로는 가문 간의 충돌이거나 마을 단위의 싸움이기도 했다. 10월 항쟁 당시까지 지방에서는 애국세력과 친일세력의 구분이 있었을 뿐, 아직 좌익과 우익이 명확하게 구분되거나 대립하지 않았다. 지역 차원에서 좌우익 대립이 분명해지고 심해진 것은 10월항쟁 이후 미군정의 지원 아래 우익세력이 마을 곳곳에 조직을 형성·강화하고 지방권력을 장악한 이후의 일이다(김상숙 2016, 276; 김상숙 2019, 31).

　10월항쟁 당시 영일군의 사례는 '민족 대 반민족'의 전선을 극명하게 보여준다. 포항에서 10월 3일 청년 700명이 시가지를 행진하고 현지 군정관리에게 다음과 같은 서신을 제출했다.

> "위기에 처한 민주주의를 건설하라. 우리는 굶주리고 울부짖는 인민을 구출해야 한다. 우리는 이 나라를 **반역자들**의 것으로 만드는 것을 거부한다"(커밍스 1986, 448; 정해구 1988, 125. 강조는 첨가).

　새로운 우리 건설에 있어서 인민들은 우리-중심을 친일 매국 세력이 다시 차지하는 것을 명백하게 거부하고 있음을 알 수 있다. 이러한 인민의 의지는 새로운 8·15를 맞이하자며 시민대회를 개최한 의성군의 항쟁 사례에서도 나타난다. 새로운 해방을 갈구한 의성의 항쟁에 대한 정해구의 다음과 같은 분석은 그 핵심 의의를 잘 포착한다.

> "이것은 민중들이 생각하는 해방이 당시까지 진정으로 이루어지지 않았음을 반영한다. 즉 이는 일제의 앞잡이인 친일파와 그 대표적 상징인 경찰이 그 지위에 계속 머물러 있는 한, 그리고 이들이 미군정의 후원으로 다시 민중 위에 군림하는 한, 민중에게는 해방이 의미를 지닐 수 없었음을 보여준다"(정해구 1988, 119－120).

10월항쟁에서 인민이 보여준 친일파 공격 양상은 인민대중의 마음 속에서 좌우의 대립이 아니라 '민족 대 반민족'의 대립이 여전히 주전선임을 보여준다. 10월항쟁에서 경찰에 대한 폭력적 공격은 좌익의 우익 공격이기보다는, 친일파 즉 아 속의 비아에 대한 인민대중의 공격이었다. 이때 인민의 마음 속에 있는 우리는 아직 남과 북으로 갈라지지 않은 한 민족 즉 대아(통합한국)를 상정하고 있었다. 이는 인민이 곧 우리(통합한국)의 형성 주체였다는 말이 아니다. 다만 항쟁의 주체인 인민대중이 생각하는 우리(대아)의 적이 친일파(경찰)임을 여실히 드러냈다는 뜻이다. '민족 대 반민족'이야말로 인민의 마음 속에 있던 '아 속의 아와 비아'의 주된 구분이었다.

4. 미군정과 경찰의 진압: '좌익 대 우익'

10월항쟁이 일어나자 미군정은 곧바로 직접 진압에 나섰다. 진압의 주체는 미군정과 보조 세력인 경찰과 우익단체였다. 이들은 진압 대상을 '빨갱이'로 낙인 찍고 대단히 폭력적으로 진압했다. 미군정이나 경찰에게 항쟁의 주체는 인민대중이 아니라 좌익 '빨갱이'였다. 진압 과정에서 10월항쟁은 '민족 대 반민족'의 인민항쟁이 아니라 '좌익 대 우익'의 폭동으로 규정됐다.

(1) 진압의 주체: 미군정과 경찰

미군정은 항쟁을 직접 진압하고 한국 경찰과 우익단체의 항쟁 진압을 지휘했으며, 경찰에 대한 인민의 비난을 무시하고 경찰을 비호했다. 게인의 다음과 같은 논평은 미군이 항쟁 진압에서 수행한 역할을 압축적으로 보여준다.

"우리는[미군은] 단순히 한국경찰을 문제지역으로 수송해주거나 무기를 공급하거나 경비순찰차를 제공하는 것 이상의 행동을 취했다. 해방자로서 온 군대가 군중들에게 발포를 하고 대대적인 검거를 지휘하고 색출작업을 하는 한편, 한국의 우익들과 함께 토벌대와 경찰을 조직하여 대중폭동에 대처했다"(게인 1986, 65).

미군정은 진압의 주력으로 한국의 경찰과 우익단체를 활용했다. 항쟁에 참여한 농민과 인민대중을 직접 대면하고 진압한 것은 미군보다 한국의 경찰과 우익단체였다(커밍스 1986, 459-460; 김상숙 2016, 154-157; 진화위 2010a, 55). 미군정이 경찰과 우익단체를 진압의 주력으로 삼은 이유는 그들이 미군의 '안보지도(security map)'에서 중심에 가깝게 위치해 있기 때문이었다. 엔로(Enloe 1980, 15-16)에 따르면, 다족류(multi-ethnic)사회에서 국가엘리트는 정치적 중요성(자원)과 신뢰도를 바탕으로 족류집단별로 <그림 19>와 유사한 '국가안보지도'를 갖는다. 특정 족류집단이 우리-중심에 가깝게 놓일수록 국가엘리트에게 정치적 자원과 신뢰도가 높고 국가안보에 중요하다.

먼저, 미군정이 친일 경찰을 중용하고 의존한 것은 경찰이 유용할 뿐 아니라 믿을 수 있었기 때문이다. 유용성과 정치적 신뢰성 때문에 미군정의 안보지도에서 경찰이 중심부를 차지할 수 있었다. "한국은 일본 제국의 일부분으로 미국의 적이었으며, 따라서 항복 조항에 복종해야 한다"는 지침을 가지고 온 미군은 한국을 명백히 점령지로 규정했다. 미군정에게 남한 지역의 군사점령의 우선적인 목적은 일본군의 무장 해제와 함께, 또는 그보다 우선하여, 미국에 우호적인 정부를 수립하는 것이었다(박찬표 2007, 47-48, 55; 게인 1986, 109-110). 이러한 미군에게 해방 직후 한반도의 대부분 지역에서 자생적으로 조직된 인민위원회와 이를 바탕으로 한 인민공화국은 위협적인 존재로 다가왔다. 미군정은 이들을 인정하지 않고 적대시했다(커밍스 1986, 345-437; 로빈슨 1988, 63-65). 이러한 미군정에게 한국의 경찰은 유용하고 믿을 수 있는 세력이었다. 소련을 경계하고 좌파세력을 견제하는 가장 효과적인 선택이 바로 친일 관료와 경찰의 재등용이었다.

점령 초기 미군정이 구축한 억압적 국가기구 재건에서 중심은 경찰이었다. 미군정은 일제시대 한국인 경찰 간부 출신의 주도 아래 한인 경찰관 충원 작업을 진행했다. 그 결과 일제 시절 경찰에 복무했던 한인의 약 80-85%가 미군정

경찰로 다시 임용되었고 친일 경력의 경찰이 그 수뇌부를 장악했다. 친일 경력을 가진 경찰은 미군정의 좌파세력 제거에서 중요한 역할을 담당했다. 미군정은 경찰을 군대보다 더 선호하고 의지했는데, 이는 '남조선국방경비대'에 좌익세력이 침투한 것으로 의심된 반면 경찰은 그렇지 않았기 때문이다(헨더슨 2013, 275-276; 박찬표 2007, 100-111; 김진웅 2009, 78-82; 경북지방경찰청 2001, 37). 이에 더하여 점령지 내에서 군대를 창설하는 것은 곧 독자적인 정부를 수립하려는 의지로 보일 수 있기 때문에, 미군정은 군대보다 기존의 경찰 조직에 우선적으로 의지했다. 각 도별로 1개의 연대를 만든다는 소위 밤부 계획(Bamboo Plan)에 따라 1946년 1월 '남조선국방경비대'를 창설할 때도, 국방경비대를 독자적인 군대보다는 '경찰예비조직'으로 내세웠다(김득중 2009, 102).

　미군정은 친일 경력의 경찰이 한국인들로부터 증오와 적대의 대상임을 잘 알고 있으면서도 그들을 중용했다. 경찰의 친일 경력은 그들의 유용성과 신뢰도에 대한 미군정의 판단을 손상시키는 요인이 아니었다. 오히려 그 반대였다. 한국 경찰이 "일본인을 위해서 훌륭히 업무를 수행했다면 우리를 위해서도 그럴 수 있으리라고 생각"한다는 매글린(Maglin) 대령의 발언은 이를 단적으로 보여준다(게인 1986, 68). 경찰의 취약점인 친일 경력이 미군에게는 오히려 정치적 신뢰도를 높여주는 요인이었다. 친일이라는 오점을 가지고 있는 경찰 간부들은 해방정국에서 미군정이 아니면 구제되기 어려웠기 때문이다. 경찰의 친일이라는 오점과 우익 성향이 미군정의 입장에서 볼 때는 경찰의 정치적 신뢰도를 높인 중요한 지점이었다.

　미군정의 안보지도에서 한국의 경찰이 동심원의 안쪽에 위치하고 있었던 사실은 한국전쟁 당시 미국의 한국인 철수계획에서 알 수 있다. 1951년 1·4후퇴를 전후해서 미군이 마련한 한국정부의 제주도 이전 계획에서 철수 대상 한국인 중 중앙 및 지방 경찰의 고위직과 그 가족이 가장 높은 순위에 포함되어 있다. 이는 한국의 고위 장교단보다 앞선 순위다. 소련과의 전면전을 예상한 극동군사령관이 1951년 4월 마련한 한국정부의 사이판(Saipan) 및 티니안(Tinian) 이송 계획에서도 경찰은 중앙공무원, 군대와 함께 A급으로 분류되어 있다(이상호 2020, 221, 228; 국립중앙도서관 2016, 116-119). 미군에게 경찰이 얼마나 중요한 존재인지 알 수 있다.

　다음으로, 우익단체 또한 미군정이 믿고 의지할 만한 집단이었다. 우익 청년단체 특히 서청(서북청년단)은 경찰과 우익 정치세력 및 미군의 보조 세력으로 많이 활약했다. 해방 후 경찰이 우익 청년단체를 활용한 경우는 비일비재하다(게인 1986, 39-46; 김진웅 2009, 85-90). 하지(John Reed Hodge) 장군은 남한의 정치상황에 대해 방첩대에 많이 의존했는데, 방첩대는 경찰과 우익 청년단체들을 많이 활용했다(정용욱 1994, 36-39; 2007, 444-445; US Army Intelligence Center 1959. 한림대학교 아시아문화연구소 1995, 28-31). 10월항쟁의 진압에 있어서도 서청을 비롯한 지역 내외의 우익단체들이 진압세력으로 활약했다(진화위 2010a, 117-119).

　　서청 등 우익청년단체는 남한의 '구르카(Gurkha)'에 해당한다. 엔로가 특별히 주목하는 구르카족은 다족류사회에서 중요한 족류집단이 아니지만 국가안보의 핵심인 군에서 중추적인 용병이다. 구르카족의 용맹성과 충성심이 그들을 군에 유용한 집단으로 만든다. 여기에 더하여 그들의 취약성이 국가엘리트가 이들을 믿고 안보를 맡길 수 있는 중요한 이유다. 구르카족은 지리적 및 정치경제적으로 주변부에 속하며, 군복무가 거의 유일한 생계수단이다. 이러한 주변성과 의존성에서 오는 취약성야말로 이들이 국가엘리트에 위협적인 존재가 될 수 없음을 뜻하며, 이들에게 핵심적인 안보를 믿고 맡길 수 있는 이유가 된다(Enloe 1980, 25-29). <그림 19>를 빗대어 말하자면, 우리-주변에 위치할만한 집단인 구르카족을 자기 자신에게 의존하게끔 만듦으로써, 국가엘리트는 그들을 우리-주변에서 우리들 동심원의 보다 안쪽으로, 아마도 우리-준중심쯤으로 이동시킨 것이다.

　　우익청년단 특히 서청은 이와 같은 구르카 현상으로 볼 수 있다. 서청에서 활동한 청년들은 북한에서 공산주의 정권의 탄압을 받아 월남한 사람들로 북한과 공산주의에 대한 적개심이 강하고 동시에 남한에서 변변한 권력기반을 갖지 못한 집단이다. 이들은 남한 국가엘리트의 비호 아래 우리-중심에 가까운 위치를 차지했다. 서청 2대 단장이었던 문봉제의 증언에 따르면, "우리 서청의 배후에는 조병옥 경무국장과 장택상 수도청장이 이끄는 군정경찰이 있었고, 행동철학은 이승만 박사에게서 나왔"다고 한다(고태우 1989, 128). 조병옥(1963, 154-156)도 자신이 서청의 후원자임을 회고한 바 있다. 남한 우익의 입장에서는 북한에 대한 서청의 적개심 때문에 그들을 신뢰할 수 있고, 동시에 남한사회에서 월남민들이 차지하는 주변성 때문에 그들이 자신의 권력에 위협적인 존재가 될 수 없음을 알고 있다. 남한의 우익뿐 아니라 미군 특히 방첩대에게도 서청은 구르카처럼 쓸모 있고 믿을 수 있는 존재였다. 서청 조직원들이 북한에서 겪은 고통과 함께 공산주의자들에 대해 갖고 있는 직접적인 지식은 방첩대에 특별히 유용한 것이었다(US Army Intelligence Center 1959. 한림대학교 아시아문화연구소 1995, 29; 정용욱 1994, 37; 정용욱 2007, 463–465; 펄트 2016, 80–85).

미군정이 경찰과 우익단체를 항쟁 진압의 주력으로 활용한 것은 이처럼 그들이 그 유용성과 신뢰성 때문에 미군정의 안보지도 속에서 우리-중심에 가깝게 위치해 있기 때문이었다. 10월항쟁에서 인민대중은 경찰에 대한 반감을 적극 드러냈지만, 미군정은 오히려 경찰을 항쟁의 진압 주체로 적극 활용했다. 미군정은 경찰에 대한 일반 민중의 불만이 항쟁을 일으키고 격화시킨 중요한 요인임을 인지했음에도, 한국 경찰을 비난하고 개혁하기보다는 앞장서서 경찰을 비호했다.

10월항쟁 발생 후 일제시대의 악질 경찰을 "속히 일소할 것"에 대한 기자들의 질의에 미군정은 거부의사를 분명히 했다(『동아일보』 1946.11.20. 국사편찬위원회 1970, 866–867). 1947년 3월 29일자의 "Standard Operating Procedure for Counter Intelligence Corps, U. S. Army Forces, Korea"[5]를 보면, "Police Methods, CIC Policy Regarding"(1946.11.1)에서 미군정은 방첩대 요원들에게 경찰 행동에 대한 비난(censure)으로 이해될 수 있는 공개적 발언을 하지 말 것과 경찰활동에 대해 간섭하지 말 것을 지시했으며 그것이 이후에도 방첩대의 표준 작업절차임을 알 수 있다(US Army Intelligence Center 1959; 정용욱 1994, 173; 한림대학교 아시아문화연구소 1995, 171).

미군정은 조미공동위원회가 10월항쟁 수습책으로 제안한 친일 경찰 개혁안을 받아들이지 않았다. 조미공동위원회는 친일 경찰 문제가 10월항쟁의 핵심 원인이며, 경찰에 대한 민중의 적대감이 결국 일제하 경찰의 재고용, 경찰의 불법행위 및 정치 관여 문제로 요약된다고 보았다. 조미공동위원회는 경찰 개혁 방안으로 (1) 일제하 경찰 중 경위 이상 복무한 자의 제거, (2) 권한 남용, 야만행위, 정치적 파당 행위, 잔학 행위 및 고문 등 방지, (3) 경찰력의 정치적 이용 금지, (4) 장택상 해임 (및 조병옥 해임 제안), (5) 군정 직원 중 친일파 파악 등을

---

5) 이 문건은 1947년 3월 29일자로 Counter Intelligence Corps, APO 235가 작성한 것으로, US Army Intelligence Center 1959에 Appendix3으로 첨부되어 있다.

하지에게 제시했다(WNRC, RG 332. 신복룡 1991, 316-318). 하지만 미군정 당국은 이를 수용하지 않고 경찰 개혁 기회를 무산시켜버렸다(이동원 2018, 65-70, 78-87; 박찬표 2007, 233-236). 이후 과도입법의원에서 우여곡절 끝에 '친일파 등 처벌법'을 통과시켰지만(1947년 7월 2일), 미군정은 4개월 동안 아무런 조치를 취하지 않다가 결국 인준을 보류했다(이동원 2018, 88; 김동춘 2006, 176-177). 미군정에게 경찰을 비롯한 친일파가 갖는 유용성이 그들을 안고 가는 데서 생기는 부담보다 더 컸던 것이다.

(2) 진압의 대상: 빨갱이

미군정의 지휘 아래 경찰과 우익단체는 10월항쟁에 가담한 인민들을 강경 진압했다. (1) 진압주체는 '빨갱이' 평정이라는 이름으로 항쟁을 상당히 폭압적인 방식으로 진압했고, (2) 이는 빨치산 활동과 이에 대한 토벌작전으로, 종국에는 한국전쟁 전후의 민간인 학살로까지 이어졌다. 진압 과정에서 10월항쟁 관련자는 빨갱이로 규정되었고, 항쟁은 '민족 대 반민족'이 아니라 '좌익 대 우익'의 폭동으로 낙인 찍혔다.

첫째, 경찰과 우익단체는 '빨갱이' 평정의 이름으로 대단히 강경하게 10월항쟁을 진압했다. 우선 10월 1일 시민들의 시위를 진압하는 과정에서 발포를 하여 사망자가 발생했고, 다음날 대구의대 학생들이 중심이 된 소위 '시체데모'가 10월항쟁의 도화선이 됐다. 경찰의 발포로 인한 사망자 발생이 인민의 누적된 불만에 불을 붙이는 촉매가 된 것이다. 10월 1일 이후 미군과 경찰의 과도한 시위 진압에 대한 증언은 많이 있다. 10월 2일 낮부터 미군 탱크들이 대구 시내를 순찰했고 오후 5시 미군정의 계엄령이 선포되고 7시부터 야간 통행금지가 실시되었다(커밍스 1986, 446). 미군은 탱크와 기관총 부대를 앞세워 발포 위협을 가하면서 시위 군중을 해산하고, 시내 곳곳을 순찰하면서 진압을 지휘했다. 대구·경북의 경찰과 충청도 등 외지에서 온 지원 경찰은 길거리와 민가를 구석구석 수색하고 청장년 남성을 무차별 강제 연행해서 경찰서와 학교 등에 수용했다. 특히 미군정을 반대하는 사람들이 많다고 알려진 마을들(남산국민학교, 덕산국민학교, 자갈마당 등의 주변)을 집중 수색하고 청년들을 체포했다. 경찰은 체포한 사람들을 학교 운동장 등에 모아 무차별 구타하고 신분을 확인하고 경찰서로 실어갔다. 검문에 불응하는 자는 그 자리에서 사살했다(진화위 2010a, 77; 김상숙 2016, 154 – 157; 김상숙 2019, 22 – 23).

경무국장 조병옥은 항쟁의 주체를 "학생폭도", "폭도들", "게릴라 공작대원", "불순분자" 등으로 부르고, 10월항쟁을 이들의 "선동"에 의한 "폭거" 또는 "폭동"으로 규정했다. 경찰은 처음부터 좌익을 항쟁의 배후 조종자로 지목했다. "공산당 대구책임자 손기채"의 지도 아래 대구의대 학생들이 식량을 달라는 시민들에게 경찰이 발사했다고 "고의 선동"하고 여러 학교의 "적색분자" 학생과 교원들을 동원하여 경찰서와 관공서를 파괴하고 접수하는 계획을 수립했다고 설명했다(『조선일보』, 『서울신문』, 『동아일보』 1946.10.8. 국사편찬위원회 1970, 472 – 475). 경찰의 진압은 좌익에 집중됐다. 항쟁 이후 민청(조선민주청년동맹원) 등 주로 좌익에 대한 검거가 늘어났고 일제시절의 예비검속이 부활한 것처럼 보였다(『조선일보』 1946.10.25. 국사편찬위원회 1970, 643).

미군정이 항쟁 참여자를 군법회의를 통해 처벌하는 한편으로, 경찰과 우익단체는 항쟁 가담자에게 과도한 보복행위를 감행했다. 이들은 "미국인들이 깜짝 놀랄 정도로 시위군중들에게 잔인하게 보복했다"(커밍스 1986, 461). 진압에 참여한 대구·경북의 현지 우익단체들은 외지 경찰에게 현지 사정을 알려주고 검거대상자들을 연행하는 등의 역할을 했다. 지역으로 들어온 외부의 우익단체들은 지역민들을 '빨갱이'로 낙인 찍으며 테러를 가했다. 특히 진압에 합세한 서청은 민간인에 대한 즉결처형권을 가졌으며, 사복 차림에 총을 지니고 다니면서 주민의 재산을 탈취하고 가옥을 방화하거나 성폭행을 저지르는 등 보복성 탄압을 가했다(진화위 2010a, 117 – 119; 이영도 2005, 129 – 134 참조).

> "더욱이 당시 경찰보다 더 무서운 존재가 있었다. 방첩대란 간판 아래 서울서 파견돼 왔다는 이들 군복차림의 청년들은 대구시내 중심지에 있는 귀속가옥을 근거지로 급조 유치장을 만들고 영장 없이 마구 지방유지, 교육자, 신문인, 실업인(實業人) 들을 대량으로 잡아 가두고는 구타 등 사형(私刑)을 가하고 감금한 것이다.
> 그들의 수사 구호는 '대구는 남한의 모스크바다' '이번에 뿌리를 뽑아야 한다'는 것이었다.
> 또, 그 후엔 정체가 분명치 않은 타도서 흘러들어온 우익단체도 많이 생겼다. 그들은 지방민을 괴롭히는데 '너는 빨갱이'가 아니냐고 했다"(이목우 1965, 233).

경찰과 우익단체의 보복성 폭력행사가 심해지자 조선공산당, 신진당, 한국독립당, 인민당, 독립노농당, 남조선신민당, 민족혁명당, 사회민주당, 청우당 등 여러 정당이 '남조선 비상사태 각정당연합조사단'을 구성하여 하지에게 항의했다. 이들은 10월항쟁에 대한 미군정 당국과 경찰의 진압 태도가 "토벌적 복수 수단으로 대량검거 폭행 등에 의한 공포정치를 실현하는 듯"하고, 항쟁에 "반감을 가진 측 인원을 동원하여 계획적 복수전"을 하고 있다고 호소했다. 또 "경찰의 토벌적 탄압과 감정적 대량검거와 보복적 복수전"을 중지시킬 것을 요청했다(『조선일보』 1946.10.25. 국사편찬위원회 1970, 640-642). 이들의 요구는 실현되지 않았다.

둘째, 10월항쟁에 대한 강경 진압은 빨치산 활동 및 그 토벌작전으로 연결됐고 종국에는 한국전쟁 전후의 민간인 학살로까지 이어졌다. 10월항쟁 직후 대구와 인근 지역의 야산대 활동이 생겨났다. 항쟁에 적극 가담했던 사람들은 경찰과 우익단체의 진압을 피해 팔공산과 비슬산 등 대구·경북지역의 산으로 들어가서 야산대 활동을 전개했다(김상숙 2016b, 32-33; 김상숙 2016, 191-229). 항쟁이 다른 지역으로 확산되면서, 야산대 활동의 범위도 넓어졌다. 가령 10월 1일 대구 항쟁의 여파로 10월 4일 영덕군 달산면에서 민중 시위가 일어났고, 달산 면장이 피살되는 등 인명 피해가 발생했다. 이후 영덕군을 장악한 진압세력을 피해 야산대 활동이 증가했고, 이는 군경의 토벌로 이어졌다(전현수 2020, 176-181). 한국전쟁까지 이어지는 남한 지역의 빨치산 활동과 이에 대한 토벌작전은 10월항쟁에서부터 비롯한 것이다. 10월항쟁은 1946년 12월 중순까지 일어났으나, 그에 대한 진압은 1948년까지 계속됐다. 대구·달성, 칠곡, 영천, 경주 지역에서의 10월항쟁 관련 민간인 희생자에 관한 진화위(2010a, 90-101) 조사에 따르면, 현지 및 외지 경찰에 의한 10월항쟁 관련자 토벌과 항쟁과 무관한 민간인 학살은 1947년에도 수차례 있었고 1948년 중순까지도 일어났다.

10월항쟁에 대한 강경 진압은 한국전쟁 전후에 발생한 민간인 학살로까지 연결된다. 단독정부 수립 이후 1949년에도 영천 대창면 조곡리, 대구 화원면 본리동, 월성군 안강읍 육통리, 칠곡군 석적읍 등에서 10월 항쟁 관련자들에 대한 집단학살이 일어났다(김상숙 2019, 29). 항쟁 가담자들이 입산하여 야산대 활동을 전개하자 경찰은 수시로 빨치산 토벌 작전을 수행했다. 경찰은 토벌과정에서 입산해 있던 빨치산만이 아니라 주거지역에 있던 10월항쟁 관련자나 남로당 가입자 및 그 가족들을 살해했고, 10월항쟁과 무관한 지역 유지와 주민들을 살해하기도 했다(진화위 2010a, 70-71). 대구·경북 지역의 민간인 학살 사례들에서 토벌 대상으로 가장 먼저 지목된 사람들이 바로 10월항쟁으로 구속된 전력이 있는 사람들이다. 이들은 구속 후 1947년 봄에 훈방되거나 1948년 8월 정부 수립 특사로 출소한 경우가 많았는데, 이후 민간인 학살의 대상이 되어 희생됐다. 마을 전체 주민이 항쟁에 참여한 경우에는 좌익 활동 여부와 무관하게 마을의 대표나 지역 유지들이 학살된 경우도 적지 않다(김상숙 2016, 242-254).

한국전쟁 시기 대표적인 민간인 학살인 국민보도연맹원 학살 사건에도 10월항쟁 관련자들이 다수 포함되어 희생됐다. 국민보도연맹은 주로 남로당, 민전 가입단체들, 근로인민당, 인민공화당 등 좌익단체나 정당 출신을 가입대상으로 했는데, 좌익과 무관한 사람들도 상당수 포함됐다. 10월항쟁 관련자도 보도연맹에 우선적으로 가입시킨 것으로 보인다. 국민보도연맹 마산 지부는 1949년 12월 7일 지부 결성 이후 1950년 1월 5일~20일까지를 '가맹주간'으로 설정하고 자진가맹을 촉구했는데, 가맹 대상자 중의 하나로 "10월 폭동에 의식 무의식적으로 가담한 자"를 명시했다(진화위 2010, 361; 김기진 2002, 76; 김학재 2004, 326). 꼭 국민보도연맹이 아니더라도 10월항쟁 관련자로 한국전쟁 발발 직후 경찰에 연행된 뒤 살해되거나 돌아오지 않은 사람들이 다수 보고되었다(진화위 2010a, 123-129).

요컨대, 항쟁의 진압 방식이 과도하게 이루어졌을 뿐 아니라 항쟁에 참여하거나 동조한 사람들을 좌익으로 몰아서 처벌하는 빨갱이 사냥이 전개됐다. 항쟁에 적극 가담한 사람들은 강경 진압을 피해 야산대로 활동했고, 이것이 한국전쟁까지 이어지는 빨치산 활동이 되었다. 10월항쟁에 대한 진압은 1948년까지 이어졌고, 한국전쟁 전후에 발생한 민간인 학살로까지 연결됐다.

이 과정에서 10월항쟁에 참여하거나 관련된 인민은 빨갱이가 되었다. 반복하지만, 항쟁에 참여한 인민대중은 단일체적 집단이 아니다. 사회경제적 성분, 정치적-이념적 성향, 조직화 정도 등에서 다양한 사람들이 전국적인 중앙 조직의 지도 없이 인민대중으로 산발적 항쟁에 참여했다. 이들이 모두 빨갱이라는 한 가지 색깔로 칠해졌다. 항쟁에 적극 참여하지 않은 사람도 진압 주체에 의해서 보복 대상이 되거나 무고하게 희생된 경우 빨갱이로 간주됐다. 청도 지역 구술연구를 진행한 노용석(2004, 70-76)에 따르면, 지역민들은 야산대를 주로 '산손님'이라고 불렀는데,[6] 어느 시점부터 '빨갱이'가 '산손님'을 대체했다. 지역 주민들이 스스로 만든 명칭인 산손님은 '손님'의 의미가 강한 반면, 주민들에게 주입된 범주인 빨갱이는 좌익이라는 뜻과 함께 '북한(이북) 사람들'을 가리키는 것이었다. 항쟁의 주체인 인민은 이북의 공산주의 세력과 연결된 빨갱이로 낙인 찍혀서 우리 속의 비아로 혐오와 학살의 대상이 되었다. 진압 주체는 항쟁 가담자 및 동조자를 빨갱이 즉 좌익으로 호명하고 이들을 우리 속의 비아로 솎아낸 것이다. 여순사건에 대한 연구에서 한 획을 그은 김득중(2009, 46, 370-439, 552-573)은 여순사건을 통해 '악마'화된 (고로 "죽여도 좋"은, "박멸해야 하는") '빨갱이'가 '탄생'했음을 보여주는데, 그러한 '반공=빨갱이 혐오'의 사회 심리 구조는 여순사건보다 2년 앞선 10월 항쟁에 대한 진압에서 이미 그 기본적인 형태가 만들어져 있었다(김상숙 2019, 31).

(3) 아와 비아의 주전선: '좌익 대 우익'

미군정은 10월항쟁의 진압을 주도하면서 새로운 우리 건설의 헤게모니 투쟁에서 중요한 역할을 했다. 미군정은 항쟁을 직접 진압하고 한국 경찰 및 우익 단체의 진압을 지휘했으며, 외부 불순세력 즉 좌익을 항쟁의 주범으로 지목함으로써 항쟁 진압을 좌익 평정으로 만들었다. 이 과정에서 좌익을 '조선국가의 적'으로 규정하고 인민항쟁의 주 요인인 경찰을 비호했다. 한국의 경찰도 미군정과 마찬가지로 10월항쟁을 좌익의 선동에 의한 것으로 규정하고 진압했다.

미군정은 10월항쟁을 적대시하고 외부의 소행으로 규정함과 동시에 좌우 대결로 몰고 갔다. 항쟁 발발 이전에도 미군정은 쌀 부족 사태를 보도한 신문사를 정간하고, "아사" 운운하는 기사를 "허위보도"이자 "미군정을 고의로 중상"하는 "적대행위"라고 비판했다(이목우 1965, 226). 항쟁이 발발하자 미군정은 항쟁의 배후에 공산주의자들이 있다고 보았다. 10월 11일자 G-2 Weekly Summary에 보면, 10월항쟁은 "공산주의자 선동가들"이 "무지한 군중"과 "불량배들(hoodlums)"을 선동한 결과 발생했으며, 공산주의자들은 미국에 대한 악선전에 이용할 사건을 조장하기 위해서 미군을 끌어들이려는 의도를 가지고 이

---

6) 빨치산(야산대)을 '산손님'으로 부른 것은 시골에서 일반적인 현상이었던 것 같다. 김성칠(2009, 299)도 경산군 와촌면 박사리 사건을 언급하면서 고향 사람들이 이들을 "산사람들" 혹은 "산손님들"이라고 부른다고 언급한다.

"폭동(riots)"을 촉발했다고 한다(HQ XXIV Corps. 1946).

10월항쟁을 외부 세력 즉 비아가 기획한 조직적 반란으로 규정하고 적대시하는 데 주도적 역할을 한 사람은 바로 하지 장군이었다. 항쟁 발발 후 얼마 지나지 않은 10월 14일 하지는 군정청 공보부를 통해 다음과 같은 성명을 발표했다.

"나는 신뢰할 만한 정보를 가지고 이번 남조선에서 생긴 폭동은 남조선에서 거주하지 않는 선동자들이 일으킨 사건이라고 말했거니와 추가 물적 증거로 보아 그 폭동과 혹 장래 일어날 폭동까지도 이 위험한 무정부주의자 범죄자 및 선동자들이 조선국가와 민족의 복리와 안녕에 관심이 없는 지도자 지휘 하에서 주도(周到)히 계획하고 집행한 사실이 명확하다"(『동아일보』 1946. 10.15. 국사편찬위원회 1970, 548; 한림대학교 아시아문화연구소 1995b, 86).

하지는 이후에도 이와 같은 인식을 고수했다. 10월 23일 하지가 소요사태에 대해 재차 공보부 특별발표 형식으로 성명서를 발표했는데, 거기에서 선동자들을 "조선국가의 적(enemies of their own nation)"으로 규정했다. 그는 '조선국가의 적'인 선동자들이 죽이려고 하는 사람들이 (1) 경찰관과 (2) (군정과 협력하는) 조선의 애국자들, (3) 지방유지들이라고 적시했다. 특히 하지는 경찰이 법과 질서를 유지하고 양민의 생명과 재산을 보호하는 점에서 선동자들에게 장애물이 되기 때문에 폭도들이 이들을 공격대상으로 삼는다고 함으로써, 경찰을 애국자이자 법 질서의 수호자로 자리매김했다(『조선일보』 『동아일보』 『서울신문』 1946.10.25. 국사편찬위원회 1970, 622－623; 한림대학교 아시아문화연구소 1995b, 97; USAFIK 1948, 358 (219)). 이어 11월 11일에도 하지는 공보부 특별발표를 통해 경찰에 대한 민중의 원성 자체가 선동자들이 만든 거짓에 속은 것이라고 주장했다. 그는 경찰이야말로 애국자라고 옹호하고 이를 비판하는 사람들을 악질 선동자라고 비난했다(한림대학교 아시아문화연구소 1995b, 111－112). 박헌영(2004, 483)이 논박하듯이, 누가 애국자이고 누가 적인지에 대해 하지의 인식과 항쟁 주체인 인민대중의 인식이 정반대에 있음을 알 수 있다.

하지의 언명들은 특별히 주목할 필요가 있다. 하지는 항쟁에 참가한 선량한 '양민'들과 항쟁을 선동한 '범죄자'들을 대조시키면서, 우리 안의 아와 비아를 구분하였다. 특히 선동자들을 "남조선에 거주하지 않는(strangers in South Korea)" 외부의 세력과 연결되어 있다고 규정함으로써 우리의 경계 밖에 위치 지웠다. 이처럼 아 속의 아와 비아를 구분하면서 '우리 안의 비아'를 '우리 밖의 비아'와 연결시킴으로써 하지는 항쟁의 주체를 '우리가 아닌 비아'로 내몰았다. 아울러 이 비아(화된 우리)를 우리의 '적'으로 단정함으로써 우리 속의 아와 비아의 관계를 우리 밖의 비아와의 홀로주체적 적대관계로 몰아갔다. 이로써 아와 비아의 헤게모니 투쟁이 서로주체적 방식으로 전개될 수 있는 여지가 사라졌다.

10월항쟁을 외부 즉 북한과 연결된 공산주의자들의 소행으로 간주하는 인식은 미군 지휘관들 사이에서 널리 공유된 것으로 보인다. 1946년 10월 30일 부산을 방문한 게인에게 경찰청장인 앳킨슨(Atkinson) 소령은 "폭동이 '38선 이북에서 넘어 온 선동자들'에 의해서 조직되었다"고 했다(게인 1986, 78). 10월 14일자 보고서에서 브라운(Brown) 장군은 10월항쟁의 원인으로 "북한에서 파견된 요원들에 의해 이루어진 세심한 계획과 소요의 감행" 및 "공산주의자들의 학원 침투"를 들었다(USAFIK 1948, 365 (225)). 방첩대도 마찬가지로 10월항쟁을 공산주의자들이 계획적으로 일으킨 것으로 파악했다. 흥미롭게도 방첩대는 10월항쟁에서 경찰에 대한 폭력을 주도한 것은 인민당과 민청이라고 봤다. 그리고 이들이 둘 다 공산당으로부터 지령을 받았을 것으로 분석했다(US Army Intelligence Center 1959. 한림대학교 아시아문화연구소 1995, 80; 정용욱 1994, 87; 정용욱 2007, 472 참조).

『미군정사』의 "1946년 10월의 준반란"에서 일목요연하게 정리한 군정의 시각에 따르면, "폭동 계획은 면밀하게 짜여져 있었고", "북한으로부터 직접 조장되었다"(USAFIK 1948, 371 (231)). 이제 항쟁은 박헌영이 북한에서 돌아온 직후 주도한 것으로, 즉 북한이라는 외부와 연결된 좌익 공산주의자들의 선동에 의해 발생한 것으로 규정된다.

> "모든 증거들은 공산주의자들의 선동이나 지시가 없었다면 10월 2일의 유혈 사태는 발생하지 않았을 것이며 따라서 이후에 전개되었던 심각한 요소도 발생하지 않았을 것이라는 사실을 보여준다. 즉 폭도들은 결코 자발적인 것이 아니라 공산주의자들에 의해 교사되고 지시된 것이다"(USAFIK 1948, 370 (231)).

한국의 경찰도 미군정의 인식에 맞춰 10월항쟁을 좌익의 선동에 의한 것으로 규정하고 항쟁 주체를 비아화했다. 경찰은 10월항쟁을 철저히 조선공산당의 지령에 의한 9월 총파업의 연장으로 이해했다(윤장호 1995, 16 – 20; 대검찰청 1965, 16, 231 – 281 참조). 경무국장 조병옥은 10월항쟁을 "폭동"으로 규정하고, "조선

민족의 극소수파 즉 조선민족의 본위를 이탈하고 민족의 이익을 희생시키려는 도배들이 엄청난 기만적 선전을 하여서 순진하고 무지한 일반 대중의 격분을 선동함으로써 법과 질서를 파괴하고 민중을 도탄에 빠트리려는 악도배의 소위"라고 단정했다(『동아일보』『서울신문』 1946.10.31. 국사편찬위원회 1970, 685－687). 후에 그는 박헌영의 지도 아래 남한의 공산도배들이 북한으로부터 지령을 받아서 전복적 파괴를 획책했다고 회고한다(조병옥 1963, 171). 경북경찰청 부청장 강수창도 10월항쟁을 "단순한 민생문제로만 발생된 사건이 아니고 모종의 정치적 모략과 선동에서 발생된 사건"이라고 단정했다(『조선일보』 1946.10.12. 국사편찬위원회 1970, 519). 황옥 제3경무총감도 미군정 조사단에서 10월항쟁이 북한에서 온 공작원들에 의해 계획되고 자행된 것이라고 진술했다(심지연 1991, 22).

미군정과 경찰이 10월항쟁을 좌익에 의한 폭동으로, 나아가 외부 즉 북한의 공산주의자들과 연결된 것으로 규정한 것은 우리 안의 일부를 외부화하여 비아화한 것이다. 여기서 비아화는 철저하게 홀로주체적 방식으로 진행되었고, 곧 적대화를 의미했다. 서로주체적 헤게모니 투쟁의 여지는 남겨지지 않았다. 이는 외부로 돌리기, 즉 외부 위협을 강조함으로써 내부 결속을 도모하는 전형적인 '전환(diversion)' 전략이다. 좌익을 조선국가의 '적'으로 규정하는 것도 대표적인 '속죄양' 전략이다. 외부와 연관된 내부의 적을 희생양으로 삼아서 내부의 비판에서 비롯한 위기를 넘기는 방법이다(김재한 2012, 103－107 참조). 항쟁의 진압 주체가 진압의 대상을 빨갱이로 규정하고 외부와의 연결을 설정한 것은 이처럼 외부화를 통해 우리의 일부를 비아화하고 적대화하는 작업이었다.

요컨대, 미군정과 경찰은 10월항쟁을 외부세력에 의한 조직적 폭동으로 규정하면서 우리 안의 아와 비아를 구분했다. 여기서 '우리 안의 비아'는 외부 즉 '우리 밖의 비아'와 연결되어 있는 '조선국가의 적'이다. 안과 밖의 구분은 우리의 고정된 외연과 분명한 경계를 전제한다. 즉 우리가 누구인지에 대한 규정이 전제되어 있다. 미군정이나 경찰에게 우리는 남한이라는 공간에 한정된 소아에 해당한다. 북한은 우리의 외부에 위치한 비아로 간주됐다. 1946년 말에 미군정과 경찰은 이미 남북한 통합한국이라는 대아가 아니라 남한이라는 소아를 우리로 규정하고 있었던 것이다. 북한이라는 우리 외부의 비아와 연계된 우리 안의 비아 즉 공산주의자들이야말로 미군정의 시각에서 볼 때 우리 국가의 적이다. 이들은 우리의 애국세력인 경찰을 공격하도록 인민을 선동하고 폭력을 동원했다. 10월항쟁에서 인민대중이 친일 경찰의 척결을 행동으로 요구했던 반면, 미군에게는 애국세력인 경찰이야말로 우리 안의 비아에 대한 싸움에서 지켜야 할 우리－중심이었다. '민족 대 반민족'이라는 인민들의 아와 비아의 주전선은 미군정과 경찰의 '빨갱이' 진압 과정에서 '좌익 대 우익'의 전선으로 대체되었다. 미국이 10월항쟁을 "우익화의 호기로 이용하고 싶어했음에 틀림없다"는 의혹을 받을 만한 이유다(신복룡 2006, 531).

5. 맺는 말

10월항쟁과 제주 4·3사건, 여순 항쟁을 "남한의 우익화 과정의 가속화"로 규정하면서, 신복룡(2006, 573)은 이 세 번의 비극을 "의미 없는 동족 학살"이라고 단언한다.

> "그들에게 이념을 도색하는 것은 사실을 은폐하려는 곡필(曲筆)에 지나지 않는다. … 문제는 무고한 양민의 대량 학살과 그 해원(解冤)에 있다. 역사의 화해와 용서는 그 다음의 일이다"(신복룡 2006, 575).

10월항쟁에서 무고하게 희생된 민간인은 여전히 해원이 되지 않은 상태다. 그들은 좌익이라서 죽은 게 아니라, 죽었기 때문에 좌익이 되었다. 인민대중의 항쟁 이유는 이념 이전에 제대로 된 '우리'의 건설 문제였다. 얼마전까지 우리를 억압하고 핍박한 비아의 편에 붙어서 호가호위했던 친일파들이 해방 이후에도 다시 우리－중심을 차지하는 불의를 참지 못한 것이다. 인민들에게 좌익이라는 이념을 도색한 것은 바로 그 친일 경찰과 미군정이었다. 그들은 항쟁에 참여한 인민들을 우리 밖의 비아와 연결된 우리 안의 비아로 규정하고 좌익이라는 낙인과 함께 학살의 대상으로 삼았다.

10월항쟁은 '누가 우리인가'를 둘러싼 폭력적 헤게모니 투쟁이었다. 그것은 대단히 홀로주체적인 투쟁이었다. 10월항쟁은 항쟁의 주체인 인민이나 그 진압 주체인 경찰이나 모두 상대방을 주체로서 존중하기보다는 폭력적으로 제거하려고 한 점에서 대단히 홀로주체적인 헤게모니 투쟁이었다. 홀로주체적 투쟁의 과정에서 아와 비아를 가르는 두 가지 주전선 즉 (1) '민족 대 반민족(친일)'과

(2) '좌익 대 우익'의 전선이 대립했다. (1)이 항쟁 주체인 인민이 생각하는 아와 비아의 주전선인 반면, (2)는 진압 주체인 경찰과 미군정이 제시한 아와 비아의 주전선이다. (1)과 (2)에서 아와 비아의 주된 구분선 뿐만 아니라 각각이 상정하는 아 자체가 대아(통합한국)와 소아(남한)로 상이했다. 항쟁 주체인 인민의 입장에서 10월항쟁은 '민족 대 반민족(친일)' 대결이었으며, 항쟁에서 나타난 친일분자들에 대한 잔인한 폭력 행사는 비아를 우리에서 제거하려는 응징이었다. 반면에 진압 주체인 미군정과 경찰은 10월항쟁을 우리 밖의 비아와 연결된 우리 속의 비아의 소행으로 간주하고 그들을 빨갱이로 명명하고 제거했다. 즉, 진압 주체는 '좌익=(아 속의)비아=적'을 우리 안에서 수색 소탕했으며, 이 과정에서 (2)의 주전선이 (1)의 주전선을 덮어버렸다. 10월항쟁이 좌우익 대결에서 비롯하기보다는, 항쟁에 대한 진압의 결과 좌우익의 대결이 되었다.

10월항쟁의 결과 미군정 점령지역 내 '우리(들) 지도'가 모습을 드러내기 시작했다. 무엇보다도 그 핵심은 미국이었다. 그 핵을 둘러싸고 경찰로 대표되는 친일세력은 우리-중심과 그 주위에 포진할 수 있었다. 인민은 우리-주변으로 밀려나고 그 중 일부는 선별적으로 또는 무차별적으로 우리 안의 비아로, 혹은 적으로 규정되어 차별과 학살의 대상이 됐다. 남한 단독 정부 수립과 함께 '인민'에서 '국민'으로의 전환이 일어났고(김성보 2009), 인민이지만 국민에 들지 못한 수많은 사람들이 '비국민'으로 감시와 차별 및 배제의 대상이 됐다(김동춘 2019, 135-136). 10월항쟁에서 인민대중이 비아로 배격했던 친일세력은 다시 우리-중심을 차지했다.

10월항쟁은 우리-중심을 둘러싼 본격적인 헤게모니 투쟁이다. 이 투쟁에서 누가 우리인지, 누가 우리-중심에 있어야 하는지, 또는 누가 우리가 아닌지, 누가 우리-중심에 있어서는 안 되는지를 정하는 데 결정적 역할을 한 것은 아 속의 여러 소아들이 아니라 미국이라는 비아였다. 즉, 아 속의 누가 중심적인 우리인가를 둘러싼 헤게모니 투쟁에서, 아와 비아, 또는 아 속의 여러 소아들만이 아니라, 남과 북이라는 우리들 밖의 타자인 미국이 중요한 활약을 했다. 예외상태를 결정할 수 있는 자가 주권자이듯이(슈미트 2010, 16-28), 10월항쟁이라는 비상시에 누가 우리이고 아닌지 명확히 규정됐으며, 또 누가 그 최종 결정권자인지가 드러났다.

■ 참고문헌 ■

갈브레이드, 존 K. 1984. 『권력과 정치』. 정성호 역. 서울: 우석.

강상중 · 현무암. 2012. 『기시 노부스케와 박정희: 다카키 마사오, 박정희에게 만주국이란 무엇이었는가』. 이목 옮김. 서울: 책과함께.

강수택. 2012. 『연대주의: 모나디즘 넘어서기』. 파주: 한길사.

강옥초. 1998. "왜 한국에서 아직도 그람시인가." 『역사비평』 45호, 282 – 299.

강원택. 2011. "한국에서 정치 균열 구조의 역사적 기원: 립셋 – 록칸 모델의 적용." 『한국과 국제정치』 27권 3호, 99 – 129.

강정인. 1993. 『자유민주주의의 이념적 초상』. 서울: 문학과지성사.

강정인. 2004. 『서구중심주의를 넘어서』. 서울: 아카넷.

강태수 · 신진욱. 2019. "세월호 '노란 리본'과 일베의 '폭식 투쟁': 공감과 혐오의 전형성과 그 비전형적 생활세계." 『문화와 사회』 27권 3호, 183 – 238.

경북대학교 대형과제연구단. 2005. 『근현대 대구 · 경북의 지성과 운동 연구총론』. 대구: 정림사.

경북대학교 대형과제연구단. 2005a. 『근현대 대구 · 경북지역 사회변동과 사회운동 I』. 대구: 정림사.

경북대학교 대형과제연구단. 2005b. 『근현대 대구 · 경북지역 사회변동과 사회운동 III』. 대구: 정림사.

경북지방경찰청. 2001. 『경북경찰발전사』. 대구: 경북지방경찰청.

경향신문 사회부 사건팀. 2016. 『강남역 10번 출구, 1004개의 포스트잇: 어떤 애도와 싸움의 기록』. 서울: 나무연필.

게이, 록산. 2016. 『나쁜 페미니스트』. 노지양 옮김. 파주: 사이행성.

게인, 마크. 1986. 『해방과 미군정』. 도서출판 까치 편집부 옮김. 서울: 까치.

고명지. 2020. "청년세대 문화와 경계짓기: 청년세대 공간의 이동을 중심으로." 『문화와 사회』 28권 2호, 207 – 271.

고병권. 2011. 『민주주의란 무엇인가』. 서울: 그린비.

고태우. 1989. "(인터뷰/그때 그 사람) 서북청년단과 문봉제." 『북한』 208호, 124 – 130.

고프만, 어빙. 2018. 『스티그마: 장애의 사회심리학』. 개정판. 윤선길 · 정기현 옮김. 오산: 한신대학교 출판부.

고프먼, 어빙. 2018. 『수용소: 정신병 환자와 그 외 재소자들의 사회적 상황에 대한 에세이』. 심보선 옮김. 서울: 문학과지성사.

공진성. 2009. 『폭력』. 서울: 책세상.

곽노완. 2007. "그람시의 헤게모니장치: 현대 정치와 문화의 시공간." 『마르크스주의 연구』 4권 2호, 26－42.

곽선조. 2018. "민간군사기업의 법제화 필요성과 그 모델에 관한 연구." 『융합보안 논문지』 18권 3호, 149－161.

곽준혁. 2013. 『지배와 비지배』. 서울: 민음사.

구영록. 1980. 『인간과 전쟁』 3판. 서울: 법문사.

국립중앙도서관. 2016. 『6·25전쟁, 미 NARA 수집문서로 보다』. 서울: 국립중앙도서관.

국사편찬위원회. 1970. 『자료 대한민국사 3』. 서울: 탐구당.

굿윈, 제프·제임스 M. 재스퍼·프란체스카 폴레타. 2012. "왜 감정이 중요한가." 제프 굿윈·제임스 M. 재스퍼·프란체스카 폴레타 엮음. 『열정적 정치: 감정과 사회 운동』, 11－46. 박형신·이진희 옮김. 파주: 한울.

김현영. 2011. "누가 국민을 '대표'하는가: 성적 타자의 대표 (불)가능성에 대하여." http://blog.aladin.co.kr/gender?CommunityType＝AllView (2011년 10월 26일 검색).

권명아. 2013. 『음란과 혁명: 풍기문란의 계보와 정념의 정치학』. 서울: 책세상.

권미정·림보·희음. 2022. 『김용균, 김용균들』. 파주: 오월의봄.

권수영 외. 2016. 『한국인, 우리는 누구인가』. 파주: 21세기북스.

권혁범. 1999. "내 몸 속의 반공주의 회로와 권력." 또 하나의 문화 통일 소모임. 『통일을 준비하는 사람들』, 101－113. 서울: 또 하나의 문화.

권혁범. 2004. 『국민으로부터의 탈퇴: 국민국가, 개인, 진보』. 서울: 삼인.

권혁남. 2017. "여성혐오 문제의 사회적 의미 연구." 『인문사회 21』 85권 5호, 91－106.

귀베르나우, 몬트세라트. 2015. 『소속된다는 것: 현대사회의 유대와 분열』. 유강은 옮김. 서울: 문예출판사.

그람시, 안토니오. 1993. 『그람시의 옥중수고2: 철학·역사·문화편』. 이상훈 옮김. 서울: 거름.

그람시, 안토니오. 1999. 『그람시의 옥중수고1: 정치편』. 3판. 이상훈 옮김. 서울: 거름.

그람시, 안토니오. 2000. 『감옥에서 보낸 편지』. 양희정 옮김. 서울: 민음사.

그린, 로버트·주스트 앨퍼스. 2009. 『권력의 법칙: 사람을 움직이고 조직을 지배하는 48가지 통찰』. 안진환·이수경 옮김. 서울: 웅진지식하우스.

기광서. 2018. 『북한 국가의 형성과 소련』. 서울: 선인.

기유정. 2015. "박정희 정권의 한국적 주체성론과 한국 정치학계의 자기 균열: '자유주의 대 반자유주의'의 문제설정을 중심으로." 『사회와 역사』 106집, 151－182.

기유정. 2017. "1960년대 후반~70년대 초 한국의 정치학과 문승익의 '정치주체론'." 『한국정치연구』 26권 2호, 29－54.

길윤형. 2020. 『26일 동안의 광복: 1945년 8월 15일-9월 9일, 한반도의 오늘을 결정지은 시간들』. 파주: 서해문집.

김경희. 2006. "데모크라티아(demokratia)를 너머 이소노미아(isonomia)로." 『한국정치학회보』 40집 5호, 5-25.

김기진. 2002. 『끝나지 않은 전쟁 국민보도연맹: 부산·경남 지역』. 서울: 역사비평사.

김남식·심지연 편저. 1986. 『박헌영 노선 비판』. 서울: 세계.

김덕수. 2004. 『그리스와 로마: 지중해의 라이벌』. 서울: 살림출판사.

김동수. 1995. "민주주의론의 재조명: 민주주의와 상이성." 『한국정치학회보』 29집 2호, 125-144.

김동춘. 2006. "한국의 분단국가 형성과 시민권: 한국전쟁, 초기 안보국가하에서 '국민됨'과 시민권." 『경제와 사회』 70호, 168-189.

김동춘. 2013. 『전쟁정치: 한국정치의 메커니즘과 국가폭력』. 서울: 길.

김동춘. 2019. "한국전쟁 시기의 인권침해: 한국 정부, 군과 경찰의 인권침해를 중심으로." 『사회와 역사』 124집, 129-161.

김동춘. 2022. 『시험능력주의: 한국형 능력주의는 어떻게 불평등을 강화하는가』. 파주: 창비.

김득중. 2009. 『'빨갱이'의 탄생: 여순사건과 반공 국가의 형성』. 서울: 선인.

김만권. 2020. "김훈의 통곡과 중대재해기업처벌법." 『한겨레』 2020년 9월 27일. https://www.hani.co.kr/arti/opinion/column/963793.html (2022년 7월 18일 검색).

김명희. 2019. "포용복지와 건강정책의 방향." 『보건복지포럼』 278호, 30-43.

김미경. 2015. "세계화 시대 미국-멕시코 국경: 삶과 죽음의 공간." 『인문연구』 73호, 97-136.

김범수. 2009. "'국민'의 경계 설정: 전후 일본의 사례를 중심으로." 『한국정치학회보』 43집 1호, 177-203.

김범준. 2020. "관계 속의 나." 『나란 무엇인가?』. 매거진 G Issue 1, 14-29. 파주: 김영사.

김병연·박명규·김병로·정은미. 2009. 『남북통합지수, 1989-2007』. 서울: 서울대학교출판문화원.

김비환. 2001. 『데모크라토피아를 향하여』. 서울: 교보문고.

김산호. 1993-1995. 『대쥬신제국사』 1-5권. 서울: 동아출판사.

김상봉. 2004. "민족과 서로주체성." 『시민과 세계』 5호, 42-64.

김상봉. 2006. "응답으로서의 역사: 5·18을 생각함." 『민주주의와 인권』 6권 2호, 139-156.

김상봉. 2007. 『서로주체성의 이념: 철학의 혁신을 위한 서론』. 서울: 길.

김상봉. 2007a. "그들의 나라에서 우리 모두의 나라로: 두 개의 나라 사이에 있는 5·18." 『민주주의와 인권』 7권 2호, 45-96.

김상숙. 2016. 『10월항쟁: 1946년 10월 대구, 봉인된 시간 속으로』. 파주: 돌베개.

김상숙. 2016a. "1946년 10월항쟁과 대구지역의 진보적 사회운동." 『민주주의와 인권』 16권 2호, 199－239.

김상숙. 2016b. "1947~1949년 대구지역의 진보적 사회운동과 민간인 학살." 『기억과 전망』 34호, 9－54.

김상숙. 2019. "민간인 학살의 시발점, 대구 10월 항쟁." 김상순·박은성·임채도·전명혁·한성훈·홍순권 엮음. 『한국 현대사와 국가폭력』, 16－33. 서울: 푸른역사.

김선욱. 2001. "한나 아렌트의 정치 개념: '정치적'인 것과 '사회적'인 것의 관계를 중심으로." 『철학』 67호, 221－239.

김선욱. 2007. "정치에 있어서 대중과 자각적 개인." 『정치사상연구』 13집 2호, 183－203.

김선주. 2005. 『탐루: 평화통일 운동가 김낙중의 삶, 사랑, 가족』. 파주: 한울.

김성국. 1995. "안토니오 그람시의 헤게모니 이론." 유팔무·김호기 엮음. 『시민사회와 시민운동』, 15－59. 파주: 한울.

김성보. 2009. "남북국가 수립기 인민과 국민 개념의 분화." 『한국사연구』 144집, 69－95.

김성일. 2017. "광장정치의 동학: 6월항쟁에서 박근혜 탄핵 촛불집회까지." 『문화과학』 89호, 146－168.

김성칠. 2009. 『역사 앞에서: 한 사학자의 6·25일기』. 파주: 창비.

김세균. 1995. "그람시를 넘어서 나아가야 한다." 유팔무·김호기 엮음. 『시민사회와 시민운동』, 197－204. 파주: 한울.

김수아. 2018. "남성 중심 온라인 공간의 미투 운동에 관한 담론 분석." 『여성학논집』 35집 2호, 3－35.

김수아·이예슬. 2017. "온라인 커뮤니티와 남성－약자 서사 구축: '여성혐오' 및 성차별 사건 관련 게시판 토론의 담론 분석을 중심으로." 『한국여성학』 33권 3호, 67－107.

김영명. 2007. 『정치를 보는 눈: 사회 정의 실현을 통한 행복 추구의 정치』. 서울: 개마고원.

김영명. 2018. 『정치란 무엇인가』. 서울: 일조각.

김영수. 2009. "정치란 무엇인가: '보이지 않는 정치'에 대한 소고." 『실천문학』 94호, 338－349.

김영욱·함승경. 2015. "세월호 침몰은 참사인가? 사고인가? 비판적 담론분석(CDA)을 적용한 세월호 담론 경쟁." 『홍보학 연구』 19권 4호, 83－115.

김엘리. 2014. "불확실한 삶에서 움트는 신자유주의." 『창작과 비평』 42권 3호, 38－54.

김용철·지충남·유경하. 2018. 『현대 한국정치의 이해』. 파주: 마인드탭.

김왕배. 2017. "언어, 감정, 집합행동: 탄핵반대 '태극기' 집회의 사례를 중심으로." 『문화와 사회』 25권, 7 – 59.

김운하. 2017. "연애감정: 낭만적 사랑 따위는 없어." 몸문화연구소. 『감정 있습니까?』, 87 – 112. 서울: 은행나무.

김운회. 2006. 『대쥬신을 찾아서』 1 – 2권. 서울: 해냄.

김웅진. 2007. "과학적 패권의 방법론적 네트워크: 현대 정치학방법론의 신화." 한국정치학회 편. 『현대 정치학 이론의 발전』, 11 – 40. 고양: 인간사랑.

김은주. 2016. "여성혐오(misogyny) 이후의 여성주의(feminism)의 주체화 전략: 혐오의 모방과 혼종적(hybrid) 주체성." 『한국여성철학』 26권, 103 – 130.

김의영. 2005. "결사체 민주주의에 대한 소고." 『한국정치학회보』 39집 3호, 433 – 455.

김일수. 2020. "대구의 역사 갈등과 역사화해: 10월항쟁을 중심으로." 『민족문화논총』 76집, 367 – 392.

김재한. 2012. 『정치마케팅의 전략』. 춘천: 한림대학교출판부.

김정기. 1967. 『밀파』. 서울: 박영사.

김종갑. 2017. 『혐오: 감정의 정치학』. 서울: 은행나무.

김종갑. 2017a. "감정: 감정이란 무엇인가?" 몸문화연구소. 『감정 있습니까?』, 9 – 38. 서울: 은행나무.

김종갑. 2017b. "혐오: 혐오하라, 그러면 구원을 받으리니." 몸문화연구소. 『감정 있습니까?』, 113 – 136. 서울: 은행나무.

김종대. 2013. 『서해전쟁』. 서울: 메디치.

김지은. 2020. 『김지은입니다: 안희정 성폭력 고발 554일간의 기록』. 서울: 봄알람.

김지혜. 2019. 『선량한 차별주의자』. 파주: 창비.

김진욱 · 허재영. 2018. "인정을 위한 저항: 태극기 집회의 감정동학." 『한국정치학회보』 52집 2호, 53 – 80.

김진웅. 2009. "미군정 기 국내정치에 있어서 경찰의 역할." 『대구사학』 97집, 77 – 108.

김철수. 2020. "'나'와 '나 아님'을 가르는 일." 『나란 무엇인가?』. 매거진 G Issue 1, 250 – 263. 파주: 김영사.

김태길. 1992. "나, 우리 그리고 가정." 김태길 · 서광조 · 최정호 · 황경식. 『나와 우리』, 11 – 75. 서울: 고려원.

김학노. 1999: "신기능주의 통합이론의 구성주의적 재구성." 『한국정치연구』 8 – 9 합병호, 443 – 467.

김학노. 2004. "동(북)아시아 안보공동체 비전 구상." 영남대학교 통일문제연구소. 『통일문제연구』 25 – 26집 합권호, 1 – 41.

김학노. 2010. "정치, 아(我)와 비아(非我)의 헤게모니 투쟁." 『한국정치학회보』 44집 1호, 31 – 57.

김학노. 2011. "서로주체적 헤게모니." 『한국정치학회보』 45집 5호, 53 – 79.

김학노. 2012. "유럽통합의 정치적 실험." 『유럽연구』 30권 2호, 31 – 55.

김학노. 2012a. "마스트리히트 이후 '사회적 유럽'의 전개."『한국과 국제정치』28권 4
　　호, 203-231.

김학노. 2013. "남과 북 서로주체적 통합의 밑그림."『한국정치학회보』47집 4호,
　　135-156.

김학노. 2014. "우리 형성의 헤게모니 정치: 최영진에 답함(1)."『한국정치학회보』48집
　　5호, 5-24.

김학노. 2014a. "'분단-통일'에서 '분리-통합'으로: 문제의 제기." 분리통합연구회 편.
　　『분단-통일에서 분리-통합으로』, 13-28. 서울: 사회평론아카데미.

김학노. 2016. "정치는 어디에 있는가? 최영진에 답함(2)."『한국정치학회보』50집 2호,
　　5-30.

김학노. 2018.『남과 북의 서로주체적 통합』. 서울: 사회평론아카데미.

김학노. 2018a. "분리-통합 및 홀로주체-서로주체의 개념과 척도."『한국정치연구』
　　27집 1호, 403-435.

김학노. 2018b. "공동주체성의 차원과 척도."『한국정치연구』27집 3호, 53-78.

김학노. 2018c. "형세: 정치학적 개념 탐구."『한국정치학회보』52집 1호, 229-256.

김학노. 2019. "한반도의 지정학적 인식에 대한 재고: 전략적 요충지 통념 비판."『한국
　　정치학회보』53집 2호, 5-30.

김학노. 2020. "혐오와 대항혐오: 서로주체적 관계의 모색."『한국정치연구』29집 3호,
　　35-65.

김학노 2022. "누가 우리인가? 10월항쟁, 우리 형성의 헤게모니 투쟁."『한국정치학회
　　보』56집 1호, 5-34.

김학재. 2004. "사상검열과 전향의 포로가 된 국민: 국민보도연맹과 국가감시체계."
　　『당대비평』27호, 317-331.

김학준. 2014. "인터넷 커뮤니티 '일베저장소'에서 나타나는 혐오와 열광의 감정동학."
　　서울대학교 석사학위논문.

김학준. 2016. "#순수함에의 의지와 정치혐오." 박권일 외.『#혐오주의』, 35-71. 서
　　울: 알마.

김항. 2009.『말하는 입과 먹는 입』. 서울: 새물결.

김항. 2014. "비판의 공공성, 전쟁의 정치: 하버마스와 슈미트 사이에서."『사회와 철학』
　　27집, 239-272.

김해인. 2008. "프롤레타리아 독재와 이행기."『노동사회과학』1호, 143-240.

김현경. 2015.『사람, 장소, 환대』. 서울: 문학과지성사.

김현식·정선태 편저. 2011.『'삐라'로 듣는 해방 직후의 목소리』. 서울: 소명출판.

김형주·최정기. 2014. "공동체의 경계와 여백에 대한 탐색: 공동체를 다시 사유하기
　　위하여."『민주주의와 인권』4권 2호, 159-191.

김호기. 1995. "그람시적 시민사회론과 비판이론의 시민사회론: 한국적 수용을 위한 비

판적 탐색." 유팔무 · 김호기 엮음. 『시민사회와 시민운동』, 124－147. 파주: 한울.

김홍미리. 2017. "촛불광장과 적폐의 여성화: 촛불이 만든 것과 만들어가는 것들." 『시민과 세계』 30호, 137－168.

김홍우. 1999. 『현상학과 정치철학』. 서울: 문학과지성사.

김홍우. 2002. "정치란 무엇인가." 서울대학교 정치학과 교수 공저. 『정치학의 이해』, 1－13. 서울: 박영사.

김홍우. 2007. 『한국 정치의 현상학적 이해』. 고양: 인간사랑.

김홍우. 2012. 『법과 정치: 보통법의 길』. 고양: 인간사랑.

김홍종. 2009. 『마음의 사회학』. 파주: 문학동네.

나이트, 롭 · 브랜던 불러. 2016. 『내 몸 속의 우주』. 강병철 옮김. 파주: 문학동네.

너스바움, 마사. 2015. 『혐오와 수치심: 인간다움을 파괴하는 감정들』. 조계원 옮김. 서울: 민음사.

네그리, 안토니오. 2011. 『다중과 제국』. 정남영 외 옮김. 서울: 갈무리.

네그리, 안토니오 · 마이클 하트. 2001. 『제국』. 윤수종 옮김. 서울: 이학사.

네그리, 안토니오 · 마이클 하트. 2008. 『다중』. 조정환 외 옮김. 서울: 세종서적.

노용석. 2004. "해방 이후 국가 형성 과정에 대한 지방민의 인식." 『동향과 전망』 62호, 48－93.

노용석. 2018. 『국가폭력과 유해발굴의 사회문화사』. 부산: 산지니.

누스바움, 마사 C. 2016. 『혐오에서 인류애로: 성적 지향과 헌법』. 강동혁 옮김. 서울: 뿌리와이파리.

누스바움, 마사 C. 2018. 『분노와 용서: 적개심, 아량, 정의』. 강동혁 옮김. 서울: 뿌리와이파리.

누스바움, 마사 C. 2019. 『정치적 감정: 정의를 위해 왜 사랑이 중요한가』. 박용준 옮김. 파주: 글항아리.

니버, 라인홀드. 2017. 『도덕적 인간과 비도덕적 사회』. 증보판. 이한우 옮김. 서울: 문예출판사.

다마지오, 안토니오. 2019. 『느낌의 진화: 생명과 문화를 만든 놀라운 순서』. 임지원 · 고현석 옮김. 파주: 아르테.

다윈, 찰스. 2020. 『인간과 동물의 감정 표현』. 김성한 옮김. 서울: 사이언스북스.

달, 로버트. 2010. 『정치적 평등에 관하여』. 김순영 옮김. 서울: 후마니타스.

대검찰청. 1965. 『좌익사건실록: 검찰자료』 제1권. 서울: 대검찰청.

데 프레, 테렌스. 2010. 『생존자』. 차미례 옮김. 파주: 서해문집.

돕스, 마이클. 2018. 『1945: 20세기를 뒤흔든 제2차 세계대전의 마지막 6개월』. 홍희범 옮김. 파주: 모던아카이브.

돕스, 마이클. 2020. 『1991: 공산주의 붕괴와 소련 해체의 결정적 순간들』. 허승철 옮김. 파주: 모던아카이브.

뒤르케임, 에밀. 2012.『사회분업론』. 민문홍 옮김. 서울: 아카넷.

뒤베르제, 모리스. 1997.『정치란 무엇인가』. 2판. 배영동 옮김. 서울: 나남.

드 발, 프란스. 2017.『공감의 시대』. 최재천·안재하 옮김. 파주: 김영사.

들뢰즈, 질·펠릭스 가타리. 2001.『천 개의 고원』. 김재인 옮김. 서울: 새물결.

라 보에티, 에티엔느 드. 2004.『자발적 복종』. 박설호 옮김. 서울: 울력.

라스웰, 해롤드. 1979.『정치: 누가 무엇을 언제 어떻게 얻는가?』. 이극찬 옮김. 서울:
　　전망사

라이언, 데이비드. 2014.『감시사회로의 유혹』. 이광조 옮김. 서울: 후마니타스.

라클라우, 에르네스트·샹탈 무페. 2012.『헤게모니와 사회주의 전략』. 이승원 옮김.
　　서울: 후마니타스.

랑시에르, 자크. 2008.『감성의 분할: 미학과 정치』. 오윤성 옮김. 서울: 도서출판b.

랑시에르, 자크. 2010. "민주주의에 맞서는 민주주의'들'." 조르조 아감벤 외.『민주주의
　　는 죽었는가?』, 127-135. 김상운 외 옮김. 서울: 난장.

랑시에르, 자크. 2011.『민주주의는 왜 증오의 대상인가』. 허경 옮김. 고양: 인간사랑.

랑시에르, 자크. 2013.『정치적인 것의 가장자리에서』. 개정판. 양창렬 옮김. 서울: 길.

랑시에르, 자크. 2015.『불화: 정치와 철학』. 진태원 옮김. 서울: 길.

레닌, 블라디미르. 1992.『국가와 혁명』. 문성원 외 옮김. 서울: 돌베개.

레비, 프리모. 2007.『이것이 인간인가』. 이현경 옮김. 파주: 돌베개.

레이코프, 조지. 2006.『코끼리는 생각하지 마: 미국의 진보 세력은 왜 선거에서 패배
　　하는가』. 유나영 옮김. 서울: 삼인.

레이코프, 죠지·로크리지 연구소. 2007.『프레임 전쟁: 보수에 맞서는 진보의 성공 전략』.
　　나익주 옮김. 파주: 창비.

로빈슨, 리차드. 1988.『미국의 배반: 미군정과 남조선』. 정미옥 옮김. 서울: 과학과 사상.

류종영. 2005.『웃음의 미학』. 서울: 유로서적.

류충민. 2020. "미생물과 산다: '생물학적 나'에 대한 단상."『나란 무엇인가?』. 매거진
　　G Issue 1, 94-107. 파주: 김영사.

리드, 존. 2005.『세계를 뒤흔든 열흘』. 서찬석 옮김. 서울: 책갈피.

리프킨, 제레미. 2001.『소유의 종말』. 이희재 옮김. 서울: 민음사.

마르쿠제, H. 2009.『일차원적 인간』. 2판. 박병진 옮김. 서울: 한마음사.

마르크스, 칼·프리드리히 엥겔스. 2019.『독일 이데올로기 1권』. 이병창 옮김. 마르크
　　스 엥겔스 전집 3권. 서울: 먼빛으로.

맥닐, 윌리엄 H. 2005.『전쟁의 세계사』. 신미원 옮김. 서울: 이산.

메릴, 존. 2004.『새롭게 밝혀 낸 한국 전쟁의 기원과 진실』. 이종찬·김충남 옮김. 서
　　울: 두산동아.

모겐소, 한스 J. 1987.『현대국제정치: 세계평화의 권력이론적 접근』. 이호재 옮김. 서

울: 법문사.

몽고메리, 베론다 L. 2022. 『식물의 방식: 서로 기여하고 번영하는 삶에 관하여』. 정서 진 옮김. 서울: 이상북스.

무페, 샹탈. 2006. 『민주주의의 역설』. 이행 옮김. 서울: 인간사랑.

무페, 샹탈. 2007. 『정치적인 것의 귀환』. 이보경 옮김. 서울: 후마니타스.

문성훈. 2014. 『인정의 시대: 현대사회 변동과 5대 인정』. 고양: 사월의책.

문성훈. 2018. "태극기 군중의 탄생에 대한 사회 병리학적 탐구." 『사회와 철학』 36집, 1−30.

문승익. 1970. 『주체이론: 서문』. 아인각.

문승익. 1984. 『정치와 주체』. 서울: 중앙대학교 출판부.

문승익. 1992. 『너와 나와 우리』. 증보판, 서울: 평화서각.

문승익. 1999. 『자아준거적 정치학의 모색』. 서울: 오름.

문지영. 2009. "민주주의에 대한 페미니스트 비평과 대안 모델: 의의와 한계." 『민주주의와 인권』 9권 2호, 221−249.

민병원. 2007. "국제정치이론과 한국: 비판적 성찰과 제안." 『국제정치논총』 46집 특별호, 37−66.

밀, 존 스튜어트. 2010. 『자유론』. 개정판. 서병훈 옮김. 서울: 책세상.

밀그램, 스탠리. 2009. 『권위에 대한 복종』. 정태연 옮김. 서울: 에코리브르.

바커, 콜린. 2012. "공포, 웃음 그리고 집합적 권력: 1980년 8월 폴란드 그단스크 레닌 조선소에서의 자유노조 만들기." 제프 굿윈·제임스 M. 재스퍼·프란체스카 폴레타 엮음. 『열정적 정치: 감정과 사회운동』, 261−290. 박형신·이진희 옮김. 파주: 한울.

바흐찐, 미하일. 2001. 『프랑수아 라블레의 작품과 중세 및 르네상스의 민중문화』. 이덕형·최건영 옮김. 서울: 아카넷.

박가분. 2016. 『혐오의 미러링: 혐오의 시대와 메갈리아 신드롬 바로보기』. 서울: 바다출판사.

박가분. 2017. 『포비아 페미니즘』. 고양: 인간사랑.

박구용. 2007. "서로주체의 형성사로서 동학농민전쟁과 5·18광주민중항쟁." 『민주주의와 인권』 7권 2호, 5−38.

박권일. 2016. "혐오는 원인이 아니라 증상이다." 박권일 외. 『#혐오주의』, 7−33. 서울: 알마.

박노윤·이은수. 2014. "집단적 자아정체성, 사회적 교환관계 인식 및 친사회적 행동의 관계." 『대한경영학회지』 27권 6호, 955−977.

박만준. 2008. "인간은 왜 사회적인가?" 부산민주항쟁 기념사업회 부설 민주주의사회연구소 편. 『사회생물학, 인간의 본성을 말하다』, 93−120. 부산: 산지니.

박명림. 2002. 『한국 1950: 전쟁과 평화』. 파주: 나남.

박명림. 2009. "남한과 북한의 헌법제정과 국가정체성 연구: 국가 및 헌법 특성의 비교적 관계적 해석."『국제정치논총』49집 4호, 235－263.

박민규. 2009.『죽은 왕녀를 위한 파반느』. 고양: 예담.

박상훈. 2011.『정치의 발견: 정치에서 가능성을 찾고자 하는 사람들을 위한 정치학 강의』. 서울: 폴리테이아.

박영호. 2014. "그리스 민주정치의 맥락에서 본 에베소 폭동사건: 사도행전 19:23－41의 에베소 폭동사건 보도와 초기 그리스도인들의 사회적 정체성."『신약논단』21권 2호, 477－516.

박정심. 2016.『한국 근대사상사: 서양의 근대, 동아시아 근대, 한국의 근대를 어떻게 보아야 하는가』. 서울: 천년의상상.

박정원. 2018. "민주화 이후 중유럽의 '적대와 인정의 정치': 헝가리 사례."『동유럽발칸연구』42권 4호, 153－187.

박지희. 2015. "새터민의 사회통합을 위한 인문학 및 공감의 필요성."『한민족문화연구』52권, 401－428.

박차옥경 · 김수아. 2017. "여성혐오 현상 및 여성혐오 대책을 위한 정책 연구." 한국여성단체연합 연구보고서 (국회 여성가족위원회 정책연구).

박찬승. 2010.『민족 · 민족주의』. 서울: 소화.

박찬표. 2007.『한국의 국가 형성과 민주주의: 냉전 자유주의와 보수적 민주주의의 기원』. 서울: 후마니타스.

박한선. 2020. "느낌의 시작과 경계의 진화."『나란 무엇인가?』. 매거진 G Issue 1, 62－81. 파주: 김영사.

박헌영. 2004. "10월 인민항쟁."『이정 박헌영 전집』2권, 467－547. 서울: 역사비평사.

박현선. 2017. "태극기집회의 대중심리와 텅 빈 신화들."『문화과학』91호, 106－133.

박호성. 2009.『공동체론: 화해와 통합의 사회 · 정치적 기초』. 파주: 효형출판.

발리바르, 에티엔. 2010.『우리, 유럽의 시민들? 세계화와 민주주의의 재발명』. 진태원 옮김. 서울: 후마니타스.

발리바르, 에티엔. 2011.『정치체에 대한 권리』. 진태원 옮김. 서울: 후마니타스.

방미화. 2020. "재한 조선족의 사회적 삶과 경계 재생산."『통일인문학』81집, 115－156.

배재창 · 한규석. 2016. "우리성 관계에서는 상처받기도 쉽다!"『한국심리학회지: 사회 및 성격』30권 4호, 51－80.

백낙청. 2006.『한반도식 통일, 현재진행형』. 파주: 창비.

베레비, 데이비드. 2007.『우리와 그들, 무리짓기에 대한 착각』. 정준형 옮김. 서울: 에코리브르.

베레진, 마벨. 2012. "감정과 정치적 정체성: 정체를 위한 감정동원." 제프 굿윈 · 제임스 M. 재스퍼 · 프란체스카 폴레타 엮음.『열정적 정치: 감정과 사회운동』,

128-151. 박형신 · 이진희 옮김. 파주: 한울.

베버, 막스. 2013.『막스베버, 소명으로서의 정치』. 2판. 최장집 엮음 · 박상훈 옮김. 서울: 후마니타스.

벡, 울리히. 2000.『적이 사라진 민주주의: 자유의 아이들과 아래로부터의 새로운 민주주의』. 정일준 옮김. 서울: 새물결.

벤담, 제러미. 2019.『파놉티콘: 제러미 벤담』. 개정판. 신건수 옮김. 서울: 책세상.

보드리야르, 장. 1999.『소비의 사회: 그 신화와 구조』. 2판. 이상률 옮김. 서울: 문예출판사.

보이지 않는 위원회. 2011.『반란의 조짐』. 성귀수 옮김. 서울: 여름언덕.

복거일. 1998.『비명을 찾아서(하)』3판. 서울: 문학과지성사.

부르디외, 삐에르. 2006.『구별짓기: 문화와 취향의 사회학』상. 최종철 옮김. 서울: 새물결.

부르디외, 삐에르. 2006a.『구별짓기: 몬화와 취향의 사회학』하. 최종철 옮김. 서울: 새물결.

부버, 마르틴. 1995.『나와 너』2판. 표재명 옮김. 서울: 문예출판사.

브라운, 웬디. 2010. "오늘날 우리는 모두 민주주의자이다…." 조르조 아감벤 외.『민주주의는 죽었는가?』, 83-104. 김상운 외 옮김. 서울: 난장.

브링클리, 앨런. 2005.『있는 그대로의 미국사 2: 하나의 미국-남북전쟁에서 20세기 초까지』. 황혜성 외 옮김. 서울: 휴머니스트.

사르토리, G. 1989.『민주주의 이론의 재조명』I, II. 이행 옮김. 고양: 인간사랑.

샤츠슈나이더. 2008.『절반의 인민주권』. 현재호 · 박수형 옮김. 서울: 후마니타스.

샌델, 마이클. 2020.『공정하다는 착각: 능력주의는 모두에게 같은 기회를 제공하는가』. 함규진 옮김. 서울: 와이즈베리.

서규환. 1993. "'시민사회와 민주주의'에 관한 최근 논쟁."『이론』5호, 228-262.

서동진. 2009.『자유의 의지 자기계발의 의지: 신자유주의 한국사회에서 자기계발하는 주체의 탄생』. 파주: 돌베개.

서동진. 2014.『변증법의 낮잠: 적대와 정치』. 서울: 꾸리에.

서울역사편찬원. 2019.『미군정 방첩대 서울 문서』. 서울: 서울역사편찬원.

서유경. 2009. "아렌트 정치 · 윤리학적 관점에서 본 레비나스 '타자(the Other)' 개념의 문제." 홍원표 · 고옥 외.『한나 아렌트와 세계사랑』, 91-129. 고양: 인간사랑.

서유석. 2003. "'문명의 충돌'과 인정투쟁."『대동철학』21집, 207-225.

서윤호. 2017. "공포: 도대체 뭐가 무서워." 몸문화연구소.『감정 있습니까?』, 187-211. 서울: 은행나무.

서중석. 1991.『한국현대민족운동연구: 해방후 민족국가 건설운동과 통일전선』. 서울: 역사비평사.

서중석. 2007.『이승만과 제1공화국: 해방에서 4월혁명까지』. 서울: 역사비평사.

서중석. 2013. 『사진과 그림으로 보는 한국 현대사』 개정증보판. 파주: 웅진씽크빅.

손호철. 1990. "한국전쟁과 이데올로기 지형: 국가, 지배연합, 이데올로기." 『한국과 국제정치』 6권 2호, 1－27.

손호철. 1999. 『신자유주의시대의 한국정치』. 서울: 푸른숲.

손호철. 2002. 『근대와 탈근대의 정치학』. 서울: 문화과학사.

손호철. 2011. 『현대 한국정치: 이론, 역사, 현실, 1945~2011』. 서울: 이매진.

송진. 2013. "상대 경계의식과 경계의 출입." 『용봉인문논총』 43권, 185－217.

슈미트, 칼. 1987. 『현대의회주의의 정신』. 박남규 옮김. 서울: 탐구당.

슈미트, 칼. 1995. 『정치적인 것의 개념』. 증보판. 김효전 옮김. 서울: 법문사.

슈미트, 칼. 2010. 『정치신학: 주권론에 관한 네 개의 장』. 김항 옮김. 서울: 그린비.

시바 료타로. 2002. 『항우와 유방1』. 양억관 옮김. 파주: 달궁.

시우. 2018. 『퀴어 아포칼립스: 사랑과 혐오의 정치학』. 서울: 현실문화연구.

신동기. 2019. 『이 정도는 알아야 할 정치의 상식』. 김포: M31.

신동은. 2020. "국립묘지의 경계와 기억의 정치학." 『문화와 정치』 7권 2호, 101－131.

신병식. 2017. 『국가와 주체: 라캉 정신분석과 한국정치의 단층들』. 서울: 도서출판b.

신복룡 편. 1991. 『한국분단사자료집』 III－1. 서울: 원주문화사.

신복룡. 2006. 『한국분단사연구 1943~1953』 개정판. 파주: 한울.

신주백. 2021. 『일본군의 한반도 침략과 일본의 제국 운영』. 서울: 동북아역사재단.

신진욱. 2004. "근대와 폭력: 다원적 복합성과 역사적 불확정성의 사회이론." 『한국사회학』 38집 4호, 1－31.

신채호. 1998. "큰 나와 작은 나: 大我와 小我." 『단재신채호전집』. 개정판 별집, 100－104. 서울: 형설출판사.

신채호. 2006. 『조선상고사』. 박기봉 옮김. 서울: 비봉출판사.

신채호. 2007. 『조선상고문화사(외)』. 박기봉 옮김. 서울: 비봉출판사.

심지연 엮음. 1986. 『해방정국 논쟁사I』. 서울: 한울.

심지연. 1991. 『대구 10월항쟁 연구』. 서울: 청계연구소.

싱어, 피터 W. 2005. 『전쟁 대행 주식회사』. 유강은 옮김. 서울: 지식의풍경.

아도르노, Th. W.·M. 호르크하이머. 2001. 『계몽의 변증법: 철학적 단상』. 김유동 옮김. 서울: 문학과지성사.

아렌트, 한나. 1996. 『인간의 조건』. 이진우·태정호 옮김. 파주: 한길사.

아렌트, 한나. 1999. 『폭력의 세기』. 김정한 옮김. 서울: 이후.

아렌트, 한나. 2004. 『혁명론』. 홍원표 옮김. 파주: 한길사.

아렌트, 한나. 2006. 『예루살렘의 아이히만』. 김선욱 옮김. 파주: 한길사.

아렌트, 한나. 2007. 『정치의 약속』. 김선욱 옮김. 파주: 푸른숲.

아리스토텔레스. 2009. 『정치학』. 천병희 옮김. 고양: 숲.

안재성. 2016. 『이일재, 최후의 코뮤니스트』. 서울: 인문서원.

안현호. 2007. "왜 다시 그람시인가? 그람시 이론의 유용성과 한국적 수용." 『마르크스주의 연구』 4권 2호, 43－79.

안효성. 2013. "정치의 고유성과 공공성: 정치철학의 근본문제와 경계 설정." 『범한철학』 69집, 239－279.

알튀세르, 루이. 2018. 『무엇을 할 것인가? 그람시를 읽는 두 가지 방식』. 배세진 옮김. 파주: 오월의봄.

양승태. 2010. 『대한민국이란 무엇인가: 국가 정체성 문제에 대한 정치철학적 성찰』. 서울: 이화여자대학교출판부.

앤더슨, 베네딕트. 2018. 『상상된 공동체: 민족주의의 기원과 보급에 대한 고찰』. 서지원 옮김. 서울: 길.

엘리아데, M. 1998. 『성과 속』. 이은봉 옮김. 파주: 한길사.

엘리엇, 앤서니. 2007. 『자아란 무엇인가』. 김정훈 옮김. 서울: 삼인.

엠케, 카롤린. 2017. 『혐오사회: 증오는 어떻게 전염되고 확산되는가』. 정지인 옮김. 파주: 다산지식하우스.

엥글레르트, 질비아. 2006. 『상식과 교양으로 읽는 미국의 역사』. 장혜경 옮김. 서울: 웅진씽크빅.

연효숙. 2010. "진보 철학에 대한 여성주의적 재구성: '차이' 개념과 '주체성'을 중심으로." 『시대와 철학』 21권 1호, 127－155.

오르테가 이 가세트, 호세. 2005. 『대중의 반역』. 황보영조 옮김. 서울: 역사비평사.

오세라비 · 박가분 · 김승한 · 박수현. 2019. 『그 페미니즘이 당신을 불행하게 하는 이유』. 서울: 리얼뉴스.

요시다 도오루. 2015. 『정치는 감정에 따라 움직인다: 이성의 정치를 뒤집는 감정의 정치학』. 김상운 옮김. 서울: 바다출판사.

우에노 지즈코. 2015. 『여성 혐오를 혐오한다』. 2판. 나일등 옮김. 서울: 은행나무.

유교경전번역총서 편찬위원회. 2005. 『논어』. 유교문화연구소 옮김. 서울: 성균관대학교출판부.

유대칠. 2020. 『대한민국철학사』. 고양: 이상북스.

유종. 2016. 『정치란 무엇인가?』. 서울: 사군자.

유팔무. 1995. "그람시 시민사회론의 이해와 한국적 수용의 문제." 유팔무 · 김호기 엮음. 『시민사회와 시민운동』, 60－79. 파주: 한울.

유현미. 2018. "성차별적 위계구조의 담장 넘기: '교수 갑질' · 성희롱 사건 대응활동과 대학 미투운동의 현재." 『경제와 사회』 120호, 90－131.

윤구병. 2013. 『철학을 다시 쓴다: 있음과 없음에서 함과 됨까지』. 파주: 보리.

윤은주. 2009. "정치와 비－정치의 경계." 『철학』 100집, 75－93.

윤웅태. 2002. "프롤레타리아 독재와 비국가민주주의." 『진보평론』 14호, 425－440.

윤장호. 1995. 『호국경찰전사』. 서울: 제일.

윤지영 2017. "분노: 분노의 정치학으로서의 메갈리안 현상." 몸문화연구소. 『감정 있습니까?』, 213-235. 서울: 은행나무.

윤평중. 2009. 『급진자유주의 정치철학』. 서울: 아카넷.

윌버, 켄. 2005. 『무경계』. 김철수 옮김. 서울: 무우수.

이나영 엮음. 2019. 『누가 여성을 죽이는가: 여성혐오와 페미니즘의 격발』. 파주: 돌베개.

이나영. 2019a. "여성혐오와 페미사이드: 성차별에 저항하는 페미니스트 운동 '강남역 10번 출구'." 이나영 엮음. 『누가 여성을 죽이는가: 여성혐오와 페미니즘의 격발』, 15-58. 파주: 돌베개.

이남석. 2001. 『차이의 정치: 이제 소수를 위하여』. 서울: 책세상.

이동원. 2018. "10월항쟁과 조미공동회담." 정용욱 엮음. 『해방의 공간, 점령의 시간』, 61-89. 서울: 푸른역사.

이명현. 2020. "생각하는 별먼지." 『나란 무엇인가?』. 매거진 G Issue 1, 108-121. 파주: 김영사.

이목우. 1965. "대구 10·1 폭동사건." 『세대』 27호, 226-233.

이병천. 1992. "민주주의의 새로운 발전을 위하여: 프롤레타리아 독재론을 비판한다." 『창작과 비평』 75호, 402-428.

이상호. 2020. 『한국전쟁: 전쟁을 불러온 것들, 전쟁이 불러온 것들』. 고양: 섬앤섬.

이수윤. 2006. 『정치학』. 파주: 법문사.

이승원. 2005. 『학교의 탄생』. 서울: 휴머니스트.

이승원. 2008. "민주주의와 헤게모니: 현대 민주주의의 특징에 관한 이론적 재검토." 『비교민주주의연구』 4집 1호, 67-108.

이영도. 2005. "1945~1948년 대구지역 우익세력의 정치조직 결성과 국가건설운동." 『대구사학』 79집, 113-140.

이영의. 2010. "의식3: 체화된 마음." 신현정 외. 『마음학: 과학적 설명 + 철학적 성찰』, 343-371. 서울: 백산서당.

이용희. 1994. 『미래의 세계정치』. 서울: 민음사.

이이화. 2000. 『한국사 이야기 9: 조선의 건국』. 파주: 한길사.

이일재. 1990. "해방직후 대구지방의 조공·전평 활동과 「야산대」." 『역사비평』 11호, 359-391.

이정모. 2001. 『달력과 권력』. 서울: 부키.

이정복. 1999. "한국정치학의 변화와 발전방향." 『한국정치연구』 8·9집 합병호, 549-567.

이정복. 2017. 『한국정치의 분석과 이해』 개정증보5판. 서울: 서울대학교출판문화원.

이정엽. 2017. "문화 투쟁과 투쟁의 문화: '촛불'과 '태극기'의 문화정치." 『내일을 여는 역사』 67호, 38-51.

이정희. 2005. "존재적 욕망을 향한 물음의 힘: 이종영의 『정치와 반정치』를 공부하며."

『진보평론』 27호, 287－298.

이종보. 2010.『민주주의 체제하 '자본의 국가 지배'에 관한 연구』. 파주: 한울.

이종영. 2005.『정치와 반정치』. 서울: 새물결.

이주명 편역. 2014.『원문 사료로 읽는 한국 근대사』. 서울: 필맥.

이진경. 2002.『노마디즘1』. 서울: 휴머니스트.

이진경. 2007. "코뮨주의와 정치: 적대의 정치학, 우정의 정치학." 고병권·이진경 외.
『코뮨주의 선언: 우정과 기쁨의 정치학』, 71－109. 서울: 교양인.

이진경. 2011.『불온한 것들의 존재론: 미천한 것, 별 볼일 없는 것, 인간도 아닌 것들
의 가치와 의미』. 서울: 휴머니스트.

이진경. 2012.『대중과 흐름: 대중과 계급의 정치사회학』. 서울: 그린비.

이진옥. 2018. "여성 정치와 페미니즘 정치 사이: 촛불혁명 이후 젠더 민주주의 구축을
위한 모색."『기억과 전망』 39호, 193－242.

이철우·이현수·권채리·강성식. 2018.『「국적법」에 대한 사후적 입법평가』. 세종: 한
국법제연구원.

이태. 1988.『남부군』상권. 서울: 두레.

이현재. 2016. "도시적 여성 혐오에 나타난 왜곡된 '인정'의 논리: 과열된 성취인정과
인정의 이데올로기화를 중심으로."『시대와 철학』 27권 3호, 293－327.

이현재. 2017. "포스트모던 도시화와 비체 되기: 젠더 '행하기(doing)'와 젠더 '허물기
(undoing)'의 역동."『도시인문학연구』 9권 1호, 143－165.

이현정. 2017. "세월호 참사와 사회적 고통: 표상, 경험, 개입." 이재열 외.『세월호가
묻고 사회과학이 답하다』, 115－145. 서울: 오름.

이현휘. 2015. "정치학적 논쟁을 어떻게 전개할 것인가?" 서강대학교 사회과학연구소
콜로키움, "정치: 무엇을, 어떻게 개념화할 것인가"(서울, 서강대학교, 2015년 6
월 5일) 발표문.

이해영. 2004. "칼 슈미트의 정치사상: '정치적인 것'의 개념을 중심으로."『21세기 정치
학회보』 14집 2호, 1－25.

임종명. 2019. "1946년 10월 대구·영남 사건의 명명 작업과 그것의 정치성: 사건·사
태, 소요·소동, 민요·민란을 중심으로."『대구사학』 134집, 279－325.

임지연. 2017. "수치심: 부끄럽습니다만…" 몸문화연구소.『감정 있습니까?』, 163－186.
서울: 은행나무.

임혁백. 2000.『세계화 시대의 민주주의: 현상·이론·성찰』. 서울: 나남.

자코비, 러셀. 2012.『친밀한 살인자: 이웃 살인의 역사로 본 폭력의 뿌리』. 김상우 옮김.
파주: 동녘.

자하비, 단. 2019.『자기와 타자: 주관성·공감·수치심 연구』. 강병화 옮김. 파주: 글항아리.

장석준. 2019.『세계 진보정당 운동사: '큰 개혁'과 '작은 혁명'들의 이야기』. 파주: 서해
문집.

장소연 · 류웅재. 2017. "온라인 커뮤니티와 혐오의 문화정치: 일간베스트저장소와 메갈리아의 사례를 중심으로." 『한국소통학보』 16권 1호, 45−85.

장영란. 2016. "아리스토텔레스와 아렌트의 활동적 삶과 관조적 삶." 『철학연구』 115집, 271−299.

장원석. 2018. 『진실과 화해의 정치』. 제주: 온누리디엔피.

장준호. 2005. "국제정치에서 '적과 동지의 구분'에 대한 소고: 칼 슈미트(Carl Schmitt)의 '정치적인 것(das Politische)'을 중심으로." 『국제정치논총』 45집 3호, 7−31.

장훈교. 2009. "정치적인 것의 경계: C. 무페와 G. 아감벤의 칼 슈미트 해석 비교." 성공회대 급진 민주주의 세미나, 창간준비1호, 255−276.

전경옥. 2015. 『풍자, 자유의 언어 웃음의 정치: 풍자 이미지로 본 근대 유럽의 역사』. 서울: 책세상.

전경옥 · 안정선. 2021. 『사람값』. 서울: 나녹.

전영선. 2014. "북한이탈주민과 한국인의 집단적 경계 만들기 또는 은밀한 적대감." 『통일인문학』 58집, 99−126.

전용태. 2020. "민간군사경비회사(PMSC)의 업무수행과 그 법적문제." 『법학연구』 20권 3호, 659−686.

전지윤. 2022. 『연속성과 교차성』. 서울: 갈무리.

전현수. 2020. "6 · 25전쟁 전후 영덕군에서의 민간인 학살." 『대구사학』 140집, 171−206.

전혜원. 2021. 『노동에 대해 말하지 않는 것들: 종속적 자영업자에서 플랫폼 일자리까지』. 파주: 서해문집.

전혜원. 2022. "문 정부의 '소주성'이 우리에게 남긴 질문." 『시사IN』 765호, 22−27.

정근식 · 김병로 · 장용석 · 정동준 · 최규빈 · 김병조 · 송영훈 · 황정미 · 황창현. 2017. 『2016 통일의식조사』. 서울: 서울대학교 통일평화연구원.

정달현. 2007. 『로크의 정치 철학』. 경산: 영남대학교출판부.

정병기. 2016. 『표준의 통합 효과와 표준화 거버넌스』. 경산: 영남대학교출판부.

정복철. 2008. "'몸의 정치학' 패러다임의 탐색: 유의 전통에 있어서 '몸−정치' 담론의 위상." *Oughtopia: The Journal of Social Paradigms Studies* 23(2), 177−216.

정사강 · 홍지아. 2019. "국가 페미니즘, 여성가족부, 여성혐오." 『미디어, 젠더 & 문화』 34권 1호, 209−257.

정상모. 2008. "진화론적 이타주의: 그 비판적 분석." 부산민주항쟁 기념사업회 부설 민주주의사회연구소 편. 『사회생물학, 인간의 본성을 말하다』, 123−158. 부산: 산지니.

정성훈. 2019. "민주의 과잉과 민주의 과소: 이른바 '조국 대전'을 통해 드러난 한국 민주주의 현재에 대한 진단." 『철학과 현실』 12집, 137−151.

정영진. 1990. 『폭풍의 10월』. 서울: 한길사.

정영진. 2021. 『국난기의 사건과 인물로 보는 대구 이야기』. 파주: 푸른사상.

정용욱 편. 1994. 『해방 직후 정치 · 사회사 자료집』 10권. 서울: 다락방.

정용욱. 2007. "해방 직후 주한미군 방첩대의 조직 체계와 활동." 『한국사론』 53권, 443-484.

정윤재. 1999. "'자아준거적 정치학'과 한국정치사상 연구: 문제해결적 접근의 탐색." 정윤재 외. 『한국정치사상의 비교연구』, 3-38. 성남: 한국정신문화연구원.

정은주. 2015. "국민과 외국인의 경계: 한국 내 화교의 시민권적 지위에 대한 성격 분석." 『한국문화인류학』 48권 1호, 119-169.

정지아. 2005. 『빨치산의 딸』 1권. 서울: 필맥.

정지은. 2017. "고통스러운 질투, 존재의 시기심." 몸문화연구소. 『감정 있습니까?』, 137-162. 서울: 은행나무.

정해구. 1988. 『10월 인민항쟁 연구』. 서울: 열음사.

정화열. 1999. 『몸의 정치』. 박현모 옮김. 서울: 민음사.

정화열. 2005. 『몸의 정치와 예술, 그리고 생태학』. 이동수 · 김주환 · 박현모 · 이병택 옮김. 서울: 아카넷.

정희진. 2016. "메갈리아는 일베에 조직적으로 대응한 유일한 당사자." 『한겨레』 7월 30일.

조동걸. 1998. 『현대한국사학사』. 서울: 나남출판.

조병옥. 1963. 『나의 회고록』. 서울: 어문각.

조은정. 2018. "해방 이후(1945~1950) '전향'과 '냉전 국민'의 형성: '전향성명서'와 문화인의 전향을 중심으로." 성균관대학교 국어국문학과 박사논문.

조희연. 2004. "박정희 시대의 강압과 동의: 지배 · 전통 · 강압과 동의의 관계를 다시 생각한다." 『역사비평』 67호, 135-190.

조희연. 2006. "우리 안의 보편성: 지적 · 학문적 주체화로 가는 창." 김경일 외. 『우리 안의 보편성: 학문 주체화의 새로운 모색』, 25-82. 파주: 한울.

조희연. 2008. "헤게모니 균열의 문제설정에서 본 현대한국 정치변동의 재해석: 그람시의 헤게모니론의 재해석에 기초하여." 『마르크스주의 연구』 5권 1호, 90-133.

조희연. 2011. "한국적 '급진민주주의론'의 개념적 · 이론적 재구축을 위한 일 연구." 급진민주주의연구모임 데모스 엮음. 『민주주의의 급진화』, 21-112. 서울: 데모스.

조희연 · 장훈교. 2009. "'민주주의의 외부'와 급진민주주의 전략." 『경제와 사회』 8권 3호, 66-94.

주정립. 2011. "호네트의 인정투쟁모델의 비판적 고찰을 통한 저항 이론의 새로운 모색." 『민주주의와 인권』 11권 2호, 511-533.

주형일. 2012. 『랑시에르의 「무지한 스승」 읽기』. 서울: 세창미디어.

지상현 · 정수열 · 김민호 · 이승철. 2017. "접경지역 변화의 관계론적 정치지리학: 북한-중국 접경지역 단둥을 중심으로." 『한국경제지리학회지』 20권 3호, 187-306.

지젝, 슬라보예. 2005. 『까다로운 주체』. 이성민 옮김. 서울: 도서출판b.

지젝, 슬라보예. 2010. "민주주의에서 신의 폭력으로." 조르조 아감벤 외. 『민주주의는 죽었는가?』, 165-196. 김상운 외 옮김. 서울: 난장.

지젝, 슬라보예. 2011. 『폭력이란 무엇인가: 폭력에 대한 6가지 삐딱한 성찰』. 이현우·김희진·정일권 옮김. 서울: 난장이.

진고응. 2013. 『노장신론』 2판. 최진석 옮김. 고양: 소나무.

진실·화해를 위한 과거사 정리 위원회. 2010. "국민보도연맹 사건." 『2009년 하반기 조사보고서』 7권, 303-634.

진실·화해를 위한 과거사 정리 위원회. 2010a. "대구10월사건 관련 민간인 희생 사건: 대구·칠곡·영천·경주." 『2010년 상반기 조사보고서』 4권, 55-154.

진은영. 2014. 『문학의 아토포스』. 서울: 그린비.

진중권. 2017. 『좋은 정치란 무엇인가』. 파주: 창비.

차기벽. 1993. "한국정치학에 있어서 역사적 접근의 의의." 한국정치외교사학회 편. 『한국정치학에 있어서의 역사적 접근의 현황과 방향』, 11-35. 서울: 대왕사.

천관율. 2014. "낯선 선거에서 중도 표의 향기가 난다." 『시사IN』 352호, 16-19.

천관율·정한울. 2019. 『20대 남자: '남성 마이너리티' 자의식의 탄생』. 서울: 시사IN북.

천정환. 2016. "강남역 살인사건부터 메갈리아 논쟁까지: 페미니즘 봉기와 한국 남성성의 위기." 『역사비평』 116호, 353-381.

천정환 2017. "누가 촛불을 들고 어떻게 싸웠나: 2016/17년 촛불항쟁의 문화정치와 비폭력 평화의 문제." 『역사비평』 118호, 436-465.

최영진. 2008. "실증주의 정치 개념에 대한 비판적 검토." 『정치정보연구』 11권 2호, 285-310.

최영진. 2014. "헤게모니 정치 개념에 대한 비판적 검토." 『한국정치학회보』 48집 1호, 5-12.

최영진. 2015. "'정치'를 어떻게 개념화 할 것인가? 김학노의 답론에 대해." 서강대학교 사회과학연구소 콜로키움, "정치: 무엇을, 어떻게 개념화할 것인가"(서울, 서강대학교, 2015년 6월 5일) 발표문.

최은주. 2017. "대도시에서 상처받지 않고 살아남기." 몸문화연구소. 『감정 있습니까?』, 61-86. 서울: 은행나무.

최인훈. 1994. 『화두』 2권. 서울: 민음사.

최장집. 2002. 『민주화 이후의 민주주의: 한국민주주의의 보수적 기원과 위기』. 서울: 후마니타스.

최장집. 2006. 『민주주의의 민주화: 한국 민주주의의 변형과 헤게모니』. 서울: 후마니타스.

최재천. 2008. "사회과학, 다원을 만나다." 부산민주항쟁 기념사업회 부설 민주주의사회연구소 편. 『사회생물학, 인간의 본성을 말하다』, 15-57. 부산: 산지니.

최정규. 2009. 『이타적 인간의 출현』. 개정증보판. 서울: 뿌리와이파리.

최정운. 1999. 『오월의 사회과학』. 서울: 풀빛.

최정운. 2000. "사랑의 재현: 전통적 사랑 이야기와 근대적 사랑 이야기의 차이의 의미.”『문화과학』 24호, 269-296.

최정운. 2013.『한국인의 탄생: 시대와 대결한 근대 한국인의 진화』. 서울: 미지북스.

최정운. 2016.『한국인의 발견: 한국 현대사를 움직인 힘의 정체를 찾아서』. 서울: 미지북스.

최종숙. 2018.『2016-17년 촛불·태극기집회 참여자의 민주주의 의식, 그리고 19대 대통령 선거』. 민주주의 이슈와 전망 29호. 의왕: 민주화운동기념사업회.

최현숙. 2016.『할베의 탄생: 어르신과 꼰대 사이, 가난한 남성성의 시원을 찾아서』. 서울: 이매진.

최희식. 2010.“'기억하지 않는 정치'와 대의제 민주주의의 위기.”『정치와 평론』 6집, 257-264.

추아, 에이미. 2020.『정치적 부족주의』. 김승진 옮김. 서울: 부키.

카림, 이졸데. 2019.『나와 타자들』. 이승희 옮김. 서울: 민음사.

칼훈, 크레이그. 2012.“감정을 제자리에 위치시키기.” 제프 굿윈·제임스 M. 재스퍼·프란체스카 폴레타 엮음.『열정적 정치: 감정과 사회운동』, 74-92. 박형신·이진희 옮김. 파주: 한울.

캠퍼, 시어도어 D. 2012.“사회운동감정에 대한 구조적 접근방식.” 제프 굿윈·제임스 M. 재스퍼·프란체스카 폴레타 엮음.『열정적 정치: 감정과 사회운동』, 93-115. 박형신·이진희 옮김. 파주: 한울.

커밍스, 브루스. 1986.『한국전쟁의 기원』. 김자동 옮김. 서울: 일월서각.

코넬, R. W. 2013.『남성성/들』. 안상욱·현민 옮김. 서울: 이매진.

콜린스, 랜달. 2012.“사회운동과 감정적 관심의 초점.” 제프 굿윈·제임스 M. 재스퍼·프란체스카 폴레타 엮음.『열정적 정치: 감정과 사회운동』, 48-73. 박형신·이진희 옮김. 파주: 한울.

쿼터트, 도널드. 2008.『오스만 제국사: 적응과 변화의 긴 여정, 1700-1922』. 이은정 옮김. 파주: 사계절출판사.

크라비츠, 리 다니엘. 2019.『감정은 어떻게 전염되는가: 사회전염 현상을 파헤치는 과학적 르포르타주』. 조영학 옮김. 서울: 동아시아.

크리스태키스, 니컬러스·제임스 파울러. 2010.『행복은 전염된다』. 이충호 옮김. 파주: 김영사.

크리스테바, 줄리아. 2001.『공포의 권력』. 서민원 옮김. 서울: 동문선.

타다 토미오. 1998.『면역의 의미론』. 황상익 옮김. 파주: 한울.

타르드, 가브리엘. 2012.『모방의 법칙』. 이상률 옮김. 서울: 문예출판사.

튜더, 다니엘. 2013.『기적을 이룬 나라 기쁨을 잃은 나라』. 노정태 옮김. 파주: 문학동네.

펄트, 존슨 너새니얼. 2016.『대한민국 무력 정치사』. 박광호 옮김. 서울: 현실문화.

페레터, 루크. 2014.『루이 알튀세르의 이데올로기』. 심세광 옮김. 서울: 앨피.

페퍼, 제프리, 2011.『권력의 기술』. 이경남 옮김. 서울: 청림출판.

펠츠, 윌리엄 A. 2018. 『유럽민중사: 중세의 붕괴부터 현대까지, 보통사람들이 만든 600년의 거대한 변화』. 장석준 옮김. 파주: 서해문집.

표해운. 1947. 『조선지정학개관: 조선의 과거, 현재와 장래』. 서울: 건국사.

포퍼, 칼. 2000. 『우리는 20세기에서 무엇을 배울 수 있는가?』. 이상헌 옮김. 서울: 생각 의나무.

푸레디, 프랭크. 2013. 『공포정치』. 박형신·박형진 옮김. 서울: 이학사.

푸코, 미셸. 1990. 『성의 역사 1: 앎의 의지』. 이규현 옮김. 서울: 나남.

푸코, 미셸. 1994. 『감시와 처벌: 감옥의 역사』. 오생근 옮김. 서울: 나남.

프랭클, 빅터. 2005. 『죽음의 수용소에서』. 이시형 옮김. 파주: 청아출판사.

프롬, 에릭. 1978. 『소유냐 존재냐』. 마상조 옮김. 서울: 전망사.

하라리, 유발. 2015. 『사피엔스』. 조현욱 옮김. 파주: 김영사.

하라리, 유발. 2017. 『호모데우스』. 김명주 옮김. 파주: 김영사.

하라리, 유발. 2018. 『21세기를 위한 21가지 제언』. 전병근 옮김. 파주: 김영사.

하상복. 2014. 『죽은자의 정치학: 프랑스·미국·한국 국립묘지의 탄생과 진화』. 전주: 모티브북.

한림대학교 아시아문화연구소 편. 1995. 『CIC(방첩대) 보고서 (1945.9~1949.1): 미군정 기정보자료집』 1권. 춘천: 한림대학교 아시아문화연구소.

한림대학교 아시아문화연구소 편. 1995a. 『CIC(방첩대) 보고서 (1945.9~1949.1): 미군 정기정보자료집』 2권. 춘천: 한림대학교 아시아문화연구소.

한림대학교 아시아문화연구소 편. 1995b. 『하지(John R. Hodge) 문서집 (1945.6~1948.8): 미군정기정보자료집』 3권. 춘천: 한림대학교 아시아문화연구소.

한상진. 1991. "세계적 변혁기의 민주주의 재조명: 마르크스를 현대의 논쟁에 접목시키 는 길." 『철학사상』 1권, 89-112.

한수경. 2019. "상식의 왜곡과 민주주의의 위기: 조국 사태를 중심으로." 『진보와 평론』 25집, 25-49.

한수산. 2010. 『용서를 위하여』. 서울: 해냄.

한인희·고경민. 2002. "신자유주의적 정책변화의 결정요인: '탐색적' 고찰." 『한국정책 과학학회보』 6권 1호, 5-27.

함승경·최지명·김영욱. 2019. "언론 보도의 여성 혐오 그리고 남성 혐오 분석: 언어 네트워크와 비판적 담론 분석의 결합." 『홍보학 연구』 23권 6호, 24-51.

함재봉. 2021. 『정치란 무엇인가?』 광주: H 프레스.

허윤. 2016. "지금 가장 정치적인 것은 여성적인 것이다." 박권일 외. 『#혐오주의』, 73-109. 서울: 알마.

허윤. 2017. "'태극기'를 이해하기 위하여: 최현숙의 『할배의 탄생』(2016)을 중심으로." 『사이間SAI』 22호, 201-224.

허종. 2001. "대구에도 '친일파'가 많았다." 대구·경북역사연구회. 『역사 속의 대구, 대구 사람들』, 253 – 266. 서울: 중심.

허종. 2001a. ""1946년 대구 10·1사건'은 '폭동'인가, '항쟁'인가?" 대구·경북역사연구 회. 『역사 속의 대구, 대구 사람들』, 267 – 281. 서울: 중심.

허종. 2004. "1945~1946년 대구지역 좌파세력의 국가건설운동과 '10월인민항쟁'." 『대 구사학』 75집, 149 – 187.

허종. 2017. "1946년 대구공동위원회의 설치와 활동." 『대구사학』 126집, 215 – 247.

헌팅턴, 새뮤얼. 1997. 『문명의 충돌』. 이희재 옮김. 서울: 김영사.

헤이우드, 앤드류. 2014. 『정치학: 현대정치의 이론과 실천』 개정신판. 조현수 옮김. 서 울: 성균관대학교 출판부.

헨더슨, 그레고리. 2013. 『소용돌이의 한국정치』. 이종삼·박행웅 옮김. 파주: 한울

호네트, 악셀. 2011. 『인정투쟁』. 문성훈·이현재 옮김. 서울: 사월의책.

홍성민. 2009. 『문화정치학 서설: 한국 진보정치의 새로운 구상』. 파주: 나남.

홍성수. 2018. 『말이 칼이 될 때』. 서울: 어크로스.

홍순권 외. 2012. 『전쟁과 국가폭력』. 서울: 선인.

홍원표. 2009. "한나 아렌트의 '새로운 시작' 개념과 그 변형." 홍원표·고옥 외. 『한나 아렌트와 세계사랑』, 49 – 89. 고양: 인간사랑.

홍원표. 2010. "한나 아렌트의 '정신적 왕래'와 정치적인 것: 정치와 문학예술 사이에 서." 『세계지역연구논총』 28집 3호, 31 – 57.

홍재우. 2010. "합의제 민주주의는 다수제 민주주의보다 우월한가?" 『비교민주주의연구』 6집 1호, 5 – 54.

홍지아. 2019. "하나의 사건을 보는 두 가지 시선." 이나영 엮음. 『누가 여성을 죽이는 가: 여성혐오와 페미니즘의 격발』, 137 – 167. 파주, 돌베개.

홍찬숙. 2019. "한국형 위험사회와 물질적 전회: 세월호 및 메르스 재난의 정치 행위 성." 『담론 201』 22권 2호, 7 – 30.

홍철기. 2014. "세월호 참사로부터 무엇을 보고 들을 것인가?" 『문학동네』 21권 3호, 497 – 514.

홍태영. 2010. "클로드 르포르: 정치적인 것의 발견과 현대 민주주의의 모색." 홍태영· 장태순 외. 『현대 정치철학의 모험』, 15 – 51. 서울: 난장.

홍태영. 2011. 『정체성의 정치학』. 서울: 서강대학교출판부.

후지따 쇼오조오. 2014. 『전체주의의 시대경험』. 개정판. 이순애 엮음·이홍락 옮김. 파주: 창비.

훅스, 벨. 2017. 『모두를 위한 페미니즘』. 이경아 옮김. 파주: 문학동네.

휴이트, 존 P. 2001. 『자아와 사회: 상징적 상호작용주의 사회심리학』. 윤인진 외 옮김. 서울: 학지사.

희망출판사. 1975. 『반공지식총서1: 남로당주동대사건실록』. 서울: 희망출판사.

Althusser, Louis. 2001. *Lenin and Philosophy and Other Essays*. Translated by B. Brewster. New York: Monthly Review Press.

Anderson, Walter Truett. 1997. *The Future of the Self: Inventing the Postmodern Person*. New York: Jeremy P. Tarcher/Putnam.

Aron, A., E. N. Aron, and D. Smollan. 1992. "Inclusion of Other in the Self Scale and the Structure of Interpersonal Closeness." *Journal of Personality and Social Psychology* 63(4), 596−612.

Aron, Arthur, and Tracy McLaughlin−Volpe. 2016. "Including Others in the Self: Extensions to Own and Partner's Group Memberships." Constantine Sedikides and Marilyn B. Brewer eds., *Individual Self, Relational Self, Collective Self*, 89−108. London: Routledge.

Bartolini, Stefano. 2005. *Restructuring Europe: Center Formation, System Building, and Political Structuring between the Nation State and the European Union*. Oxford: Oxford University Press.

Birch, Anthony H. 1978. "Minority Nationalist Movements and Theories of Political Integration." *World Politics* 30(3), 325−344.

Braverman, Harry. 1974, *Labor and Monopoly Capital: The Degradation of Work in the Twentieth Century*. New York: Monthly Review Press

Brewer, Marilynn B., and Wendi Gardner. 1996. "Who Is This 'We'? Levels of Collective Identity and Self Representations." *Journal of Personality and Social Psychology* 71(1), 83−93.

Bull, Malcom. 2005. "The Social and the Political." *The South Atlantic Quarterly* 104(4), 675−692.

Caporael, Linnda R. 2016. "Parts and Wholes: The Evolutionary Importance of Groups." Constantine Sedikides and Marilyn B. Brewer eds., *Individual Self, Relational Self, Collective Self*, 241−258. London: Routledge.

Chalari, Athanasia. 2017. *The Sociology of the Individual: Relating Self and Society*. London: Sage.

Chetty, Naganna, and Sreejith Alathur. 2018. "Hate Speech Review in the Context of Online Social Networks." *Aggression and Violent Behavior* 40, 108−118.

Connor, Walker. 1972. "Nation−Building or Nation−Destroying?" *World Politics* 24(3), 319~355.

Cox, Robert W. 1993. "Gramsci, Hegemony and International Relations: An Essay in Method." Stephen Gill, ed., *Gramsci, Historical Materialism and International Relations*, 49−66. Cambridge: Cambridge University Press.

Dahl, Robert A. 1956. *A Preface to Democratic Theory*. Chicago: The University of

Chicago Press.

Dahl, Robert A. 1989. *Democracy and Its Critics*. New Haven: Yale University Press.

Derrida, Jacques. 2005. *The Politics of Friendship*. Translated by George Collins. London: Verso.

Deutsch, Karl W. et. al. 1957. *Political Community and the North Atlantic Area: International Organization in the Light of Historical Experience*. Princeton, New Jersey: Princeton University Press.

Deutsch, Karl W. 1966. *Nationalism and Social Communication: An Inquiry into the Foundations of Nationality*. Second edition, Cambridge, Massachusetts: The M.I.T. Press.

Enloe, Cynthia H. 1980. *Ethnic Soldiers: State Security in Divided Societies*, New York: Penguin Books.

Ernst, Julian, et. al. 2017. "Hate beneath the Counter Speech? A Qualitative Content Analysis of User Comments on YouTube Related to Counter Speech Videos." *Journal for Deradicalization* 10, 1−49.

George, Cherian. 2016. *Hate Spin: The Manufacture of Religious Offense and Its Threat to Democracy*. Cambridge, Massachusetts: MIT Press.

Goalwin, Gregory J. 2017. "Understanding the Exclusionary Politics of Early Turkish Nationalism: An Ethnic Boundary−Making Approach." *Nationalities Papers* 45(6), 1150 − 1166.

Gramsci, Antonio. 1971. *Selections from the Prison Notebooks*. Edited by Quintin Hoare and Geoffrey Nowell Smith. New York: International Publishers.

Gramsci, Antonio. 1992. *Prison Notebooks, Volume I*. Edited by Joseph A. Buttigieg. Translated by Joseph A. Buttigieg and Antonio Callari. New York: Columbia University Press.

Gramsci, Antonio. 1996. *Prison Notebooks, Volume II*. Edited and translated by Joseph A. Buttigieg. New York: Columbia University Press.

Gramsci, Antonio. 2007. *Prison Notebooks, Volume III*. Edited and translated by Joseph A. Buttigieg. New York: Columbia University Press.

Haas, Ernst B. 1958. *The Uniting of Europe: Political, Social and Economical Forces 1950−1957*. London: Stevens & Sons Limited.

Haas, Ernst B. 1971. "The Study of Regional Integration: Reflections on the Joy and Anguish of Pretheorizing," L. N. Lindberg and S. A. Scheingold, eds. *Regional Integration: Theory and Research*, 3−42. Cambridge: Harvard University Press.

Haggard, Stephan, and Beth A. Simmons. 1987. "Theories of International Regimes." *International Organization* 41(3), 491−517.

Hall, Peter A., ed. 1989. *The Political Power of Economic Ideas: Keynesianism Across Nations*. Princeton: Princeton University Press.

Harvey, David. 1990. *The Condition of Postmodernity: An Inquiry into the Origins of Cultural Change*. Oxford: Blackwell.

Hogg, Michael. 1987. "Social Identity and Group Cohesiveness." Turner et. al., *Rediscovering the Social Group: A Self Categorization Theory*, 89－116. Oxford: Blackwell.

Hogg, Michael A. 2016. "Social Identity and the Sovereignty of the Group: A Psychology of Belonging." Constantine Sedikides and Marilyn B. Brewer eds., *Individual Self, Relational Self, Collective Self*, 123－143. London: Routledge.

HQ XXIV Corps. 1946. "G－2 Summary." 11 October 1946. No. 56. 주한 미 육군사령부 정보참모부. 『미군정정보보고서』 12권, 317－333. 서울: 일월서각, 1986.

Janis, Irving L. 1982. *Groupthink: Psychological Studies of Policy Decisions and Fiascoes*. Second edition. Boston: Houghton Mifflin Company.

Jasper, James M. 1998. "The Emotions of Protest: Affective and Reactive Emotions in and around Social Movements." *Sociological Forum* 13(3), 397－424.

Kantorowicz, Ernst H. 2016. *The King's Two Bodies: A Study in Medieval Political Theology*. Princeton: Princeton University Press.

Keohane, Robert O. 1984. *After Hegemony: Cooperation and Discord in the World Political Economy*. Princeton: Princeton University Press.

Keohane, Robert O., and Joseph S. Nye. Jr. 1975. "International Interdependence and Integration." Fred I. Greenstein and Nelson W. Polsby, eds., *Handbook of Political Science Volume 8: International Politics*, 363－414. Reading, Massachusetts: Addson－Wesley Publishing Company.

König, Jörg, and Renate Ohr. 2013. "Different Efforts in European Economic Integration: Implications of the EU Index." *Journal of Common Market Studies*. 51(6), 1074－1090.

Kyed, Helene Maria. 2017. "Hybridity and Boundary－Making: Exploring the Politics of Hybridization." *Third Word Thematics: A Two Journal* 2(4), 464－480.

Laclau, Ernesto, and Chantal Mouffe. 2001, *Hegemony and Socialist Strategy: Towards a Radical Democratic Politics*. London and New York: Verso.

Lasswell, Harold D. 1960. *Psychopathology and Politics*. New York: The Viking Press.

Lee, Hyeon Ju. 2010. "Remembering and Forgetting the Korean War in the Republic of Korea." *Suomen Antropologi: Journal of the Finnish Anthropological Society* 35(2), 48－55.

Lefort, Claude. 1988. *Democracy and Political Theory*. Translated by David Macey.

Cambridge: Polity Press.

Lindberg, Leon N. 1963. *The Political Dynamics of European Economic Integration.* Stanford: Stanford University Press.

Lindberg, Leon N. 1967. "The European Community as a Political System: Notes toward the Construction of a Model." *Journal of Common Market Studies* 5(4), 344 – 387.

Lindberg, Leon N. 1971. "Political Integration as a Multidimensional Phenomenon Requiring Multivariate Measurement." Leon N. Lindberg and Stuart A. Scheingold eds., *Regional Integration: Theory and Research*, 45 – 127. Cambridge: Harvard University Press.

Lipset, Seymour Martin, and Stein Rokkan. 1967. "Cleavage Structures, Party Systems, and Voter Alignments: An Introduction." Lipset and Rokkan, eds. *Party Systems and Voter Alignments*, 1 – 64. New York: Free Press.

Mannheim, Karl. 1936. *Ideology and Utopia: An Introduction to the Sociology of Knowledge.* Translated by Louis Wirth and Edward Shils. London: Routledge & Kegan Paul Ltd.

Marchart, Oliver. 2007. *Post–Foundational Political Thought.* Edinburgh: Edinburgh University Press.

Mashek, Debra, Lisa W. Cannaday, and June P. Tangney. 2007. "Inclusion of Community in Self Scale: A Single – Item Pictorial Measure of Community Connectedness." *Journal of Community Pscychology* 35(2), 257 – 275.

Matthew, Binny, et. al. 2018. "Analyzing the Hate and Counter Speech Accounts on Twitter." https://arxiv.org/pdf/1812.02712.pdf.

Morgenthau, Hans J., 2012. *The Concept of the Political.* Edited by Hartmut Behr and Felix Rösch. Translated by Maeva Vidal. New York: Palgrave Macmillan.

Mouffe, Chantal. 2000. "Politics and Passions: The Stakes of Democracy." *Ethical Perspectives* 7(2 – 3), 146 – 150.

Mouffe, Chantal. 2005. *On the Political.* New York: Routledge.

Neisser, Ulric. 1993. "The Self Perceived." Neisser ed., *The Perceived Self: Ecological and Interpersonal Sources of Self–Knowledge*, 3 – 21. Cambridge: Cambridge University Press.

Nussbaum, Martha C. 2015. "Transitional Anger." *Journal of the American Philosophical Association* 1(1), 41 – 56.

Nye, Joseph S. 1968. "Comparative Regional Integration: Concept and Measurement," *International Organization* 22(4), 855 – 880.

Olson, Joel. 2009. "Friends and Enemies, Slaves and Masters: Fanaticism, Wendell

Phillips, and the Limits of Democratic Theory." *The Journal of Politics* 71(1), 82−95.

Paipais, Vassilios. 2014. "Between Politics and the Political: Reading Hans J. Morgenthau's Double Critique of Depoliticization." *Millennium* 42(2), 354−375.

Pizzorno, Alessandro, 1978. "Political Exchange and Collective Identity in Industrial Conflict," in Colin Crouch and Alessandro Pizzorno, eds., *The Resurgence of Class Conflict in Western Europe since 1968, Volume 2*, 277−298. London: Macmillan.

Roehner, Bertrand M. 2017. "Spatial and Historical Determinants of Separatism and Integration: 1. Qualitative Analysis." Cornell University Library Working Paper. https://arxiv.org/pdf/1707.06796.pdf (2017년 10월 31일 검색).

Sartori, Giovanni. 1973. "What is 'Politics'." *Political Theory* 1(1), 5−26.

Sartori, Giovanni. 1976. *Parties and Party Systems: A Framework for Analysis*. Cambridge: Cambridge University Press.

Sbicca, Joshua. 2015. "Farming while Confronting the Other: The Production and Maintenance of Boundaries in the Borderlands." *Journal of Rural Studies* 39, 1−10.

Schattschneider, E. E. 1960. *The Semisovereign People: A Realist's View of Democracy in America*. New York: Holt, Rinehart and Winston.

Schmitt, Carl. 2007. *The Concept of the Political*. Expanded edition. Translated by George Schwab. Chicago: The University of Chicago Press.

Scott, James C. 1985. *Weapons of the Weak: Everyday Forms of Resistance*, New Haven: Yale University Press.

Scott, James C. 1989. "Everyday Forms of Resistance." *The Copenhagen Journal of Asian Studies* 4, 33−62

Scott, James C. 1990. *Domination and the Arts of Resistance: Hidden Transcripts*. New Haven: Yale University.

Sedikides, Constantine, and Marilyn B. Brewer, eds. 2016. *Individual Self, Relational Self, Collective Self*. London: Routledge.

Shin, Gi−Wook. 1994. "The Historical Making of Collective Action: The Korean Peasant Uprising of 1946." *American Journal of Sociology* 99(6), 1596−1624.

Śledzińska−Simon, Anna. 2015. "Constutitional Identity in 3D: A Model of Individual, Relational, and Collective Self and Its Application in Poland." *International Journal of Constitutional Law* 13(1), 124−155.

Strong, Tracy B. 2008. "Is the Political Realm More Encompassing than the

Economic Realm?" *Public Choice* 137(3), 439－450.

Strong, Tracy B. 2012. *Politics without Vision: Thinking without a Banister in the Twentieth Century.* Chicago: The University of Chicago Press.

Swann Jr., William B., Jolanda Jetten, Ángel Gómez, Harvey Whitehouse, and Brock Bastian. 2012. "When Group Membership Gets Personal: A Theory of Identity Fusion." *Psychological Review* 119(3), 441－456.

Taylor, Charles, 1994. "The Politics of Recognition." Amy Gutmann ed., *Multiculturalism: Examining the Politics of Recognition*, 25－73. Princeton: Princeton University Press.

Tilly, Charles. 1985. "War Making and State Making as Organized Crime." Peter B. Evans, Dietrich Rueschemeyer, and Theda Skocpol, eds., *Bringing the State Back In*, 169－191. Cambridge: Cambridge University Press.

Tuan, Yi－Fu. 1982. *Segmented Worlds and Self: Group Life and Individual Consciousness.* Minneapolis: University of Minneapolis Press.

Turner, J. C., M. A. Hogg, P. J. Oakes, S. D. Reicher, and M. S. Wetherell. 1987. *Rediscovering the Social Group: A Self Categorization Theory.* Oxford: Blackwell.

Ullman, Harlan K. and James P. Wade. 2017. *Shock and Awe: Achieving Rapid Dominance.* Canton, OH: Pinnacle Press.

United States Armed Forces in Korea. 1948. "The Quasi－Revolt of October 1946." 『주한미군사 HUSAFIK』 3권, 345－398. 서울: 돌베개, 1988. (정해구 1988, 209－240에 번역본 수록).

United States Army Forces, Korea, Counter Intelligence Corps, Seoul District Office, APO 235. 1947. "The Pro－Japanese Issue." File No. 4－196. 18 June 1947. 정용욱 1994, 470－478; 한림대학교 아시아문화연구소 1995a, 116－125.

US Army Intelligence Center. 1959. "CIC during the Occupation of Korea," *History of the Counter Intelligence Corps*, Vol. 30. 정용욱 1994, 7－202; 한림대학교 아시아 문화연구소 1995, 1－200.

Vignoles, Vivian L., Seth J. Schwartz, and Koen Luyckx. 2011. "Introduction: Toward an Integrative View of Identity." Seth J. Schwartz, Koen Luyckx, and Vivian L. Vignoles, eds., *Handbook of Identity Theory and Research, Volume 1: Structures and Processes*, 1－27. New York: Springer.

Vollaard, Hans. 2014. "Explaining European Disintegration." *Journal of Common Market Studies* 52(5), 1142－1159.

Wæver, Ole. 1998. "Insecurity, Security, and Asecurity in the West European Non－War Community." Emmanuel Adler and Michael Barnett, eds., *Security Communities*, 69－118. Cambridge: Cambridge University Press.

Weber, Max. 1964. *Max Weber: The Theory of Social and Economic Organization*. Translated by A. M. Henderson and Talcott Parsons. New York: The Free Press.

Webber, Douglas. 2014. "How Likely Is It That the European Union Will Disintegrate: A Critical Analysis of Competing Theoretical Perspectives." *European Journal of International Relations* 20(2), 341−365.

Wendt, Alexander. 1999. *Social Theory of International Politics*. Cambridge: Cambridge University Press.

Wimmer, Andreas. 2008. "The Making and Unmaking of Ethnic Boundaries: A Multilevel Process Theory." *American Journal of Sociology* 113(4), 970−1022.

WNRC, RG 332. "Joint Korean−American Conference." 신복룡 1991, 316−323.

■ 사항색인 ■

저 자 김 학 노

영남대학교 정치외교학과 교수

정치 - 아와 비아의 헤게모니 투쟁

초판발행	2023년 3월 2일
지은이	김학노
펴낸이	안종만 · 안상준
편 집	양수정
기획/마케팅	장규식
표지디자인	이소연
제 작	고철민 · 조영환
펴낸곳	(주)**박영사**
	서울특별시 금천구 가산디지털2로 53, 210호(가산동, 한라시그마밸리)
	등록 1959. 3. 11. 제300-1959-1호(倫)
전 화	02)733-6771
f a x	02)736-4818
e-mail	pys@pybook.co.kr
homepage	www.pybook.co.kr
ISBN	979-11-303-1645-1 93340

정 가   28,000원